W0213343

Die Bonus-Seite

Ihr Vorteil als Käufer dieses Buches

Auf der Bonus-Webseite zu diesem Buch finden Sie zusätzliche Informationen und Services. Dazu gehört auch ein kostenloser **Testzugang** zur Online-Fassung Ihres Buches. Und der besondere Vorteil: Wenn Sie Ihr **Online-Buch** auch weiterhin nutzen wollen, erhalten Sie den vollen Zugang zum **Vorzugspreis**.

So nutzen Sie Ihren Vorteil

Halten Sie den unten abgedruckten Zugangscode bereit und gehen Sie auf **www.galileodesign.de**. Dort finden Sie den Kasten **Die Bonus-Seite für Buchkäufer**. Klicken Sie auf **Zur Bonus-Seite / Buch registrieren**, und geben Sie Ihren **Zugangscode** ein. Schon stehen Ihnen die Bonus-Angebote zur Verfügung.

Ihr persönlicher **Zugangscode**: 9ifd-z6g2-um35-jcwk

Kai Flemming

Adobe Illustrator CS5

Der professionelle Einstieg

Galileo Press

Liebe Leserin, lieber Leser,

wenn Sie sich den idealen Einstieg in die ebenso komplexe wie faszinierende Software Adobe Illustrator CS5 ausmalen dürften, wäre doch sicher auch ein Buch dabei, das von einem erfahrenen Software-Trainer geschrieben wurde, der sich mit den Fragen von Einsteigern genau auskennt und weiß, wo die Knackpunkte liegen.

Genau das bekommen Sie in diesem Buch! Kai Flemming gibt seit vielen Jahren Schulungen zu Adobe Illustrator und führt Sie in diesem Buch Schritt für Schritt in die Welt der Vektorillustrationen ein. Angefangen bei der Oberfläche und dem Anlegen erster Dokumente steigen Sie immer tiefer in die Arbeit mit Illustrator CS5 ein und lernen, die vielfältigen Funktionen und Werkzeuge der Software richtig einzusetzen. Sie zeichnen mit Stift und Pinsel, arbeiten mit geometrischen Objekten, fügen Text ein, geben Ihren Zeichnungen mit Effekten, Mustern und Stilen das gewisse Etwas und erfahren alles zur korrekten Ausgabe Ihrer Illustrationen für Druck und Web. In zahlreichen Schritt-für-Schritt-Anleitungen können Sie das Gelernte direkt in die Tat umsetzen. Das benötigte Beispielmaterial finden Sie natürlich auf der Buch-DVD. Dort haben wir für Sie noch ein weiteres attraktives Special bereitgestellt: In ausgewählten Video-Lektionen erleben Sie Illustrator CS5 live im Einsatz. Es lohnt sich, die DVD einmal in den Rechner einzulegen!

Ein Tipp für alle Umsteiger von FreeHand: In Kapitel 17 finden Sie alle Informationen darüber, wie Sie den Umstieg schnell und ohne Probleme meistern.

Nun bleibt mir noch, Ihnen viel Spaß beim Lesen und Lernen zu wünschen. Sollten Sie Fragen, Lob oder Anregungen zu diesem Buch haben, so freue ich mich über Ihre Mail.

Katharina Geißler
Lektorat Galileo Design
katharina.geissler@galileo-press.de

www.galileodesign.de
Galileo Press • Rheinwerkallee 4 • 53227 Bonn

Auf einen Blick

Der Name Galileo Press geht auf den italienischen Mathematiker und Philosophen Galileo Galilei (1564–1642) zurück. Er gilt als Gründungsfigur der neuzeitlichen Wissenschaft und wurde berühmt als Verfechter des modernen, heliozentrischen Weltbilds. Legendär ist sein Ausspruch *Eppur si muove* (Und sie bewegt sich doch). Das Emblem von Galileo Press ist der Jupiter, umkreist von den vier Galileischen Monden. Galilei entdeckte die nach ihm benannten Monde 1610.

Lektorat Katharina Geißler
Korrektorat Petra Bromand, Düsseldorf
Herstellung Steffi Ehrentraut
Einbandgestaltung NIESNER DESIGN
Coverbilder iStockphoto: Calamusdesign 3674139; Lilyana Vynogradova/5664999
Satz Kai Flemming
Druck Bercker Graphischer Betrieb, Kevelaer

Dieses Buch wurde gesetzt aus der Linotype Syntax (9,25 pt/13 pt) in Adobe InDesign CS5. Gedruckt wurde es auf chlorfrei gebleichtem Offsetpapier (100 g/m^2).

Gerne stehen wir Ihnen mit Rat und Tat zur Seite:
katharina.geissler@galileo-press.de
bei Fragen und Anmerkungen zum Inhalt des Buches

service@galileo-press.de
für versandkostenfreie Bestellungen und Reklamationen

julia.bruch@galileo-press.de
für Rezensions- und Schulungsexemplare

Bibliografische Information der Deutschen Nationalbibliothek
Die Deutsche Nationalbibliothek verzeichnet diese Publikation in der Deutschen Nationalbibliografie; detaillierte bibliografische Daten sind im Internet über *http://dnb.d-nb.de* abrufbar.

ISBN 978-3-8362-1562-6

1. Auflage 2010

Inhalt

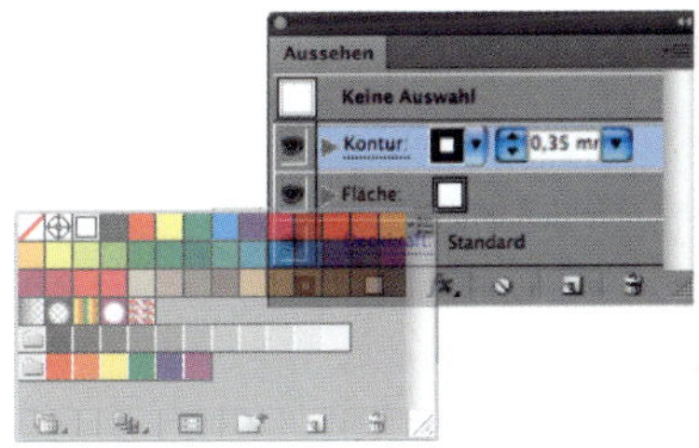

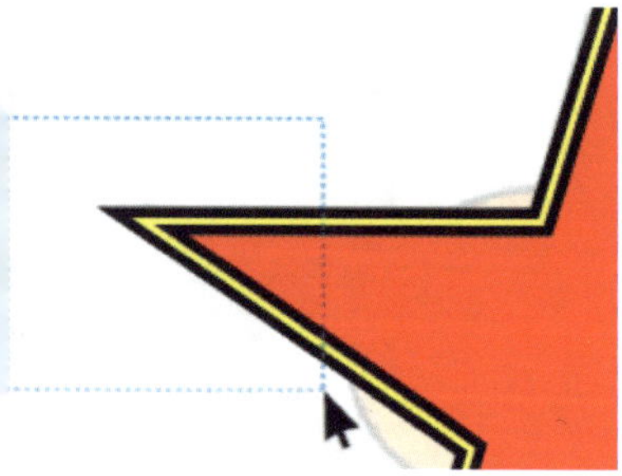

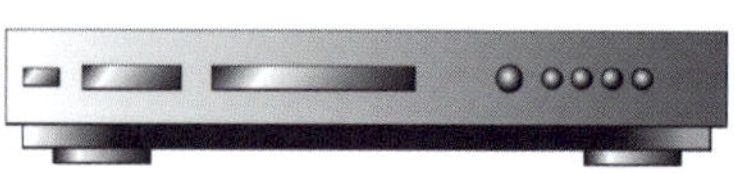

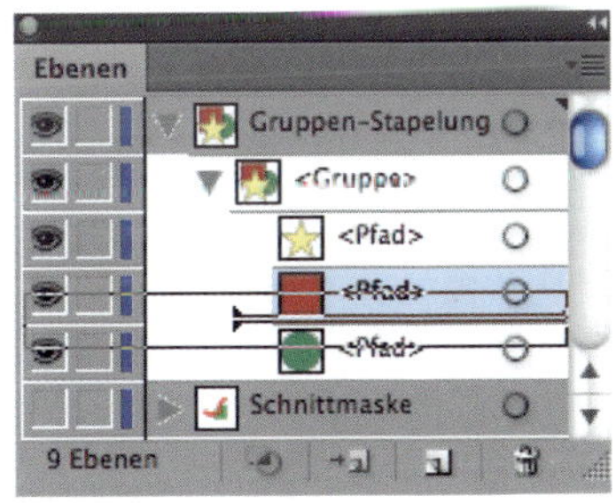
Ebenen
Gruppen-Stapelung
<Gruppe>
<Pfad>
<Pfad>
<Pfad>
Schnittmaske
9 Ebenen

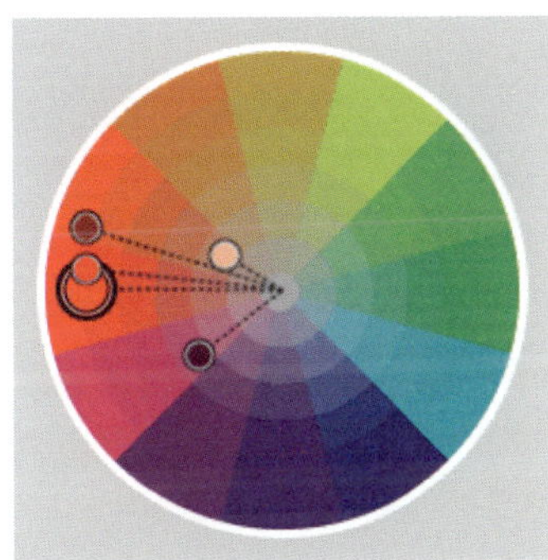

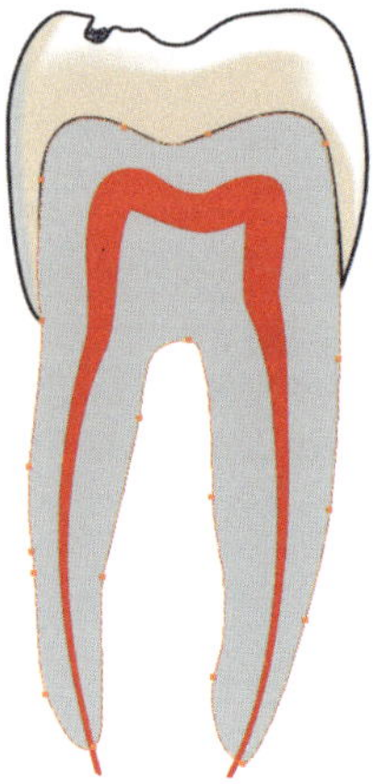

Wendländer
Bienenhonig

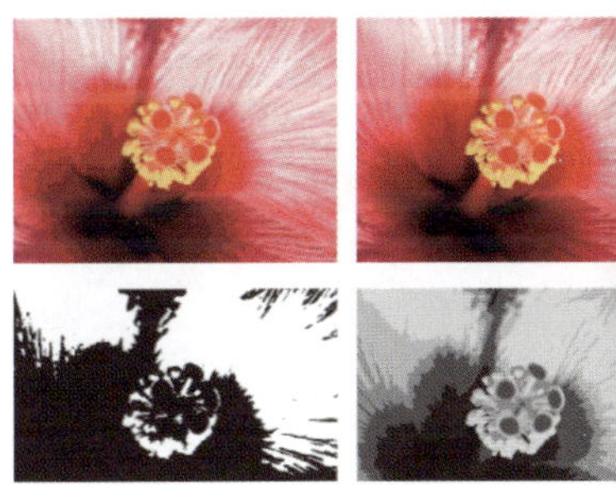

Hier soll also
Und wo sind

ALLEIN IST VERBOTEN
UMSONST
KRIEGT EINE SELTEN

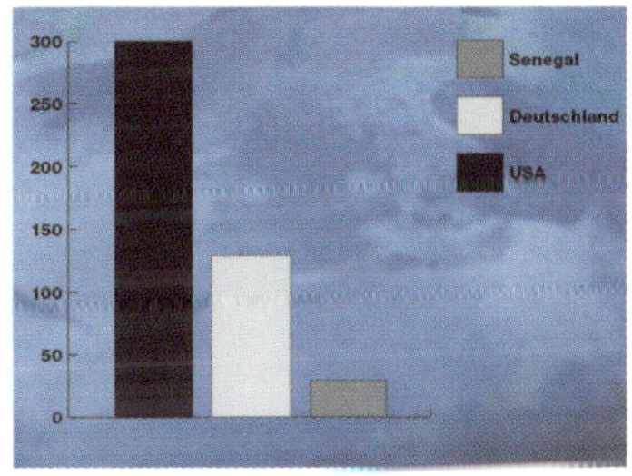
300
250
200
150
100
50
0
Senegal
Deutschland
USA

KAUFHALLE

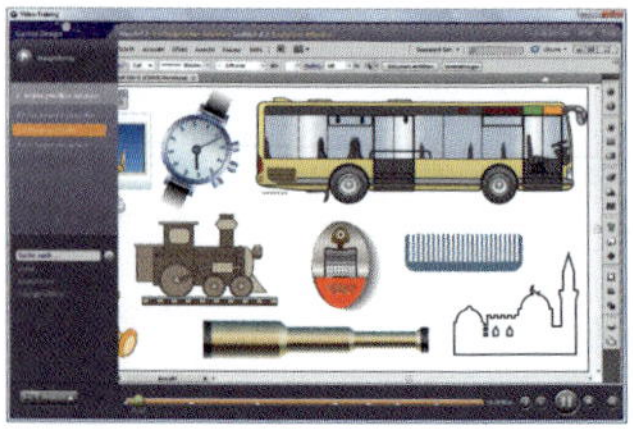

Workshops

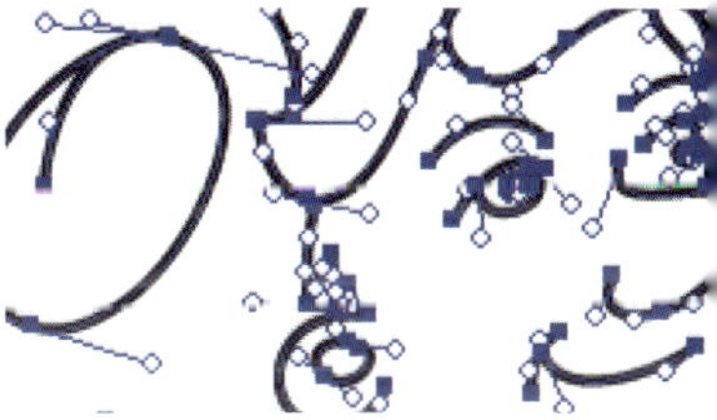

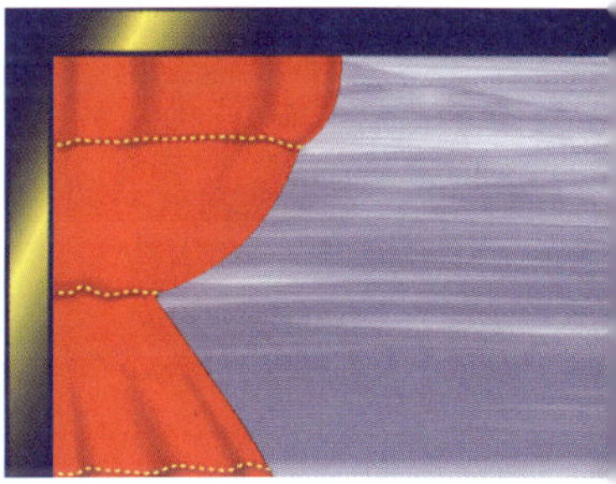

Video-Lektionen

Als Ergänzung zum Buch möchten wir Ihnen relevante Lehrfilme aus dem Video-Training »Adobe Illustrator CS5. Das umfassende Training« (ISBN 978-3-8362-1574-9) von Karl Bihlmeier zur Verfügung stellen. So haben Sie die Möglichkeit, dieses neue Lernmedium kennenzulernen und gleichzeitig Ihr Wissen um Illustrator CS5 zu vertiefen. Sie schauen dem Trainer bei der Arbeit zu und verstehen intuitiv, wie man die erklärten Funktionen anwendet.

Kapitel 1: Einstieg in Illustrator CS5
1.1 Die Arbeitsoberfläche (05:36 Min.)
1.2 Die Werkzeug-Gruppen (04:40 Min.)
1.3 Der Dokumentfarbraum (05:49 Min.)

Kapitel 2: Vektorgrafiken zeichnen
2.1 Kurven und Ankerpunkte (04:51 Min.)
2.2 Komplexe Objekte (10:25 Min.)
2.3 Füllungen und Verläufe (07:03 Min.)

Kapitel 3: Fortgeschrittene Techniken
3.1 Effektfilter zuweisen (10:03 Min.)
3.2 Transparenzen und Füllmethoden (07:05 Min.)
3.3 Masken und Freisteller (11:03 Min.)

Kapitel 1
Einleitung

1 Einleitung

Liebe Leserinnen und Leser, Sie haben sich entschieden, das Einsteigerbuch von Galileo Press für Adobe Illustrator aufzuschlagen. Ich freue mich, dass Sie dabei sind, und erläutere Ihnen in dieser Einleitung die Anwendungsgebiete des Programms. Ich erkläre auch einige Grundlagen, die später beim Arbeiten hilfreich für Sie sein können, und erläutere, wie Sie mit diesem Buch, seinen Symbolen, den Hinweisen und Anleitungen am effektivsten umgehen.

1.1 Für wen ist dieses Buch geschrieben?

▲ **Abbildung 1.1**
Es passen gar nicht alle Icons der Adobe-Programme, mit denen Illustrator zusammenarbeitet, in diese Marginalspalte.

Dieses Buch richtet sich an alle Grafiker und Mediengestalter/-innen, die (Vektor-)Grafiken erstellen oder in andere Anwendungen wie InDesign einbetten möchten. Es richtet sich an jene, die vom Kunden Logos in unzureichender Qualität geliefert bekommen und diese nachzeichnen müssen. Es richtet sich natürlich auch an alle Illustratoren, die vektorbasierte Elemente oder ganze Illustrationen erstellen wollen, und an alle diejenigen, die Diagramme zu Präsentationszwecken brauchen. Es richtet sich an Flashdesigner, die Vektorelemente in Flash einbinden wollen. Es richtet sich aber auch an diejenigen, die vornehmlich mit anderen Adobe-Programmen arbeiten und nur gelegentlich an Illustrator ranmüssen. Angesprochen sind ebenfalls alle FreeHand-Anwender, deren Programm nun ja schon länger eingestellt wurde und die eine Orientierung für den Umstieg brauchen, damit sie mit Illustrator auf dem besten Weg zu den gleichen Ergebnissen kommen wie zuvor mit FreeHand. Für sie gibt es auch ein eigenes Kapitel: das Kapitel 17, »Für Umsteiger«.

▲ **Abbildung 1.2**
Auch ehemalige FreeHander sollen auf ihre Kosten kommen.

1.2 Illustrator als Baustein in der Creative Suite

Illustrator ist nur ein Baustein einer ganzen Reihe von Programmen, die Adobe seit Längerem als ganze Creative-Suite-Pakete auf den Markt bringt. Angekommen sind wir inzwischen in der fünften Suite, der CS5. Die Suite umfasst Programme für die Bildverarbeitung (Photoshop), das Layout (InDesign), fürs Web (Dreamweaver und Flash), den Film (After Effects) und so manches Programm mehr. Illustrator ist in diesem Paket im Wesentlichen für Vektorillustrationen zuständig.

Oft wird zwischen verschiedenen Grafikdisziplinen eine enge Zusammenarbeit gefordert. Deswegen finden Sie in Kapitel 14, »Zusammenspiel in der CS5«, mehr zu diesem wichtigen Thema.

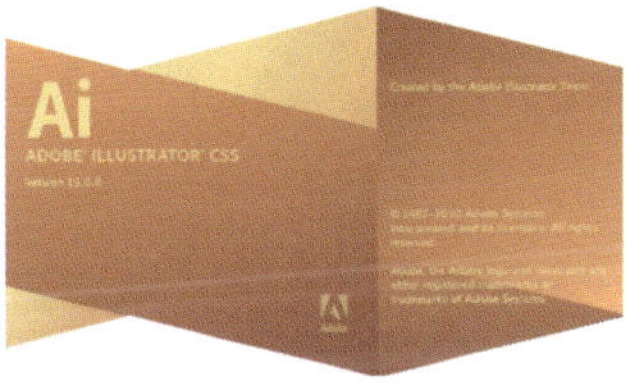

▲ **Abbildung 1.3**
Startbildschirm von Illustrator CS5

1.3 Wie »funktioniert« dieses Buch?

Das Buch möchte Ihnen einen gesamten Überblick über die vielen Anwendungsmöglichkeiten von Illustrator geben. Es soll Sie befähigen, selbst Grafiken und Illustrationen oder Vektorelemente anzulegen, ganz gleich ob Sie mit oder ohne Vorkenntnisse einsteigen. Die **Schritt-für-Schritt-Anleitungen** der einzelnen Kapitel zeigen Ihnen einen genaueren Weg auf, wie Sie ganz konkret arbeiten können. Natürlich gibt es auch in Illustrator, wie man es von Adobe-Programmen gewohnt ist, immer mehrere Möglichkeiten, wie Sie zum Ziel gelangen. Da es sich hier um ein Einsteigerbuch handelt, habe ich versucht, Ihnen immer den praktischsten Weg vorzustellen, den alle gleichermaßen gehen können, der aber auch effektiv ist.

Effektivität ist etwas, was Sie sich wünschen werden – besonders, wenn Sie Illustrator beruflich nutzen. Deshalb finden Sie am Ende einiger Kapitel auch jeweils eine **Zusammenfassung der wichtigsten Shortcuts** (Tastenkürzel), die im jeweiligen Kapitel Anwendung finden. **Eine Übersicht aller Werkzeuge** und Unterwerkzeuge aus der Werkzeugleiste finden Sie in Kapitel 2, »Oberfläche und Arbeitsbereiche«. Das ist hilfreich, weil im Buch immer die genauen Bezeichnungen des Programms verwendet werden, auch wenn es so manches Mal etwas stelzig klingt. So finden Sie das Gesuchte auch besser im Web oder bei CS Live.

PC	Mac
Strg+Alt+J	⌘+Alt+J
Strg+J	⌘+J
Strg+⇧+A	⌘+⇧+A
Strg+3 Strg+Alt+3	⌘+3 ⌘+Alt+3
Strg+A	⌘+A

▲ **Abbildung 1.4**
Tastaturkürzel machen das Arbeiten effektiver, wenn man damit arbeiten mag.

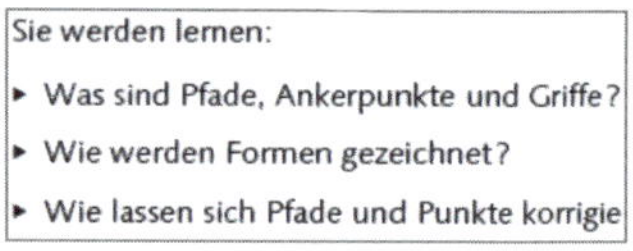
Sie werden lernen:

- Was sind Pfade, Ankerpunkte und Griffe?
- Wie werden Formen gezeichnet?
- Wie lassen sich Pfade und Punkte korrigie

▲ **Abbildung 1.5**
Kurzübersicht am Kapitelstart

Sie können das Buch von der ersten bis zur letzen Seite durchlesen, was sich besonders für Einsteiger lohnt, doch auch für die etwas erfahreneren Leser kann es sich lohnen, weil doch manche Dinge aufeinander aufbauen werden. Wer zum Beispiel mit dem PINSEL-WERKZEUG aus Kapitel 8, »Muster, Pinsel und Symbole«, arbeiten möchte, erzielt schneller Erfolge, wenn für ihn der Umgang mit Pfaden aus Kapitel 4, »Pfade«, schon klar ist.

Die für die jeweilige Erklärung relevanten Begriffe von Illustrator oder Menüeinträge sind für das bessere Verständnis in KAPITÄLCHEN gesetzt. Am Ende des Buchs gibt es einen Index, in dem Sie alle wichtigen Begriffe wiederfinden, um gezielt zu den entsprechenden Stellen im Buch zu gelangen. Außerdem finden Sie an jedem Kapitelanfang eine Kapitelübersicht, die mit »Sie werden lernen« beginnt, damit Sie hier schon sehen, ob das Gesuchte dabei sein wird.

Hinweis-Kästen

In solchen Kästen stehen weiterführende Informationen, die für Sie spannend, informativ oder hilfreich sein können.

An einigen Stellen in den Marginalspalten (also den Randspalten) finden Sie Hinweise, die im weiteren Sinne zum Thema gehören, nicht aber direkt in den Text. Sie enthalten nützliche Zusatzinformationen.

Und dann gibt es noch die Symbole in der Marginalspalte, die Ihnen schnell zeigen, worum es geht.

- Auf der Buch-DVD steht Material für Sie bereit. Einige der Dateien, die Sie dort finden, können Sie öffnen und weiterbearbeiten. Andere können Sie als Vorlage zum Nachzeichnen in Ihre Datei platzieren.
- Video-Training — Auf der DVD finden Sie zu bestimmten Themen einige ausgesuchte Video-Lektionen. Das Symbol in der Marginalie weist Sie darauf hin.
- Das Füße-Symbol zeigt Ihnen, dass hier eine Schritt-für-Schritt-Anleitung beginnt. Das Quadrat zeigt Ihnen das Ende der Schritt-für-Schritt-Anleitung an. Eine Übersicht über alle Schritt-für-Schritt-Anleitungen finden Sie hinter der Inhaltsangabe aufgelistet.

1.4 Was sind Vektoren?

Illustrator ist ein Vektorprogramm. Aber was sind Vektoren und müssen Sie das überhaupt wissen? Ein bisschen über die Arbeitsweise von Illustrator zu wissen und wie das Programm funktioniert und warum gerade so, ist zum allgemeinen Verständnis schon nicht schlecht. Wichtig wird es spätestens, wenn Sie mit anderen zusammenarbeiten, was eigentlich meistens der Fall ist. Entweder lassen Sie Ihre Dateien aus Illustrator direkt drucken, dann ist die Druckerei Ihre Partnerin, oder der Webdesigner möchte Ihre Daten aus Illustrator einbetten können. Oder Sie sind sich selbst Ihr Partner und arbeiten mit den eigenen Illustrator-Grafiken in anderen Programmen weiter. In all diesen Fällen ist es sinnvoll, den Unterschied zwischen vektorbasierten und pixelbasierten Objekten zu verstehen.

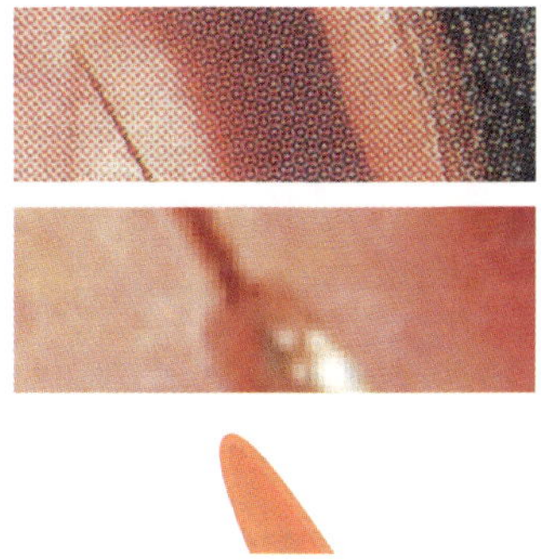

▲ **Abbildung 1.6**
Oben sehen Sie das Raster im Druck, darunter die Pixel in Photoshop. Nur als Vektorform bleibt sogar die Spitze der Akupunkturnadel scharf.

1.4.1 Pixel und Datenmengen

Ein Foto zum Beispiel, das Ihnen digital vorliegt, besteht aus einzelnen Pixeln. Das heißt, dass die Bildfläche waagerecht und senkrecht in viele Zeilen und Spalten aufgeteilt ist. So entsteht ein Raster. Je höher die Auflösung eines Bildes, desto feiner ist dieses Raster. Jeder der Rasterzellen ist nun ein Farbwert zugewiesen. So wird jeder einzelne Bildpunkt beschrieben. Die Menge der Daten ist relativ hoch und steigt schnell an, wenn das Bild feiner aufgelöst ist. So hat ein 5x5 cm großes Bild bei einer Web-Auflösung von 72 dpi eine Datenmenge von 51 Kilobyte. Läge das Bild hingegen in einer Druck-Auflösung von 300 dpi vor, wäre es schon 1.023 Kilobyte groß. »dpi« steht dabei für »dots per inch«, gibt also an, wie viele Punkte (dots) auf einer Strecke von einem Inch (2,4 cm) gedruckt werden. Siehe auch Abschnitt 13.4, »Überdrucken und Überfüllen«.

▲ **Abbildung 1.7**
Die Dateigröße bleibt trotz unterschiedlicher Objektgröße gleich.

1.4.2 Aussehen von Vektoren

Ein größeres Problem, weil nicht mit großen Festplatten auszugleichen, ist, dass Pixelbilder nicht beliebig skalierbar sind. Vergrößern Sie nämlich das Bild, entstehen beim In-die-Länge-Ziehen »Lücken« in den Daten, die nur unzureichend ausgeglichen werden können. Die Bilder werden „pixelig", die Konturen unscharf.

Anders ist es mit Vektoren (auch Schriften sind übrigens Vektoren): Diese werden nicht Punkt für Punkt innerhalb eines Rasters beschrieben, sondern in ihrer Form mathematisch »errechnet«. Wird zum Beispiel ein Quadrat beschrieben, ist es völlig gleich, ob in der Beschreibung steht, dass es Kantenlängen von 4 cm oder

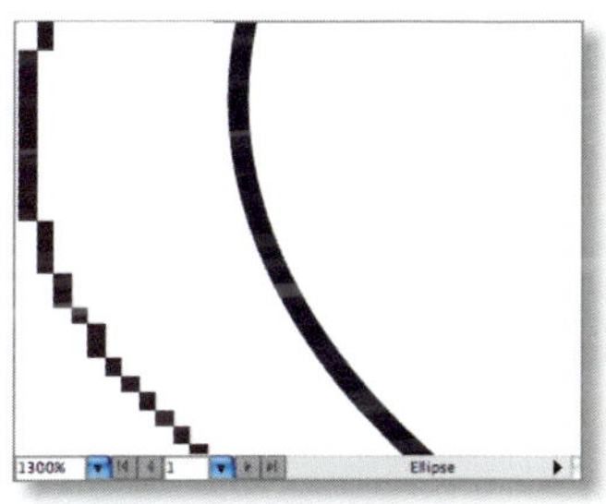

▲ **Abbildung 1.8**
Links eine Kurve in Pixeln, rechts eine aus Vektoren (vergrößert)

von 4 m hat. Hierdurch sind Vektorgrafiken beliebig skalierbar, ohne Qualität einzubüßen. Auch die Datenmengen sind kleiner. Kleine Datenmenge, scharfe Kanten und beliebige Skalierbarkeit – das alles sind sehr gute Gründe dafür, gerade Logos mit einem Vektorprogramm wie Adobe Illustrator zu erstellen. In Kapitel 4, »Pfade«, finden Sie die passende Schritt-für-Schritt-Anleitung, in der ein Logo nachgezeichnet wird.

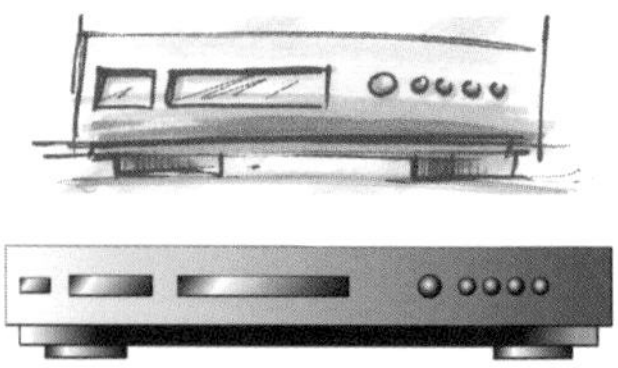

▲ **Abbildung 1.9**
Die technische Illustrator-Grafik (unten) wurde auf Basis eines Marker-Layouts (oben) erstellt.

An dieser Stelle möchte ich noch anmerken, dass Illustrationen eines Vektorprogramms immer etwas »cleaner« anmuten als viele mit der Hand angelegte Zeichnungen, Bilder und Grafiken. Auch fotorealistische Anmutungen sind eher etwas für Photoshop. Profis arbeiten deshalb gerne in Illustrator vor und in Photoshop nach. Kapitel 14, »Zusammenspiel in der CS5«, gibt Ihnen hierfür Anregungen.

1.5 Danke schön

Ganz ehrlich, wenn ich gewusst hätte, wie viel Arbeit es macht, dieses Buch zu schreiben, hätte ich die Anfrage von Galileo Design abgelehnt. Jetzt, da es fertig vor mir liegt, bin ich natürlich froh, es nicht gewusst zu haben. Und so geht an dieser Stelle ein riesengroßer Dank an meine tolle Frau Ute Müller-Flemming, die mir in den arbeitsreichen Phasen immer den Rücken frei hielt und ohne deren Unterstützung und Wohlwollen (!) Sie wohl noch eine ganze Weile auf dieses Buch warten müssten.

Ein weiterer Dank geht an meinen Kollegen Frank Hautog, der mir, als die Zeit empfindlich knapp wurde, mit den Textkorrekturen half.

Und nun wünsche ich Ihnen, liebe Leserinnen und Leser, viel Erfolg und vor allem auch viel Spaß mit diesem Buch und mit Adobe Illustrator CS5. Lassen Sie sich von den Funktionen und Möglichkeiten begeistern.

Ihr Kai Flemming

Kapitel 2

Oberfläche und Arbeitsbereiche

Ein Wegweiser durch das Programm

Sie werden lernen:

- Wie werden neue Dokumente erstellt?
- Wie werden Dokumente geöffnet?
- Wie lässt sich der Arbeitsbereich sinnvoll einrichten?
- Wie findet man sich im Dokument leicht zurecht?

2 Oberfläche und Arbeitsbereiche

Bevor ich Sie in den kommenden Kapiteln in die Werkzeuge und Techniken von Illustrator einführe, erfahren Sie in diesem Kapitel alles Wichtige über die Arbeitsumgebung, das Anlegen eines Dokuments oder das Navigieren im Dokument selbst, mit einem Wort: alles über das »Handling«. Was Sie hier lernen, begleitet Sie den ganzen Arbeitsprozess hindurch. Ob Sie mit Texten arbeiten, eine freie Illustration anlegen oder ein Diagramm erstellen, immer benötigen Sie ein neues oder zu kreierendes Dokument, geben Werte in Bedienfelder ein und wechseln zwischen verschiedenen Ansichten Ihrer Datei. Ich möchte, dass Sie am Ende dieses Kapitels »Ihr« Illustrator haben, das Sie mit einem Klick wieder »aufräumen« und in dem Sie sich immer »zuhause« fühlen.

2.1 Startbildschirm

Wenn Sie Illustrator öffnen, erscheint der Startbildschirm automatisch. Wenn er Sie auch nach dieser Erläuterung stört, können Sie ihn ausschalten. Dazu setzen Sie an seinem unteren Ende ein Häkchen bei NICHT WIEDER ANZEIGEN ❺.

Zunächst sehen Sie im Kopf, welche Version gerade geöffnet ist – das ist hilfreich, falls Sie mehrere Versionen parallel auf dem Rechner installiert haben sollten ❶.

In der linken Spalte ❷ listet Illustrator die zuletzt geöffneten Dokumente auf und zeigt hierbei auch die entsprechenden Programm-Icons. So sehen Sie gleich, ob es sich um eine Illustrator-Datei, eine eps-Datei aus Illustrator oder einem anderen Programm als Illustrator oder um ein zuletzt in Illustrator geöffnetes PDF handelt. Mit einen Doppelklick öffnen Sie die jeweilige Datei in Illustrator.

Am Ende der linken Liste finden Sie ÖFFNEN ... ❸ und gelangen zum ÖFFNEN-Dialog, mit dem Sie nun zu einer schon bestehenden Datei navigieren können, um diese zu öffnen und darin weiterzuarbeiten.

Startbildschirm wieder anzeigen

Entschließen Sie sich später doch wieder für das Erscheinen des Startbildschirms, können Sie ihn sich wieder anzeigen lassen: HILFE • STARTBILDSCHIRM ...

In der rechten Liste ❻ finden Sie hingegen keine Dateien, sondern Vorgaben zur Erstellung eines neuen Dokuments. Wenn Sie nämlich selbst ein Illustrator-Dokument erstellen, müssen Sie ein paar Entscheidungen treffen. Als Erstes die, für welche Anwendung Sie die Datei brauchen, die Sie nun kreieren: für den Druck, das Internet oder Handybildschirme, Video oder Film? Je nachdem, wie Ihre Entscheidung ausfällt, gibt Illustrator Ihnen schon verschiedene Einstellungen vor – im Dialog NEUES DOKUMENT, der folgt, wenn Sie auf eines der Icons klicken (lesen Sie bitte in Abschnitt 2.5, »Neues Dokument«, weiter). Am Ende dieser Liste gelangen Sie mit dem Button AUS VORLAGE ... ❼ zum Vorlagenordner von Illustrator, in dem zu verschiedensten Themen schon Illustrator-Dateien für Sie liegen.

Im unteren Teil links ❹ gelangen Sie zu verschiedenen Themen der bei Adobe immer sehr umfangreichen Hilfedatei. Unten rechts ❽ kommen Sie ins Web zum Onlineservice für weitere Hilfen, Communitys und Tutorials.

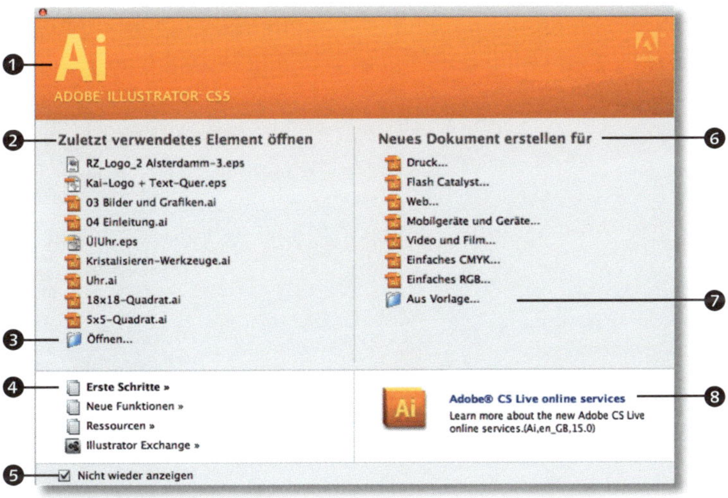

◂ **Abbildung 2.1**
Dieser STARTBILDSCHIRM heißt Sie in Adobe Illustrator willkommen.

2.2 Die Oberfläche

Video-Training

Auch Lektion 1.1 auf der Buch-DVD zeigt die Oberfläche von Illustrator.

Nachdem Sie ein neues Dokument erstellt oder ein bestehendes geöffnet haben, finden Sie Illustrator mit seiner Oberfläche vor. Dies ist nun der Ort, an dem Sie arbeiten werden. Es ist sehr wichtig, sich diesen Arbeitsplatz so einzurichten, dass man nicht immer lange nach Bedienfeldern und Werkzeugen suchen muss. Ihr Arbeitsbereich sollte so angeordnet sein, dass Sie sich wohl fühlen; denn hier werden Sie nun einen Teil Ihrer Zeit verbringen. Damit Sie wissen, wie Sie ihn einrichten, erfahren Sie zunächst, wie Illustrator in dieser Beziehung »tickt«.

Windows- und Mac-Aussehen

Ein letzter gravierender optischer Unterschied zwischen Windows und Mac ist der bei Windows standardmäßig eingeblendete ANWENDUNGSRAHMEN, den Mac-User unter FENSTER einschalten können.

2.2.1 Die Arbeitsfläche

In der Mitte Ihres Bildschirmes liegt die Seite, die ZEICHENFLÄCHE(N) ❽ – eingerahmt (jeweils) mit einer schwarzen Kontur. Drumherum mit einer roten Kontur wird der BESCHNITT gekennzeichnet, wenn Sie Ihren ZEICHENFLÄCHEN einen Beschnitt zugewiesen haben. Außerhalb dieser Zeichenfläche liegt die MONTAGEFLÄCHE ❼. Hier können Sie Objekte ablegen, vorbereiten und montieren, wie auf einem richtigen Schreibtisch auch. Alles zusammen ergibt die ARBEITSFLÄCHE.

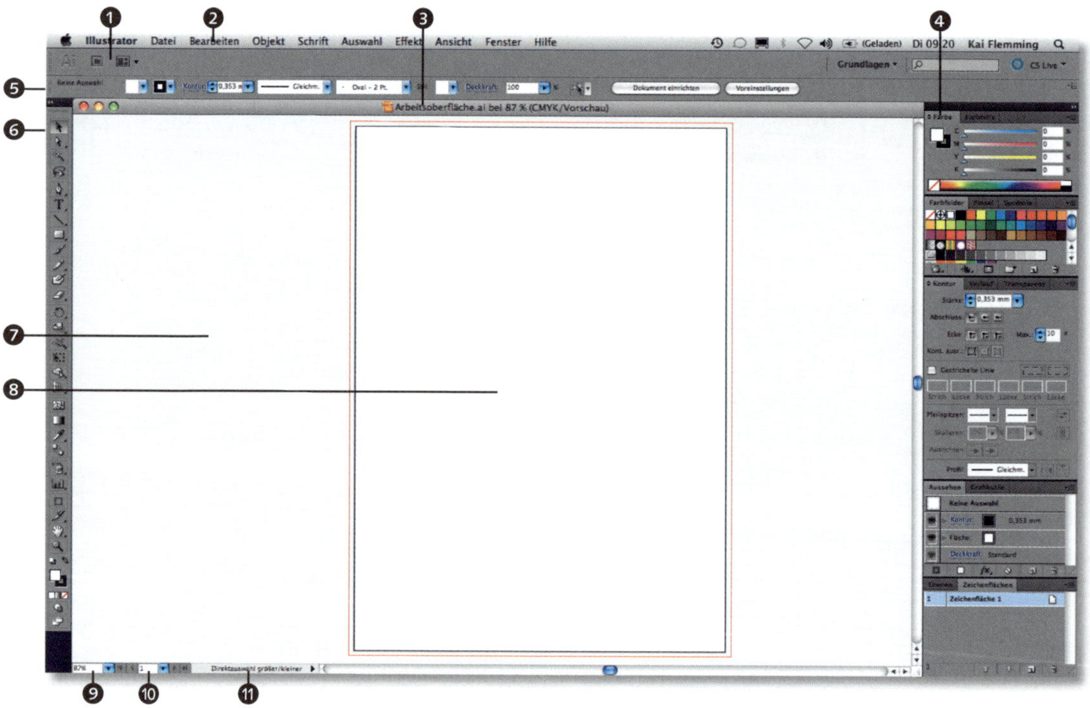

▲ **Abbildung 2.2**
Die Illustrator-Oberfläche, hier an einem Mac

Links am Monitorrand finden Sie standardmäßig die WERKZEUGLEISTE ❻. Denn wie beim klassischen Handwerk brauchen Sie auch in Illustrator für alle Arbeiten das entsprechende Werkzeug. Oberhalb Ihrer Arbeitsfläche liegt das STEUERUNG-Bedienfeld ❺. Es ist Ihre Schaltzentrale, die immer die wichtigsten Attribute des gerade aktiven Objektes anzeigt. Darüber (Mac) bzw. daneben (Windows) befindet sich die ANWENDUNGSLEISTE ❶ und ganz oben das Hauptmenü ❷. Rechts am Monitorrand liegen die BEDIENFELDER ❹. In diesen finden Sie die Funktionen von Illustrator, aufgeteilt nach Themenbereichen. Der Name des Dokuments ❸ zeigt auch den Farbmodus an, und ein »*«, wenn die Datei noch nicht gespeichert ist.

Der untere Dokumentrahmen informiert Sie über den Vergrößerungsfaktor ❾, die aktuelle Seite ❿ oder Ihr aktuelles Werkzeug (Farbprofil, Datum und anderes) ⓫.

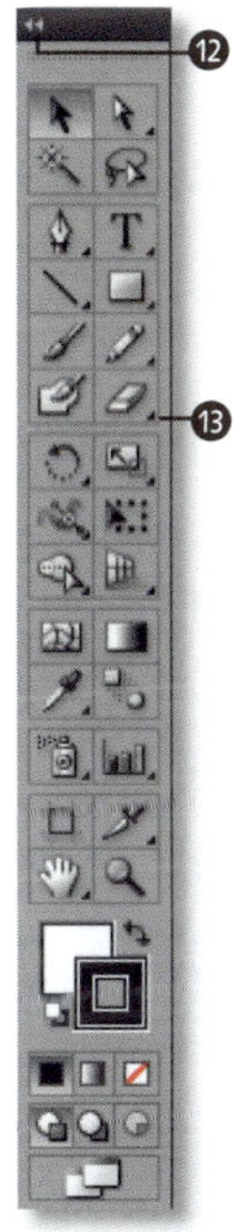

▲ **Abbildung 2.3**
Die WERKZEUGLEISTE kann auch 2-spaltig sein: Ein Klick auf den Doppelpfeil ⓬ genügt.

2.2.2 Die Werkzeugleiste

Standardmäßig links am Monitorrand befindet sich die WERKZEUGLEISTE. In der Werkzeugleiste finden Sie alle Werkzeuge, mit denen Sie direkt auf Ihrer Zeichenfläche arbeiten. Es sind aber so viele, dass nicht alle sichtbar sind. Unter denen, die ein kleines Dreieck ⓭ in der Ecke unten rechts haben, finden sich jeweils weitere zu dieser Kategorie gehörende Werkzeuge. Wenn Sie die Maus einen Moment auf dem sichtbaren Werkzeug gedrückt halten, klappt die Liste mit den weiteren Werkzeugen auf; ziehen Sie mit weiterhin gedrückter Maus auf das Werkzeug Ihrer Wahl. Am Ende dieser Pulldown-Listen befindet sich wieder ein kleines Dreieck; lassen Sie Ihre Maus hierauf los, lösen Sie diese Werkzeugliste heraus, sodass Sie sie an eine beliebige andere Stelle Ihrer Arbeitsfläche ziehen können.

Die unterschiedlichen Werkzeuge werden Sie das ganze Buch über begleiten und werden in den jeweiligen Kapiteln, in denen sie gebraucht werden, ausführlich erklärt. Einen Überblick darüber, wie sie alle heißen und wo sich welches versteckt, bekommen Sie Abbildung 2.5 auf der nächsten Doppelseite. Die Hauptwerkzeuge sind schnell über Tastenkürzel zu erreichen – meist mit nur einem Buchstaben, manchmal zusätzlich mit der ⇧-Taste (vorausgesetzt natürlich, dass Sie nicht gerade im Text arbeiten).

▲ **Abbildung 2.4**
Halten Sie auf einem Werkzeug mit Dreieck für 2 Sekunden die Maus gedrückt, können Sie es rechts herauslösen.

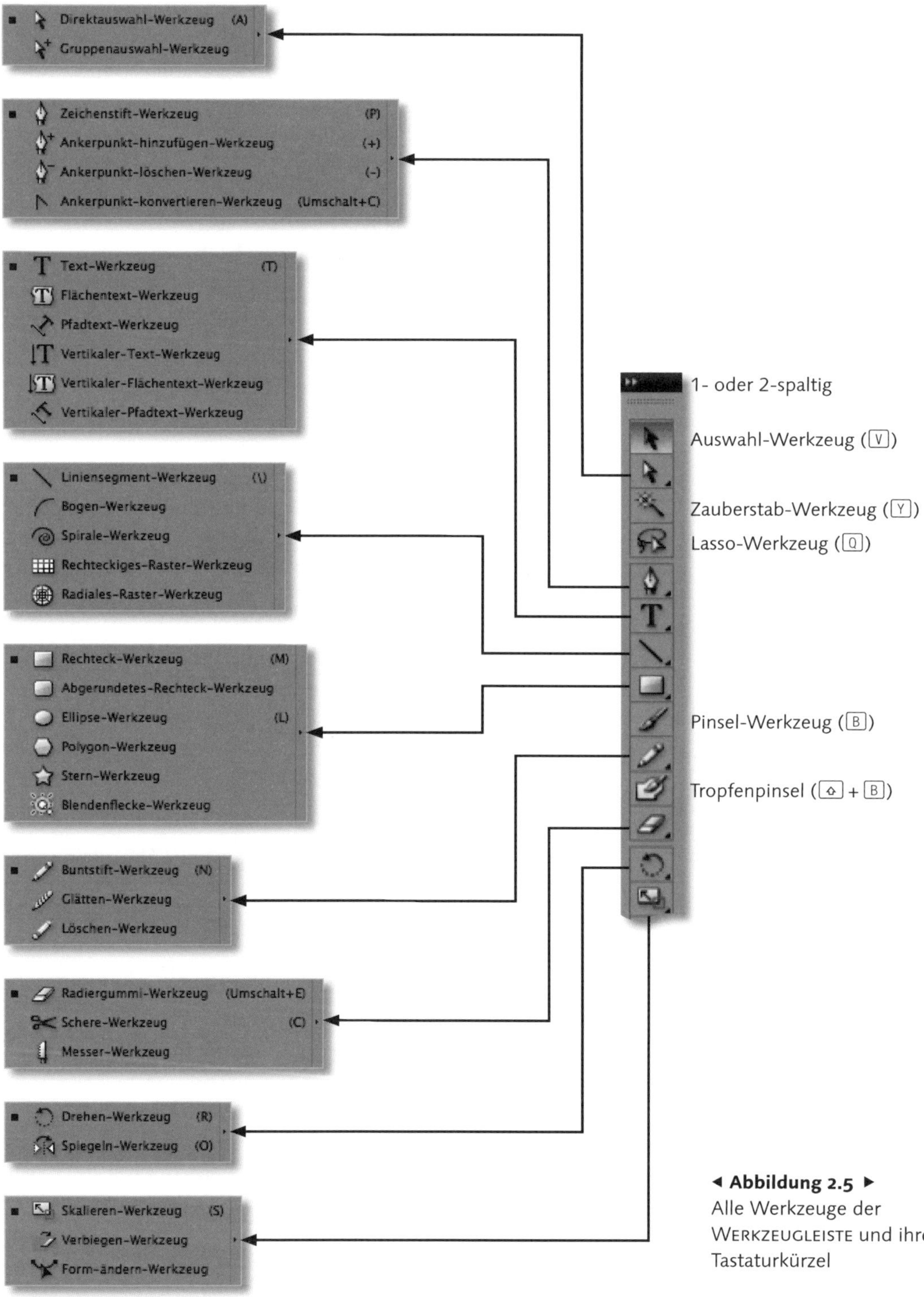

◄ **Abbildung 2.5** ►
Alle Werkzeuge der Werkzeugleiste und ihre Tastaturkürzel

Video-Training

Auch in Lektion 2.2 auf der Buch-DVD lernen Sie die Werkzeuge kennen.

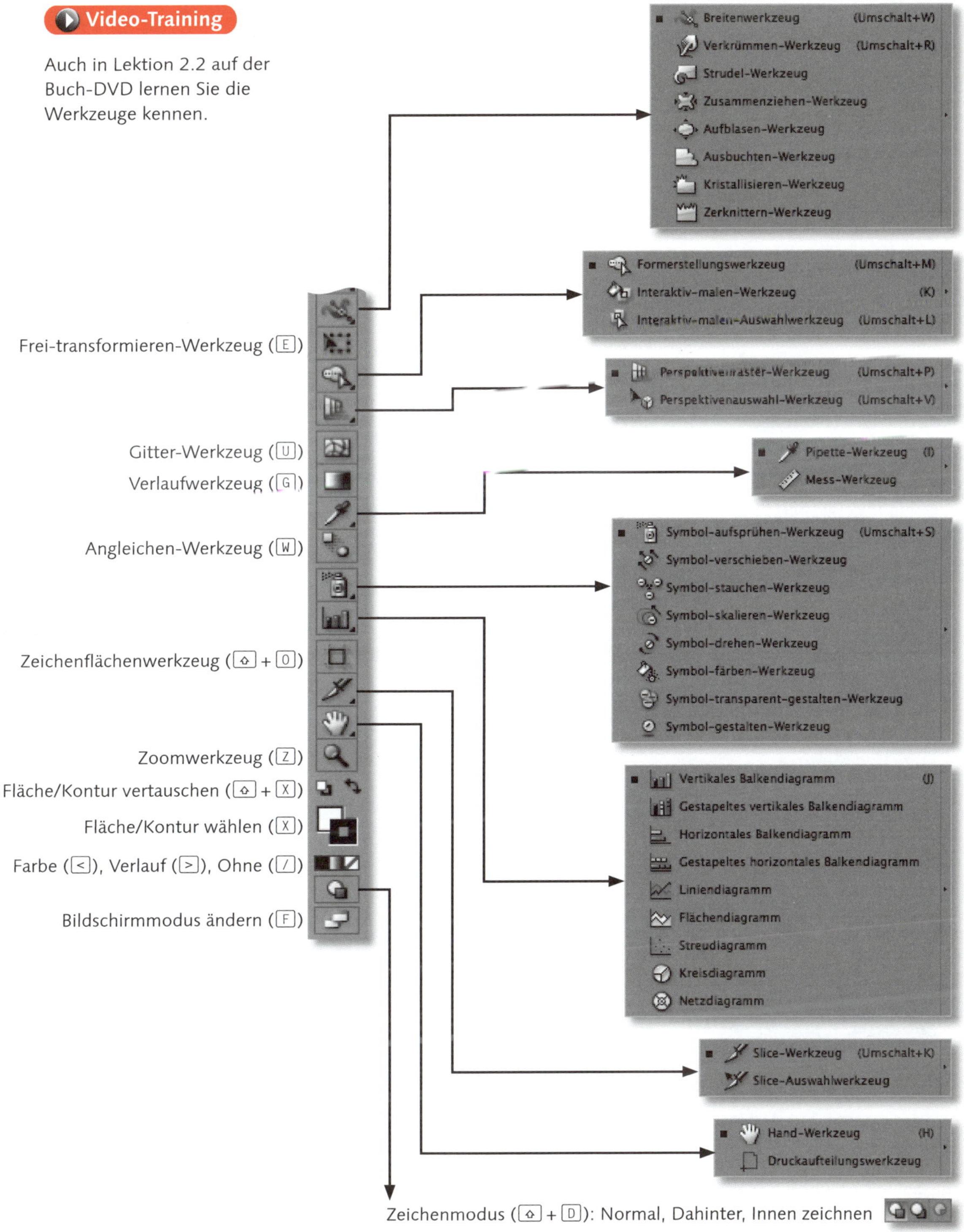

2.2.3 Die Bedienfelder und Arbeitsbereiche

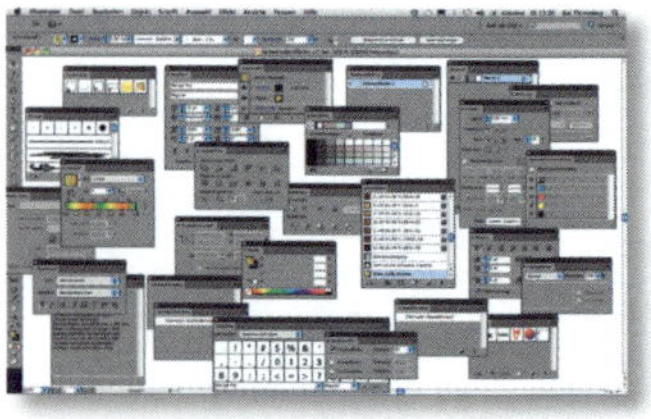

▲ **Abbildung 2.6**
Bedienfelder gibt es in Illustrator recht viele. Ein Grund mehr für ein gutes Ordnungssystem.

Die Bedienfelder, Ihnen vielleicht eher als Paletten bekannt, finden Sie alle unter dem Hauptmenü FENSTER. Da Schrift zum Beispiel acht verschiedene Bedienfelder aufzuweisen hat, sind diese unter dem Pfeil rechts neben der Kategorie in einer Pulldown-Liste aufgelistet. Befindet sich ein Haken vor dem Namen, ist das Bedienfeld schon geöffnet. Wählen Sie eines ohne Haken aus, öffnet es sich. Sie können jedes Bedienfeld an seinem (Karteikarten-)Reiter oder an seinem Titelbalken anfassen und an jede beliebige Stelle Ihres Monitors verschieben.

Sie haben drei verschiedene Möglichkeiten, Ihre Bedienfelder anzuordnen. Als Erstes können Sie sie in Gruppen *miteinander verschachteln*. Dazu fassen Sie eines an seinem (Karteikarten-)Reiter oder an seinem Titelbalken an und ziehen es direkt neben den Reiter eines anderen Bedienfeldes. Wenn Sie sehen, dass jenes Bedienfeld komplett blau umrahmt wird, lassen Sie die Maus los und bekommen so eine Gruppe. Die Reihenfolgen innerhalb der Gruppen können Sie durch einfaches Verschieben innerhalb der Bedienfeldgruppe verändern; ziehen Sie auch hierzu an den Reitern. Wenn Sie in den Namen eines Bedienfeldes klicken, holen Sie es in den Vordergrund und sehen seine Funktionen.

Abbildung 2.7 ▶
Fassen Sie die Bedienfelder an ihrem Titelbalken oder Namen an und achten auf die blauen Hervorhebungen.

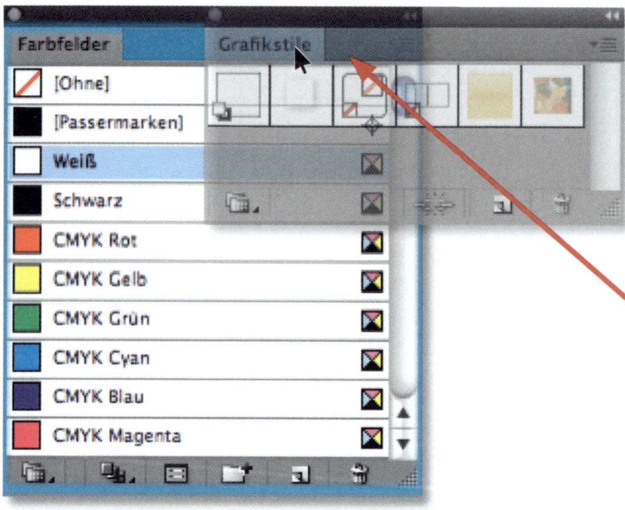

▲ **Abbildung 2.8**
Ineinander verschachtelt erhalten Sie eine Gruppe. Machen Sie keine zu großen Gruppen auf, damit Sie deren Namen noch lesen können.

Eine zweite Möglichkeit besteht darin, Bedienfelder aneinander »anzudocken«. Ziehen Sie ein Bedienfeld nicht über ein anderes, sondern ganz nahe zu seinem unteren Rand – es erscheint diesmal nur ein *blauer Balken* –, hängen die Bedienfelder zusammen.

Minimieren Sie das obere, indem Sie auf den kleinen Doppelpfeil ❶ links neben seinem Namen klicken, rückt das untere nach.

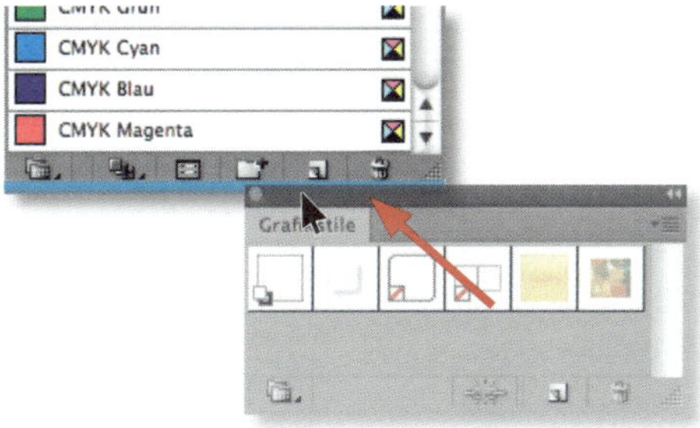

◀ **Abbildung 2.9**
Kommen Sie nahe genug (!) an die Unterkante des Bedienfeldes, erscheint nur eine blaue Linie zum »Andocken«.

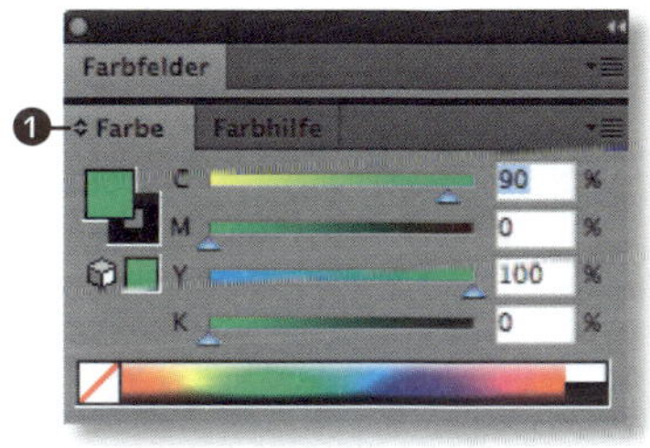

▲ **Abbildung 2.10**
Minimieren Sie das obere Bedienfeld durch Doppelklick in den Namen, rückt das untere nach.

Beide Methoden eignen sich gut für das Arbeiten an zwei Monitoren, bei dem ein Monitor die eigentliche Arbeitsfläche zeigt und der zweite Monitor nur offene Bedienfelder enthält.

Für das Arbeiten an einem einzigen Monitor gibt es eine dritte Methode, eine sehr platzsparende. Hierbei ziehen Sie die Bedienfelder nicht über- oder aneinander, sondern an den Monitorrand. Kommen Sie diesem ganz nahe, erscheint ein senkrechter blauer Balken. Lassen Sie nun los, sind Ihre Bedienfelder am Monitorrand verankert.

◀ **Abbildung 2.11**
Sie können auch ganze Gruppen gleichzeitig an den Monitorrand andocken.

Wie bei den ersten beiden Methoden können Sie auch ein Bedienfeld in eine bestehende Gruppe ziehen (wieder wird die gesamte Gruppe blau umrandet), oder Sie ziehen das Bedienfeld zwischen bestehende Gruppen (nur ein blauer Balken).

Ich empfehle Ihnen, nicht zu viele Bedienfelder in eine Gruppe zu sortieren, weil diese sonst zu unübersichtlich wird. Stattdessen sollten Sie Gruppen nach Themen bilden. Orientieren Sie sich ruhig zunächst an den Screenshots der nächsten Seite, bis Sie selbst Ihre Vorlieben entwickelt haben.

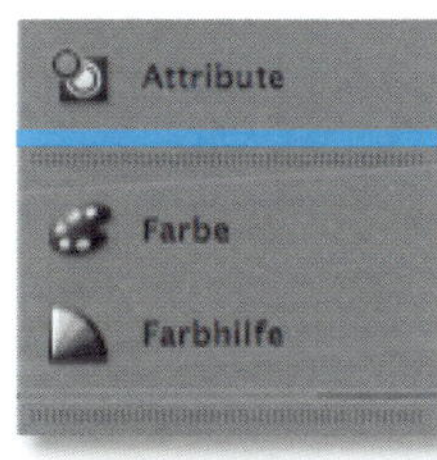

▲ **Abbildung 2.12**
Auch wenn Sie Ihre Bedienfelder am Monitorrand verankert haben, können Sie weitere hinzufügen.

▲ **Abbildung 2.13**
Der weiße Pfeil lässt die Bedienfelder aufklappen.

Über den am Monitorrand verankerten Bedienfeldreihen, direkt unter dem STEUERUNG-Bedienfeld, befindet sich ein weißer Doppelpfeil; dieser öffnet alle am Monitorrand verankerten Bedienfelder, und umgekehrt schließt er sie, sodass nur deren Namen oder gar nur deren Symbole zu sehen sind.

Abbildung 2.14 ▶
Bedienfelder, die am Monitorrand verankert sind, können mit dem weißen Doppelpfeil ganz aufgeklappt werden (links). Sind sie zusammengeklappt, zeigen sie die Bedienfelder-Symbole und deren Namen (Mitte links) oder nur die Symbole (Mitte rechts). Ziehen Sie sie an ihrem Rand einfach auf (rechts).

Kommen Sie mit der Maus an den äußeren Rand Ihrer am Monitorrand verankerten Bedienfelder, können Sie mit dem erscheinenden Doppelpfeil ❶ die Bedienfelder weiter aufziehen, sodass deren Namen zu lesen sind, oder weiter zusammenschieben, bis nur noch deren Symbole übrig bleiben. Um diese erst einmal kennen zu lernen, lohnt es sich, die Namen mit anzeigen zu lassen. Haben Sie schon Erfahrung mit anderen Adobe-Programmen, sind Ihnen die Symbole und das Verhalten der Bedienfelder ja schon vertraut, denn dies ist in allen Creative-Suite-Programmen weitestmöglich aneinander angepasst.

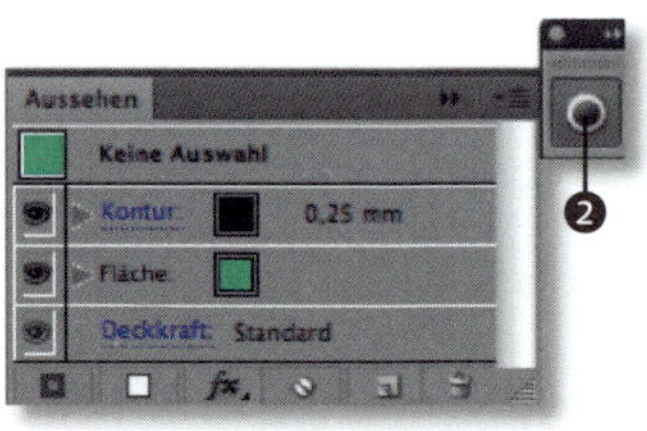

▲ **Abbildung 2.15**
Sie können sogar ein Symbol einzeln auf Ihrer Zeichenfläche platzieren und per Klick in den weißen Doppelpfeil öffnen.

Klicken Sie nun in ein Symbol ❷, öffnet sich das Bedienfeld mit seinen Funktionen. Klicken Sie in ein anderes, schließt sich das noch offene, und das angeklickte öffnet sich stattdessen. Wollen Sie ein aus dem Monitorrand geöffnetes Bedienfeld schließen, ohne ein anderes zu öffnen, klicken Sie entweder erneut in sein Symbol oder nutzen den schwarzen Doppelpfeil in dessen Titelbalken.

▲ **Abbildung 2.16**
Zum Schließen dient der schwarze Doppelpfeil im Titelbalken.

In gruppierten Bedienfeldern bestimmen Sie mit Mausklicks auf die jeweiligen Namen, welches Bedienfeld im Vordergrund Ihrer Gruppe ist. Haben Sie zu viele Gruppen untereinander, können nicht alle angezeigt werden – sie sind auf ihren Reiter minimiert. Ein Klick in deren Namen öffnet die auf den Namen beschränkten Reiter.

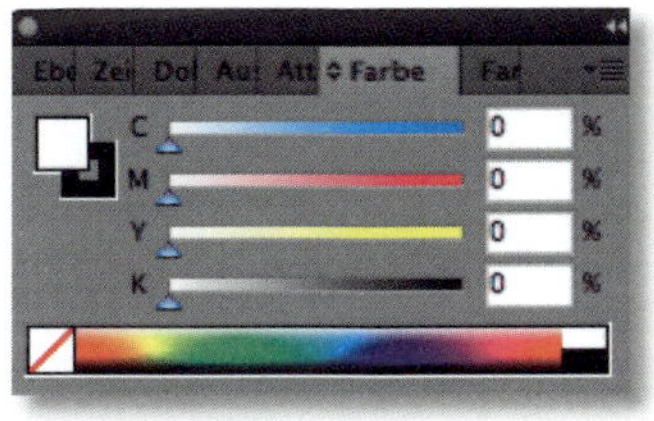

▲ **Abbildung 2.17**
Zu viele Bedienfelder in einer Gruppe sind nicht sinnvoll. Sie erkennen sie einfach nicht mehr.

2.2.4 Arbeitsbereich speichern

Mit den oben vorgestellten drei Methoden können Sie sich Bedienfelder so zusammenstellen, wie Sie es für Ihre Projekte brauchen. Damit Sie das aber nicht jedes Mal vor der Arbeit wieder tun müssen, haben Sie die Möglichkeit, Ihre Zusammenstellungen und Anordnungen der Bedienfelder in sogenannten Arbeitsbereichen zu speichern: FENSTER • ARBEITSBEREICH • ARBEITSBEREICH SPEICHERN… Geben Sie Ihren Arbeitsbereichen Namen, die ausdrücken, für welche Art von Aufgabe sie gedacht sind.

Haben Sie im Eifer des Gefechts Unordnung in die Bedienfelder gebracht, sie an andere Stellen verschoben oder andere geöffnet, die Sie nur kurz brauchten, kommen Sie schnell wieder zu Ihren eigentlichen Einstellungen zurück: Wählen Sie Ihren Arbeitsbereich (er behält trotz manueller Veränderungen seinen Haken) einfach erneut aus (FENSTER • ARBEITSBEREICH oder im Programm-Frame ganz oben rechts im Pulldown-Menü). Wie von Zauberhand stellt Illustrator die Ordnung wieder her. Sie werden es sich auch für Ihr Atelier oder Ihren Arbeitsplatz wünschen.

▲ **Abbildung 2.18**
In der Anwendungsleiste ganz rechts finden Sie Ihren gespeicherten Arbeitsbereich am schnellsten wieder.

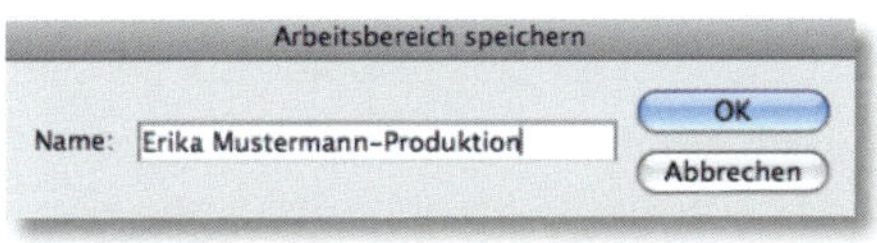

◀ **Abbildung 2.19**
Speichern Sie Ihren Arbeitsbereich.

Einige voreingestellte Arbeitsbereiche bietet Illustrator Ihnen schon an: MALEN, DRUCKEN UND PROOFEN, TYPOGRAFIE oder WEB machen Sinn. Sie zeigen die Bedienfelder, die für die jeweilige Projektkategorie hauptsächlich Verwendung finden werden. Arbeitsbereiche wie WIE INDESIGN oder WIE PHOTOSHOP helfen Ihnen zwar, die Standard-Arbeitsbereiche der anderen Programme wiederzuerkennen, verkennen aber völlig deren ganz anderen Anwendungszweck. Der Arbeitsbereich WIE FREEHAND ist sogar Quatsch und sorgt eher für Enttäuschung, weil es eben nicht die FreeHand-Paletten sind, die Sie sehen werden. Arbeiten Sie »Adobe-like« und bleiben innerhalb des Systems.

2.2.5 Arbeiten in Bedienfeldern und Menüeinträgen

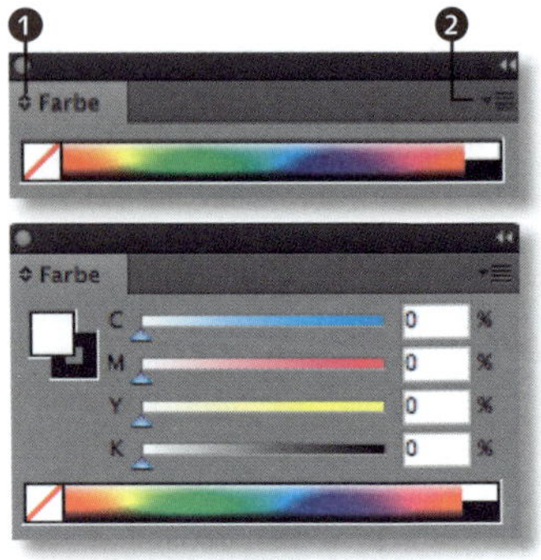

▲ **Abbildung 2.20**
Der senkrechte Doppelpfeil zum Minimieren oder Erweitern des Bedienfeldes

Nicht genug, dass es überhaupt so viele Bedienfelder gibt – einige zeigen zunächst nur das Wesentlichste und eröffnen mit einem Klick in den kleinen Doppelpfeil links neben seinem Namen ❶ im Titelbalken erst ihr ganzes Ausmaß. An gleicher Stelle können Sie es mit einem weiteren Klick auch wieder verkleinern. Doch es geht noch weiter, denn in der rechten oberen Ecke des Bedienfeld-Titelbalkens ist das Flyout-Menü ❷ versteckt. Mit einem Klick öffnen sich weitere Funktionen. Einige dieser Punkte betreffen das Bedienfeld selbst, wie z.B. sein Aussehen oder die Art der Darstellung seiner Funktionen. Andere Punkte halten weitere Funktionen für Sie bereit, die nicht im eigentlichen Bedienfeld auszuwählen sind. So finden Sie zum Beispiel im Flyout-Menü des Zeichen-Bedienfeldes (Fenster • Schrift • Zeichen) die Funktion, um aktivierte Buchstaben in Großbuchstaben umzuwandeln. Hierfür gibt es im Zeichen-Bedienfeld keinen Button.

Nicht nur das im letzten Abschnitt erklärte Anordnen, Verschachteln, Minimieren und auf ein Icon Verkleinern ist wichtig beim Arbeiten mit Bedienfeldern, sondern auch die Arbeit innerhalb dieser Bedienfelder. Vieles, was Sie dort sehen, sind Buttons/Symbole (❻ und ❼), die Sie anklicken und damit entsprechende Funktionen aktivieren können. Anderes wählen Sie aus Drop-down-Menüs aus ❺. Und öfters geben Sie auch Werte ein – die Stärke einer Kontur zum Beispiel ❹. Dazu klicken Sie einfach in die Bezeichnung neben dem Eingabefeld. Ist der Wert eines Bedienfeldes erst mal aktiviert, können Sie entweder einen eigenen Wert eingeben, oder Sie vergrößern bzw. verkleinern diesen, indem Sie auf Ihrer Tastatur den Aufwärts- bzw. Abwärts-Pfeil drücken, bis Sie mit der Eingabe zufrieden sind. Eine Bestätigung mit der Eingabetaste [⌃] am Mac oder der Zeilenschaltung [↵] schließt diesen Vorgang ab.

▲ **Abbildung 2.21**
Mit den Flyout-Menüs bekommen Sie meist seltener benutzte Optionen, dafür aber ebenso nützliche.

Es gibt auch Schieberegler ❾, in denen Sie %-Werte einstellen können, wenn Sie den Regler unter der Werteleiste verschieben. Mit den Doppelbuttons ❸ für rauf bzw. runter stellen Sie ganze Werte ein.

Zuletzt gibt es noch die Checkboxen ❽, mit denen Sie Funktionen aktivieren und so inaktive Felder zugänglich machen.

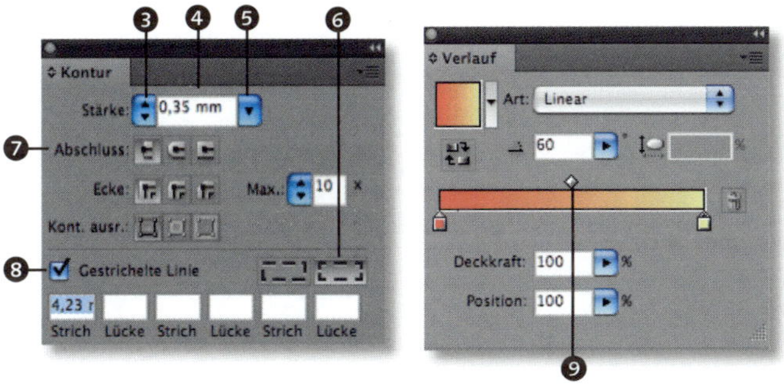

◂ **Abbildung 2.22**
Verschiedenste Arten von Eingabefeldern, Buttons, Schiebereglern und Dropdown-Listen

Mit der Tabulator-Taste [⇆] springen Sie in den Bedienfeldern von Eingabefeld zu Eingabefeld. Das Feld, zu dem Sie springen, ist dann aktiv, sodass Sie gleich einen Wert eingeben können, ohne den bisherigen erst löschen oder auswählen zu müssen.

Einfache Rechenschritte sind möglich. Setzen Sie Ihren Cursor hinter den bestehenden Wert, und tippen Sie [-] zum Subtrahieren, [+] zum Addieren, [/] zum Dividieren und [*] zum Multiplizieren. Wenn Sie verschiedene Maßeinheiten benutzen, rechnet Illustrator es für Sie um: »mm« für Millimeter, »cm« für Zentimeter, »pt« für Punkt und »%« für Prozent. Es ist pro Eingabe nur eine Rechenoperation möglich.

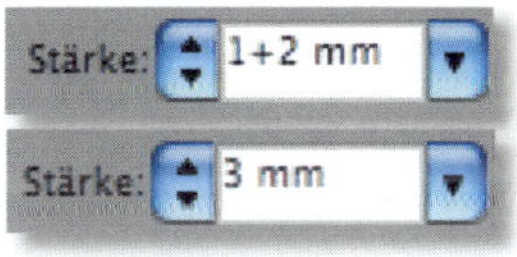

▴ **Abbildung 2.23**
Einfache Rechenschritte erledigt Illustrator für Sie.

2.3 Datei öffnen

Ob Sie nun über den Startbildschirm oder über das Hauptmenü DATEI gehen oder die Tastenkombination [Strg]/[⌘]+[O] drücken, Sie gelangen zum ÖFFNEN-Dialog. Im unteren Teil steht standardmäßig ALLE FORMATE (Windows) bzw. ALLE LESBAREN DOKUMENTE (Mac) ❿. Illustrator zeigt Ihnen in Ihrer eigenen Ordnerstruktur alle Dokumente an. Am Mac werden Dokumente, die Illustrator nicht öffnen kann, abgeschwächt dargestellt. Sie können Ihre Suche einschränken, indem Sie sich nur eine ganz bestimmte Art von Dokumenten anzeigen lassen. Auf diese Weise entdecken Sie schnell die gesuchte Kategorie (auch dann, wenn die Dokumente keine Dateinamenerweiterung haben sollten). Fast alle Formate, die Illustrator auflistet, sind keine Illustrator-Formate. Sie werden also so gut es geht interpretiert.

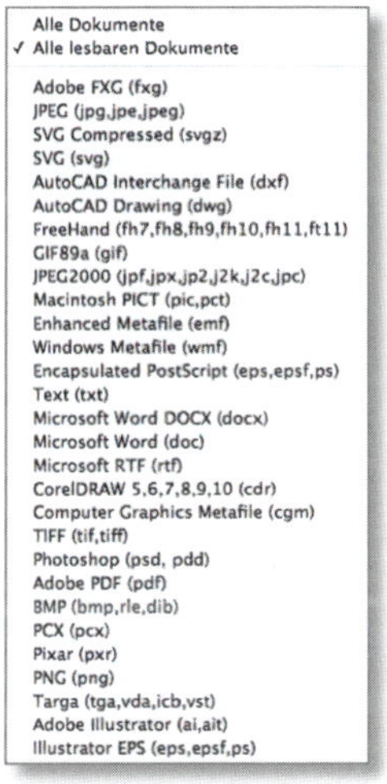

▴ **Abbildung 2.24**
Illustrator versucht viele Formate zu öffnen.

Wählen Sie z. B. eine Illustrator-Datei aus (gleich ob .ai oder .eps), öffnet das Programm sie mit dem Button ÖFFNEN oder mit einem Doppelklick auf die Datei so, wie sie zuletzt gespeichert wurde.

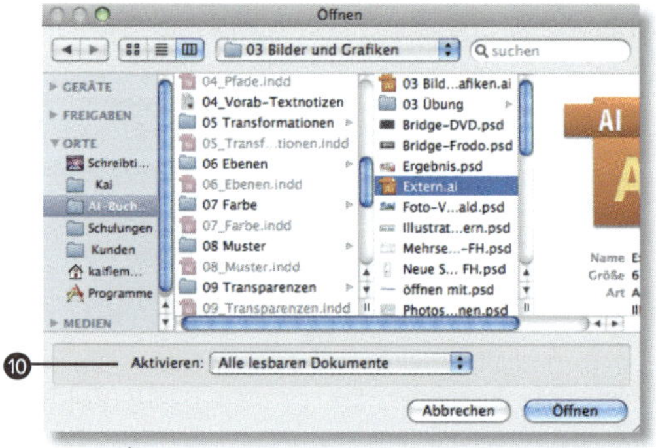

Abbildung 2.25 ▶
Der Öffnen-Dialog am Mac

▲ **Abbildung 2.26**
Doppelklicken Sie auf Fotos im Öffnen-Dialog, wird Ihr Foto nur eingebettet, und die Farbfelder fehlen. Also besser: Datei • Platzieren.

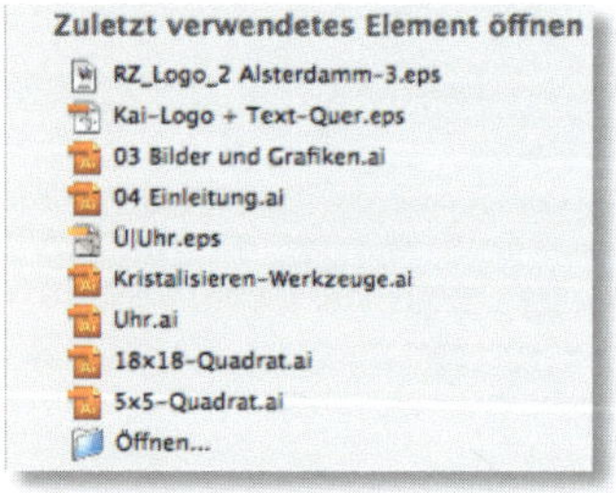

▲ **Abbildung 2.27**
Der schnellste Weg zur Illustrator-Datei: die zuletzt geöffneten erneut öffnen – im Startbildschirm

Öffnen Sie aber ein Foto, öffnet Illustrator eine neue Illustrator-Datei (mit den Einstellungen, mit denen das letzte Mal eine neue Datei angelegt wurde) und platziert das Foto automatisch in die Mitte dieser neuen Datei – in seiner Originalgröße. Ist das Foto größer als die Seite, ragt es über die Zeichenfläche hinaus. Achtung: Bilder, die auf diese Weise und nicht über den Platzieren-Dialog ins Illustrator-Dokument kommen, sind grundsätzlich eingebettet statt verknüpft. Was das bedeutet, lesen Sie in Kapitel 3, »Bilder und Grafiken«.

Öffnen Sie eine PostScript-Datei eines anderen Programms, wie zum Beispiel ein FreeHand-EPS, versucht Illustrator, diese Datei nach allen Maßgaben der PostScript-Informationen zu konvertieren. Es ist immer wieder erstaunlich, was Illustrator alles öffnen kann. Zaubern kann das Programm aber nicht, Sie müssen eventuell noch korrigieren. Illustrator zeigt Ihnen vor dem Öffnen einen Dialog an, in dem aufgelistet wird, was nicht konvertiert werden kann, bzw. Sie werden gefragt, was und wie Sie es öffnen möchten. Im schlimmsten Fall erhalten Sie die Meldung, dass Illustrator das Format gar nicht kennt und somit auch nicht öffnen kann.

2.4 Warndialoge beim Öffnen

Ihr Programm läuft im Hintergrund mit vielen Einstellungen. So wird es passieren, dass Sie ein Dokument öffnen und zunächst einen Warn- oder Fragedialog bekommen, auf den Sie reagieren müssen, weil Illustrator ohne Antwort nicht weitermacht.

2.4.1 Farbmodus konvertieren

Den Dialog Farbmodus konvertieren bekommen Sie nicht, wenn Sie Illustrator-Dokumente öffnen, weil Illustrator *entweder* nur RGB-Farbe *oder* CMYK-Farbe in einem Dokument zulässt. Und weil das so ist, werden Sie auch gefragt, was passieren soll, wenn Sie ein Dokument aus zum Beispiel FreeHand öffnen, in dem sowohl RGB als auch CMYK als Farbraum enthalten sein können. Entscheiden Sie sich für CMYK, werden alle Farbfelder und Farbflächen, die RGB-Farben enthalten, in CMYK-Farben umgewandelt (entsprechend Ihren Colormanagement-Einstellungen; siehe Kapitel 7, »Farbe«). Beschäftigen Sie sich aber bitte unbedingt mit dem Thema Colormanagement, bevor Sie hier die falsche Entscheidung treffen.

Colormanagement

Meine Empfehlung: Das Pre-Press-Handbuch über PDF-Ausgabe und Colormanagement von »cleverprinting.de«.

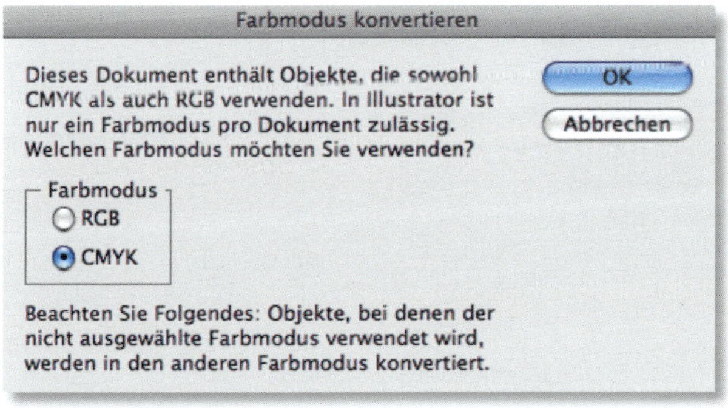

◂ **Abbildung 2.28**
Sie müssen sich entscheiden: RGB oder CMYK. Im Zweifelsfall wählen Sie die zweite Option.

2.4.2 Fehlendes Profil

Bekommen Sie den Dialog aus Abbildung 2.28, warnt Sie Illustrator, dass das zu öffnende Dokument kein oder ein anderes Farbprofil eingebettet hat, als Ihr Arbeitsfarbraum verlangt. Auch hierzu mehr in Kapitel 7, »Farbe«. Doch im Groben erläutere ich Ihnen schon einmal, was es bedeutet und wie Sie sich hier verhalten können.

In den Farbeinstellungen... im Bearbeiten-Menü (oder zentral in der Bridge für die gesamte Creative Suite: Bearbeiten • Creative Suite Farbeinstellungen...) legen Sie fest, wie Illustrator (bzw. die Creative-Suite-Programme) Farben darstellen und auch behandeln soll. In einem Illustrator-Dokument, das Sie öffnen, kann aber etwas anderes eingestellt sein, als in Ihren Programmvorgaben, sodass Sie es anders sehen als es vielleicht gemeint war. Sie entscheiden nun, ob das Dokument unverändert geöffnet werden soll ❶ oder ob Sie ihm ein ganz anderes Profil zuweisen möchten ❷ oder ob das Farbprofil des Dokuments gelöscht werden soll ❸. Wenn Sie wissen, was später mit dem Dokument passieren soll, und sich mit Farbmanagement auskennen, kann das sinnvoll sein. Sind Sie sich unsicher, lassen Sie es zunächst unverändert (Eingebettetes Profil verwenden) und konvertieren es gegebenenfalls später (Bearbeiten • Farbprofil zuweisen...). Sie sehen dann an einem kalibrierten Monitor mit Ansicht • Farbproof in etwa, wie es aussehen wird. Bitte lesen Sie hierzu auch unbedingt das Kapitel 7, »Farbe«.

Abbildung 2.29 ▸
Weichen die Farbeinstellungen des zu öffnenden Dokuments von Ihren Programmeinstellungen ab, können Sie das Dokument beim Öffnen schon konvertieren.

Schriftenverwaltung

Gut wäre ein Schriftenverwaltungsprogramm, das über Plug-ins für Ihre Grafikprogramme verfügt und in Fällen fehlender Schriften diese automatisch öffnet, wenn Sie sie besitzen (z.B. der kostenlose FontExplorer von Linotype oder zu kaufende Programme wie Suitecase und andere).

2.4.3 Fehlende Schriften

Der Dialog Schriftprobleme weist Sie darauf hin, dass das zu öffnende Dokument Schriften enthält, die aktuell nicht in Ihrem System aktiviert sind. Ist es ein Illustrator-Dokument mit diesem Problem, können Sie das Dokument trotzdem öffnen. Sie müssen die fehlenden Schriften auf Ihrem Computer aktivieren, wenn Sie sie beibehalten wollen, oder ersetzen die fehlenden Schriften durch andere. Dazu markieren Sie die betroffenen Textstellen (im Steuerung-Bedienfeld erhalten fehlende Schriften ein Sternchen) und wählen eine andere aus.

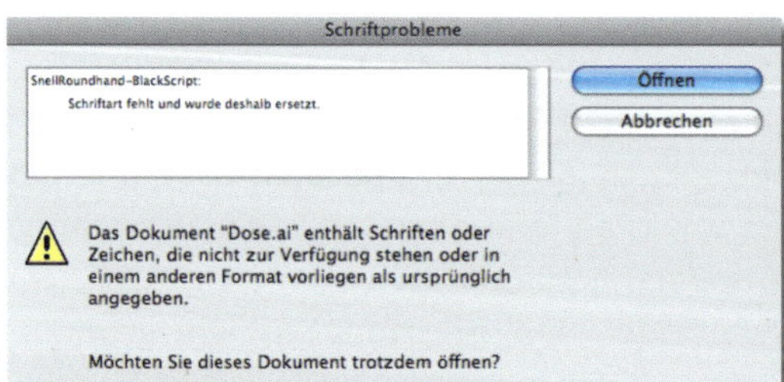

Abbildung 2.30 ▸
Fehlende Schriften werden schon beim Öffnen angemeckert. Aktivieren Sie sie in Ihrem System oder ersetzen sie durch andere.

Handelt es sich um kein Illustrator-Dokument, werden Sie lediglich darauf *hingewiesen*, dass eine oder mehrere Schriften ersetzt werden müssen. Illustrator ersetzt alle fehlende Schriften dann einfach durch eine Ersatzschrift. Sie können nach dem Öffnen nicht mehr einsehen, welcher Text zuvor mit welcher fehlenden Schrift erstellt wurde, wie Sie es bei einem Illustrator-Dokument könnten. Am besten schreiben Sie sich die Schriften des Warndialoges ab, installieren sie auf Ihrem System, kommen dann zurück zu Illustrator und öffnen das Dokument erneut.

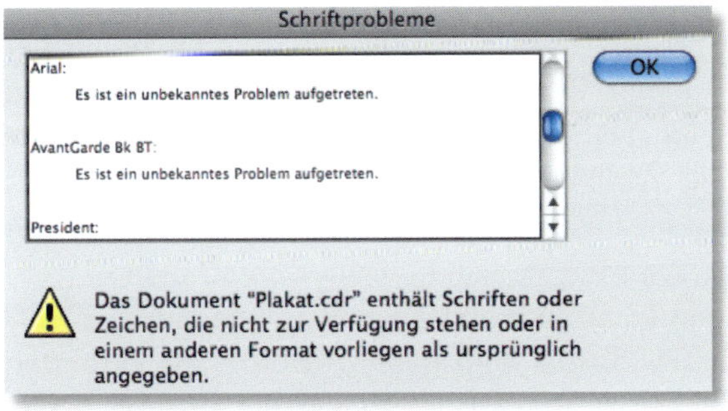

◄ **Abbildung 2.31**
Illustrator behandelt Schriftenprobleme beim Öffnen fremder Programmdateien rigoros mit ersetzter Schrift.

2.4.4 Fehlende Verknüpfungen

Ist in Ihr Illustrator-Dokument eine andere Datei als VERKNÜPFUNG platziert – es kann sich um ein Bild handeln, aber auch um Grafiken –, fragt Illustrator Sie nach eben diesen Verknüpfungen, wenn Illustrator die Bilder/Grafiken nicht finden kann. Das kann passieren, wenn Sie sie gelöscht oder verschoben haben, oder dann, wie meistens, wenn eine Illustrator-Datei weitergegeben wird, nicht aber die dazugehörigen Verknüpfungen. In dem Dialog haben Sie drei Möglichkeiten: Das Öffnen ABBRECHEN (und Feierabend machen), die Verknüpfung IGNORIEREN (sie fehlt dann in der Datei) oder sie ERSETZEN, also neu laden (Sie müssen dann zu der entsprechenden Datei navigieren und die Verbindung wiederherstellen).

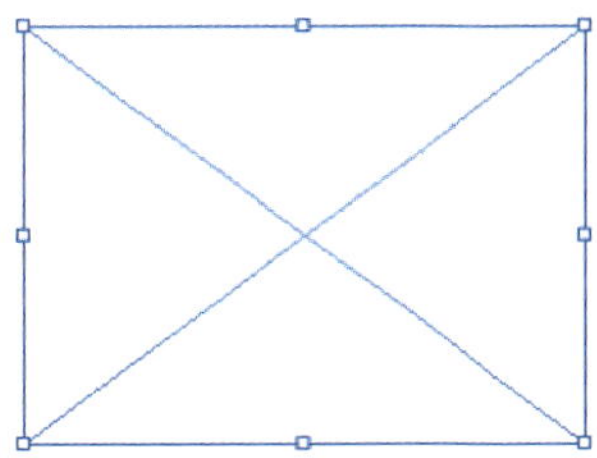

▲ **Abbildung 2.32**
So sieht eine Datei aus, deren Verknüpfung ignoriert wurde: ein leerer Bildrahmen.

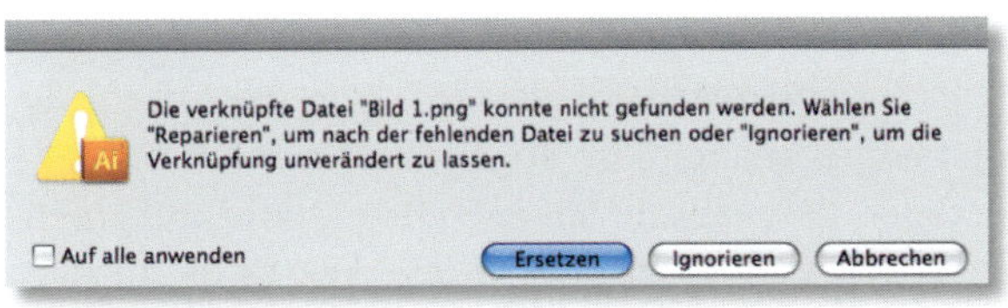

◄ **Abbildung 2.33**
Häufiges Problem: Verknüpfte Bilder werden mit der Illustrator-Datei nicht mitgeschickt.

Wenn Sie nun alle Warndialoge beantwortet haben – es kann durchaus sein, dass alle aufgeführten hintereinander aufpoppen, meistens wenn das Dokument von jemand anderem kommt –, können Sie loslegen und im geöffneten Dokument weiterarbeiten.

2.5 Neues Dokument

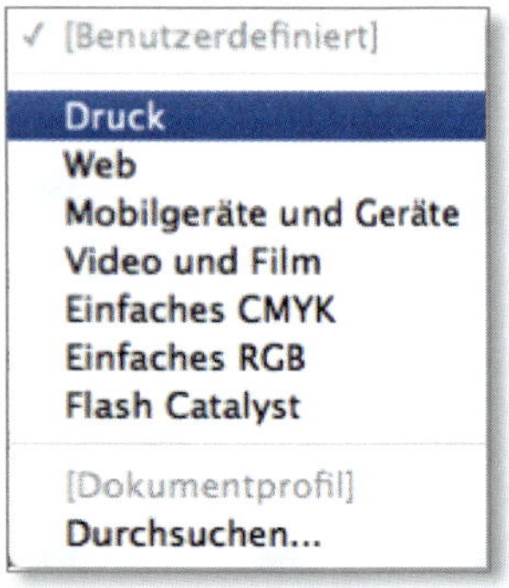

▲ **Abbildung 2.34**
Dokumentprofile ❷ erleichtern das schnelle Vorauswählen der Grundeinstellungen.

Der NEUES DOKUMENT-Dialog – erreichbar über den Startbildschirm mit Vorauswahl einiger Einstellungen, über DATEI • NEU... oder mit [Strg]/[⌘]+[N] – ist zweigeteilt. Im oberen Teil, unter NAME ❶ (dort können Sie schon jetzt einen Dokumentnamen eingeben) finden Sie das Aufklappmenü NEUES DOKUMENTPROFIL ❷. Hier treffen Sie schon eine Vorauswahl zu verschiedenen Einstellungen, die Sie für Ihr Dokument vornehmen müssen. In den allermeisten Fällen werden Sie sich für DRUCK entscheiden – auch dann, wenn Sie ein Logo für eine Webanwendung kreieren wollen. Denn eine Datei, die fürs Web angelegt wurde, später für den Druck umzuwandeln, ist wesentlich aufwändiger als umgekehrt. Entscheiden Sie sich z. B. für DRUCK, werden Ihnen bei GRÖSSE ❺ DIN-Formate zur Auswahl angeboten. Selbstverständlich können Sie darunter in BREITE und HÖHE auch eigene Werte eingeben und die Maßeinheit ⓭ selbst bestimmen. Im unteren Teil – ERWEITERT ❼ – stellt sich der FARBMODUS ❽ dann entsprechend auf CMYK, die RASTEREFFEKTE ❾ auf 300 ppi und der VORSCHAUMODUS ❿ auf STANDARD.

Wählen Sie bei NEUES DOKUMENTPROFIL hingegen WEB aus, bekommen Sie unter GRÖSSE eine Auswahl von Bildschirmauflösungen in Pixel angeboten. Im ERWEITERT-Bereich unten wechseln der FARBMODUS auf RGB und die RASTEREFFEKTE auf BILDSCHIRM (72 ppi). Gleiches passiert bei MOBILGERÄTE UND GERÄTE und VIDEO UND FILM. Bei Letzterem können Sie im ERWEITERT-Bereich noch ein TRANSPARENZRASTER definieren ⓰.

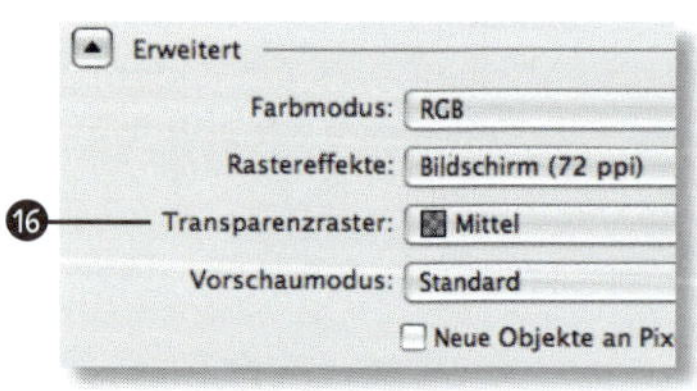

▲ **Abbildung 2.35**
TRANSPARENZRASTER kommt noch im ERWEITERT-Bereich hinzu, wenn Sie VIDEO UND FILM als Vorgabe wählen.

Schon beim Anlegen eines neuen Dokuments können Sie eine ANZAHL AN ZEICHENFLÄCHEN ❸ (also Seiten) bestimmen, deren Anordnung in Ihrem Dokument ⓯ und auch den Abstand dieser Zeichenflächen zueinander festlegen ❹ sowie die Anzahl der SPALTEN ⓮ angeben, in denen diese angeordnet werden sollen.

Mit den Symbolen ⓬ wechseln Sie zwischen Quer- und Hochformat. NEUE OBJEKTE AN PIXELRASTER AUSRICHTEN ⓫ ist für Bildschirmanwendungen wichtig, damit feine Linien zum Beispiel auch im Netz sauber dargestellt werden.

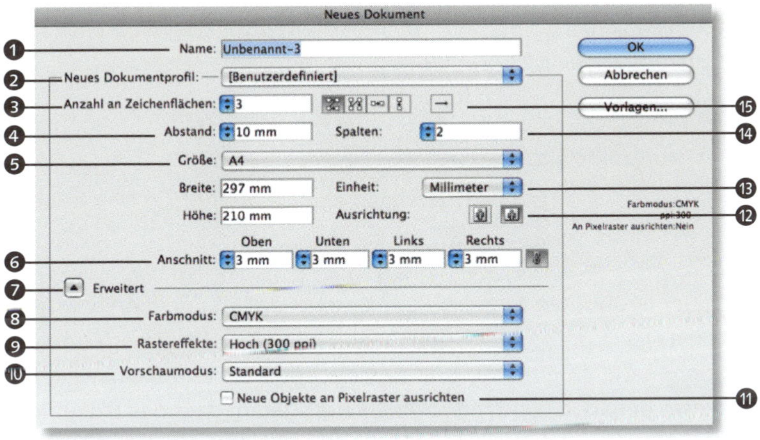

◂ **Abbildung 2.36**
Viel Mühe und spätere Korrekturarbeit können Sie sich sparen, wenn Sie schon beim Anlegen Ihrer Dokumente die richtigen Einstellungen vornehmen.

Sie können, was für den Druck sehr wichtig sein kann, Ihren Seitenbereichen jeweils einen ANSCHNITT ❻ zuweisen. Dieser legt um die Seiten einen Rahmen in definierter Größe (Standard ist 3 mm), an dem Sie sich orientieren können. Denn alle Objekte, die im Druck ganz bis zum Papierrand reichen, wie farbige Hinterlegungen oder Fotos, müssen ein wenig darüber hinausreichen, damit in der Produktion ein weißer Rand zum Papierrand ausgeschlossen werden kann. Gestalten Sie also ganze Seiten statt Einzelelemente, die in ein Layoutprogramm platziert werden, müssen Sie dies beachten. Umgekehrt dürfen Sie auch Objekte, die nicht beschnitten werden sollen, nicht zu nah an den Papierrand bzw. die Zeichenfläche heranlegen.

Das Dokumentprofil EINFACHES CMYK ist etwas gefährlich, weil man schnell glauben kann, man arbeite für den Druck. Doch in dem ERWEITERT-Bereich sehen Sie, dass der Rastereffekt auf 72 ppi zurückgesetzt wird. Erstellen Sie nun Objekte, die Transparenzen enthalten, wie z. B. Schatten oder einen Schein nach außen, werden diese Transparenzeffekte im Druck gröber ausgegeben als die übrigen Teile der Objekte, die eventuell in Pixel umgewandelt werden müssen, was recht unschön aussehen kann.

▴ **Abbildung 2.37**
Das Format wird nach dem Druck an der schwarzen Kontur beschnitten, sodass der Abstand bis zur roten Kontur der »Sicherheitsabstand« ist. (Beide Konturen werden nicht mitgedruckt.)

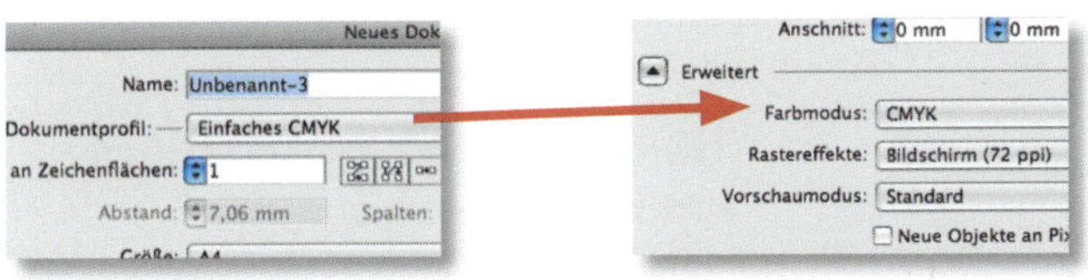

◂ **Abbildung 2.38**
»Gefährliche« Einstellung: EINFACHES CMYK

Die Dokumentprofile Einfaches RGB, Flash Catalyst und Web unterscheiden sich nur durch Neue Objekte an Pixelraster ausrichten. Objekte schnappen dann in ein im Hintergrund arbeitendes Pixelgitter ein, was beim Arbeiten für das Web eine sehr sinnvolle Sache ist.

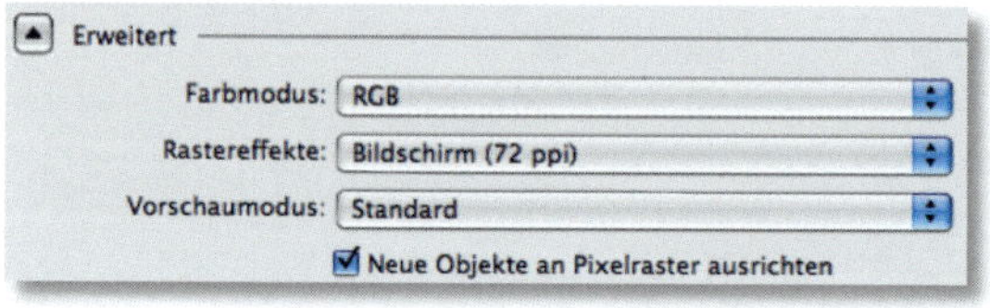

Abbildung 2.39 ▸
Feine Linien zum Beispiel werden in Webanwendungen nicht unscharf dargestellt, weil sie mit dem Pixelraster konform sind.

In der Dropdown-Liste von Dokumentprofil kann das Durchsuchen (ganz unten) auch sehr praktisch sein. Mit dieser Funktion können Sie zu einem schon bestehenden Dokument navigieren, dieses anklicken und mit Öffnen bestätigen, dass das Dokument mit den Grundeinstellungen dieser angeklickten Illustrator-Datei erzeugt wird. Sie bekommen dann auch dessen Farbfelder (aber auch nur diese, nicht die Standardfarbfelder). Sie kopieren also quasi die Datei ohne Inhalt, um eine neue daraus zu machen.

▴ **Abbildung 2.40**
Mit Neues Dokument • Neues Dokumentprofil • Durchsuchen... erzeugen Sie eine Datei wie gestern oder neulich schon.

2.6 Navigation im Dokument

Ein ebenfalls wichtiger Punkt ist die Navigation im Dokument. Lassen Sie sich die ganze Seite anzeigen, sind viele Details zu klein, Ihre Arbeit wird zu ungenau und Ihr Rücken zu krumm, wenn Sie sich nach vorne beugen, um mehr zu sehen. Sie müssen sich den jeweils idealen Ausschnitt Ihres Projektes anzeigen lassen. Hierzu gibt es viele verschiedene Tools, allen voran die Tastaturkürzel.

Tastenkürzel	Funktion
Strg / ⌘ + 0	ganze Zeichenfläche einblenden
Strg / ⌘ + Alt + 0	alle Zeichenflächen einblenden
Strg / ⌘ + 1	100%-Anzeige
Strg / ⌘ + +	vergrößern
Strg / ⌘ + -	verkleinern
Leertaste	Hand-Werkzeug temporär aufrufen (nicht im Textmodus)

Tabelle 2.1 ▸
Tastaturkürzel machen die Navigation im Dokument leichter und vor allem schneller.

Mit dem Hand-Werkzeug verschieben Sie die Zeichenfläche und lassen sich den gerade gebrauchten Ausschnitt am Monitor zeigen. Temporär bekommen Sie es durch Drücken der Leertaste, was viel effektiver ist als die Scrollbalken am Dokumentenrand. Haben Sie eine Maus mit Rad, nutzen Sie ruhig auch dieses.

Außerdem gibt es noch das Zoomwerkzeug. Sie können mit ihm einen Bereich aufziehen, der auf die Monitorgröße angepasst wird, oder einfach zum schrittweisen Vergrößern auf die Zeichenfläche klicken. Halten Sie dabei [Alt] gedrückt, wechselt das Werkzeug auf Verkleinern.

Sie können aber auch einen Wert in das Eingabefeld am unteren Fensterrand eingeben, um einen bestimmten Vergrösserungsfaktor zu erhalten.

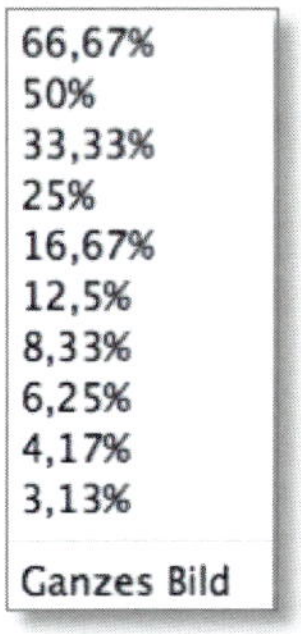

▲ **Abbildung 2.41**
Vergrößerungswerte von 3,13 % bis 6.400 % sind am Fensterrand unten auswählbar.

2.6.1 Der Navigator

Zur Navigation im Dokument gibt es aber auch – Sie haben es erraten – ein Bedienfeld. Es heißt auch so: Navigator (Fenster • Navigator). Es zeigt Ihnen Ihr Dokument und mit rotem Rahmen ❷ den sichtbaren Ausschnitt auf Ihrer Zeichenfläche ❸. Diesen Rahmen können Sie mit der Maus anfassen und verschieben; der Ausschnitt am Monitor bewegt sich mit. Auch hier haben Sie ein Eingabefeld für den Vergrößerungsfaktor am unteren Bedienfeldrahmen ❶. Rechts daneben befindet sich ein Schieberegler ❺ dafür mit beiden Symbolen links ❹ und rechts davon ❺ für eine größere oder kleinere Darstellung. Ist Ihnen das alles zu klein, ziehen Sie das Bedienfeld einfach größer ❼.

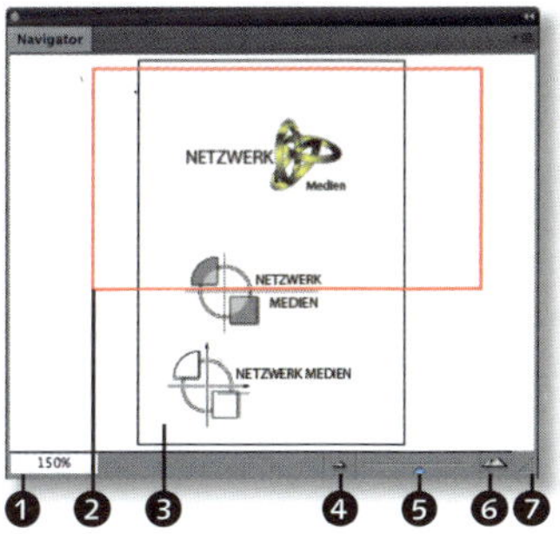

▲ **Abbildung 2.42**
Navigation als Bedienfeld: Fenster • Navigator

2.6.2 Verschiedene Ansichtsmodelle

Eine sehr schöne Sache ist es, eine neue Ansicht zu kreieren, denn oft müssen wir zwischen ganz bestimmten Ausschnitten unserer Arbeit hin und her wechseln. Zunächst passen Sie den gewünschten Ausschnitt in Ihren Monitor ein und gehen dann im Hauptmenü auf Ansicht • Neue Ansicht ... Im folgenden Popup-Menü können Sie diese Ansicht noch benennen und gelangen über das Menü Ansicht jederzeit schnell wieder zu genau diesen gespeicherten Ansichten. Eine neue Ansicht merkt sich nicht nur den Ausschnitt auf Ihrem Monitor, sondern auch die Sichtbarkeit Ihrer Ebenen. Im Menüpunkt darunter, Ansicht bearbeiten, können Sie lediglich den Namen ändern und neue Ansichten wieder löschen.

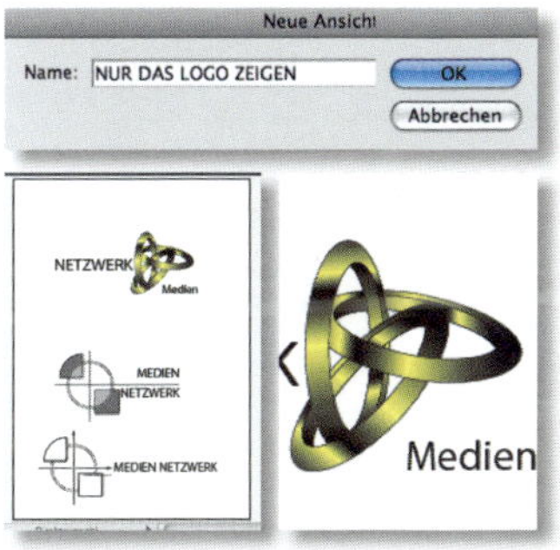

▲ **Abbildung 2.43**
Über neue Ansichten können Sie schnell zwischen verschiedenen Größen wechseln.

Manchmal arbeiten wir aber nicht an ganz verschiedenen Ansichten, sondern brauchen einen Zoom und eine Übersicht des gleichen Dokumentes gleichzeitig. Das erreichen Sie nicht mit verschiedenen Ansichten, sondern mit einem weiteren Fenster. Öffnen Sie sich hierfür zwei Fenster des gleichen Dokuments über Fenster • Neues Fenster. Eines zeigt die ganze Seite für Ihren Überblick. Das andere Fenster zeigt eine Vergrößerung des Bereichs, an dem Sie gerade arbeiten. Nun können Sie zwischen der Detailansicht in einem Fenster und dem Überblick im anderen wechseln.

Abbildung 2.44 ▶
Mehrere Fenster derselben Datei gleichzeitig: Mehr Übersicht ist nicht möglich.

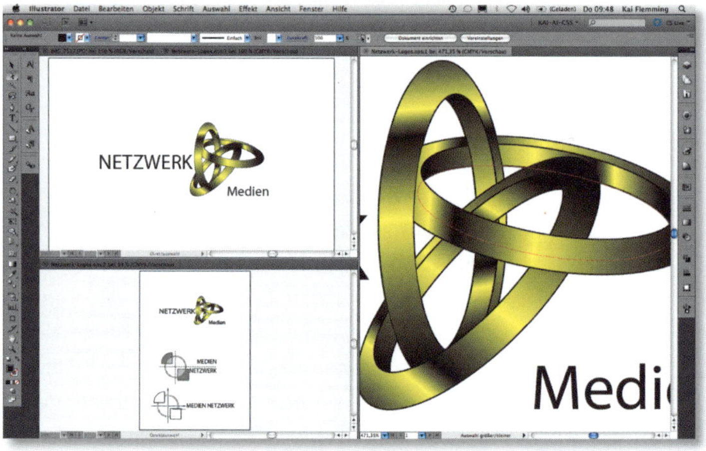

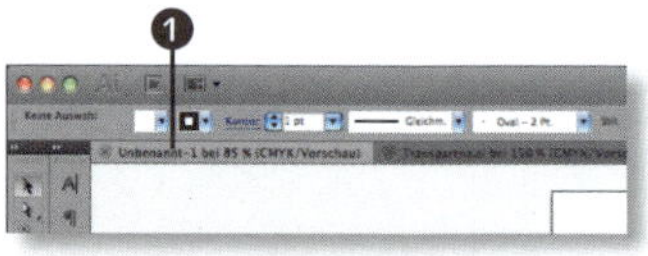

▲ **Abbildung 2.45**
Geöffnete Dokumente werden in Reitern organisiert.

▲ **Abbildung 2.46**
Der Button Dokumente anordnen gibt Ihnen viele Möglichkeiten, mehrere offene Dokumente zu arrangieren.

Am Mac gibt es grundsätzlich zwei Möglichkeiten der Fensterdarstellung: mit Anwendungsrahmen und ohne Anwendungsrahmen (Fenster • Anwendungsrahmen). Arbeiten Sie ohne diesen Rahmen, liegen Ihre Dokumentenfenster frei auf Ihrem Monitor, sind aber trotzdem neu zu arrangieren/anzuordnen.

Am PC arbeiten Sie generell mit Anwendungsrahmen. Sie erhalten einen großen Rahmen, in dem alle offenen Dokumente enthalten sind. Diese sind dann in »Reitern« ❶ angeordnet, lassen sich aber auch leicht mit einem Klick in das Symbol Dokumente anorden in der Anwendungsleiste (Fenster • Anwendungsleiste) neu arrangieren. An den Stegen zwischen den einzelnen Frames, lassen sich die Dokumente auch verschieben. So können Sie das eine größer ziehen, während die anderen entsprechend kleiner werden. Ganz nach Ihren Wünschen.

Kapitel 3

Bilder und Grafiken

Platzieren, was schon fertig ist

Sie werden lernen:

- Wie werden Bilder und Grafiken in Dateien platziert?
- Was ist der Unterschied zwischen Einbetten und Verknüpfen?
- Wie werden geänderte Verknüpfungen aktualisiert?
- Wie lassen sich Vorlagen von integrierten Dateien unterscheiden?
- Wie werden Bilder über die Bridge in Illustrator importiert?
- Was ist bei externen Dateien zu beachten?
- Was geschieht mit alten FreeHand-Dateien?

3 Bilder und Grafiken

Mit Adobe Illustrator arbeiten Sie in vielen Fällen nicht allein und ausschließlich. Sie brauchen oft Bildvorlagen aus Photoshop. So wollen Sie vielleicht ein als Pixelbild vorliegendes Logo nachzeichnen. Oder Sie erstellen eine Gebrauchsanleitung für ein technisches Gerät und brauchen dafür die eingescannten Symbole auf den Knöpfen, wie sie auf dem Gerät abgebildet sind. Sie gestalten eine Titelseite für ein Reisemagazin inklusive einer Vektorillustration oder einen Autoaufkleber, der sich an ein bestimmtes Fahrzeugmodell anpasst, und, und, und. In so vielen Fällen müssen Sie Bilder oder auch Grafiken in Ihr Dokument hineinnehmen – als Vorlage oder als eigenständiges Element.

3.1 Dateien platzieren

Platzieren/Importieren

In einigen Programmen ist der äquivalente Ausdruck für das PLATZIEREN in Illustrator »Importieren«.

Wenn Sie ein Bild als Vorlage in einer Illustrator-Datei haben möchten, erreichen Sie das nicht durch einen Doppelklick (auf der Betriebssystem-Ebene) im Windows-Explorer oder im Finder auf dem Mac. Denn ist es ein Photoshop-Bild, öffnet sich natürlich Photoshop statt Illustrator. Und gehen Sie mit dem Befehl ÖFFNEN MIT... an die Sache heran, lässt sich Illustrator zwar auswählen und wird auch eine Datei öffnen, in der das Bild mittig platziert ist, aber die Voreinstellungen der Datei haben Sie dann nicht mitbestimmt.

Erstellen Sie als Erstes also eine Datei nach Ihren Vorgaben, wie im vorangegangenen Kapitel beschrieben, in der anschließend das Bild platziert werden soll.

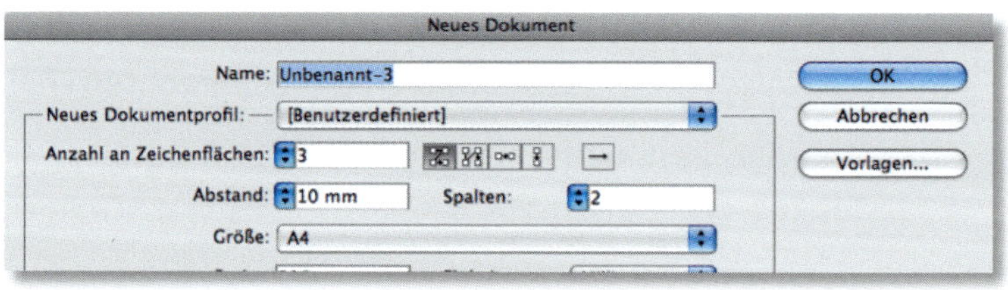

Abbildung 3.1 ▸
Erst mal eine Illustrator-Datei erstellen und *dann* platzieren

Gehen Sie zu Datei • Platzieren. Im Platzieren-Dialogfeld navigieren Sie im oberen Teil zu dem Foto oder der Grafik Ihrer Wahl. Im unteren Teil des Dialogfeldes finden Sie Dateityp: Alle Formate am PC bzw. Aktivieren: Alle lesbaren Dokumente ❶. Illustrator ist ein regelrechter »Allesfresser«. Illustrator kann viele unterschiedliche Dateiformate interpretieren, also auch platzieren. Haken Sie Verknüpfen ❺ an, lädt Illustrator lediglich eine Vorschau der Datei. Das Original bleibt unangetastet, steht aber in Verbindung zu Illustrator. Ändern Sie die Datei, erkennt Illustrator dies und gibt Ihnen die Möglichkeit, diese Änderungen an der Originaldatei zu aktualisieren. Aber Vorsicht: Soll das platzierte Bild mitgedruckt werden, muss es später auch als eigenständige Datei mitgeliefert werden. Siehe auch Abschnitt 3.3, »Dateien mit Verknüpfungen ausgeben«, weiter unten in diesem Kapitel.

Bei angewählter Vorlage ❹ legt Illustrator das Bild automatisch auf eine eigene abgeschlossene und abgeblendete Ebene (Fenster • Ebenen, siehe auch Kapitel 6, »Ebenen«). Das Bild ist so beim Nachzeichnen vor versehentlichem Verschieben geschützt. Der Button Ersetzen ❺ sollte ausgegraut, also nicht anwählbar sein. Haben Sie in Ihrer Datei jedoch zuvor ein Bild mit dem Auswahl-Werkzeug markiert, könnten Sie hier einen Haken setzen, damit es durch das neue Bild ersetzt wird. Bestätigen Sie Ihre Eingaben mit Platzieren ❷.

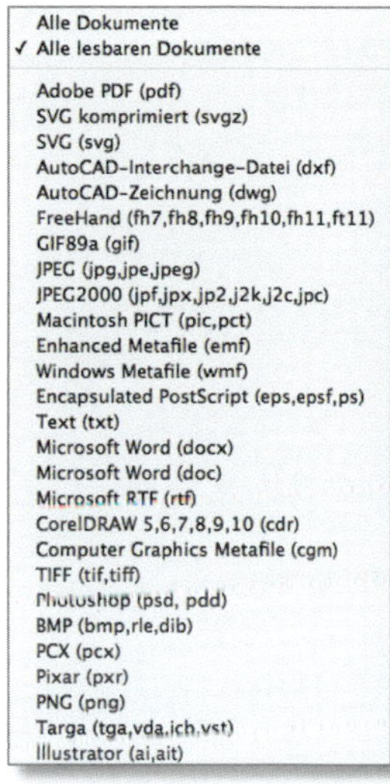

▲ **Abbildung 3.2**
Illustrator akzeptiert viele Formate, wenn es ums Platzieren geht.

◀ **Abbildung 3.3**
Der Platzieren-Dialog (hier am Mac)

Haben Sie sich beim Platzieren für die Option VORLAGE entschieden, sollten Sie sich jetzt das Ergebnis Ihrer Eingaben im EBENEN-Bedienfeld ansehen (FENSTER • EBENEN). Zwei Ebenen sind zu sehen. Oben die »Ebene 1« ❸; diese ist nicht abgeschlossen, sodass Sie hier nun selbst Objekte erstellen können. Darunter die Ebene »Vorlage«; sie ist gesperrt ❷. Sie erkennen sie als die Vorlagenebene an dem Symbol ❶ und daran, dass der Name der Ebene kursiv geschrieben ist ❹.

Müssen Sie aber an das Bild selbst heran, müssen Sie zuvor die Ebene mit einem Klick in das Schloss-Symbol ❷ aufschließen.

Abbildung 3.4 ▶
Das EBENEN-Bedienfeld: FENSTER • EBENEN

Ein Bild, das Sie als Vorlage platziert haben, ist standardmäßig aufgehellt. Der Grund dafür ist, dass Illustrator bei einer Vorlage davon ausgeht, dass Sie sie mit den Zeichenwerkzeugen von Illustrator abzeichnen wollen. Oft sehen Sie bei kräftigen Vorlagenbildern aber die Konturen, die Sie selbst zeichnen, nicht so gut. Ist die Vorlage heller, können Sie Ihre eigene Zeichnung besser erkennen. Wie Sie Vorlagen abzeichnen, erfahren Sie in Kapitel 4, »Pfade«, anhand zweier Logos, die ich dort mit Ihnen Schritt für Schritt abzeichne.

Manchmal aber wollen Sie ein Bild als Bild in Ihre Illustrator-Datei einbinden; es soll Bestandteil Ihrer Illustration sein. In diesem Fall müssen Sie beim Platzieren VORLAGE abwählen. Auch hier lohnt es sich natürlich, das Bild auf eine eigene Ebene zu stellen, um es zu schützen. Der Vorteil: Das Bild wird nicht aufgehellt.

▼ **Abbildung 3.5**
Eine Mischung aus platziertem Foto (Pixelbild links) und Vektorillustration rechts

In der Regel stehen das Bild und Ihre eigene Vektorillustration nun nebeneinander bzw. übereinander in einer Illustrator-Datei. Sie können sie so ausdrucken. Dabei aber sollten Sie darauf achten, dass das Bild im gleichen Farbraum vorliegt wie Ihre Illustrator-Datei. Arbeiten Sie mit CMYK, sollte auch Ihr Bild in Photoshop schon in CMYK umgewandelt sein. Wenn Sie Ihre Dateien als PDF ausgeben, können Sie Ihre Bilder in RGB lassen und erst bei der Ausgabe in den gewünschten Farbraum umwandeln. Dieses Vorgehen lässt Ihnen deutlich mehr Spielraum, wenn es darum geht, eventuell für verschiedene Ausgabemedien zu arbeiten (Web und Print zum Beispiel). Allerdings benötigen Sie hier einige Kenntnisse über das Colormanagement. In Kapitel 7, »Farbe«, gehe ich auf das Thema Colormanagement und Farbräume ein wenig ein.

3.2 Verknüpfen oder einbetten?

Zwei grundsätzlich verschiedene Arten des Platzierens kennt Illustrator: das VERKNÜPFEN und das EINBETTEN. Ersteres meint, dass die Datei, die Sie platzieren, in Illustrator als eine sogenannte Vorschau zu sehen ist, während das Originalbild irgendwo auf Ihrem Rechner liegt. Illustrator merkt sich den Pfad zu dieser Datei, sodass es über diesen Pfad eine VERKNÜPFUNG gibt. Ändern Sie die verknüpfte Datei, erkennt Illustrator eine Differenz zwischen dem Original und der sichtbaren Vorschau in Illustrator.

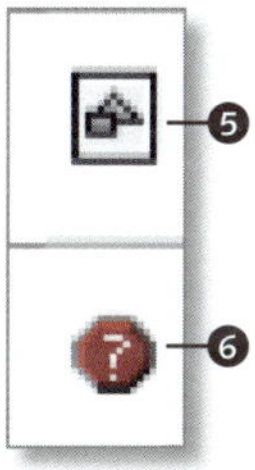

▲ **Abbildung 3.6**
Illustrator erkennt, wenn eine Verknüpfung geändert wurde ❺ oder gar fehlt ❻ und zeigt entsprechend die Symbole im VERKNÜPFUNGEN-Bedienfeld.

Nach einer Aktualisierung der verknüpften Datei zeigt Illustrator die Datei wieder so an, wie sie zuletzt gespeichert wurde. Betten Sie Ihre platzierte Datei jedoch in Illustrator ein, erstellt Illustrator eine Kopie dieser Datei und bettet sie in die Datei mit ein. Das Original der eingebetteten Datei bleibt auf Ihrer Festplatte unangetastet, hat aber keine Verbindung mehr zu Illustrator.

Wann überhaupt betten Sie dann Ihre Dateien ein? In jedem Fall nur dann, wenn Sie sicher sind, dass sich an der eingebetteten Datei nichts mehr ändert, bevor es ausgegeben, also gedruckt wird oder im Web eingebaut wird. Dann, wenn Sie nur eine Datei zur Weiterverarbeitung aus der Hand geben und dort nichts mehr an den eingebetteten Dateien verändert werden darf/soll. Auch dann ist es unproblematisch, wenn Sie einen Screenshot zum Beispiel eines Logos, das Sie nachzeichnen wollen, als Vorlage mit in Ihre Datei nehmen und dieser Screenshot nach getaner Arbeit wieder gelöscht wird.

Dateigröße

Durch das Einbetten einer Datei steigt auch die Dateigröße des Illustrator-Dokuments entsprechend an.

3.2.1 Verknüpfungen-Bedienfeld

Im Verknüpfungen-Bedienfeld werden alle in Ihrem Illustrator-Dokument platzierten Dateien aufgelistet. Sie erreichen es über Fenster • Verknüpfungen. Links im Bedienfeld ist ein kleines Icon mit einer Vorschau zu sehen, und rechts stehen eventuell Symbole für weitere Informationen darüber, wie es um die entsprechende Datei bestellt ist. Ist dort nämlich ein gelbes Ausrufezeichen sichtbar ❷, symbolisiert dies, dass das durch Verknüpfen platzierte Bild außerhalb von Illustrator geändert wurde. Findet sich dort stattdessen ein rotes Fragezeichen ❸, fehlt das Bild sogar ganz. Ist ein Symbol mit Quadrat und Dreieck zu sehen ❹, wissen Sie, dass Ihr Bild nicht verknüpft, sondern eingebettet ist. Wenn keine Symbole zu sehen sind ❺, ist mit Ihrem Bild alles in Ordnung, und es hat eine Verbindung zum Original, ist also verknüpft.

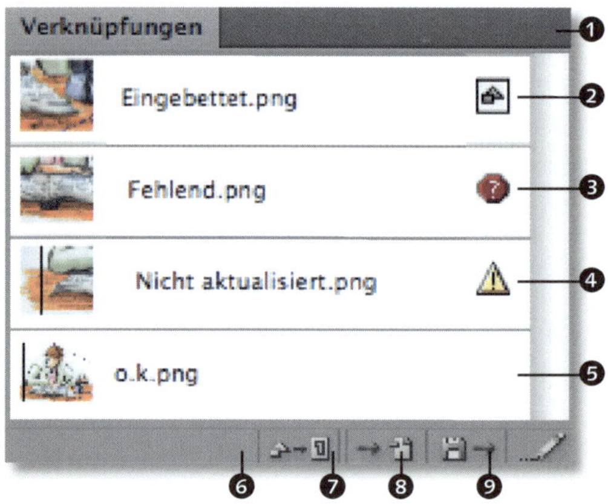

Abbildung 3.7 ▸
Das Verknüpfungen-Bedienfeld zeigt Ihnen schnell den Status der platzierten oder eingebetteten Dateien.

Am unteren Rand des Bedienfeldes sehen Sie wieder einige Symbole. Sie müssen eine Verknüpfung ausgewählt haben, um die Symbole benutzen zu können.

❻ Erneut verknüpfen: Sie öffnen den Platzieren-Dialog und ersetzen die ausgewählte Datei durch eine neu gewählte.

❼ Gehe zu Verknüpfung: Die Datei wird Ihnen in Ihrem Dokument gezeigt, aktiviert und in das Programmfenster eingepasst. Denn manchmal haben Sie so viele Verknüpfungen, dass Sie nicht mehr genau sagen können, welche welche ist.

❽ Verknüpfung aktualisieren: Wird Ihnen das gelbe Warndreieck angezeigt, das symbolisiert, dass die verknüpfte Datei außerhalb von Illustrator (nach dem Platzieren) bearbeitet wurde, können Sie die Verknüpfung hier aktualisieren.

❾ Original bearbeiten: Ein Klick, und es öffnet sich das Programm, mit dem die Verknüpfung erstellt wurde (so Sie es auf Ihrem Rechner installiert haben). Alte FreeHand-Dateien allerdings werden gleich umgewandelt und direkt in Ihre Datei hineingeschrieben, anstatt sie zu verknüpfen.

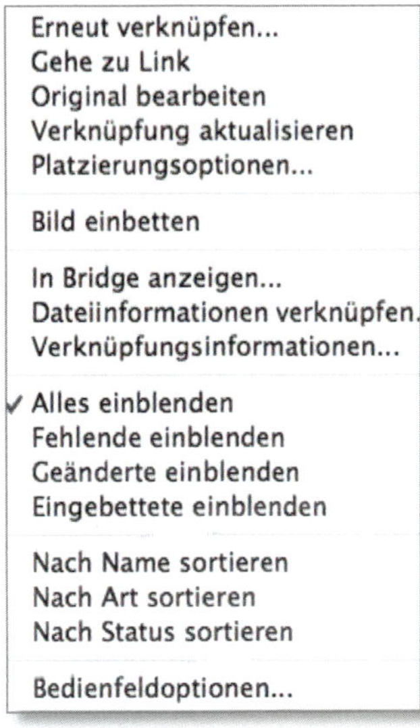

▲ **Abbildung 3.8**
Flyout-Menü des Verknüpfungen-Bedienfelds

Natürlich haben Sie auch in diesem Bedienfeld ein Flyout-Menü ❶. Die oberen Begriffe der Dropdown-Liste entsprechen den gerade vorgestellten Symbolen. Gleich danach finden Sie aber schon Bild einbetten. Mit diesem Eintrag können Sie die im Bedienfeld aktivierte Datei einbetten und so die Verknüpfung zum Original kappen. Die Originaldatei muss dann bei einem Druck aus der offenen Illustrator-Datei nicht separat mitgeschickt werden, vergrößert aber auch die Illustrator-Datei selbst.

Dateiinformationen verknüpfen erlaubt es, Metadaten einzusehen, wenn die Datei welche enthält (z. B. Kameradaten, Blende, Belichtungszeit).

Verknüpfungsinformationen zeigt Ihnen neben den Originalabmessungen, dem Skalierungsfaktor in Illustrator, eventuellen Transformationen und dem Änderungsdatum auch den Pfad, über den die Datei auf Ihrer Festplatte zu finden ist.

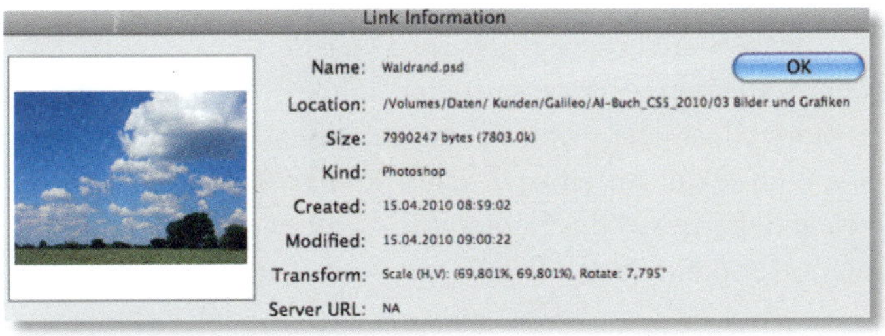

◂ **Abbildung 3.9**
Wo liegt Ihr Bild auf der Festplatte, woher kommt es und wann wurde es geändert? Ist es in Illustrator transformiert worden?

Besonders praktisch ist In Bridge anzeigen, denn der Befehl öffnet in Bridge den Ordner, in dem die verknüpfte Datei auf Ihrer Festplatte zu finden ist. Halten Sie alle Bilder, Grafiken, Texte und Informationen sowie die Illustrator-Datei selbst in einem Kundenordner vor, haben Sie hier einen tollen Überblick und extrem viele Möglichkeiten mehr. Lesen Sie Kapitel 14, »Zusammenspiel in der CS5«, und später in diesem Kapitel die erste Schritt-für-Schritt-Anleitung, in der ich Ihnen noch einiges über die Bridge verrate.

Die nächsten Begriffe erklären sich von selbst; sie filtern Ihre Verknüpfungen-Liste, zeigen Ihnen nur fehlende, geänderte oder eingebettete Dateien an. Die Begriffe darunter sortieren Ihre Liste

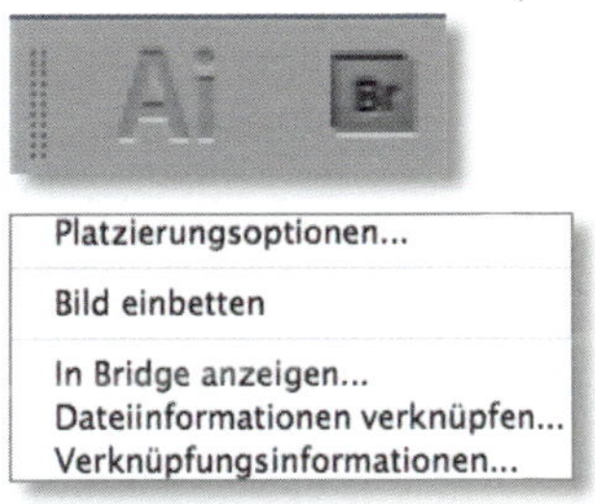

▲ **Abbildung 3.10**
Zwei Arten, zu Bridge zu gelangen. Oben: der Button in der Anwendungsleiste. Unten: im Flyout-Menü des Verknüpfungen-Bedienfelds.

lediglich. Jedoch empfehle ich hier Nach Status sortieren, damit Sie sofort die Problemfälle ganz oben aufgelistet bekommen.

3.3 Dateien mit Verknüpfungen ausgeben

Achtung vor dem Platzieren von Daten einer CD oder externen Festplatte

Ist die CD ausgeworfen oder womöglich schon zurück beim Kunden, verliert Illustrator seine Verbindung. Es kann nur noch eine grobe Vorschau gedruckt werden.

Wenn Sie mit verknüpften Dateien arbeiten, sollten Sie noch die folgenden Hinweise beachten, weil es hier immer wieder zu bösen Überraschungen kommt.

Schreiben Sie aus Ihrer Illustrator-Datei ein Druck-PDF (siehe Kapitel 13, »Ausgabe«), werden sowohl die *verknüpften* Dateien mit in die PDF-Datei geschrieben als auch die *eingebetteten*.

Geben Sie aber Ihre Illustrator-Datei so wie sie ist weiter, also »offen« oder »nativ«, müssen Sie auch die Bilder und Grafiken, die nur *verknüpft* sind, zusammensuchen und ebenfalls mit verschicken. Andernfalls vermisst Illustrator diese Verknüpfungen. Schon beim Öffnen wird gefragt, was damit passieren soll (siehe Abschnitt 2.4.4, »Fehlende Verknüpfungen«). Haben Sie die Verknüpfungen nicht oder nicht mehr, fehlen sie in der Datei. Sie müssen sie also in diesem Fall wiederbeschaffen.

Achten Sie beim Löschen der »Vorlagenebene« …

… unbedingt darauf, dass nicht aus Versehen Objekte Ihrer eigenen Illustration auf diese Ebene gerutscht sind und damit ebenfalls gelöscht würden.

Oftmals sind es nur Vorlagen, die fehlen, diese sollen ohnehin nicht gedruckt werden. Dann können Sie auch im Warndialog Ignorieren anklicken. Da es Ihr Dienstleister oder der Kollege, der Ihre Daten weiterverarbeiten soll, nicht wissen kann, ist es sehr sinnvoll, solche nicht zur Ausgabe bestimmten Verknüpfungen am Ende der Arbeit zu löschen. Ziehen Sie hierzu lediglich die Vorlagenebene auf das Papierkorb-Symbol am unteren Rand des Ebenen-Bedienfelds.

Schritt für Schritt: Von Illustrator über Bridge zu Photoshop und zurück

1 Das Bridge-Fenster

Mit der CS5 erhalten Sie auch das Programm Bridge. Öffnen Sie es, finden Sie im oberen linken Frame zwei Reiter: Ordner und Favoriten ❷. Unter Favoriten aufgelistet steht an erster Stelle »Computer«. Hier werden Ihre Festplatte(n) und eben auch die Buch-DVD aufgelistet (wenn sie eingelegt ist). Mit Doppelklicks können Sie nun zu folgendem Ordner navigieren: DVD • Uebun-

GEN • 03 • HINUNDHER. Mit dem Pfeil ❶ kommen Sie übrigens wieder eine Ordnerebene höher.

> **AI-Einzelprogramm**
>
> Wenn Sie Illustrator einzeln haben sollten, ohne Creative Suite, überspringen Sie diese Schritt-für-Schritt-Anleitung einfach.

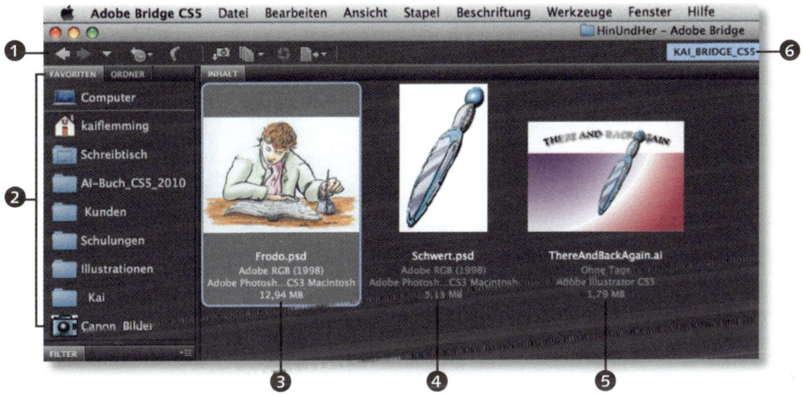

◂ **Abbildung 3.11**
Dateien in der Bridge, Photoshop-Bilder ❸ und ❹, Illustrator-Datei ❺, Favoriten ❷, einen Ordner höher ❶, aktueller Arbeitsbereich ❻

2 Daten von der DVD auf Ihren Rechner kopieren

Ziehen Sie jetzt den Ordner HINUNDHER im mittleren Fenster nach links zum Reiter FAVORITEN, genau auf SCHREIBTISCH. Nun erstellt die Bridge Ihnen eine Kopie des Ordners von der Buch-DVD auf Ihrem Schreibtisch.

Klicken Sie unter Ihren FAVORITEN auf SCHREIBTISCH und dann doppelt auf den Ordner, öffnet sich dieser und zeigt Ihnen seinen ganzen Inhalt. Für unsere Übung ist das eine sehr übersichtliche Ansammlung: eine AI-Datei und zwei PSD-Dateien.

Sie brauchen den ganzen Ordner HINUNDHER auf der DVD: UEBUNGEN • 03.

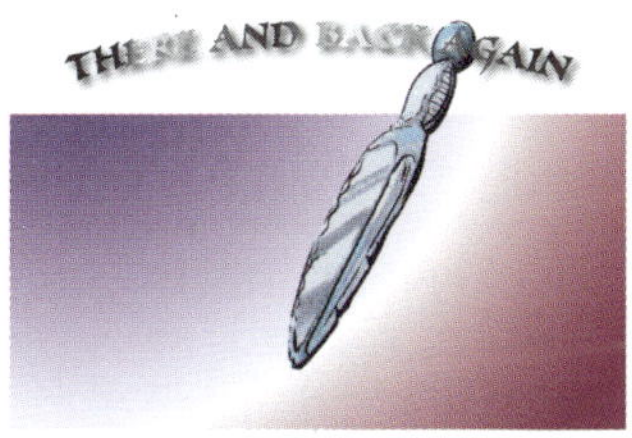

▴ **Abbildung 3.12**
Die vorbereitete Illustrator-Datei

3 Von der Bridge zu Illustrator

Mit einem Doppelklick auf die Datei »ThereAndBackAgain.ai« öffnet sich nun eine Illustrator-Datei – mit Adobe Illustrator. Noch nicht alle Objekte des Ordners HINUNDHER sind in der Illustrator-Datei enthalten.

4 Ein Foto aus der Bridge heraus öffnen

Nun soll der Illustrator-Datei das Bild »Frodo.psd« hinzugefügt werden. Allerdings können Sie direkt in der Bridge erkennen, dass es einen gewissen Korrekturbedarf gibt. Das Bild ist zu hell.

Doppelklicken Sie darauf, wird es in Photoshop geöffnet. Nun können Sie in Photoshop das Foto bearbeiten/korrigieren. Mit einem Klick auf das Augen-Symbol in der Einstellungsebene (FENSTER • EBENEN) wird die vorbereitete Gradationskurve angewendet, mit der Sie das Bild etwas kontrastreicher gestalten können. Speichern und schließen Sie das Bild anschließend.

▴ **Abbildung 3.13**
»Frodo.psd« muss noch bearbeitet werden.

▲ **Abbildung 3.14**
Photoshop-Ebenen-Bedienfeld: Fenster • Ebenen. Wie auch in Illustrator können Sie die Sichtbarkeit einer Ebene ein- und ausblenden ❶.

▲ **Abbildung 3.15**
Ihr fertiges Bild

5 Bilder mithilfe der Bridge platzieren

Wenn Sie nun das bearbeitete Bild in Illustrator übernehmen wollen, können Sie das auch direkt aus der Bridge heraus erledigen.

Ganz rechts oben befindet sich der Button In Kompaktmodus wechseln. Dieser verkleinert das Bridge-Fenster, sodass Sie dahinter Ihre Illustrator-Datei sehen. Fassen Sie nun einfach das korrigierte Bild mit der Maus an und schieben es zu Illustrator hinüber. Ein Klick in die Arbeitsfläche von Illustrator, und Sie sind wieder zurück. An die richtige Position ziehen – fertig!

Bridge-Kompaktmodus

Stört Sie das Verbleiben des Bridge-Fensters im Vordergrund, wählen Sie in dessen Flyout-Menü diese Funktion ab: Kompaktes Fenster immer im Vordergrund.

6 Von Illustrator zur Bridge

Es gibt zwei Wege von Illustrator zur Bridge. Der schnellste ist mit dem Button Gehe zu Bridge in der Anwendungsleiste von Illustrator oben links .

Ein anderer Weg kann Sie nicht nur zur Bridge beamen, sondern in genau den Ordner, in dem Ihr Bild liegt. Sie können in Ihrem Dokument ja Bilder von verschiedenen Orten platziert haben. Im Flyout-Menü des Verknüpfungen-Bedienfelds gehen Sie auf In Bridge anzeigen. Der Ordner, im dem das Bild liegt, wird in der Bridge geöffnet.

Sie haben in den letzten sechs Schritten gesehen, dass die Bridge ein wunderbares Werkzeug ist, um zwischen den Programmen zu wechseln und immer den Überblick über Ihr Projekt zu behalten, und dass sie noch einige Features für Sie bereithält, die es zu entdecken lohnt. ■

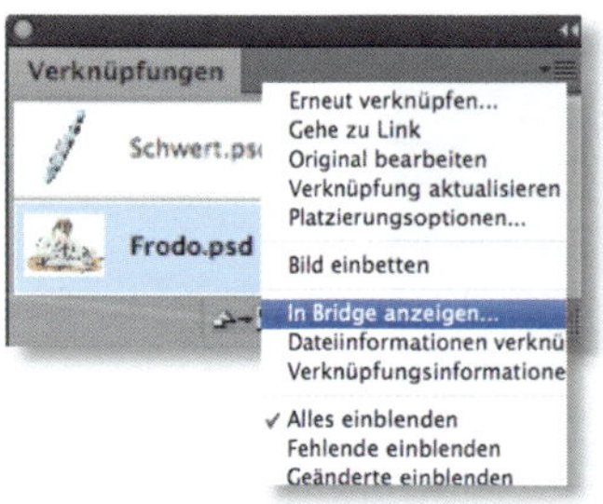

▲ **Abbildung 3.16**
Per Rechtsklick gelangen Sie schnell zur Bridge.

Schritt für Schritt: Dateien platzieren

1 Eine Datei zum Platzieren anlegen

Es sollen verschiedene Dateien in ein Adobe-Illustrator-Dokument platziert werden. Dazu brauchen Sie zunächst eine neue Datei. Wählen Sie Datei • Neu…, und legen Sie dort eine einseitige DIN A4 große Datei im Farbmodus CMYK an.

Sie finden die verschiedenen Programmdateien auf der DVD unter Uebungen • 03 • Extern.

2 Alte (native) FreeHand-Datei laden

Über Datei • Platzieren… öffnet sich der Platzieren-Dialog. Hier navigieren Sie zu folgendem Ordner auf der DVD: Uebungen • 03 • Extern. Wählen Sie die Datei »FreeHand.fh10« aus. Sie sehen, dass Sie keine Haken bei Verknüpfen setzen können, weil Illustrator Ihnen die Datei gleich in Illustrator-Objekte umwandelt. Bestätigen Sie mit Platzieren, erhalten Sie einen Fragedialog: Möchten Sie das ganze Dokument oder eine bestimmte Seite platzieren? Das Dokument hat nur eine Seite, es ist egal, welchen Button Sie anklicken.

Nun haben Sie alte FreeHand-Daten in Illustrator-Daten umgewandelt und können an diesen weiterarbeiten, als hätten Sie sie in Illustrator selbst angelegt. Die Farben werden in den Farbmodus Ihrer Datei umgewandelt, auch wenn die Namen der Farben die alten RGB-Werte enthalten.

FreeHand-EPS

Sie kennen es vielleicht noch, dass man FreeHand-Dateien immer auch als EPS sichern musste, damit sie von anderen Programmen gelesen werden konnten. Für Illustrator ist das jetzt vorbei. FreeHand gehört jetzt ganz zu den Ahnen und lässt sich sogar mehrseitig öffnen!

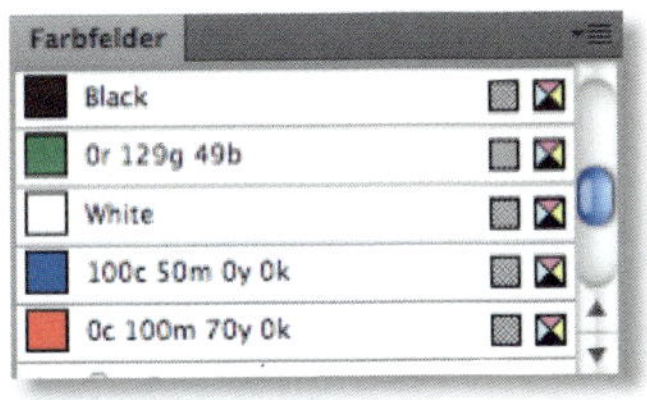

▲ **Abbildung 3.17**
Das Grün aus FreeHand zeigt RGB-Werte, ist aber eine CMYK-Farbe geworden.

3 Eine Illustrator-Datei platzieren

Achten Sie zunächst darauf, dass keine Objekte aktiv sind (Strg / ⌘ + ⇧ + A), damit diese beim Platzieren nicht ersetzt werden. Nun erst öffnen Sie den Platzieren-Dialog und wählen die Datei »Wald_CS5.ai« mit einem Haken bei Verknüpfen.

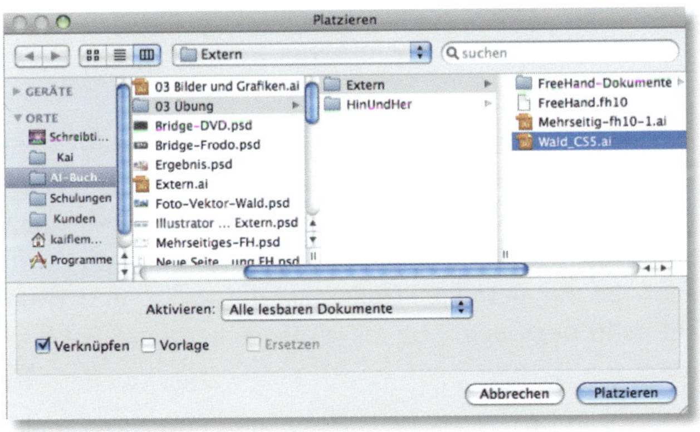

◀ **Abbildung 3.18**
Sie können auch Illustrator-Dateien in Illustrator platzieren.

Nach der Bestätigung mit PLATZIEREN werden Sie noch gefragt, was von der Illustrator-Datei platziert werden soll. Wählen Sie BEGRENZUNGSRAHMEN, bekommen Sie auch nur den Teil, der Objekte enthält. BESCHNEIDEN platziert die ganze Zeichenfläche, BILDMATERIAL platziert Ihnen alles.

Abbildung 3.19 ▸
Was von der Datei soll platziert werden?

Diese Datei ist nun verknüpft; d.h., wenn Sie sie im VERKNÜPFUNGEN-Bedienfeld ORIGINAL BEARBEITEN wählen, öffnet sich eine neue Datei mit eben dieser Verknüpfung, an der sie separat arbeiten können, um sie in Ihrer Ausgangsdatei später zu aktualisieren.

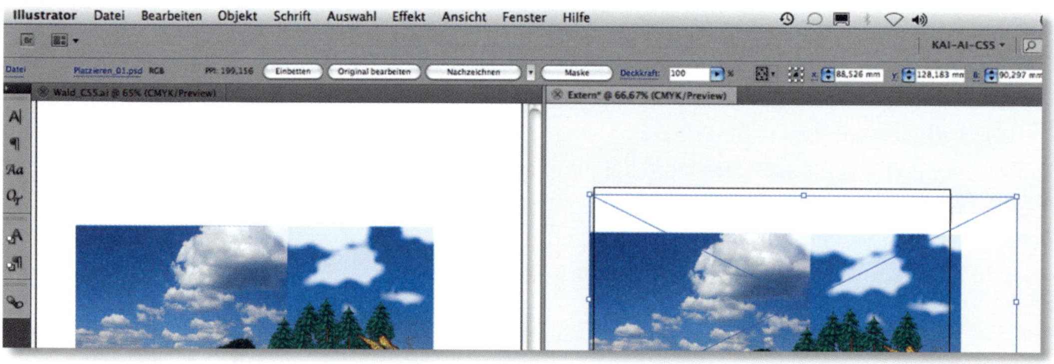

▲ **Abbildung 3.20**
Platzierte Illustrator-Dateien lassen sich als Original im eigenen Fenster öffnen.

4 Platzieren ohne »Verknüpfen«

Wieder platzieren Sie eine Datei: »Foto-Vektor-Wald.psd« diesmal. Nur lassen Sie den Haken bei VERKNÜPFEN aus.

Wenn Sie nun Ihr VERKNÜPFUNGEN-Bedienfeld öffnen, sehen Sie hinter dem Dateinamen das Symbol für EINGEBETTET ▣. Diese Datei ist nun in Ihr Illustrator-Dokument integriert und kann extern nicht mehr bearbeitet und hier entsprechend nicht aktualisiert werden. ■

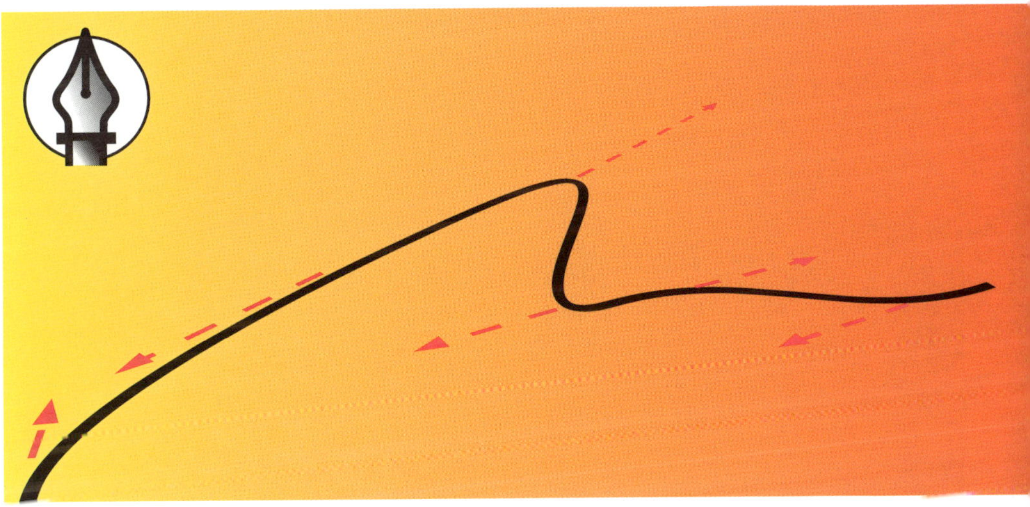

Kapitel 4

Pfade

Das A und O

Sie werden lernen:

- Was sind Pfade, Ankerpunkte und Griffe?
- Wie werden Formen gezeichnet?
- Wie lassen sich Pfade und Punkte korrigieren?
- Wie werden Pfade verbunden und getrennt?
- Wie zeichnet man ein Logo nach?
- Wie lässt sich eine Handskizze anfertigen?

4 Pfade

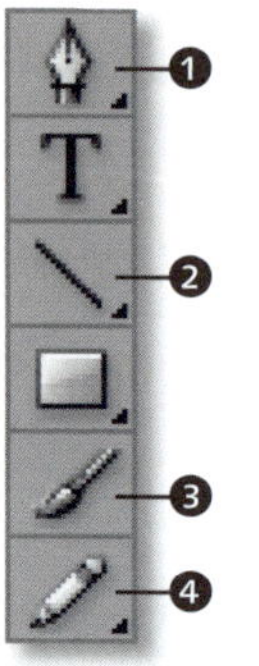

▲ **Abbildung 4.1**
Zeichenstift-Werkzeug ❶, Liniensegment-Werkzeug ❷, Pinsel-Werkzeug ❸, Buntstift-Werkzeug ❹

Das A und O bei Adobe Illustrator sind die Pfade. Sie sind die Formbeschreibungen aller Objekte, die wir in Illustrator zeichnen. Wenn Sie mit einem Formwerkzeug ein Quadrat »aufziehen«, beschreibt ein Pfad automatisch jene Form. Und wenn Sie eine eigene Form kreieren wollen, müssen Sie auch diese als Pfad zeichnen. Illustrator stellt hierfür verschiedene Werkzeuge zum Erzeugen und zum Verändern/Korrigieren zur Verfügung.

4.1 Pfade, Ankerpunkte und Griffe

Ein Pfad besteht immer aus mindestens zwei Ankerpunkten. Die Verbindung dieser Ankerpunkte ergibt den Pfad – auf kürzestem Weg eine Gerade oder auf »Umwegen« eine Kurve.

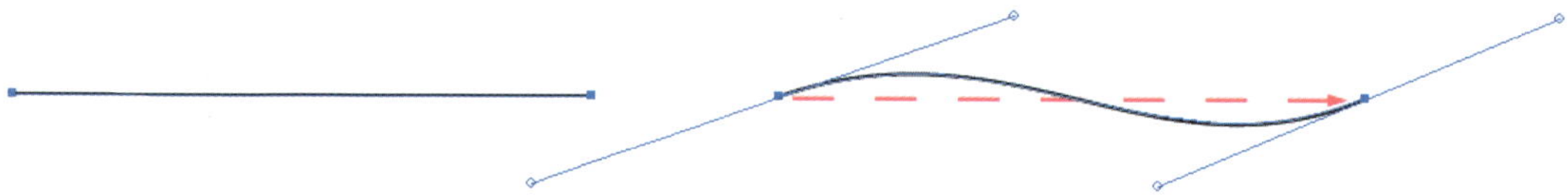

▲ **Abbildung 4.2**
Die Verbindung zwischen zwei Ankerpunkten ergibt den Pfad.

Wenn ein Objekt aus einem längeren Pfad besteht, wird es auch mehrere Ankerpunkte haben. Die Pfade zwischen den einzelnen Ankerpunkten werden auch Pfadsegmente genannt. Dabei ist es gleich, ob Sie die einzelnen Ankerpunkte selbst mit dem Zeichenstift-Werkzeug setzen, eine Linie mit dem Buntstift-Werkzeug zeichnen oder einfach eine Grundform wie Kreis oder Quadrat aufziehen. Immer besteht Ihr Objekt aus Ankerpunkten und Pfadsegmenten.

Abbildung 4.3 ▶
Der Pfad besteht aus Pfadsegmenten ❼ – von Ankerpunkt zu Ankerpunkt. Eckpunkte beim Quadrat ❺, Kurvenpunkte ❻ bei Kreis und Spirale.

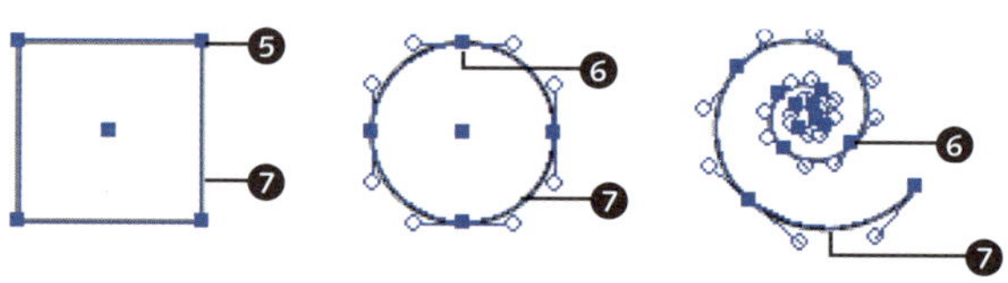

Nun gibt es zwei Arten von Ankerpunkten. Kurvenpunkte ❽ haben zwei miteinander verbundene Griffe und bilden immer einen Übergang von einem Pfadsegment zum nächsten, ohne einen »Knick«. Eckpunkte ❾ haben keinen, nur einen oder aber zwei nicht miteinander verbundene Griffe und erzeugen eine Ecke im Pfad.

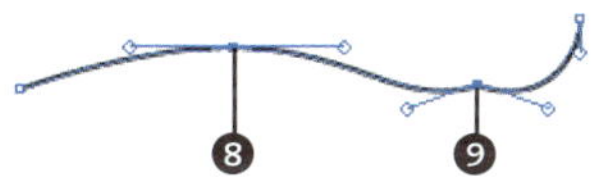

▲ **Abbildung 4.4**
Der Eckpunkt ❾ besitzt zwar zwei Griffe und biegt seine Pfadsegmente, erzeugt aber im Pfad einen »Knick«, ist also ein Eckpunkt.

4.2 Das Zeichenstift-Werkzeug

Einige Werkzeuge, wie das Buntstift-Werkzeug oder der Pinsel, funktionieren ähnlich dem Zeichnen mit einem Stift auf Papier, sind aber nicht so genau und eher für das freie Arbeiten geeignet. Das Zeichenstift-Werkzeug arbeitet mehr konstruktiv, ist dafür aber sehr viel genauer. Deshalb wird es auch meistens zum Nachzeichnen von Logos, aber auch für viele andere Aufgaben eingesetzt. Es ist das gebräuchlichste, wenn auch für den Einsteiger ein zunächst ungewohntes Werkzeug.

Video-Training

Wie Sie mit Kurven und Ankerpunkten arbeiten, zeigt auch Lektion 2.1 auf der Buch-DVD.

Das Zeichenstift-Werkzeug erzeugt sogenannte Bézier-Kurven. Sie setzen einzelne Ankerpunkte, die mit einem Pfad verbunden werden. Je nachdem, wie Sie den Punkt setzen, erscheint der Pfad gerade, gebogen oder abgeknickt.

Das Zeichenstift-Werkzeug hat verschiedene Unterfunktionen. Diese können direkt aus dem versteckten oder aufgeklappten Menü des Werkzeuges gewählt werden. Halten Sie hierfür die Maus einen Moment auf dem gerade sichtbaren Werkzeug gedrückt und lassen damit die dahinter verborgenen ausklappen. Da das Werkzeug aber kontextbedingt funktioniert, wechselt die Werkzeugspitze in den meisten Fällen selbstständig.

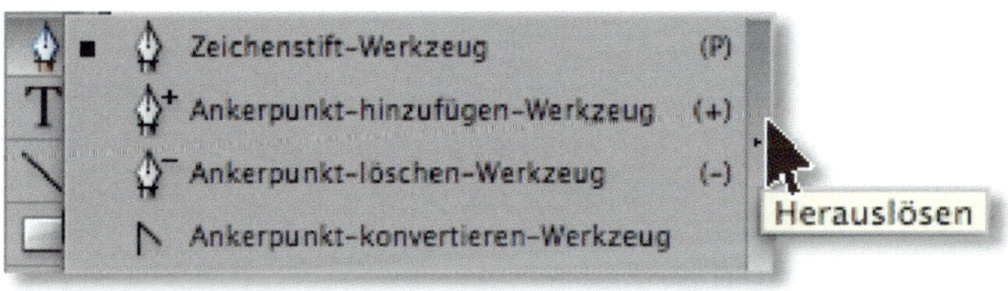

◄ **Abbildung 4.5**
Die verschiedenen Spitzen des Zeichenstift-Werkzeugs

4.2.1 Zeichnen einer eckigen Form

Bevor Sie den ersten Klick mit der Maus ausführen, zeigt Ihnen die Werkzeugspitze ein kleines x. Es symbolisiert, dass Sie einen neuen Pfad beginnen. Führen Sie dann die nächsten Punkte aus,

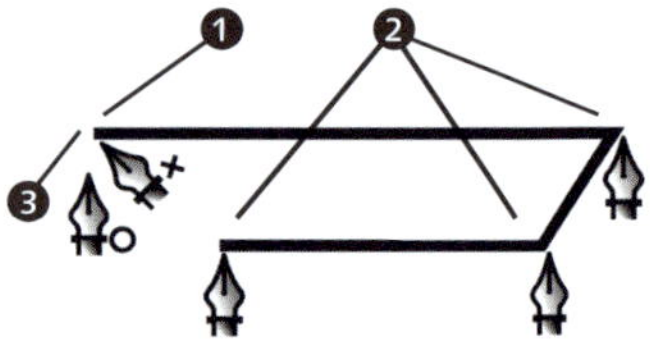

▲ **Abbildung 4.6**
Startpunkt ❶, weitere Klicks ❷, Endpunkt zum Schließen des Pfades ❸

erscheint das Symbol blanko. Kommen Sie aber wieder an dem Ausgangspunkt an, und Ihre Werkzeugspitze befindet sich genau über dem Startpunkt, erhält es einen kleinen Kreis. Wenn Sie nun in den Startpunkt klicken, schließen Sie den Pfad. Gewöhnen Sie es sich am besten an, immer auf die Symbole der Werkzeugspitzen zu achten – so manchen Fehlklick können Sie dadurch vermeiden.

4.2.2 Zeichnen einer kurvigen Form

Sollen nun aber die Pfade zwischen den Punkten gebogen sein, müssen Sie mit der Maus nach dem Klicken ziehen, bevor Sie die Maus wieder loslassen.

Das Ziehen bewirkt, dass Sie die sogenannten Griffe aus den Ankerpunkten herausziehen. Die Griffe sind Tangenten des eigentlichen Pfades und biegen diesen je nach Richtung und Länge. Es entstehen immer zwei Griffe, die wie eine Wippe miteinander verbunden sind. Ein Griff biegt das vorherige Pfadsegment, der andere wird das kommende Pfadsegment biegen, wenn Sie den nächsten Ankerpunkt setzen.

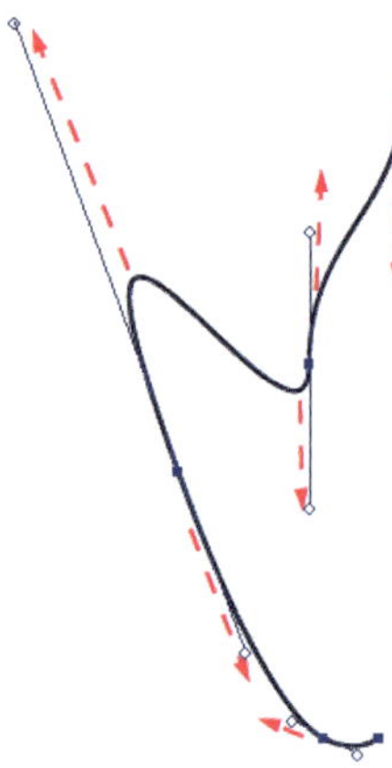

▲ **Abbildung 4.7**
Griffe, die Sie aus dem Ankerpunkt herausziehen, dehnen die Pfade und biegen sie zu Kurven.

Im Hintergrund läuft eine mathematische Berechnung, die nach Pierre Bézier benannt ist. Daher werden diese Kurven auch Bézier-Kurven genannt. Die Berechnung interessiert hier zum Glück nicht, aber eine Vorstellung dessen, was passiert, wenn Sie die Griffe aus dem Ankerpunkt herausziehen, ist hilfreich: Stellen Sie sich vor, an dem Griff ist ein Gummiband befestigt. Je weiter Sie es spannen, desto stärker wird Ihre Kurve gedehnt. Zieht ein anderes Gummiband (eines zweiten Ankerpunktes) an dem gleichen Pfadsegment, biegt es dieses seinerseits in eine andere Richtung. Das Kräfteverhältnis beider bestimmt nun den Verlauf des Pfades.

Doch in welche Richtung soll ich denn nun mit der Maus ziehen, und wie lang soll ich den Griff herausziehen?

Wichtig ist, dass Sie sich vorstellen, wie der weitere Verlauf Ihres Pfades aussehen soll, um so vorweg schon festzulegen, wo die nächsten Ankerpunkte hin sollen. Denn in diese Richtung des folgenden Ankerpunktes muss auch der Griff herausgezogen werden. Ansonsten gibt es Schlaufen, die man, wenn sie falsch korrigiert werden, am Monitor leider mal übersehen kann, im hochauflösenden Druck aber unschön sind.

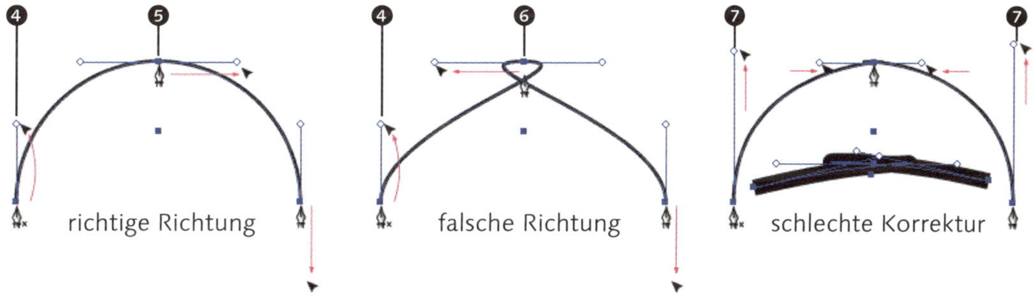

Bleibt die Frage, wie lang die Griffe sein sollen. Da jeder Pfad anders ist, gibt es keine sichere Formel, aber immerhin einen Anhaltspunkt (aber keinen weiteren Ankerpunkt!): Ziehen Sie den Griff auf etwa ein Drittel des folgenden Pfadsegmentes heraus. Ist nämlich Ihr erster Punkt zu kurz, muss der nächste umso länger sein, was eine spätere Korrektur jedoch nicht gerade erleichtert (siehe Abschnitt 4.3, »Ändern und Korrigieren von Pfaden«).

▲ **Abbildung 4.8**
Startpunkt mit Ziehen nach oben ❹. Kurvenpunkt mit Ziehen nach rechts ❺ ergibt eine gute Kurve, nach links ❻ erzeugt es eine Schlaufe. Korrekturen durch Verlängerung der Griffe ❼ sind unsauber.

Schritt für Schritt: Zeichnen eines Halbkreises

1 Startpunkt

Klicken und ziehen Sie schon den »Startpunkt« mit der gedrückten Maus nach oben. Halten Sie für eine senkrechte Linie die ⇧-Taste gedrückt. Zwei Griffe werden so herausgezogen. Der nach oben zeigende Griff wird die kommende Kurve biegen.

▲ **Abbildung 4.9**
Schon beim Startpunkt ziehen Sie mit der Maus.

2 Kurvenpunkt

Ziehen Sie auch den zweiten Punkt mit gedrückter Maus, hier aber waagerecht nach rechts heraus. Halten Sie wieder ⇧ gedrückt.

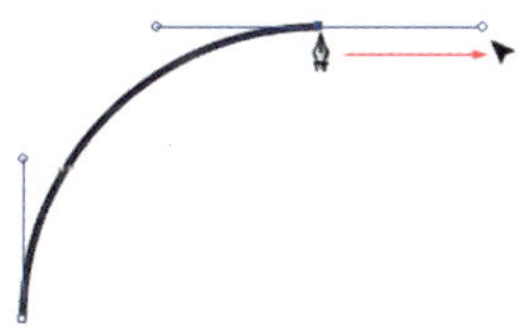

◀ **Abbildung 4.10**
Auf dem Scheitel des Halbkreises ziehen Sie nach rechts, um die linke Kurve zu erzeugen und die künftige Kurve nach rechts vorzubereiten.

3 Eckpunkt

Wenn Sie nun Ihren dritten Punkt setzen, ziehen Sie auch diesmal mit der Maus. Hier wieder gerade nach unten und mit ⇧, sodass die Kurve zum Punkt davor schön rund wird.

4 Ankerpunkt-konvertieren-Werkzeug

Wechseln Sie nun die Werkzeugspitze, indem Sie länger das Zeichenstift-Werkzeug in der Werkzeugleiste gedrückt halten und auf das Ankerpunkt-konvertieren-Werkzeug ziehen. Mit diesem Werkzeug können Sie den Griff, der nach unten zeigt, einfach in seinen Punkt zurückschieben. Dadurch löschen Sie den unteren Griff.

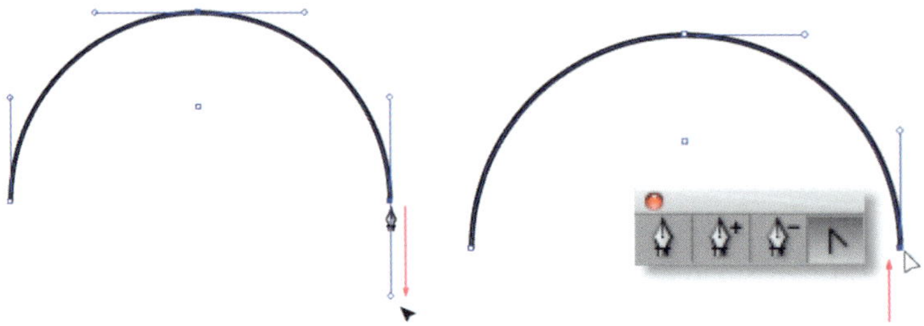

Abbildung 4.11 ▶
Mit dem Ankerpunkt-konvertieren-Werkzeug können Sie Griffe löschen.

5 Pfad schließen

Wechseln Sie wieder auf das Zeichenstift-Werkzeug und klicken einmal auf Ihren letzten Punkt ❶, um den Pfad wieder aufzunehmen. Nun gehen Sie mit Ihrer Maus über den Startpunkt (die Werkzeugspitze ändert sich in) und klicken, um den Halbkreis zu schließen.

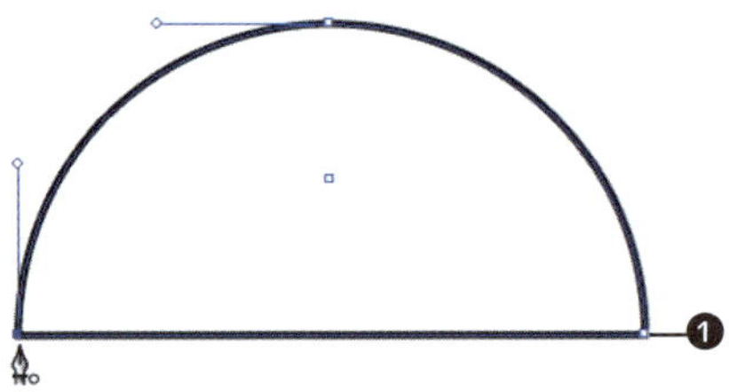

Abbildung 4.12 ▶
Der letzte Klick auf den Startpunkt schließt einen Pfad.

4.2.3 Zeichnen einer gemischten Form

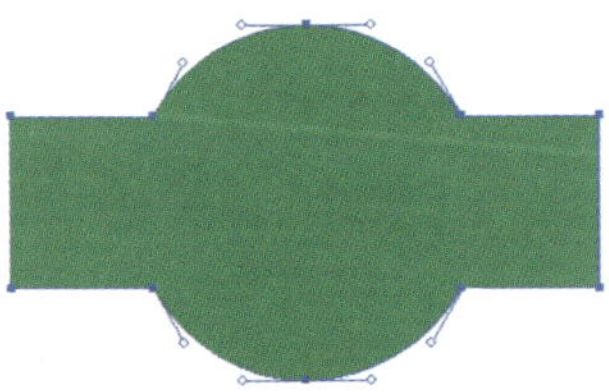

▲ **Abbildung 4.13**
Kurven- und Eckpunkte gemischt in einem Objekt

Jetzt wird's schwieriger, weil Sie hier lernen, nicht nur eine Gerade durch einfaches Klicken zu erzeugen oder eine Kurve durch Ziehen, sondern beim Zeichnen die Punkte in ihrer Art zu verändern.

In Abbildung 4.14 hat der Startpunkt ❷ einen symmetrischen Kurvenpunkt. Das heißt, dass seine Griffe miteinander verbunden sind. Würde man den einen nach unten ziehen, ginge der andere in die entgegengesetzte Richtung hoch (nur die Länge des anderen Griffes bliebe unverändert). Der Punkt ❸ hingegen ist ein Eckpunkt. Er hat zwar einen rückwärts gerichteten Griff, der dieses

Pfadsegment biegt, aber nach vorn hat er keinen Griff. Es entsteht hier ein harter Übergang von einer Kurve in eine Gerade, also eine Ecke. Die Punkte ❹ und ❺ haben keinerlei Griffe, sind daher ganz normale Eckpunkte an einer Ecke. Punkt ❻ hat wieder nur einen Griff; diesmal aber nach vorn. Die nachfolgenden Punkte sind dann eine Wiederholung der ersten fünf.

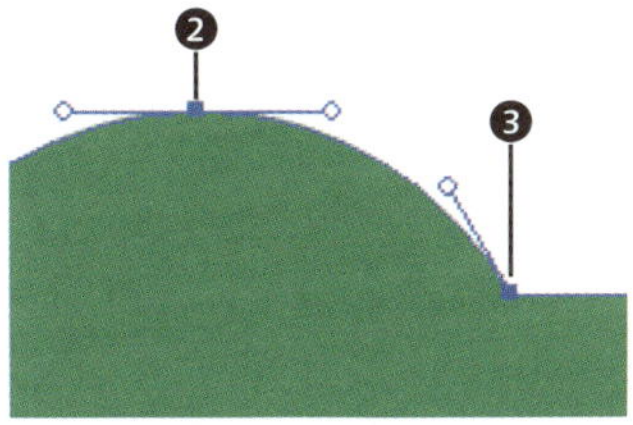

▲ **Abbildung 4.14**
Auch Eckpunkte ❸ können Griffe haben.

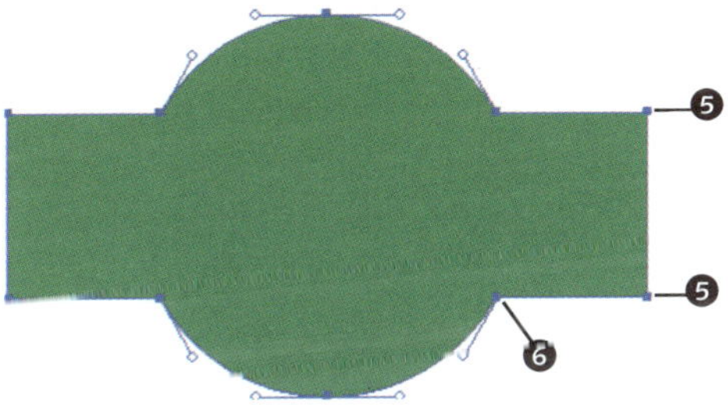

◄ **Abbildung 4.15**
Es kommt darauf an, nur an Kurven zu beiden Seiten eines Punkts verbundene Griffe zu setzen, also Kurvenpunkte.

Etwas ganz anderes ist dagegen ein wirklicher »Übergangspunkt«, wie ihn FreeHand-Anwender noch kennen. Dieser Punkt macht den Übergang von einer Geraden in eine Kurve, ohne jedoch einen Knick verursachen zu können. Illustrator nennt seinen Kurvenpunkt auch in einigen Menüs ÜBERGANGSPUNKT. Damit dieser Kurvenpunkt aber einen richtigen Übergang von einer *Geraden* in eine *Kurve* erzeugt, muss ein Griff genau auf der Geraden liegen.

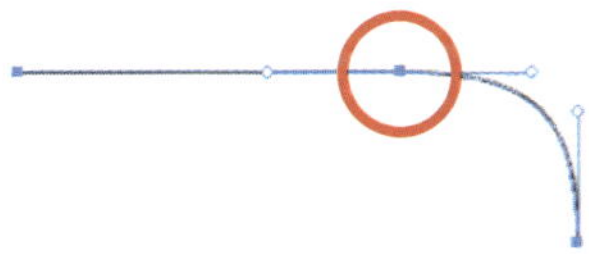

▲ **Abbildung 4.16**
Liegt der Griff direkt auf dem Pfad, entsteht ein exakter Übergang von Gerade zu Kurve.

Schritt für Schritt: Objekt mit gemischten Ankerpunkten zeichnen

1 Voreinstellungen

Vor dem eigentlichen Start nehmen Sie am besten noch einige Einstellungen vor. Unter BEARBEITEN/ILLUSTRATOR • VOREINSTELLUNGEN • AUSWAHL UND ANKERPUNKT-ANZEIGE stellen Sie alles so ein wie in Abbildug 4.17 zu sehen.

Die Vorlage »Gemischte Punkte.ai« zum Nachzeichnen finden Sie auf der DVD im Ordner UEBUNGEN • 04.

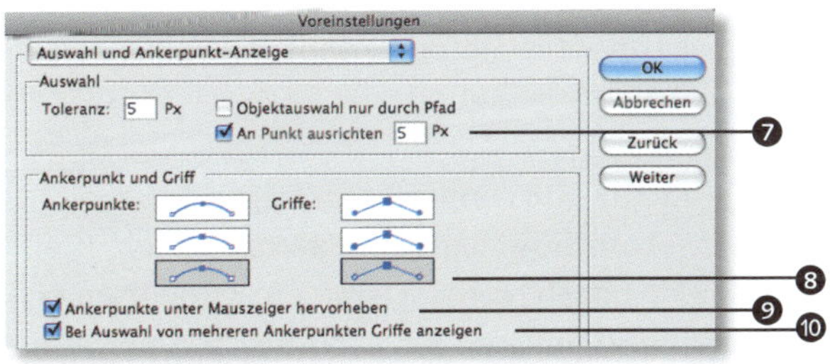

◄ **Abbildung 4.17**
Eine gute Voreinstellung sorgt für flüssiges Arbeiten.

Wer eine weniger ruhige Hand hat, kann z. B. die Toleranzeinstellungen etwas erhöhen. Sie müssen dann nicht ganz so genau den Punkt oder eine Hilfslinie treffen ❼. Die größeren GRIFFPUNKTE und ihre unterschiedlichen Farbhervorhebungen erleichtern das Arbeiten sehr ❽. Wenn Sie mit der Maus über einen Ankerpunkt – auch eines nicht aktiven – Pfades gehen, wird dieser durch Hervorhebung sichtbar gemacht ❾. Wenn Sie später mit dem DIREKTAUSWAHL-WERKZEUG (siehe Abschnitt 4.3) mehrere Punkte gleichzeitig aktivieren, können Sie sehen, ob Ihre Griffe einigermaßen gleich lang sind ❿.

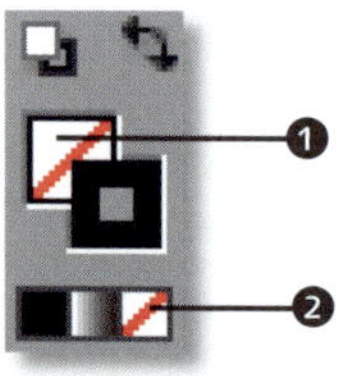

▲ **Abbildung 4.18**
Symbole für Flächen- und Konturfarbe in der WERKZEUGLEISTE

2 Die ersten Schritte

Auf der Buch-DVD finden Sie die Illustrator-Datei: »Gemischte Punkte.ai«, die Sie bitte öffnen. Im Hintergrund befindet sich die Vorlage, die Sie nun mit mir Schritt für Schritt auf der Zeichenebene nachzeichnen.

Wählen Sie als Erstes kurz das DIREKTAUSWAHL-WERKZEUG aus, damit beim temporären Auswählen mit der Strg - bzw. ⌘ -Taste dieses Werkzeug erscheint und nicht das AUSWAHL-WERKZEUG. Wählen Sie als Zweites dann das ZEICHENSTIFT-WERKZEUG aus.

Nun klicken Sie in Ihrer WERKZEUGLEISTE auf die Flächenfarbe ❶ und dann in OHNE ❷. Dies sorgt dafür, dass beim Zeichnen die Fläche des Pfades nicht schon mit Farbe gefüllt wird und die Vorlage, die Sie zeichnen, verdeckt. Es empfiehlt sich auch, im STEUERUNG-Bedienfeld ganz oben einen kleinen Wert für die Kontur einzustellen (z. B. 0,25 pt), um genauer zu arbeiten. Nun kann es endlich losgehen!

▲ **Abbildung 4.19**
Konturstärke im STEUERUNG-Bedienfeld

3 Der erste (symmetrische) Kurvenpunkt

Schon beim ersten Punkt, den Sie auf den Zenit ganz oben setzen, ziehen Sie mit der Maus nach dem Klicken weiter nach rechts, bevor Sie sie wieder loslassen – etwa ein Drittel der Länge der Strecke bis zum Knick, an dem Sie den nächsten Punkt setzen werden.

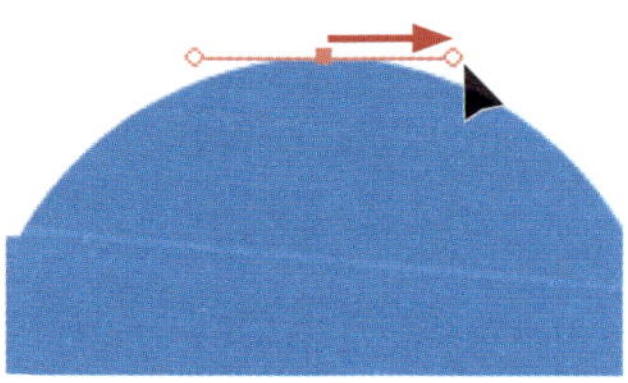

▲ **Abbildung 4.20**
Den Startpunkt setzen Sie am besten nach ganz oben auf den Zenit des Kreises.

4 Der erste abgeknickte Kurvenpunkt

Ihren nächsten Punkt setzen Sie in den Knick zwischen dem Kreissegment und der Geraden nach rechts. Damit die Kurve zum ersten Punkt schön rund wird, müssen Sie auch hier mit der Maus Griffe aus dem Ankerpunkt ziehen, bevor Sie sie loslassen.

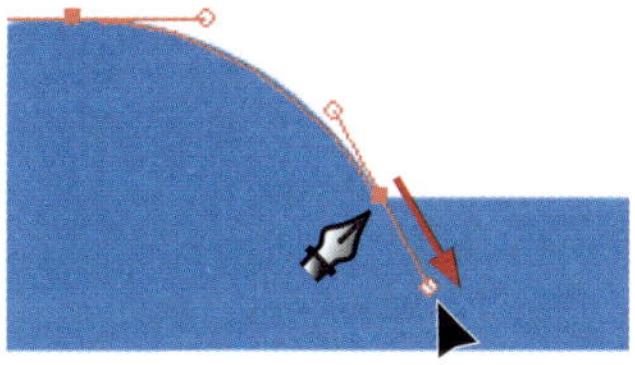

◂ **Abbildung 4.21**
Noch hat der Punkt zwei Griffe.

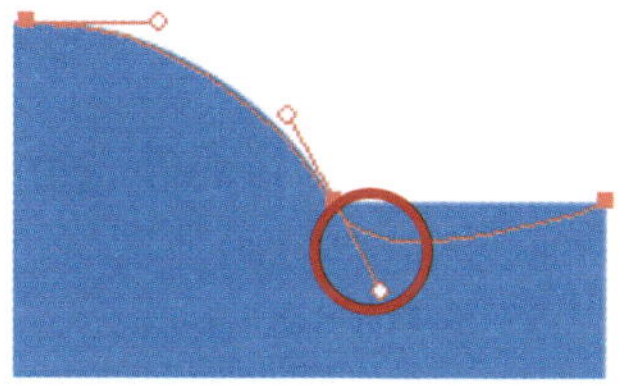

▴ **Abbildung 4.22**
Der Griff nach vorn muss weg.

Aber: Ziehen Sie mit der Maus nicht zum ersten Punkt zurück, sondern weiter nach rechts unten. Beobachten Sie, wie sich die Kurve zurück zum Startpunkt biegt, und lassen dort los, wo sie deckungsgleich zur Vorlage ist.

Würden Sie nun rechts den nächsten Eckpunkt setzen, würde der Pfad vom letzten Griff nach unten gebogen werden. Klicken Sie deshalb mit der Maus nun ein zweites Mal, genau in den Punkt am Knick, den Sie gerade gesetzt haben – der Griff nach vorn wird gelöscht.

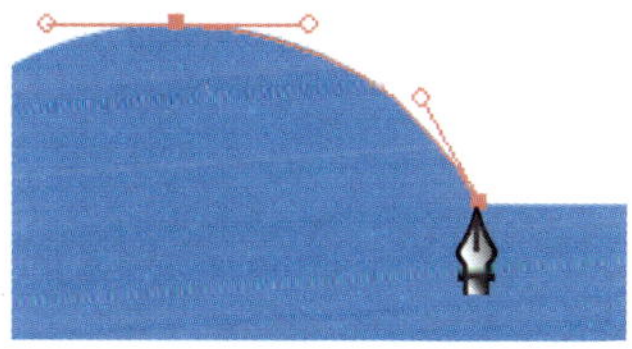

▴ **Abbildung 4.23**
Ein zweiter Klick löscht den Griff nach vorn.

5 Die ersten Eckpunkte

Halten Sie beim Klicken in die Ecke rechts [⇧] gedrückt. Dies sorgt dafür, dass der nächste Ankerpunkt im rechten Winkel (oder 45°) zum vorherigen sitzt – auch dann, wenn Sie selbst etwas darüber oder darunter klicken, denn zu 100% treffen wird man im Eifer des Gefechts selten. Das Gleiche gilt für die folgenden zwei Punkte. Halten Sie [⇧], und klicken Sie in die Ecken.

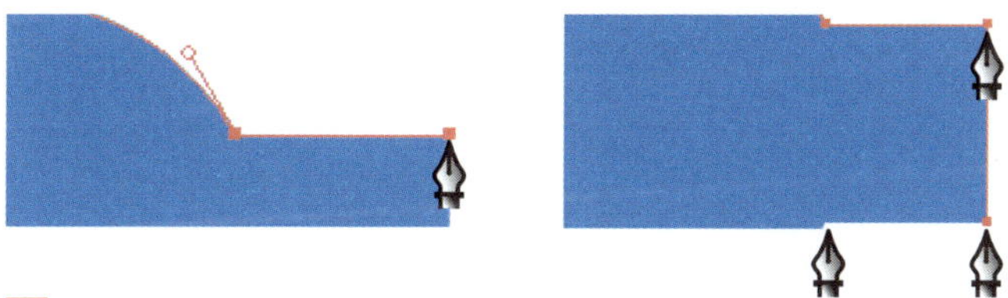

◂ **Abbildung 4.24**
Halten Sie [⇧] beim Klicken: Ihre Punkte setzen sich im 90- oder 45-Grad-Winkel zum letzten Ankerpunkt.

6 Der zweite abgeknickte Kurvenpunkt

Sie haben diesen Ankerpunkt im letzten Schritt schon ganz »normal«, ohne mit der Maus zu ziehen, auf den Knick gesetzt und auch hier einen Eckpunkt bekommen.

Um die kommende Kurve aber schön runden zu können, brauchen Sie einen Griff nach vorn. Diesen bekommen Sie, indem Sie mit dem Zeichenstift-Werkzeug ein zweites Mal in den gerade gesetzten Eckpunkt klicken und aus ihm heraus mit gedrückter Maustaste einen Griff nach vorn ziehen – in Richtung des nächsten zu setzenden Ankerpunktes, aber nicht direkt darauf zu.

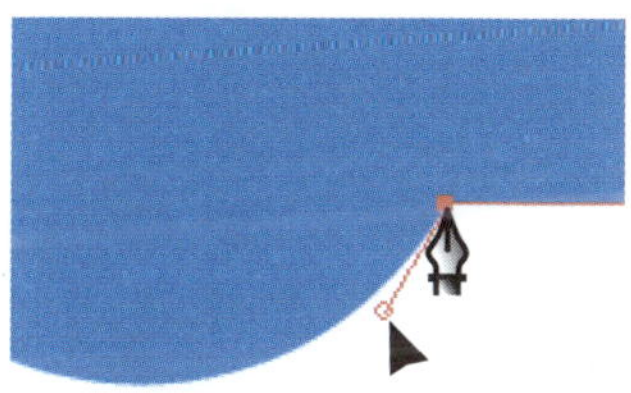

▴ **Abbildung 4.25**
Der aus dem Eckpunkt herausgezogene Griff formt die Kurve nach vorn.

7 Der zweite symmetrische Kurvenpunkt

Unten klicken Sie wieder genau in den Zenit des Bogens und ziehen mit der Maus nach links. Halten Sie beim Ziehen ⇧, aber erst *nachdem* Sie mit der Maus angefangen haben zu ziehen; sonst versucht Illustrator, schon Ihren Ankerpunkt in 45 ° zum Eckpunkt zu setzen und nicht erst den Griff, der durch die ⇧-Taste lediglich waagerecht gehalten werden soll.

Abbildung 4.26 ▸
Halten Sie ⇧ beim Ziehen im Zenit eines Kreises, um Ihre Griffe waagerecht oder senkrecht zu halten. Achtung: erst die Maus loslassen, dann ⇧.

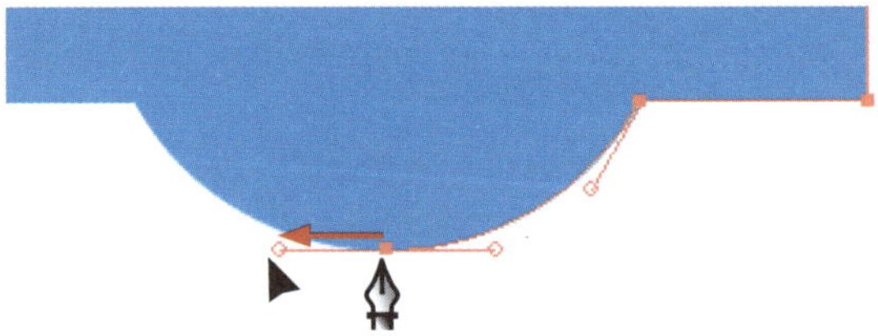

8 Der dritte abgeknickte Kurvenpunkt

Was jetzt kommt, wissen Sie ja schon: Klicken Sie in den Knick und ziehen ohne die Maus loszulassen in Fahrtrichtung (!), bis die untere Kurve zur Vorlage passt; klicken Sie dann ein zweites Mal auf den Ankerpunkt, um den vorderen Griff zu löschen.

Abbildung 4.27 ▸
Nach dem Ziehen klicken Sie in den Punkt zum Löschen des vorderen Griffs.

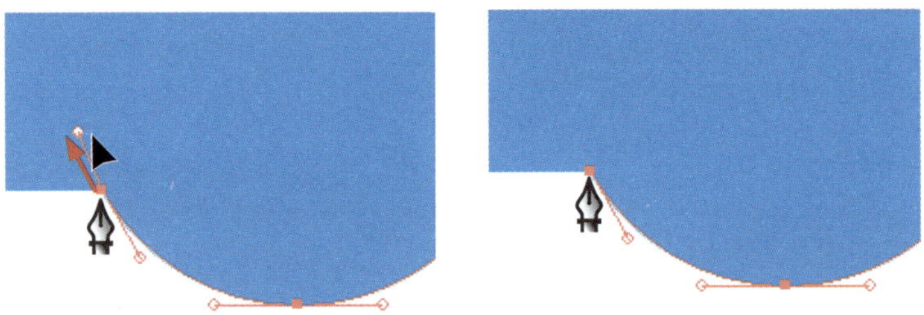

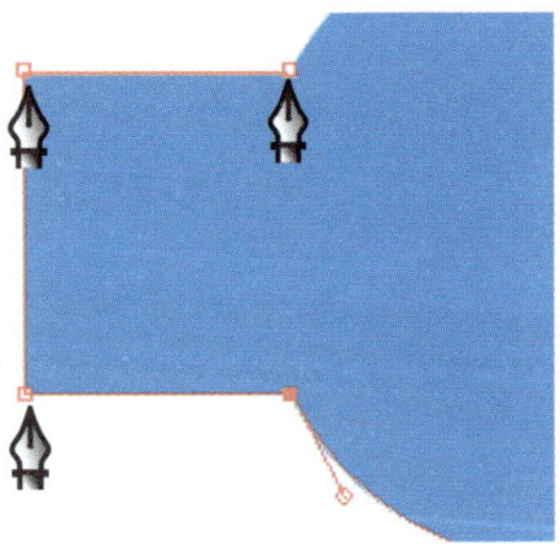

▴ **Abbildung 4.28**
Halten Sie wieder ⇧ beim Klicken, für 90° oder 45° zum letzen Ankerpunkt.

9 Der dritte und vierte Eckpunkt

Nun können Sie die ⇧-Taste erst mal wieder gedrückt lassen, denn nach links und dann nach oben und weiter nach rechts sind alle Ankerpunkte im rechten Winkel zueinander.

10 Der letzte abgeknickte Kurvenpunkt

Ein letztes Mal ziehen Sie jetzt wie im Schritt 6 einen Griff nach schräg oben rechts aus dem Eckpunkt heraus – nachdem Sie zuvor ohne zu ziehen geklickt hatten.

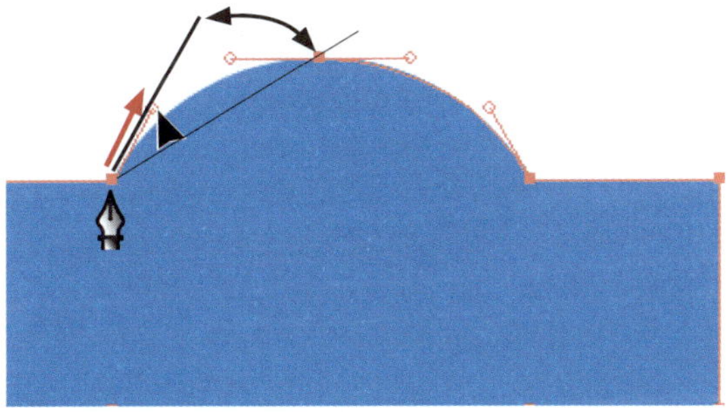

◂ **Abbildung 4.29**
Ziehen Sie den Griff nicht direkt auf den Endpunkt zu. Sie brauchen hier wieder eine Tangente.

Geht die Verbindung zum Pfad unterwegs verloren ...

Wechseln Sie beim Zeichnen das Werkzeug, verliert Illustrator leider die Verbindung zum Pfad. Diese müssen Sie erst wieder aufnehmen, bevor Sie weiterzeichnen (siehe Abschnitte 4.3.3 und 4.3.4).

11 Der Endpunkt

Wenn Sie jetzt mit der Maus über dem Startpunkt sind, verändert sich Ihre Werkzeugspitze. Obwohl Sie beim Startpunkt schon einen symmetrischen Griff herausgezogen hatten, müssen Sie auch jetzt vor dem Loslassen der Maus nach rechts ziehen (mit ⇧), bis Sie links eine mit der Vorlage deckungsgleiche Kurve haben.

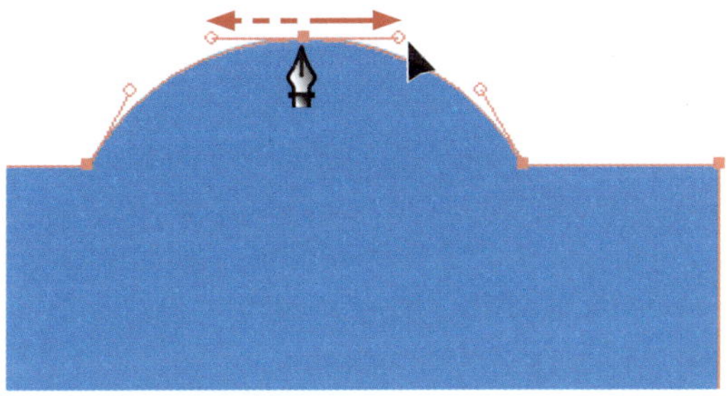

◂ **Abbildung 4.30**
Unerwartet, aber logisch: Ziehen Sie nach rechts für die linke Kurve.

4.3 Ändern und Korrigieren von Pfaden

Haben Sie einen Pfad gezeichnet, müssen Sie ihn vielleicht auch korrigieren. Doch der beste Weg ist immer noch der, beim Zeichnen selbst schon so genau zu arbeiten und vor allem die »richtigen« Punkte zu setzen, dass das Korrigieren sich auf das Nötigste beschränkt. Setzen Sie also an Kurven auch Kurvenpunkte, statt erst mal (scheinbar schnell) einen Eckpunkt zu platzieren und diesen dann umständlich zu einen Kurvenpunkt umzuwandeln, anzupassen und in die richtige Beugung zu quälen.

Korrekturen vermeiden

Manchmal leichter gesagt als getan, aber Korrekturen zu vermeiden ist in jedem Fall dem nachträglichen Ziehen, Zerren, Biegen etc. vorzuziehen.

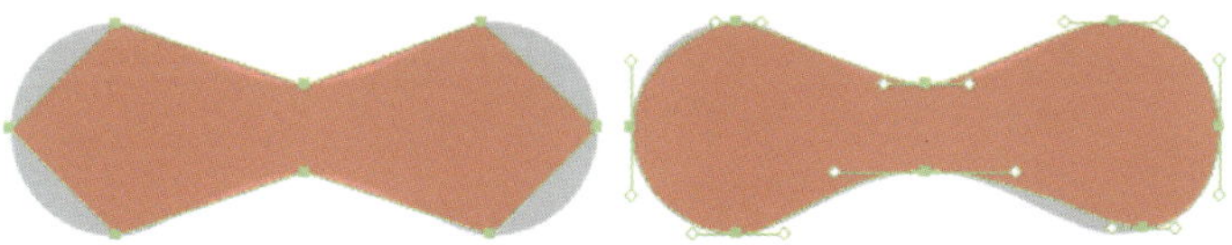

◂ **Abbildung 4.31**
Links muss jeder Ankerpunkt erneut angefasst und umgewandelt werden, rechts müssen nur wenige korrigiert werden.

4.3.1 Korrekturen mit den Auswahl-Werkzeugen

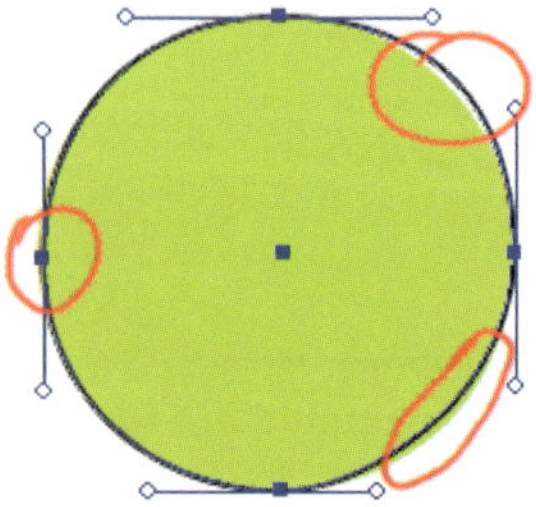

▲ **Abbildung 4.32**
Wenn Sie genau hinsehen, stellen Sie fest, dass der nachgezeichnete Kreis einiger Korrekturen bedarf. Das Ziel ist Deckungsgleichheit.

Wenn Sie aber Pfade korrigieren müssen – und seien Sie beruhigt, das müssen auch die Profis –, dann stehen Ihnen auch hier verschiedene Werkzeuge zur Verfügung.

Mit dem AUSWAHL-WERKZEUG aktivieren Sie ganze Objekte oder Gruppen und auch Ihren Pfad als Ganzes. Sie können ihn damit verschieben oder einfach auswählen, um alle seine Elemente gleichzeitig zu bearbeiten (Konturstärke, Farbe etc.).

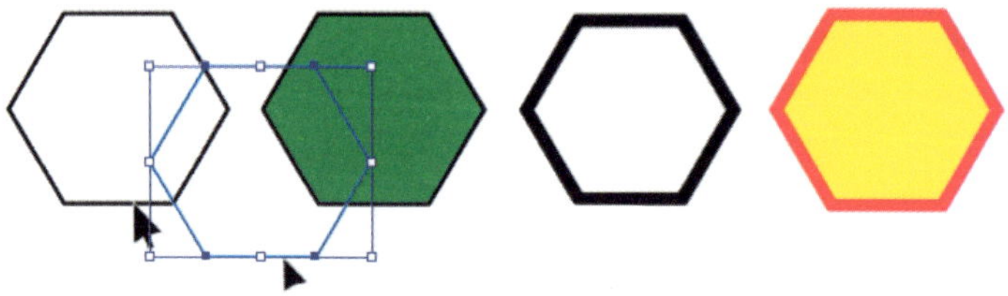

▲ **Abbildung 4.33**
Das AUSWAHL-WERKZEUG aktiviert ganze Pfade/Objekte, die Sie nun verschieben können.

Auswählen eines Objektes ohne Farbe

Hat Ihr Objekt keine Flächenfarbe, müssen Sie es an seinem Pfad anfassen. Ansonsten klicken Sie »hindurch«.

Verschieben mit der Tastatur

Sind die Sprünge zu groß, wenn Sie die Richtungspfeile Ihrer Tastatur benutzen, geben Sie in den VOREINSTELLUNGEN bei ALLGEMEIN • SCHRITTE PER TASTATUR kleinere Werte ein. Für größere Schritte halten Sie [⇧], der Schritt verzehnfacht sich.

Das Werkzeug der Wahl bei Pfadkorrekturen ist aber das DIREKTAUSWAHL-WERKZEUG . Mit der Taste [A] können Sie es am schnellsten auswählen, ohne erst auf die Werkzeugleiste zu klicken (ausgenommen natürlich, Sie arbeiten gerade im Text).

Mit der gehaltenen [Strg]/[⌘]-Taste können Sie das Auswahl- und das Direktauswahl-Werkzeug temporär aufrufen, egal in welchem Werkzeug Sie sich gerade befinden. Das Werkzeug ist so lange ausgewählt, wie Sie die Taste gedrückt halten. Dabei wählt Illustrator immer das Werkzeug, das Sie als letztes angewählt hatten.

Möchten Sie einen *falsch gesetzten Punkt* verschieben, brauchen Sie das DIREKTAUSWAHL-WERKZEUG. Mit ihm ziehen Sie den Punkt einfach an die gewünschte Stelle. Sie können ihn nicht nur mit der Maus verschieben: Ist er einmal ausgewählt, lässt er sich auch mit den Richtungspfeilen auf Ihrer Tastatur verschieben. Mit der gehaltenen [⇧]-Taste und weiteren Klicks können Sie noch mehr Punkte zu Ihrer Auswahl mit hinzunehmen.

Abbildung 4.34 ▶
Haben Sie einen ANKERPUNKT ausgewählt, können Sie ihn verschieben.

Sollen nur die *Griffe eines Punktes* angepasst werden, müssen Sie ebenfalls den Punkt, um den es geht, oder das angrenzende Pfadsegment mit dem Direktauswahl-Werkzeug aktivieren, damit die Griffe erscheinen. Nun können Sie die Griffe an den Griffpunkten verschieben (die Grifflinien sind nicht auswählbar). Sowohl die Länge ❷ als auch die Richtung ❶ sind veränderbar.

Handelt es sich wie hier um einen symmetrischen Ankerpunkt, bewegt sich wie bei einer Wippe immer der gegenüberliegende Griff mit – jedoch nur in der Richtung, nicht in der Länge!

Handelt es sich hingegen um einen abgeknickten Kurvenpunkt, können Sie den einzelnen Griff verändern, ohne dass der zweite Griff dieses Punktes sich mitbewegt.

Soll einer der Griffe gelöscht werden, schieben Sie ihn einfach in seinen Punkt zurück. Zunächst ist das Werkzeug während des Zurückschiebens wie gewohnt schwarz ▶. Wenn Sie aber in der Nähe des Ankerpunktes angekommen sind, wird die Werkzeugspitze weiß ▷, und der Griff wird gelöscht.

Möchten Sie einen der beiden Griffe eines symmetrischen Ankerpunktes nachträglich abknicken, können Sie das auch mit dem Direktauswahl-Werkzeug erledigen. Sie müssen dafür lediglich die Alt-Taste gedrückt halten, während Sie den Griff bewegen. Es erscheint ↖ als Werkzeugspitze.

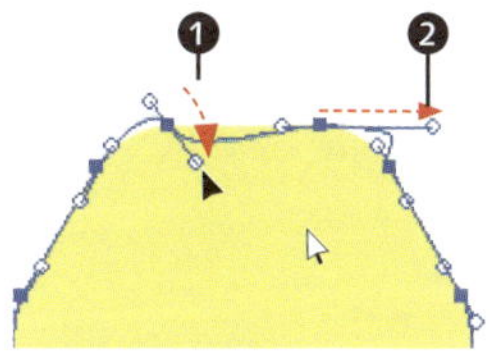

▲ **Abbildung 4.35**
Bewegen eines Griffes in Länge und Position

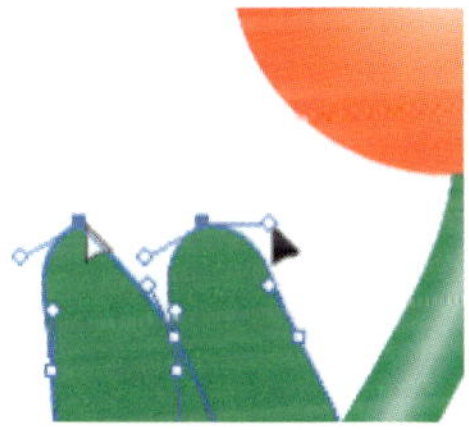

▲ **Abbildung 4.36**
Zurückschieben eines Griffes in den Ankerpunkt

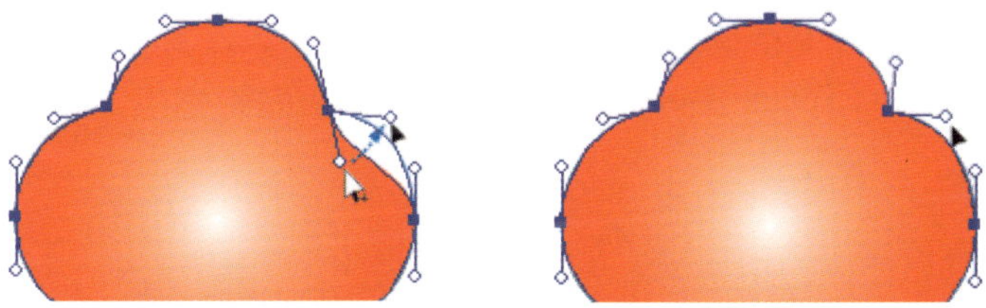

◀ **Abbildung 4.37**
Mit Alt kann ein symmetrischer Kurvenpunkt abgeknickt werden.

4.3.2 Korrekturen mit dem Steuerung-Bedienfeld

Ein anderer Weg, Ankerpunkte zu verändern, ist das Steuerung-Bedienfeld ganz oben in Ihrem Fenster. Es ist kontextbedingt, d.h., dass sich sein Inhalt und die Funktionen je nach aktivem Element verändern. Möchten Sie einen Ankerpunkt konvertieren, also verändern, müssen Sie ihn zuvor wieder mit dem Direktauswahl-Werkzeug aktivieren. Nun zeigt das Steuerung-Bedienfeld Veränderungsmöglichkeiten dieses Punktes an.

Pfad vs. Punkt aktivieren

Sie müssen hier Punkte ausgewählt haben. Ist der ganze Pfad aktiviert, zeigt das Steuerung-Bedienfeld andere Pfadfunktionen.

Abbildung 4.38 ▸
Das STEUERUNG-Bedienfeld für Ankerpunkte ist aktiv.

Mit dem ersten Button können Sie aus einem Kurvenpunkt einen Eckpunkt machen. Egal ob Ihr Punkt einen oder zwei Griffe hat, symmetrisch als Waage oder abgeknickt ist, alle Griffe werden gelöscht.

Abbildung 4.39 ▸
Löschen der Griffe eines aktiven Kurvenpunktes per STEUERUNG-Bedienfeld

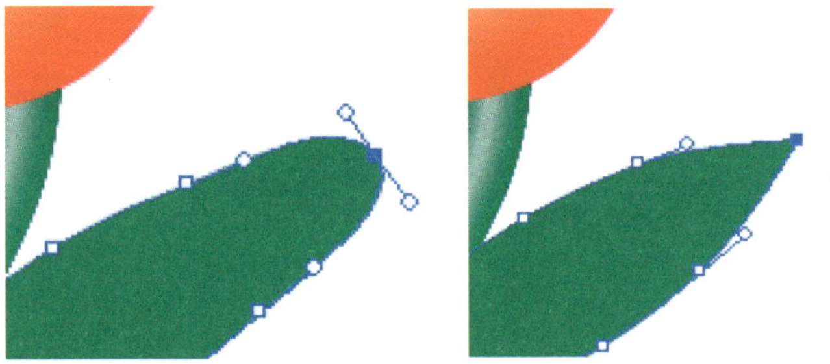

> **Ankerpunkte konvertieren**
>
> Die Griffe eines Ankerpunktes können Sie zwar anfassen und bewegen, nicht aber auswählen. Nur der zugehörige Punkt ist auswählbar.

Andersherum ist es mit dem zweiten Button. Dieser konvertiert die aktiven Punkte zu Übergangspunkten, wie Illustrator hier den (symmetrischen) Kurvenpunkt nennt. Er bekommt also zwei miteinander verbundene Griffe. Die Länge der Griffe, die Illustrator nun kreiert, hängt von der Länge der Pfadsegmente ab. Hat der Punkt schon einen abgeknickten Kurvenpunkt, wird dieser ebenfalls symmetrisch. Das Ergebnis ist schwer einzuschätzen, und in jedem Fall müssen Sie (mit) nachkorrigieren.

Abbildung 4.40 ▸
Die Länge der von Illustrator kreierten Griffe und deren Richtung hängen von den umliegenden Punkten ab.

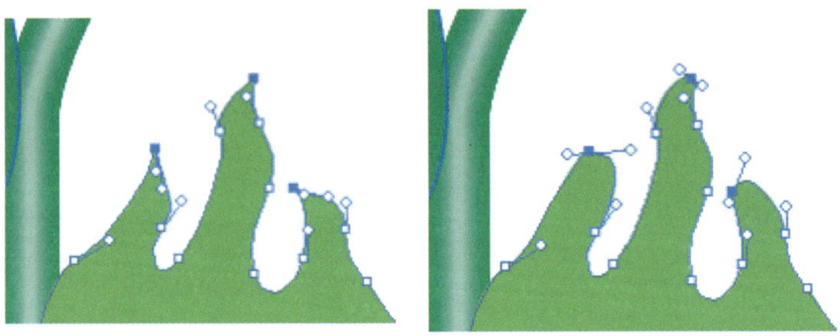

Der dritte und vierte Button verändert das Wesen Ihres Punktes nicht. Er blendet, wenn Sie mehrere Punkte aktiviert haben, lediglich alle Griffe aus bzw. ein. Das kann manchmal bei aufwändigen Pfaden praktisch sein, um den Durchblick zu bewahren, ohne erst in die VOREINSTELLUNGEN wechseln zu müssen.

Möchten Sie zu viel gesetzte Punkte löschen, den Pfad aber nicht zerschneiden, hilft der fünfte Button, er löscht einen oder mehrere Punkte ❶ aus Ihrem Pfad ❷. Die übrigen Punkte sind weiter miteinander verbunden. Würden Sie die aktivierten Punkte mit der [Entf]-Taste löschen, hätte Ihr Pfad eine Lücke ❸.

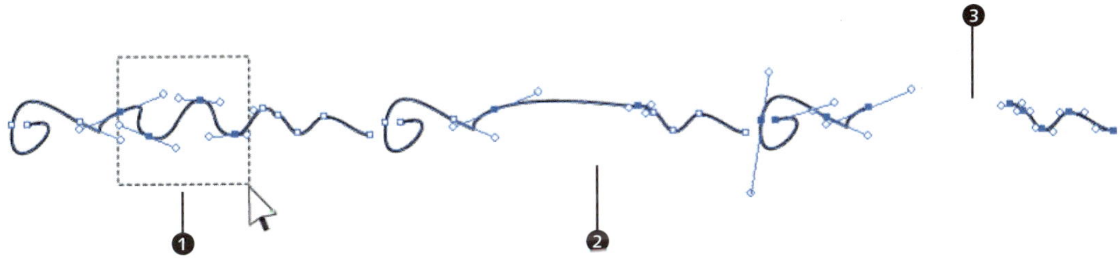

Der sechste Button schließt mit dem Direktauswahl-Werkzeug ausgewählte Endpunkte eines noch offenen Pfades auf direktem Weg und erzeugt eine Gerade. Sie dürfen dabei auch mehr Punkte als nur die beiden Endpunkte auswählen, jedoch müssen die beiden Endpunkte zu Ihrer Auswahl dazugehören. Haben Sie Endpunkte *zweier* Pfade aktiviert, werden die Endpunkte ebenfalls verbunden. Es dürfen aber nicht mehr als zwei Endpunkte aktiv sein, und es dürfen nicht mehr als zwei Pfade aktiv sein.

▲ **Abbildung 4.41**
Ankerpunkte eines Pfades können gelöscht werden, wobei der Pfad entweder zerschnitten oder beibehalten wird. Aktivieren Sie mehrere Punkte mit dem Direktauswahl-Werkzeug.

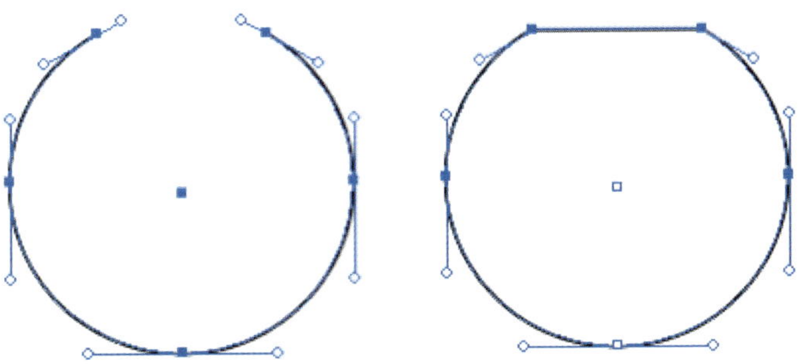

◀ **Abbildung 4.42**
Auch wenn die Endpunkte Kurvenpunkte waren: Nach dem Verbinden ist die Verbindung eine Gerade.

Die gleiche Funktion finden Sie auch unter Objekt • Pfad • Zusammenfügen … [Strg]/[⌘]+[J]. Hier finden Sie einen Menüpunkt tiefer eine weitere sehr nützliche Hilfe: Durchschnitt berechnen … Mit dieser Funktion können Sie die zwei Endpunkte, die Sie aktiviert haben, vor dem Zusammenfügen zunächst genau aufeinanderlegen. Achse: Beide verschiebt beide aktiven Endpunkte zueinander, während Horizontal die Endpunkte zwar in der Waagerechten auf eine Achse, nicht aber aufeinanderlegt.

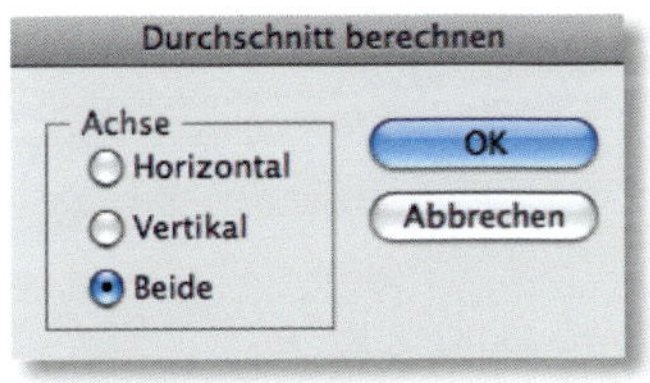

▲ **Abbildung 4.43**
Phantastisch: Objekt • Pfad • Durchschnitt berechnen

VERTIKAL verfährt genauso, lediglich in der Senkrechten (siehe Abbildung 4.44).

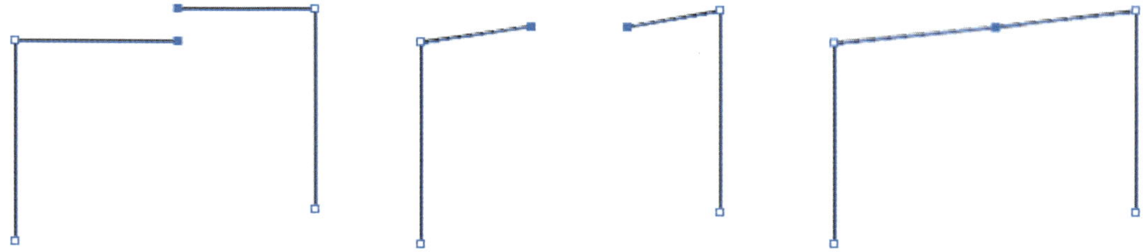

▲ **Abbildung 4.44**
DURCHSCHNITT BERECHNEN ...: VERTIKAL, HORIZONTAL und BEIDE

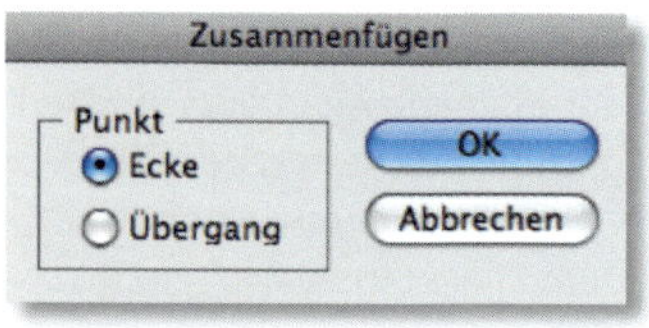

▲ **Abbildung 4.45**
Der ZUSAMMENFÜGEN-Dialog zweier ausgewählter Endpunkte

Sie haben zwei ausgewählte Endpunkte mit der Funktion DURCHSCHNITT BERECHNEN genau aufeinandergelegt. Mit der Funktion ZUSAMMENFÜGEN erhalten Sie nun im folgenden Popup-Fenster die Frage, ob aus den zusammenzufügenden Punkten eine Ecke oder ein Übergang, also eine Kurve entstehen soll. Entscheiden Sie sich für ECKE, sind die eventuell vorhandenen Griffe nicht miteinander verbunden. Wählen Sie ÜBERGANG, bekommen Sie einen symmetrischen Kurvenpunkt, dessen Griffe miteinander verbunden sind. In beiden Fällen werden die beiden Endpunkte durch einen neuen Ankerpunkt ersetzt.

Abbildung 4.46 ►
Hübsch, aber nicht gewollt. So kann es aussehen, wenn Sie beim Zusammenfügen versehentlich mehr als nur die beiden Endpunkte aktiviert haben.

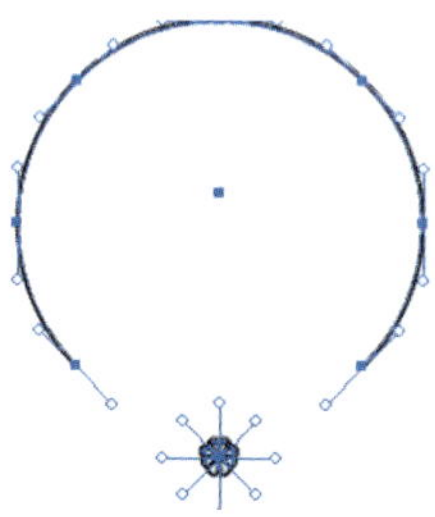

Ein tückischer Button ist der siebte. Er zerschneidet den Pfad. Dazu muss ein Ankerpunkt aktiviert sein. Haben Sie mehrere aktiviert, wird Illustrator Ihren Pfad an jedem dieser Punkte zerschneiden. Das Tückische ist: Sie sehen es nicht! Die Ankerpunkte behalten ihre Griffe und die Pfade ihr Aussehen.

Abbildung 4.47 ►
Erst wenn man die Pfade auseinandernimmt, wird sichtbar, dass sie zerschnitten wurden.

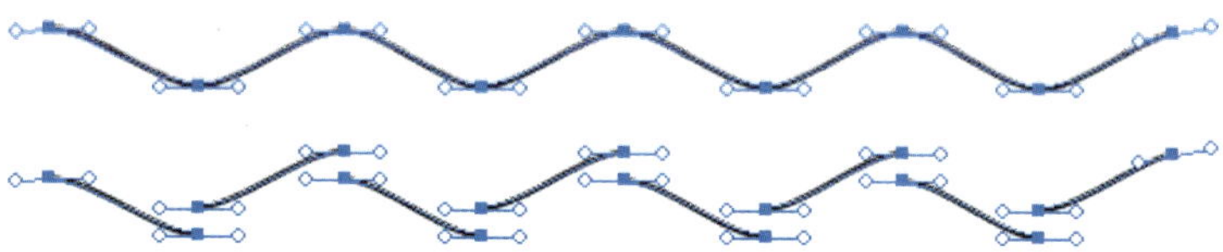

4.3.3 Korrekturen mit dem Zeichenstift-Werkzeug

Bisher haben Sie das Zeichenstift-Werkzeug nur beim Zeichnen kennengelernt. Es hat seine Spitze verändert, wenn Sie einen Pfad begonnen, weitere Punkte gesetzt haben und am Ende wieder beim Startpunkt angekommen sind. Es gibt aber noch weitere Spitzen.

Wollen Sie noch einen weiteren Punkt in den schon gezeichneten Pfad einfügen, brauchen Sie nur mit dem Werkzeug über eben diesen Pfad zu gehen. Die Werkzeugspitze ändert sich in und setzt beim Klicken einen Ankerpunkt. Setzen Sie ihn in eine Gerade, ist es ein Eckpunkt. Setzen Sie ihn in eine Kurve, ist es ein symmetrischer Kurvenpunkt. Die Griffe passen sich so an, dass das Aussehen des Pfades erhalten bleibt. Es werden entsprechend die Griffe gekürzt.

Umgekehrt wandelt sich die Werkzeugspitze in um, wenn Sie über einen bestehenden Punkt fahren, der nun beim Klicken gelöscht wird. Der Pfad wird nicht unterbrochen, er verbindet jetzt die Punkte vor und hinter dem gelöschten Punkt.

Auch die Art des Ankerpunktes können Sie mit dem Zeichenstift-Werkzeug verändern. Halten Sie die Alt-Taste gedrückt, verändert sich die Spitze in (Ankerpunkt-konvertieren-Werkzeug). Der stelzige Name sagt, worum es geht: Klicken Sie in einen Kurvenpunkt, wird dieser zu einem Eckpunkt; er verliert seine Griffe. Ziehen Sie mit der Maus, statt nur zu klicken, ziehen Sie symmetrische Griffe heraus, die die alten Griffe ersetzen.

Andersherum ist es bei einem Eckpunkt: Aus diesem ziehen Sie symmetrische Griffe heraus und wandeln so den Eck- in einen Kurvenpunkt um. Aber Vorsicht: Achten Sie auf die Richtung, in die Sie ziehen, damit es keine Schlaufen gibt (siehe Abschnitt 4.2.2).

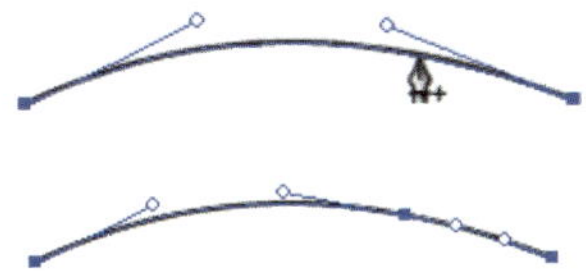

▲ **Abbildung 4.48**
Die Länge der Griffe passt sich an, wenn Sie neue Punkte setzen.

▲ **Abbildung 4.49**
Beim Löschen von Punkten kann die Form des Pfades nicht erhalten bleiben.

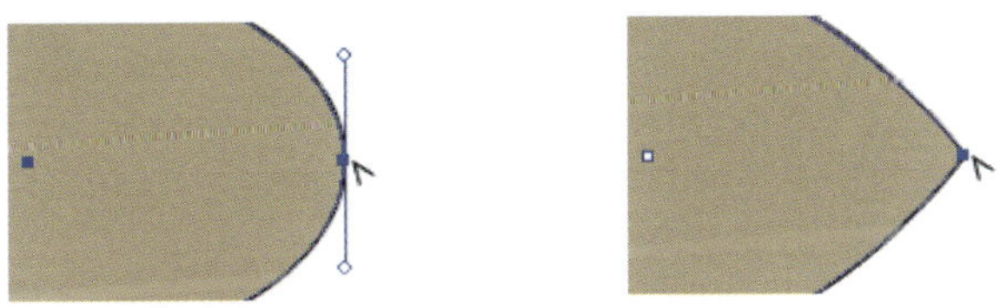

◄ **Abbildung 4.50**
Ein einfacher Klick mit dem Ankerpunkt-konvertieren-Werkzeug auf einen Kurvenpunkt löscht alle Griffe des Ankerpunkts.

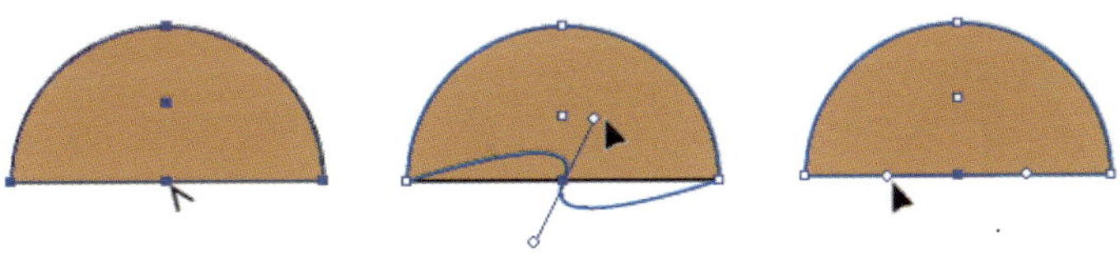

◄ **Abbildung 4.51**
Aus einem Eckpunkt können Sie einen Kurvenpunkt ziehen, aber in die richtige Richtung.

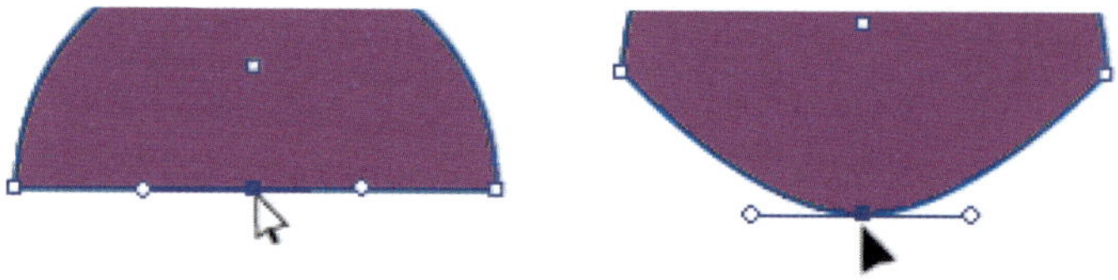

Abbildung 4.52 ▸
Das Verschieben eines zum Kurvenpunkt umgewandelten Eckpunktes ergibt automatisch eine Kurve.

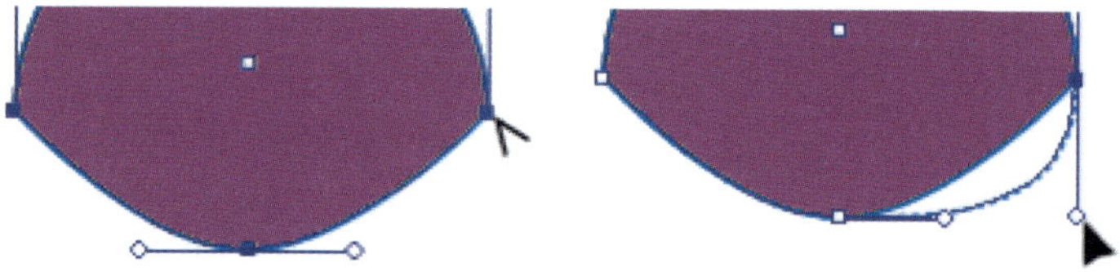

Abbildung 4.53 ▸
Hat der Punkt nur einen Griff, wird dieser ersetzt. Der Punkt bekommt zwei gleiche Griffe.

Das Ankerpunkt-konvertieren-Werkzeug kann aber nicht nur an den Ankerpunkten angewendet werden, Sie können damit auch einen Griff anfassen. Bewegen Sie den Griff eines (symmetrischen) Kurvenpunktes, knicken Sie ihn ab und erzeugen an dieser Stelle eine Ecke. Gehen Sie also behutsam mit dieser Funktion um. Nicht, dass Sie am Ende zwar schön an die Vorlage anliegende Pfade haben, aber überall Ecken, die vielleicht erst im Druck richtig sichtbar werden. Benutzen Sie also zum Anpassen des Pfades lieber das Direktauswahl-Werkzeug, wie in Abschnitt 4.3.1, »Korrekturen mit den Auswahl-Werkzeugen«, beschrieben.

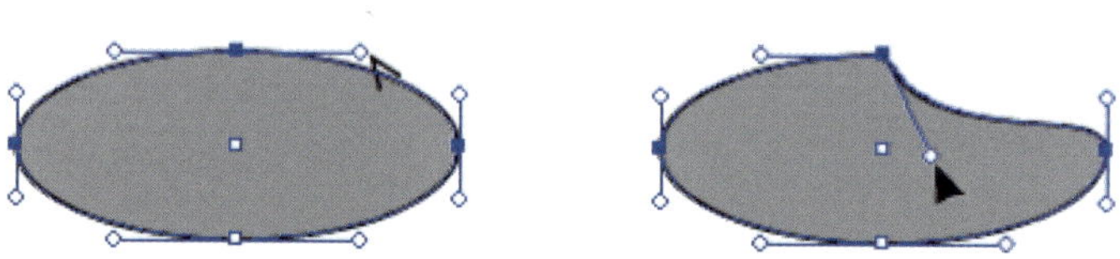

Abbildung 4.54 ▸
Bewegen Sie einen Griff mit dem Ankerpunkt-konvertieren-Werkzeug, ist dieser hinterher abgeknickt.

4.3.4 Pfade verbinden

Wie kann ich überprüfen, ob mein Pfad irgendwo unterbrochen ist? Ist er es an mehreren Stellen, ist es leicht: Aktivieren Sie ihn an irgendeiner Stelle mit dem Direktauswahl-Werkzeug, werden auch nur die miteinander verbundenen Punkte aktiviert, und Sie sehen zwischen den Punkten den Pfad in der Ebenenfarbe hervorgehoben.

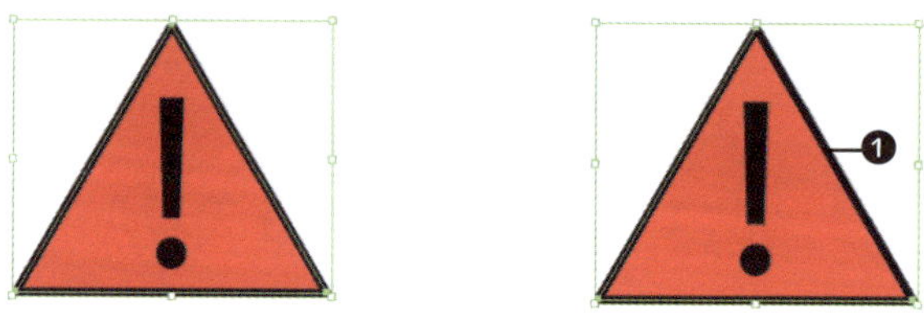

Abbildung 4.55 ▸
Links ist der Pfad geschlossen, rechts fehlt die Aktivierung der rechten Seite ❶; der Pfad ist also offen

Ist Ihr Pfad an nur einer Stelle unterbrochen, und zwar so, dass beide Endpunkte so beieinanderliegen, dass Sie die beiden Endpunkte nicht einzeln sehen können, hilft diese Methode nicht. Fassen Sie am besten den Punkt mit dem Direktauswahl-Werkzeug an, den Sie als Letztes gesetzt hatten, und ziehen ihn zur Seite (Abbildung 4.56). Meistens ist es der falsch gesetzte Endpunkt, der nicht schließt. War dies nicht der Fall, hilft Ihnen bestimmt das neue Zusammenfügen-Verhalten von Illustrator CS5 weiter. Es reicht, dass Sie den gesamten Pfad mit dem Auswahl-Werkzeug aktivieren und Objekt • Pfad • Zusammenfügen… auswählen. Bei dieser Methode wissen Sie zwar nicht, welche Punkte falsch waren, aber sie sind nun eckig verbunden. Lagen die Punkte genau aufeinander, wird es auch nur einen Ankerpunkt geben. Ansonsten gibt es eine kleine Verbindung zwischen den Punkten (Abbildung 4.57).

▲ **Abbildung 4.56**
Oft ist der Übeltäter der letzte Punkt, den Sie gesetzt und nicht genau getroffen haben.

▲ **Abbildung 4.57**
Illustrator schließt auf kürzestem Weg, wenn die Ankerpunkte nicht genau aufeinanderliegen.

Immer wieder werden Sie in die Situation kommen, einen versehentlich unterbrochenen Pfad oder einfach zwei einzeln gezeichnete Pfade manuell miteinander zu verbinden. Auch hierfür verwenden Sie das Zeichenstift-Werkzeug. Kommen Sie nämlich mit der Maus über einen Endpunkt eines offenen Pfades, wechselt die Werkzeugspitze zu ✒/. Wenn Sie nun in den Endpunkt klicken, nehmen Sie den Pfad an dieser Stelle wieder auf und können ihn fortführen – in beliebiger Richtung oder zu einem Endpunkt eines zweiten Pfades. Dann wechselt die Werkzeugspitze zu ✒o, und Sie können mit einem Klick beide Pfade miteinander verbinden. Das Gleiche gilt natürlich auch, wenn Sie auf den zweiten Endpunkt desselben Pfades klicken. Dieser wird dann geschlossen.

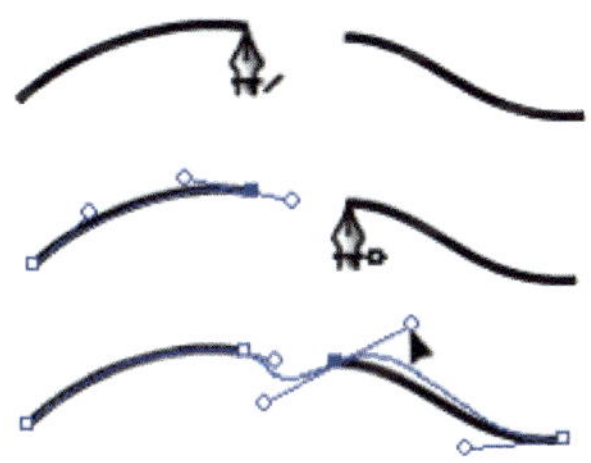

▲ **Abbildung 4.58**
Wenn Sie beim Verbinden mit der Maus ziehen, können Sie gleich den Verbindungspunkt verbiegen (unten).

4.3.5 Pfade aufschneiden und trennen

Anders als beim Entfernen einzelner Ankerpunkte mit dem Zeichenstift-Werkzeug können Sie einen Pfad aufschneiden, indem Sie entweder ein Pfadsegment entfernen oder indem Sie ihn aufschneiden, ohne seine Form zu verändern.

Illustrator kann sowohl einen Ankerpunkt aktivieren als auch ein Pfadsegment. In beiden Fällen verwenden Sie das Direktauswahl-Werkzeug. Haben Sie einen Ankerpunkt aktiviert und löschen ihn mit der [←]-Taste oder der [Entf]-Taste, verschwindet nicht nur der Punkt selbst, sondern auch die beiden angrenzenden Pfadsegmente. Gleiches gilt, wenn Sie nur den Endpunkt eines offenen Pfades aktiviert haben. Das Löschen eines Pfadsegmentes aktiviert alle verbleibenden Punkte. Ein weiteres Drücken der [Entf]-Taste würde nun den ganzen Pfad löschen.

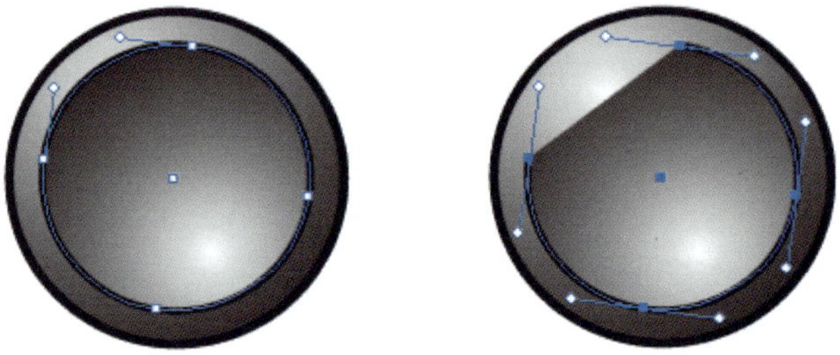

Abbildung 4.59 ►
Das Löschen eines Pfadsegmentes lässt die Ankerpunkte davor und dahinter als Endpunkte stehen.

Achtung
Wenn Sie mehrere Pfadsegmente ohne deren Ankerpunkte aktivieren und löschen, bleiben die Ankerpunkte dazwischen stehen. Diese sind nur unter ANSICHT • PFADANSICHT zu sehen.

Aktivieren Sie nur ein Pfadsegment, indem Sie mit dem DIREKTAUSWAHL-WERKZEUG auf einen Pfad statt auf einen Punkt klicken – Illustrator zeigt es Ihnen hier durch die sichtbaren Griffe im linken Segment –, bleiben nach dem Löschen die beiden Punkte vor und hinter dem gelöschten Segment stehen und bilden nun jeweils Endpunkte.

Eine ganz andere Art, einen Pfad aufzuschneiden, ist das SCHERE-WERKZEUG. Klicken Sie mit dem Werkzeug auf einen Ankerpunkt, trennt Illustrator hier den Pfad, und an der Stelle des einen Ankerpunktes entstehen zwei direkt aufeinanderliegende – jeweils als Endpunkt Ihres Pfades.

Klicken Sie aber in ein Pfadsegment hinein, trennt Illustrator den Pfad an eben dieser Stelle und generiert an der Trennstelle zwei direkt aufeinanderliegende Ankerpunkte als Endpunkte der Pfade. In beiden Fällen verändert sich das Aussehen des Pfades nicht. Ob Ihr Pfad offen oder geschlossen war, spielt keine Rolle.

▲ **Abbildung 4.60**
RADIERGUMMI-, SCHERE-, MESSER-WERKZEUG

▲ **Abbildung 4.61**
Links: Der unzerschnittene Pfad. Mitte: Aufgeschnitten an einem Pfadsegment. Neue Endpunkte werden gebildet. Rechts: Aufgeschnitten an einem Punkt. Die symmetrischen Griffe bleiben erhalten.

Etwas dynamischer verhält sich das MESSER. Jedoch wirkt es nur an geschlossenen Pfaden. Dafür können Sie mit ihm aber richtig schneiden. Halten Sie die Maustaste gedrückt, und zerschneiden Sie den Pfad. Sie können auch Kurven und andere Formen fahren, müssen das geschlossene Objekt aber ganz durchfahren. Illustrator wird das zerschnittene Objekt an den Schnittstellen wieder zu einem geschlossenen Pfad verbinden.

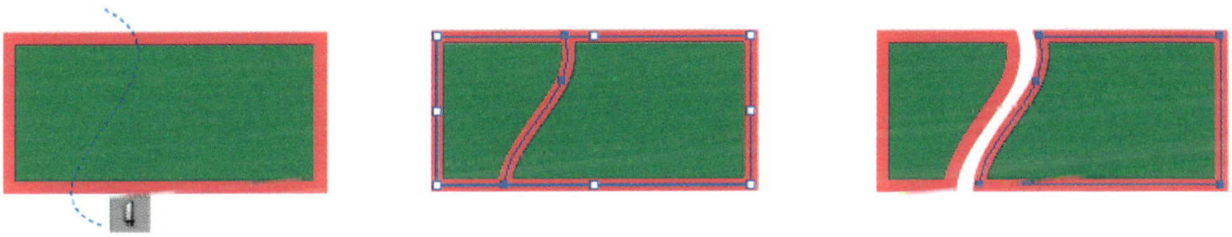

▼ **Abbildung 4.62**
Der geschlossene Pfad muss ganz durchtrennt werden. Illustrator wird die Teilstücke wieder zu geschlossenen Pfaden machen.

Fahren Sie nur von außen in die geschlossene Form hinein, erhalten Sie auch nur einen »Einschnitt«; der Pfad bleibt geschlossen.

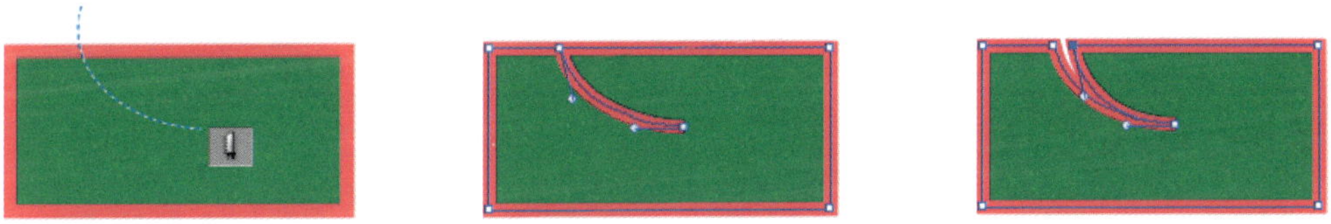

▲ **Abbildung 4.63**
Der Pfad bleibt geschlossen, erhält jedoch einen Einschnitt.

Nach dem gleichen Prinzip funktioniert das extrem leistungsstarke RADIERGUMMI-WERKZEUG. Bei diesem Werkzeug haben Sie aber noch die Möglichkeit, die Breite des Schnittes ❸ und auch die Form der Werkzeugspitze ❷ zu bestimmen. Klicken Sie hierzu doppelt auf das RADIERGUMMI-WERKZEUG in der WERKZEUGLEISTE. Stellen Sie die Form auf nicht rund (rund wäre 100%), können Sie auch den Winkel der elliptischen Werkzeugspitze verändern ❶.

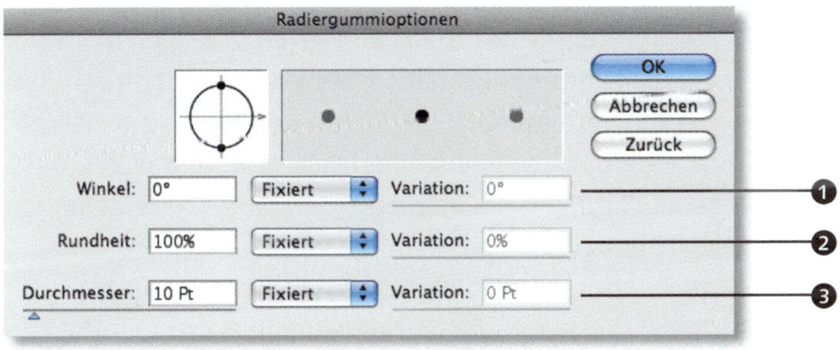

◄ **Abbildung 4.64**
Das RADIERGUMMI-WERKZEUG ist vielseitig einstellbar.

Arbeiten Sie mit einem Grafiktablett – wofür Illustrator an mehreren Stellen Optionen für Sie bereithält –, sind auch Einstellungen wie DRUCK und NEIGUNG möglich. Auch wenn es unprofessionell klingt, probieren Sie doch verschiedene Einstellungen durch, um ein Gespür dafür zu bekommen, was jeweils passiert. Die Screenshots sollen Ihnen dabei Anregung und Hilfe sein. Komplexe Objekte werden ebenso radiert (zerschnitten) wie einfache.

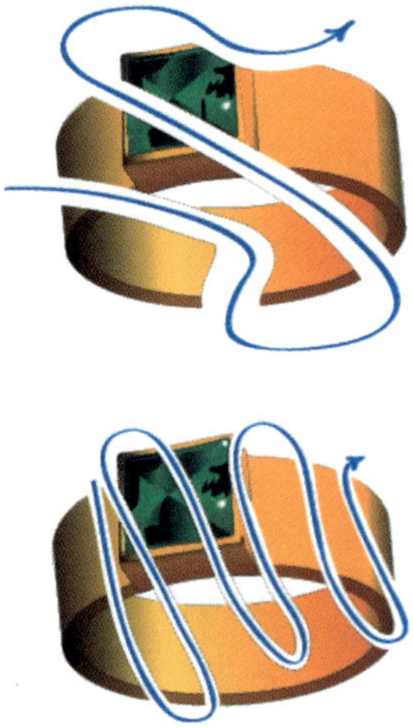

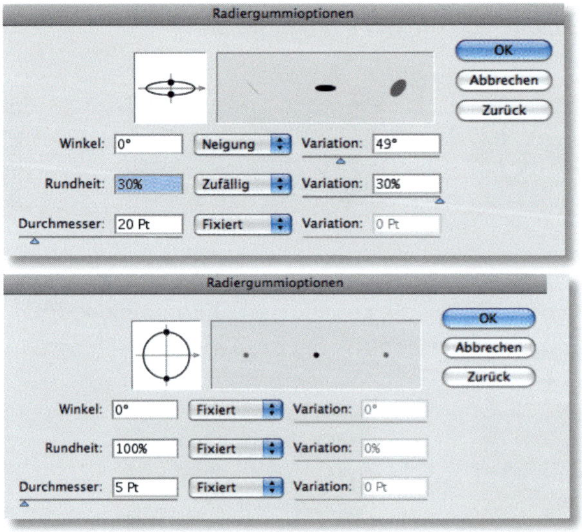

▲ **Abbildung 4.65**
Zig mögliche Kombinationen von Werkzeugspitze, Neigung, Größe und natürlich dem eigentlichen Schnitt sind vorstellbar.

4.4 Die Liniensegment-Werkzeuge

Das LINIENSEGMENT-WERKZEUG erzeugt eine Linie zwischen zwei (Eck-)Punkten. Es macht dann Sinn, wenn Sie Objekte grafisch konstruieren wollen. Hierzu sollten Sie die Linie aber auch numerisch definieren, also ganz bestimmte Zahlenwerte eingeben. Um das zu tun, klicken Sie einfach an die Startposition der geplanten Linie (ohne mit der Maus zu ziehen!). Es erscheint ein Popup-Menü. Hier können Sie die Länge und die Richtung vom Startpunkt aus bestimmen. Um die Linie anschließend weiterzuführen, müssen Sie das Werkzeug wechseln, z.B. in das ZEICHENSTIFT-WERKZEUG. Sie können an einem der Endpunkte ansetzen und von dort aus weiterzeichnen.

Ist die Option LINIE FÜLLEN aktiviert, würde sich Ihr Pfad mit der Farbe füllen, die Sie zuvor ausgewählt hatten (zu sehen in der WERKZEUGLEISTE), wenn Sie ihn später weiterbearbeiten. Deaktivieren Sie zuvor diese irreführend benannte Funktion im Dialogfenster, bleibt Ihr Objekt ungefüllt. Irreführend benannt ist

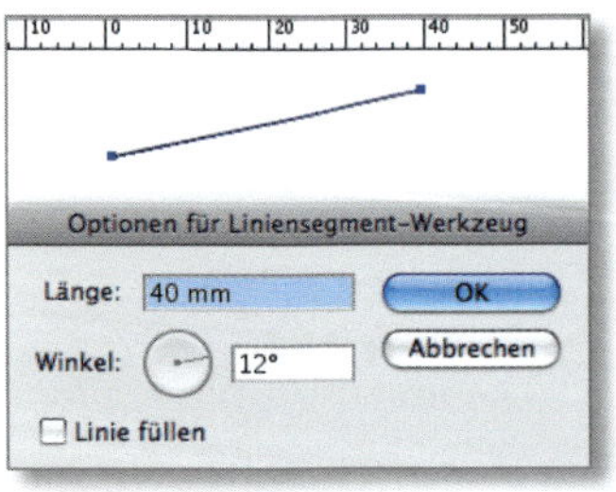

▲ **Abbildung 4.66**
Eine feste Länge kann numerisch bestimmt werden.

die Funktion deshalb, weil Linien selbst keine Füllungen haben, lediglich eine Konturfarbe.

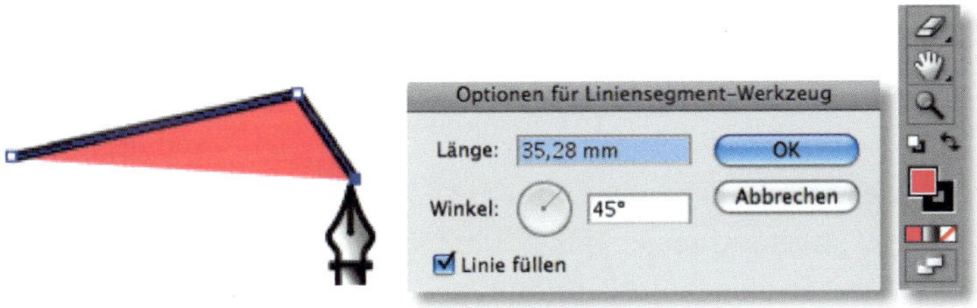

◂ **Abbildung 4.67**
LINIE FÜLLEN bedeutet, eine Flächenfarbe zuzuweisen, wenn aus der Linie eine Fläche wird.

Das BOGEN-WERKZEUG hat einen eigenen Namen, hier aber keinen eigenen Abschnitt, weil es auch nur ein Pfadsegment erzeugt. Wie seine gerade Schwester hat der Bogen zwei Endpunkte. Auch den Bogen können Sie nur mit anderen Werkzeugen weiterverarbeiten. Das Popup-Menü bei einem Klick auf die Zeichenfläche ist aber deutlich größer. Denn das BOGEN-WERKZEUG erzeugt, wie sein Name schon sagt, Bögen.

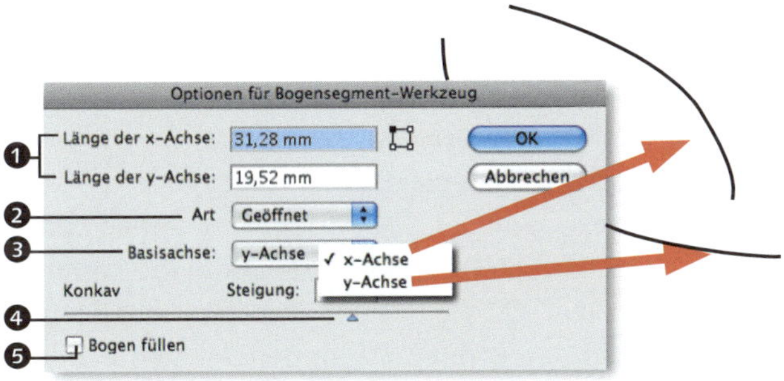

◂ **Abbildung 4.68**
Tauschen Sie die x- gegen die y-Achse ❸, dreht sich der Bogen um.

Die Linienlänge des Bogens ❶ bestimmen Sie mit der x-Achse für die waagerechte und der y-Achse für die senkrechte Krümmung. Unter ART ❷ können Sie ihn aber gleich schließen lassen. Die BASISACHSE ❸ bestimmt die Richtung beim Ziehen. Auch hier haben Sie die Möglichkeit, die Bögen zu füllen ❺. Dies geschieht mit einer Geraden. Die STEIGUNG ❹ sagt aus, wie stark die Krümmung verläuft. Ein Wert von 0 erzeugt eine Gerade, ein Wert von 100 erzeugt eine Kurve um 90°. Es gibt im Optionsmenü keine Vorschau, doch beim Aufziehen des Bogens nach Bestätigung des Dialoges sehen Sie, wie die Kurve aussieht, bevor Sie die Maustaste loslassen. Ziehen Sie waagerecht oder senkrecht zum Ausgangspunkt, entsteht eine Gerade, ziehen Sie in 45° oder mit gedrückter ⇧-Taste, entfaltet der Bogen erst gänzlich seine eingegebenen Werte.

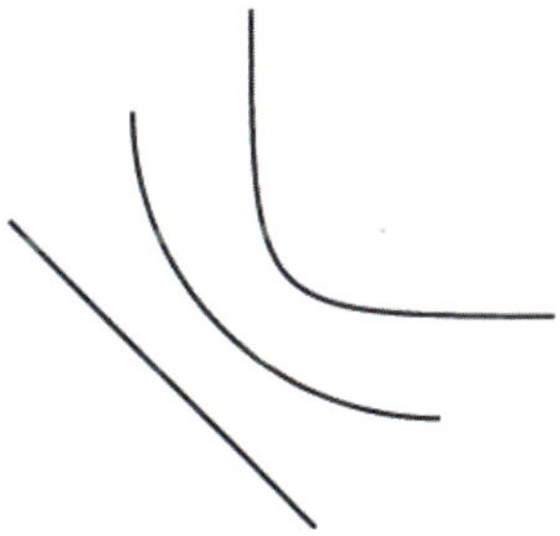

▴ **Abbildung 4.69**
STEIGUNGEN: 0 - 50 - 100

4.5 Die Buntstift-Werkzeuge

▲ **Abbildung 4.70**
Buntstift-Werkzeug, Glätten-Werkzeug, Löschen-Werkzeug

Das Buntstift-Werkzeug ist nun endlich ein Werkzeug, mit dem Sie in etwa so zeichnen, wie Sie es auf Papier gewohnt sind. Sie fahren also mit der Maus eine Linie ab, und Illustrator setzt selbstständig Ankerpunkte mit den entsprechenden Griffen.

Wie viele Punkte Illustrator für Sie setzt, wie genau also Ihre Linie ist, bestimmen Sie mit einem Doppelklick auf das Werkzeug. Wählen Sie eine hohe Genauigkeit ❶, setzt Illustrator weniger Ankerpunkte und längere Griffe. Geben Sie einen hohen %-Wert in der Glättung ein ❷, bekommen Sie zwar einen glatteren Pfad ohne viele Beulen, die Genauigkeit im Vergleich mit dem, was Sie gezeichnet haben, ist dann jedoch gering. Ein etwas höherer Genauigkeitswert und eine mittlere Glättung haben sich bewährt.

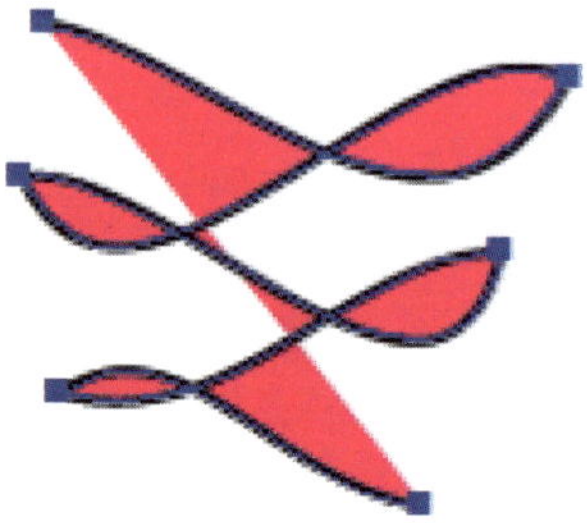

▲ **Abbildung 4.71**
Flächenfüllung beim offenen Pfad

Wie beim Liniensegment-Werkzeug finden Sie auch hier die Funktion des Füllens ❸; dabei werden die beiden Endpunkte mit einer gedachten Geraden gefüllt. Alle eingeschlossenen Flächen, die diese Gerade erzeugt, füllt Illustrator mit der Flächenfarbe.

Auswahl beibehalten ❹ lässt nach dem Absetzen der Maus die gezeichneten Punkte aktiv, sodass Sie sie direkt weiterbearbeiten können. Haben Sie auch die Option Ausgewählte Pfade bearbeiten ❺ angehakt, können Sie den zuletzt gezeichneten Pfad durch den nächsten ersetzen, wenn Sie ihm nahe kommen (Innerhalb von ... Pixel). Ob Sie mit der Werkzeugspitze innerhalb dieser Toleranz sind, erkennen Sie an dem kleinen x an der Werkzeugspitze, das Ihnen anzeigt, dass Sie einen neuen Pfad zeichnen würden. Ist es nicht zu sehen, ersetzen Sie den noch aktiven Pfad.

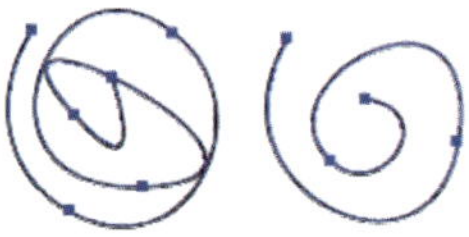

▲ **Abbildung 4.72**
Wenn der eine Pfad nicht schön ausgefallen ist (links), »überzeichnen« Sie ihn einfach.

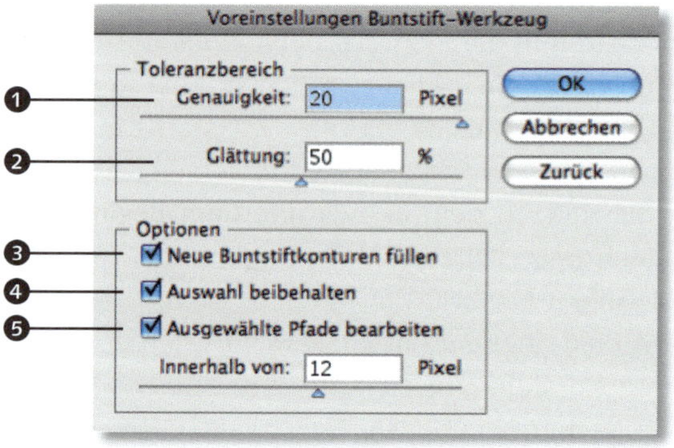

Abbildung 4.73 ▶
Die Voreinstellungen für das Buntstift-Werkzeug

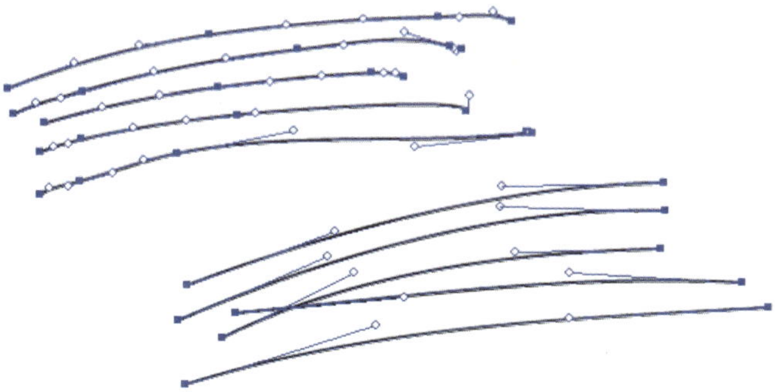

◄ **Abbildung 4.74**
Gleiche Striche, unterschiedliche Genauigkeitsoptionen. Oben: Weniger genau und weniger geglättet. Unten: genauer und »glatter«.

Mit dieser beeindruckenden Funktion können Sie sogar Pfade ersetzen, die Sie mit anderen Werkzeugen gezeichnet haben. Wenn Sie nur einen Teil des aktiven Pfades mit dem Buntstift-Werkzeug überfahren, bleibt der andere Teil erhalten.

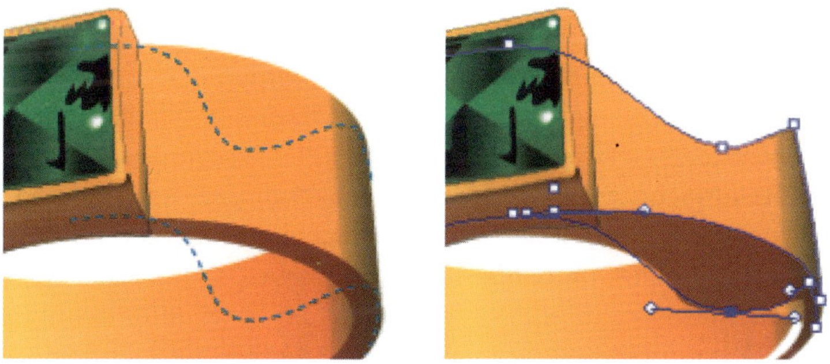

◄ **Abbildung 4.75**
Stark: Setzen Sie irgendwo am aktivierten Pfad an und zeichnen neu.

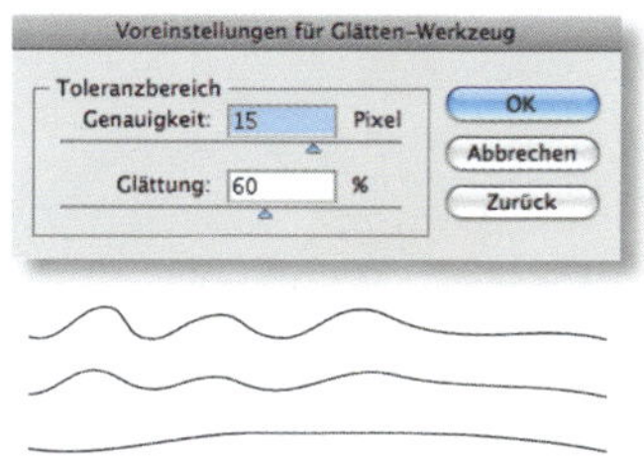

▲ **Abbildung 4.76**
Den Grad der Glättung bestimmen Sie in den Werkzeug-Voreinstellungen

Mit dem Glätten-Werkzeug ist es möglich, den Pfad zu korrigieren, wenn er zu »beulig« geraten ist oder zu viele Punkte hat. Ist die Genauigkeit zu gering, passiert nicht viel oder manchmal sogar das Gegenteil. Der Glättungswert steuert die Stärke der Glättung. In Abbildung 4.76 sehen Sie unter der Originallinie eine Glättung mit dem Wert 60% und ganz unten mit 100%.

Das Löschen-Werkzeug funktioniert nicht so grandios wie das Radiergummi-Werkzeug, das ich in Abschnitt 4.3.5 vorgestellt habe. Sie müssen dem aktiven Pfad am Beginn sehr nahe sein und ihn an einer weiteren Stelle schneiden, damit das Stück dazwischen gelöscht wird. Wenden Sie es auf einen aktiven, geschlossenen Pfad an, wird immer die kleinere Hälfte ganz gelöscht. Da ist es doch einfacher, auf konventionellem Weg mit dem Schere- oder Radiergummi-Werkzeug zu löschen.

Pinsel-Werkzeug

Der Pinsel kann zwar auch Pfade erzeugen, doch er hat mit anderen Funktionen zusammen ein eigenes Kapitel: Kapitel 8, »Muster, Pinsel und Symbole«.

▲ **Abbildung 4.77**
Die vom Kunden gelieferte »Vorlage« des Logos

4.6 Nachzeichnen eines Logos

Eine der häufigsten Anwendungen von Illustrator ist das Nachzeichnen von Logos. Das ist so, weil Sie nur allzu häufig als Grafikerin oder Mediengestalter das Firmenlogo Ihres Auftraggebers in eine Broschüre, Website oder die Visitenkarte einbauen sollen. Doch bekommen Sie eine druckfähige Datei des Logos? Oft sieht das Ganze so aus, wie auf dem Foto: Der Bäcker gibt Ihnen eine zerknüllte Brötchentüte. »Was and'res hab ich nich«, sagt er. Oder Sie bekommen das JPG, das als Thumbnail auf der Website war. Das sieht dann so aus:

Abbildung 4.78 ▶
Webbilder sind für den Druck meist unbrauchbar. Die Auflösung ist zu gering, hier 72 dpi bei 50 Pixeln (siehe Kapitel 12, »Web und Screen«). Rechts die zerknüllte Brötchentüte.

Ja, Sie sehen, es muss wohl nachgezeichnet werden. Interpretation und Vorstellungsvermögen sind gefragt. Vor allem aber die Kenntnisse des letzten Kapitels, die Sie mit mir in der kommenden Schritt-für-Schritt-Anleitung vertiefen und ausprobieren können.

Noch eine Überlegung vorab: Welches Format und welche Farbeinstellungen werden gewählt? Logos werden normalerweise nicht in RGB erstellt. Auch die Auflösung der Datei und deren Rastereffekte müssen hoch sein. Das Format der Zeichenfläche hingegen ist nicht wichtig, wenn es sich hinterher um eine reine Vektorgrafik handelt. Sie ist beliebig skalierbar.

▲ **Abbildung 4.79**
Das Logo als fertige Vektorgrafik

Schritt für Schritt: Ein Logo nachzeichnen

1 Neue Datei anlegen

Erzeugen Sie zunächst eine neue Datei, die später das Logo enthalten wird. Auch wenn Illustrator ja schon seit der CS4 mehrere Zeichenflächen anlegen kann, empfiehlt es sich, das Logo auf einer einzelnen Seite zu lassen, also nur eine Zeichenfläche anzulegen. Dienstleister wie Druckereien oder Verlagsredaktionen müssen sich ja in Ihrer Datei zurechtfinden können, was mit vielen Zeichenflächen erschwert würde. Wählen Sie am besten auch gleich Druck als Neues Dokumentprofil aus, damit die Grundeinstellungen auch schon für den Druck stimmen.

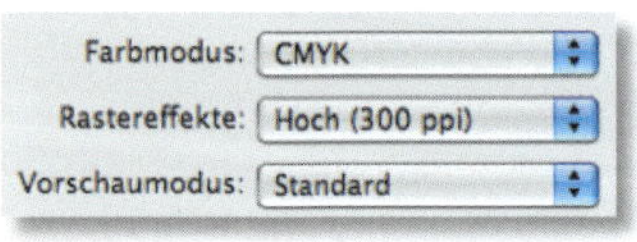

▲ **Abbildung 4.80**
CMYK-Farbmodus für Logos

2 Vorlage laden

Wie Sie es schon in Kapitel 3 gelernt haben, werden Sie ein Bild laden, in diesem Fall die oben vorgestellte zerknüllte Brötchentüte, die ich für Sie schon eingescannt habe. Sie dient als Vorlage zum Nachzeichnen.

Unter Datei gehen Sie zu Platzieren.... Im Platzieren-Dialog wählen Sie dann das benannte Foto (»Stern-Baecker.psd«) im Übungsordner 04 aus. Aktivieren Sie Alle Formate bzw. Alle lesbaren Dokumente ❶. Unbedingt anhaken sollten Sie nun Verknüpfen ❺. Dieser Button sorgt dafür, dass eine Verknüpfung zum Original hergestellt wird. In Illustrator wird Ihnen nur eine Vorschau dieses Originals gezeigt. Ändern Sie das Original, kann es auch in Illustrator aktualisiert werden. Bei angewählter Vorlage ❹ legt Illustrator das Bild automatisch auf eine eigene abgeschlossene und abgeblendete Ebene (siehe Kapitel 6, »Ebenen«). Der Button Ersetzen ❸ sollte ausgegraut, also nicht anwählbar sein. Hätten Sie jedoch schon ein Bild in Ihrer Datei aktiviert, könnten Sie es mit dem nun ausgewählten ersetzen lassen. Das Okay geben Sie in diesem Dialog mit Platzieren ❷.

Das Bild »Stern-Baecker.psd« zum Nachzeichnen finden Sie auf der DVD im Ordner Uebungen • 04.

Zur Erinnerung

Soll ein Foto mitgedruckt werden, muss entweder die verknüpfte Originaldatei mit geliefert werden, oder das Bild muss Eingebettet sein.

◄ **Abbildung 4.81**
Der Platzieren-Dialog am Mac

Nach dem Platzieren behalten Sie Ihre Zeichenebene ❼, auf der Sie loslegen können, die Ebene »Vorlage«❻ ist gesperrt ❾. Sie erkennen sie als die Vorlagenebene an dem Symbol ❽ und daran, dass der Name der Ebene kursiv geschrieben ist. Anders die »Ebene 1«, sie ist immer da, wenn Sie ein Dokument neu anlegen.

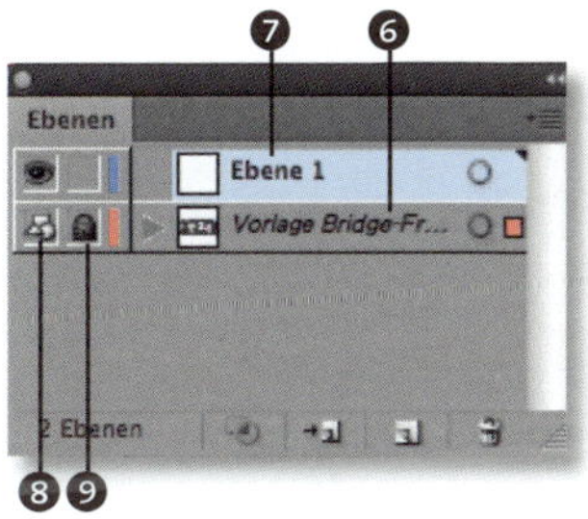

▲ **Abbildung 4.82**
Das Ebenen-Bedienfeld: Fenster • Ebenen

3 Werkzeug einstellen

Sie kennen es schon von der letzten Schritt-für-Schritt-Übung: Erst wählen Sie das Direktauswahl-Werkzeug aus, dann das

▲ **Abbildung 4.83**
Hilfslinien sind wichtige Helfer bei genauer Arbeit.

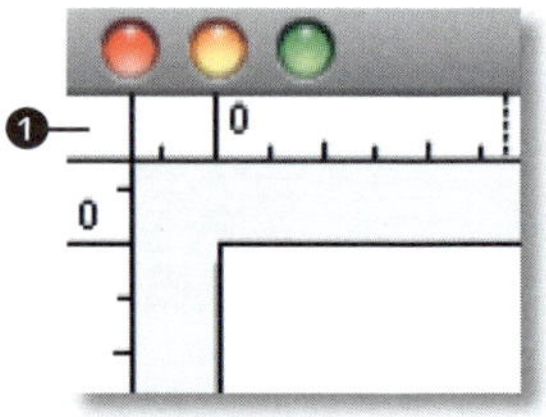

▲ **Abbildung 4.84**
Wo sich waagerechtes und senkrechtes Lineal treffen, können Sie mit der Maus den 0-Punkt auf Ihre Seite ziehen.

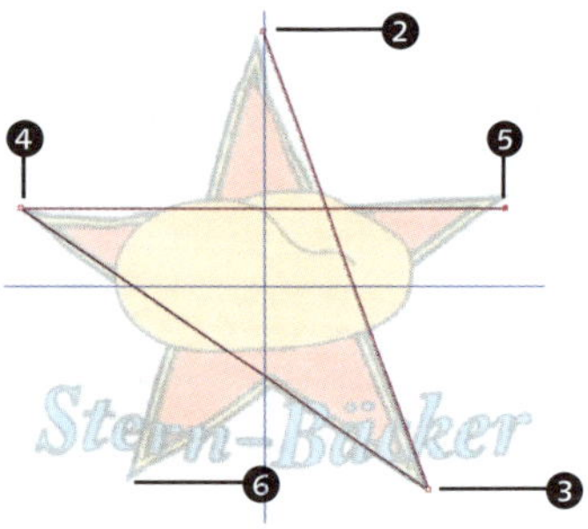

▲ **Abbildung 4.85**
Bis jetzt nur Geraden und Eckpunkte an den Spitzen des Sterns

Zeichenstift-Werkzeug, dann wählen Sie die Flächenfarbe ohne und als Letztes eine dünne, schwarze Kontur von etwa 0,25 pt.

4 Die Zeichenfläche vorbereiten

Noch immer können Sie nicht beginnen! Aber gute Vorarbeit zahlt sich später viele Male aus. Bei einem Logo wie diesem lohnt es sich, eine Symmetrieachse anzulegen oder die eine oder andere Hilfslinie zu ziehen. Wäre das Logo noch so zerknüllt wie im Foto (Ihre Vorlage ist schon etwas »geputzt«), könnten Sie sich nicht genau an die Vorlage halten, sondern müssten Ihre Ankerpunkte dort setzen, wo sie Ihnen richtig erscheinen. Eine solche Vorlage wäre dann nur ein grober Anhaltspunkt.

Ziehen Sie aus den Seitenlinealen jeweils mit Ihrer Maus eine Hilfslinie heraus, und setzen Sie sie auf die Mitte des Logos. Sollten die Seitenlineale ausgeblendet sein, wählen Sie zuvor Ansicht • Lineale • Lineale einblenden.

Ziehen Sie dann den Schnittpunkt der Lineale ❶ genau auf die Kreuzung Ihrer beiden Hilfslinien. Das ist jetzt Ihr 0-Punkt.

5 Den Stern nachzeichnen

Starten Sie mit der oberen Ecke ❷, und setzen Sie den ersten Punkt genau auf die Hilfslinie. Danach gehen Sie nicht bis zum ersten Knick, sondern zeichnen einfach durch und setzen den zweiten Eckpunkt auf die Sternspitze unten rechts ❸.

Als Nächstes zur oberen linken Ecke ❹. Jetzt können Sie mit gedrückter [⇧]-Taste die obere rechte Spitze setzen ❺. Man kann davon ausgehen, dass der Stern eigentlich sauber sein soll und damit an dieser Stelle waagerecht ist – auch wenn die zerknüllte Brötchentüte etwas anderes glauben macht.

Von dort geht es weiter nach unten ❻ links und zum Schluss zum Endpunkt nach oben zurück ❷. Achten Sie hier darauf, dass Ihnen die Werkzeugspitze auch das Symbol für das Schließen des Endpunktes anzeigt .

6 Den Stern korrigieren

Die Pfade sind alle gerade, nur so ganz symmetrisch ist der Stern nicht – zu sehen an der senkrechten Hilfslinie in Abbildung 4.86. Die untere Kreuzung der Pfade müsste genau auf ihr liegen.

Da dort aber kein Punkt ist, können wir dort auch nicht korrigieren. Es müssen also die äußeren Punkte ungenau sein. Zum

Glück haben Sie die Symmetrieachse. Aktivieren Sie mit dem Direktauswahl-Werkzeug den linken unteren Eckpunkt ❻ und begradigen im Steuerung-Bedienfeld ganz oben die Werte für x ❼ und y ❽ auf den nächsten geraden Wert ohne Komma. Gerade Werte machen Ihr Arbeiten leichter. Danach aktivieren Sie den rechten Punkt ❸. Seine y-Werte sollen die gleichen sein, wie die des linken, die x-Werte hingegen sollen zwar den gleichen Wert haben, aber positiv sein (ohne Minus). Verfahren Sie mit den oberen Punkten ❹ und ❺ genauso.

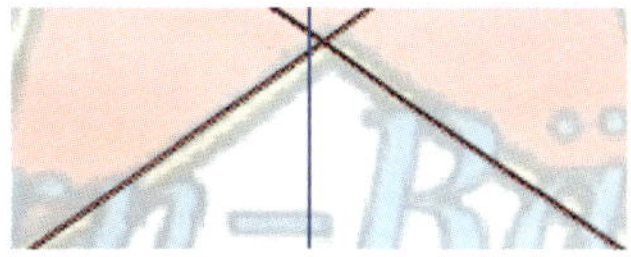

▲ **Abbildung 4.86**
Die Schneidung der Linien sollte eigentlich genau auf der senkrechten Hilfslinie liegen.

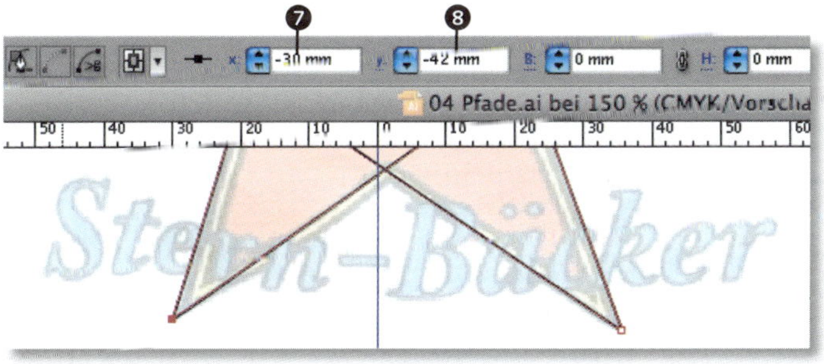

◀ **Abbildung 4.87**
Mit numerischen Eingaben ist es möglich, sehr genau zu arbeiten. Auch wenn es erst umständlich erscheint, spart man sich später viele Korrekturen.

7 Überschneidungen löschen

An dieser Stelle greifen wir dem nächsten Kapitel etwas vor, denn Sie wollen sicher die Linien mitten durch den Stern entfernen. Zuerst aber müssen Sie dem Stern eine Flächenfarbe zuweisen. Achten Sie darauf, dass in der Werkzeugleiste das Symbol für die Fläche vorn ist, und wählen Sie im Farbfelder-Bedienfeld (unter Fenster) ein Rot. Lassen Sie den Stern aktiviert, und öffnen Sie das Pathfinder-Bedienfeld, das Sie ebenfalls unter Fenster finden. Der Button Überlappungsbereich entfernen ❾ ist jetzt Ihr Knopf! Wow, Illustrator macht die ganze Arbeit für Sie, es muss nicht jede Linie manuell zertrennt werden.

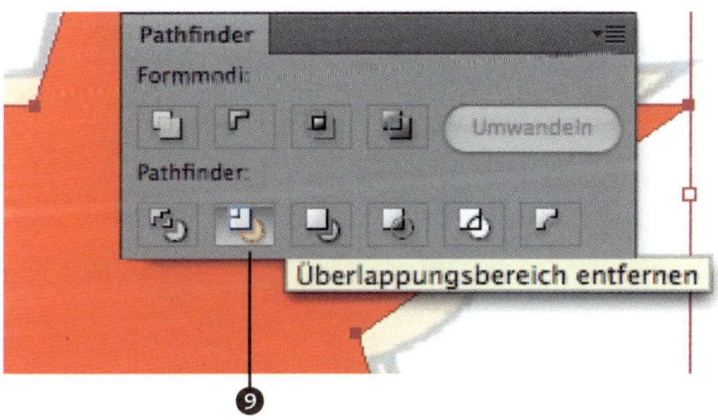

◀ **Abbildung 4.88**
Der Stern wird auf die Außenumrisse beschränkt.

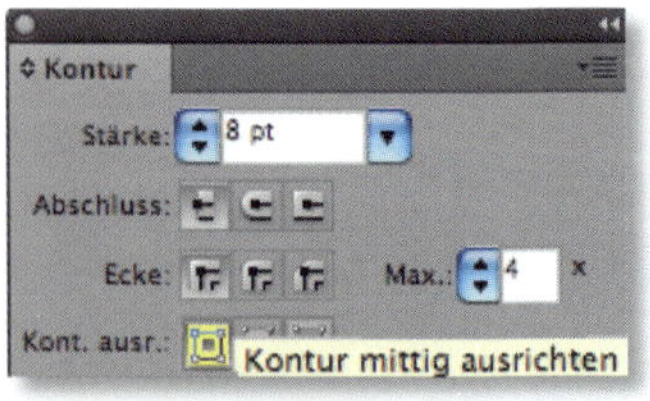

▲ **Abbildung 4.89**
Konturen können zu beiden Seiten des Pfades ausgerichtet sein.

8 Doppelte Konturen des Sterns

Um dem Stern eine doppelte Kontur zu geben, wie in der Vorlage, gibt es mehrere Wege. Ich stelle Ihnen hier erst mal einen vor.

Stellen Sie sicher, dass in der WERKZEUGLEISTE das Symbol für die Konturfarbe vorne ist. Dann weisen Sie der Kontur des aktiven Sterns über die Farbfelder eine schwarze Farbe zu. Anschließend stellen Sie im KONTUR-Bedienfeld (ebenfalls unter FENSTER) eine Stärke von etwa 8 pt ein. Der linke Button unter KONTUR AUSRICHTEN sorgt dafür, dass die Kontur mittig zum Pfad ist.

Kopieren Sie jetzt den Stern über BEARBEITEN • KOPIEREN, und fügen Sie eine Kopie des Sterns über BEARBEITEN • DAVOR EINFÜGEN deckungsgleich über bzw. vor dem Original ein.

Verringern Sie die Konturstärke auf etwa 2 pt, setzen sie auf Gelb und löschen die Flächenfarbe bzw. stellen sie auf OHNE.

Abbildung 4.90 ▶
Voilá, den Stern haben Sie!

9 Sterne »ausblenden«

Ihr Stern ist fertig, versperrt aber leider die Sicht auf die Vorlage. Für freie Sicht wählen Sie jetzt beide Sterne, die ja direkt aufeinanderliegen aus. Nehmen Sie dazu das AUSWAHL-WERKZEUG und ziehen von außen über irgendeinen Bereich. Nun können Sie die Sterne über OBJEKT • AUSBLENDEN • AUSWAHL einfach ausblenden. Sie werden nicht gelöscht!

Abbildung 4.91 ▶
Achtung, ist die Vorlagenebene nicht abgeschlossen, verschieben Sie sie bei dieser Aktion.

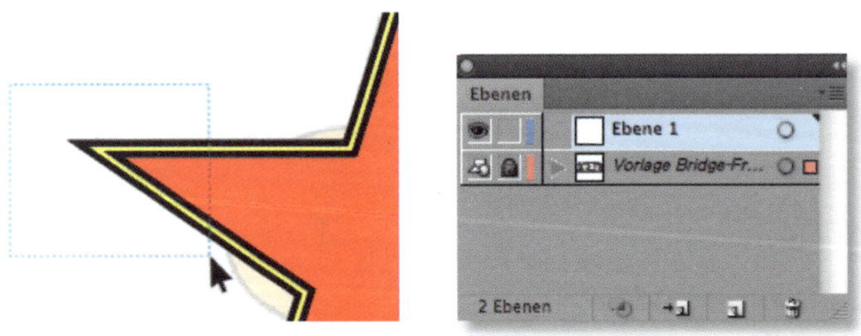

10 Das Brötchen

Die Sicht ist frei für das Brötchen. Wieder brauchen Sie das ZEICHENSTIFT-WERKZEUG. Achten Sie auf die Kurvenpunkte. Es gibt hier keine Ecken. Ob Sie linksherum beim Startpunkt ❶ oder lieber rechtsherum zeichnen, ist Ihnen überlassen. Der Pfad ist am Ende offen.

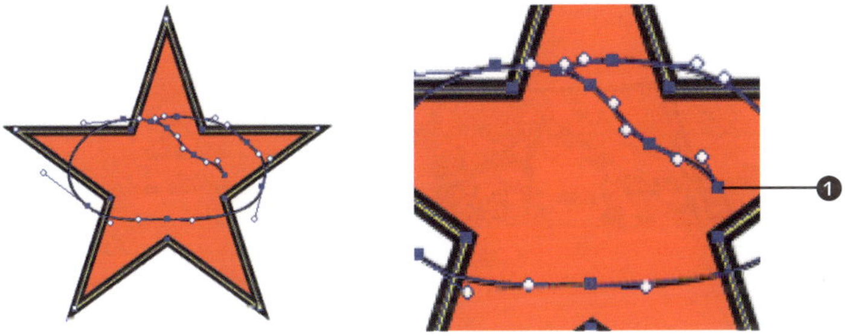

◄ **Abbildung 4.92**
Mit dem Zeichenstift-Werkzeug das Brötchen einmal ringsherum gezeichnet. In der Mitte steht einer der Endpunkte frei.

Wenn Sie das Brötchen am Ende mit einer Flächenfarbe füllen, werden Sie feststellen, dass Illustrator zwischen den beiden Endpunkten eine gedachte Gerade zieht. Das ist die Grenze für die Farbfüllung. Die Form des Brötchens ist aber dergestalt, dass eine Lücke dabei entsteht.

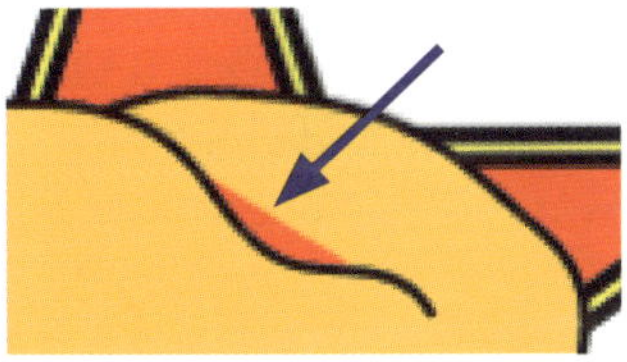

◄ **Abbildung 4.93**
Die Verbindung der Endpunkte ergibt eine Lücke in der Flächenfüllung.

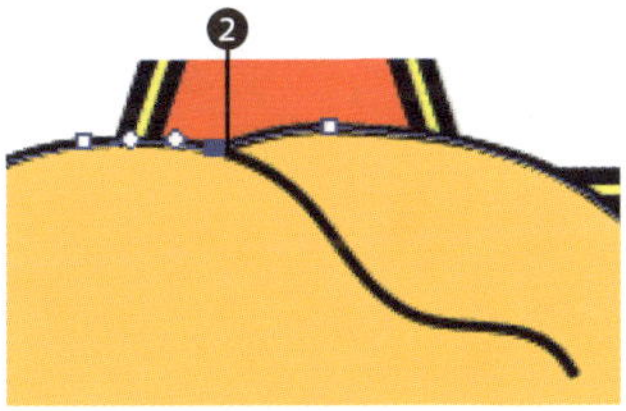

▲ **Abbildung 4.94**
Die Endpunkte liegen jetzt beieinander, und die Farbfläche ist optisch geschlossen.

Wählen Sie das Schere-Werkzeug, vergrößern Sie die Ansicht, um genauer arbeiten zu können, und trennen Sie den Pfad an der Stelle, an der die Brötchenfalte nach innen abbiegt ❷.

11 Objekte anordnen

Zum Schluss müssen Sie noch die ausgeblendeten Sterne wieder einblenden: Objekt • Alles einblenden. Eventuell müssen die Sterne noch hinter das Brötchen gestellt werden: Objekt • Anordnen • In den Hintergrund.

12 Schrift

Da die Schriftfunktionen später ausführlich beschrieben werden, hier nur ganz kurz für die Ungeduldigen:

Wählen Sie das Text-Werkzeug aus der Werkzeugleiste. Klicken Sie im Steuerung-Bedienfeld auf mittige Ausrichtung (Zentrieren). Wählen Sie eine Schrift (hier: Adobe Caslon Pro Bold

▲ **Abbildung 4.95**
Die Schriftausrichtung im Steuerung-Bedienfeld

Italic). Klicken Sie jetzt einmal auf die Zeichenfläche und schreiben »Stern-Bäcker«. Im Farbe-Bedienfeld weisen Sie der aktivierten Schrift (mit dem Cursor überfahren) die Flächenfarbe Blau und die Konturfarbe Schwarz zu.

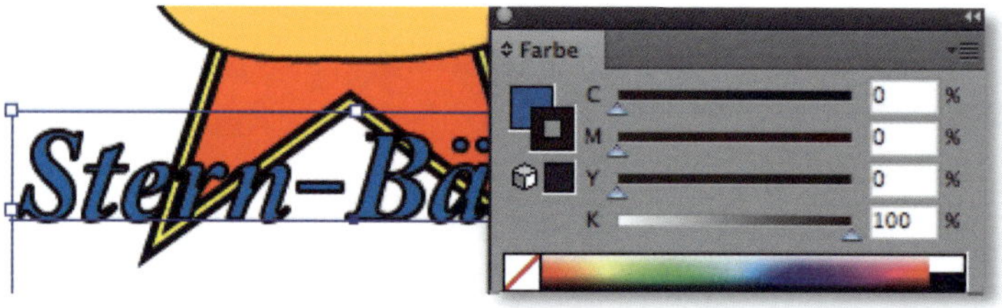

Abbildung 4.96 ▸
Schriften können Flächen- und Konturfarben haben.

Abbildung 4.97 ▸
Sind die Konturen zu stark, laufen die Schriften zu.

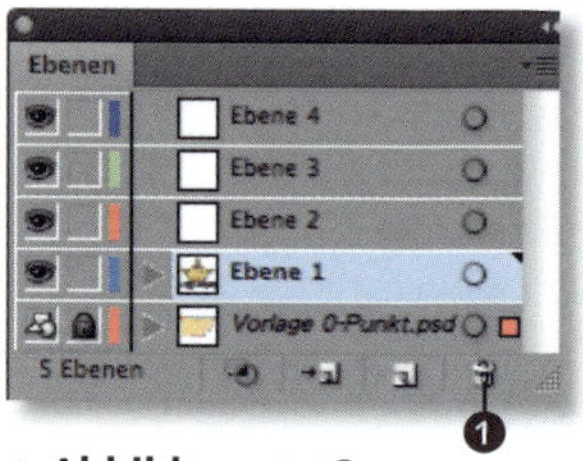

▲ **Abbildung 4.98**
Löschen der Vorlagenebene

13 Abschluss

Als Letztes löschen Sie bitte noch die Ebene »Vorlage«, indem Sie sie auf das Papierkorb-Symbol ❶ im Ebenen-Bedienfeld (unter Fenster zu finden) ziehen. Illustrator würde sonst jedes Mal beim Öffnen nach der Datei suchen. Fertig! ■

Schritt für Schritt: Eine schnelle Skizze anfertigen

»Skizze.psd« als Vorlage finden Sie auf der DVD im Ordner Uebungen • 04.

1 Vorlage oder frei

Eine schnelle Skizze soll gezeichnet werden. Sie müssen entscheiden, ob Sie mit Bleistift auf Papier eine anlegen, sie einscannen, wie in der letzten Schritt-für-Schritt-Übung als Vorlage platzieren und nachzeichnen oder ob Sie sie von vornherein frei in Illustrator zeichnen möchten.

Für den ersten Fall habe ich Ihnen eine Skizze vorbereitet, die Sie im Übungsordner zum Kapitel 4 auf der DVD finden. Platzieren Sie sie wie gehabt in eine neue Datei als Vorlage, die Sie später wieder löschen können. Legen Sie also eine neue Datei an, und platzieren Sie die Vorlage, wie in Schritt 1 und 2 der letzten Schritt-für-Schritt-Anleitung beschrieben.

◀ **Abbildung 4.99**
Eine Bleistiftskizze als Vorlage. Wer mit einem Grafiktablett arbeitet, hat bei solch freien Skizzen natürlich deutliche Vorteile.

2 Vorlagen-Einstellungen

Machen Sie einen Doppelklick auf die Ebene »Vorlage« im EBENEN-Bedienfeld (zu finden unter FENSTER). Ist Ihnen die Vorlage zu schwach, können Sie einen höheren Wert bei BILDER ABBLENDEN AUF… eingeben, damit Sie sie besser erkennen können. Bei dunklen Vorlagen sehen Sie eventuell Ihren Pfad nicht richtig. Dann ist es nützlich, die VORLAGE stärker abzublenden.

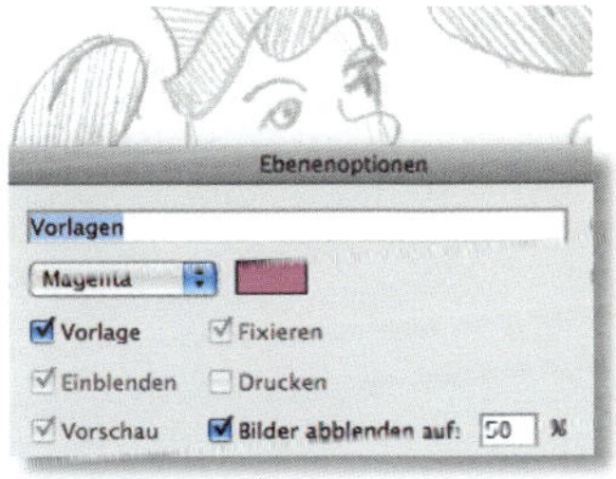

▲ **Abbildung 4.100**
Schwache Vorlagen können Sie stärker darstellen lassen.

3 Buntstift-Werkzeug-Einstellungen

Ich möchte mit Ihnen bei der Mütze beginnen und dafür das BUNTSTIFT-WERKZEUG benutzen. Die Pfade sollen nicht gefüllt werden, weil es nur eine Strichzeichnung werden soll ❷. Behalten Sie die Auswahl bei ❹, bleibt der Pfad aktiv, wenn Sie die Maus loslassen. Dann können Sie mit dem Buntstift selbst gleich noch korrigieren und bearbeiten ❸. Ist der Strich nicht gelungen, »überzeichnen« Sie ihn einfach ein weiteres Mal. Wollen Sie das nächste Objekt zeichnen, deaktivieren Sie das gerade aktive mit Strg/⌘+⇧+A. Ihre Werkzeugspitze zeigt dann . Lösen Sie Ihr Werkzeug aus der WERKZEUGLEISTE heraus (siehe Abbildung 4.102), können Sie schneller darauf zugreifen und zwischen den Werkzeugen wechseln.

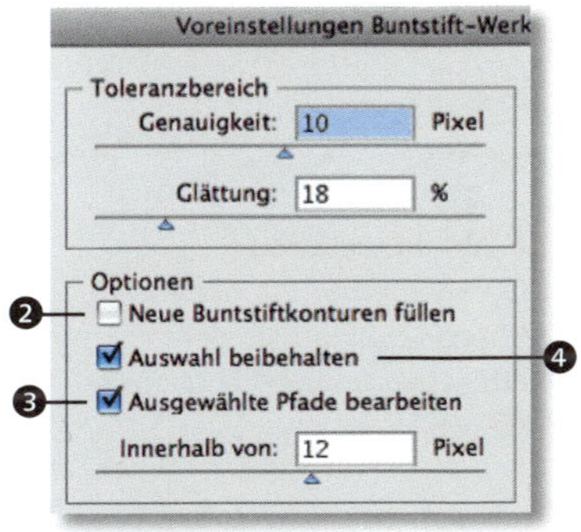

▲ **Abbildung 4.101**
Doppelklick aufs Werkzeug: die Buntstift-Voreinstellungen

◀ **Abbildung 4.102**
Die herausgelösten Werkzeuge zum schnellen Wechsel

4 Außenkonturen zeichnen

Zeichnen Sie alle Außenkonturen (Mütze, Haare, Brötchen, Gesicht und Kragen) mit den Einstellungen aus Schritt 3. Doch stellen Sie zuvor noch die Konturstärke so ein, wie sie auch zu sehen sein soll (z. B. 2 pt).

Abbildung 4.103 ▸
Wie rechts zu sehen ist, wäre es mit dem ZEICHENSTIFT-WERKZEUG doch etwas zu aufwändig gewesen, das Männchen zu zeichnen.

5 Schraffuren

Für die Schraffuren verändern Sie die Werkzeugeinstellungen. Da wäre es hinderlich, die einzelnen Striche immer wieder zu deaktivieren, bevor Sie den nächsten zeichnen. Also stellen Sie AUSWAHL BEIBEHALTEN ab ❸ und erhöhen die GENAUIGKEIT ❷ auch etwas.

Es ist leichter, die Schraffuren nicht auf der gleichen Ebene wie die Umrisszeichnung anzulegen, damit Sie diese später leichter korrigieren können. Denn haben Sie erst mal 30 Schraffurlinien, ist es nicht leicht, einzelne Punkte oder Pfade auszuwählen. Legen Sie deshalb noch eine zweite Ebene an. Holen Sie sich dafür zunächst das EBENEN-Bedienfeld unter FENSTER • EBENE. Im Flyout-Menü des EBENEN-Bedienfeldes klicken Sie auf NEUE EBENE… und bestätigen mit OK. Sperren Sie die untere Ebene mit einem Klick auf das Sperren/Entsperren-Symbol ❶, und klicken Sie anschließend auf Ihre neue Zeichenebene, um sie zu aktivieren.

▴ **Abbildung 4.104**
Durch Sperren der neuen Ebene schützen Sie deren Objekte vor versehentlichem Verschieben.

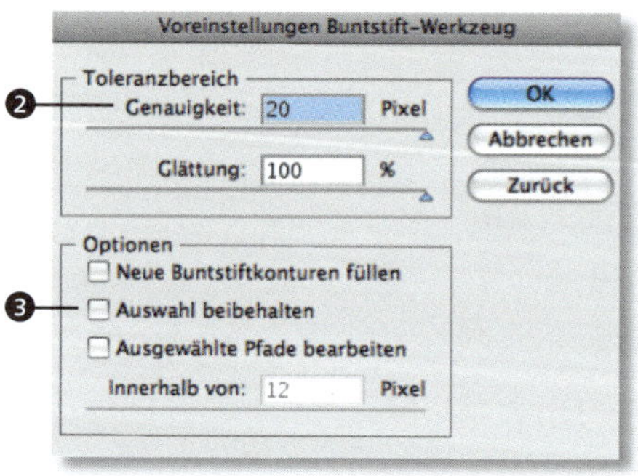

Abbildung 4.105 ▸
Passen Sie die BUNTSTIFT-WERKZEUG-Voreinstellungen immer Ihren Bedürfnissen an.

6 Korrekturen

Wählen Sie als Letztes das Radiergummi-Werkzeug, stellen Sie mit einem Doppelklick auf das Werkzeug eine akkurate Werkzeuggröße ein, und radieren Sie die Überstände einfach weg. Die Außenkontur ist vorm Löschen geschützt, weil deren Ebene noch abgeschlossen ist.

◂ **Abbildung 4.106**
Mag man es ordentlicher, bedarf es noch kleiner Korrekturen.

4.7 Tastaturkürzel und Werkzeugspitzen

Mit einer gewissen Übung und zunehmender Sicherheit in Illustrator gewinnen die Tastenkürzel für die Effektivität des Arbeitens gerade in diesem Kapitel an Bedeutung. Achten Sie auch immer darauf, welches Spitze Ihr Werkzeug gerade zeigt. Die nachfolgenden Tabellen sollen Ihnen dabei helfen.

▾ **Tabelle 4.1**
Die Tastaturkürzel für die Arbeit mit Pfaden

Zweck	PC	Mac
Auswahl-Werkzeug	V	V
Direktauswahl-Werkzeug	A	A
Zeichenstift-Werkzeug	P	P
Buntstift-Werkzeug	N	N
Liniensegment-Werkzeug	⇧+:	⇧+:
Schere-Werkzeug	C	C
Temporäres Aufrufen des letzten Auswahl-Werkzeugs	Strg	⌘
Hält zu setzende Punkte in 90° oder 45°	⇧	⇧
Wechselt Zeichenstift-Werkzeug zum Konvertieren	Alt	Alt

Zweck	PC	Mac
Punkte zusammenführen	Strg + Alt + J	⌘ + Alt + J
Punkte verbinden	Strg + J	⌘ + J
Alles deaktivieren	Strg + ⇧ + A	⌘ + ⇧ + A
Aktives Objekt verbergen Alle verborgenen Objekte wieder einblenden	Strg + 3 Strg + Alt + 3	⌘ + 3 ⌘ + Alt + 3
Alles auswählen (aktivieren)	Strg + A	⌘ + A
Bildschirmansicht vergrößern Bildschirmansicht verkleinern	Strg + Leertaste Strg + Alt + Leertaste	⌘ + Leertaste ⌘ + Alt + Leertaste
Ganze Zeichenfläche zeigen	Strg + 0	⌘ + 0

▲ **Tabelle 4.1**
Tastaturkürzel für die Arbeit mit Pfaden (Forts.)

Symbol	Anwendung
	Ankerpunkte setzen | Pfad beginnen | Pfad aufnehmen | Pfad schließen | Punkt hinzufügen | Punkt löschen | Punkt konvertieren | Verbindung zu anderem Pfad
	Ankerpunkt konvertieren
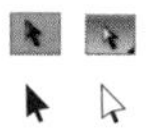	Objekte/Pfade auswählen Punkte/Griffe/Liniensegmente auswählen
	zeigt den Prozess beim Bewegen eines Punktes/einer Linie an
	erscheint beim Kopieren während des Bewegens mit Alt
	zeigt die Werkzeugspitzengröße des Radiergummis an

▲ **Tabelle 4.2**
Wichtige Werkzeugspitzen des Kapitels. Sie ändern ihr Aussehen je nach dem Kontext, in dem sie gerade angewendet werden.

Kapitel 5

Transformationen

Spiegeln, Drehen und etwas mehr

Sie werden lernen:

- Wie lassen sich (geometrische) Grundformen erzeugen?
- Wie werden Objekte skaliert, gedreht oder gespiegelt?
- Wie werden Objekte verbogen und verformt?
- Wie lassen sich Objekte aneinander ausrichten?
- Wie werden Objekte zu neuen Formen verbunden?
- Wie lässt sich ein Objekt vom anderen abschneiden?
- Wie kann man Grundformen für ein Design verwenden?

5 Transformationen

▲ **Abbildung 5.1**
Ohne Zeichenstift-Werkzeuge erstelltes Eis am Stiel

Sie sind nun bei einem Kapitel angekommen, bei dem es um sogenannte Transformationen geht. Was meint Adobe Illustrator damit? Objekte, die bereits bestehen, umzuformen. Hierzu gehört es ebenso, ein Objekt zu drehen, zu spiegeln oder zu skalieren, wie es zu verzerren.

Anders als im letzten Kapitel, in dem es darum ging, Formen selbst mit den Zeichenwerkzeugen zu zeichnen, werden Sie hier öfters auf geometrische Formen wie Rechteck, Ellipse, Polygon oder auch Spirale zurückgreifen.

In den Schritt-für-Schritt-Anleitungen dieses Kapitels können Sie selbst ausprobieren, wie weit Sie alleine schon mit den geometrischen Formen kommen. Beschäftigen wir uns also zunächst damit.

5.1 Geometrische Formwerkzeuge

▲ **Abbildung 5.2**
· Rechteck
· Abgerundetes-Rechteck
· Ellipse
· Polygon
· Stern und
· Blendenflecke-Werkzeug

Für geometrische Formen hält Illustrator ein paar Werkzeuge bereit. Einiges in der grundsätzlichen Anwendung gilt für alle gleichermaßen, anderes unterscheidet die Werkzeuge voneinander. Alle diese Werkzeuge lassen sich mit der Maus aufzuziehen oder über eine numerische Eingabe bedienen. Alle diese Objekte (das Blendenflecke-Werkzeug ausgenommen; es ist im eigentlichen Sinne auch keine geometrische Form) sind geschlossene Formen ohne Start- und Endpunkt.

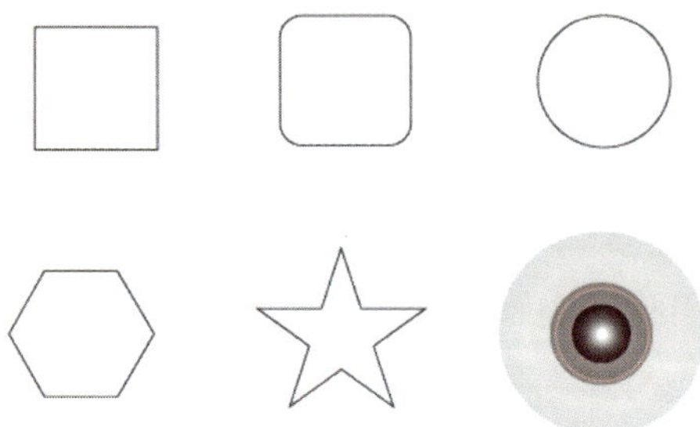

Abbildung 5.3 ▶
Geometrische Grundformen

5.1.1 Das Rechteck-Werkzeug

Wenn Sie ein geometrisches Formwerkzeug aus der WERKZEUGLEISTE ausgewählt haben – auch hier verbergen sich die jeweils anderen unter dem kleinen schwarzen Pfeil des oben liegenden Werkzeugs –, ziehen Sie das Objekt mit der Maus in einer beliebigen Größe auf. Beim Rechteck ist die oberste Ecke links der Startpunkt Ihrer Maus, wenn Sie nach unten rechts ziehen.

Oftmals ist es einfacher, ein Objekt von der Mitte her aufzuziehen als von seiner oberen linken Ecke. Dafür halten Sie beim Aufziehen einfach `Alt` gedrückt.

Soll es aber kein Rechteck, sondern ein Quadrat sein (bzw. keine Ellipse, sondern ein Kreis beim ELLIPSE-WERKZEUG), halten Sie die `⇧`-Taste gedrückt. Selbstverständlich können Sie auch `⇧`- und `Alt`-Taste gemeinsam gedrückt halten, um z. B. ein Rechteck quadratisch von der Mitte her aufzuziehen.

Position »on the fly« nachsteuern

Wenn Sie während des Aufziehens die `Leertaste` drücken, können Sie die Position des Objektes korrigieren.

5.1.2 Das Ellipse-Werkzeug

Auch eine Ellipse ziehen Sie von einer »Ecke« zur anderen auf, nur hat eine Ellipse keine Ecken. Sie können sich aber ein Rechteck um Ihre Ellipse vorstellen, um grob einzuschätzen, wo Ihre Ellipse platziert wird.

Gerade bei Kreisen kann es sehr sinnvoll sein, sie mit `Alt` von der Mitte her aufzuziehen, wenn Sie zum Beispiel mehrere Kreise ineinanderlegen möchten.

Wenn Sie also einen Kreis statt einer Ellipse haben wollen, halten Sie beim Aufziehen zusätzlich die `⇧`-Taste gedrückt.

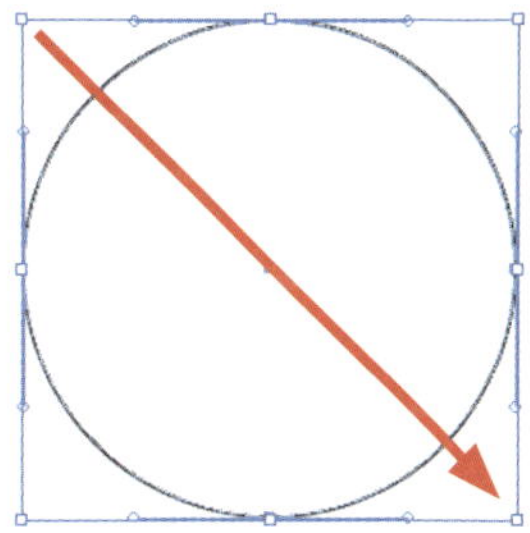

▲ **Abbildung 5.4**
Diagonales Aufziehen (nur `⇧` sichert einen runden Kreis)

5.1.3 Das Abgerundetes-Rechteck-Werkzeug

Alles, was über das Rechteck und die Ellipse gesagt wurde, gilt bis hierhin auch für das ABGERUNDETES-RECHTECK-WERKZEUG. Anders ist jedoch der Aufbau der abgerundeten Ecke. Während das Rechteck nur Eckpunkte besitzt und die Ellipse nur Übergangspunkte, haben diese abgerundeten Rechtecke Punkte mit nur einem Griff zur Rundung hin. Das hat zur Folge, dass sich bei Verzerrungen, ungleichmäßigen Skalierungen oder beim Verschieben nur eines Punktes die Rundung der Ecke verzerrt.

Flexibler bleiben Sie mit Effekten, mit denen Sie ebenfalls runde Ecken erstellen können. Sie lernen sie in Kapitel 9, »Transparenzen und Effekte«, kennen.

Video-Training

Wie komplexe Objekte mit einfachen geometrischen Formen erstellt werden, zeigt die Lektion 2.2 auf der Buch-DVD.

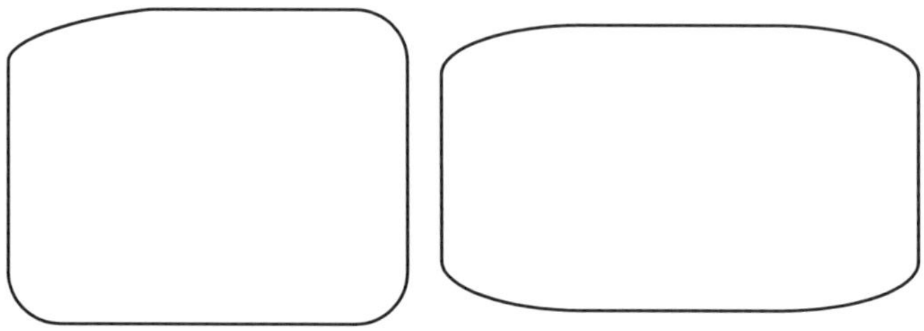

Abbildung 5.5 ▶
Wird nur eine Ecke verschoben, verzerrt sich das eigentliche Aussehen.

5.1.4 Das Polygon-Werkzeug

Ein Polygon ist ein Vieleck. Und so nutzen Sie es, wenn Sie Dreiecke brauchen oder Sechsecke etc. Polygone ziehen Sie, anders als Ellipse und Rechteck, immer von der Mitte her auf.

Die [⇧]-Taste sorgt diesmal dafür, dass das Objekt auf einer waagerechten Flächenseite steht.

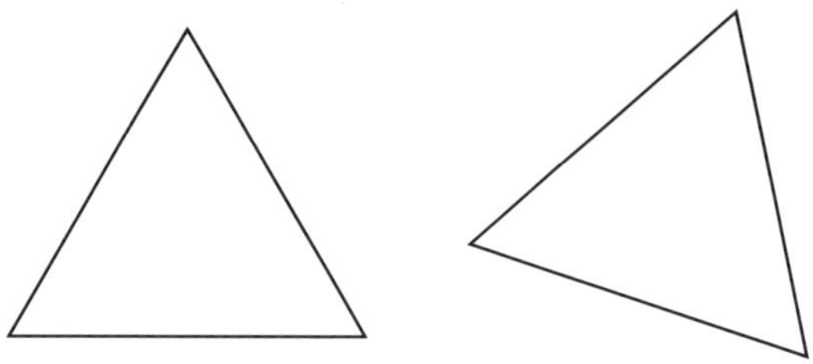

Abbildung 5.6 ▶
Das Halten der [⇧]-Taste beim Aufziehen hält das Dreieck waagerecht.

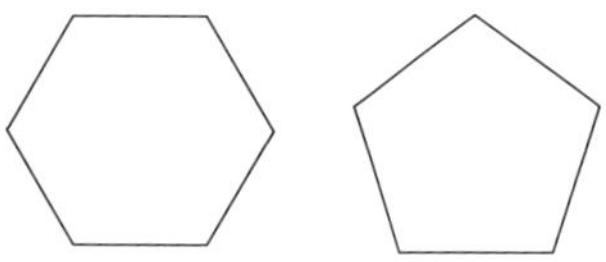

▲ Abbildung 5.7
Während des Aufziehens bestimmen Sie mit den Pfeiltasten auf Ihrer Tastatur die Anzahl der Seiten.

Die Anzahl der Seiten bestimmen Sie, indem Sie beim Aufziehen die Pfeiltasten Ihrer Tastatur ([↑] für mehr Seiten oder [↓] für weniger Seiten) drücken.

Die Verbindung der einzelnen Punkte ist beim Polygon grundsätzlich gerade; es sind nur Eckpunkte.

5.1.5 Das Stern-Werkzeug

Das Stern-Werkzeug ist dem Polygon sehr ähnlich. Auch die Sterne ziehen sich von der Mitte her auf. Die [⇧]-Taste sorgt dafür, dass der Stern waagerecht auf einer oder zwei Spitzen steht.

Die [Alt]-Taste sorgt beim Stern dafür, dass die von den Spitzen wegführenden Kanten nicht zur Mitte hin oder von der Mitte weg führen ❶ und ❹, sondern genau auf den übernächsten Punkt zeigen: Sterne ❷ und ❺. Auch beim Stern bestimmen Sie mit den Pfeiltasten die Anzahl der Seiten ❸.

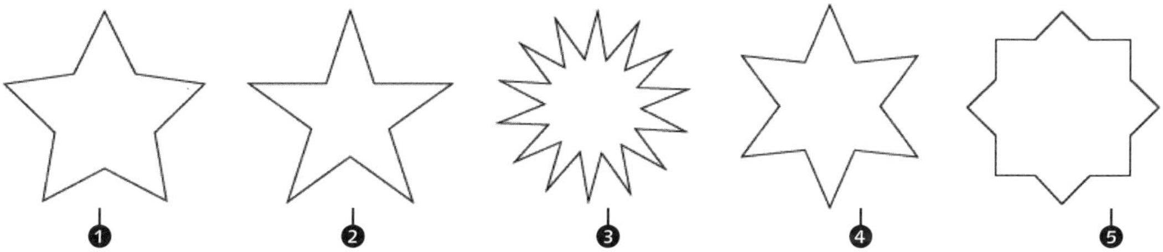

▲ **Abbildung 5.8**
Das Halten der Alt-Taste beim Aufziehen verhindert, dass die Kanten zur Mitte hin oder von ihr weg zeigen (2. und 5. Stern).

5.1.6 Das Rechteckiges-Raster-Werkzeug

In einer anderen Werkzeuggruppe, der mit dem Liniensegment-Werkzeug, liegt auch dieses Werkzeug. Es erzeugt auch ein Rechteck, nur dass dieses Rechteck in Rasterzellen aufgeteilt ist.

Es zieht sich wie Rechteck und Ellipse von der Ecke her auf, oder mit der Alt-Taste von der Mitte und mit ⇧ eben quadratisch.

Im Prinzip ist es ein Rechteck, das mit waagerechten und senkrechten Linien gefüllt ist. Auf den Rahmen kann man aber auch verzichten, dann sind es nur Linien (siehe Abschnitt 5.2, »Objekte numerisch erzeugen«). Eine Anwendung kann das Erstellen eines Layoutrasters sein.

▲ **Abbildung 5.9**
Die ersten beiden kennen Sie ja schon; dann folgen Spirale-, Rechteckiges-Raster- und Radiales-Raster-Werkzeug.

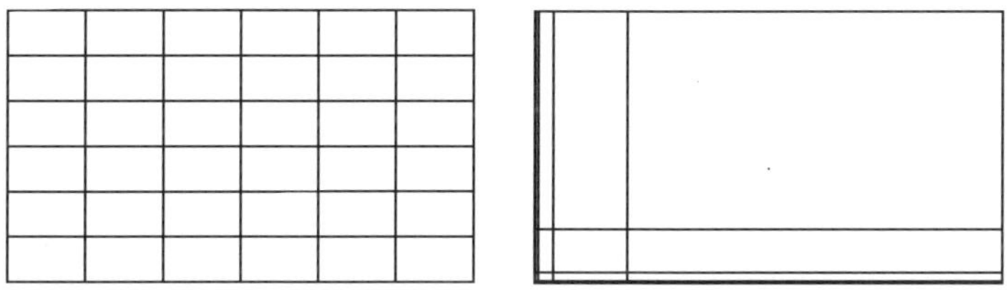

◄ **Abbildung 5.10**
Raster müssen nicht gleichmäßig sein, sie können auch logarithmisch sein.

5.1.7 Das Radiales-Raster-Werkzeug

Hier gilt das Gleiche wie beim Rechteckiges-Raster-Werkzeug, nur ist das Raster eben ellipsen- bzw. kreisförmig. Die Unterteilungen der Kreise sind Linien.

Anders als beim Rechteckiges-Raster-Werkzeug haben Sie die Möglichkeit, die Ellipse aus verbundenen Pfaden erzeugen zu lassen. Jeweils ein Ring ist dann durchsichtig, der andere nicht usw. Wie das geht, erfahren Sie ebenfalls in Abschnitt 5.2.

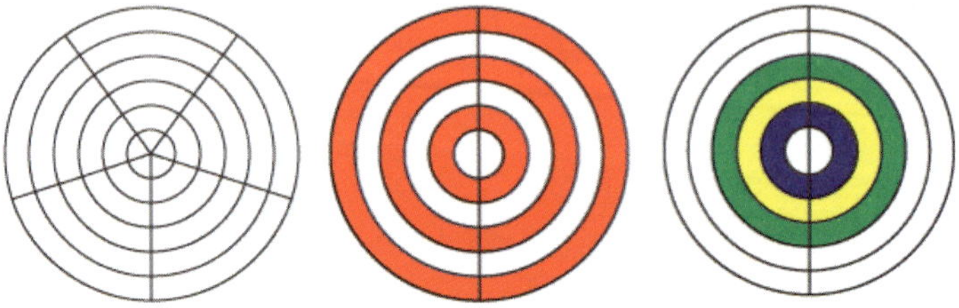

Abbildung 5.11 ►
Die Anzahl der Segmente ist beliebig und auch, ob die Kreise zu Ringen verbunden werden (Mitte).

5.1.8 Das Spirale-Werkzeug

Das Spirale-Werkzeug erzeugt einen offenen Pfad mit Startpunkt und Endpunkt. Es zieht sich von der Mitte her auf.

Das Halten der Strg/⌘-Taste beim Aufziehen lässt die Verjüngung schneller (von der Mitte wegziehen) oder langsamer (zur Mitte hinschieben) werden.

Die Pfeiltasten Ihrer Tastatur vermehren (↑) oder vermindern (↓) die Anzahl der Windungen.

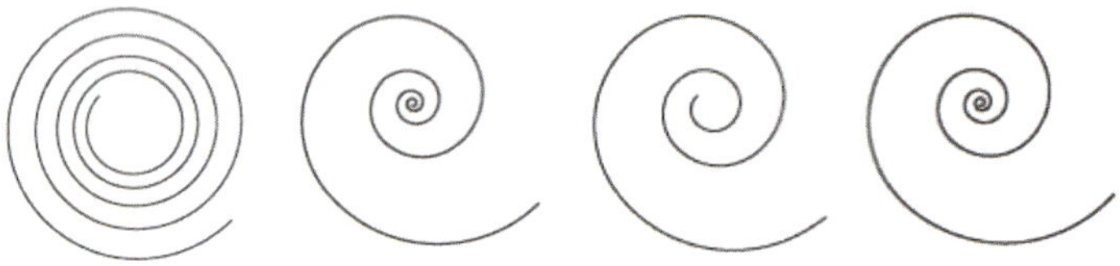

Abbildung 5.12 ►
Verjüngung der Spirale: langsam oder schnell mit Strg/⌘. Die Anzahl der Windungen: ↑ und ↓.

Glauben Sie mir, wenn ich Ihnen sage, dass Sie eine Spirale mit dem Zeichenstift-Werkzeug nie so hinbekommen werden wie mit diesem Werkzeug.

▲ **Abbildung 5.13**
Blendenflecken peppen hier die Landschaft auf.

5.1.9 Das Blendenflecke-Werkzeug

Das Blendenflecke-Werkzeug ist, ich sagte es bereits, kein geometrisches im eigentlichen Sinne. Auch erzeugt es keine Grundform, die aus Kontur und Fläche besteht, sondern eine Mischung verschiedener Objekte, die durch Transparenzen miteinander verbunden sind und so den Eindruck von Blendenreflexen einer Kamera simulieren sollen.

Jedoch können Sie die Menge der Strahlen auch hier wieder mit den Auf- und Abwärtspfeilen Ihrer Tastatur steuern.

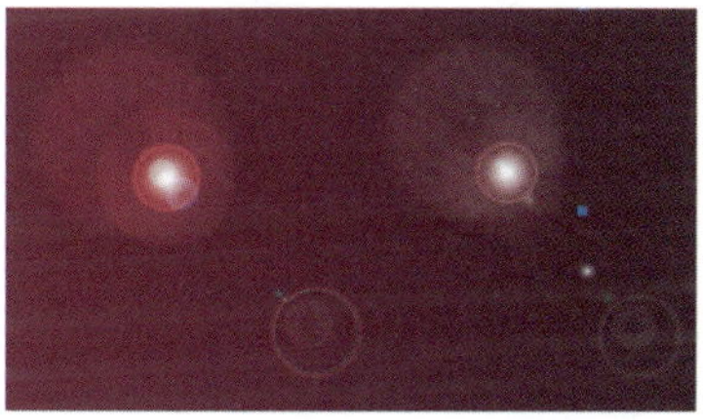

◂ **Abbildung 5.14**
Die Anzahl der Strahlen kann mit den Pfeiltasten auf Ihrer Tastatur gesteuert werden.

Beim BLENDENFLECKE-WERKZEUG müssen Sie jedoch zweimal mit der Maus klicken. Beim ersten Mal ❶ bestimmen Sie durch Ziehen mit der Maus die Größe des mittleren Lichtes. Mit einem weiteren Klick ❷ geben Sie noch die Weite und Richtung des Reflexes an. Solange Sie die Maus gedruckt halten, bekommen Sie diese als Hilfslinien dargestellt und können sie noch verändern.

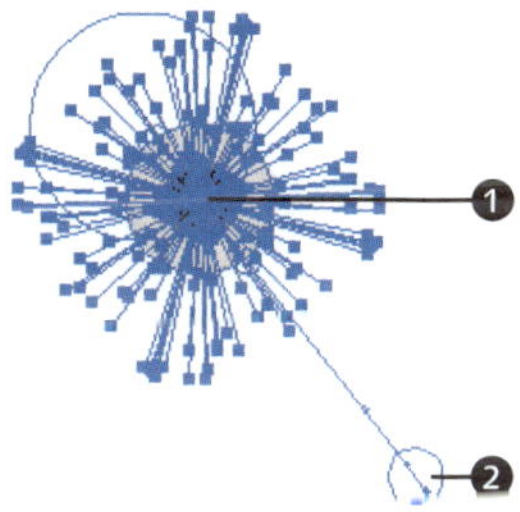

▴ **Abbildung 5.15**
Die Entfernung der Reflexe bestimmen Sie mit einem zweiten Klick und Ziehen mit der Maus.

5.2 Objekte numerisch erzeugen

Ein anderer Weg zu einer geometrischen Form als das Aufziehen per Maus ist ein einfacher Klick mit einem der vorgestellten Werkzeuge auf Ihre Zeichenfläche. Es erscheint ein Popup-Menü, in das Sie die Ausmaße des Objektes eingeben können. Mit der Bestätigung kreiert Illustrator von der angeklickten Stelle ausgehend das Objekt – von oben links ausgehend bei RECHTECK, ABGERUNDETES RECHTECK und ELLIPSE; von der Mitte bei allen anderen. Für Erstgenannte gilt, wie beim manuellen Aufziehen: Halten Sie beim Klicken in die Zeichenfläche [Alt], kreiert Illustrator ein Objekt in den einzugebenden Ausmaßen und nimmt Ihren Mausklick als Mittelpunkt des Objektes.

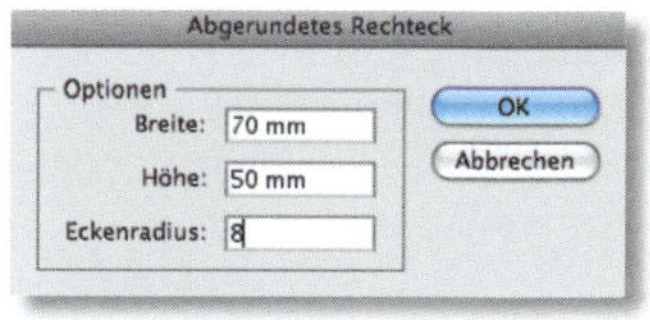

▴ **Abbildung 5.16**
Sie können sowohl die Breite/Höhe des abgerundeten Rechtecks als auch die Radien seiner Ecken eingeben.

5.2.1 Die verschiedenen Werkzeugoptionen

Beim ABGERUNDETES-RECHTECK-WERKZEUG können Sie neben den Größenausmaßen auch den Radius der Rundung eingeben.

Beim POLYGON-WERKZEUG geben Sie die Größe über einen Radius ein und zusätzlich die Anzahl der Seiten.

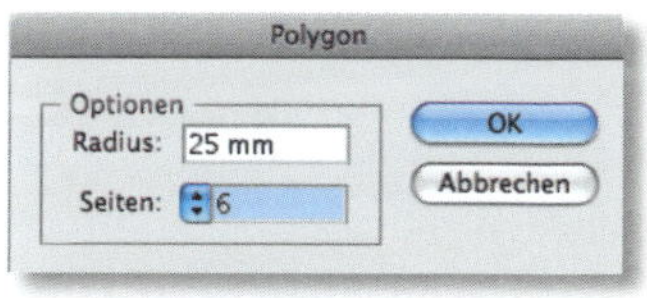

▴ **Abbildung 5.17**
Das Polygon definiert sich über Radius und Flächenanzahl.

Beim STERN-WERKZEUG müssen Sie nicht nur die Anzahl der Spitzen eingeben, sondern auch zwei Radien: einen für die Außenmaße und einen zweiten, der angibt, wie weit die inneren Spitzen zur Mitte zeigen. Sind Radius 1 und 2 gleich, ergibt sich ein Polygon ❸. Ist Radius 2 = 0, ergibt sich ein Strahl ohne Flächen ❹.

Abbildung 5.18 ▲
Radius 1 für die Außenmaße, Radius 2 dafür, wie weit die Zacken nach innen zeigen.

Das Popup für das Rechteckiges-Raster-Werkzeug enthält ein paar mehr Eingabemöglichkeiten. Nach der Größe ❺ werden Sie nach der Anzahl der Unterteilungen, horizontal ❻ und vertikal ❽, gefragt.

Ihr Raster kann aber auch asymmetrisch sein ❼, die Werte geben Sie in % an.

Äusseres Rechteck als Rahmen verwenden ❾ gibt dem Rechteck einen Rahmen und unterteilende Linien. Ohne diesen Rahmen bilden die äußeren waagerechten und senkrechten Linien den »Rahmen«, sind aber nicht miteinander verbunden. Es entsteht also nur ein Liniengitter, kein zu füllendes Objekt.

Raster füllen ❿ füllt dann das Rechteck, wenn Sie zuvor eine Flächenfarbe angewählt hatten, mit eben dieser Farbe. Das geht aber nur, wenn ein Rahmen ❾ verwendet wird.

Abbildung 5.19 ►
Die umfangreichen Eingabeoptionen für das Rechteckiges-Raster-Werkzeug

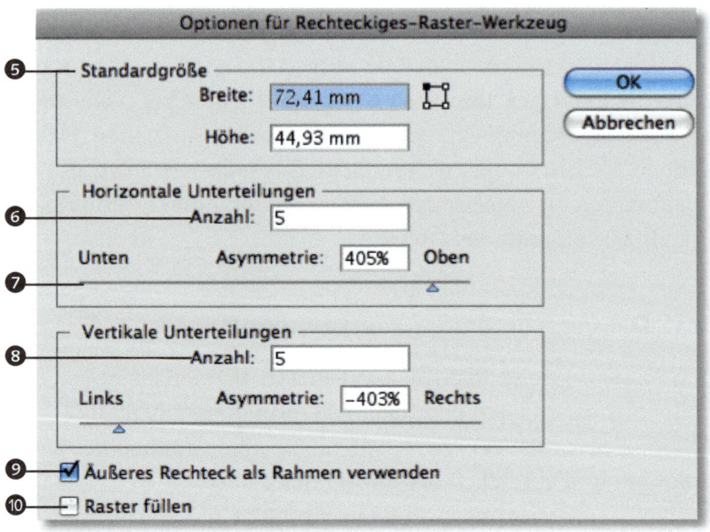

Die Optionen für Radiales-Raster-Werkzeug sind fast identisch mit denen für das Rechteck-Raster. Bemerkenswert ist der Punkt Zusammengesetzten Pfad aus Ellipsen erstellen ⓫. Wenn Sie hier einen Haken machen, wird jeder zweite Ring durchsichtig, das Objekt bleibt aber ein Ganzes.

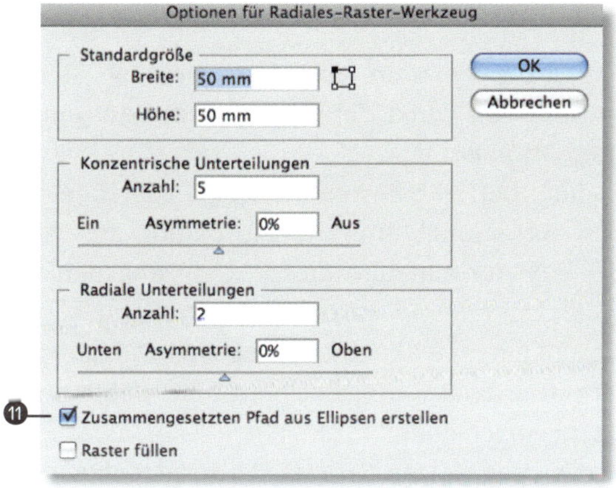

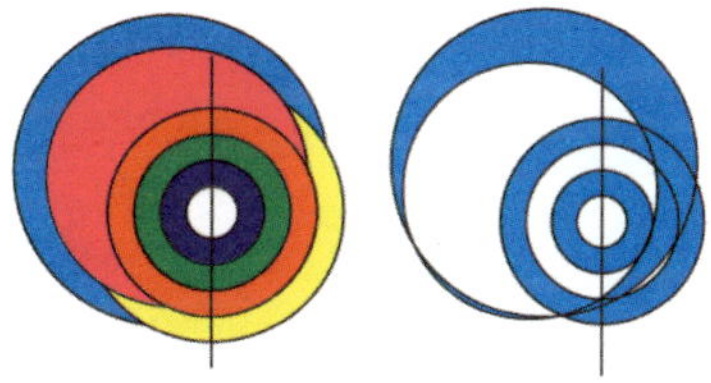

◄ **Abbildung 5.20**
Wird ein zusammengesetzter Pfad aus den Ellipsen erstellt, ist jeder zweite Ring durchsichtig.

Beim BLENDENFLECKE-WERKZEUG bekommen Sie recht viele Eingabemöglichkeiten. MITTE meint die Größe des mittleren Lichtfleckens, LICHTKRANZ den eigentlichen Glow-Effekt, STRAHLEN die Anzahl und Länge der Strahlen und RINGE die Menge, Größe und Richtung der Flecken. Sie können auch die HELLIGKEIT und UNSCHÄRFE (also »Weichheit«) eingeben und bekommen so unendlich viele Möglichkeiten, Ihren Blendeneffekt zu editieren.

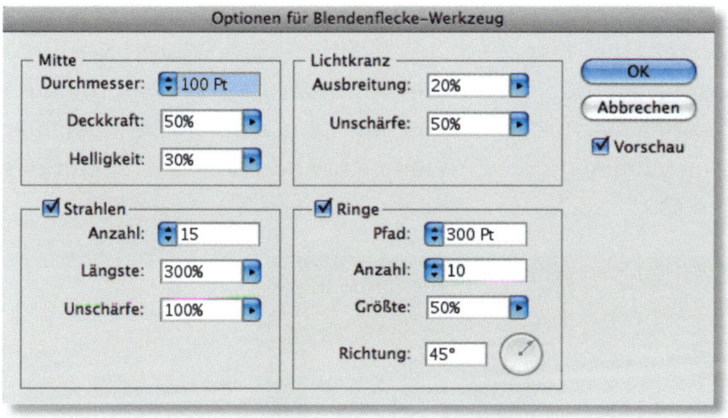

◄ **Abbildung 5.21**
Hier hilft nur Probieren. Dank des VORSCHAU-Buttons sehen Sie auch gleich Ihr Ergebnis.

▲ **Abbildung 5.22**
Ein Blendenfleck ohne Reflexe durch einmaliges Klicken auf die Zeichenfläche

5.3 Transformieren

Über das STEUERUNG-Bedienfeld oder über das TRANSFORMIEREN-Bedienfeld (FENSTER • TRANSFORMIEREN) können Sie Objekte

▲ **Abbildung 5.23**
Der Ursprung bestimmt den Ausgangspunkt einer Transformation.

transformieren, die Sie bereits gezeichnet haben. Die Anzahl der Sternspitzen oder der Polygonflächen lässt sich hier nicht mehr editieren, dafür aber die Größe und auch die Position der Objekte auf der Zeichenfläche.

Wichtig für eine Transformation oder Verschiebung ist der Ursprung. Er bestimmt den Punkt des Objektes, der Ausgangspunkt Ihrer Transformation ist.

Wählen Sie daher bei aktiviertem Objekt zuerst einen Ursprungspunkt als Mittelpunkt Ihrer Transformation aus. Nun werden Ihnen die x/y-Koordinaten dieses Ursprungspunktes angezeigt. Sie können es in den Linealen nachvollziehen ([Strg]/[⌘]+[R] oder Ansicht • Lineale • Lineale einblenden). Nun können Sie eine andere Koordinate Ihrer Zeichenfläche wählen, um das Objekt dorthin zu verschieben.

▲ **Abbildung 5.24**
Die Kette sorgt für proportionale Transformationen.

Genauso wichtig ist das Ketten-Symbol. Es sorgt dafür, dass das Höhen- und Breitenmaß proportional zueinander verändert wird oder eben einzeln, also verzerrend.

Haben Sie ein Objekt mit dem Auswahl-Werkzeug markiert, geben Sie im Steuerung-Bedienfeld andere Größenmaße ein.

Abbildung 5.25 ►
Von links nach rechts: Ursprung, x-Koordinate (waagerechte Position auf der Zeichenfläche), y-Koordinate (senkrechte Position), Breite, Kettensymbol aktiv, Höhe

5.3.1 Transformieren-Bedienfeld

Bisher waren die Eingabemöglichkeiten von Steuerung- und Transformieren-Bedienfeld gleich: Ursprung, x/y-Koordinaten der Zeichenfläche, Breite und Höhe. Nun können Sie aber hier noch einen Winkel für die Drehung eingeben ❷ und einen für das Verbiegen ❹.

Abbildung 5.26 ►
Das Transformieren-Bedienfeld entspricht im oberen Bereich in seinen Funktionen dem Steuerung-Bedienfeld.

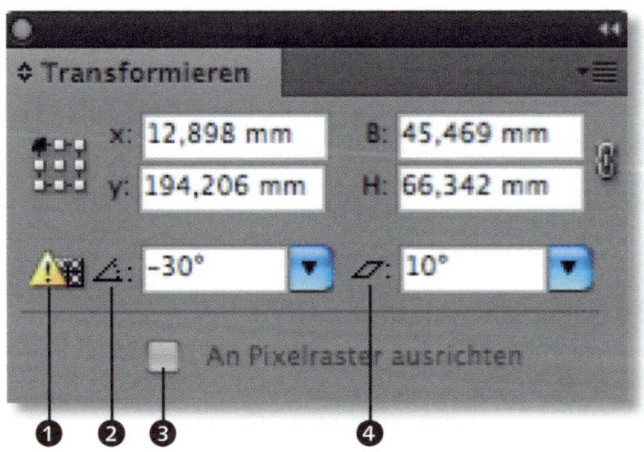

Doch das Flyout-Menü des Transformieren-Bedienfelds macht den wirklichen Unterschied. Hier bestimmen Sie, worauf sich die Transformationen auswirken.

Es kann nämlich ein Objekt vergrößert werden, ohne dass auch die Konturstärke oder Effekte mitwachsen: Konturen und Objekte skalieren muss dann deaktiviert sein. Das Gleiche gilt auch für Muster: Nur Objekt transformieren lässt das Muster eines Objektes unberührt und transformiert lediglich das Objekt selbst.

Umgekehrt ist so aber auch ein Muster zu verändern – es lässt sich vergrößern, verkleinern, drehen oder verbiegen, ohne dass das Objekt selbst verändert wird (siehe auch Kapitel 8, »Muster, Pinsel und Symbole«).

Immer dann, wenn Sie Beides Transformieren *nicht* eingestellt haben, bekommen Sie ein Warndreieck im Transformieren-Bedienfeld ❶, das Sie darauf hinweist.

Außerdem können Sie in diesem Menü sehr einfach Objekte oder eben nur deren Muster spiegeln: Horizontal bzw. Vertikal spiegeln.

Und last, but not least geben Sie an dieser Stelle ein, wenn ein Objekt an dem Pixelraster ❸ ausgerichtet werden soll (was für Webobjekte sinnvoll ist; lesen Sie auch Kapitel 12, »Web und Screen«).

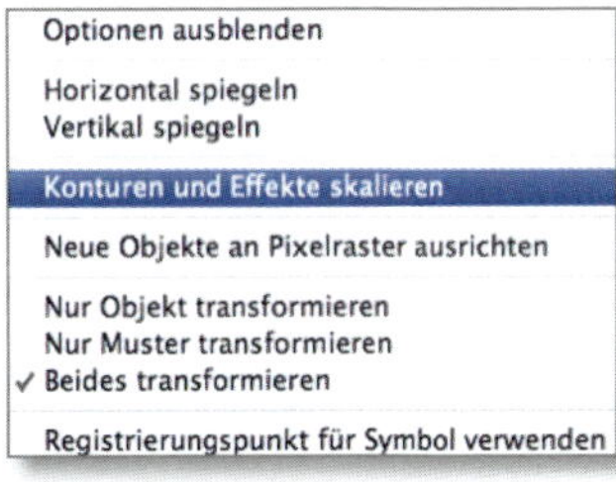

▲ **Abbildung 5.27**
Das Flyout-Menü des Transformieren Bedienfeldes nimmt auch dann Einfluss, wenn es nicht geöffnet ist.

Achtung

Wenn Sie im Flyout-Menü des Transformieren-Bedienfeldes Ihre Haken setzen, gelten diese auch bei Transformationen über das Steuerung-Bedienfeld.

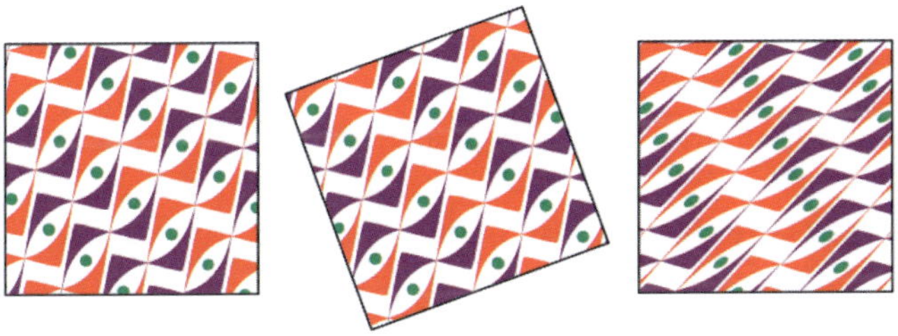

◂ **Abbildung 5.28**
Links das Ausgangsobjekt. Mitte: Nur der Rahmen ist gedreht. Rechts: Nur das Muster ist verbogen.

5.4 Skalieren

Sie haben bereits erfahren, wie Sie über das Transformieren-Bedienfeld skalieren. Illustrator hält aber noch weitere Möglichkeiten dafür bereit. Skalieren meint zunächst ein Vergrößern bzw. Verkleinern von Objekten. Das kann proportional erfolgen, d.h., das Höhen- und Breiten-Verhältnis eines Objektes bleibt dabei gleich, oder es kann unproportional geschehen, wobei das Objekt in seinem Höhen-Breiten-Verhältnis verzerrt wird.

5.4.1 Begrenzungsrahmen

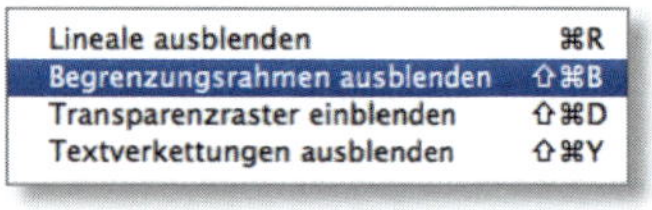

▲ **Abbildung 5.29**
Lassen Sie sich den Begrenzungsrahmen unter Ansicht anzeigen.

Der einfachste Weg ist der über den Begrenzungsrahmen eines oder mehrerer Objekte (Ansicht • Begrenzungrahmen ein- bzw. ausblenden). Aktivieren Sie ein Objekt mit dem Auswahl-Werkzeug, wird es von einem Begrenzungsrahmen umrandet – und zwar rechteckig. Also hat auch ein Kreis einen rechteckigen Begrenzungsrahmen. Haben Sie mehrere Objekte oder eine Gruppierung aktiviert, erhält die ganze Gruppe einen Begrenzungsrahmen.

Abbildung 5.30 ▶
Begrenzungsrahmen schließen aktive Einzelobjekte wie Gruppen gleichermaßen ein.

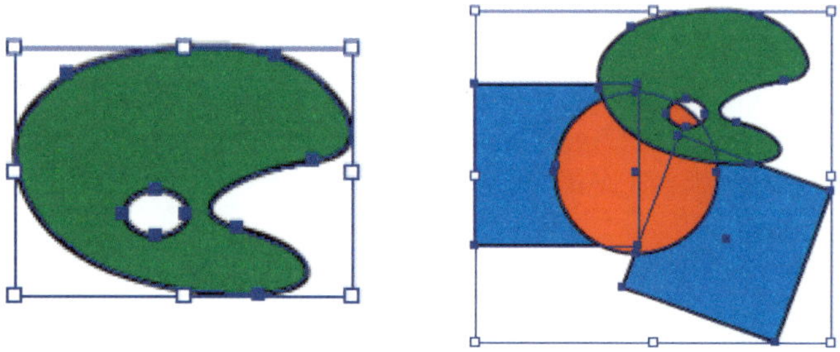

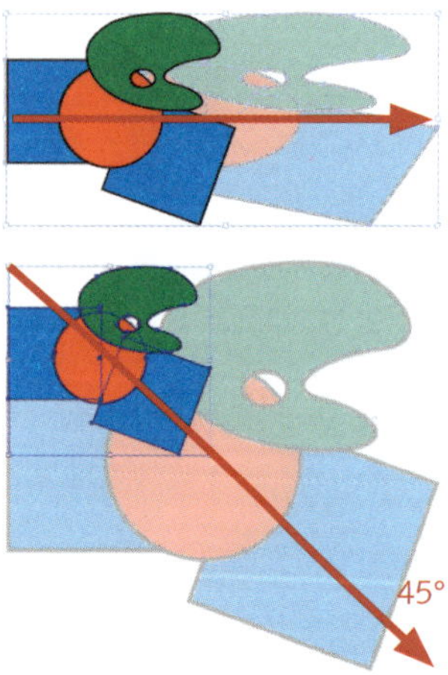

▲ **Abbildung 5.31**
Oben unproportionale, unten proportionale Skalierung, mit ⇧ in 45°-Richtung gezogen

Es gibt acht Anfasspunkte um das Objekt herum: an den vier Seitenkanten und an den vier Ecken. An allen Anfasspunkten können Sie das Objekt ziehen. An den Punkten der Seitenkanten ziehen Sie ihr Objekt in die Länge oder Breite. Aber auch an den Eckpunkten können Sie Ihr Objekt in alle beliebigen Ausmaße ziehen.

Nur das Halten von ⇧ sorgt für eine proportionale Skalierung. Ziehen Sie diagonal an einem Eckpunkt, vergrößert bzw. verkleinert sich das Objekt in Zugrichtung. Wird an einem Seitenpunkt gezogen, findet die Skalierung zu allen drei Seiten in Zugrichtung statt.

5.4.2 Skalieren-Werkzeug

In der Werkzeugleiste gibt es das Skalieren-Werkzeug . Mit diesem Werkzeug können Sie Objekte oder auch Objektgruppen vergrößern und verkleinern.

Auch hier gibt es wieder zwei Arten des Skalierens. Erstens: proportionales (Höhen-Breiten-Verhältnis bleibt bestehen) bzw.

unproportionales Skalieren, bei dem Höhe und Breite unterschiedlich skaliert werden.

Und zweitens können Sie die Einstellungen ❸ vornehmen, ob Muster, Konturen und Effekte oder nur das Objekt skaliert werden sollen. Hierzu klicken Sie doppelt auf das Werkzeug. In dem erscheinenden Popup-Menü bestimmen Sie, was mitskaliert werden soll.

Außerdem haben Sie in den Skalieren-Optionen natürlich auch die Möglichkeit der numerischen Skalierung – GLEICHMÄSSIG ❶, also proportional, und UNGLEICHMÄSSIG ❷, also unproportional

▲ **Abbildung 5.32**
SKALIEREN-, VERBIEGEN-, FORM-ÄNDERN-WERKZEUG

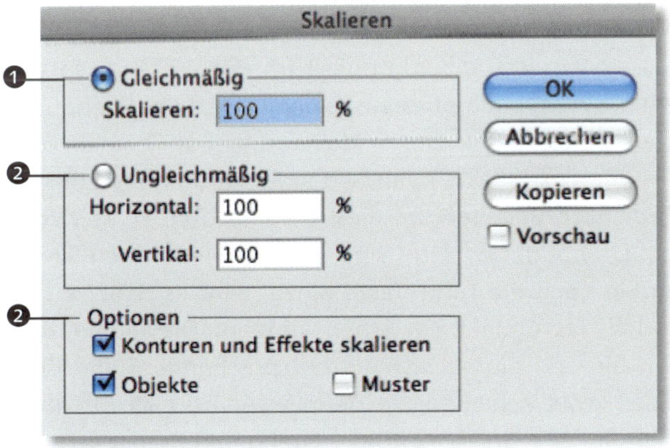

▲ **Abbildung 5.33**
Die Skalieren-Optionen bekommen Sie mit einem Doppelklick auf das SKALIEREN-WERKZEUG

Wie aber skalieren Sie nun mithilfe des SKALIEREN-WERKZEUGES? Aktivieren Sie ein Objekt (oder eine Gruppe), zeigt Ihnen Illustrator den errechneten Mittelpunkt an ⌖, wenn Sie das SKALIEREN-WERKZEUG ausgewählt haben. Setzen Sie Ihre Maus aber außerhalb des Objektes an und ziehen zum Vergrößern vom Objekt weg und zum Verkleinern zum Objekt hin.

Soll die Vergrößerung/Verkleinerung proportional vonstatten gehen, halten Sie die ⇧-Taste gedrückt und ziehen dabei in einer 45°-Richtung vom/zum Mittelpunkt.

Wollen Sie zu/von einem ganz anderen Punkt skalieren, klicken Sie, sobald das Objekt ausgewählt ist, an die Stelle Ihrer Zeichenfläche, die der Skalierungsmittelpunkt sein soll. Bewegen Sie Ihre Maus auf diesen Punkt zu oder von ihm weg.

Möchten Sie einen ganz bestimmten Skalierungspunkt und *außerdem* numerisch skalieren, klicken Sie mit gedrückter Alt-

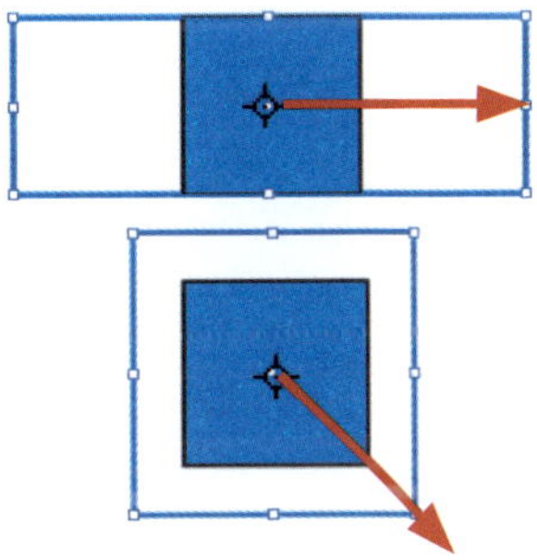

▲ **Abbildung 5.34**
Halten Sie ⇧ und ziehen waagerecht, vergrößert sich das Objekt von der Mitte her nur nach links und rechts. Ziehen Sie mit ⇧ in 45°-Richtung, bleiben die Proportionen erhalten.

Taste irgendwo auf die Zeichenfläche. Die Optionen für die numerische Eingabe erscheinen und nehmen jetzt den Punkt auf Ihrer Zeichenfläche, in den Sie mit [Alt] geklickt haben, als Referenzpunkt.

Beim Transformieren gleichzeitig duplizieren

Drücken Sie [Alt], *nachdem* Sie zu ziehen begonnen haben, um zu duplizieren.

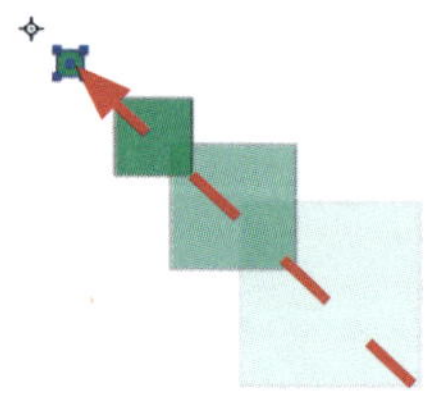

5.5 Drehen

Mit dem Drehen-Werkzeug, der Name sagt es, können Objekte gedreht werden. Sie können dazu natürlich auch die numerische Eingabe im Transformieren-Bedienfeld oder im Steuerung-Bedienfeld verwenden.

Das Drehen-Werkzeug funktioniert im Prinzip genauso wie das Skalieren-Werkzeug. Ist es ausgewählt, wird der Drehpunkt eines aktiven Objektes mit einem kleinen Symbol ⌖ angezeigt. Nun können Sie das Objekt irgendwo außerhalb dieses Punktes mit der Maus nach Belieben um diesen Punkt drehen. Je weiter Sie von dem Drehpunkt entfernt sind, desto feiner drehen Sie es.

Nehmen Sie noch die [Alt]-Taste hinzu, wird es dabei dupliziert. Soll sich das Objekt um einen anderen Drehpunkt drehen, klicken Sie erst einmal auf die entsprechende Stelle Ihrer Zeichenfläche, oder schieben Sie den Drehpunkt ❶ mit Ihrer Maus einfach dorthin. Soll ein anderer Drehpunkt numerisch eingegeben werden, klicken Sie mit gedrückter [Alt]-Taste auf die Stelle, um die gedreht werden soll.

Ein Doppelklick auf das Werkzeug öffnet wieder dessen Optionen. Dort können Sie nun den Winkel eingeben, um den sich das Objekt (um seinen Mittelpunkt) dreht. Hier geben Sie auch an, ob das gedrehte Objekt beim Drehen eine Kopie ❷ erzeugt.

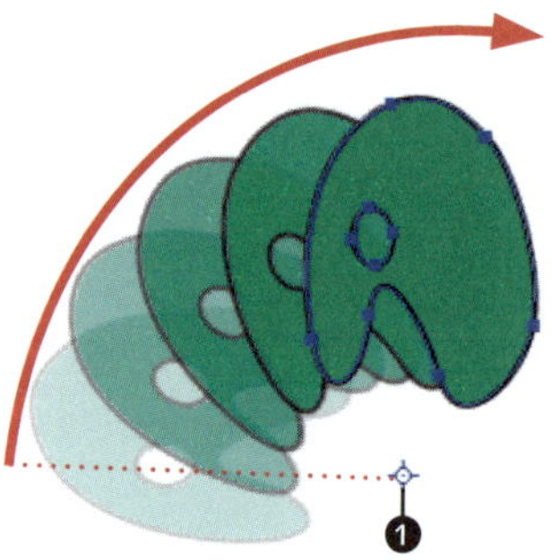

▲ **Abbildung 5.35**
Auch beim Drehen duplizieren Sie, indem Sie [Alt] drücken.

▲ **Abbildung 5.36**
Die Drehen-Optionen durch Klicken mit [Alt]

Transformationen wiederholen

Mit [Strg]/[⌘]+[D] wiederholen Sie die letzte Transformation, also auch das Drehen und Duplizieren.

Schritt für Schritt: Eine Uhr erstellen

1 Vorbereitung

Erstellen Sie eine Neue Datei mit dem Dokumentprofil Druck und drücken einmal die Taste [D]. Die kommenden Objekten bekommen dadurch automatisch eine schwarze Kontur und eine weiße Fläche, bis Sie andere Farben auswählen.

2 Außenkreis (Uhrengehäuse)

Ziehen Sie mit dem Ellipse-Werkzeug einen großen Kreis auf. Halten Sie dabei die [⇧]-Taste gedrückt, damit er rund ist, und lassen Sie diese erst nach Ihrer Maustaste wieder los.

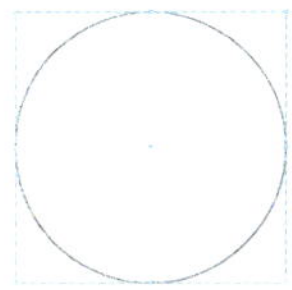

▲ **Abbildung 5.37**
Die Ellipse wird mit [⇧] zum Kreis.

3 Innenkreise (Ziffernblatt)

Ihr Kreis ist immer noch aktiv. Wählen Sie nun das Skalieren-Werkzeug aus – der Mittelpunkt des Kreises ist der Skalierungspunkt –, und schieben Sie mit der Maus und den gedrückten [⇧]- und [Alt]-Tasten von außen auf den Mittelpunkt zu. Ihr Kreis dupliziert sich nach innen. So erzeugen Sie einen Ring.

Wiederholen Sie diesen Vorgang und schieben diesmal so weit, dass nur noch ein kleiner Kreis für den Zeiger in der Mitte stehen bleibt.

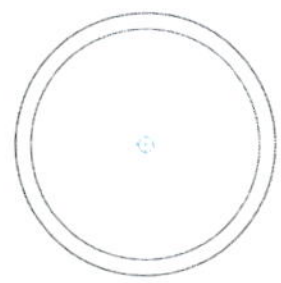

▲ **Abbildung 5.38**
Skalieren und Duplizieren gleichzeitig mit [⇧]+[Alt]

4 Minutenstriche

Lassen Sie Ihren kleinen Kreis in der Mitte wieder aktiv, und wählen Sie das Liniensegment-Werkzeug aus Ihrer Werkzeugleiste. Damit setzen Sie in der Mitte der Kreise an (weil noch aktiv, gut zu erkennen) und ziehen eine kurze Linie mit gedrückter [⇧]-Taste nach oben.

Schieben sie diese Linie mit dem Auswahl-Werkzeug und gedrückter [⇧]-Taste an den oberen Ring heran.

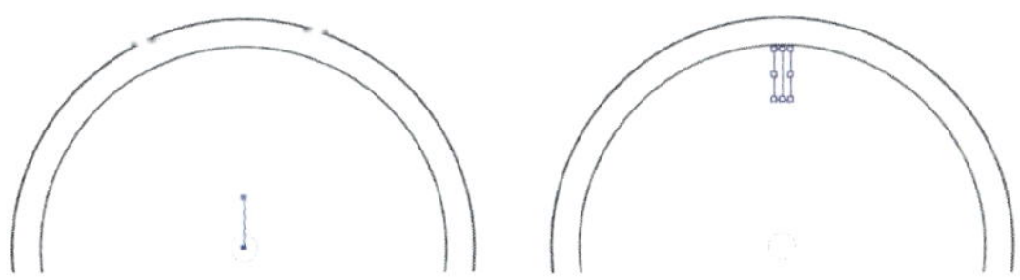

◀ **Abbildung 5.39**
Erst aus der Mitte heraus einen senkrechten Strich, dann mit dem Auswahl-Werkzeug nach oben schieben. Benutzen Sie [⇧], damit alles schön gerade und senkrecht wird.

5 Minutenstrich drehen

Wechseln Sie auf das Drehen-Werkzeug (der Minutenstrich ist immer noch aktiv). Um jetzt den Mittelpunkt der Kreise zu sehen, müssen Sie in die sogenannte PFADANSICHT wechseln: ANSICHT • PFADANSICHT oder [Strg]/[⌘]+[Y].

Hier klicken Sie mit gedrückter [Alt]-Taste in den mit einem kleinen »x« gekennzeichneten Mittelpunkt der Kreise und erhalten die DREHEN-Optionen.

Geben Sie –30° für die 5-Minuten-Striche ein und klicken auf KOPIEREN. Der Strich wird kopiert und gleichzeitig um 30° um den Drehpunkt im Uhrzeigersinn gedreht.

Abbildung 5.40 ►
Erzeugen Sie eine schon gedrehte Kopie mit KOPIEREN.

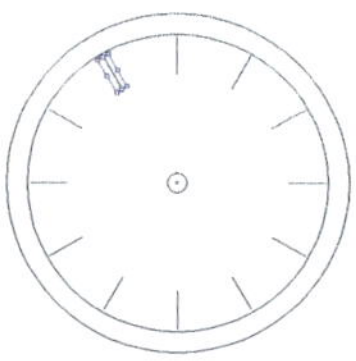

▲ **Abbildung 5.41**
[Strg]/[⌘]+[D] wiederholt Transformationen. Zehnmal gedrückt und schon sind die Stundenmarkierungen rotiert.

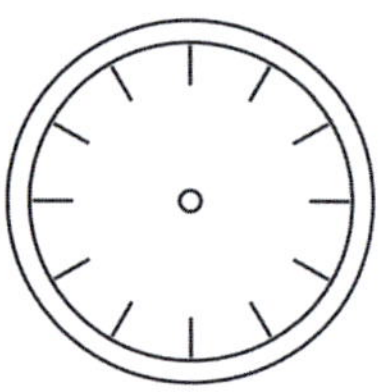

▲ **Abbildung 5.42**
Eventuell mitskalierte Konturstärken »überschreiben« Sie einfach mit einer einheitlichen Stärke.

6 Minutenstriche rotieren lassen

Um nun diese Transformation, bestehend aus einer Drehung *und* einer Kopie, zu wiederholen, drücken Sie einfach [Strg]/[⌘]+[D] und drücken diese Kombination so lange, bis der letzte Strich auf 11 Uhr steht.

7 Strichstärke anpassen

Aktivieren Sie mit [Strg]/[⌘]+[A] alle Objekte und weisen ihnen im STEUERUNG-Bedienfeld eine einheitliche Konturstärke (von z.B. 1 mm) zu. Wechseln Sie wieder die Ansicht, diesmal auf VORSCHAU (ANSICHT • VORSCHAU), um Ihr Ergebnis zu sehen.

8 Viertelstundenstriche

Mit dem DIREKTAUSWAHL-WERKZEUG und [⇧] aktivieren Sie nun lediglich die inneren Punkte vom 12-, 3-, 6- und 9-Uhr-Strich.

Mit dem SKALIEREN-WERKZEUG schieben Sie mit Ihrer Maus von schräg außen auf den Mittelpunkt zu, bis die aktivierten Striche deutlich länger sind als die anderen.

Abbildung 5.43 ►
Nur innere Ankerpunkte sind aktiviert und werden dann manuell mit dem SKALIEREN-WERKZEUG nach innen skaliert.

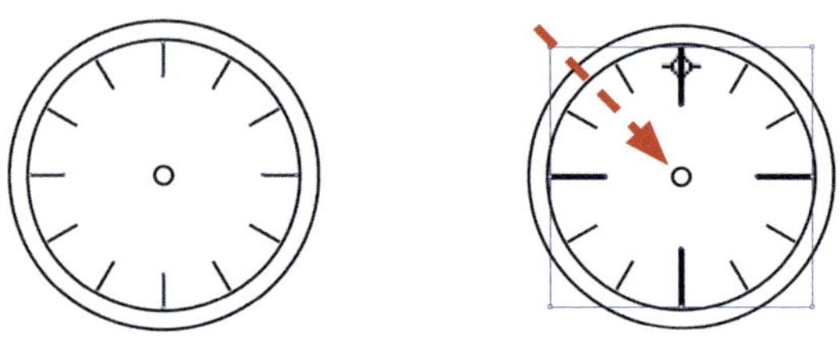

Erhöhen Sie bei noch aktivierten Viertelstundenstrichen deren Konturstärke. Nutzen Sie diesmal das KONTUR-Bedienfeld (FENSTER • KONTUR).

9 Zeiger

Wie Sie aus der Mitte heraus eine Linie zeichnen, wissen Sie ja schon aus Schritt 4. Zeichnen Sie für die Zeiger eine kurze und eine lange Linie. Diese können im KONTUR-Bedienfeld eine Pfeilspitze bekommen. In der Dropdown-Liste ❶ erhalten Sie eine Auswahl verschiedener Formen – suchen Sie sich eine aus. Weil die Spitze wahrscheinlich zu dick sein wird, muss sie prozentual mit dem Schieberegler ❷ skaliert werden. Die Ausrichtung ❸ bestimmt übrigens, ob die Spitze bis zum letzten Ankerpunkt reicht oder dort beginnt.

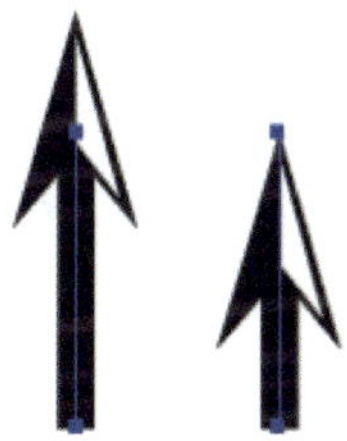

▲ **Abbildung 5.44**
Eine Pfeilspitze kann beim Ankerpunkt beginnen (links) oder enden (rechts).

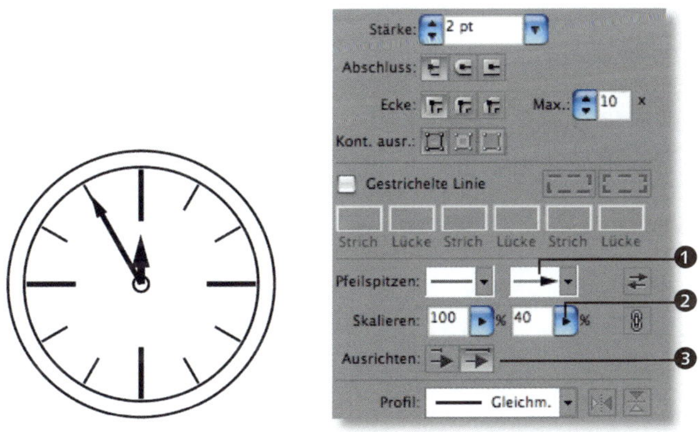

◂ **Abbildung 5.45**
Das KONTUR-Bedienfeld hält tausend Optionen für Sie bereit, hier für die Uhr die Pfeilspitzen.

10 Flächen

Nach Belieben sind nun die Flächen der Kreise mit Farbe zu füllen (siehe auch Kapitel 7, »Farbe«). Wählen Sie die Kreise aus, und weisen Sie ihnen Flächenfarben oder gar Verläufe zu. Es wirkt schön plastisch, wenn Sie im Außenkreis einen Verlauf von oben links nach unten rechts und für das Ziffernblatt den umgekehrten Verlauf wählen.

◂ **Abbildung 5.46**
Mit Flächenfarben oder Verläufen haben Sie hier im Handumdrehen eine plastische Anmutung erzeugt. ■

5.6 Spiegeln-Werkzeug

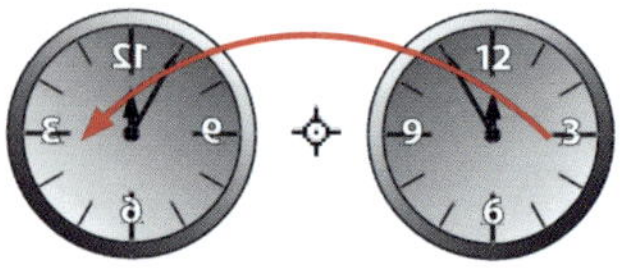

▲ **Abbildung 5.47**
Horizontales Spiegeln um einen außerhalb des Objekts liegenden Spiegelpunkt – per Alt-Klick in die Zeichenfläche oder manuell

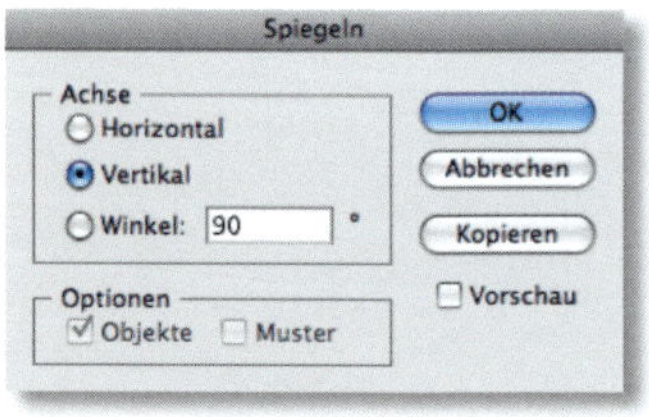

▲ **Abbildung 5.48**
Das SPIEGELN-Optionsmenü erreichen Sie durch Doppelklick auf das Werkzeug oder per Alt-Klick in die Zeichenfläche.

Die Grundfunktionen des SPIEGELN-WERKZEUGS sind wieder identisch mit denen des DREHEN- und SKALIEREN-WERKZEUGS. Ist es ausgewählt, erscheint der Spiegelpunkt, also der Punkt, um den gespiegelt wird, wieder mit diesem kleinen Symbol ⌖.

Während Sie über das Flyout-Menü des TRANSFORMIEREN-Bedienfeldes lediglich horizontal oder vertikal spiegeln können, ist es Ihnen mit dem Werkzeug möglich, einen beliebigen Punkt zu wählen, um den gespiegelt werden soll. Auch hierbei gilt wieder: Mit Alt und einem Klick auf die Zeichenfläche erhalten Sie die numerische Eingabemöglichkeit zum Spiegeln um den Punkt auf Ihrer Zeichenfläche, in den Sie damit klicken.

Geben Sie einen Winkel an, denkt sich Illustrator zu diesem eine Spiegelachse. Fahren Sie aber mit der Maus um den gesetzten Spiegelpunkt (per Klick in die Zeichenfläche), können Sie mitverfolgen, wie gespiegelt wird. Das Halten der ⇧-Taste schränkt die Spiegelung auf 45°-Schritte ein.

5.7 Verbiegen-Werkzeug

Spätestens bei diesem Werkzeug werden Sie dankbar für die numerische Eingabemöglichkeit sein, die Sie wie gewohnt mit einem Doppelklick auf das VERBIEGEN-WERKZEUG erreichen. Denn hiermit werden Objekte in den Raum hinein (perspektivisch) verbogen.

Auch werden Sie dankbar für die Vorschaumöglichkeit sein. Denn das VERBIEGEN-WERKZEUG ist nicht ganz leicht zu verstehen. Oben im Bedienfeld geben Sie den BIEGUNGSWINKEL ❶ ein und darunter die horizontale oder vertikale Achse ❷. Mit dem VORSCHAU-Button ❺ sehen Sie live die Verbiegung – in die eine oder andere Dimension.

Mit dem WINKEL ❸ kommen Sie nun gleichzeitig in eine zweite Dimension. Alle Biegerichtungen sind nur anwählbar, wenn auch schon der BIEGUNGSWINKEL eingegeben wurde, der die »Stärke« der Biegung bestimmt. In den OPTIONEN ❹ geben Sie an, ob Sie Muster, nur das Objekt oder beides verbiegen wollen.

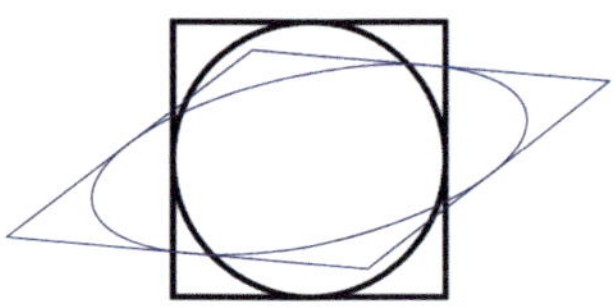

▲ **Abbildung 5.49**
Objekte in den Raum hinein verbiegen mit dem VERBIEGEN-WERKZEUG

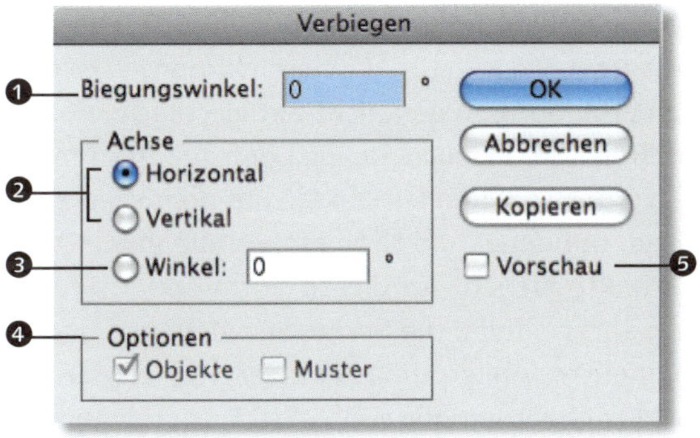

◂ **Abbildung 5.50**
Das Verbiegen-Optionsmenü erreichen Sie durch Doppelklick auf das Werkzeug oder per [Alt]-Klick in die Zeichenfläche.

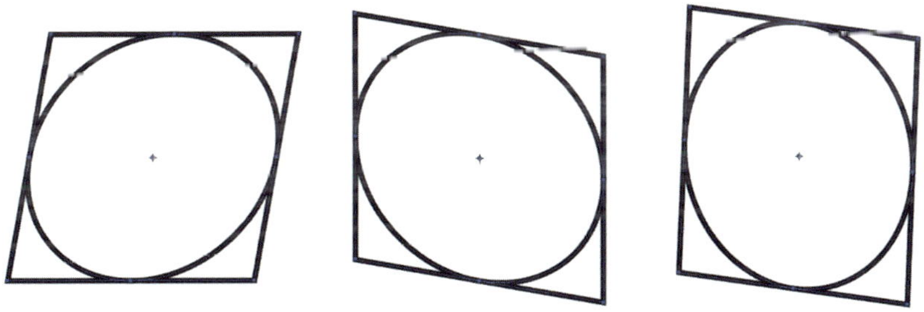

▴ **Abbildung 5.51**
Verbiegung von links: Horizontal, Vertikal, Winkel

Sie dürfen natürlich auch mit der Maus Ihre Objekte verbiegen. Auch hier gilt: Wenn Sie nur das Objekt aktivieren, ist dessen Mitte der Verbiegepunkt; klicken Sie mit der Maus auf die Zeichenfläche, ist dieser Punkt das Zentrum der Verbiegung.

Je weiter Sie mit der Maus vom Verbiegepunkt entfernt sind, desto feiner ist die Verbiegung zu steuern. Setzen Sie Ihren Punkt außerhalb des Objektes, wird es noch schwerer, denn das Verbiegen errechnet sich aus dem Objekt, dem Verbiegepunkt und Ihrer Mausposition.

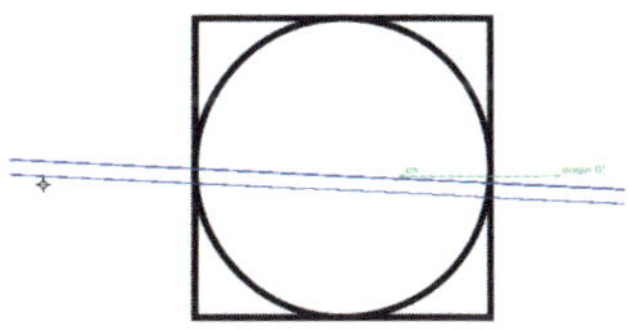

▴ **Abbildung 5.52**
Wenn Ihre Maus zu dicht am Verbiegepunkt ansetzt, ist das Ergebnis schnell extrem.

5.8 Form-ändern-Werkzeug

Das Form-ändern-Werkzeug funktioniert anders als die bisherigen Transformationswerkzeuge. Ein Doppelklick auf das Werkzeug macht gar nichts, und auch ein [Alt]-Klick auf die Zeichenfläche lässt kein Eingabefenster aufspringen. Auch wenn Sie ein Objekt ganz, also mit dem Auswahl-Werkzeug, aktiviert haben, passiert nicht viel.

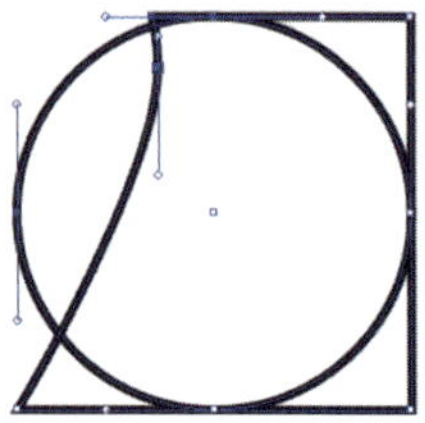

▲ **Abbildung 5.53**
Mit dem Form-ändern-Werkzeug verbiegen Sie nicht ganze Objekte, sondern nur Teile.

Dieses Werkzeug kann Ankerpunkte und Pfadsegmente, die zuvor mit dem Direktauswahl-Werkzeug aktiviert wurden, verschieben und dabei die Verbindung zu den nicht-aktivierten Teilen des Objektes dynamisch halten. Wählen Sie also den Teil des Pfades aus, der verformt werden soll, und klicken Sie mit dem Werkzeug auf den aktiven Pfad, um neue Punkte zu setzen, die Ihnen dann als Form-ändern-Punkte dienen. An diesen Form-ändern-Punkten können Sie nun anfassen und die Form verschieben.

Wenn Sie zuvor mehrere Ankerpunkte aktiviert haben (z. B. mit dem Lasso-Werkzeug), werden diese Objektteile mitverändert; die anderen nicht aktivierten Ankerpunkte bleiben unberührt.

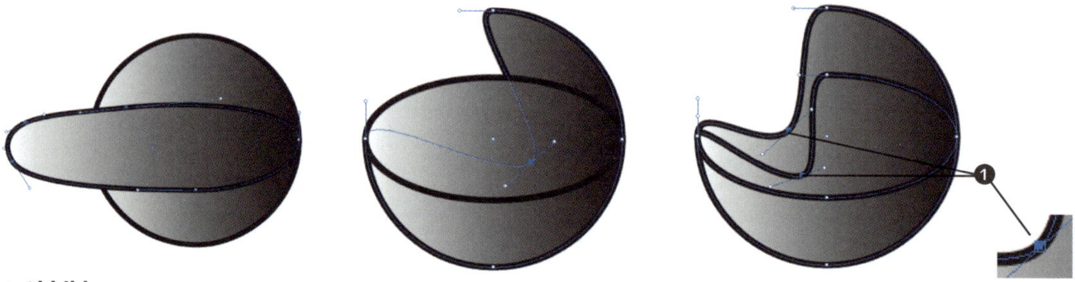

▲ **Abbildung 5.54**
Der innere Kreis wird verbogen, weil nur er ausgewählt ist (links). Die Verbindung zu den angrenzenden Punkten bleibt dynamisch (Mitte). Beide Kreise haben aktivierte Ankerpunkte *und* je einen Form-ändern-Punkt ❶ – wie Kaugummi.

5.9 Formerstellungswerkzeug

Das Formerstellungswerkzeug ist neu in Illustrator CS5 und erleichtert Ihnen das Erzeugen von Umrissformen, die aus Einzelteilen zusammengestellt sind. Nach wie vor haben Sie für solche Aufgaben auch das Pathfinder-Bedienfeld (Abbildung 5.61). Für viele dieser oft gebrauchten Funktionen ist das neue Werkzeug aber eine deutliche Vereinfachung.

Haben Sie also ein Objekt aus Einzelformen, wie das Eis, das aus dem Eis selbst und seinem Stiel besteht, und dann noch den Verbotsring, der aus dem Ring und dem Durchstrich besteht, können Sie die Objekte, die eins sein sollen, vereinen.

Aktivieren Sie die gewünschten Teile mit einem der Auswahl-Werkzeuge und fahren mit dem Formerstellungswerkzeug bei gedrückter Maus darüber. Die Teile, die Sie treffen, werden zur Kontrolle mit einem Raster hervorgehoben. Nach dem Loslassen der Maus haben Sie an Stelle der hervorgehobenen Objekte nur noch eines. Dies können Sie zum Beispiel einheitlich einfärben.

▲ **Abbildung 5.55**
Gemein: Eisessen verboten!

◄ **Abbildung 5.56**
Die Objekte, die Sie verbinden möchten, müssen ausgewählt sein, dann können Sie mit gedrückter Maus Verbindungen herstellen, mit der [⇧]-Taste komplexe Gruppen.

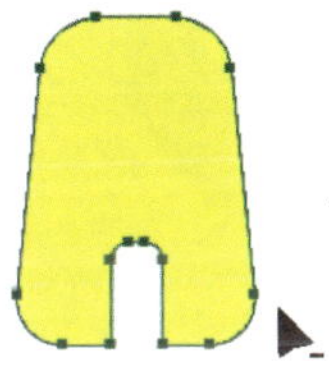

▲ **Abbildung 5.57**
Mit der [Alt]-Taste passiert das Gegenteil: Teile werden abgezogen.

Manchmal sind die Objekte komplex, und Sie erwischen nicht alle Objektteile gleichzeitig. Dann halten Sie die [⇧]-Taste gedrückt und erhalten einen Auswahlrahmen. Alles, was damit überzogen wird – wenn es aktiviert ist –, wird zu der Auswahl hinzugenommen und miteinander verbunden.

Wenn Sie sich gefragt haben, wofür denn das kleine »+« ❷ am Werkzeug steht, halten Sie einfach mal die [Alt]-Taste gedrückt. Genau, Sie bekommen ein »–«. Alles, was mit dem Raster hervorgehoben wird, wird nun aus den anderen (aktivierten) Objekten herausgeschnitten (Abbildung 5.57).

Klicken Sie nur in eine Teilform, ohne über andere Teile hinwegzuziehen, extrahieren Sie diesen Teil vom Rest. Er ist jetzt einzeln und kann wie beim Eisstiel einzeln eingefärbt werden.

Schnittmenge

Eine Schnittmenge wie im Pathfinder kennt das FORMERSTELLUNGSWERKZEUG leider nicht.

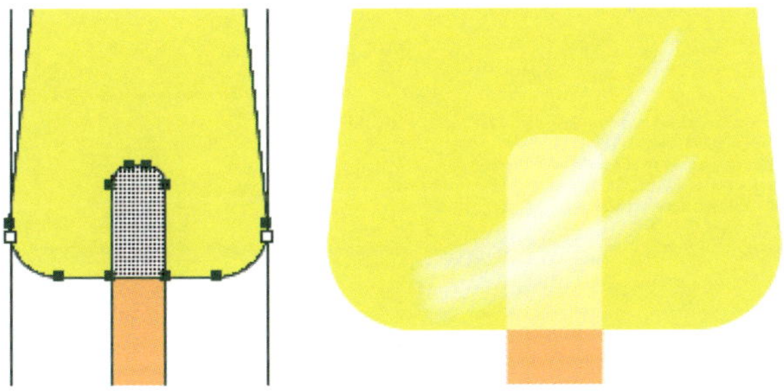

◄ **Abbildung 5.58**
Sehr praktisch ist das Klicken in ein »Einzelteil«, um es vom Rest zu extrahieren, hier für die transparente Anmutung des Stielteils im Eis.

Mit dem fast schon obligatorischen Doppelklick auf das Werkzeug öffnet sich das Optionenmenü (siehe Abbildung 5.60). Offene Pfade werden geschlossen, wenn sie nahe genug beieinanderliegen ❸.

Mit dieser Funktion ❹ werden Konturen eines einzelnen Objektes geschlossen, wenn Sie von der Kontur zur Fläche ziehen. Es erscheint dieses kleine Symbol -⩙-.

Sehr nützlich ist die Anzeige der Farbfelder am Mauszeiger ▬ ❻, wenn diese die Farbe des zusammengefügten Objekts bestim-

▲ **Abbildung 5.59**
Die offenen Pfade werden automatisch geschlossen ❹.

men sollen. Es werden dann nicht die Farben der Objekte genommen, sondern diejenigen, die Sie aus Ihren Farbfeldern wählen. Mit den Pfeiltasten nach links oder rechts wählen Sie eine andere Farbe aus Ihren Farbfeldern aus. Sogar teilen können Sie ein Objekt ❺. Klicken Sie mit dieser Option einfach auf eine Kontur sich überschneidender Objekte. Sie erhalten dann Einzelteile.

Ohne die Flächen-Hervorhebung ❼ der ausgewählten Objektteile macht das Werkzeug weniger Sinn. Dass Sie die Farbe der Hervorhebung der Konturen ändern können, kann jedoch mal nützlich sein, wenn Ihr Objekt die gleiche Konturfarbe wie die Hervorhebung hat. Wählen Sie dann eine andere aus der Dropdown-Liste.

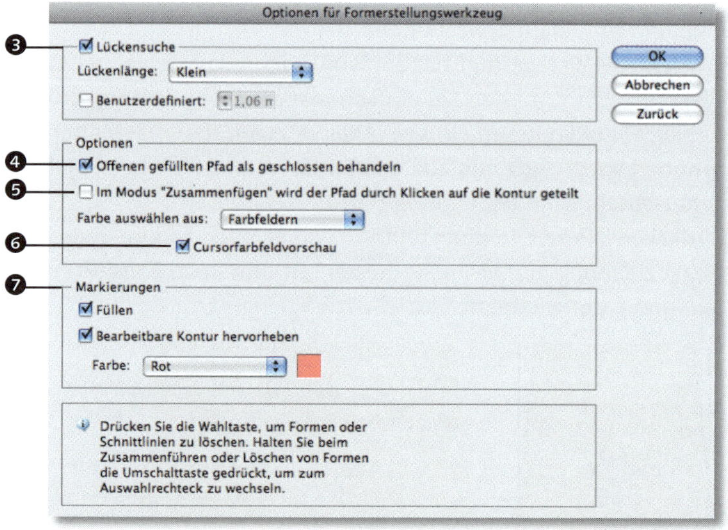

Abbildung 5.60 ▶
Die umfangreichen Optionen geben Ihnen einige Möglichkeiten, das Arbeiten für den jeweiligen Zweck abzustimmen.

5.10 Pathfinder

Das PATHFINDER-Bedienfeld finden Sie unter FENSTER • PATHFINDER. Mit den Funktionen dieses Bedienfeldes machen Sie ähnliche Sachen wie mit dem FORMERSTELLUNGSWERKZEUG, nur eben ein paar mehr. Es werden also Objekte miteinander verrechnet, eines vom anderen abgezogen, zwei oder mehrere zusammengefügt etc. Die Symbole sprechen im Wesentlichen für sich. Ich habe sie für Sie aber noch einmal größer abgebildet, um zu zeigen, was in etwa passiert.

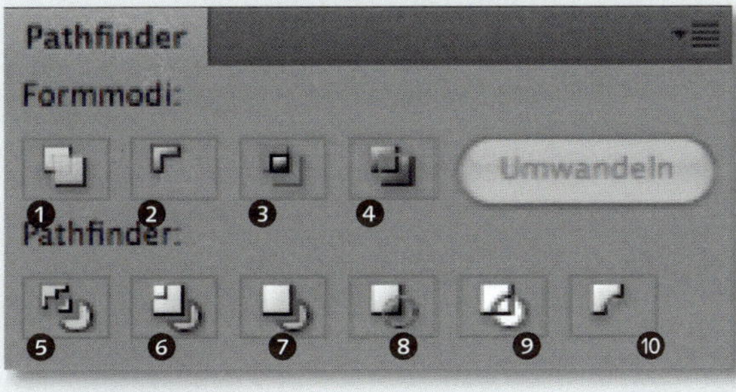

◂ **Abbildung 5.61**
Das Pathfinder-Bedienfeld

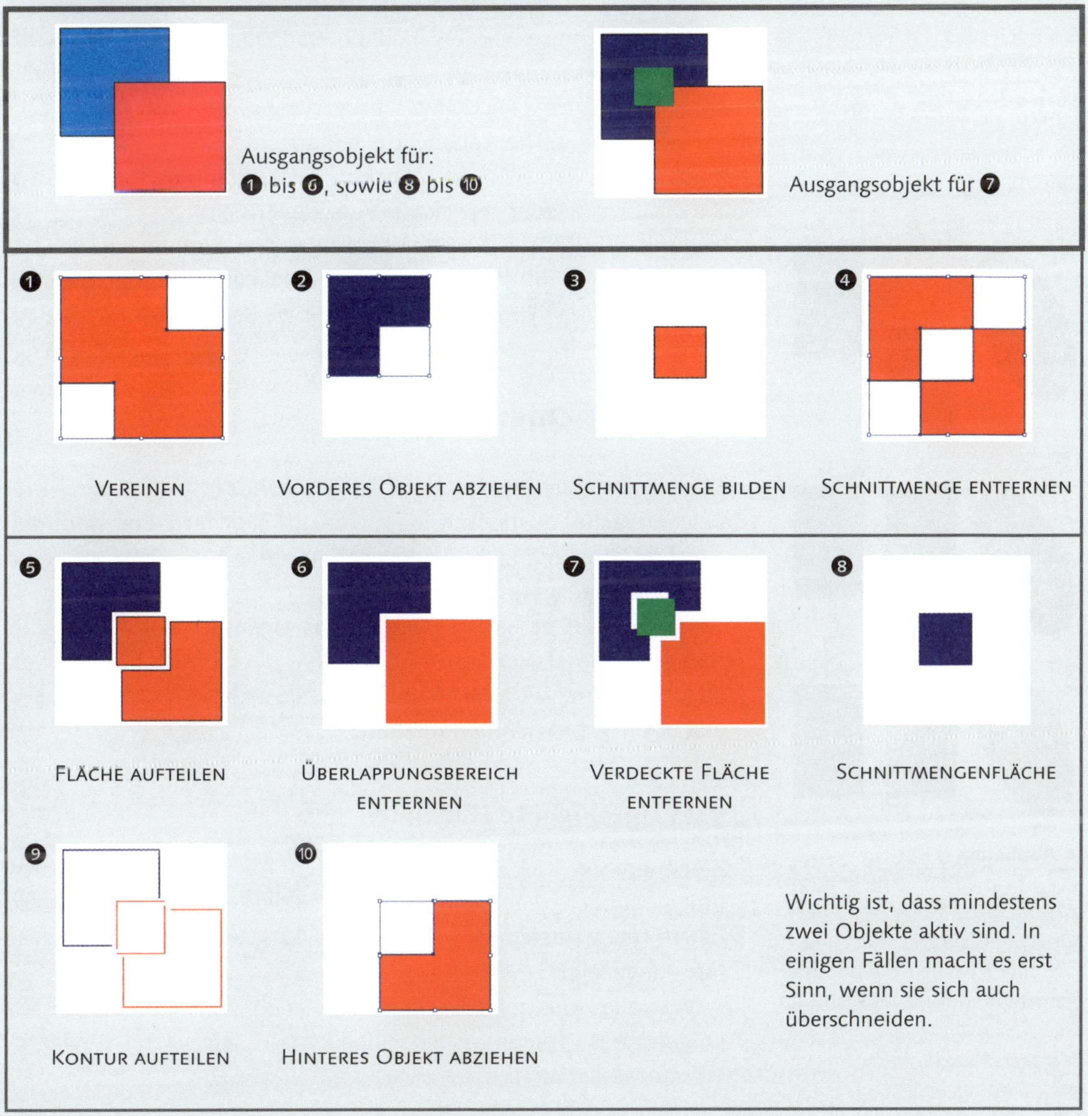

▲ **Abbildung 5.62**
Ein noch zu veränderndes Objekt. Die Pathfinder-Funktion ist noch nicht umgewandelt. In der Pfadansicht sehen Sie es und können es noch aktivieren.

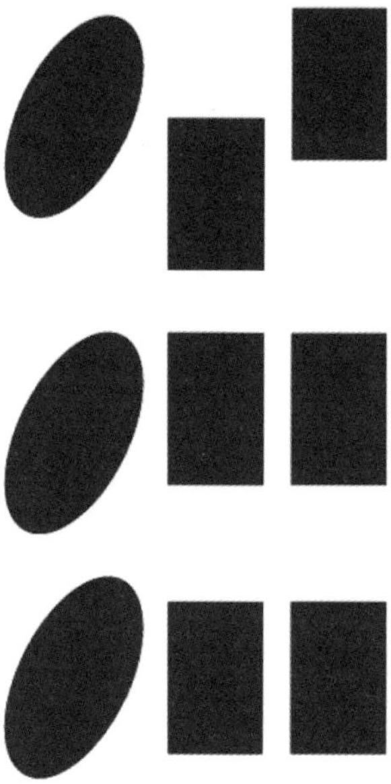

▲ **Abbildung 5.63**
Die obere Reihe ist nicht ausgerichtet; die mittlere ist an der Oberkante ausgerichtet, und die untere Reihe ist in der Waagerechten mittig ausgerichtet.

Die Ergebnisse in der oberen Reihe des PATHFINDER-Bedienfeldes sind noch editierbar, wenn Sie mit Alt auf die Buttons klicken. Die Flächen sind zwar schon miteinander verrechnet, aber die einzelnen Elemente lassen sich noch verschieben. Sind Sie mit der Position eines der Objekte noch nicht zufrieden, verschieben Sie es einfach mit dem GRUPPENAUSWAHL-WERKZEUG; deaktivieren Sie aber erst die entstandene Gruppe als Ganzes (Strg/⌘+⇧+A). Wissen Sie nicht, wo das Objekt liegt, das Sie verschieben möchten, sollten Sie die intelligenten Hilfslinien aktiviert haben (ANSICHT • INTELLIGENTE HILFSLINIEN oder Strg/⌘+U), denn so werden auch die Pfade der inzwischen unsichtbaren Objekte angezeigt. Eine andere Möglichkeit, die ich persönlich sehr schätze, ist das kurze Wechseln in die Pfadansicht Strg/⌘+Y. Hier sehen Sie alle Pfade, die noch nicht endgültig gelöscht wurden. Mit der gleichen Tastenkombination kommen Sie übrigens wieder zurück zur Vorschauansicht.

Sind Sie mit Ihrem Ergebnis nun zufrieden, können Sie alle jetzt nicht mehr benötigten »Objektreste« löschen – durch Drücken des UMWANDELN-Buttons im PATHFINDER-Bedienfeld.

5.11 Ausrichten

Ständig müssen Sie Objekte aneinander (oder an Ihrer Zeichenfläche) ausrichten, damit sie auf gleicher Höhe sind, den gleichen Abstand zueinander haben oder vielleicht an deren Unterkante ausgerichtet sind.

Hierfür gibt es ein Bedienfeld, das eigentlich keine Wünsche mehr offen lässt: FENSTER • AUSRICHTEN. Doch noch besser ist es, gleich ausgerichtet zu arbeiten, damit Sie nicht jedes Objekt zweimal in die Hand nehmen müssen.

5.11.1 Intelligente Hilfslinien

Einen großen Teil der nachträglichen Ausrichtungen ersparen Ihnen nämlich die intelligenten Hilfslinien (ANSICHT • INTELLIGENTE HILFSLINIEN). Mit dieser Einstellung werden Ihnen diverse Infos angezeigt.

Was alles angezeigt werden soll, stellen Sie in den Voreinstellungen Ihres Programms ein: BEARBEITEN/ILLUSTRATOR • VOREINSTELLUNGEN • INTELLIGENTE HILFSLINIEN.

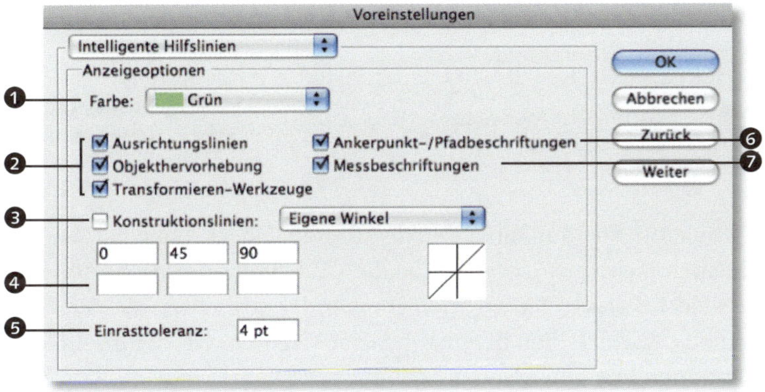

◂ **Abbildung 5.64**
Die Voreinstellungen für intelligente Hilfslinien: BEARBEITEN/ILLUSTRATOR • VOREINSTELLUNGEN • INTELLIGENTE HILFSLINIEN

❶ FARBE der intelligenten Hilfslinien
❷ Die Hilfslinien rasten an Objekten und Ankerpunkten ein. Objekte werden optisch hervorgehoben, wenn Sie mit der Maus darüberfahren, und Transformationsinformationen werden angezeigt.
❸ KONSTRUKTIONSLINIEN zwischen den Objekten und die Winkel einer Verschiebung werden angezeigt.
❹ Bestimmen Sie, bei welchen Gradzahlen angezeigt und eingerastet werden soll.
❺ Wie nah müssen Sie an eine Hilfslinie oder ein Objekt herankommen, damit dort »eingerastet« wird.
❻ Beschriftet, was gerade einrastet oder sich unter Ihrer Maus befindet.
❼ Verschiedene Informationen: Distanzanzeige beim Verschieben; Winkel beim Drehen; Größe beim Skalieren.

Wenn Sie nun mit eingeschalteten intelligenten Hilfslinien arbeiten, sehen Sie beim Verschieben von Objekten, ob sie waagerecht zueinander stehen. Oder Sie sehen, wenn Sie ein Objekt mittig zu einem anderen Objekt zu liegen bekommen, ob eine Außenkante des Objekts, das Sie verschieben, mit der Außenkante eines anderen Objekts korrespondiert etc. Kurzum, Sie haben schon sehr vieles unter Kontrolle.

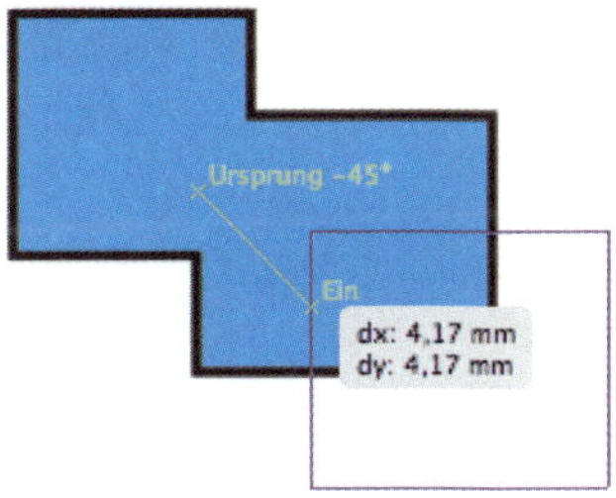

▴ **Abbildung 5.65**
Die Distanz, der Winkel und der Ausgangspunkt werden hier beim Verschieben angezeigt.

5.11.2 Ausrichten-Bedienfeld

Angenommen, Sie haben verschiedene Objekte, die nicht zueinander in Beziehung stehen, aber aneinander ausgerichtet sein sollen. Dann brauchen Sie das AUSRICHTEN-Bedienfeld (unter

Fenster). Fast alle Buttons, die Sie dort sehen, finden Sie auch im Steuerung-Bedienfeld.

Abbildung 5.66 ►
Möglichkeiten zum Ausrichten im Steuerung-Bedienfeld

Aktivieren Sie nur ein Objekt, können Sie es lediglich an der Zeichenfläche ausrichten. Haben Sie zwei oder mehr Objekte aktiviert, können Sie sie auch aneinander ausrichten. Mit dem kleinen Abwärtspfeil ❶ können Sie auswählen, welche der beiden Optionen Sie anwenden möchten.

Die oberen beiden Reihen des Ausrichten-Bedienfeldes erklären sich glücklicherweise durch die Symbole und die QuickInfo selbst. Wenn die QuickInfos nicht sichtbar sind, wenn Sie die Maus einige Sekunden über einen Button halten, zittern Sie entweder zu sehr, oder Sie haben die Funktion nicht angehakt: Bearbeiten/Illustrator • Voreinstellungen • Allgemein • QuickInfo anzeigen.

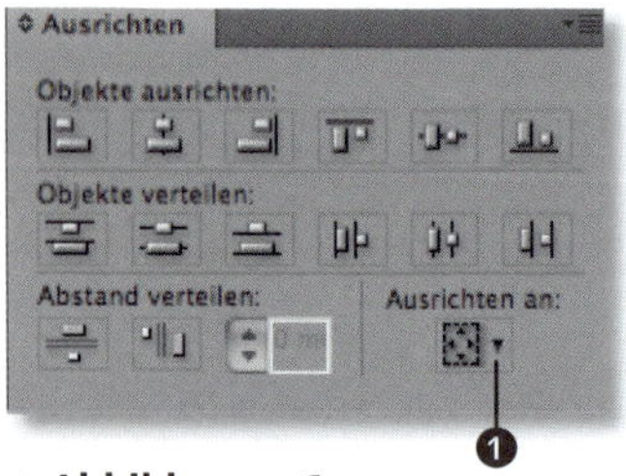

▲ **Abbildung 5.67**
Die oberen beiden Reihen des Ausrichten-Bedienfeldes sind identisch mit denen im Steuerung-Bedienfeld.

Wenn Sie mehrere Objekte angewählt haben, die Sie aber nicht gemeinsam aneinander, sondern vielmehr an einem der ausgewählten ausrichten wollen (das also an seinem Platz bleibt), dann klicken Sie nach dem Aktivieren der auszurichtenden Objekte in dasjenige, das stehen bleiben soll. Das fixe Objekt wird dann mit einem deutlichen Rand ❷ in der Farbe seiner Ebene gekennzeichnet.

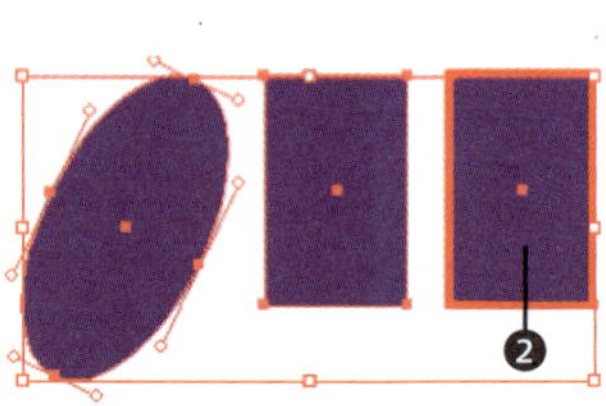

▲ **Abbildung 5.68**
Durch Klicken in das rechte Objekt wird dies zum Schlüsselobjekt (Hervorhebung), alles richtet sich nun nach ihm.

Es können also auch Objekte mehrerer Ebenen aneinander ausgerichtet werden. Die Objekte bleiben auch nach der Ausrichtung auf ihren jeweiligen Ebenen.

In der unteren Reihe des Bedienfeldes können Sie ganz bestimmte (numerische) Abstände eingeben, die Objekte in der Waagerechten oder Senkrechten zueinander haben sollen. Aktivieren Sie dazu die Objekte und wählen in der rechten Dropdown-Liste ❶ An Basisobjekt ausrichten. Jetzt können Sie einen Wert in das Eingabefeld eingeben und auf den Button Horizontal verteilen oder Vertikal verteilen klicken. Korrigieren Sie den Wert, müssen Sie auch erneut auf einen der Buttons klicken.

Abbildung 5.69 ►
Buttons für numerisch genaue Abstände von Objekten

5.12 Verzerrungshüllen

Eine ganz andere Art der Transformation ist das Verzerren per Verzerrungshülle. Hier verbiegen Sie Ihr Objekt nicht in bestimmten Winkeln, wie mit dem Verbiegen-Werkzeug, sondern verzerren Objekte in ganz bestimmte Formen hinein. Drei Arten kennt Illustrator:

- das Verzerren in vorgegebenen Formen, die Sie auswählen können
- das Verzerren in einem beweglichen Gitter
- das Verzerren in irgendeine ausgewählte freie Vektorform, die Sie selbst erstellt haben

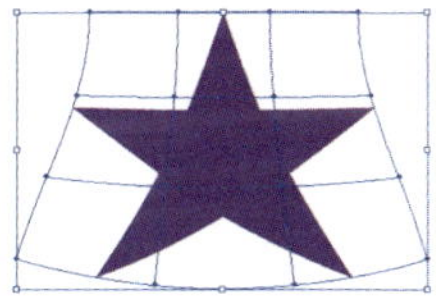

▲ **Abbildung 5.70**
Ein Stern wird durch eine definierte Form (hier Bogen) verzerrt.

5.12.1 Mit vordefinierten Hüllen verzerren

Objekt • Verzerrungshülle • Mit Verkrümmung erstellen… ruft ein Eingabemenü auf, in dessen Dropdown-Liste Sie eine vordefinierte Form auswählen ❸, die auf ein aktiviertes Objekt angewendet wird. Lassen Sie sich am besten die Vorschau ❼ anzeigen. Sie bestimmen, ob die Verkrümmung Horizontal oder Vertikal ausgeführt werden soll ❹. Biegung ❺ gibt an, wie stark die Biegung ausfällt. Bei einem negativen Wert biegt sich das Objekt eben in die andere Richtung. Zusätzlich zum Biegen können Sie jetzt außerdem noch verzerren ❻ (wieder Horizontal oder Vertikal).

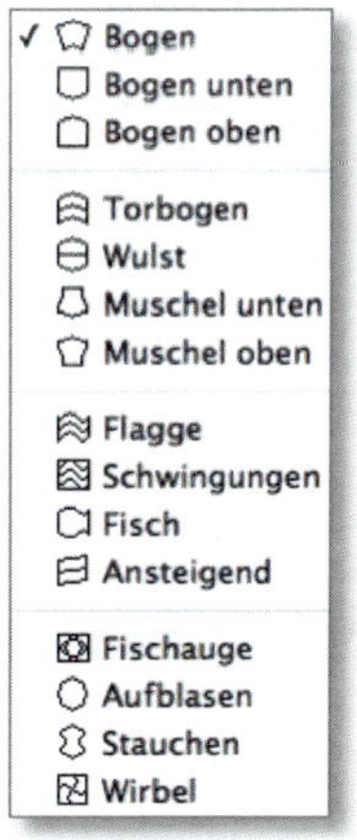

▲ **Abbildung 5.71**
Illustrator gibt Ihnen eine ganze Reihe von Formen zur Verzerrung vor.

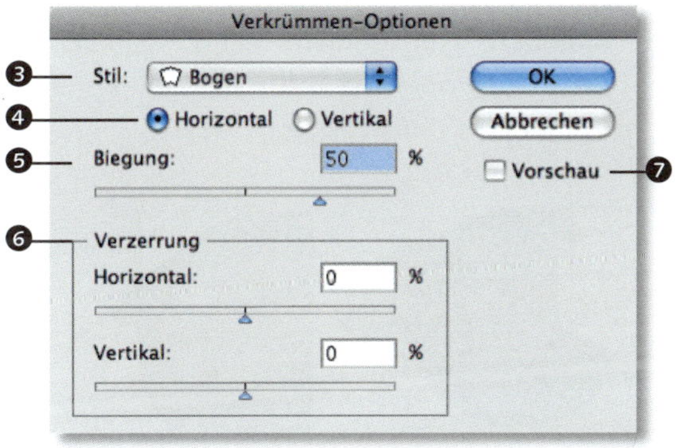

◀ **Abbildung 5.72**
Die Verkrümmen-Optionen

Die Form, mit der Sie verzerrt haben, ist weiterhin editierbar. Mit dem Direktauswahl-Werkzeug sind einzelne Ankerpunkte, Griffe und sogar Flächen zu verschieben, um an dem verzerrten Objekt noch ein bisschen weiter herumzuzerren.

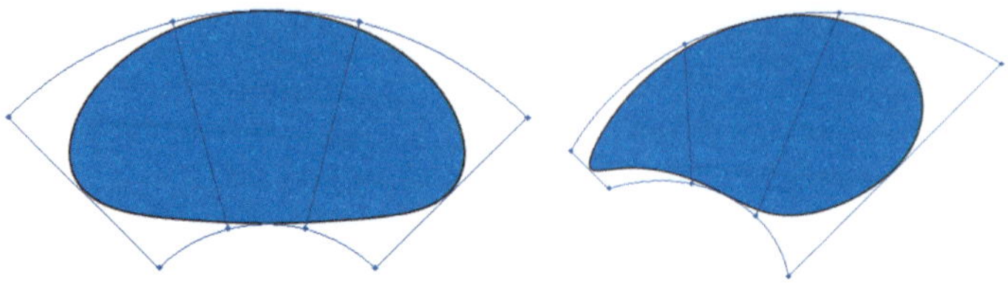

Abbildung 5.73 ▸
»Normal« verbogen links und mit zusätzlicher Verzerrung rechts

Haben Sie sich anders entschieden, können Sie das verzerrte Objekt auch wieder zurückwandeln: OBJEKT • VERZERRUNGSHÜLLE • ZURÜCKWANDELN. Die Maske, in die hinein verzerrt wurde, wird als eigenständiges Objekt erzeugt und liegt nun über Ihrem zurückgewandelten Objekt. Sie können die Maske löschen, für später aufheben oder auf andere Objekte anwenden. Wie? Das kommt jetzt.

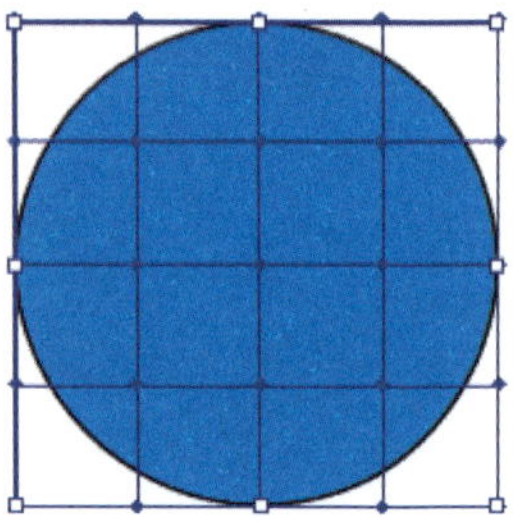

▲ Abbildung 5.74
Ein von Ihnen definiertes Gitter liegt über dem Objekt.

5.12.2 Mit einem Gitter verzerren

Die zweite dieser drei Methoden erzeugt nach Anwendung ein Gitter in der Form der Verzerrung. Sie bekommen über OBJEKT • VERZERRUNGSHÜLLE • MIT GITTER ERSTELLEN … von vornherein ein Gitter. Es entspricht einem Raster und Sie entscheiden im Dialog HÜLLENGITTER, wie viele ZEILEN (waagerecht) und SPALTEN (senkrecht) Sie haben möchten.

Nach Bestätigen des Dialogs ist Ihr Objekt noch unverzerrt, hat aber bereits ein Gitter. Deaktivieren Sie das Objekt zunächst, um dann mit dem DIREKTAUSWAHL-WERKZEUG entweder einzelne Ankerpunkte zu verschieben, ganze Rasterzellen (wählen Sie mehrere mit der ⇧-Taste aus) oder die Griffe der Ankerpunkte (jeder Ankerpunkt hat in jede Rasterrichtung Griffe).

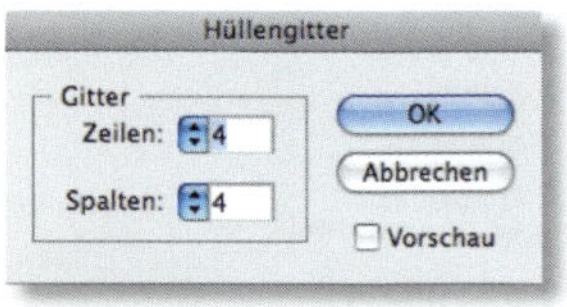

▲ Abbildung 5.75
Waagerechte und senkrechte Zellen anlegen lassen

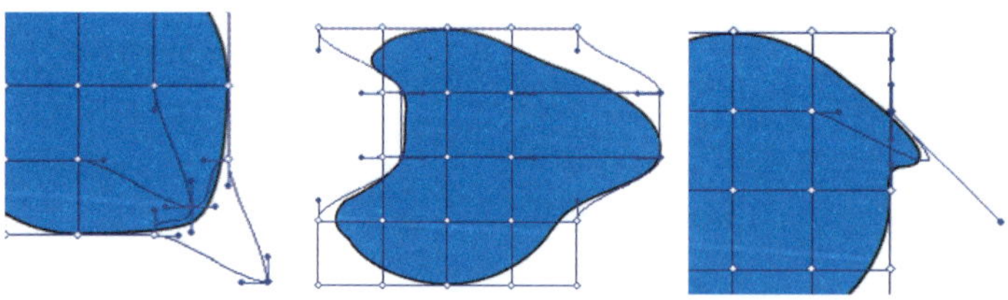

Abbildung 5.76 ▸
Gitterkreuzungen, Gitterzellen oder einzelne Griffe der Ankerpunkte können Sie verschieben.

5.12.3 Mit eigenen Formen verzerren

Sind Ihnen die Formen aus Abschnitt 5.12.1 nicht vielseitig genug, zeichnen Sie sich einfach selbst welche. Diese Form muss nur oberhalb (nicht direkt über) dem zu verzerrenden Objekt liegen, und beide müssen aktiviert sein. Danach wählen Sie OBJEKT • VERZERRUNGSHÜLLE • MIT OBERSTEM OBJEKT ERSTELLEN – fertig.

◀ **Abbildung 5.77**
Der Kreis wird in die grüne Form hinein verzerrt. Diese verliert dabei ihre eigenen Farben und Konturen.

Auch hier können Sie mit dem DIREKTAUSWAHL-WERKZEUG einzelne Ankerpunkte verschieben und damit auch das Objekt weiterhin verzerren. Nur erhalten Sie bei dieser Methode kein Gitter, wie bei den vorgegebenen Formen.

5.12.4 Hüllen bearbeiten

Das Zurückwandeln von Verzerrungshüllen – wie schon in Abschnitt 5.12.1 beschrieben – trennt Objekt und Maske voneinander. Die Maske der Verzerrung und das Objekt liegen als selbstständige Objekte übereinander, und die Verzerrung ist aufgehoben: OBJEKT • VERZERRUNGSHÜLLEN • ZURÜCKWANDELN.

UMWANDELN (OBJEKT • VERZERRUNGSHÜLLEN • UMWANDELN) hingegen bestätigt die Verzerrung und wandelt das Objekt inklusive Muster (wenn es eines hatte) zu einem ganz normalen Objekt. Die Verzerrung ist nicht mehr editierbar.

INHALT BEARBEITEN (an gleicher Stelle) macht noch mal deutlich, dass es sich bei Verzerrungen um zwei Teile handelt: das Objekt (INHALT) und die Maske (HÜLLE). Beide sind unabhängig voneinander zu verändern. Und so können Sie den verzerrten Kreis in seiner Grundform, die er einmal hatte, noch verändern. HÜLLE BEARBEITEN bringt Sie wieder zurück zu der eigentlichen Verzerrung.

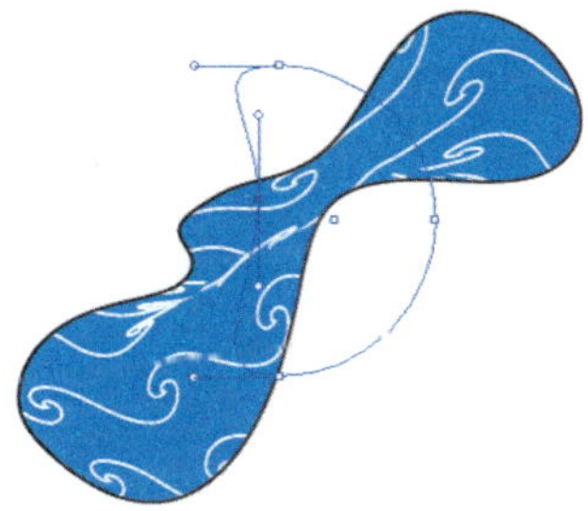

▲ **Abbildung 5.78**
Der Inhalt, also das verzerrte Objekt, kann auch nachträglich verändert werden: INHALT BEARBEITEN.

Mit den Hüllen-Optionen (OBJEKT • VERZERRUNGSHÜLLEN • HÜLLENOPTIONEN) steuern Sie nachträglich Ihre Verzerrungen. Bei PIXELBILDER können Sie mit GLÄTTEN ❶ einstellen, dass Bilder, die Sie eventuell verzerrt haben, sauberer dargestellt werden. SCHNITTMASKE ❷ schneidet eventuell Teile Ihres Bildes ab, wenn es sich in schwierigen Formen nicht vermeiden lässt. TRANSPA-

RENZ ❸ gibt die Möglichkeit, Alphakanäle auszuwählen, wenn Ihr Bild denn welche hat.

GENAUIGKEIT ❹ spricht für sich, probieren Sie bei eingeschalteter Vorschau aus, wie es jeweils wirkt.

Ein verzerrtes Objekt kann ein bestimmtes Aussehen haben, Verläufe, Muster etc. Sollen nur die Außenumrisse verzerrt werden, entfernen Sie den Haken bei AUSSEHEN VERZERREN ❺. Soll der Verlauf nicht mit verzerrt werden oder nicht das Muster, nehmen Sie die Haken entsprechend heraus.

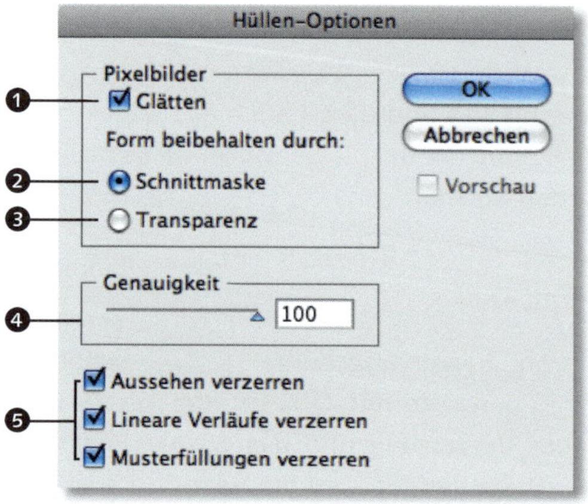

Abbildung 5.79 ▸
Die Hüllen-Optionen: OBJEKT • VERZERRUNGSHÜLLEN • HÜLLEN-OPTIONEN

Schritt für Schritt: Einen DVD-Player erstellen

»DVD-Player.ai« als Vorlagendatei finden Sie auf der DVD im Ordner UEBUNGEN • 05.

1 Vorlagendatei öffnen

Navigieren Sie zu der Buch-DVD und öffnen dort eine Illustrator-Datei, die ich Ihnen vorbereitet habe: UEBUNGEN • 05 • DVD-PLAYER.AI. Oben links in der Ecke ist ein DVD-Player, der Ihnen eine Anregung sein soll. Aber nehmen Sie ihn nicht in den Hintergrund zum Durchzeichnen, sondern zeichnen Sie mit mir zusammen frei einen neuen.

▴ **Abbildung 5.80**
Intelligente Hilfslinien, für viele Arbeiten unerlässlich

2 Der Body

Drücken Sie einmal die Taste D (ohne dass etwas aktiviert ist), um kommenden Objekten eine schwarze Kontur und eine weiße Fläche zu geben. Stellen Sie sicher, dass die intelligenten Hilfslinien aktiv sind (ANSICHT • INTELLIGENTE HILFSLINIEN).

Die Ebene »Body« ist aktiv (Fenster • Ebenen). Ziehen Sie auf dieser Ebene mit dem Rechteck-Werkzeug einen großen flachen Rahmen auf, der der Body Ihres DVD-Players sein wird.

◂ **Abbildung 5.81**
So kann Ihr DVD-Player am Ende aussehen.

3 Schalter und Displays

Schließen Sie mit dem gleichen Werkzeug noch einen kleinen Einschalter und zwei Displays an. Die intelligenten Hilfslinien zeigen Ihnen an, wenn Sie auf gleicher Höhe mit dem vorherigen Rechteck sind. So können Sie schon beim Aufziehen für gleiche Größen sorgen.

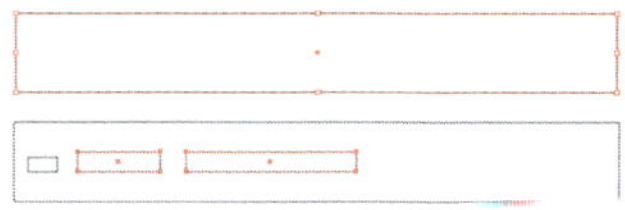

▴ **Abbildung 5.82**
Rahmen, Schalter und Displays

4 Kreisrunder Knopf

Mit dem Ellipse-Werkzeug und gedrückter [⇧]-Taste für eine Kreisform ziehen Sie nun einen Kreis für einen Drückknopf auf. Kopieren Sie diesen Kreis nach rechts durch Verschieben mit der Maus, während Sie dabei die [Alt]-Taste gedrückt halten.

5 Knöpfe anpassen

Der zweite Knopf soll kleiner sein als der erste. Lassen Sie ihn aktiviert, oder aktivieren Sie ihn mit dem Auswahl-Werkzeug.

Stellen Sie im Steuerung-Bedienfeld sicher, dass Höhen- und Breiten-Eingabefelder mit dem Ketten-Symbol ❻ verbunden sind. Nun können Sie den Kreis mit dem Auf- bzw. Abwärtspfeil ❼ verkleinern, ohne ihn zu einer Ellipse zu verzerren.

Duplizieren Sie ihn wieder nach rechts, und wiederholen Sie diesen Schritt zweimal durch Drücken der Tastenkombination [Strg]/[⌘]+[D].

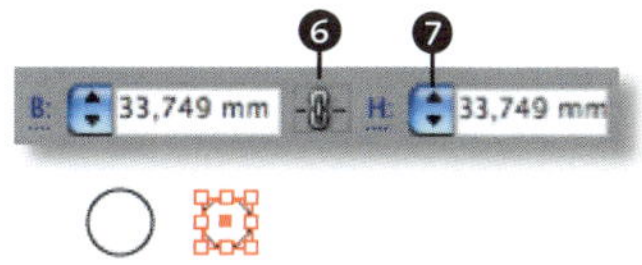

▴ **Abbildung 5.83**
Numerisches Verkleinern des Kreises im Steuerung-Bedienfeld

6 Ausrichten

Aktivieren Sie alles mit dem Auswahl-Werkzeug, indem Sie die Objekte von außen mit gedrückter Maus überfahren, und klicken Sie anschließend noch einmal auf den Body-Rahmen, um diesen zum Basisobjekt der Ausrichtung zu bestimmen.

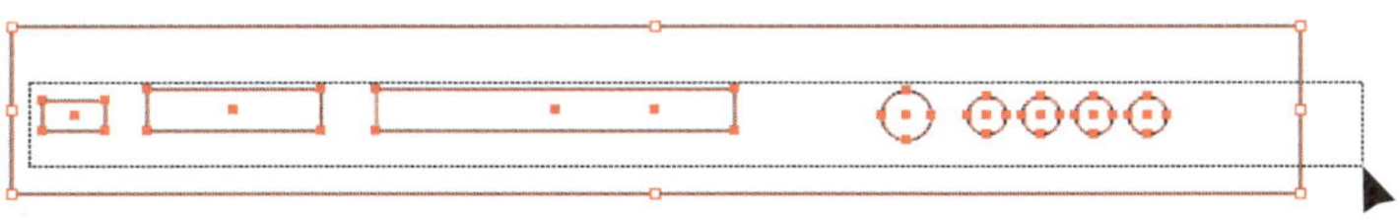

▾ **Abbildung 5.84**
Mehrere Objekte mit der Maus auswählen. Benutzen Sie das Auswahl-Werkzeug, reicht es, ein Objekt nur zu treffen, es muss nicht ganz umrandet sein.

Im Steuerung-Bedienfeld können Sie nun alle Objekte – Kreise und Rechtecke – auf die Mittelachse des fixierten Bodys bringen (Vertikal zentrierte Ausrichtung).

Abbildung 5.85 ▸
Im Steuerung-Bedienfeld genauso wie im Ausrichten-Bedienfeld

7 Chassis

Nach der Deaktivierung der Objekte (Strg/⌘+⇧+A) klicken Sie mit dem Auswahl-Werkzeug auf den Rahmen des Bodys, kopieren ihn mit Strg/⌘+C (oder Bearbeiten • Kopieren) und setzen ihn an der gleichen Stelle, also genau vor dem kopierten Rahmen wieder ein Strg/⌘+F (oder Bearbeiten • davor einfügen).

Nun haben Sie zwei Rahmen genau übereinander. Fassen Sie den oberen mit dem Auswahl-Werkzeug an seinem oberen, mittleren Bezugspunkt an und ziehen einfach nach unten.

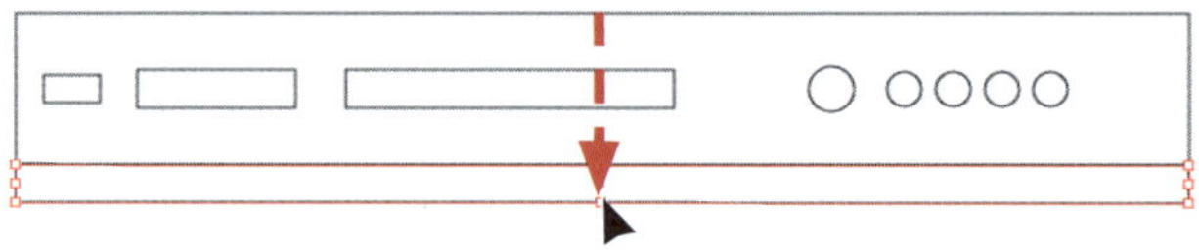

Abbildung 5.86 ▸
Ein schneller Weg zu einem zweiten Rahmen gleicher Breite

Wechseln Sie auf das Skalieren-Werkzeug, und ziehen Sie von der Seite (!) mit gehaltener ⇧-Taste ein kleines Stück auf den Mittelpunkt des Chassis zu. Nun ist es etwas schmaler als der Body.

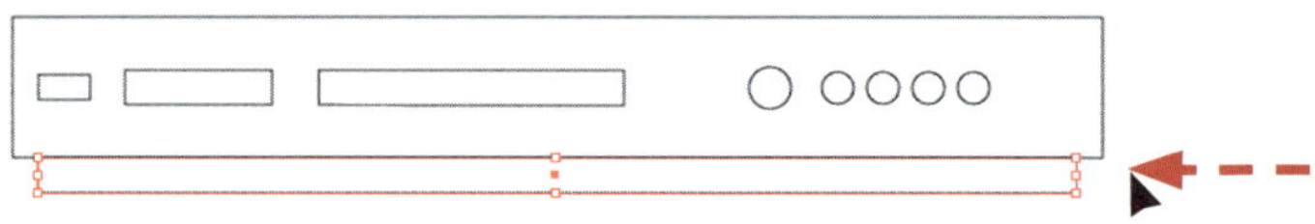

Abbildung 5.87 ▸
Kurzer Werkzeugwechsel und von außen mit dem Skalieren-Werkzeug zur Mitte ziehen – am besten mit ⇧

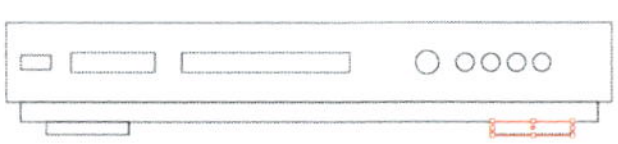

▴ **Abbildung 5.88**
Die Füße einfach mit den Pfeiltasten auf Ihrer Tastatur verschieben

8 Füße

Die Füße des DVD-Players sind auch wieder nur Rechtecke. Ziehen Sie eines von der unteren Ecke des Chassis her auf. Dann halten Sie die ⇧-Taste gedrückt, während Sie mit den Pfeiltasten auf Ihrer Tastatur den Fuß zwei Schritte nach innen verschieben. Mit einer Kopie des Fußes zur anderen Seite des Chassis verfahren Sie ebenso. Die Füße sind nun im gleichen Abstand nach innen eingerückt.

9 Prägnanz

Einen Profi-Trick zeige ich Ihnen noch. Aktivieren Sie mit gedrückter ⇧-Taste alle unteren, rechten Ecken der Rechtecke mit dem DIREKTAUSWAHL-WERKZEUG.

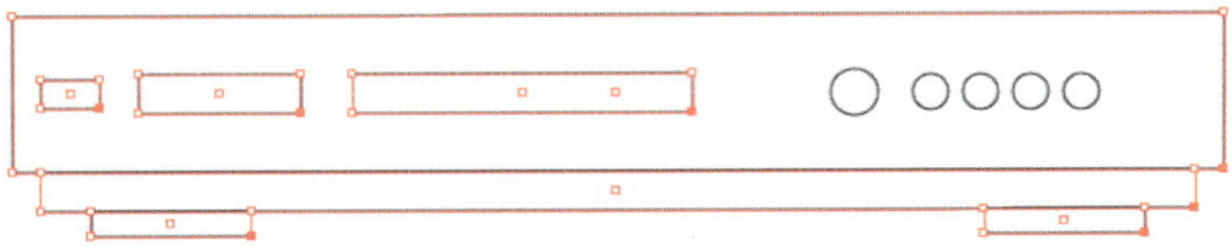

◀ **Abbildung 5.89**
Nehmen Sie unbedingt das DIREKTAUSWAHL-WERKZEUG, sonst wählen Sie die ganzen Rahmen.

Kopieren Sie sie an gleicher Stelle über Strg/⌘+C und Strg/⌘+F ein. Löschen Sie die Flächenfarben in der WERKZEUGLEISTE und geben Sie zum Schluss den Konturen im STEUERUNG-Bedienfeld einen etwas höheren Wert (bei mir 0,75 statt 0,353 mm). Schon wirkt der DVD-Player plastischer

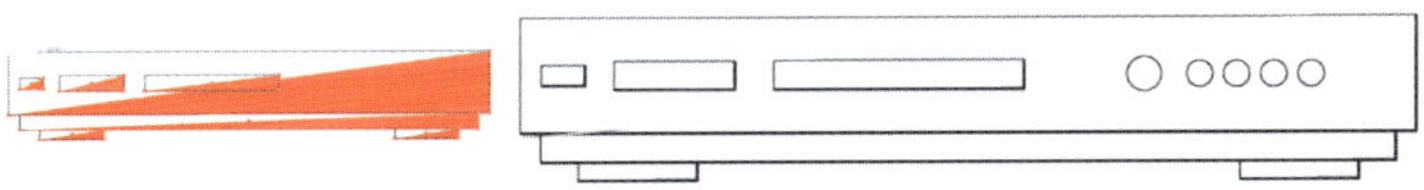

◀ **Abbildung 5.90**
Links zur Verdeutlichung eingefärbt, was Sie ausgewählt haben. Rechts der Effekt: einfach, aber prägnant.

10 Flächen

Wenn Sie schon ins Kapitel 7, »Farbe«, gespickt haben, können Sie Ihren DVD-Player nun mit Flächenfarbe oder gar mit Verläufen versehen, die ich Ihnen in der Datei als Farbfelder gespeichert habe. Sie sehen die Namen der Farben in der Listenansicht des Bedienfeldes. Aktivieren Sie nun einfach die einzelnen Objekte, wählen in der WERKZEUGLEISTE das Symbol für FLÄCHE (statt KONTUR) aus und klicken dann auf ein FARB- oder VERLAUFSFELD – fertig!

▼ **Abbildung 5.91**
Verlaufsfelder liegen für Sie schon bereit: Aktivieren Sie im Flyout-Menü des FARBFELDER-Bedienfelds die KLEINE LISTE.

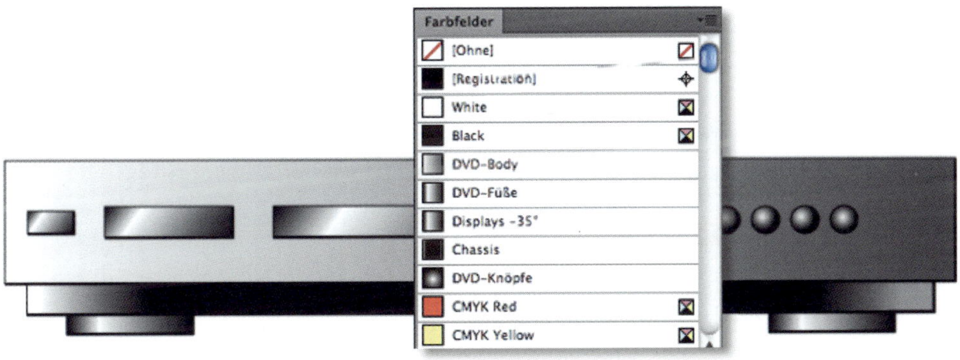

Schritt für Schritt: Eine Dose erstellen

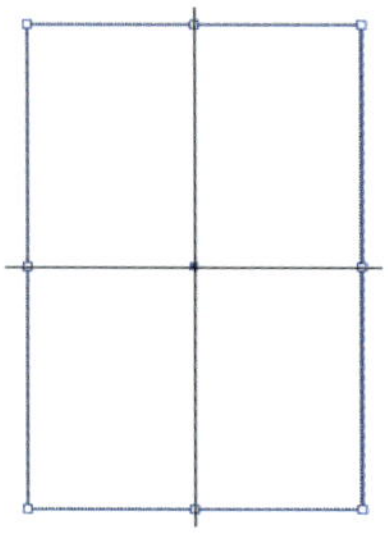

▲ **Abbildung 5.92**
Für den Dosenkörper reicht ein einfaches Rechteck.

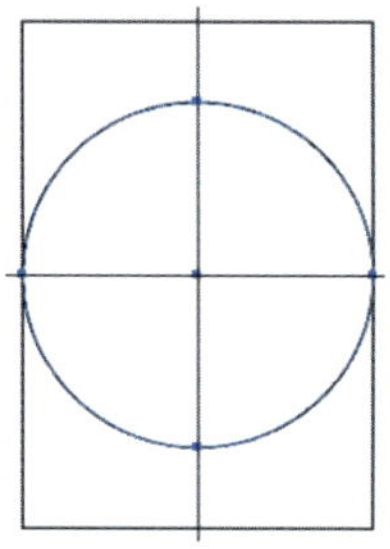

▲ **Abbildung 5.93**
Der Deckel ist zunächst ein Kreis.

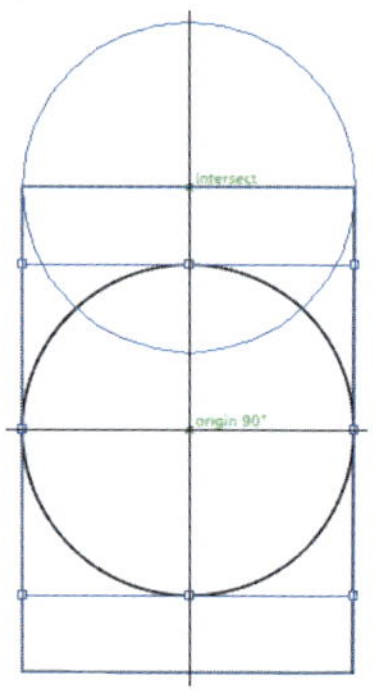

▲ **Abbildung 5.94**
Intelligente Hilfslinien und [⇧] sorgen für Genauigkeit ohne Zeitverlust.

1 Neue Datei

In dieser Schritt-für-Schritt-Anleitung sind Sie auf sich selbst gestellt. Das heißt, es gibt keine Vorlagendatei. Legen Sie sich also eine neue Datei im Hochformat an, am besten wieder als DRUCK im CMYK-MODUS und mit hoher Rastereffektauflösung.

2 Koordinatenkreuz

Am Anfang vieler Illustrationen lohnt es sich, ein Koordinatenkreuz anzulegen, um dann, wenn es genau sein muss, auch numerisch arbeiten zu können, ohne viel rechnen zu müssen.

Ziehen Sie sich aus den Linealen oben und links einfach je eine Hilfslinie in die Mitte der Seite. Sind keine Lineale zu sehen, wählen Sie [Strg]/[⌘]+[R].

Ziehen Sie nun noch aus dem Schnittpunkt der Lineale bei eingeschalteten intelligenten Hilfslinien den Nullpunkt Ihrer Seite auf den Schnittpunkt Ihrer neuen Hilfslinien (siehe Schritt 4 in Abschnitt 4.6).

3 Der Body

Der »Körper« der Dose ist unspektakulär; er besteht lediglich aus einem stehenden Rechteck. Ziehen Sie es mit dem RECHTECK-WERKZEUG und gehaltener [Alt]-Taste aus der Mitte Ihres Koordinatenkreuzes auf.

4 Der Deckel

Gleicher Schritt, anderes Werkzeug. Nehmen Sie jetzt das ELLIPSE-WERKZEUG und ziehen ebenfalls von der Mitte her einen Kreis auf – mit [Alt]+[⇧]. Sie sehen durch den Magnetismus der Hilfslinien, wenn Rechteck und Kreis gleich groß sind. Der Kreis rastet regelrecht am Rechteck ein.

Mit einem der Auswahl-Werkzeuge und gedrückter [⇧]-Taste fassen Sie nun den Kreis in seiner Mitte an und schieben ihn bis zur Oberkante des Rechteckes.

5 Den Deckel halbieren

Mit dem SCHERE-WERKZEUG schneiden Sie den Kreis durch einfaches Klicken auf seine beiden seitlichen Ankerpunkte auf. Die untere Hälfte des Kreises können Sie löschen.

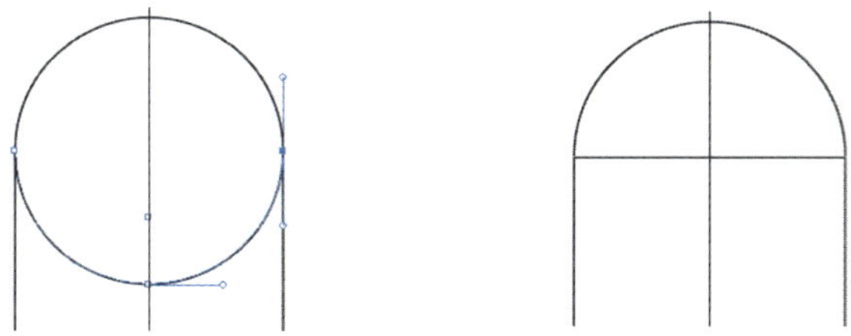

◄ **Abbildung 5.95**
Der links und rechts aufgeschnittene Kreis. Die untere Hälfte kann gelöscht werden.

6 Den Deckel öffnen

Aktivieren Sie mit dem AUSWAHL-WERKZEUG die verbliebene obere Kreishälfte und wechseln dann zum DREHEN-WERKZEUG. Mit diesem klicken Sie in die rechte untere Ecke des Halbkreises ❶, um dort den Drehpunkt zu setzen.

Mit der Maus drehen Sie nun – irgendwo auf der linken Seite angesetzt – den Deckel auf.

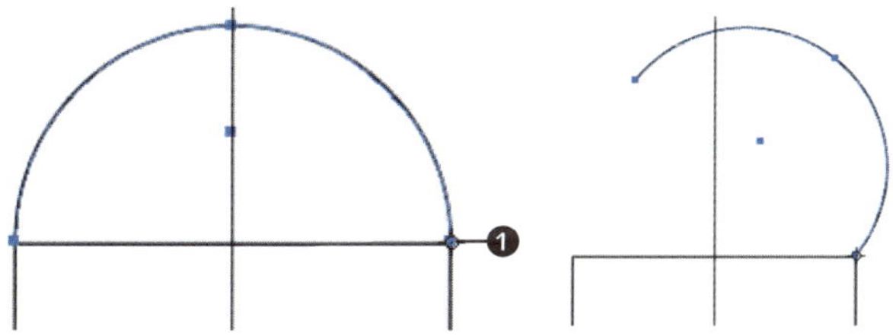

◄ **Abbildung 5.96**
Drehpunkt durch Klicken mit dem DREHEN-WERKZEUG setzen und mit der Maus drehen

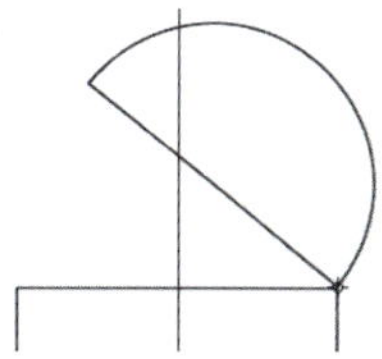

▲ **Abbildung 5.97**
Den offenen Pfad mit einer Geraden schließen lassen

7 Pfad schließen

Um den offenen Pfad des Deckels zu schließen, brauchen Sie nur eine Tastenkombination: [Strg]/[⌘]+[J] (ansonsten zu finden unter OBJEKT • PFAD • ZUSAMMENFÜGEN ...).

8 Verläufe

Wie in der letzten Schritt-für-Schritt-Anleitung wird Ihre Dose auch hier durch Verläufe so richtig rund. Der Body braucht nur einen waagerechten Verlauf (LINEAR), der Deckel einen kreisförmigen (KREISFÖRMIG). Mit dem VERLAUFWERKZEUG und aktivem Objekt bestimmen Sie die Richtung und Länge des Verlaufes durch Ziehen mit der Maus. Im VERLAUF-Bedienfeld kreieren Sie sich die Farben. Siehe auch Kapitel 7, »Farbe«.

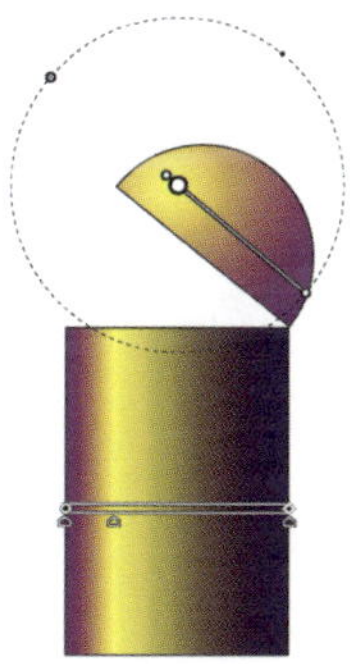

Abbildung 5.98 ►
Gut steuerbare Verläufe in Illustrator für plastisches Aussehen

5.13 Tastaturkürzel

Auch in diesem Kapitel erleichtern die Tastenkombinationen das Arbeiten, wenn man denn zu den Liebhabern/-haberinnen der schnellen »Shortcuts« gehört. Hier die wichtigsten.

Zweck	PC	Mac
Skalieren-Werkzeug	S	S
Drehen-Werkzeug	R	R
Spiegeln-Werkzeug	O	O
Formerstellungswerkzeug	⇧+M	⇧+M
Verlaufwerkzeug	G	G
Lineale einblenden	Strg+R	⌘+R
Intelligente Hilfslinien	Strg+U	⌘+U
Pfadansicht/Vorschau	Strg+Y	⌘+Y
Begrenzungsrahmen	Strg+⇧+B	⌘+⇧+B
Transformation wiederholen	Strg+D	⌘+D
Objekt von der Mitte her aufziehen	Alt beim Aufziehen	Alt beim Aufziehen
Objekt duplizieren beim Verschieben	Alt beim Verschieben	Alt beim Verschieben
Halten in 45°-Winkeln bzw. Quadrat bzw. Kreis	⇧	⇧
Kopieren	Strg+C	⌘+C
Davor einfügen	Strg+F	⌘+F
Dahinter einfügen	Strg+B	⌘+B
Pfad zusammenfügen	Strg+J	⌘+J
Alles aktivieren	Strg+A	⌘+A
Alles deaktivieren	Strg+⇧+A	⌘+⇧+A

▲ **Tabelle 5.1**
Die wichtigsten Tastenkombinationen für die Transformation von Objekten

Kapitel 6

Ebenen

Von der Tiefgarage bis zum Penthouse

Sie werden lernen:

- Wie lassen sich sinnvoll Ebenen anlegen?
- Wie wird die Ebenen-Verschachtelung genutzt?
- Wie werden bestimmte Objekte über die Ebenen ausgewählt?
- Wie werden Aussehen-Effekte auf eine ganze Ebene angewendet?

6 Ebenen

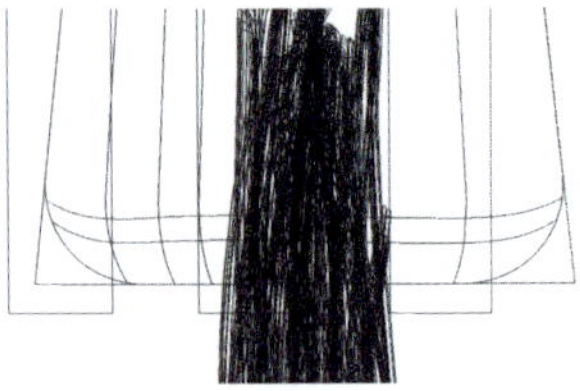

▲ **Abbildung 6.1**
In Illustrator entstehen oft sehr viele Elemente/Pfade. Der Überblick wird dann besonders wichtig.

Denjenigen von Ihnen, die aus Photoshop kommen, sind Ebenen bereits ein Begriff. Doch die Ebenen in Illustrator unterscheiden sich von denen in Photoshop.

Es geht darum, durch Übereinanderlegen von Objekten oder Objektgruppen Struktur und Übersicht in Ihre Illustrationen zu bekommen. Eine Illustration kann aus hunderten von Pfaden und Objekten bestehen. Da will das Richtige ausgewählt sein. Sehen Sie sich nur die Pfadansicht dieses Eises aus Kapitel 5 an. Da kann man schon erschrecken.

In Illustrator gibt es zwei Arten von Ebenen: die (Haupt-)Ebenen, mit denen Sie ganze Objekte wie Montagen in Photoshop übereinanderlegen, und die Unterebenen. Dabei kann es sich um weiter untergeordnete Ebenen handeln oder um eine Auflistung aller einzelnen Objekte auf einer Ebene. Denn anders als im Bildbearbeitungsprogramm werden einzelne Objekte, die auf einer Ebene liegen, nicht zusammengerechnet. Jedes einzelne Objekt lässt sich nach wie vor anfassen.

▲ **Abbildung 6.2**
Die untere Abbildung zeigt die Staffelung der Objekte hintereinander bzw. übereinander.

6.1 Was sind Ebenen?

Ein Objekt besteht immer aus einem Pfad (siehe Kapitel 4, »Pfade«). Dieser kann eine Kontur haben, eine Fläche oder Effekte. Sind die Flächen und Konturen deckend, können Sie nicht hindurchsehen. Sind sie transparent, scheint alles, was unter ihnen liegt, entsprechend dem Grad der Transparenz mehr oder weniger durch. Haben Ihre Objekte Löcher, wie das »O« in einer Schrift oder einige Muster, können Sie durch diese Löcher alles sehen, was darunterliegt – bis zur nächsten deckenden Fläche.

Überall dort, wo kein Objekt die Sicht versperrt, sehen Sie bis zur Zeichenfläche. In der Perspektive wird das deutlicher (Abbildung 6.2).

Im Prinzip stellt jedes dieser Einzelobjekte eine eigene »Ebene« dar, weil es andere Objekte verdecken kann oder von anderen verdeckt wird. Auch dann, wenn ein Objekt nicht direkt über einem anderen liegt, sondern ganz woanders auf Ihrer Zeichenfläche sitzt, liegen diese Objekte gestaffelt. Ich nenne es hier der Verständlichkeit wegen die »Stapelung von Objekten«. Das zuletzt erstellte Objekt liegt dabei jeweils an oberster Stelle der Stapelung.

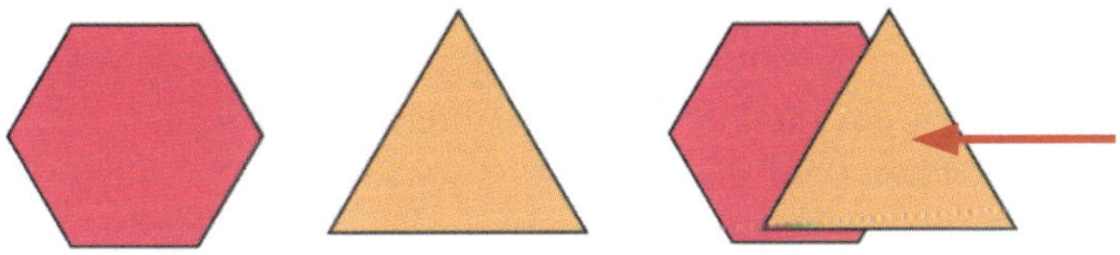

◂ **Abbildung 6.3**
Überschneiden sich die Objekte nicht, sieht man auch nicht, dass sie an sich »übereinanderliegen«.

Die Landschaft von Abbildung 6.2 zum Beispiel besteht aus Vordergrund (Gras, Blumen), Mittelgrund (Bäume, Tannen) und Hintergrund (Himmel, Wolken, Möwen). Hier kann es sinnvoll sein, nicht die zig Objektteile einzeln zu nehmen (schon die Blume besteht aus vielen Einzelteilen), sondern die drei thematischen Hauptebenen über das Ebenen-Bedienfeld (Fenster • Ebenen) auch zu solchen in Illustrator zu machen: Ebene »Vorne«, Ebene »Mitte«, Ebene »Hinten«. Mit einem Doppelklick auf den Ebenennamen ❸ kommen Sie zu den Ebenen-Optionen, in denen Sie den Namen ändern können.

Arbeiten Sie nun am Mittelgrund, können Sie die anderen Ebenen sperren. Die Objekte auf den gesperrten Ebenen sind nicht mehr zu aktivieren und anzufassen. Damit verhindern Sie, dass Sie sie aus Versehen verschieben. Ein Klick rechts ❷ neben das Augen-Symbol sperrt die Ebene.

Sie können die anderen Ebenen aber auch ausblenden. Sie sind dann gar nicht mehr zu sehen und versperren Ihnen nicht mehr die Sicht auf die Objekte der Ebene, an denen Sie gerade arbeiten wollen. Logisch, dass sie dann ebenfalls nicht mehr zu aktivieren sind. Ein Klick in das Augen-Symbol ❶ blendet sie aus.

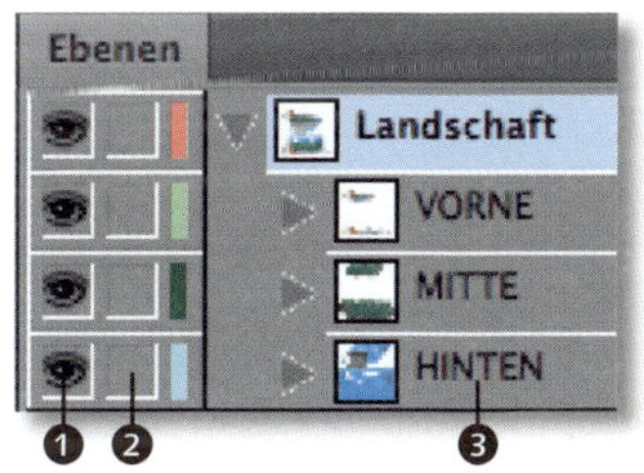

▴ **Abbildung 6.4**
Benennen Sie Ihre Ebenen so, dass Sie auch später etwas damit anzufangen wissen.

▴ **Abbildung 6.5**
Sie versuchen, auf einer gesperrten Ebene zu zeichnen.

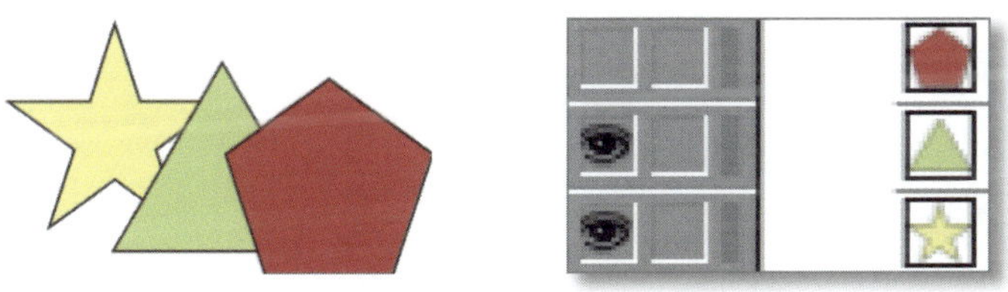

▴ **Abbildung 6.6**
Ein Klick auf das Augen-Symbol, und schon kommen Sie frei an das Dreieck heran.

6.2 Das Ebenen-Bedienfeld

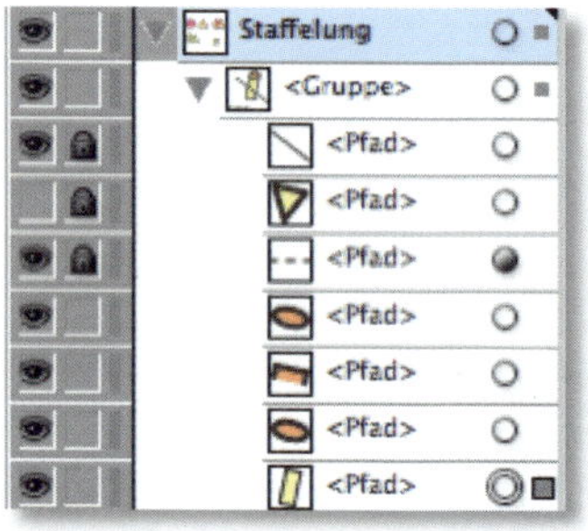

▲ **Abbildung 6.7**
Die Staffelung innerhalb einer Ebene für eine Objekt-GRUPPE aus nur sieben Einzelteilen

Das EBENEN-Bedienfeld (FENSTER • EBENEN) sieht zunächst recht übersichtlich aus. Das Augen-Symbol ❹ blendet die Sichtbarkeit der Ebene ❶ aus oder ein. Ist eine Ebene nicht sichtbar, können Sie auch keine Objekte darauf auswählen. Das Schloss-Symbol ❺ zeigt an, ob eine Ebene gesperrt ist – die Objekte sind dann ebenfalls nicht auswählbar. Das kleine Dreieck ❸ vor dem Ebenen-Icon ❽ öffnet die Sicht auf die Unterebenen ❷, die Auflistung aller Objekte auf dieser Ebene also. Praktisch ist auch die Farbe der Ebene ❼. Die Begrenzungsrahmen der aktiven Objekte werden in ebendieser Farbe dargestellt, sodass Sie schnell sehen können, auf welcher Ebene sich das Objekt befindet. Hier ❻ wird Ihnen lediglich die Anzahl der Hauptebenen angezeigt. Sie können ausgewählte Objekte zu einer SCHNITTMASKE ❾ erstellen. Das oder die unteren Objekte werden in das obere eingesetzt und sind außerhalb dieses Objektes nicht mehr sichtbar. Mit diesem Symbol ❿ erzeugen Sie in einer (Haupt-)Ebene eine neue Unterebene ❷ und hiermit ⓫ eine neue Ebene. Mit dem Papierkorb ⓬ können Sie im EBENEN-Bedienfeld ausgewählte Objekte oder ganze Ebenen löschen. Ein Klick auf das Icon der Zielspalte ⓭ wählt alle Objekte dieser Ebene aus. Und die blaue Hervorhebung ⓯ zeigt Ihnen, welche Ebene gerade aktiv ist. Zeichnen Sie etwas, geschieht dies auf genau dieser Ebene. Das kleine Quadrat der Auswahlspalte ⓮ zeigt Ihnen an, auf welcher Ebene sich gerade ausgewählte Objekte befinden. In Hauptebenen ❶ können Sie per Drag & Drop einfach weitere Ebenen ziehen, die dann zu Unterebenen werden.

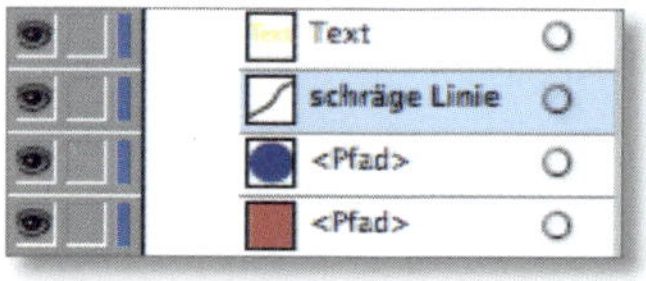

▲ **Abbildung 6.8**
Das zweite Objekt ist benannt worden, um es besser wiederzufinden.

Abbildung 6.9 ▶
15 Nummern allein am EBENEN-Bedienfeld! Doch es lohnt sich unbedingt, es zu beherrschen.

6.3 Mit Ebenen arbeiten

Das Arbeiten mit Ebenen soll Ihnen helfen, Ihre Illustrationen zu sortieren, zu strukturieren und den Überblick zu behalten. Dafür aber müssen Sie sie nicht nur verstehen lernen, wie im letzten Abschnitt geschehen, sondern sie auch sinnvoll anwenden. Einige Anwender meinen es zu gut, legen nun für fast jedes Objekt eine eigene Ebene an und steigen am Ende gar nicht mehr durch ihr Dokument durch. Auf das Maß kommt es an.

▲ **Abbildung 6.10**
Eine Datei sollte ausreichend viele Ebenen haben. Wie viele, hängt vom Thema und Ihrer Arbeitsweise ab. Hier die Ebenenstruktur eines Fahrrades.

6.3.1 Ebenen erstellen und einrichten

Sie möchten mehr als nur eine Ebene haben? Klicken Sie entweder in das Symbol für das Erstellen einer neuen Ebene am unteren Bedienfeldrand (Neue Ebene erstellen), oder wählen Sie im Flyout-Menü Neue Ebene… aus.

Mit einem Doppelklick auf die Ebene öffnen Sie die Ebenenoptionen. Diese bekommen Sie übrigens auch beim Anlegen einer Ebene, wenn Sie mit der Alt-Taste in das Symbol für eine neue Ebene klicken.

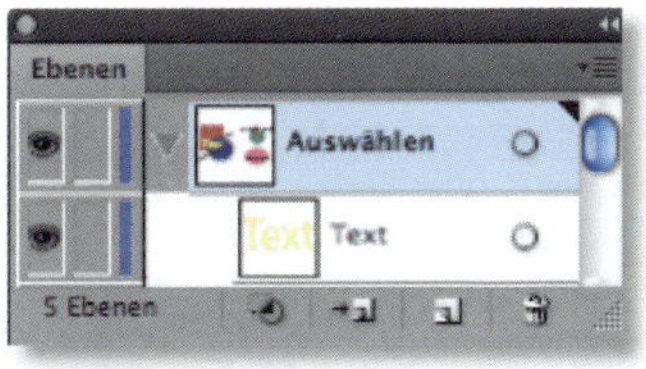

▲ **Abbildung 6.11**
Über die Bedienfeldoptionen stellen Sie die Größe der Icons ein.

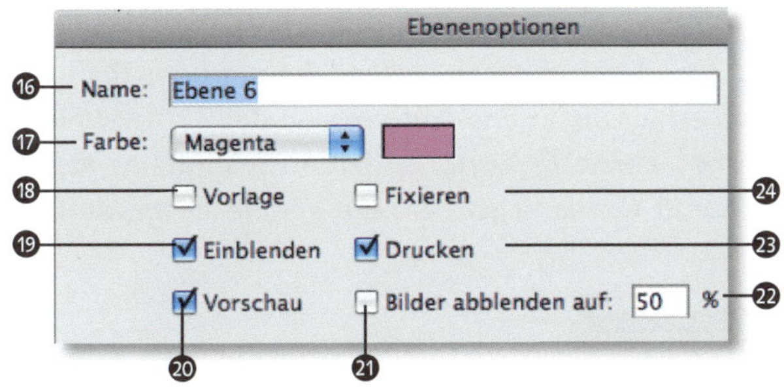

◀ **Abbildung 6.12**
Die Ebenenoptionen steuern so wichtige Dinge wie Sichtbarkeit und Druckbarkeit.

In den Optionen haben Sie Einstellmöglichkeiten, die Aussehen oder Verhalten Ihrer Ebene steuern. Zunächst können Sie natürlich den Namen ⓰ festlegen. Das ist sinnvoll, um schnell die richtige Ebene zu finden. Dazu sollte er aber auch aussagekräftig sein.

Als Zweites die Farbe ⓱. Sie können sie ganz nach Ihrem Geschmack festlegen, oder Sie nutzen die Ebenenfarben für die Übersicht, indem Sie von unten nach oben hellere bis dunklere Farben wählen. Oder die Farben entsprechen dem Thema: Himmelebene = Blau, Textebene = Schwarz etc.

Über Vorlage ⓲ sind Sie schon in Kapitel 3, »Bilder und Grafiken«, gestoßen. Setzen Sie dort einen Haken, sind die Objekte nicht druckbar, gesperrt, und die Pixelobjekte dieser Ebene werden aufgehellt dargestellt.

EINBLENDEN ⑲ meint die Sichtbarkeit, wie das Augen-Symbol des Bedienfeldes. VORSCHAU ⑳ dagegen stellt die Objekte dieser Ebene, wenn Sie den Haken wegnehmen, als PFADANSICHT dar.

FIXIEREN ㉔ ist das Gleiche wie das Schloss-Symbol, es sperrt die Objekte.

DRUCKEN ㉓ erlaubt das Drucken der Objekte oder verhindert es. Die Fotovorlage zum Beispiel, die Sie nur haben, um sich daran beim Zeichnen zu orientieren, wollen Sie ja gar nicht mitdrucken. Und dafür sorgen Sie hier.

BILDER ABBLENDEN AUF ㉒: Sie bekommen die Möglichkeit, es selbst zu steuern, wie stark Ihre Vorlage aufgehellt wird. Ist Ihre Vorlage sowieso schon recht schwach, gehen Sie weiter Richtung 100%. Ist Ihre Vorlage sehr dunkel und unruhig, sodass Sie Ihre eigene Zeichnung davor kaum erkennen können, geben Sie einen kleineren %-Wert ein; das Bild wird heller.

▲ **Abbildung 6.13**
Jedes Quadrat in der rechten Spalte steht für ein oder mehrere aktive Objekte.

6.3.2 Objekte den Ebenen zuweisen

Wenn Sie ein Objekt auswählen, erkennen Sie, dass es aktiv ist, weil sein Begrenzungsrahmen oder seine Ankerpunkte angezeigt werden. Beides wird Ihnen in der jeweiligen Ebenenfarbe ⑰ angezeigt. Außerdem erhält die Ebene, auf der sich das aktive Objekt befindet, noch das kleine Quadrat in der Auswahlspalte ❶. Es steht stellvertretend für das bzw. für alle gerade ausgewählten Objekte.

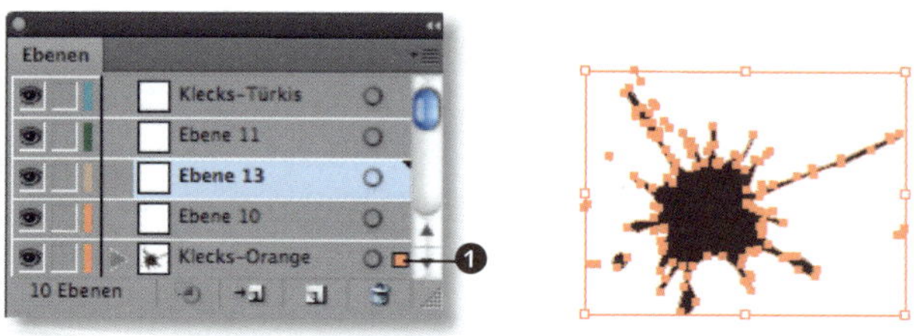

Abbildung 6.14 ▶
Ebenenfarbe und Objekthervorhebung sind gleich.

Haben Sie mehrere Objekte ausgewählt, die sich auf unterschiedlichen Ebenen befinden, bekommt jede Ebene, auf der sich ein ausgewähltes Objekt befindet, auch dieses Symbol.

Möchten Sie, dass ein Objekt nun von einer Ebene zu einer anderen verschoben wird – es muss aktiviert sein –, schieben Sie das kleine Quadrat im EBENEN-Bedienfeld einfach mit der Maus zu der Ebene, auf der das Objekt liegen soll. Sie sehen nach dem Loslassen der Maus, dass auch der Begrenzungsrahmen und die Ankerpunkte ihre Farbe geändert haben – in die der neuen Ebene.

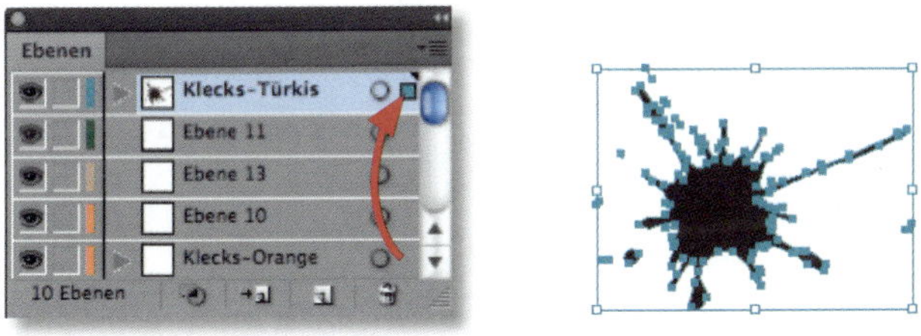

◀ **Abbildung 6.15**
Verschieben Sie das kleine Quadrat auf eine andere Ebene.

6.3.3 Objekte über die Ebenen auswählen

Bisher haben Sie, um ein Objekt auszuwählen, mit der Maus und einem der Auswahl-Werkzeuge darauf geklickt: auf seine Fläche, wenn es eine Flächenfarbe hat, ansonsten auf seinen Pfad. Doch auch das Ebenen-Bedienfeld gibt hierzu die Möglichkeit. Und das ist bei komplizierten Illustrationen ausgesprochen hilfreich.

Klicken Sie in das Kreis-Symbol des zugehörigen Objektes in der Zielspalte ❷, aktivieren Sie es damit. Liegen zwei Objekte direkt übereinander, können Sie inzwischen auch mit der gedrückten Strg/⌘-Taste zum nächsten »durchgreifen«, doch oft werden Sie über das Ebenen-Bedienfeld schneller zum Objekt kommen.

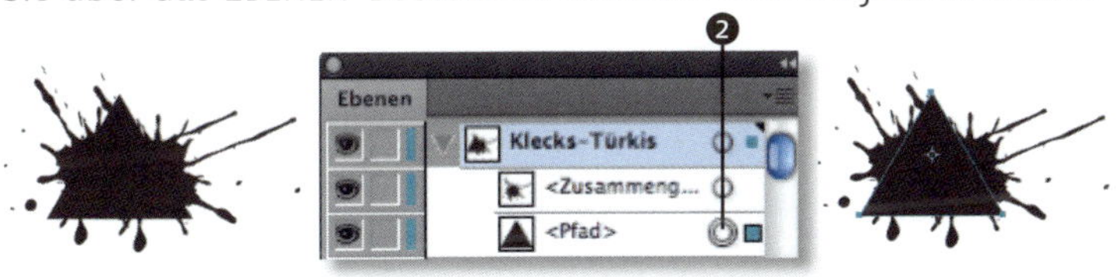

◀ **Abbildung 6.16**
Klicken Sie in die Zielspalte ❷ des Objekts, landen Sie schnell einen Treffer.

Klappen Sie die Liste der Ebene auf, sehen Sie alle Objekte dieser Ebene. Sie können nun die Reihenfolge der Objekte ändern, indem Sie eines anfassen und über (oder unter) ein anderes schieben.

In Abbildung 6.17 sehen Sie auch, dass Gruppen noch einmal zusammengefasst sind. Jede Gruppe hat wieder ein Aufklappdreieck, um seine Gruppenmitglieder preiszugeben, die dann wiederum auf gleiche Weise auswählbar sind.

Die Gruppe von Quadrat, Kreis und Stern (Abbildung 6.18, links) wird im Ebenen-Bedienfeld auch als Gruppe erfasst, und seine Gruppenmitglieder werden der Reihenfolge nach aufgelistet ❸. Verschieben Sie ein Objekt aus der Gruppe im Ebenen-Bedien-

▲ **Abbildung 6.17**
Das Aktivieren der Gruppe aktiviert auch alle Gruppenmitglieder.

feld ❹ in der Reihenfolge, verändert es auch auf der Zeichenfläche seine Stapelposition (rechts).

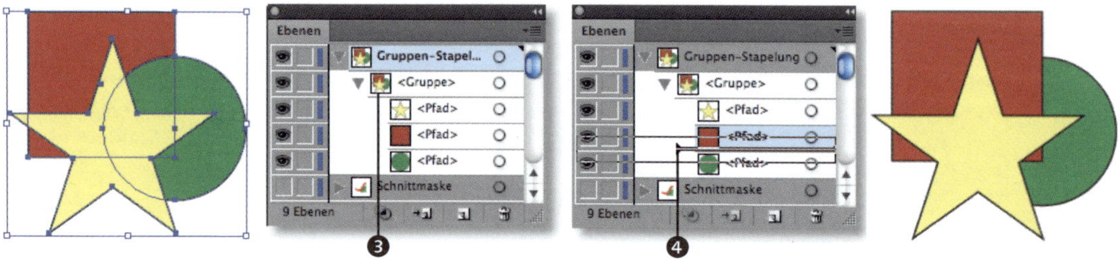

▲ **Abbildung 6.18**
Die Reihenfolge von Objekten einer Gruppe verschieben Sie leicht im Ebenen-Bedienfeld.

Mehrere Objekte können Sie auswählen, wenn Sie beim Klicken in das Ziel-Symbol die ⇧-Taste halten. Möchten Sie das Objekt oder eine Gruppe im Ebenen-Bedienfeld auswählen, nicht aber das Objekt auf der Zeichenfläche aktivieren, klicken Sie nicht in das Ziel-Symbol, sondern auf seinen Namen.

Wenn Sie an ein bestimmtes Objekt öfters heranmüssen, können Sie ihm auch einen Namen geben, um es schneller zu finden. Ein Doppelklick in seine jetzige Bezeichnung (z. B. »Pfad«) öffnet den Dialog, in dem Sie es umbenennen können.

Abbildung 6.19 ▶
Geben Sie per Doppelklick im Ebenen-Bedienfeld Ihren Objekten Namen.

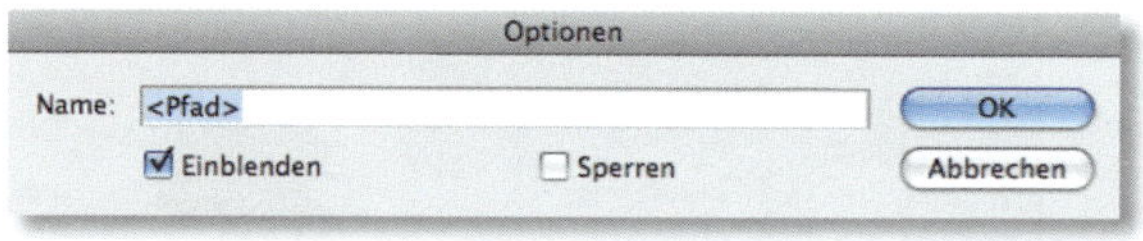

6.3.4 Schnittmasken über das Ebenen-Bedienfeld

Video-Training

Wie Sie Schnittmasken anlegen, erfahren Sie auch in Lektion 3.3 auf der Buch-DVD.

Eine Schnittmaske bedeutet in Illustrator, dass ein Objekt in ein anderes eingefügt ist, sodass es nur innerhalb dieses Objektes zu sehen ist. Das Objekt, in das ein anderes eingefügt wird, verliert dabei all seine Farben und Konturen und dient somit nur noch als eine (Schnitt-)Maske. Recht einfach erzeugen Sie so eine Schnittmaske über das Ebenen-Bedienfeld.

Haben Sie eine Ebene oder Unterebene ausgewählt, ist das Bedienfeld-Symbol Schnittmaske erstellen/zurückwandeln auswählbar. Klicken Sie diesen Button an, wird das oberste Objekt dieser Ebene zu einer Schnittmaske gemacht, und alle anderen Objekte derselben Ebene werden in das Maskenobjekt eingefügt.

All diese Objekte sind dann außerhalb der Maske unsichtbar, außer in der Pfadansicht, in der die Pfade aller Objekte und auch der Maske sichtbar sind und sich mit dem DIREKTAUSWAHL-WERKZEUG auswählen lassen.

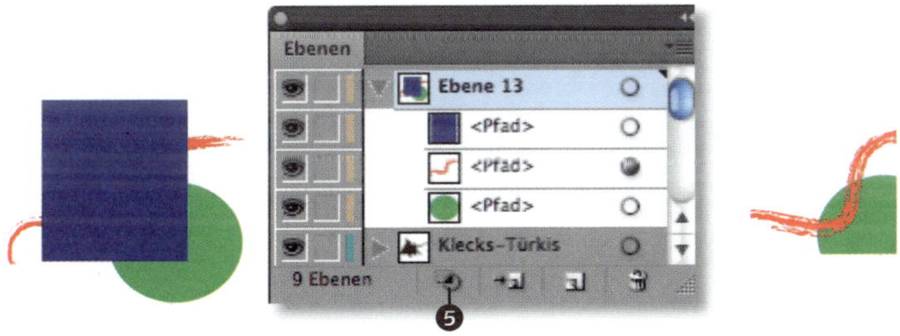

◀ **Abbildung 6.20**
SCHNITTMASKE ERSTELLEN/ ZURÜCKWANDELN ❺ erzeugt aus der Ebene mit deren oberstem Objekt eine SCHNITTMASKE.

Was für Gruppen gilt, finden Sie auch bei Objekten, die über Schnittmasken verbunden sind. An den Inhalt solcher Masken kommen Sie über verschiedene Wege, aber über das EBENEN-Bedienfeld ist es am einfachsten. Eine Schnittmaske wird zunächst auch als »Gruppe« bezeichnet. Das oberste der Objekte ist dann der »Zuschneidungspfad«, alle nachfolgenden sind sein Inhalt.

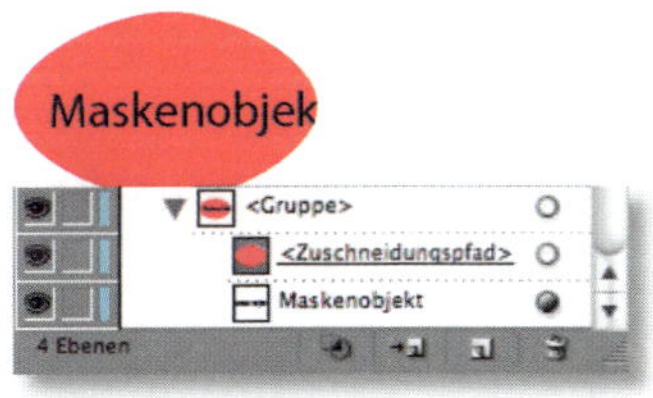

▲ **Abbildung 6.21**
Eine SCHNITTMASKE gilt erst mal als GRUPPE, die Ellipse als ZUSCHNEIDUNGSPFAD und das Wort als MASKENOBJEKT.

6.3.5 Ebenen und das Aussehen von Elementen

Wenn alle Objekte einer Ebene das gleiche Aussehen haben sollen, müssen Sie nicht allen diesen Objekten einzeln eines zuweisen. Sie können es über das Zielsymbol der Ebene tun. Ist die Zielspalte der Ebene aktiviert, sind auch alle Objekte dieser Ebene aktiv. Ändern Sie jetzt die Flächenfarbe, gilt das für alle Objekte.

Richtig gut ist diese Funktion aber erst im Zusammenhang mit Effekten. Denn wenn Sie der Ebene so einen Effekt zuweisen (zum Beispiel einen Schatten: EFFEKT • STILISIERUNGSFILTER • SCHLAGSCHATTEN), erhalten alle Objekte dieser Ebene diesen Schatten. Verschieben Sie später aber einzelne Elemente auf eine andere Ebene, verlieren diese auch den Schatten, denn der ist nur der Ebene zugeordnet, nicht dem Einzelelement.

Schritt für Schritt: Ein Umgebungsplan mit Ebenen

1 Datei anlegen

Legen Sie sich zunächst eine DIN-A5-Datei im Querformat an und geben dieser einen ANSCHNITT von 3 mm.

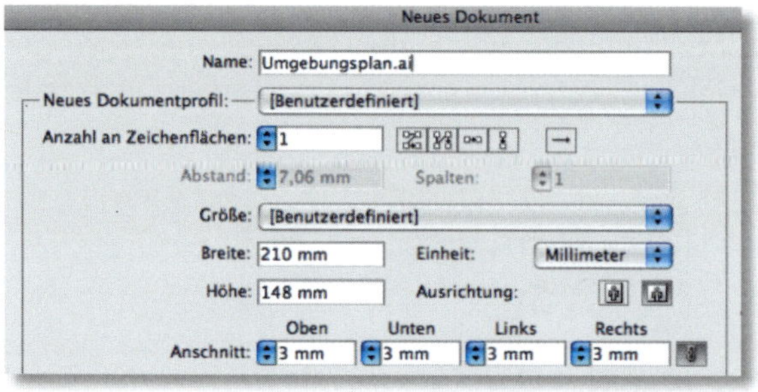

Abbildung 6.22 ▸
Da Ihr Umgebungsplan die Seite ganz ausfüllen soll, legen Sie einen Anschnitt von 3 mm an, damit der Hintergrund später etwas über Ihr Dokument hinausragt.

Uebungen • 06 • Umgebung.psd

2 Vorlage platzieren

Bringen Sie die Datei »Umgebung.psd« als Vorlage mit dem Platzieren-Befehl (Datei • Platzieren) in Ihr Dokument.

3 Ebenen anlegen

Legen Sie die folgenden zusätzlichen Ebenen an: »Untergrund«, »Stadtstraßen«, »Autobahnen« und »Text«. Klicken Sie hierzu jeweils mit gehaltener Alt-Taste auf das Symbol Neue Ebene erstellen ❶, und benennen Sie sie gleich im erscheinenden Popup-Menü.

▲ **Abbildung 6.23**
Für jede Kategorie legen Sie eine eigene Ebene an.

4 Straßen zeichnen

Um jetzt auf der richtigen Ebene zu arbeiten, klicken Sie einmal mit der Maus auf die Ebene »Stadtstraßen«. Wählen Sie das Zeichenstift-Werkzeug, schalten Sie die Flächenfarbe in der Werkzeugleiste aus, und geben Sie im Steuerung-Bedienfeld eine dünne Kontur von nicht mehr als 0,25 mm ein.

Nun zeichnen Sie die Straßen nach. Bleiben Sie dabei immer in der Mitte der Straßen.

5 Autobahn zeichnen

Die Autobahn ist leicht. Machen Sie es wie bei den Straßen, nur dass Sie zuvor einmal in die Ebene »Autobahn« klicken, damit Sie auch auf dieser Ebene zeichnen.

▲ **Abbildung 6.24**
Zeichnen Sie die Straßen ruhig durch, sodass sie sich kreuzen.

6 Aussehen der Stadtstraßenebene

Auf den Straßenebenen haben Sie nicht viel mehr als Pfade. Das soll sich ändern, indem Sie der jeweiligen Ebene ein spezifisches Aussehen verpassen.

Erst klicken Sie in das Zielsymbol der Ebene »Stadtstraßen«, diese Ebene ist jetzt das Ziel aller folgenden Anwendungen.

Nun öffnen Sie das Aussehen-Bedienfeld ❺ und wählen in dessen Flyout-Menü Neue Kontur hinzufügen aus ❻.

Im Symbol für die Konturfarbe ❷ wählen Sie Schwarz. Im Eingabefeld für die Konturstärke ❼ geben Sie 4 mm ein.

Fügen Sie erneut über das Flyout-Menü eine neue Kontur hinzu, und versehen Sie sie diesmal mit der Konturfarbe Weiß und einer Stärke von nur 3 mm ❹. Wird Ihnen die Konturstärke voreinstellungsbedingt in Punkt (pt) angezeigt, überschreiben Sie sie einfach mit »mm«. Der Wert wird für Sie umgerechnet.

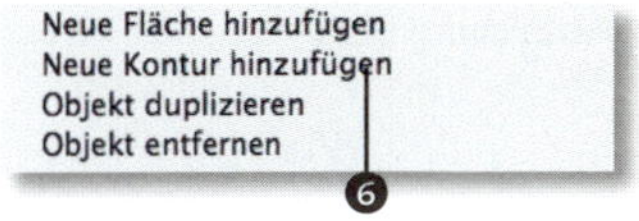

▲ **Abbildung 6.25**
Neue Kontur hinzufügen erzeugt eine zweite Kontur über der ersten (nicht zu verwechseln mit dem Pfad; dieser bleibt, wie er ist).

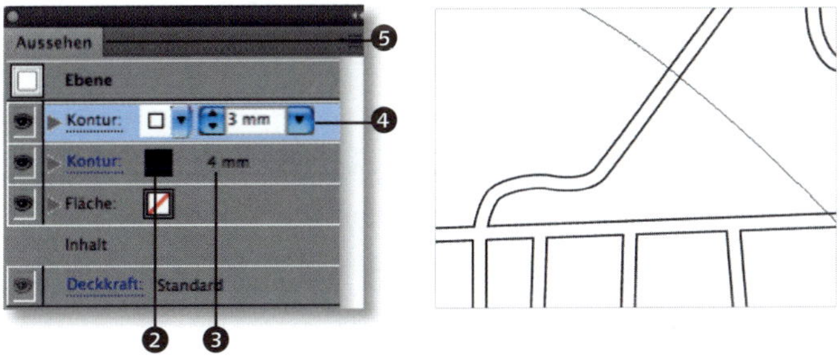

◀ **Abbildung 6.26**
Aussehen-Bedienfeld: eine Schaltzentrale, die mehrere Bedienfelder fast überflüssig macht

Ihre Straßen sind nun genial miteinander verbunden: Kreuzungen überschneiden sich, doch die schwarzen Outlines laufen außen herum.

7 Aussehen der Autobahn

Aktivieren Sie in das Zielsymbol der Autobahnebene, und geben Sie auch dieser im Aussehen-Bedienfeld zwei neue Konturen: die untere in Orange mit 8 mm, die obere in Gelb mit 6 mm.

8 Untergrund und Text

Aktivieren Sie zum Schluss die Untergrundebene, ziehen Sie mit dem Rechteck-Werkzeug vom Beschnitt links oben außerhalb Ihrer Zeichenfläche nach rechts unten einen großen Rahmen auf und geben diesem eine beige Flächenfarbe.

Als Allerletztes klicken Sie dann noch in die Textebene und tippen die Überschrift »Bebauungsplan Baudorf 2010« mit dem Text-Werkzeug ein.

◀ **Abbildung 6.27**
Die schwarze Linie markiert die Ecke Ihrer Seite, die rote den Anschnitt (auch »Beschnitt« genannt).

Abbildung 6.28 ▸
Ihre fertige Umgebungskarte mit der fiesen Autobahn quer durchs Dorf

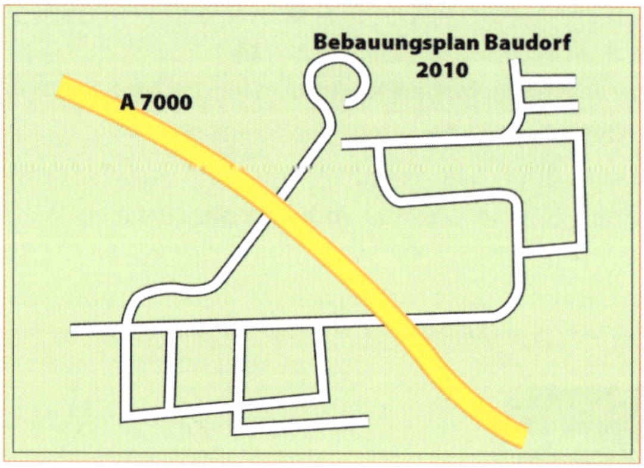

▲ **Abbildung 6.29**
Das Verschieben der Autobahn auf die Stadtstraßenebene macht diese im Aussehen zur Stadtstraße.

9 Zielkorrektur

Wow, die Bürgerinitiative war erfolgreich! Die Pläne für die Autobahn sind vom Tisch, und die Autobahn bleibt Stadtstraße. Aktivieren Sie die Autobahn mit dem Auswahl-Werkzeug, und schieben Sie das Auswahl-Symbol (kleines Quadrat rechts im Ebenen-Bedienfeld der Autobahn) nach unten zur Ebene »Stadtstraßen«. Das Ziel ist besiegelt.

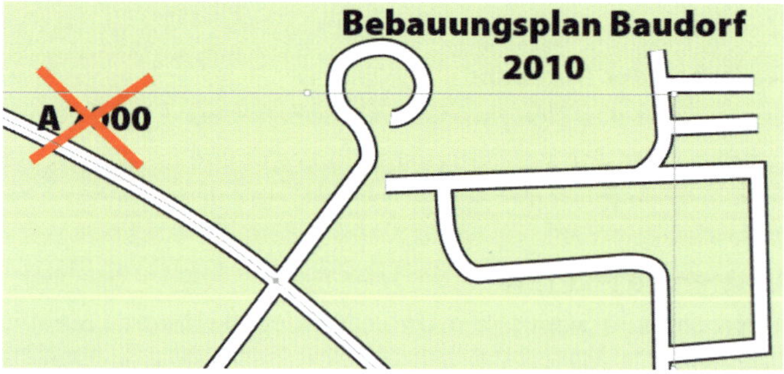

▲ **Abbildung 6.30**
Die Autobahn ist nicht nur zur Stadtstraße geworden, sie verbindet sich auch kompromisslos mit den übrigen. ■

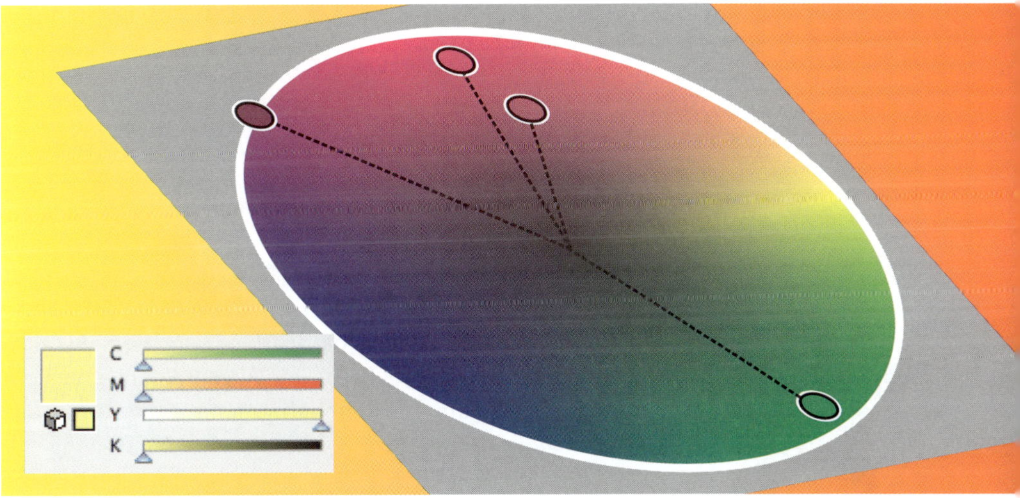

Kapitel 7

Farbe

Jetzt wird's bunt

Sie werden lernen:

- Was muss man über Farbe beim Arbeiten mit Illustrator wissen?
- Wo findet man in Adobe Illustrator überall Farbe?
- Wie werden Farbe und Verläufe auf Objekte angewendet?
- Wie lässt man mit Farbe Objekte plastisch erscheinen?
- Wie werden Farbharmonien erstellt und angewendet?
- Wie lässt sich interaktiv mit Farbe »spielen«?
- Wie werden schnell Illustrationen umgefärbt?

7 Farbe

▲ **Abbildung 7.1**
Farbverlauf in Objektform

Bevor ich Sie zu den praktischen Anwendungen über Farbe bei Adobe Illustrator mitnehme, muss ich leider zunächst etwas theoretisch über das Thema »Farbe« sprechen. Es gibt viele gute Bücher zum Thema Farbe im Allgemeinen, und verkehrt ist es nicht, sich damit zu beschäftigen. Wichtig für Sie sind aber vor allem die Informationen, die mit der Darstellung und der Ausgabe von Farben zu tun haben, damit am Ende herauskommt, was Sie sich auch beim Gestalten gedacht haben. Und damit sind wir beim Thema »Colormanagement«.

So heißt der Teil des Themas Farbe, der sich mit der konkreten Anwendung in Programmen, Druck und Medien beschäftigt. Weil es kostenlos herunterzuladen ist, sehr verständlich erklärt und ohne fachliche Angeberei auf die Praxis zugeschnitten ist, empfehle ich Ihnen sehr, das PrePress-Handbuch von Cleverprinting.de zu lesen. Auch Adobe-Illustrator-Einstellungen werden dort noch einmal verständlich erklärt.

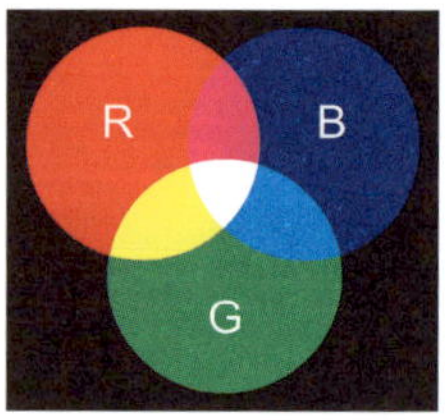

▲ **Abbildung 7.2**
Lichtfarbensystem »RGB«

7.1 Farbsysteme

Zunächst haben Sie es mit zwei Farbsystemen zu tun: dem Lichtfarbensystem (additiv) und dem Körperfarbensystem (subtraktiv). Ersteres begegnet Ihnen meist in Form des RGB-Systems (Rot, Grün, Blau). Es findet seine Anwendung durch Monitore, Displays, Beamer etc. Durch Übereinanderblenden der drei Farben werden sehr viele Farben dargestellt. Je mehr Farbe, desto heller. Alle drei zu gleichen Anteilen übereinandergeblendet, ergeben am Ende Weiß. Auch das Sonnenlicht enthält den Teil des Lichts, der für uns sichtbar ist, sichtbares oder auch weißes Licht genannt.

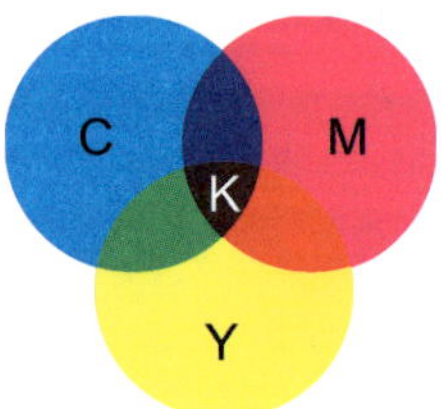

▲ **Abbildung 7.3**
Körperfarbensystem »CMYK«

Im zweiten Farbsystem werden Körperfarben durch Mischen der Farben selbst erzeugt – im Tuschkasten, im Farbtopf oder auf dem Papier. Das für Ihre Zwecke verbreitetste System ist hierbei das CMYK-System (Cyan, Magenta, Yellow, Schwarz). Dieses System kommt beim Druck zum Tragen. Die vier Farben werden aufgerastert und in mehreren Druckdurchgängen als Druckpunkte übereinandergedruckt. So entstehen die Farben. Es sind ihrer aber deutlich weniger als beim Lichtfarbensystem. Das heißt, dass nicht alle Farben, die Sie am Monitor erzeugen können, auch druckbar sind. Womit ich beim Colormanagement bin.

▲ **Abbildung 7.4**
Der RGB-Farbumfang (weiße Linie) ist größer als der druckbare Farbumfang (blaue Linie).

7.2 Colormanagement

Wenn im Druck weniger Farben erzeugt werden können als am Monitor, entsteht hier eine Diskrepanz. Doch Sie wollen ja, dass Ihr Ergebnis später so aussieht, wie Sie es kreiert haben.

Aber nicht nur vom Monitor zum Druck entstehen Unterschiede, auch von einem Monitor zum anderen und vom Scanner zum Bildschirm; auf dem Handy sieht es wieder anders aus etc.

Dass das so ist, macht Ihnen eines deutlich: All diese Geräte interpretieren lediglich die Farben, die ihnen digital vorgelegt werden. Und dann versuchen sie, diese Interpretationen visuell umzusetzen. Besonders an zwei Punkten kommt es zu Schwierigkeiten: bei der Interpretation und bei der Darstellung. An diesen Schnittstellen müssen Einstellungen vorgenommen werden.

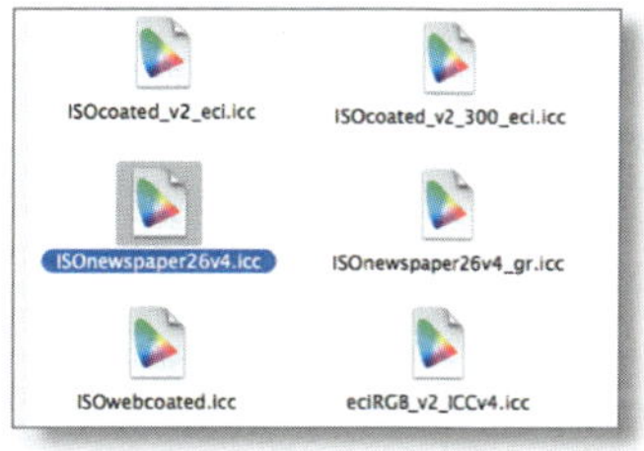

▲ **Abbildung 7.5**
ICC-Profile als zentrales Element des Colormanagements

7.2.1 Gerätekalibration

Kaum einer macht es, aber Monitore sollten regelmäßig kalibriert werden! Das heißt, dass er physikalisch oder wenigstens optisch geeicht wird, um die Farben »richtig« darstellen zu können. Das fängt schon damit an, den Monitor nicht so zu benutzen, wie er ausgeliefert wird, mit oft 9.000 Kelvin. Arbeiten Sie aber für den Druck, entsprechen nur 5.000 Kelvin eher dem »normalen« Tageslicht, unter dem auch Druckergebnisse betrachtet werden.

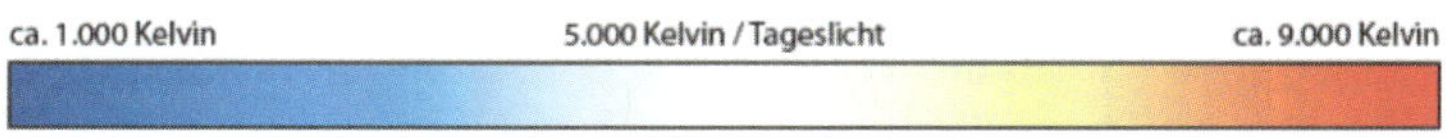

◂ **Abbildung 7.6**
Licht mit Wärme über oder unter 5.000 Kelvin hat Farbstiche und verfremdet Ihre Farbwahrnehmung.

Doch auch der Standort Ihres Gerätes ist wichtig. Scheint die Sonne voll drauf? Sind Sie umgeben von Neonröhren? Legen Sie Ihre Vorlagen neben Ihre Tastatur auf den grünen Schreibtisch? All dies beeinflusst natürlich auch Ihre Farbwahrnehmung.

Dass Ihr Tintenstrahldrucker nicht das zeigt, was später im Druck zu sehen ist, ist klar. Bessere Geräte lassen sich jedoch auch

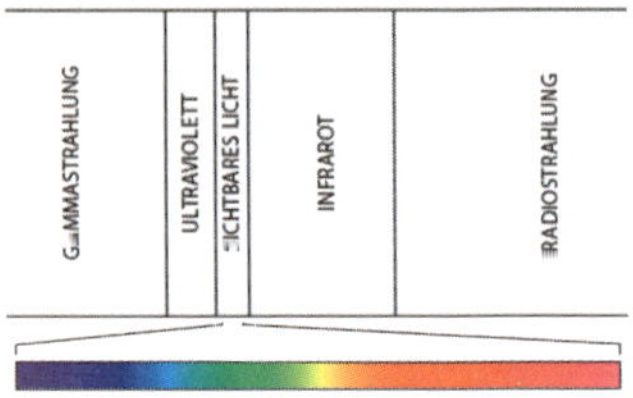

▲ **Abbildung 7.7**
Nur ein Teil der Wellenlängen ist für uns sichtbares oder auch weißes Licht, das wir von Violett bis Rot wahrnehmen.

kalibrieren, oder ein (Soft-)RIP bringt den Ausdruck in Ihrem Atelier dem des Offsetdruckes zumindest etwas näher – erübrigt es aber lange nicht, einen Proof machen zu lassen!

Doch kalibrierte Geräte allein schaffen noch keine Einheitlichkeit der Farben. Sie scannen zum Beispiel eine Vorlage, und Ihr Scanner liest die Farben daraus und wandelt sie in digitale Informationen um. Ihr Bildbearbeitungsprogramm muss nun seinerseits diese Informationen lesen und umsetzen. Dann platzieren Sie das Bild in Illustrator, und wieder muss die nun vom Bildbearbeitungsprogramm mitgelieferte Information verarbeitet werden und so fort. Sie sehen, es muss in unserer Zeit genauere Informationen über die Farbe geben. Da reicht es nicht, von Apricot-Orange oder Zitronen-Gelb zu sprechen. Deshalb hat jede digitale Farbe ihren eigenen Code.

European Color Initiative (ECI)

Die European Color Initiativ (ECI) ist eine Expertengruppe, die sich mit der medienneutralen Verarbeitung von Farbdaten in digitalen Publikationssystemen beschäftigt. Sie wurde im Juni 1996 auf Initiative der Verlagshäuser Bauer, Burda, Gruner+Jahr und Springer in Hamburg gegründet.

7.2.2 ICC-Profile

Da aber nicht nur die genaue Definition einer Farbe wichtig ist, sondern auch ihre geplante Anwendung, müssen auch diese Informationen mit den Dateien mitgeliefert werden. Soll auf gestrichenem Papier gedruckt werden oder auf ungestrichenem? Bedarf es eines großen RGB-Farbraums oder eines gerätespezifischen?

Für solcherlei Fragen gibt es die sogenannten ICC-Profile, ohne die Sie inzwischen gar nicht mehr arbeiten können. Sie enthalten all die eben erwähnten Informationen. Entweder werden Ihre Dateien nach den Vorgaben dieser Informationen, der ICC-Profile, umgewandelt, also verändert, oder es wird lediglich die Information mit dem ICC-Profil an eine Datei angehängt und kann dann von anderen Programmen gelesen werden.

Ein ICC-Profil kann zum Beispiel bestimmen, dass nicht mehr als insgesamt 350% Farbe gedruckt wird (Adobe-Profil »Coated FOGRA39«) oder dass maximal 330% Farbe im Druck entsteht (ECI-Profil »ISO Coated v2«). Fragen Sie bitte immer Ihren Drucker, mit welchen Bedingungen er druckt, also welche Profile er für den jeweiligen Druck gerne hätte.

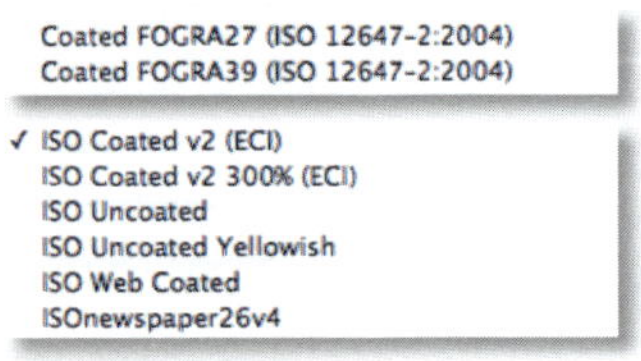

▲ **Abbildung 7.8**
Die oberen beiden ICC-Profile sind von Adobe. Die unteren sechs stammen von der ECI-Konferenz und werden von europäischen Druckereien meistens bevorzugt.

7.2.3 Farbeinstellungen in der Creative Suite

Adobe möchte, dass es zwischen den Programmen und später für eine Ausgabe an anderen Geräten oder beim Druck zu einer möglichst großen farblichen Übereinstimmung kommt. Deshalb wurde für die gesamte Creative Suite ein gemeinsames Colormanagement-System entwickelt.

Da es nicht an der Bedienung scheitern soll, wird dieses CMS zentral gesteuert – über die Bridge, zu der Sie am einfachsten über den Button GEHE ZU BRIDGE in der Anwendungsleiste gelangen. Hier stellen Sie Farbbedingungen zentral für die Creative-Suite-Programme ein (BEARBEITEN • CREATIVE SUITE-FARBEINSTELLUNGEN ...). Mehrere »Einstellungspakete« liegen schon für Sie bereit. EUROPA, DRUCKVORSTUFE 3 ❸ ist das neueste, das zur CS5 von Adobe hinzugekommen ist. Sie können damit erst mal anfangen zu arbeiten. Wählen Sie es dafür aus und klicken auf ANWENDEN ❺. Das ist wichtig, um die Einstellungen zu SYNCHRONISIEREN ❶.

Wenn Sie sich näher mit der ganzen Thematik beschäftigt haben, können Sie auch eigene Einstellungspakete ❸ auswählen. (Auch dies wird in dem oben erwähnten PDF-Handbuch sehr gut erklärt.) Entdecken Sie Ihres nicht, lassen Sie sich die ERWEITERTE LISTE ❹ anzeigen. Wo die Pakete auf Ihrem Rechner liegen, finden Sie hier ❻.

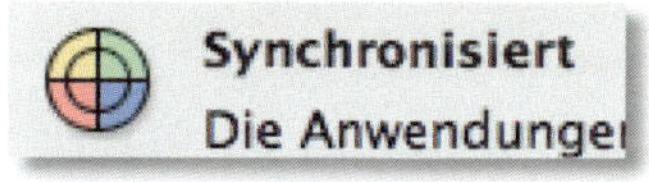

▲ **Abbildung 7.9**
Ist dieser Farbkreis geschlossen, arbeiten Ihre Adobe-Programme mit den gleichen Farbeinstellungen.

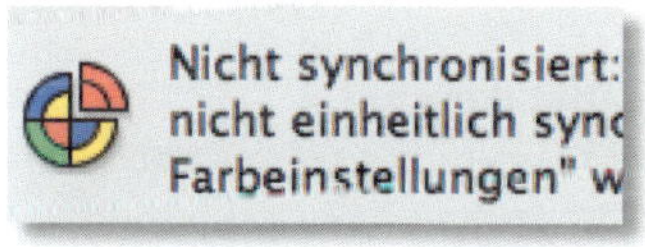

▲ **Abbildung 7.10**
Achtung bei diesem Zeichen: Nicht alle Adobe-Programme behandeln die Farben gleich!

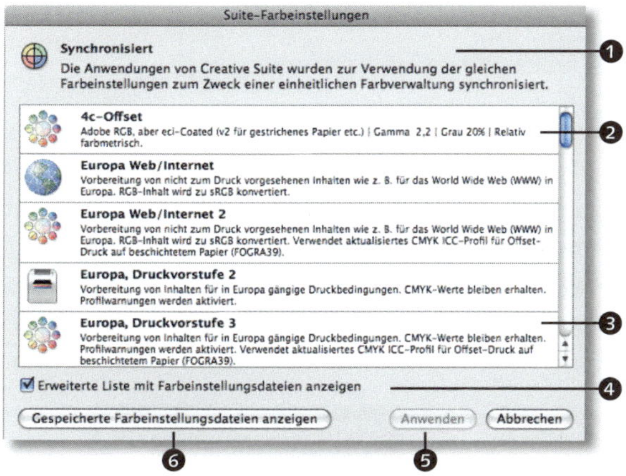

◄ **Abbildung 7.11**
Bei den Suite-Farbeinstellungen wählen Sie ganze »Pakete« aus, die Sie auch selber als solche speichern können (z. B. aus Photoshop heraus).

7.2.4 Einstellungen in Illustrator

Unter BEARBEITEN • FARBEINSTELLUNGEN... bekommen Sie bei Illustrator ein großes Popup-Fenster, in dem Sie Farbeinstellungen vornehmen können, die dann nur für Illustrator gelten. Andere Adobe-Programme laufen eventuell mit anderen Einstellungen, was in der Darstellung und Ausgabe problematisch sein kann. Daher empfehle ich immer, über die Bridge Änderungen vorzunehmen. Ganz oben zeigt Ihnen das Menü, ob Sie asynchron

Video-Training

Auch Lektion 1.3 auf der Buch-DVD stellt den Dokumentfarbraum vor.

arbeiten ❶, ob also nicht alle Adobe-Programme mit den gleichen Einstellungen laufen. Ändern können Sie es in der BRIDGE (siehe Abschnitt 7.2.3). Ändern Sie dann irgendeinen der Einträge in den Illustrator-FARBEINSTELLUNGEN, heben Sie die Synchronisation der Adobe-Programme wieder auf! Nutzen Sie die zentrale Farbverwaltung der Creative Suite, und vermeiden Sie so mancherlei Ärger.

Sind Sie sich sicherer im Colormanagement, können Sie hier in den FARBEINSTELLUNGEN vorgenommene Änderungen speichern und über Bridge für die anderen Programme synchronisieren.

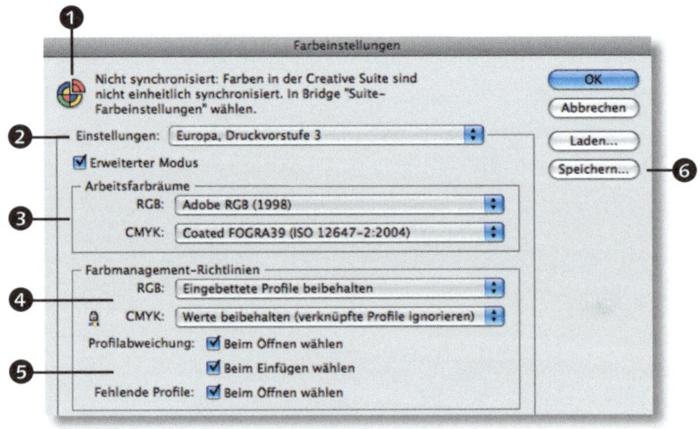

Abbildung 7.12 ▶
❶ Synchronizität der Adobe-Programme? ❷ Gespeicherte Einstellungen. ❸ Arbeitsfarbräume für RGB und CMYK. ❹ Was soll mit Dokumenten passieren, die andere Farbeinstellungen haben als Ihr Arbeitsfarbraum. ❺ Wollen Sie bei Problemen gefragt werden? ❻ Auch Sie können eigene Einstellungen speichern und in der Suite nutzen.

Unter DATEI • DOKUMENTFARBMODUS sehen Sie, ob Ihre Datei als CMYK oder als RGB läuft. Wenn Sie den Haken von CMYK auf RGB setzen und später wieder zurück, sind Ihre Farben nicht mehr dieselben. Jede Umwandlung interpretiert Ihre Farben neu. Das Schlimmste: Reines, 100%-Schwarz wird zu 4c-Schwarz. Es wird nun aus Cyan, Magenta, Gelb und Schwarz aufgebaut. Wandeln Sie also nur in Ausnahmefällen um, wenn Sie wissen, was Sie tun.

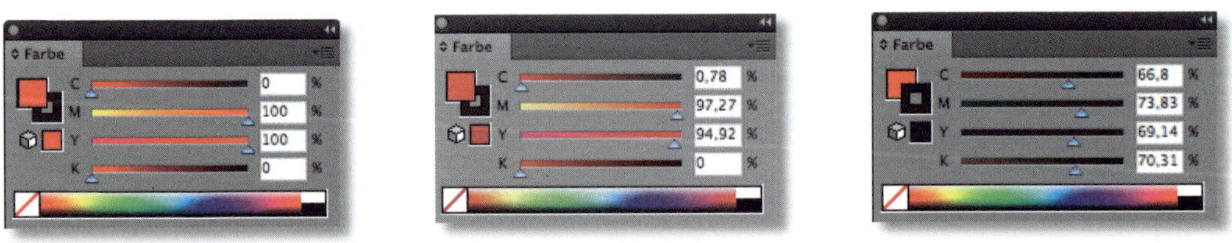

▲ **Abbildung 7.13**
Die CMYK-Werte (links) verschieben sich durch RGB-Umwandlung. Zurückgewandelt zu CMYK bleibt der Schwarzaufbau (rechts) 4- statt 1-farbig!

Beim Speichern werden Sie gefragt, ob Sie Ihre ICC-Profile einbetten möchten. Das wären dann die Profile Ihrer Arbeitsfarbräume für RGB und für CMYK. Da Sie meistens Vektorillustrationen erstellt haben werden, ist es sicherer, hier *keine* ICC-Profile einzubetten ❼, damit es in Layoutprogrammen zu keinen unerwarteten Farbverschiebungen der CMYK-Farben kommt, wie zum Beispiel einer Umwandlung von reinem Schwarz zu 4c-Schwarz.

Hier ist jetzt aber auch erst mal Schluss mit der Einstellerei, den Farbtheorien und dem Colormanagement.

7.3 Unterschiedliche Farbarten

Illustrator kennt drei verschiedene Arten von Farbe. Es ist sehr wichtig, die Unterschiede zu kennen, um Farbe sinnvoll und produktionssicher anzuwenden.

Als Erstes ist da die **lokale Farbe** zu nennen. Diese Farbart hat keine feste Bindung zu den Objekten, die mit dieser Farbe versehen wurden. Aktivieren Sie ein Objekt, wird Ihnen die Farbe in dem Farbfelder-Bedienfeld hervorgehoben, wenn das Objekt mit einer Farbe von dort versehen wurde, und in jedem Fall werden Ihnen die Farbwerte in dem Farbe-Bedienfeld angezeigt. Ändern Sie dort bei aktiviertem Objekt die Farbe, ändert sich nur das aktivierte Objekt. Alle anderen Objekte mit derselben Farbe bleiben, wie sie sind.

Die zweite Farbart ist die **globale Farbe**. Ändern Sie diese Farbe, ändern sich alle Objekte mit dieser Farbe mit – selbst dann, wenn keines aktiviert ist. Die globale Farbe gibt es nur als Farbfeld. Ändern Sie diese Farbe im Farbe-Bedienfeld, verliert das gerade aktive Objekt die Verbindung zum Farbfeld und ist nicht mehr global. Im Farbe-Bedienfeld können Sie den Tonwert einer globalen Farbe von 0 bis 100% ändern. Die Farbe bleibt dabei global und wird nicht, wie viele vermuten, transparent, sondern lediglich heller.

Als Drittes haben Sie noch die **Volltonfarben**. Diese werden auch als Schmuckfarben oder Sonderfarben bezeichnet. Anders als die ersten beiden entsteht diese Farbe nicht durch den Druck*prozess* (weshalb jene auch als Prozessfarben bezeichnet werden), sondern wird vor dem Druck als definierte Farbe vorgemischt und so wie sie ist gedruckt. Dadurch ist ein separater Druckfilm bzw. eine weitere Druckplatte und meist ein fünfter Druckdurchgang (C-M-Y-K + Sonderfarbe) erforderlich, was Mehrkosten nach sich zieht. Auch die Volltonfarben können Sie im Tonwert verändern, denn sie sind grundsätzlich global. (Volltonfarben im Dokumentenmodus RGB machen keinen Sinn, denn es geht bei ihnen um die Druckproduktion.)

▲ **Abbildung 7.14**
Reine Vektorillustrationen speichern Sie meist (zumindest am sichersten) ohne eingebettetes ICC-Profil.

▲ **Abbildung 7.15**
Das Farbfelder-Bedienfeld mit lokalen ❾, globalen ❿ und Volltonfarben ⓫. Farbfelder in eckigen Klammern ❽ sind nicht veränderbar.

▲ **Abbildung 7.16**
Der sehr farbumfangreiche Pantone-Fächer ist inzwischen auch in Deutschland Standard für Volltonfarben.

Farbarten	Beziehung zum Objekt	Verhalten	Farbfelder Liste/Symbole
Lokale Farbe	Zwischen Objekt und Farbfeld besteht keine feste Verbindung.	Verhalten im Druck: Separation als Prozessfarben zu CMYK.	/
Globale Farbe	Ändern Sie die Farbe, ändern sich alle Objekte dieser Farbe mit. Sie haben die Möglichkeit von Tonwertabstufungen.		/
Volltonfarbe		Weitere Farbe zu CMYK hinzu. Vorgemischt. Weiterer Druckdurchgang. Weitere Kosten.	/

▲ **Tabelle 7.1**
Die drei Farbarten von Illustrator mit ihrem Verhalten in der Datei und im Druck und ihren Symbolen als Farbfelder

7.4 Die Orte für Illustrator-Farben

Es gibt in Illustrator verschiedene Bedienfelder, die mit Farben zu tun haben. Je nach Aufgabe verwenden Sie das eine oder andere und oft auch mehr als nur eines allein. Jetzt kommt die Ordnung aus Kapitel 2, »Oberfläche und Arbeitsbereiche«, zum Tragen.

Euroskala
Eine Euroskala gehört in jedes Grafikatelier – spätestens bei der Arbeit mit Illustrator. Sparen Sie nicht zu sehr, wenn es geht, und kaufen Sie eine in 5 %-Schritten, mindestens aber eine mit Schwarzabstufungen.

7.4.1 Farbe-Bedienfeld

Das Farbe-Bedienfeld ist ein relativ kleines Bedienfeld, in dem Sie meist die vier Schieberegler für CMYK sehen ❷. Ist dies nicht der Fall, können Sie es im Flyout-Menü umstellen, indem Sie einen Haken bei »CMYK« setzen. Umgekehrt können Sie hier auch Websicheres RGB auswählen, wenn Sie fürs Netz arbeiten; die Farben sind dann abgestuft. Durch Verschieben der Regler ❷ stellen Sie Ihre Farben ein. Sie können auch feste Werte eintippen ❶.

Darunter ist ein Farbkeil ❺, aus dem heraus Sie einzelne Farben (durch Hineinklicken) auswählen können. Jedoch enthalten Ihre Werte in den Schiebereglern dann Kommastellen, was ein Arbeiten schwieriger macht. Ich empfehle, so gewonnene Farben auf 5er-Schritte abzurunden. Diese Werte lassen sich auch aus guten Euroskala-Listen ablesen und vergleichen.

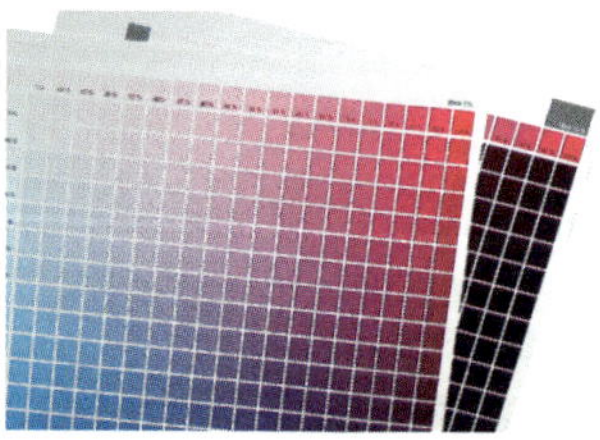

▲ **Abbildung 7.17**
Zwei Seiten eines Eurofächers, der als Referenz zum Mischen von Farbwerten dient

Das Symbol für Flächen- bzw. Konturfarbe ❸ zeigt Ihnen an, welche der beiden Farben Sie gerade verändern (klicken Sie in das Symbol, das oben liegen soll, um seine Farbe zu verändern).

Links ne ben dem Farbkeil liegt das Symbol für OHNE ❹, es löscht die jeweils vorne liegende Farbe (Kontur oder Fläche). Rechts finden Sie noch Schwarz und Weiß ❻. Wird eines dieser Symbole ❼ angezeigt, liegt die Farbe außerhalb des »websicheren« Bereichs bzw. des druckbaren Bereichs beim RGB-Wähler.

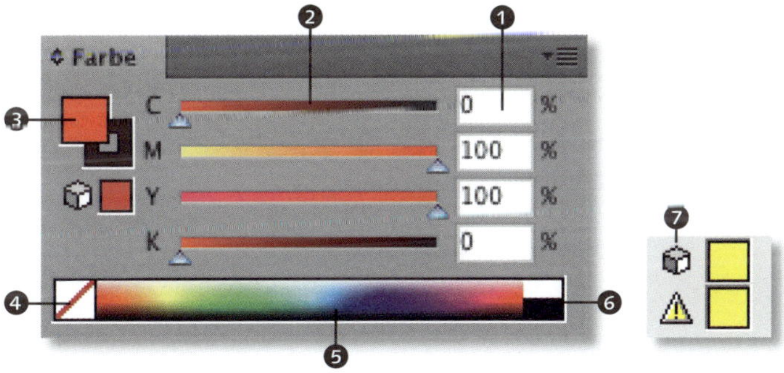

◄ **Abbildung 7.18**
FARBE-Bedienfeld

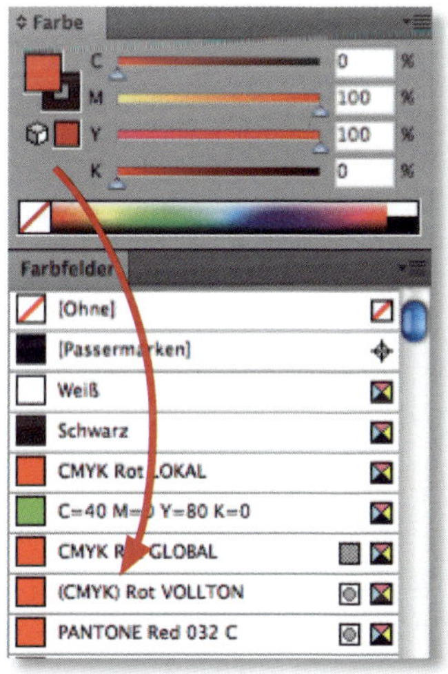

▲ **Abbildung 7.19**
Ein einfacher Weg zum FARBFELD

Um nun eine Farbe, die Sie eingestellt haben, auch zu speichern, also in das FARBFELDER-Bedienfeld zu bekommen, ziehen Sie sie wie in Abbildung 7.20 dort hinein. Dazu dürfen beide Bedienfelder aber nicht in derselben Bedienfeldgruppe sein. Ansonsten müssen Sie über das Flyout-Menü NEUES FARBFELD ERSTELLEN… wählen und im Popup-Fenster dann OK klicken. Farben, die Sie aus dem FARBE-Bedienfeld ziehen, sind immer lokale Farben.

Zeigt Ihnen das FARBE-Bedienfeld nur einen Schieberegler an, ist ein Farbfeld mit globaler Farbe oder einer Volltonfarbe ausgewählt; diese wird angezeigt, bis Sie ein anderes farbiges Objekt aktivieren (siehe Abbildung 7.19).

▲ **Abbildung 7.20**
Nur ein Schieberegler für globale oder Volltonfarben

7.4.2 Farbfelder-Bedienfeld

Das FARBFELDER-Bedienfeld enthält Farben, die als solche in Ihrer Datei gespeichert sind. Illustrator gibt Ihnen schon eine ganze Reihe vor. Jedoch sind die vorgegebenen Farben von Illustrator leider lokale Farben und damit weniger hilfreich in der Anwendung.

Sie können im Flyout-Menü bestimmen, wie Ihnen die Farbfelder angezeigt werden: als LISTE, in der Sie den Namen oder die Farbwerte gleich ablesen können, oder nur als MINIATUREN. Auch bei den Miniaturen erkennen Sie, ob es sich um eine lokale

❸, globale ❷ oder Volltonfarbe ❶ handelt. Die Miniaturenansicht zeigt oben die einzelnen Farben ❹ und darunter die in Gruppen zusammengefassten Farben ❺.

Mit dem Symbol Farbfeldarten einblenden ❼ bestimmen Sie, ob Sie alle Arten von Farbfeldern aufgelistet haben möchten oder vielleicht nur Verlaufsfelder, Musterfelder oder nur Farbgruppen ❺. Der Button Farbfeldbibliotheken ❻ führt Sie zu vorgefertigten Farbfeldern, die nach Themen zusammengestellt sind. Neue Farbgruppe ❾ erstellt einen Ordner, sodass Sie sehr viele Farbfelder individuell sortieren können. Hatten Sie ein oder mehrere Farbfelder ausgewählt, werden diese in den neuen Ordner verschoben. Neues Farbfeld ❿ öffnet das Menü Neues Farbfeld und kreiert eine neue Farbe (Das Menü ist identisch mit den Farbfeldoptionen). Der Papierkorb ⓫ löscht Farben. Der Button Farbfeldoptionen ❽ entspricht einem Doppelklick auf ein Farbfeld und ist der wichtigste. Denn mit den Farbfeldoptionen ändern Sie die Farbart einer bestehenden Farbe oder wandeln sie nachträglich in eine globalen Farbe um.

Pantone, HKS etc.

Sonderfarben finden Sie in den Farbfeldbibliotheken ❻ bei Farbtafeln. Meistens brauchen Sie »Pantone solid coated/uncoated« oder »HKS K/N«.

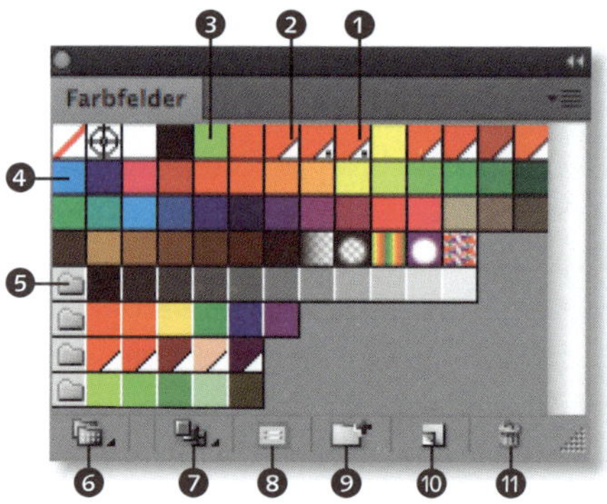

Abbildung 7.21 ▶
Ein kleines Bedienfeld mit vielen Funktionen: Fenster • Farbfelder

In den Farbfeldoptionen ❽ verändern Sie eine Farbe mit den vier Schiebereglern ⓰ (drei bei RGB). Nur hier stellen Sie eine Farbe auf Global ⓮. Darüber, bei Farbart ⓭, wandeln Sie eine Farbe in eine Volltonfarbe um – auch dann, wenn bei Farbmodus ⓯ CMYK steht! Lassen Sie sich also von »CMYK« nicht in die Irre führen, es zeigt lediglich an, dass Sie diese Farbe selber kreiert haben. Im Farbmodus stellen Sie auch um, wenn Sie für Webanwendungen RGB brauchen oder gar mit Lab-Werten arbeiten. Was Sie bei Farbfeldname ⓬ machen, dürfte klar sein. Ihre Arbeitsweise bestimmt, ob Sie Namen (»recht kräftiges Mittellindgrün«) oder Farbwerte (»40-0-80-0«) vergeben. Letztere erzeugt Illustrator für Sie automatisch, wenn Sie das Namensfeld unberührt lassen (C=40, M=0, Y=80, K=0). Bei der Farbart ⓭ wählen Sie entweder CMYK oder Vollton. Im Farbmodus ⓯ entscheiden Sie sich nur für RGB oder CMYK.

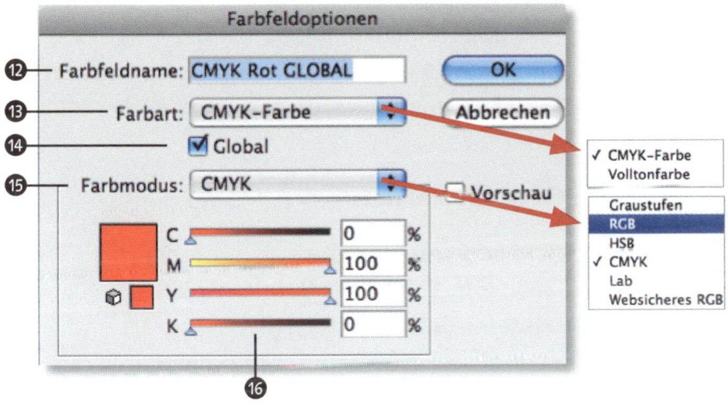

◂ **Abbildung 7.22**
Die Farbfeldoptionen

▴ **Abbildung 7.23**
Das Flyout-Menü des Farbfelder-Bedienfelds zum Auswählen unbenutzter Farbfelder

Da Sie bei all den Farbfeldern schon mal den Überblick verlieren können, haben Sie im Flyout-Menü den Eintrag Alle nicht verwendeten auswählen. Wenn das geschehen ist, können Sie sie mit einem Klick in das Papierkorb-Symbol ⓫ am unteren Bedienfeldrand löschen. Das hilft dabei, die Übersichtlichkeit zu wahren, wenn Sie die Datei an andere weiterleiten möchten.

7.4.3 Farbhilfe-Bedienfeld

Mit dem Farbhilfe-Bedienfeld wird es Ihnen leicht gemacht, schnell eine Schattierung oder einen Farbton ⓳ einer zuvor in den Farbfeldern aktivierten Farbe ⓲ auszuwählen. Im Flyout-Menü sind noch zwei weitere Von-bis-Schemata auswählbar: Warm-kalt und Strahlend-gedeckt.

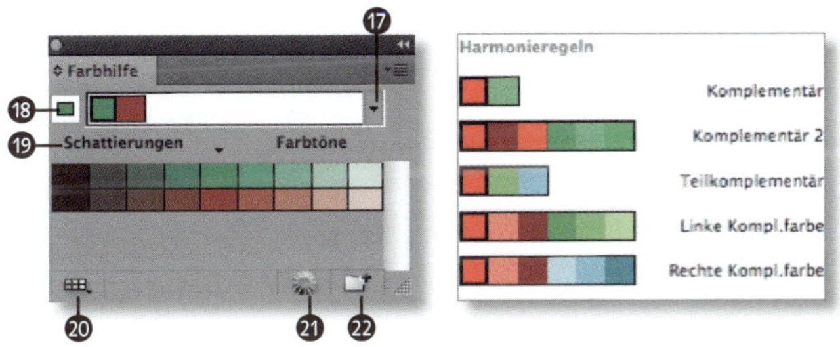

◂ **Abbildung 7.24**
Die Farbhilfe unterstützt Sie mit Harmonieregeln, in Ihrer »Farbwelt« zu bleiben und passende Abstufungen zu wählen.

In der Pulldown-Liste ⓱ sind eine ganze Reihe von Harmonieregeln aufgelistet, die Ihnen zu den Ausgangsfarben weitere der jeweiligen Harmonie entsprechende Farben auflisten – auch jeweils zunehmend »verschattet« bzw. aufgehellt.

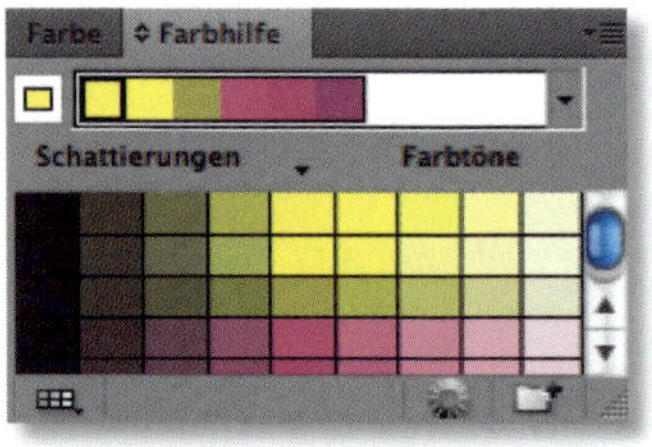

▲ **Abbildung 7.25**
Die Farbhilfe bringt Sie auf neue Farbideen.

Der erste Button links am Bedienfeldrand schränkt die Harmoniefarben auf vorgefertigte Farbfeldbibliotheken ⓴ ein.

Der Button Farben bearbeiten oder anwenden ㉑ öffnet das Bildmaterial neu färben-Bedienfeld – eine neue Welt, auf die ich später in diesem Kapitel noch eingehen werde.

Der erste Button ㉒ speichert die nichtabgestuften Grundfarben in einem separaten Ordner in das Farbfelder-Bedienfeld.

7.4.4 Weitere Orte für Farben

Über das Aussehen-Bedienfeld haben Sie ja schon in Kapitel 6, »Ebenen«, bei der Schritt-für-Schritt-Anleitung für den Umgebungsplan gelesen. Hinter den Begriffen »Kontur« und »Fläche« gelangen Sie mit einem Klick temporär in die Farbfelder.

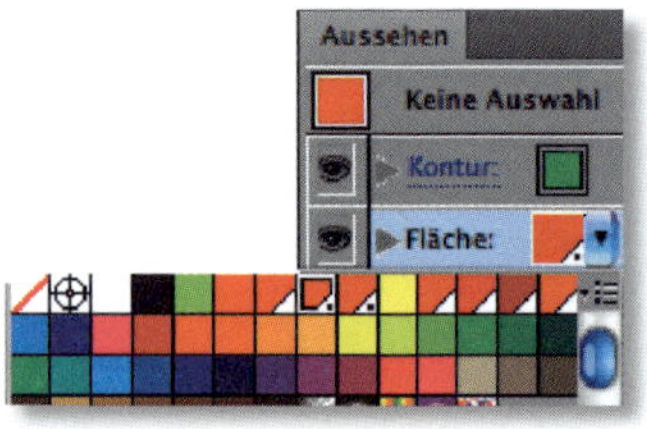

▲ **Abbildung 7.26**
Von Aussehen aus greifen Sie mit einem Klick auf die Farbfelder zu.

Über das Verlauf-Bedienfeld werde ich in diesem Kapitel auch noch sprechen. Schon einmal vorab: Haben Sie einem Objekt einen Verlauf zugewiesen, gelangen Sie mit einem Doppelklick in die Verlaufsregler temporär zu dem Farbfelder- bzw. Farbe-Bedienfeld und können einzelne Farben auswählen/ändern.

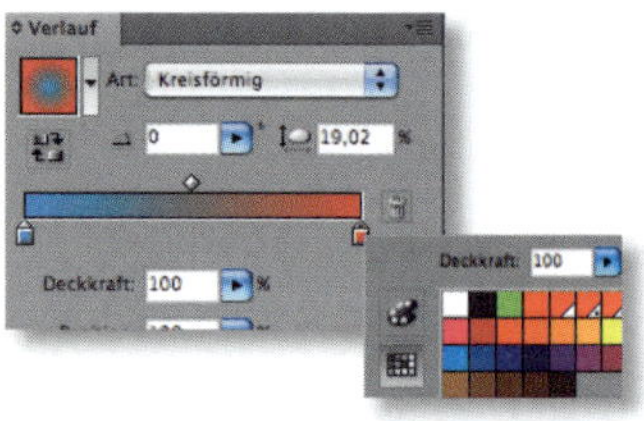

▲ **Abbildung 7.27**
Auch aus dem Verlauf-Bedienfeld haben Sie temporär Zugriff auf Ihre Farbfelder.

Auch in der Wekzeugleiste befinden sich Farbfelder für Kontur und Fläche. Ein Doppelklick darauf öffnet den Farbwähler, in dem Sie numerisch Farbwerte für HSB, RGB, CMYK und Hexadezimal eingeben oder »gefühlt« Farben aus einem Farbkeil vorauswählen, um sie dann im Farbspektrumfeld genauer auszuwählen.

Da Sie hier anders als in den Schiebereglern auch Farben auswählen können, die außerhalb des druckbaren Spektrums liegen, werden Sie mit einem gelben Warndreieck ❶ darauf hingewiesen. Das Farbfeld darunter ❷ zeigt die nächstdruckbare Farbe (in Abhängigkeit Ihres Arbeitsfarbraumes). Das Gleiche gilt für sogenannte websichere Farbe, die mit einem kleinen Quadrat angezeigt wird. (Siehe auch Kapitel 12, »Web und Screen«.)

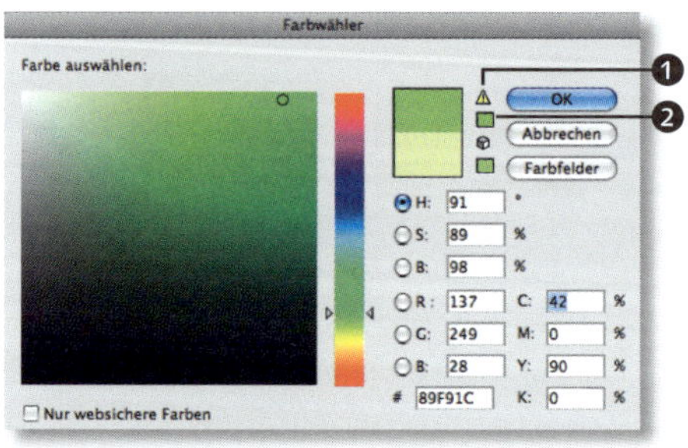

Abbildung 7.28 ►
Im Farbwähler können Sie numerisch genaue Werte eingeben oder Farben intuitiv auswählen.

7.5 Farben auf Objekte anwenden

Im Prinzip gibt es drei Arten, einem Objekt eine Farbe zuzuweisen. Sie sollten zuvor aber in Ihrer WERKZEUGLEISTE gucken, ob die Flächen- oder Konturfarbe oben liegt. Zum Ändern klicken Sie in eines der Icons hinein oder drücken X auf Ihrer Tastatur.

Ist ein Objekt aktiv, brauchen Sie nur noch auf ein Farbfeld zu klicken. Alternativ dazu können Sie auch die Regler im FARBE-Bedienfeld verschieben bzw. Werte eingeben, oder Sie wählen aus dem FARBHARMONIE-Bedienfeld eines aus.

Die zweite Methode lohnt sich, wenn das Objekt nicht aktiv ist. Dann können Sie ein Farbfeld mit der Maus auf das Objekt ziehen, um die Farbe zuzuweisen. Auch hier kommt es darauf an, ob FLÄCHE oder KONTUR oben liegt. Hat das Objekt noch keine Flächenfarbe, müssen Sie die Kontur treffen, um es einzufärben. In der PFADANSICHT (ANSICHT • PFADANSICHT und zurück: ANSICHT • VORSCHAU oder jeweils Strg/⌘+Y) müssen Sie in jedem Fall den Pfad oder, wenn vorhanden, den Mittelpunkt treffen.

Soll ein Objekt eine weiße Fläche und eine schwarze Kontur haben, brauchen Sie bei aktiviertem Objekt nur Strg/⌘+D zu drücken. Die Kontur wird dabei auf eine Stärke von 1pt gesetzt.

Die dritte Methode: Wählen Sie das PIPETTE-WERKZEUG aus, und klicken Sie bei aktivem Objekt auf jenes Objekt, dessen Flächen- und Konturfarbe es bekommen soll. Ist kein Objekt ausgewählt, nehmen Sie mit der Pipette die Farbinformationen auf und können sie mit gedrückter Alt-Taste einem anderen Objekt zuweisen.

Sie können mit der Pipette so auch eine Farbe aus einem Pixelbild »herauslesen«, bekommen aber sehr krumme Werte, die Sie besser im FARBE-Bedienfeld abrunden.

Sollten Sie sich mal verklickt haben und Flächen- und Konturfarbe vertauscht sein, hilft ⇧+X oder der kleine, runde Doppelpfeil in der WERKZEUGLEISTE über den Farben.

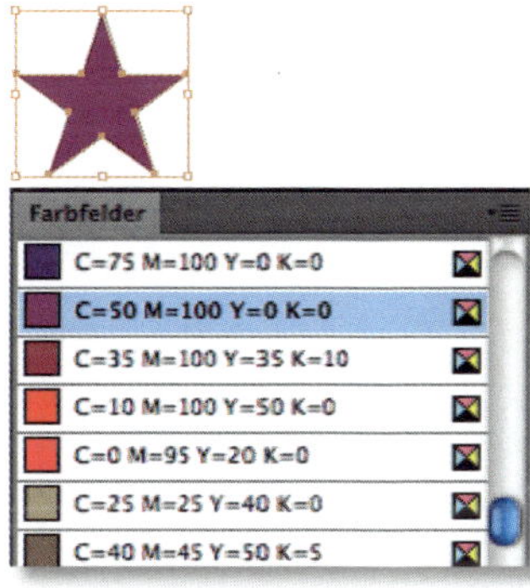

▲ **Abbildung 7.29**
Der Stern ist aktiv, es genügt ein Klick in ein Farbfeld.

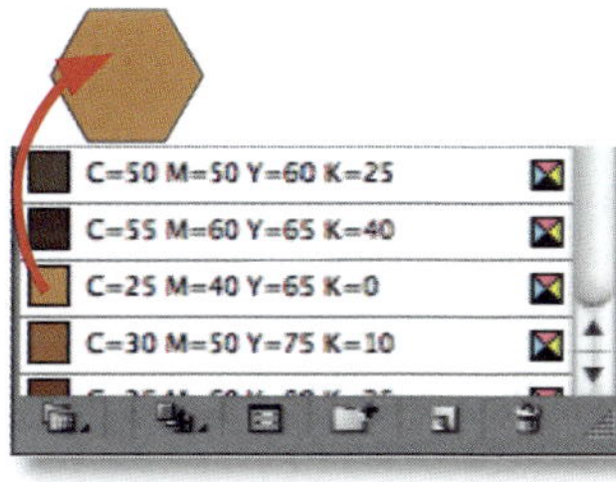

▲ **Abbildung 7.30**
Das Sechseck ist nicht aktiv, Sie müssen ein Farbfeld daraufziehen.

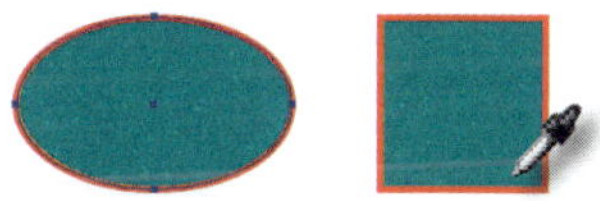

▲ **Abbildung 7.31**
Die Pipette nimmt Farbe auf und gibt sie an das aktive Objekt ab.

7.6 Farben verwalten

Manchmal müssen Sie Farbfelder zusammenfügen, wenn Sie aus Versehen zwei Farben für mehrere Objekte angelegt haben, die nun doch die gleiche Farbe haben sollen. Das geht nicht mit lokalen Farben, es müssen eine oder mehrere globale (oder

Volltonfarben) dabei sein. Die *zuerst* angeklickte Farbe bleibt am Ende übrig – auch dies darf keine lokale Farbe sein. Mehrere Farbfelder hintereinander können Sie mit der ⇧-Taste auswählen (nicht hintereinanderliegende mit Strg bzw. ⌘). Dann wählen Sie den Eintrag Farbfelder zusammenfügen aus dem Flyout-Menü des Farbfelder-Bedienfeldes aus.

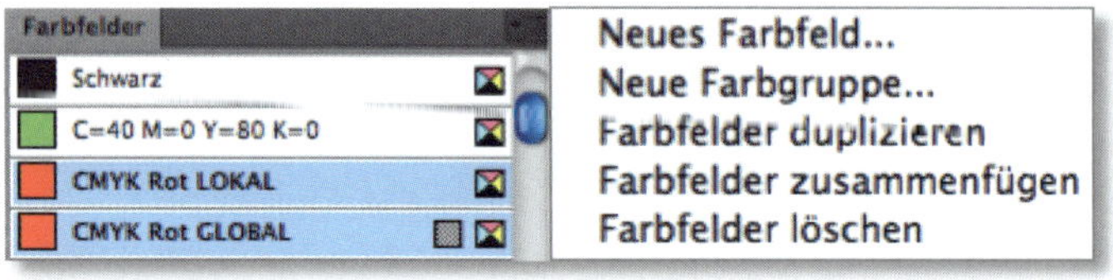

Abbildung 7.32 ▶
Zwei oder mehr Farben zu einer machen. Es muss eine globale Farbe werden. Die zuerst ausgewählte wird's.

Um Kollegen, Dienstleistern oder Kunden genau die Farbfelder zukommen zu lassen, die Sie für ein Projekt angelegt haben, müssen Sie nicht am Telefon die Farbwerte von 20 Farben durchgeben. Löschen Sie zunächst alle unbenutzten Farbfelder (Flyout-Menü des Farbfelder-Bedienfelds: Alle nicht verwendeten auswählen und dann Farbfelder löschen), und wählen Sie dann den Eintrag Farbfeldbibliothek als ASE speichern... aus. Sie wählen im folgenden Dialog einen passenden Namen und einen beliebigen Ort, an dem die ASE-Datei gespeichert werden soll. Hierhin wird eine ASE-Datei gespeichert, die von allen Adobe-Programmen gelesen werden kann, die selbst ein Farbfelder-Bedienfeld haben. Beachten Sie, dass nur »normale« Farbfelder so gespeichert werden können, also keine Verläufe und Muster.

▲ **Abbildung 7.33**
Oben: ASE-Datei für alle Adobe-Programme.
Unten: AI-Farbfelderdatei nur für Illustrator.

Möchten Sie aber auch Verläufe und Muster speichern – diese sind dann nur für Illustrator lesbar –, wählen Sie im Flyout-Menü des Farbfelder-Bedienfelds den Eintrag Farbfeldbibliothek als AI speichern... aus. Diese AI-Datei können Sie als neues Farbfelder-Bedienfeld laden: Flyout-Menü der Farbfelder • Farbbibliothek öffnen • Andere Bibliothek.... Dort müssen Sie zur gespeicherten Datei navigieren und sie öffnen (es kann natürlich auch eine ASE-Datei sein).

▲ **Abbildung 7.34**
Verläufe machen viele Objekte erst plastisch.

7.7 Verläufe

Eines der schönsten Dinge in Illustrator sind die Verläufe. Sie bringen häufig Schwung in die Illustrationen oder machen sie oft erst plastisch.

Der sicherste Weg zu einem Verlauf ist es, ihn an einem aktiven Objekt live zu erstellen. Natürlich können Sie auch zuerst einen Verlauf kreieren und ihn dann einem Objekt zuweisen, das ist aber schwieriger. Sie erhalten einen Verlauf, indem Sie ein Objekt auswählen, das VERLAUF-Bedienfeld öffnen und auf das Verlauf-Icon ❹ klicken.

Video-Training

Füllungen und Verläufe sind auch Thema der Lektion 2.3 auf der Buch-DVD.

7.7.1 Verlauf im Bedienfeld

Diesmal arbeiten Sie mit dem VERLAUF-Bedienfeld. Haben Sie schon Verläufe als Farbfelder gespeichert, können Sie einen auswählen ❹. Bestimmen müssen Sie, ob er gerade (LINEAR) oder KREISFÖRMIG ❷ sein soll. Die Farbreihenfolge können Sie später umdrehen ❺, den Winkel des Verlaufs numerisch verstellen ❸ und, wenn es sich um einen kreisförmigen handelt, bestimmen, ob er rund oder linsenförmig werden soll (rund = 100%) ❶.

Einzelne Verlaufsfarben können auch transparent sein. Wie stark, bestimmen Sie zwischen 0% = durchsichtig und 100% = deckend ❼.

Arbeiten Sie mit mehreren Farben, kann eine numerische Eingabe der POSITION ❽ hilfreich sein. Position 0 ist ganz links, Position 100 ganz rechts. Dies gilt immer für die Farbe, die Sie per Klick auf einen der sogenannten VERLAUFSREGLER ❻ ausgewählt haben.

Klicken Sie an irgendeine Stelle unter der Verlaufsleiste doppelt, können Sie eine weitere Farbe hinzunehmen und gleich die Farbe bestimmen. Ein Klick in das Papierkorb-Symbol ❾ löscht die ausgewählte Farbe aus dem Verlauf. Ein Schieben des Reglers ❻ verändert die Farbposition ❽, ein Schieben der Raute ❿ verändert den Mittelpunkt zwischen den Farben.

Ein Doppelklick in einen bestehenden VERLAUFSREGLER öffnet Ihnen temporär das FARBE- bzw. FARBFELDER-Bedienfeld, um eine Farbe auszuwählen oder zu definieren. Es gibt einen Button für die Ansicht im FARBE- und einen für das FARBFELDER-Bedienfeld.

Immer zwischen zwei Farben wird der Verlauf errechnet. Nehmen wir als Beispiel Schwarz zu Weiß. Genau in der Mitte ist 50% Schwarz. Soll ein Verlauf aber schneller ansteigen oder langsamer abfallen, verschieben Sie die kleine Raute ⓫ über der Verlaufsleiste. Sie gibt den Mittelpunkt zwischen je zwei Farben an. So kann das 50%ige Schwarz weiter zu einer Seite verschoben werden.

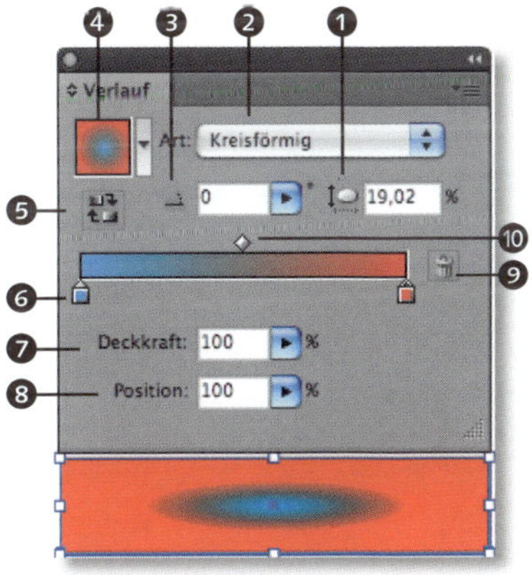

▲ **Abbildung 7.35**
Ein gestauchter ❶, kreisförmiger Verlauf

▲ **Abbildung 7.36**
Sie bestimmen, welches Bedienfeld sich temporär öffnet.

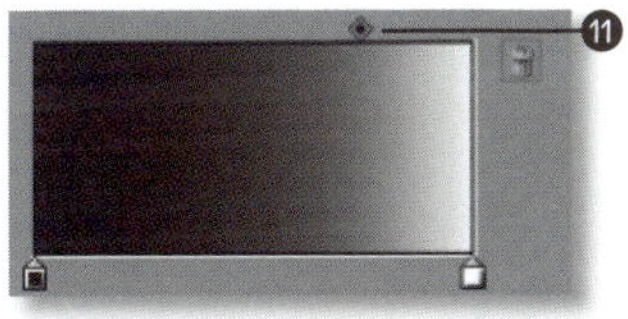

▲ **Abbildung 7.37**
Der Verlaufsmittelpunkt wird mit der kleinen Raute ⓫ angegeben.

7.7.2 Verlauf am Objekt

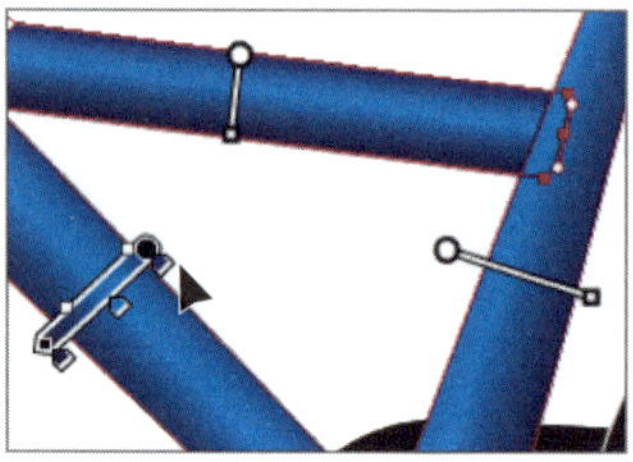

▲ **Abbildung 7.38**
Jedes Objekt hat seinen eigenen Verlauf mit Anfang, Ende, Richtung und Farben.

Ist einem Objekt erst einmal ein Verlauf zugewiesen, können Sie diesen direkt am Objekt mit dem VERLAUFWERKZEUG steuern. Sobald das Werkzeug und ein Objekt mit einem Verlauf ausgewählt sind, sehen Sie am Objekt eine »Stange«, die Verlaufsleiste, mit einem größeren Kreis als Startpunkt und einem kleineren Quadrat als Endpunkt des Verlaufes. Kommen Sie mit der Maus in die Nähe dieser Stange, ändert sie ihr Aussehen und ähnelt dann dem VERLAUF-Bedienfeld mit den Verlaufsreglern und einem kleinen weißen Quadrat als Mittelpunkt zwischen den Farben. Das Auswählen und Verschieben der Farben funktioniert identisch – nur eben direkt am Objekt, was super ist, weil Sie genau bestimmen können, wo am Objekt welche Farbe hinkommt.

Ziehen Sie am Endpunkt der Verlaufsleiste, können Sie den Verlauf verlängern – sogar über das Objekt hinaus. Fassen Sie am Startpunkt ❶ an, verschieben Sie den Verlauf. Kommen Sie mit der Maus etwas außerhalb des Endpunktes, ist dieser dort um den Startpunkt herum zu drehen, egal ob es sich um einen linearen oder kreisförmigen Verlauf handelt. Der kreisförmige Verlauf hat noch einen schwarzen Punkt ❷ im gestrichelten Ring. Mit diesem lässt sich die Kreisform zur Ellipse stauchen.

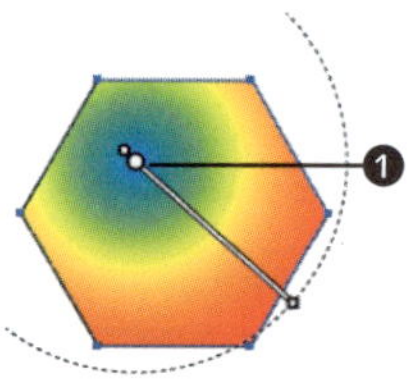

▲ **Abbildung 7.39**
Der Startpunkt der Verlaufsleiste ist zugleich der Mittelpunkt bei kreisförmigen Verläufen.

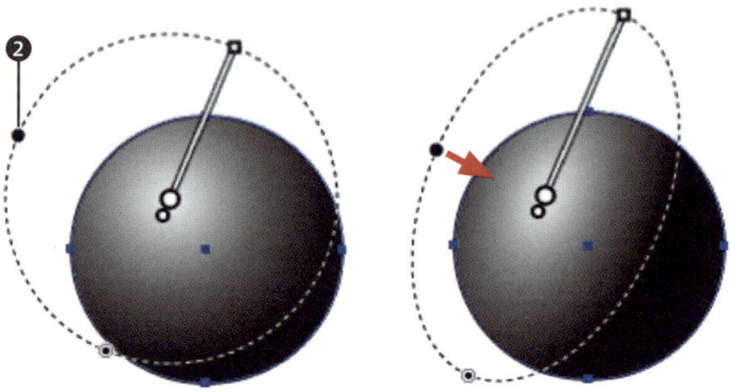

Abbildung 7.40 ▶
Am schwarzen Punkt im Ring können Sie den kreisförmigen Verlauf zur Ellipse stauchen.

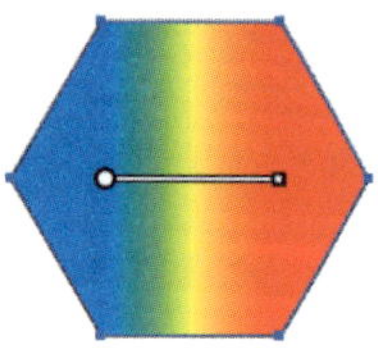

▲ **Abbildung 7.41**
Jenseits der Verlaufsleiste bleibt die letzte Farbe stehen.

Sie können aber auch mit dem VERLAUFWERKZEUG ganz neu in das aktivierte Objekt hineinklicken (oder sogar außerhalb) und dabei ziehen. Ihr erster Klick ist der Startpunkt und dort, wo Sie die Maus wieder loslassen, der Endpunkt.

Außerhalb von Start- und Endpunkt gibt es keinen Verlauf mehr; die letzte bzw. erste Farbe bleibt bestehen.

Haben Sie mehrere Objekte mit Verläufen gleichzeitig ausgewählt, erzeugt das VERLAUFWERKZEUG einen Verlauf über alle

Objekte hinweg, über die Sie mit der Maus ziehen. Ein toller Effekt. Jedes Objekt hat nach wie vor seinen eigenen Verlauf, aber alle haben den gleichen Start- und Endpunkt.

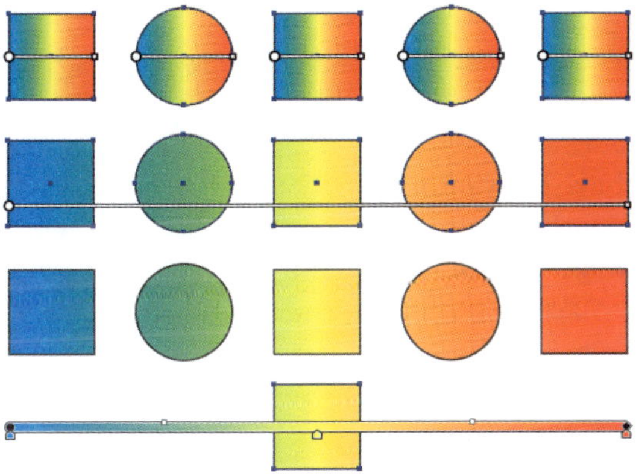

◂ **Abbildung 7.42**
Oben: Jedes Objekt hat seinen eigenen Verlauf. Mitte: Alle Objekte bekommen einen Verlauf von ganz links nach ganz rechts. Unten: Blau und Rot liegen nur außerhalb des mittleren Quadrates, gehören aber (unsichtbar) zum Verlauf dazu.

Schritt für Schritt: Ein Jackenknopf mit Verläufen

1 Neue Datei

Diesmal legen Sie wieder selbst eine neue Datei an. Die Ausmaße und Farbmodi spielen hier keine wesentliche Rolle.

2 Koordinatenkreuz

Kein Muss, aber in manchen Fällen hilfreich. Besonders wenn Sie Objekte zerschneiden und diese dann keinen sichbaren Mittelpunkt mehr haben, fehlt oft eine Orientierung.

Ziehen Sie aus den Linealen am Rand Ihrer Zeichenfläche eine waagerechte und senkrechte Hilfslinie. Bei eingeschalteten intelligenten Hilfslinien (Ansicht • Intelligente Hilfslinien) ziehen Sie den Schnittpunkt der Lineale auf den Schnittpunkt Ihrer beiden Hilfslinien.

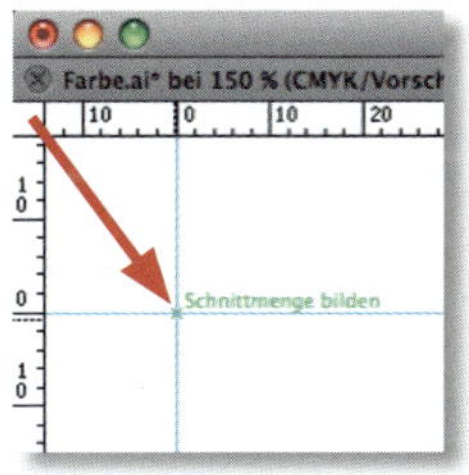

▴ **Abbildung 7.43**
Ein Koordinatenkreuz aus Hilfslinien zur Sicherheit

3 Kreise

Ziehen Sie vom Mittelpunkt Ihres Koordinatenkreuzes einen großen Kreis auf. Doppelklicken Sie auf das Skalieren-Werkzeug. Sie bekommen das Eingabemenü Skalieren, in dem Sie bei Gleichmässig 80% eingeben. Wählen Sie aber Konturen und Effekte skalieren ab, damit der innere Kreis nach dem Skalieren die gleiche Konturstärke hat wie der äußere. Nach einem Klick auf KOPIEREN haben Sie zwei Kreise mit dem gleichen Mittelpunkt und der gleichen Konturstärke.

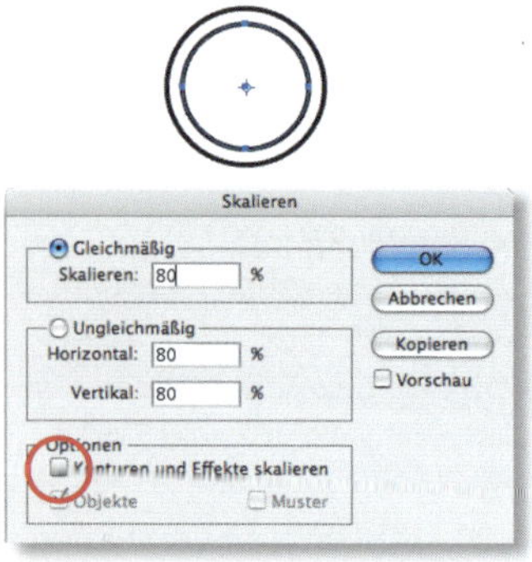

▲ **Abbildung 7.44**
Die Konturstärke bleibt beim Skalieren erhalten.

4 Verläufe

Aktivieren Sie den äußeren Kreis, und weisen Sie ihm im VERLAUF-Bedienfeld den standardmäßig vorhandenen Schwarzweiß-Verlauf zu – LINEAR. Mit dem VERLAUFWERKZEUG ziehen Sie von links oben nach rechts unten. Ziehen Sie ruhig über den Kreis hinaus, damit er unten nicht zu schwarz wird.

Anschließend aktivieren Sie nun den inneren Kreis, weisen ihm aber einen *kreisförmigen* Verlauf von Schwarz nach Weiß zu. Klicken Sie, ohne die Maus danach loszulassen, mit dem VERLAUFWERKZEUG in die Nähe des unteren Randes, und ziehen Sie nach oben links. Schon ist Ihr Knopf nach innen gewölbt (eventuell müssen Sie die Verläufe jeweils umdrehen).

Abbildung 7.45 ▶
Gegensätzliche Verläufe erzeugen Plastizität.

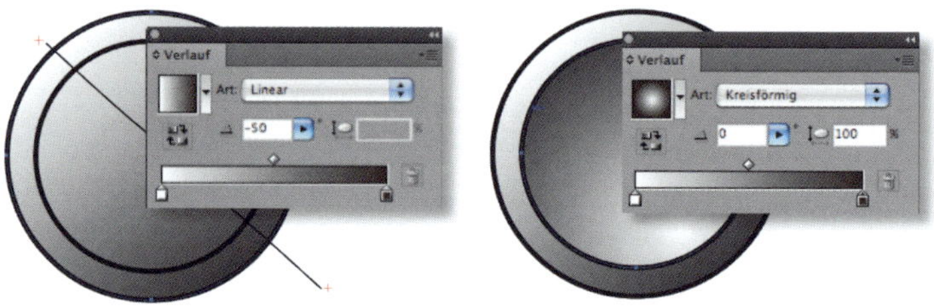

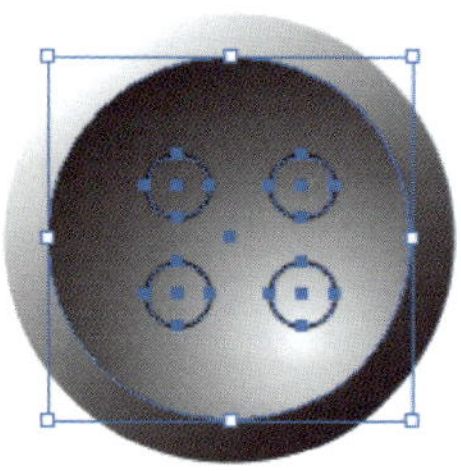

▲ **Abbildung 7.46**
Die gruppierten Kreise sollen zu Löchern werden.

5 Löcher

Als Nächstes zeichnen Sie vier Kreise als Löcher. Damit diese aber wirklich durchsichtig sind, dienen sie als »Stanzform«. Platzieren Sie die Kreise an die richtige Stelle, gruppieren (Strg/⌘+G) und kopieren (Strg/⌘+C) Sie sie anschließend.

Aktivieren Sie die Kreisgruppe und den inneren Kreis, und klicken Sie im PATHFINDER-Bedienfeld auf das zweite Symbol von oben links (VORDERES OBJEKT ABZIEHEN).

Nun setzen Sie die kopierten Kreise mit (Strg/⌘+F) ein zweites Mal an der gleichen Stelle wieder ein, aktivieren mit dem AUSWAHL-WERKZEUG und gedrückter ⇧-Taste den äußeren Kreis und schneiden mit dem Pathfinder auch hier wieder Löcher hinein.

Da die Pathfinder-Aktion den äußeren Kreis nach vorn holt, müssen Sie ihn wieder zurückstellen: OBJEKT • ANORDNEN • IN DEN HINTERGRUND.

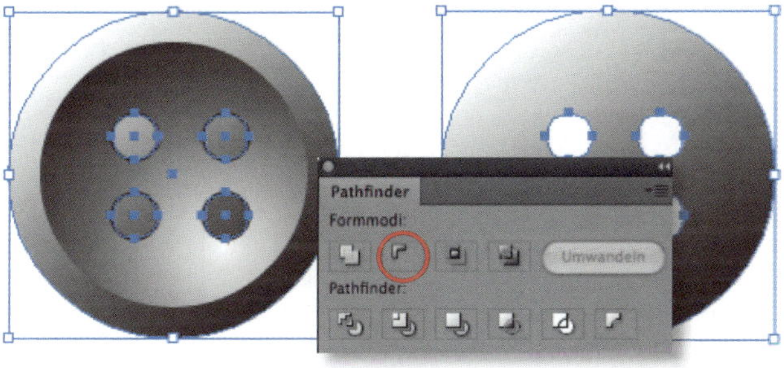

◂ **Abbildung 7.47**
Mit dem Pathfinder stanzen Sie Löcher in die Kreise.

6 Zierrand

Da Sie ja Ihr Koordinatenkreuz haben, können Sie einfach und sicher einen Kreis aufziehen, der genau über dem inneren Kreis liegt. Geben Sie ihm eine starke Kontur, und wandeln Sie diese über Objekt • Pfad • Konturlinie in eine Fläche um.

Diese Fläche können Sie nun wieder mit einem Verlauf versehen, oder Sie geben ihr noch einen kleinen Schlagschatten: Effekt • Stilisierungsfilter • Schlagschatten.

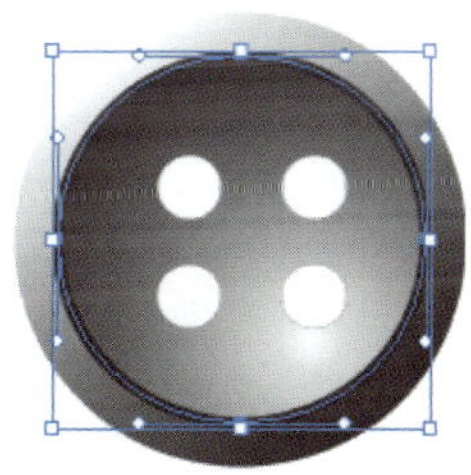

▴ **Abbildung 7.48**
Wandeln Sie die neue Kontur in eine Fläche um, können Sie wieder neue Verläufe darauf anwenden.

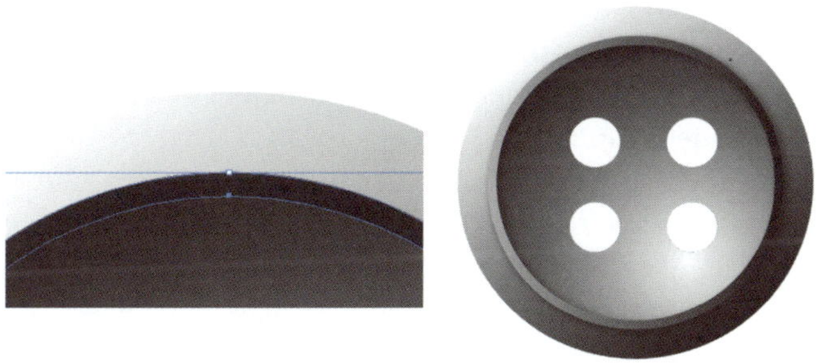

◂ **Abbildung 7.49**
Links eine in eine Fläche umgewandelte Kontur. Rechts der fertige Jackenknopf. ■

7.8 Verlaufsgitter

▴ **Abbildung 7.50**
Wollen Sie so eine Blüte zeichnen, kommen Sie mit dem linearen oder kreisförmigen Verlauf nicht aus.

Nicht immer werden Ihre Objekte dergestalt sein, dass ein linearer oder kreisfömiger Verlauf ausreicht, um Ihrem Objekt gerecht zu werden. Es gibt ein phantastisches Werkzeug, das es zulässt, dass die Farben eines Objektes mit dessen Formen »mitlaufen«: das Gitter-Werkzeug.

Wenn Sie sich schon in Kapitel 5, »Transformationen«, für die Verzerrungshüllen begeistern konnten, wissen Sie ja schon etwas mit Gittern anzufangen. Denn auch mit diesem Werkzeug erzeugen Sie ein Gitter. Diesmal aber nicht, um Objekte und Pfade zu verbiegen, sondern um die Farben zu verbiegen.

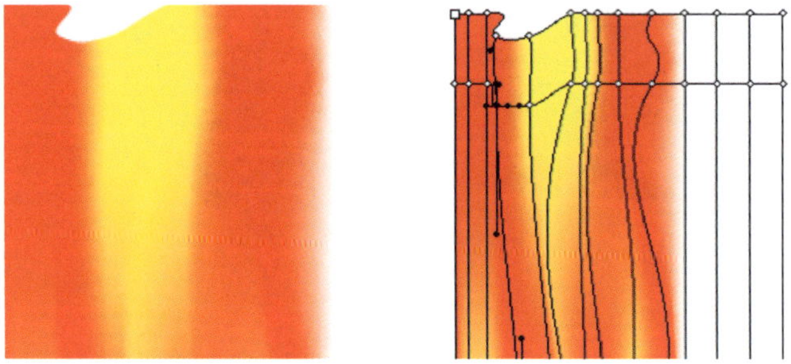

Abbildung 7.51 ►
Verläufe folgen den Formen durch das Verlaufsgitter.

Perspektivenraster-Werkzeug

Sollten Sie das Perspektivenraster-Werkzeug aus Versehen gewählt haben: Ansicht • Perspektivraster • Raster ausblenden.

7.8.1 Verlaufsgitter erstellen

Am sichersten ist es, das Objekt, das Sie zu einem Verlaufsgitter-Objekt machen möchten, zuvor zu duplizieren. Denn es gibt keine saubere Rückverwandlung, wenn Sie es sich später anders überlegen sollten. Kopieren Sie es, fügen Sie es über Bearbeiten • Davor einfügen ein, und blenden Sie die Kopie aus (Objekt • Ausblenden • Auswahl oder Strg / ⌘ + 3). Wenn es jetzt ganz schiefgeht, löschen Sie das fehlgeschlagene Objekt und holen sich das ausgeblendete zurück (Strg / ⌘ + Alt + 3).

Es gibt zwei Wege zum Verlaufsgitter. Automatisch geht es über Objekt • Verlaufsgitter erstellen.... Sie bekommen ein Eingabefeld, in dem Sie bestimmen, wie viele waagerechte (Zeilen) und senkrechte (Spalten) Unterteilungen Sie haben möchten. Mit dem Aussehen können Sie schon einen Verlauf zu Weiß erzeugen. Dieser geht nur Zur Mitte hin oder von der Mitte weg (Zur Kante) und ist meist uninteressant. Unter Lichter geben Sie an, ob es sich um reines Weiß oder um ein dunkleres Weiß handelt.

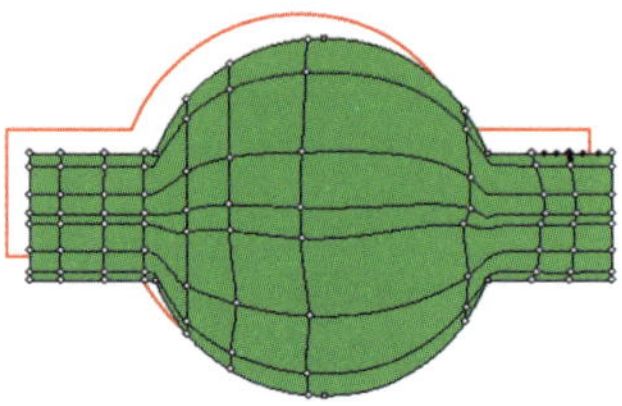

▲ **Abbildung 7.52**
Machen Sie sich eine Kopie des Objekts, bevor Sie ein Verlaufsgitter erzeugen.

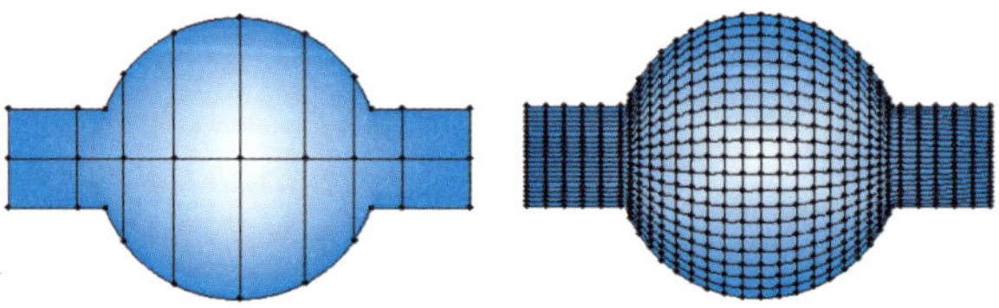

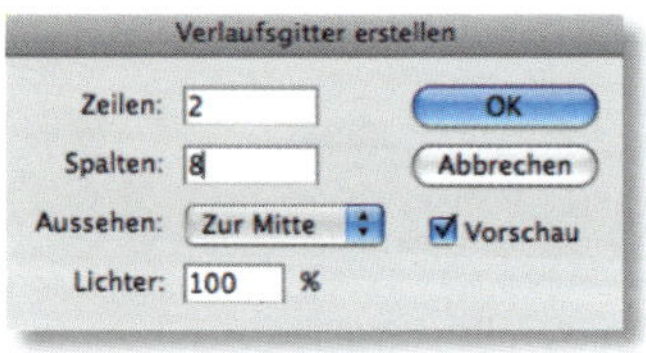

▲ **Abbildung 7.53**
Bestimmen Sie die Anzahl der Zeilen und Spalten; setzen Sie aber nicht zu viele (Mitte).

Der andere Weg ist spannender, weil Sie den Verlauf schon beim Erstellen bestimmen. Wählen Sie hierzu das Gitter-Werkzeug. Mit diesem klicken Sie entweder auf die Außenkontur und bekommen eine von Illustrator der Objektform entsprechend ausgerechnete Zeile oder Spalte – je nachdem, ob Illustrator die Kontur, in die Sie klicken, als Senkrechte oder als Waagerechte interpretiert. Sie müssen aber ein Pfadsegment treffen, nicht einen Ankerpunkt oder Griff.

Klicken Sie jedoch gleich in die Fläche, erhalten Sie schon eine Kreuzung mit dem Schnittpunkt an der Mausposition. Auch hier errechnet Illustrator die Gitterlinie – was bei manchen Objekten nicht immer vorhersehbar ist, also ein Trial-and-Error bedeutet.

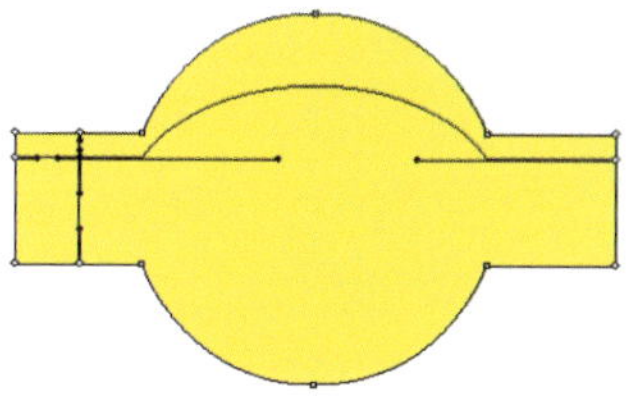

▲ **Abbildung 7.54**
Klicken Sie mit dem GITTER-WERKZEUG in die Fläche, um von Illustrator einen Kreuzungspunkt errechnen zu lassen.

7.8.2 Verlaufsgitter bearbeiten

Wenn Sie auf die eine oder andere Weise ein Gitter erzeugt haben, müssen Sie es vielleicht korrigieren. Mit dem GITTER-WERKZEUG können Sie Zeilen oder Spalten hinzufügen. Sie können aber auch welche löschen. Halten Sie hierzu lediglich die [Alt]-Taste, und klicken Sie auf eine Gitterlinie oder einen Kreuzungspunkt.

Sie können die Gitter auch modifizieren. Die Kreuzungspunkte ❶ lassen sich mit den DIREKTAUSWAHL-WERKZEUG anfassen und verschieben (deaktivieren Sie eventuell zuvor das Objekt als Ganzes, damit Sie den *einzelnen* Punkt aktivieren können). Auch haben sie Griffe ❷, die Ihnen aus Kapitel 4, »Pfade,« bekannt sind. Auch damit lassen sich die Biegungen des Gitters verändern.

Klicken Sie mit dem DIREKTAUSWAHL-WERKZEUG mitten in ein Feld hinein, ist es als Ganzes mit seinen vier Kreuzungspunkten zu verschieben. Mit der [⇧]-Taste sind mehrere Felder auswählbar.

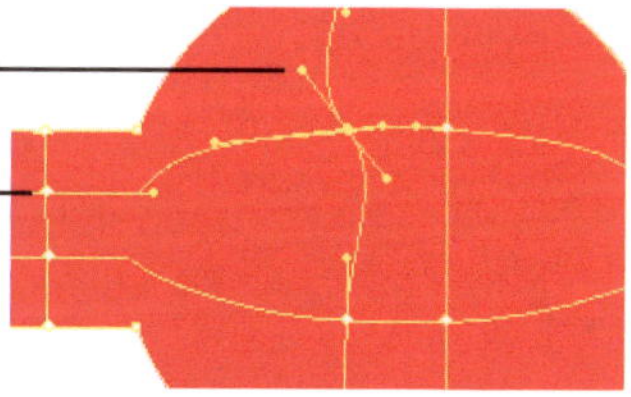

▲ **Abbildung 7.55**
Gitter haben Kreuzungspunkte ❶ und Griffe ❷, die Sie beliebig modifizieren können.

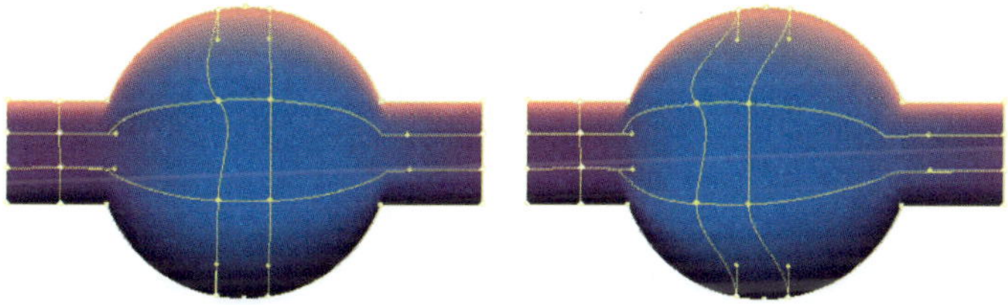

◀ **Abbildung 7.56**
Fassen Sie mit dem DIREKTAUSWAHL-WERKZEUG einfach ein Gitterfeld an, und verschieben Sie es als Ganzes.

7.8.3 Verlauf am Gitter erstellen

Jetzt kommen Sie zum eigentlichen Verlauf. Sind eine oder mehrere Kreuzungen ausgewählt, reicht ein Klick in ein Farbfeld, und die Farbe wird sich entsprechend Ihrer Auswahl ausbreiten.

Das LASSO-WERKZEUG eignet sich besonders gut, um Gitterpunkte auszuwählen und sie dann einzufärben. Umfahren Sie

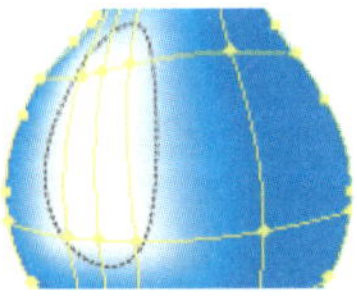

▲ **Abbildung 7.57**
Eine Auswahl mit dem Lasso-Werkzeug bei Verlaufsgittern

damit einfach die gewünschten Punkte. Mit [⇧] nehmen Sie weitere hinzu, mit [Alt] wählen Sie schon ausgewählte wieder ab. Haben Sie das Farbe-Bedienfeld dabei offen, können Sie ohne Werkzeugwechsel in den Farbkeil klicken und weisen damit den ausgewählten Punkten Farbe zu.

Abbildung 7.58 ►
Grundfarbe (links), Licht-Spot (Mitte), Tiefe (rechts)

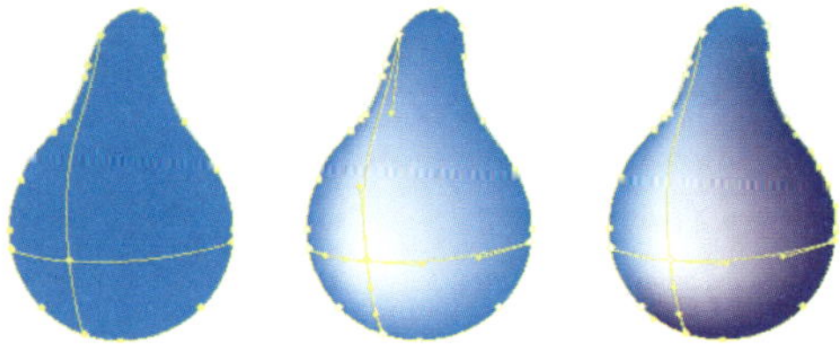

Transparenz kommt zwar erst zwei Kapitel später, aber es ist wirklich unglaublich: Haben Sie einzelne Punkte ausgewählt und öffnen das Transparenz-Bedienfeld (unter Fenster), können Sie bei Deckkraft den Schieberegler Richtung »0« ziehen und damit an dieser Stelle hintere Objekte durchscheinen lassen! Auf diese Weise ist der Glanz auf dem Eis erzeugt. Links oben der Glanz, rechts unten die Schattierung, und dazwischen scheint das eigentliche Eis hindurch.

Abbildung 7.59 ►
Ein leckeres glänzendes Eis. In der Mitte sehen Sie, dass der Glanz ein Verlaufsgitter ist, durch das die eigentliche Farbe des Eises hindurchscheint. Rechts zur Verdeutlichung mit Balken dahinter.

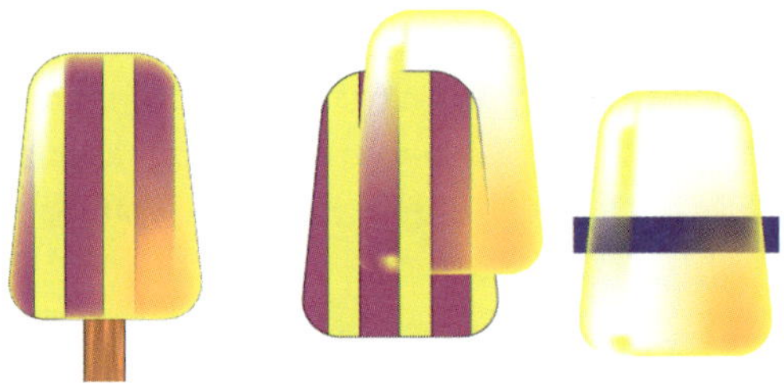

Probieren Sie es mit mir an einem Theatervorhang in der folgenden Schritt-für-Schritt-Übung aus.

Schritt für Schritt: Einen Theatervorhang mit dem Verlaufsgitter erstellen

1 Datei laden

Den Vorhang habe ich für Sie schon vorbereitet, sodass Sie »nur noch« das Verlaufsgitter machen müssen. Öffnen Sie die Datei »Theater.ai«.

»Theater.ai« finden Sie auf der DVD im Ordner Uebungen • 07.

◂ **Abbildung 7.60**
Das Scribble zum Vorhang

2 Farben definieren

Der grüne Rahmen ist vorerst gesperrt, damit Sie ihn beim Arbeiten nicht aus Versehen verschieben. Nun können Sie den Vorhang auswählen und in dem Farbe-Bedienfeld vier Rot-Schattierungen von hell bis dunkel anlegen. Achten Sie darauf, dass Ihre Farben global sind!

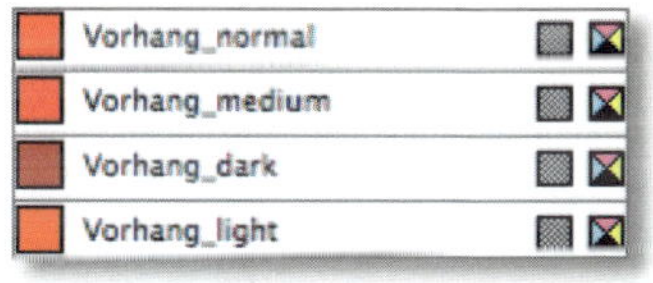

▴ **Abbildung 7.61**
Globale Farben erleichtern spätere Korrekturen.

3 Gitter erzeugen

Nun erzeugen Sie das Gitter, das danach als Verlaufsmaske dienen wird. Wählen Sie dazu das Gitter-Werkzeug aus, und klicken Sie dort in die Außenkontur, wo Falten oder Schattierungen entstehen sollen (siehe Screenshot). Sie sehen an dem kleinen »+«, wann das Werkzeug eine neue Gitterlinie erzeugen kann.

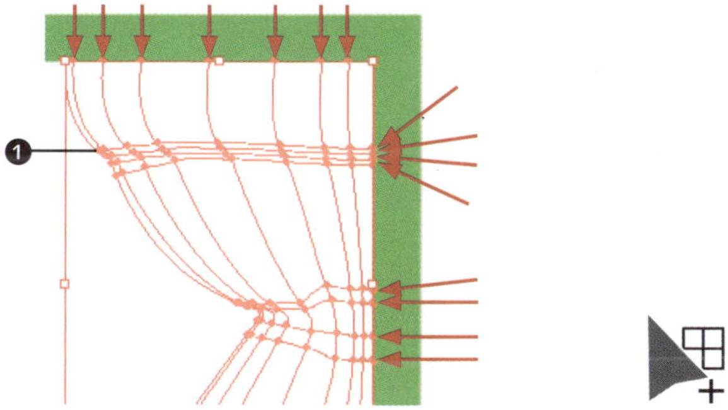

◂ **Abbildung 7.62**
Wenn Ihre Werkzeugspitze so aussieht (kleine Abbildung), erzeugt sie eine neue Gitterlinie.

4 Verläufe waagerecht erstellen

Färben Sie am besten den ganzen Vorhang rot, indem Sie ihn mit dem Auswahl-Werkzeug aktivieren und auf Ihr Globales Farbfeld »Vorhang_normal« klicken.

Nun wählen Sie mit dem Lasso-Werkzeug die oberste waagerechte Gitterlinie ❶ der Falte aus, indem Sie sie umfahren, und klicken auf Ihr drittdunkelstes Rot. Danach verfahren Sie mit der zweiten waagerechten Gitterlinie genauso und klicken auf Ihr

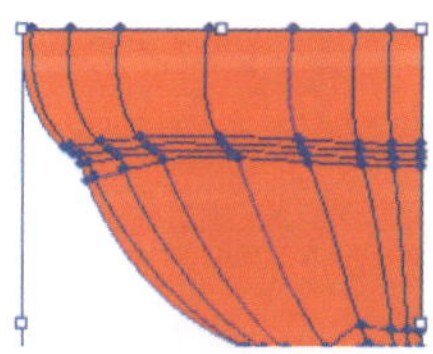

▴ **Abbildung 7.63**
Hat der Vorhang eine Grundfarbe, können Sie das Ergebnis besser einschätzen.

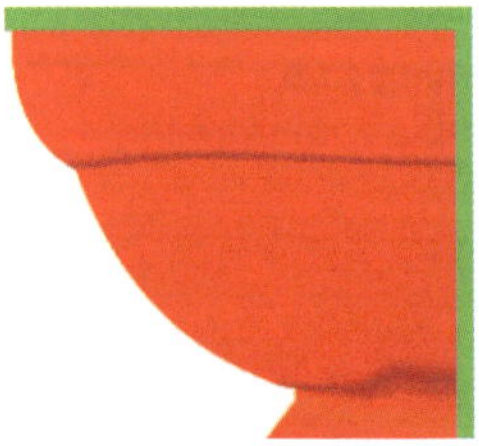

▲ **Abbildung 7.64**
Sehr hilfreich ist es, erst mal nur die waagerechten Falten zu setzen.

dunkelstes Rot. Die dritte Linie bekommt das hellste Rot, und die vierte Linie behält das normale Rot.

5 Verläufe senkrecht erstellen

Aktivieren Sie jetzt Ihren ganzen Vorhang mit dem Auswahl-Werkzeug, kopieren Sie ihn ([Strg]/[⌘]+[C]) und fügen ihn davor ein ([Strg]/[⌘]+[F]). Er liegt jetzt deckungsgleich auf dem ersten.

Mit dem Gitter-Werkzeug und gehaltener [Alt]-Taste klicken Sie nun auf alle waagerechten Gitterlinien, um diese zu löschen. Ihre Werkzeugspitze zeigt diesmal ein »-« an. Sie behalten nur noch ein senkrechtes Gitter ohne Verläufe.

Wenn Sie mit dem Direktauswahl-Werkzeug am oberen Vorhangrand jeden zweiten Ankerpunkt ausgewählt haben, klicken Sie in Ihr dunkelstes Vorhang-Rot.

Wählen Sie jetzt die anderen Ankerpunkte dazwischen aus, und schieben Sie die Deckkraft im Steuerung-Bedienfeld (ganz oben links) auf »0«. Der untere Vorhang scheint durch.

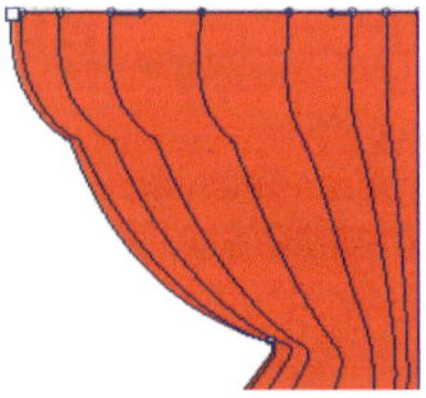

▲ **Abbildung 7.65**
Noch ist nichts von den waagerechten Falten zu sehen.

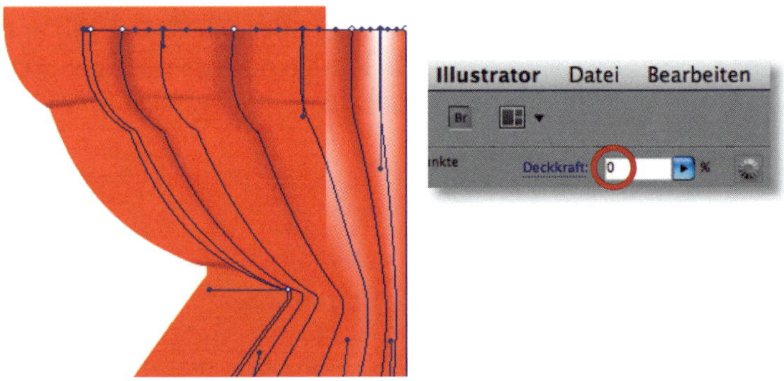

▲ **Abbildung 7.66**
Zur Verdeutlichung sind die Vorhänge verschoben: Der untere scheint nun zwischen den senkrechten Falten durch. Transparente Gitterpunkte sind genial.

Die gleichen Schritte führen Sie am unteren Vorhangsaum durch, nehmen aber die jeweils anderen senkrechten Gitterlinien.

6 Dekoration und Rahmen

Zeichnen Sie in die Wölbung und den Saum des Vorhangs noch eine Kontur, die Sie im Kontur-Bedienfeld stricheln (siehe Abbildung 7.68), sie dann gelb einfärben und mit einen Schatten versehen (Effekt • Stilisierungsfilter • Schlagschatten…). Der Vorhang wirkt nun plastisch.

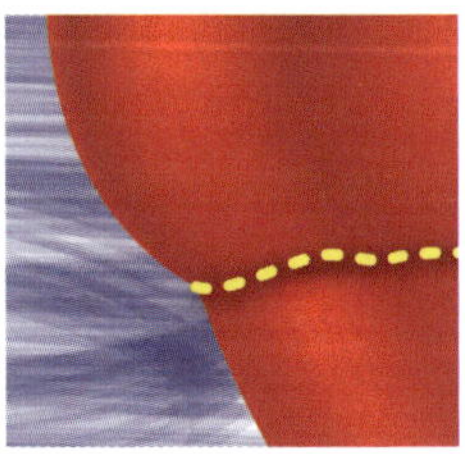

▲ **Abbildung 7.67**
Feintuning, wie hier die Kordel, machen die Musik.

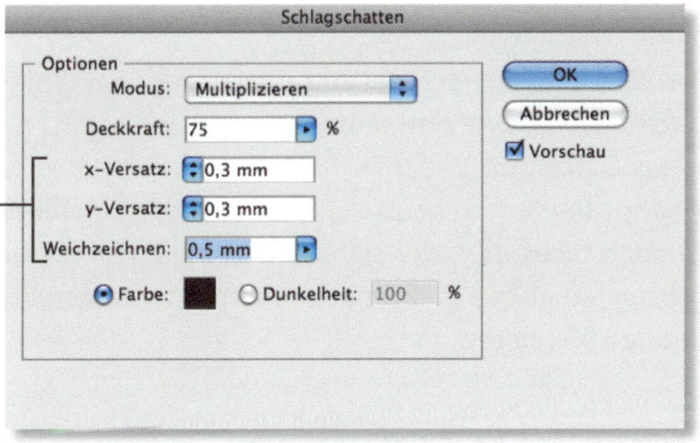

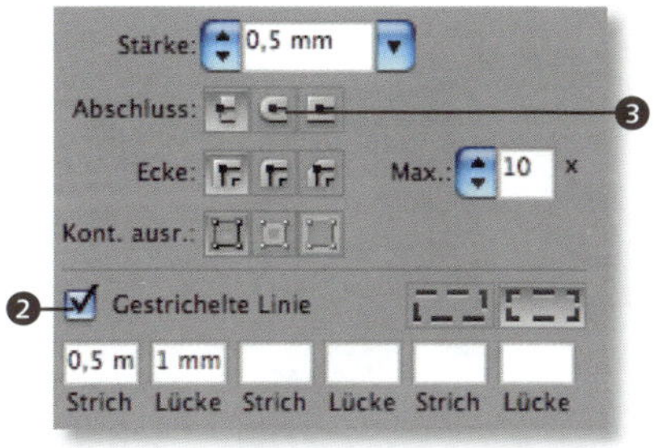

◄▲ **Abbildung 7.68**
Ein sehr kleiner Schatten ❶, runder Abschluss ❸, und eine gestrichelte Linie ❷

Schnell noch einen Verlauf in den grünen Rahmen – Sie müssen ihn zuerst wieder lösen, um ihn zu bearbeiten: OBJEKT • ALLE ENTSPERREN.

7 Hintergrund

In der WERKZEUGLEISTE finden Sie als vorletzten Button dieses kleine Symbol: . Halten Sie es eine Sekunde lang gedrückt, können Sie wählen: NORMAL ZEICHNEN, DAHINTER ZEICHNEN, INNEN ZEICHNEN. Entscheiden Sie sich fürs zweite, wählen Sie das PINSEL-WERKZEUG in der WERKZEUGLEISTE und einen Borstenpinsel über das Flyout-Menü des PINSEL-Bedienfelds: PINSEL-BIBLIOTHEK ÖFFNEN • BORSTENPINSEL.

Stellen Sie sicher, dass nichts aktiv ist, wählen Sie eine Konturfarbe aus, und malen Sie wild drauflos, um einen schönen Hintergrund zu kreieren. Nach dem Loslassen der Maus wird der Pinselstrich in den Hintergrund gelegt. Vergessen Sie aber nicht, hinterher wieder auf NORMAL ZEICHNEN zurückzustellen. Mehr zu Pinseln finden Sie in Kapitel 8, »Muster, Pinsel und Symbole«.

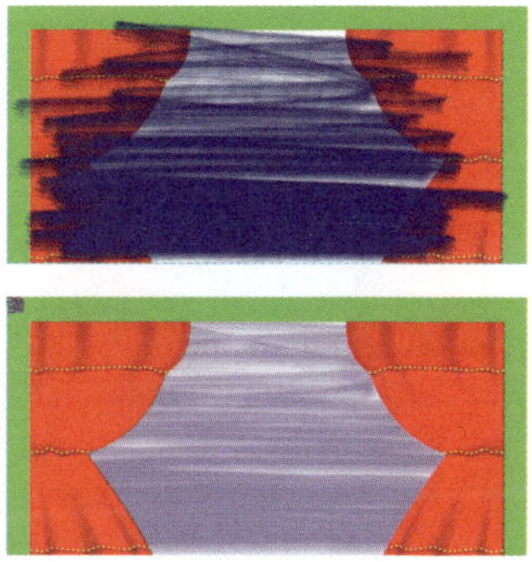

▲ **Abbildung 7.69**
Oben: Während des Zeichnens mit dem Pinsel und mit der Einstellung DAHINTER ZEICHNEN. Unten: Nach dem Loslassen der Maus.

◄ **Abbildung 7.70**
Der fertige Theatervorhang ■

7.9 Angleichungen

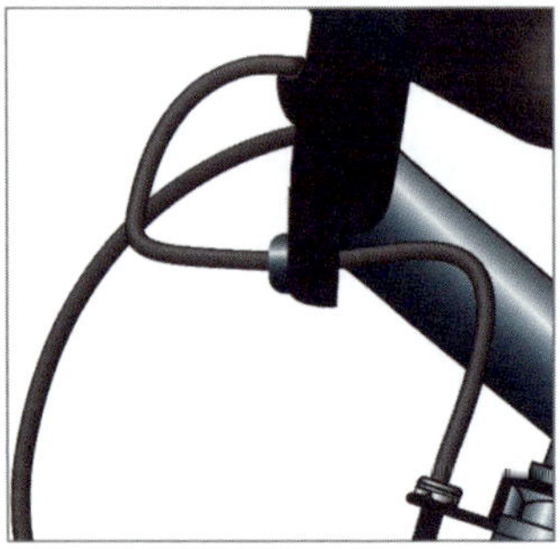

▲ **Abbildung 7.71**
Verläufe »um die Ecke«, wie beim Kabel, funktionieren nur mit Angleichungen.

Angleichungen sind eine »Verschmelzung« verschiedener Objekte mit all ihren Attributen, wie Form und Farbe. Das ist ja ganz nett, aber was hat das Ganze mit Verläufen zu tun?

Illustrator kennt (leider) nicht so viele verschiedene Arten von Verläufen. So auch nicht den, der sich an der Objektform orientiert. Also müssen Sie etwas tricksen, um so etwas wie den Stern am Kapitelanfang zu kreieren.

7.9.1 Das Prinzip der Angleichung

Sie aktivieren zwei Objekte, gehen zu Objekt • Angleichen • Erstellen und erhalten ohne weiteres Nachfragen von Illustrator eine Angleichung.

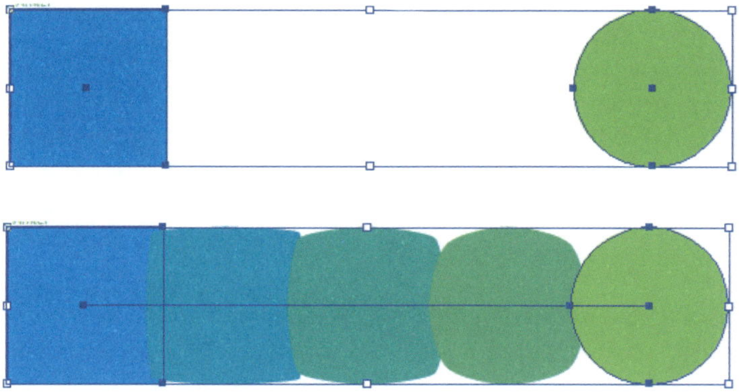

Abbildung 7.72 ▶
Mit der Angleichen-Funktion werden Objekte miteinander verrechnet – sowohl ihre Formen als auch die Farben.

Hatten Ihre Objekte aber sowohl Flächenfarbe also auch Konturfarbe – womöglich Schwarz –, sehen Sie nach der Angleichung vielleicht nur noch die Konturfarbe. Wichtig kann es also sein, diese bei beiden Objekten zuvor auf Ohne zu stellen.

7.9.2 Angleichung als Verlauf

Um die Anzahl der Stufen zu verändern, haben Sie diesmal kein Bedienfeld zur Verfügung. Sie müssen zu Objekt • Angleichen • Angleichung-Optionen... gehen. Hier wählen Sie aus dem Pulldown-Menü Abstand die Option Festgelegte Stufen und können nun endlich die Anzahl der Stufen bestimmen.

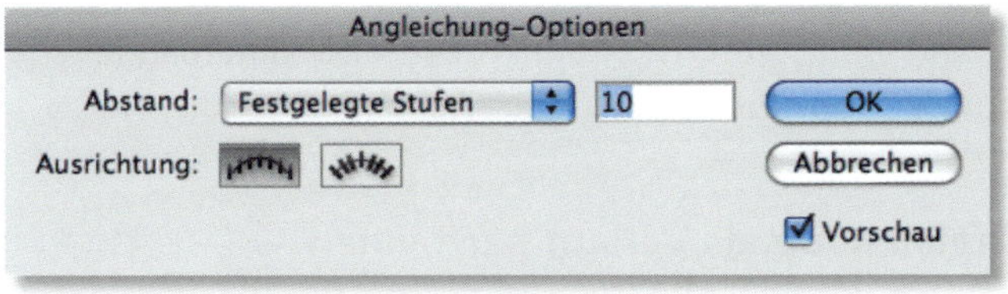

◄ **Abbildung 7.73**
In den ANGLEICHUNG-OPTIONEN legen Sie fest, ob die Zwischenschritte sichtbar sind oder »verschwimmen«.

Erhöhen Sie nämlich die Anzahl auf über eine Hand voll, sehen Sie, dass die Stufen immer feiner werden, bis sie einen Verlauf ergeben. Und das machen Sie sich für Verläufe, die sich an der Form orientieren, zunutze.

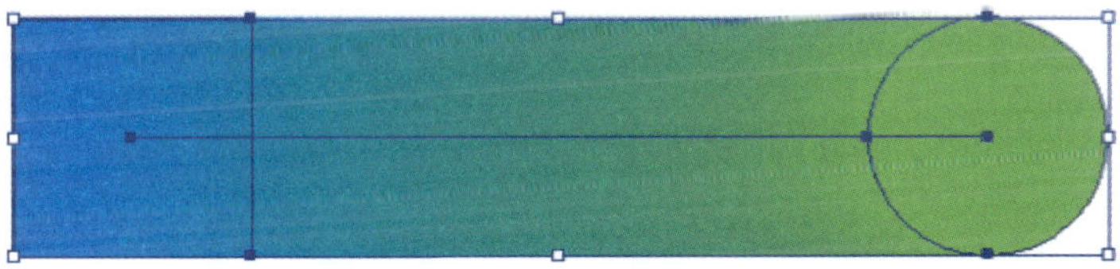

◄ **Abbildung 7.74**
Ab einer genügend großen Anzahl an Angleichungsstufen ergeben die Farben einen Verlauf. Besser, Sie wählen FARBE GLÄTTEN.

Es gibt keine Formel, die Sie anwenden können, um die Anzahl der Stufen zu berechnen, die einen sauberen Verlauf ergeben – denn zehn Stufen auf einen Millimeter sind sehr fein, auf einen Zentimeter aber deutlich sichtbar. Wählen Sie bei ABSTAND aus der Pulldown-Liste den Eintrag FARBE GLÄTTEN, errechnet Illustrator das für Sie.

Mit einem Doppelklick in das ANGLEICHEN-WERKZEUG gelangen Sie schneller in die ANGLEICHEN-OPTIONEN. Doch das ANGLEICHEN-WERKZEUG hat noch andere Funktionen. Mit ihm können Sie selbst bestimmen, von welchem zu welchem Punkt eine Angleichung errechnet wird. Klicken Sie dazu mit ihm auf einen Ankerpunkt des einen Objekts und als Nächstes auf einen Ankerpunkt des zweiten Objekts, wird eine Angleichung errechnet.

▲ **Abbildung 7.75**
Manuell festgelegte Angleichungspunkte laden zum Spielen und Gestalten ein.

◄ **Abbildung 7.76**
Bestimmen Sie die beiden Angleichungspunkte, muss Illustrator bei allen anderen Punkten nachziehen.

Eine fertige Angleichung ist ein Gebilde aus den Angleichungsobjekten und den Zwischenstufen. Beides ist miteinander zur Angleichungsgruppe gruppiert.

7.9.3 Angleichung als Verlauf nach innen

▲ **Abbildung 7.77**
Links per Skalieren, Rechts per PFAD VERSCHIEBEN ein Duplikat erzeugen

Erzeugen Sie ein einfaches Objekt, und erstellen Sie ein Duplikat, indem Sie es bei gehaltener Alt -Taste skalieren. Das kleinere der beiden Objekte muss aber oben liegen. Gleichen Sie die Objekte aneinander an, erhalten Sie einen Verlauf nach innen.

Wie in Abbildung 7.77 zu sehen, lässt sich durch das Skalieren aber nicht jedes Objekt so verkleinern, dass die Konturen parallel liegen. Deshalb gibt es OBJEKT • PFAD • PFAD VERSCHIEBEN.... Geben Sie hier unter VERSATZ einen negativen Wert ein, verkleinern Sie, und umgekehrt.

Abbildung 7.78 ►
Negative Werte erzeugen ein verkleinertes Duplikat.

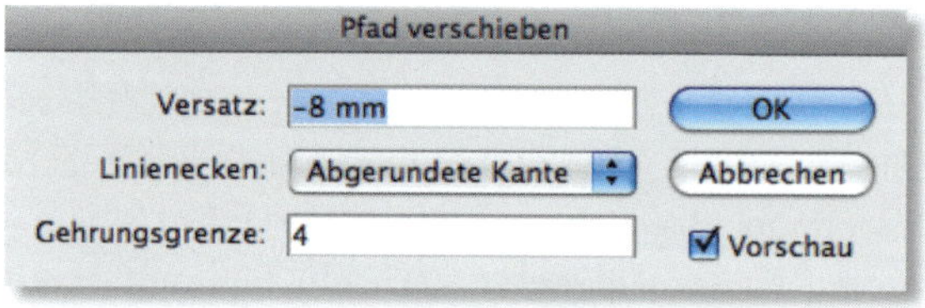

▲ **Abbildung 7.79**
Die scheinbar einfachen Formen sind zu unterschiedlich für das Angleichen.

Leider hat der Spaß aber auch schnell ein Ende, wenn die Formen, die nach innen angeglichen werden sollen, zu unterschiedlich sind. Manchmal können Sie noch manipulieren, denn mit dem DIREKTAUSWAHL-WERKZEUG ist es Ihnen möglich, das erste (das unterste) und das letzte Objekt auszuwählen. Dann können Sie auch einzelne Ankerpunkte anfassen und verschieben; oft reicht es auch, nur die Griffe zu verändern. Manchmal müssen Sie nur einen weiteren Ankerpunkt mit dem ZEICHENSTIFT-WERKZEUG in den Pfad setzen.

7.10 Interaktive Farbe

▲ **Abbildung 7.80**
Schnelle individuelle Farbveränderungen, neue Harmonien und mehr

Illustrator hat mit den Möglichkeiten der interaktiven Farbe mächtige Werkzeuge geliefert, um intuitiv mit den Farben Ihrer Illustrationen zu »spielen« oder sie gezielt einzusetzen.

Diese Werkzeuge sind hilfreich, wenn Sie von einer Illustration zum Beispiel mehrere Farbvarianten benötigen. Oder dann, wenn die Illustration zwar gelungen ist, die Farben aber an ein anderes

Projekt angepasst werden müssen. Oder die Objektfarben sollen miteinander harmonisiert werden.

Lassen Sie sich von den kommenden Abschnitten inspirieren, und probieren Sie einfach selbst vieles aus. Sie werden dabei auf ganz neue Gedanken und Konzepte kommen.

7.10.1 Umfärben in Illustrator

Das Umfärben kennt man ja eher aus Photoshop, wo aus einem blauen T-Shirt ein orangefarbenes gemacht wird, eine Farbe, die nicht gefällt, also einfach umgefärbt wird. Auch in Illustrator können Sie ganze Illustrationen umfärben.

Sie haben bereits gesehen, dass Sie durch globale Farben und das Ändern eines (globalen) Farbfeldes alle Objekte dieser Farbe mit ändern können. Das kommt einem Umfärben schon recht nahe.

Jetzt soll es aber noch interaktiver werden, indem Sie nicht eine einzelne Farbe ändern, sondern alle Farben einer Illustration gleichzeitig. Wählen Sie zunächst eine Illustration oder eine Gruppe von Objekten aus. Nun klicken Sie in der Anwendungsleiste auf BILDMATERIAL NEU FÄRBEN und gelangen zum gleichnamigen Menü. Hier gehen Sie erst einmal auf ZUWEISEN ❾.

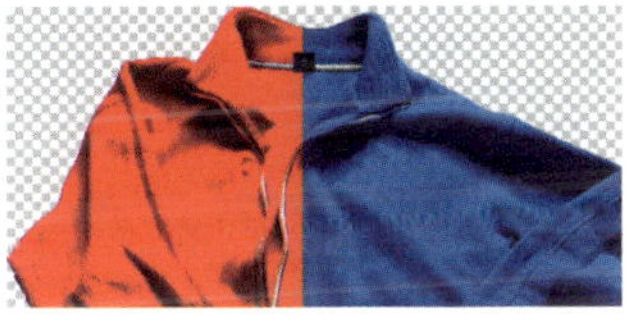

▲ **Abbildung 7.81**
Umfärben geht mit Illustrator fast noch besser als mit Photoshop, wie hier.

▲ **Abbildung 7.82**
Über die Anwendungsleiste am schnellsten zu erreichen: BILDMATERIAL NEU FÄRBEN

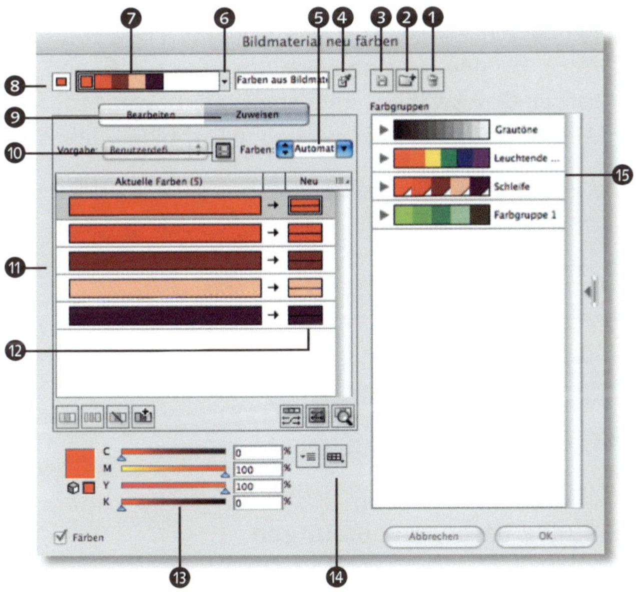

◄ **Abbildung 7.83**
BILDMATERIAL NEU FÄRBEN ist eigentlich keine Einsteigertechnik mehr, weil sich mit jedem Button wieder andere Menüs mit weiteren Reglern, Pulldown-Menüs und Eingabefeldern öffnen.

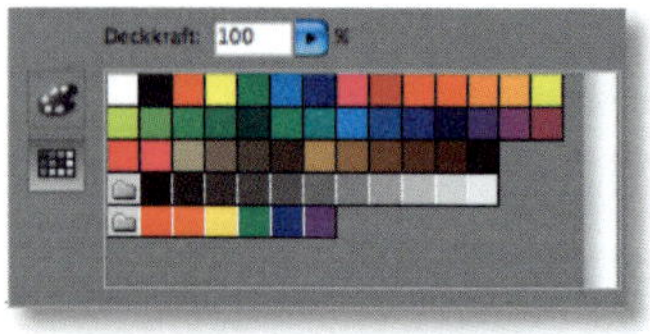

▲ **Abbildung 7.84**
Die Farbgruppen in den Farbfeldern (Ordnersymbol) sind der Schlüssel zu vielen Interaktiv Malen-Funktionen.

Basisfarbe ❽ ist eine Farbe aus Aktive Farben ❼, also eine aus Ihrer Illustration. Klicken Sie in eine andere, wird diese zum »Drehpunkt« Ihrer Umfärbung. Wählen Sie hier Farbharmonien ❻, nach denen Ihre Illustration umgefärbt werden soll. Kehren Sie mit ❹ zurück zu den Farben Ihrer ursprünglichen Illustration.

Farbgruppen ⓯ zeigt im Farbfelder-Bedienfeld zu Gruppen sortierte Farbfelder. Sie können aber auch aus dem Umfärben entstandene Farben zu Farbgruppen speichern lassen: Neue Farbgruppe ❷. Die Farben, die aus Ihren Einstellungen hier entstanden sind, werden als eigene Gruppe in den Farbfeldern gespeichert. Anders der Button Änderung an Farbgruppe speichern ❸: Er ändert alle betroffenen Farbfelder im Farbfelder-Bedienfeld, anstatt neue Farbfelder anzulegen. Mit dem Papierkorb-Symbol ❶ löschen Sie *von hier aus* eine Farbgruppe aus dem Farbfelder-Bedienfeld.

Die Aktuelle Farben-Spalte ⓫ listet die Farben der aktivierten Illustration auf. Hier können Sie sie einzeln mit einem Doppelklick in den rechten Button bearbeiten ⓬ oder unten mit den Farbreglern ⓭ verstellen. So ist es Ihnen möglich, auch in umfangreichen Illustrationen nur ganz bestimmte Farben herauszufiltern und zu verändern. Unter Farben ❺ können Sie schnell aus einer mehrfarbigen Illustration eine monochrome erzeugen (also einfarbig mit Abstufungen). Wählen Sie Farbreduktionsoptionen ❿ und kommen dadurch zu den Optionen für neues Färben (siehe Abbildung 7.86), können Sie eine Färbungsmethode ⓲ und die Anzahl der Farben ⓰ auswählen, mit denen gefärbt wird, oder Sie reduzieren die neuen Farben auf bestehende Farbbibliotheken ⓱.

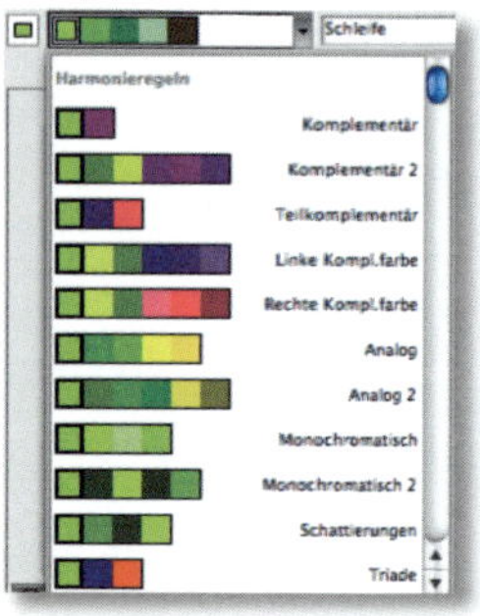

▲ **Abbildung 7.85**
Harmonien gibt es viele zum Ausprobieren ❻.

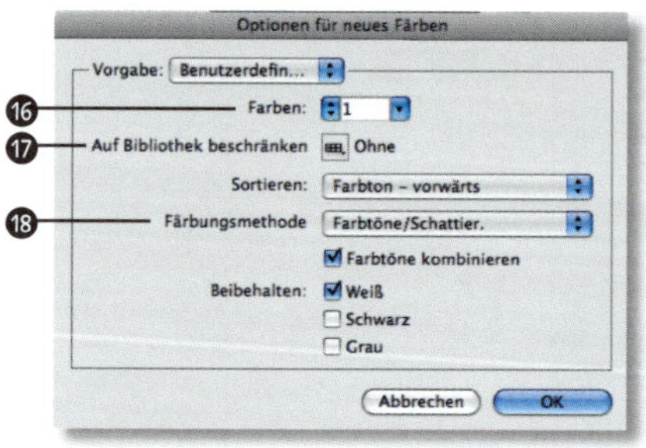

Abbildung 7.86 ▶
Weitere Optionen für neues Färben. Die Option ⓱ entspricht dem Button bei ⓮ in Abbildung 7.83.

7.10.2 Manuelle Farbverschiebungen

Wechseln Sie im Menü Bildmaterial neu färben auf Bearbeiten ⓳, ändert sich der linke Fensterteil. Sie bekommen das Farbrad angezeigt (optional das Segmentierte Farbrad oder den Farbkontrollstreifen ㉑). Hier lässt sich nun wirklich alles intuitiv einstellen.

◄ **Abbildung 7.87**
Von links: geglättetes Farbrad, segmentiertes Farbrad, Farbkontrollstreifen

Das Ziel ist hier wieder, Ihre aktive Illustration als Ganzes umzufärben. Ist das Ketten-Symbol ㉕ dabei geschlossen, bleiben die Farbharmonien verknüpft. Fassen Sie an irgendeiner Farbe an und drehen sie an irgendeine beliebige Stelle, bleibt also das *Verhältnis* der Farben zueinander bestehen, aber eben mit anderen Farben! Jeder Kreis in den Farbrädern entspricht dabei einer Farbe Ihrer Illustration. ⑳ ist hier die Basisfarbe.

Mit geöffneter Kette können Sie einzelne Farben auf dem Farbrad verschieben, also eine einzelne Farbe Ihrer Illustration umfärben; die restlichen Farben bleiben, wie sie sind. Sättigung und Helligkeit ㉓ der Farben sind ebenfalls zu verstellen.

Mit den Werkzeugen unter ㉔ können Sie im Farbrad eine Farbe entfernen und eine Farbe hinzufügen. Wählen Sie dafür einen der beiden Buttons (+ oder -) aus, und klicken Sie im Farbrad auf eine der aktiven Farben (in den Kreisen), um sie zu löschen, oder in die Farbfläche, um jene Farbe der Illustration hinzuzufügen.

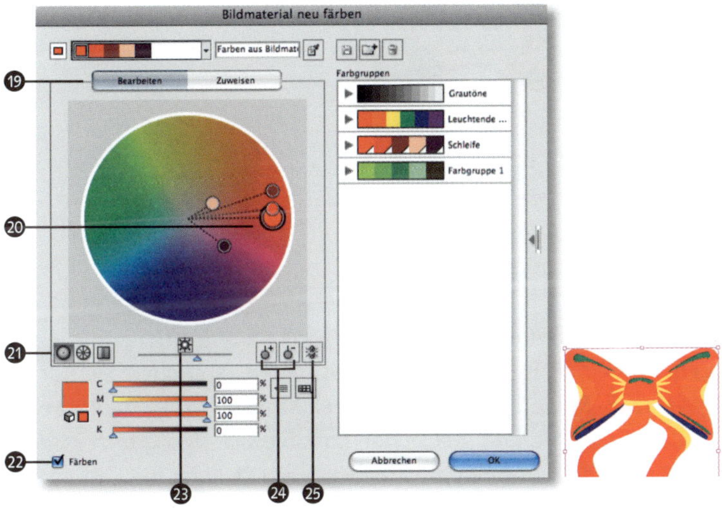

◄ **Abbildung 7.88**
Das meiste ist identisch mit dem Bereich Zuweisen. Der Farbkreis ist aber sehr intuitiv. Lassen Sie den Haken bei Färben ㉒, um live mitzuverfolgen, wie das Ergebnis aussieht.

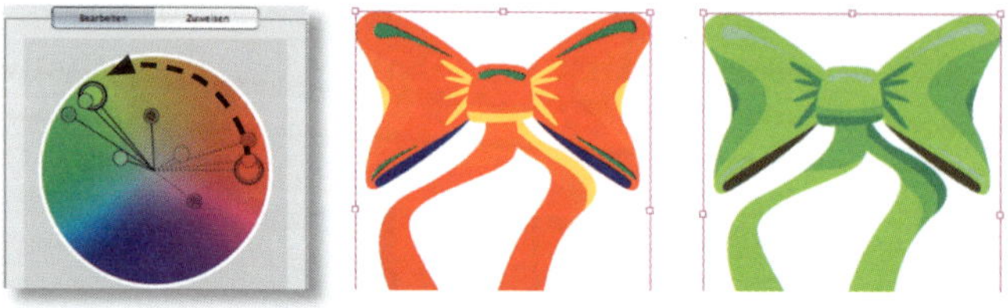

Abbildung 7.89 ▶
Bei geschlossener Kette drehen Sie direkt an den Farben und ziehen hier vom roten Spektrum zum grünen.

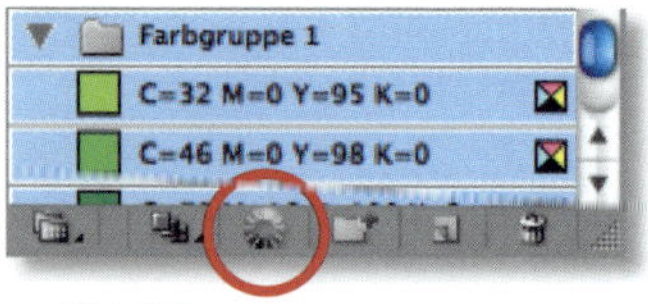

▲ **Abbildung 7.90**
Aktivieren Sie eine Farbgruppe im Farbfelder-Bedienfeld, kommen Sie auch von hier direkt zu Bildmaterial neu färben.

Sie kommen auch direkt von einer Farbfeldgruppe, wenn Sie sie im Farbfelder-Bedienfeld ausgewählt haben, zu den interaktiven Einstellungen des Bildmaterial neu färben-Dialogs. Wenn Sie nur die Farben einer Farbgruppe modifizieren möchten, haben Sie kein Objekt dabei aktiv und verändern die Farben der ausgewählten Farbgruppe.

Haben Sie ein Objekt aktiv *und* wählen eine Farbgruppe aus, wird das Objekt gleich in die Farben der Farbgruppe umgerechnet, wenn Sie per Klick auf den Button Farbgruppe bearbeiten den Dialog Bildmaterial neu färben öffnen.

Schritt für Schritt: Einen Bonbon umfärben

»Bonbon.ai« finden Sie auf der DVD im Ordner Uebungen • 07.

1 Datei öffnen

Der Bonbon ist schon vorbereitet, damit Sie sich ganz auf die Farbe konzentrieren können.

Abbildung 7.91 ▶
Ihr Original-Bonbon. Jede Farbe hat geschlossene Flächen.

2 Bonbon duplizieren

Duplizieren Sie den Bonbon mehrfach, indem Sie ihn mit dem Auswahl-Werkzeug und gedrückter [Alt] -Taste nach unten ziehen (lassen Sie erst die Maus und dann die Taste los).

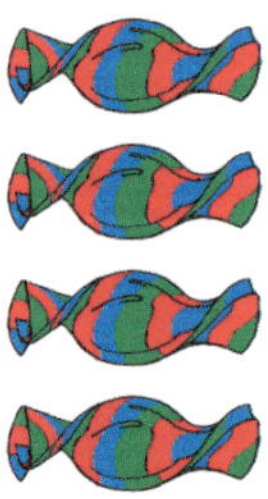

▲ **Abbildung 7.92**
Erstellen Sie ein paar Bonbons.

3 Bildmaterial neu färben...

Wenn Sie einen Bonbon ausgewählt haben, brauchen Sie nur im Steuerung-Bedienfeld auf Bildmaterial neu färben zu klicken.

Hier stellen Sie erst mal sicher, dass Sie sich im Bereich Zuweisen ❷ befinden, und durch einen Klick auf ❶, dass die Farben des Bonbons Ausgangspunkt der Einstellungen sind.

Wählen Sie nun aus den vielen FARBHARMONIEN ❸ HOHER KONTRAST 4 aus, um die erste Umfärbung vorzunehmen.

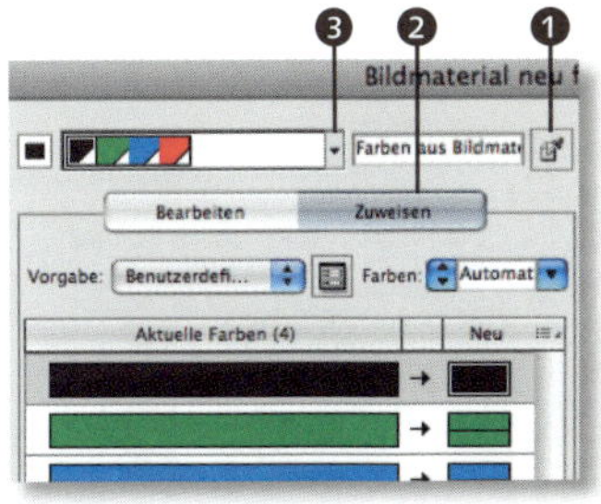

▲ **Abbildung 7.93**
Auswählen einer Farbharmonie-Regel ❸ in BILDMATERIAL NEU FÄRBEN

4 Neue Farben sichern

Sie können einen Namen für Ihre Umfärbung vergeben ❹. Dieser Name wird dann auch für eine neue FARBGRUPPE ❻ verwendet, die Sie sich per Klick auf ❺ aus der Harmonie erstellen lassen können.

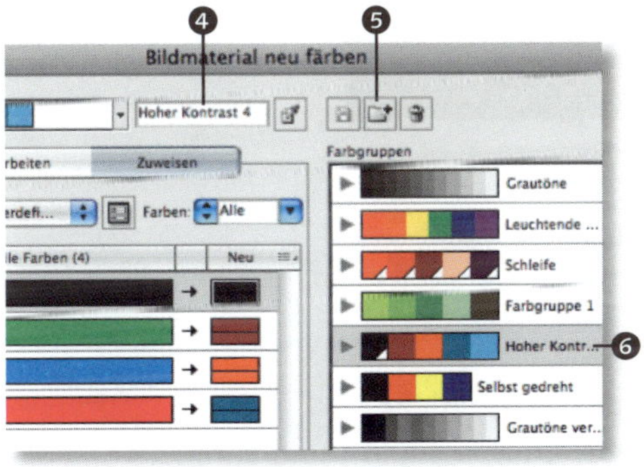

◀ **Abbildung 7.94**
Speichern Sie sich am besten immer die neu kreierten Farben als Farbgruppe in die Farbfelder hinein.

5 Farben manuell ändern

Wechseln Sie zunächst in den Bereich BEARBEITEN ❼, und öffnen Sie das Ketten-Symbol ❿ mit einem Klick.

Nun können Sie jede Farbe einzeln an ihrem Kreis ❽ anfassen und an eine andere Position, also auch Farbe, drehen. Ich empfehle Ihnen, anschließend immer mit den Reglern ❾ die Werte zu begradigen. Auch die neue Umfärbung speichern Sie bitte als neue Farbgruppe.

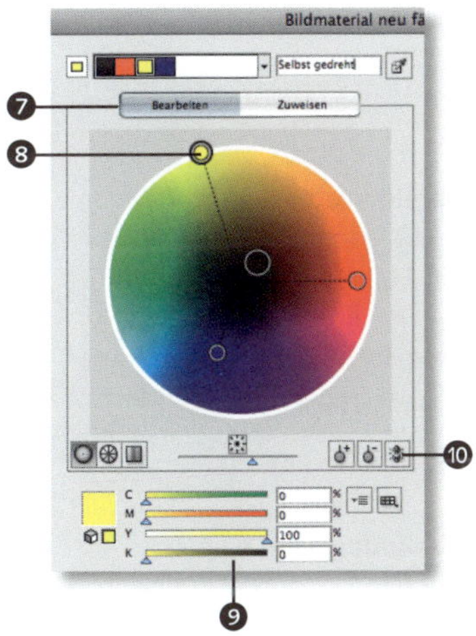

▲ **Abbildung 7.95**
Gerade Werte, individuelle Farben

6 Umfärben zu einer bestehenden Farbgruppe

Wechseln Sie wieder auf ZUWEISEN, und klicken Sie einfach auf die bestehende Farbgruppe »Grautöne« ⓫. Da die Graustufen aber zu dicht beieinanderliegen, um sie gut unterscheiden zu können, klicken Sie die einzelnen Farben ⓬ an und erhöhen den Kontrast im Schwarz-Regler ⓭.

Sie können alternativ auch einen Doppelklick auf die jeweilige Farbe ⓬ machen und damit den FARBWÄHLER aufrufen (Abbildung 7.96 auf der folgenden Seite). Im Farbwähler klicken Sie auf eine beliebige Farbe im Farbfeld ⓰. Mit dem Farbregler ⓯ verschieben Sie das Farbspektrum. Beachten Sie aber, dass noch die Graustufen aktiviert sind, sodass auch die neue Farbe ⓮ Grau anzeigt.

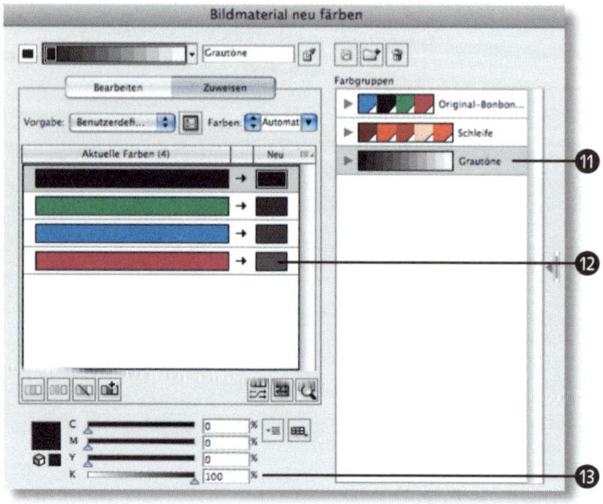

▲ **Abbildung 7.96**
Auswahl einer bestehenden Farbgruppe

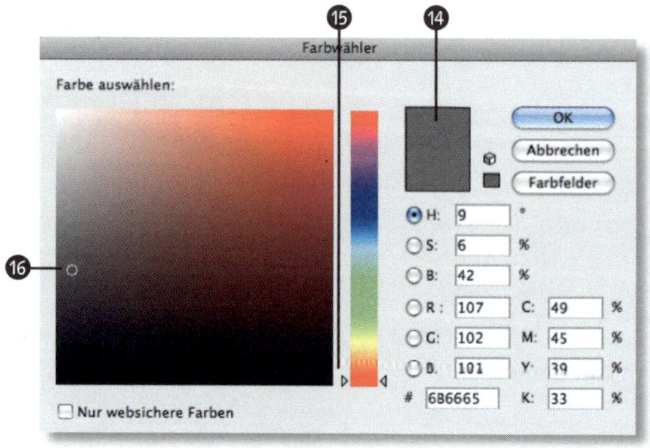

▲ **Abbildung 7.97**
Einzelfarben können Sie im Farbwähler nach Optik einstellen.

7 Gruppenfarben ändern oder nicht?

Wenn Sie eine bestehende Gruppe ändern und dann das Dialogfenster mit OK bestätigen, werden Sie gefragt, ob Sie die Farbgruppe speichern möchten. Das würde aber bedeuten, dass Sie nicht nur das Objekt, sondern auch die ganze Farbgruppe »überschreiben« würden. Im Zweifelsfall sagen Sie lieber NEIN, denn die Farben haben Sie ja am Objekt.

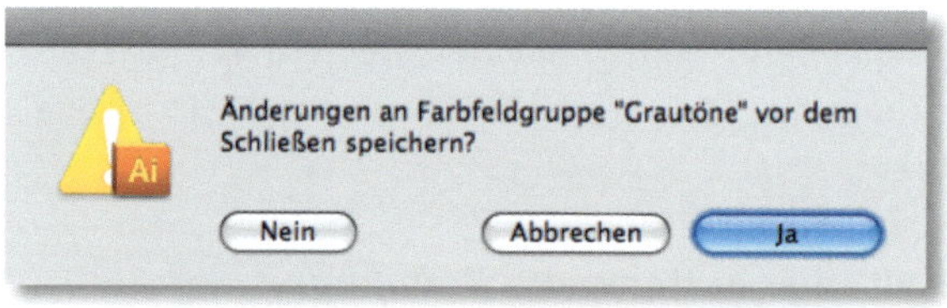

Abbildung 7.98 ▶
Bestätigen Sie diesen Dialog mit JA, werden nicht nur die Farben Ihrer Illustration, sondern auch die Farben im FARBFELDER-Bedienfeld geändert.

Abbildung 7.99 ▶
Die fertige Bonbon-Reihe

7.11 Tastaturkürzel

Auch in diesem Kapitel können Sie sich das Arbeiten erleichtern, indem Sie die schnellen Tastaturkürzel anwenden. Natürlich gibt es immer viel mehr als in der Tabelle, aber das sind erst mal die wichtigsten.

Zweck	PC	Mac
Gitter-Werkzeug	U	U
Lasso-Werkzeug	Q	Q
Verlaufwerkzeug	G	G
Angleichen-Werkzeug	W	W
Angleichung erstellen	Strg + Alt + B	⌘ + Alt + B
Fläche- oder Konturfarbe auswählen	X	X
Flächen- und Konturfarbe tauschen	⇧ + X	⇧ + X
Weiße Fläche, schwarze 1pt-Kontur	D	D
Farbeinstellungen des Programms	Strg + ⇧ + K	⌘ + ⇧ + K
Gruppieren	Strg + G	⌘ + G
Objekt nach hinten stellen	Strg + ⇧ + Alt + 5	⌘ + ⇧ + Alt + 5
Objekt nach vorne stellen	Strg + ⇧ + Alt + 6	⌘ + ⇧ + Alt + 6
Aktives Objekt ausblenden	Strg + 3	⌘ + 3
Alle Objekte wieder einblenden	Strg + Alt + 3	⌘ + Alt + 3

▲ **Tabelle 7.2**
Die wichtigsten Tastenkombinationen, die in diesem Kapitel vorkommen

Kapitel 8

Muster, Pinsel und Symbole

Von der Zeichnung zu den Bildern

Sie werden lernen:

- Was sind Muster und wo sind sie zu finden?
- Wie lassen sich Muster generieren und anwenden?
- Wie werden Muster transformiert?
- Wie arbeitet man effektiv mit Pinseln?
- Was verbirgt sich hinter dem unscheinbaren Breitenwerkzeug?
- Was macht man mit dem Tropfenpinsel-Werkzeug?
- Wie werden die Symbole in Illustrator angewendet?
- Wie erzeugt man selbst spannende Symbole?

8 Muster, Pinsel und Symbole

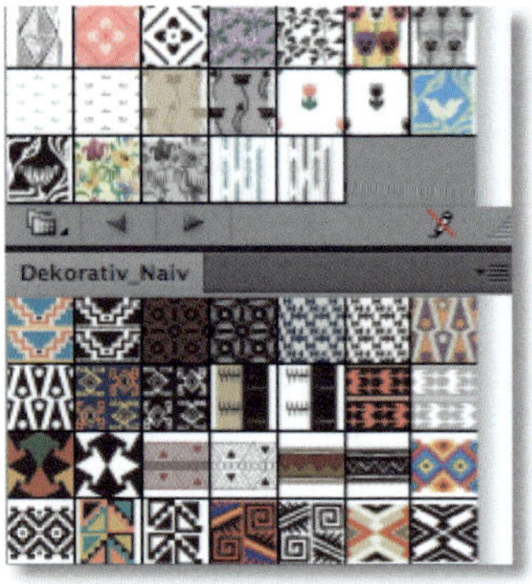

▲ **Abbildung 8.1**
Musterbibliotheken von Illustrator

In diesem Kapitel möchte ich Sie in die Welt der Muster und Symbole von Adobe Illustrator einführen. Ich zeige Ihnen auch, dass Sie mit dem Programm nicht nur schnöde Linien oder Konturen zeichnen können, sondern vielfältige Pinsel zur Verfügung haben.

Bei allen drei Gestaltungsmitteln/Werkzeugen können Sie sowohl auf die sehr umfangreichen Bibliotheken zugreifen, die Ihnen sehr viele Symbole, Muster und Pinsel anbieten, oder Sie erzeugen sich selbst welche.

8.1 Muster

▲ **Abbildung 8.2**
Nicht jeder Punkt ist ein einzelnes Objekt, es ist nur *ein* Muster.

Was sind Muster überhaupt? Ein Muster ist eine Gruppe von Elementen, die auf ein Objekt angewandt wird und nicht jedes Mal neu und einzeln gezeichnet werden muss. Stellen Sie sich vor, Sie müssten ein gepunktetes Objekt erzeugen und jeden Punkt einzeln zeichnen. Eine riesige Menge von Einzelobjekten käme da zusammen. Wenn Sie diese auch noch verändern müssten, hätten Sie anschließend keine Lust mehr, weiterzuarbeiten.

Deshalb gibt es Muster als Funktion. Ist das Muster erst einmal kreiert und als solches definiert, wenden Sie es auf beliebige Objekte an. Aber es besteht nur ein einziges Muster im Hintergrund. Illustrator erzeugt nur weitere Instanzen davon, und die Datenmenge bleibt klein. Verändern müssen Sie bei Bedarf nur das Muster, nicht hunderte von einzelnen Kreisen.

8.1.1 Wo gibt es Muster?

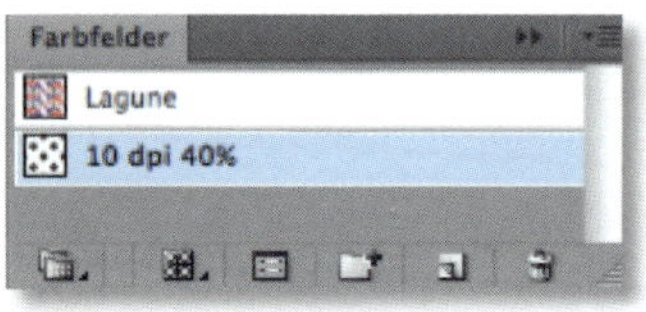

▲ **Abbildung 8.3**
Farbfelder-Bedienfeld mit Mustern als Farbfelder

Muster sind eine Form der Farbfelder. Öffnen Sie also das Farbfelder-Bedienfeld, und scrollen Sie in Ihrer Liste ganz nach unten. Dort finden Sie Farbfelder, die Muster enthalten. Wenn Sie das Bedienfeld-Symbol Farbfeldarten einblenden auswählen, können Sie die Anzeige der Farbfelder auf Muster beschränken, um diese besser auffinden zu können. Im Farbe-Bedienfeld sehen

Sie nur dann ein Muster, wenn es in den Farbfeldern ausgewählt ist oder ein Objekt mit Musterfüllung aktiv ist. Hier können Sie keine Muster auswählen.

Das Farbfeldbibliotheken-Symbol des FARBFELDER-Bedienfeldes ist der Button Ihrer Wahl, denn Illustrator speist Sie nicht mit den paar Mustern ab, die schon in den Farbfeldern liegen. Navigieren Sie dort zu MUSTER • DEKORATIV/EINFACHE GRAFIKEN/NATUR. Hinter jeder dieser drei Auswahlen liegen wieder mehrere Musterbibliotheken.

Wählen Sie eine Musterbibliothek, erhalten Sie ein weiteres Bedienfeld, das die Muster-Farbfelder als Liste oder Miniatur anzeigt, je nachdem, was Sie im Flyout-Menü auswählen. Elf Bibliotheken gibt es für Sie schon – von Strukturen über dekorative Muster bis hin zu Naturformen.

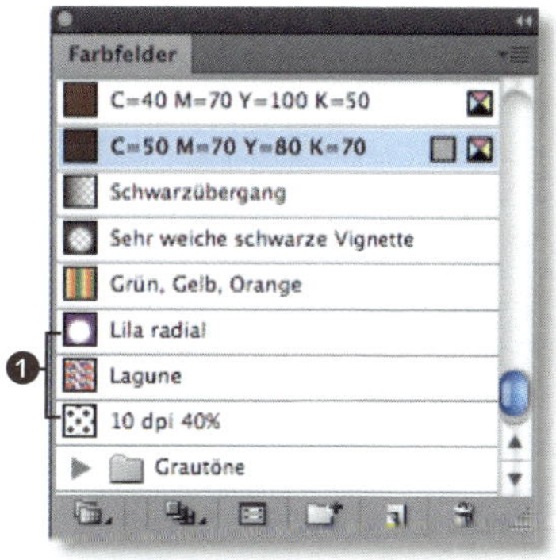

▲ **Abbildung 8.4**
Nach den »normalen« Farbfeldern und den Verlaufs-Farbfeldern kommen dann die Muster-Farbfelder ❶.

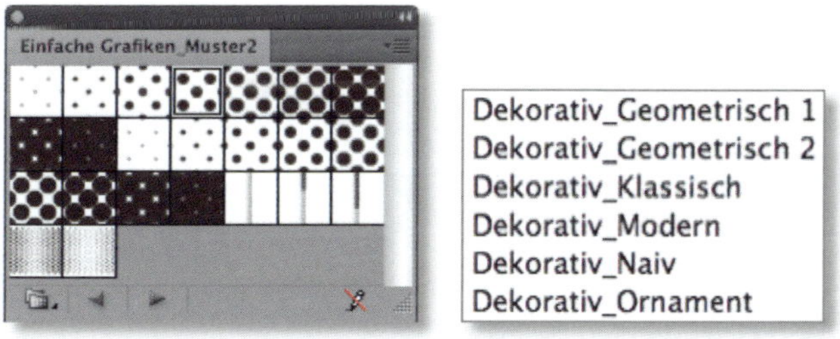

◄ **Abbildung 8.5**
Links: Eine von mehreren DEKORATIV-Musterbibliotheken (rechts)

8.1.2 Muster den Objekten zuweisen

Das Zuweisen eines Musters zu einem Objekt ist ganz einfach. Es funktioniert genauso, wie Sie eine »normale« Farbe aus den Farbfeldern zuweisen: Ist ein Objekt aktiv, reicht ein Klick in ein Muster-Farbfeld. Ist es nicht aktiv, ziehen Sie ein Muster einfach darauf. Seien Sie hierbei vorsichtig: Treffen Sie aus Versehen die Kontur, erhält diese das Muster. Korrigieren Sie es, indem Sie Konturfarbe und Flächenfarbe tauschen: Drücken Sie bei aktivem Objekt [⇧]+[X].

▲ **Abbildung 8.6**
Muster können auch auf Konturen angewendet werden.

8.1.3 Muster transformieren

Nun entspricht die Größe einer Musterung vielleicht nicht immer dem Objekt, dem das Muster zugewiesen wurde. Sie müssen sowohl die Größe als auch die Ausrichtung des Musters ändern, womit wir wieder beim TRANSFORMIEREN-Bedienfeld sind (siehe auch Kapitel 5, »Transformationen«).

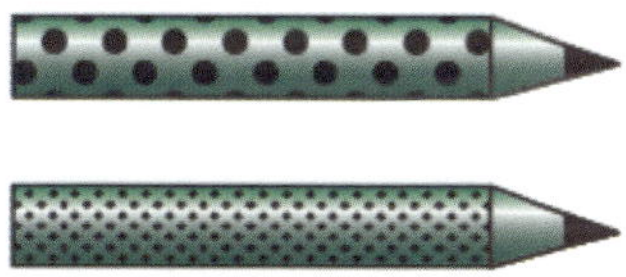

▲ **Abbildung 8.7**
Mustergrößen sollen dem Objekt angepasst werden.

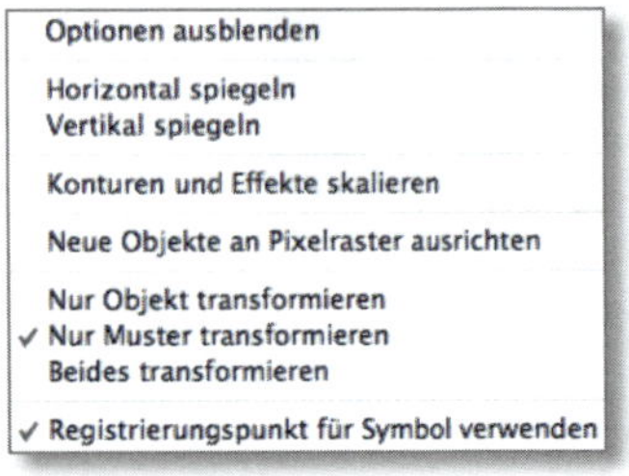

▲ **Abbildung 8.8**
Flyout des TRANSFORMIEREN-Bedienfeldes, um zu bestimmen, was transformiert werden soll

▲ **Abbildung 8.9**
Ungleichmäßige Transformation mit gebrochener Kette ❼. Die Kreise wurden zu Ellipsen.

Entscheidend ist, was Sie im Flyout-Menü ❽ eingestellt haben. Soll das ganze Objekt inklusive seines Musters transformiert werden, nur das Muster oder nur das Objekt ohne Muster?

Fast genauso wichtig ist, ob Sie die Kette geschlossen haben ❼. Wenn ja, verzerrt sich das Muster nicht; sein Breiten- und Höhenverhältnis bleibt erhalten.

Wenn Sie im Flyout-Menü aber NUR MUSTER angehakt haben, wird Ihnen das Warndreieck ❹ angezeigt. (Ein Klick hinein ändert die Einstellung wieder in BEIDES TRANSFORMIEREN).

Haben Sie sich zum Beispiel für NUR MUSTER TRANSFORMIEREN entschieden, legen Sie die Position des Musters fest ❷, verschieben es also in Ihrem Objekt. Welcher Bezugspunkt dafür zu Rate gezogen wird, entscheiden Sie auch noch ❸. Meist ändern Sie in erster Linie die Größe des Musters ❶ (wie in Abbildung 8.7).

Möchten Sie ein Muster DREHEN oder VERBIEGEN ❻? Geben Sie numerisch den Winkel ein. Oder soll es, weil fürs Web gemacht, am Pixelraster ausgerichtet sein? Setzen Sie einen Haken bei ❺.

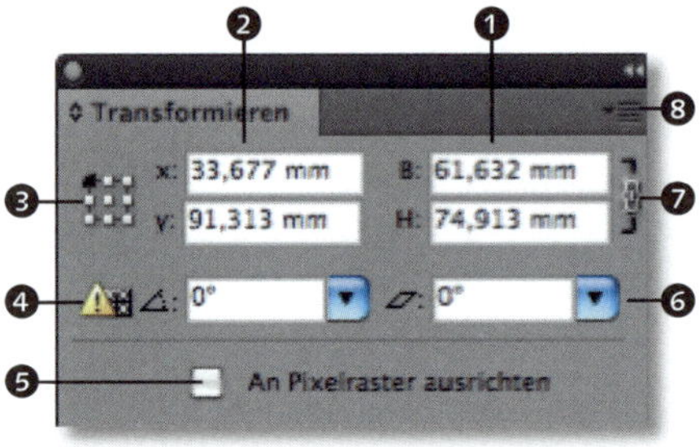

Abbildung 8.10 ▶
Das TRANSFORMIEREN-Bedienfeld transformiert nicht nur die Objekte, sondern auch Muster.

8.1.4 Muster selbst erstellen

Es ist zwar sehr praktisch, auf eines der zahlreichen Muster von Illustrator zuzugreifen, aber Sie können auch mühelos selbst welche erstellen. Nehmen Sie dazu ein Objekt oder eine Objektgruppe und ziehen das jeweilige Element einfach in Ihr FARBFELDER-Bedienfeld.

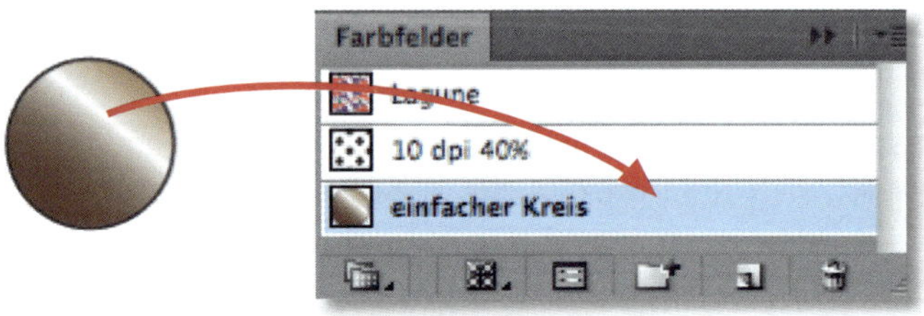

Abbildung 8.11 ▶
Wenn Sie ein Objekt in die Farbfelder ziehen, wird es zum Muster.

Nachdem Sie so einfach ein eigenes Muster erstellt haben, weisen Sie es beliebigen Objekten zu. Sie sehen, Ihr Muster wird so erzeugt, dass die einzelnen Musterelemente direkt neben- und übereinander angeordnet werden.

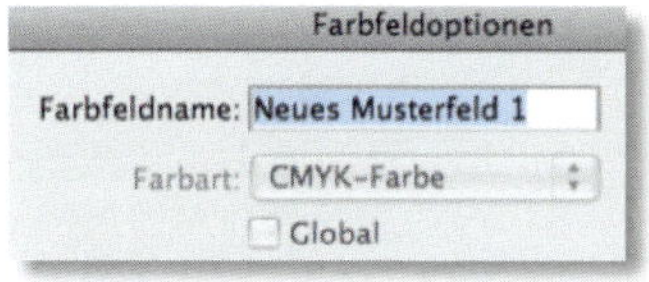

▲ **Abbildung 8.12**
Doppelklick ins Muster-Farbfeld: Optionen für eigene Namen

◀ **Abbildung 8.13**
Das Prinzip der Musterbildung

Wie aber kriegen Sie es hin, dass die Kreise aus Abbildung 8.14 nicht direkt nebeneinanderliegen, wie die Quadrate aus Abbildung 8.13? Wenn Sie möchten, dass die Kreise einen Abstand zueinander haben, legen Sie einen Kreis an und positionieren genau mittig zu ihm ein Quadrat. Dieses Quadrat darf weder Kontur- noch Flächenfarbe besitzen und muss ganz nach unten gelegt werden [Strg]/[⌘]+[Alt]+[⇧]+[5]! Markieren Sie dann beide Objekte. Illustrator erkennt diese Kombination, wenn Sie sie ins FARBFELDER-Bedienfeld ziehen, und nimmt das Quadrat als das Muster-Grundfeld an.

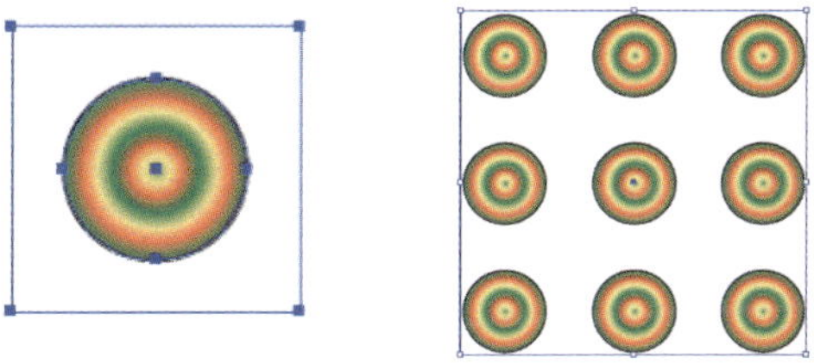

◀ **Abbildung 8.14**
Das unten liegende Quadrat ohne Fläche und Kontur sorgt für den Abstand der Kreise zueinander.

Wenn ein Muster aber nicht zu regelmäßig aussehen soll, müssen Sie mehrere Objekte anlegen, die auch über das farblose Quadrat (Muster-Grundfeld) hinausragen. Doch jeder Teil, der über das Muster-Grundfeld hinausragt, muss auf der anderen Seite des Quadrates wieder hineinragen. Ansonsten würde es abgeschnitten. Der Hai aus Abbildung 8.15 verdeutlicht es.

Um so ein Muster zu erzeugen, schalten Sie zunächst die intelligenten Hilfslinien ein [Strg]/[⌘]+[U]. Den Begrenzungsrahmen blenden Sie aus [Strg]/[⌘]+[⇧]+[B]. Musterobjekt *und* Muster-Grundfeld ziehen Sie nacheinander an seiner linken oberen Ecke mit gehaltener [Alt]+[⇧]-Taste nach rechts, bis die Maus auf dem rechten oberen Ankerpunkt des Quadrates einrastet. Löschen Sie danach das rechte Quadrat (In der Pfadansicht Strg / ⌘ + Y zu sehen). Wiederholen Sie den Vorgang eventuell in alle Richtungen, in denen Objekte über das Muster-Grundfeld hinausragen.

Abbildung 8.15 ▸
Was aus dem Quadrat herausragt, muss auch wieder hineinragen, damit es im Muster vollständig wird.

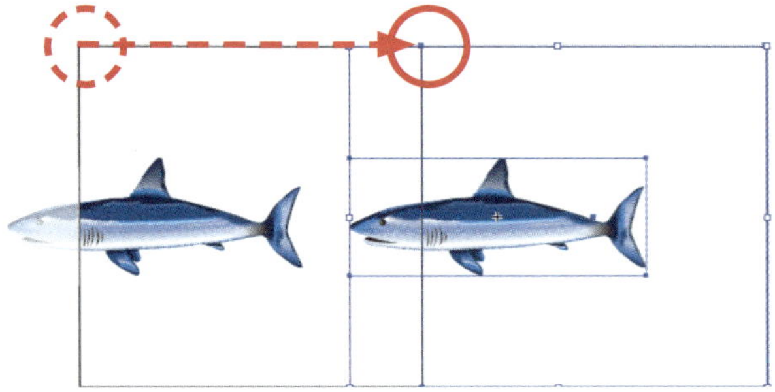

Schritt für Schritt: Modeentwurf

1 Datei öffnen

»Mode.ai« finden Sie auf der DVD im Ordner UEBUNGEN • 08.

Ich habe für Sie eine Datei vorbereitet. Sie finden dort ein Paar auf drei Ebenen: eine Ebene für die Konturen, eine für Haut und Haare und eine für die Muster, die nun kreiert werden sollen, denn das Pärchen ist noch etwas schmucklos gekleidet.

Abbildung 8.16 ▸
Noch ist das Pärchen nicht besonders modisch.

2 Muster anwenden

Am FARBFELDER-Bedienfeld stellen Sie auf MUSTERFELDER EINBLENDEN ❶. Die Liste der Felder ist sehr überschaubar. Also nehmen Sie erst mal das eine und weisen es den verschiedenen Kleidungsstücken per Drag & Drop zu.

Abbildung 8.17 ▸
Per Drag & Drop den Flächen ein Muster zuweisen

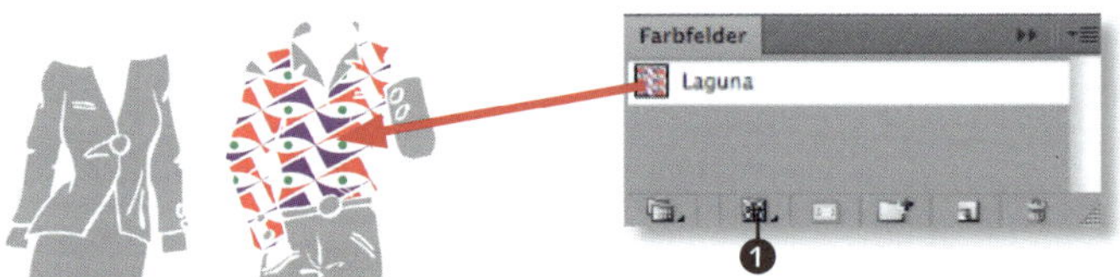

Alternativ dazu können Sie die Kleidungsstücke auch mit dem DIREKTAUSWAHL-WERKZEUG auswählen und dann in das Musterfeld klicken. Wollen Sie einem Kleidungsstück eine »normale« Farbe zuweisen, obwohl im FARBFELDER-Bedienfeld nur Muster zu sehen sind, erledigen Sie dies im STEUERUNG-Bedienfeld; hier sind immer alle Farbfelder ❷ zu sehen.

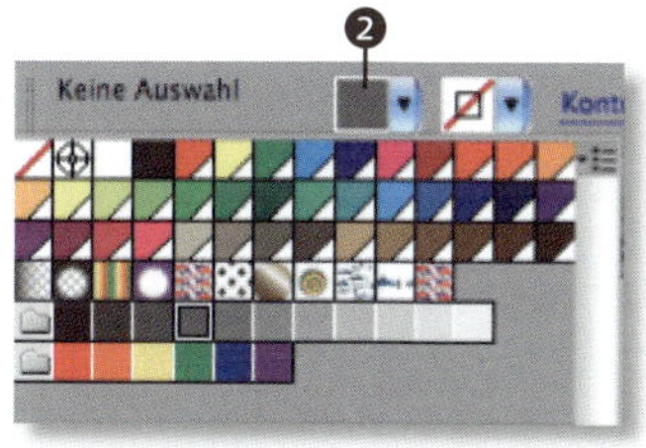

▲ **Abbildung 8.18**
Im STEUERUNG-Bedienfeld werden immer *alle* Farbfelder angezeigt.

3 Muster transformieren

Wählen Sie mit dem DIREKTAUSWAHL-WERKZEUG ein Kleidungsstück oder mit der [⇧]-Taste mehrere Kleidungsstücke aus.

Öffnen Sie das TRANSFORMIEREN-Bedienfeld, und setzen Sie im Flyout-Menü den Haken bei NUR MUSTER TRANSFORMIEREN. Jetzt können Sie bei BREITE oder HÖHE andere Werte eingeben, oder – besser noch – Sie markieren den derzeitigen Wert und tippen nur auf den Auf- bzw. Abwärtspfeil Ihrer Tastatur. Sie können die Änderungen so live mitverfolgen. (Drehen oder Verbiegen geht auf die gleiche Weise.)

▲ **Abbildung 8.19**
Was soll transformiert werden?

◀ **Abbildung 8.20**
Gleiches Muster verschieden transformiert – passt.

4 Eigenes Muster

Nichts gegen die 70er-Jahre, aber irgendwie wäre ein anderes Muster nicht schlecht. Zeichnen Sie etwas, was Ihnen gefällt, und greifen Sie dabei ruhig auf die Symbole (FENSTER • SYMBOLE und SYMBOL-BIBLIOTHEK ÖFFNEN im Flyout-Menü) zurück.

Ziehen Sie ein Quadrat (mit gehaltener [⇧]-Taste) über Ihren Musterentwurf, setzen Sie Flächenfarbe und Konturfarbe auf OHNE, und stellen Sie es über OBJEKT • ANORDNEN • IN DEN HINTERGRUND nach hinten. Aktivieren Sie mit dem AUSWAHL-WERKZEUG Ihr Muster inklusive Quadrat und ziehen es in das FARBFELDER-Bedienfeld.

Nun können Sie Ihr neues Muster den Kleidungsstücken zuweisen. Die Transformationen sind erhalten geblieben. Wollen Sie bei null anfangen, müssen Sie den Objekten erst eine »nor-

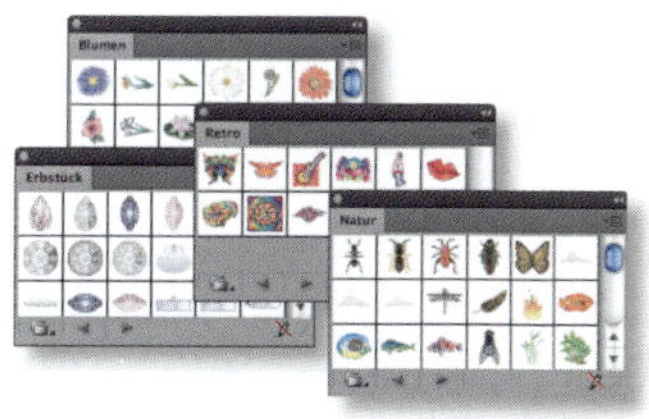

▲ **Abbildung 8.21**
Zig Symbole können Sie auch für Ihre Musterkreation nutzen.

▲ **Abbildung 8.22**
So muss Ihr Quadrat aussehen, bevor Sie es mit den anderen Elementen in die Farbfelder ziehen.

male« Farbe zuweisen und dann das Muster – die Drehungen und Biegungen werden dadurch zurückgesetzt.

Abbildung 8.23 ▸
So schnell können Sie mit Illustrator als Modedesigner arbeiten.

8.2 Pinsel

▲ **Abbildung 8.24**
Ein Pinselstrich ist zunächst auch nur ein Pfad.

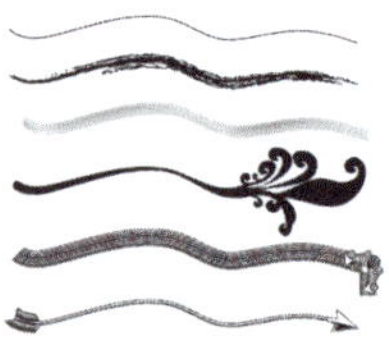

▲ **Abbildung 8.25**
X Designs sind für einen Pinselstrich vorstellbar. Er bleibt trotzdem nur ein Pfad.

Um mit Pinseln gut arbeiten zu können, müssen Sie zunächst verstehen, was im Hintergrund bei den Pinselfunktionen passiert. Denn Pinsel in Illustrator als einem Vektorprogramm machen etwas anderes als der Pinsel im Tuschkasten.

Mit dem Pinsel-Werkzeug zeichnen Sie zunächst einmal Pfade, wie Sie es auch mit anderen Werkzeugen in Kapitel 4, »Pfade«, getan haben. Die Kontur des Pinselstriches hingegen bekommt ein Aussehen. Jenes Aussehen simuliert dann zum Beispiel einen klassischen Pinselstrich. Der Pfad bleibt dabei unangetastet, gleich wie der Pinselstrich aussieht.

Wenn die Kontur aber nur ein Aussehen darstellt, kann ein Pinselstrich alles Mögliche sein: ein Ornament, ein Pfeil etc.

8.2.1 Pinsel auswählen

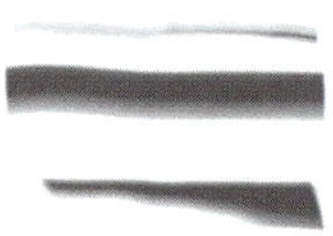

▲ **Abbildung 8.26**
Von oben: senkrechter Stift, flacher Stift, zunehmender Druck des Stiftes

Meistens werden Sie sich bei den Pinseln wohl auch für das Pinsel-Werkzeug entscheiden, wobei ein Pinselaussehen auch auf mit anderen Werkzeugen erzeugten Pfaden angewendet werden kann! Das Pinsel-Werkzeug verhält sich beim Arbeiten aber am ähnlichsten dem normalen Pinsel aus Holz und Haar. Wenn Sie dann noch über ein Grafiktablett verfügen, fühlt es sich auch fast so an. Mehr noch, Illustrator erkennt bei guten Tabletts (von Wacom zum Beispiel) beim Pinsel die Neigung, den Druck und bei neueren Tabletts auch die Drehung des Stiftes.

Öffnen Sie das Pinsel-Bedienfeld, und wählen Sie dort eine Pinselspitze ❼ aus. Zeichnen Sie nun mit dem Pinsel-Werkzeug eine Linie, erhält diese das Aussehen des Pinsels.

Zeichnen Sie mit anderen Pfadwerkzeugen, müssen Sie nachträglich (bei aktivem Pfad) auf eine der Pinselspitzen im Bedienfeld klicken, um deren Aussehen zuzuweisen.

Ihnen reicht die Auswahl der Pinselspitzen nicht? Gut, am unteren Bedienfeldrand finden Sie wie immer Symbole, die Sie schnell zu den gewünschten Funktionen bringen, ohne dass Sie über das Flyout-Menü gehen müssen. Als Erstes finden Sie die Pinselbibliotheken ❶. Navigieren Sie hier im Dropdown-Menü zu einer der vielen Bibliotheken.

Mit dem Button Pinselkontur entfernen ❷ löschen Sie nicht den Pfad, sondern nur sein Pinselaussehen, während Sie mit dem Button Optionen für ausgewähltes Objekt ❸ das Aussehen und Verhalten eines Pinselstriches nachträglich ändern.

Dass Sie mit Neuer Pinsel ❹ selbst einen kreieren ist klar. Doch auch das obligatorische Papierkorb-Symbol ❺ ist wichtig, denn Sie werden bestimmt immer wieder verschiedene Pinsel ausprobieren, die dann alle, auch ungenutzt, im Bedienfeld herumliegen. Die, die Sie aber nutzen, können Sie hier schnell auswählen – mit einem einfachen Klick in eine der Pinselvorschauen ❻.

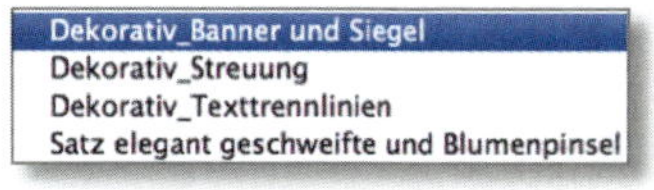

▲ **Abbildung 8.27**
Nur eine kleine Auswahl der Pinselbibliotheken

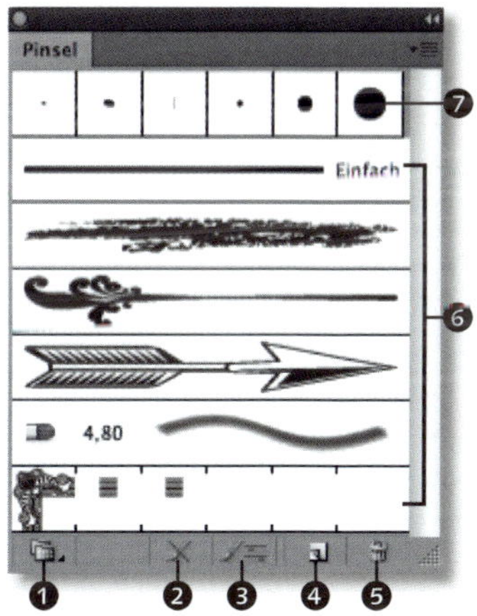

▲ **Abbildung 8.28**
Wählen Sie mit dem Pinsel-Werkzeug vor dem Zeichnen einen Pinsel aus (mit anderen Werkzeugen können Sie es nur nach dem Zeichnen tun).

8.2.2 Pinsel modifizieren

Sie können die Pinsel so benutzen, wie sie aus dem Bedienfeld kommen, oder Sie basteln sie sich noch zurecht, wie es der Arbeit, die Sie verrichten, angemessen erscheint. Klicken Sie im Bedienfeld auf Optionen für ausgewähltes Objekt ❸, oder machen Sie einen Doppelklick auf die ausgewählte Pinselvorschau (Bild- und Musterpinseln zeigen ihnen noch zusätzliche Optionen).

▼ **Abbildung 8.29**
Jede Pinselart hat ihre eigenen Kontur-Optionen.

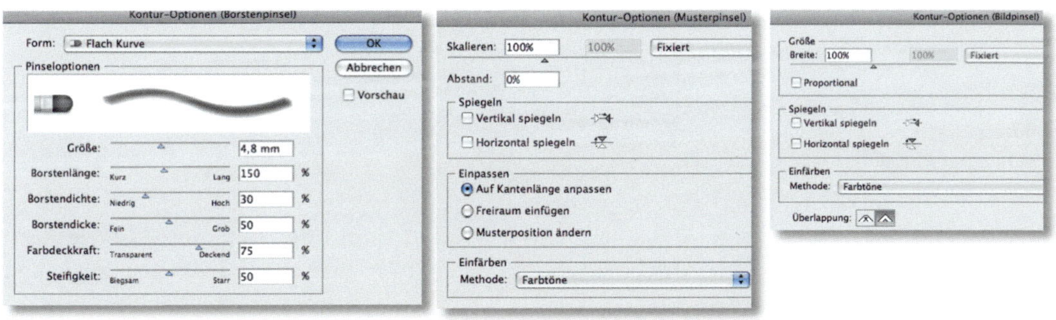

▲ **Abbildung 8.30**
Eine Auswahl an Borstenpinseln

Sie können die Änderungen vor dem Malen vornehmen oder nachträglich bei aktiviertem Pfad. Bestätigen Sie Ihre Eingaben, werden Sie oft gefragt, ob Sie die Änderungen auf Konturen anwenden möchten. Wählen Sie KONTUR BEIBEHALTEN, ändert sich Ihre Zeichnung nicht, nur die Pinselspitze, die Sie dann einzeln zuweisen können.

Der Borstenpinsel – neu bei Illustrator – hat zum Beispiel unglaublich viel Ähnlichkeit mit einem normalen Pinsel. Sie können fast genauso damit arbeiten, er bleibt ein Vektorobjekt, und jeder Strich ist editierbar. Jedoch entstehen viele Transparenzobjekte, um die Pinselanmutung zu simulieren, und dadurch mitunter sehr große Dateien. Und so lohnt es sich, nach getaner Arbeit die Illustration umzuwandeln: OBJEKT • IN PIXELBILD UMWANDELN. Dann lässt sich aber nichts mehr editieren.

▲ **Abbildung 8.31**
Die Pfade einer Borstenpinsel-Illustration

Abbildung 8.32 ▶
Der mittlere Pinsel hat weichere, längere Borsten bekommen, der rechte Pinsel kurze, harte.

8.2.3 Neuer Pinsel

Mit dem gleichnamigen Button des PINSEL-Bedienfelds gelangen Sie erst einmal zum Dialog, in dem Sie sich für eine Pinselart entscheiden müssen. Nur wenn ein Pinselstrich aktiv ist, stehen Ihnen alle fünf Pinseltypen zur Verfügung.

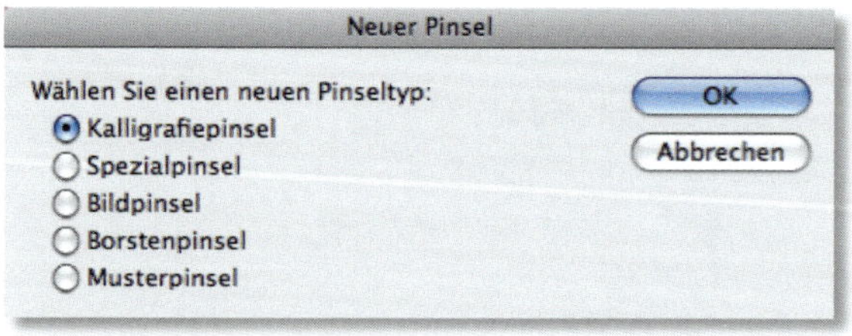

Abbildung 8.33 ▶
Auswahl einer Pinselart

- Der KALLIGRAFIEPINSEL ist rund oder oval, sodass er je nach Strichrichtung schmaler oder breiter wird. In den folgenden

Optionen stellen Sie die Rundheit, Größe und Neigung der Pinselspitze ein.

- Der Borstenpinsel kommt dem eigentlichen Pinsel am nächsten. Sie stellen die Länge und Steifheit der Borsten ein, aber auch deren Menge und Dicke. Ebenso die Transparenz, also wie wässrig der einzelne Strich wird.
- Die Musterpinsel-Optionen sind umfangreicher. Sie müssen ein Muster ❷ für normale Pfade auswählen, eventuell eines für Eckpunkte und eines für Start- und Endpunkte. Klicken Sie jeweils in die entsprechenden Icons ❶. Sie dürfen aber keine Muster auswählen, die aus Objekten gemacht wurden, die selber Muster oder Verläufe enthalten.

▲ **Abbildung 8.34**
Kalligrafiepinsel

▲ **Abbildung 8.35**
Borstenpinsel

▲ **Abbildung 8.36**
Musterpinsel

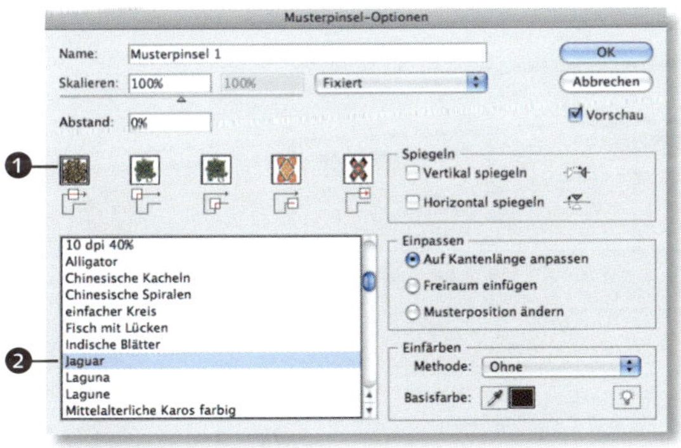

◀ **Abbildung 8.37**
Sie müssen bestimmen, was an Ecken, Enden und Strecken passieren soll.

- Mit dem Spezialpinsel nehmen Sie aktivierte Objekte als Pinselaussehen hinzu. In den Optionen bestimmen Sie, wie dicht sich diese Objekte wiederholen sollen und in welche Richtung sie zeigen. Wählen Sie Drehung relativ zu • Seite ❹, läuft Ihr Muster zwar am Pfad entlang, ignoriert aber die Kurven. In den Dropdown-Menüs ❸ können Sie Dinge wie Zufallswerte (links Verkleinerungen, rechts Vergrößerungen) eingeben ❺.

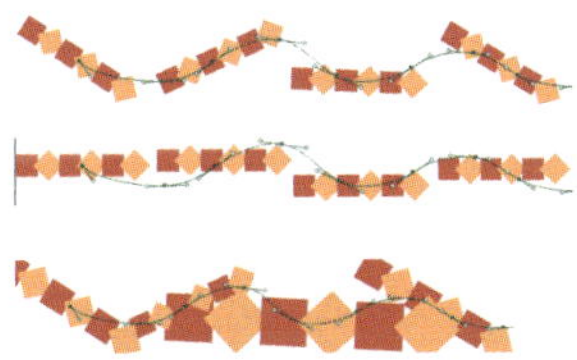

▲ **Abbildung 8.38**
Spezialpinsel: Drehung an Pfad, an Seite; Größe zufällig (unten)

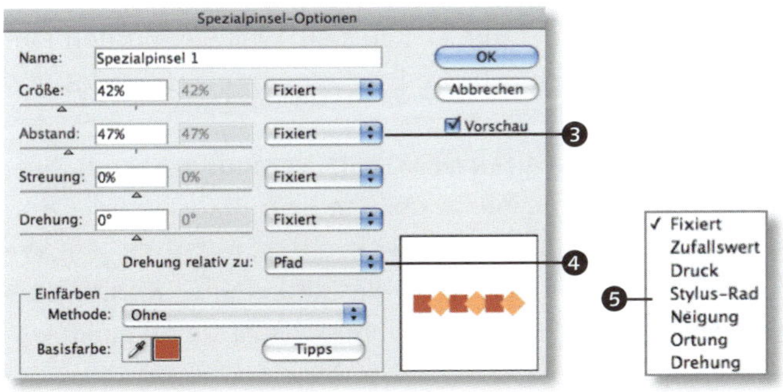

◀ **Abbildung 8.39**
Steuern Sie das Aussehen Ihres Spezialpinsels. Experimentieren ist gefragt.

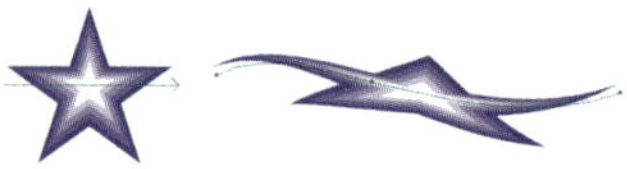

▲ **Abbildung 8.40**
Das Bild wird dem Pfad angepasst.

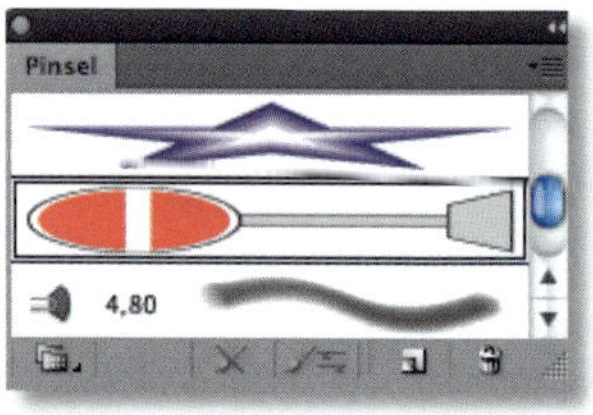

▲ **Abbildung 8.41**
Stern und Straßenschild als Bildpinsel im Pinsel-Bedienfeld

- Der Bildpinsel nun hat mit Fotos nichts zu tun, er nimmt ebenfalls ein aktiviertes Objekt als Pinselaussehen. Doch anders als der Spezialpinsel erzeugt er keine Vervielfältigungen auf dem Pfad, sondern nimmt das eine Objekt und passt es dem Pfad an. Sehr genial seit CS5 ist das Einpassen zwischen Hilfslinien ❶. Setzen Sie hier den Haken und verschieben im Vorschaufenster ❷ die Hilfslinien, wird nur verzerrt, was sich zwischen ihnen befindet. So werden in Abbildung 8.42 oben rechts nur die Pfeiler länger, nicht aber die Schilder verzerrt, weil nur der Pfeiler zwischen den Hilfslinien liegt. Das einzelne Schild ist ja nur ein einfacher Strich, dem der Bildpinsel zugewiesen wurde. Unten rechts sehen Sie, wie die Schilder ohne die Einpassung zwischen die Hilfslinien aussehen würden.

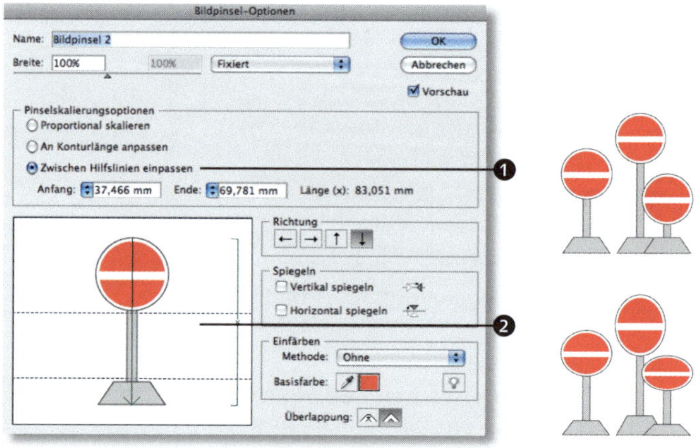

Abbildung 8.42 ▶
In den Bildpinsel-Optionen können Sie Teile der Grafik vor Verzerrung schützen.

8.3 Das Breitenwerkzeug

▲ **Abbildung 8.43**
Breitenwerkzeug

Lange habe ich überlegt, wo ich dieses kleine und so geniale Werkzeug (es ist neu zu Illustrator hinzugekommen) unterbringe. Hier scheint mir der richtige Ort zu sein, weil Sie mit den Pinsel-Werkzeugen eigentlich nur die Erscheinung eines Pfades verändern.

So auch mit dem Breitenwerkzeug. Verändern Sie mit ihm das Aussehen einer Kontur, bleibt der Pfad ein Pfad, und die Kontur bleibt als Kontur editierbar. Dabei können Sie mit diesem Werkzeug nichts anderes machen als die Stärke einer Kontur zu verändern. Aber das haben sich Anwender lange schon gewünscht.

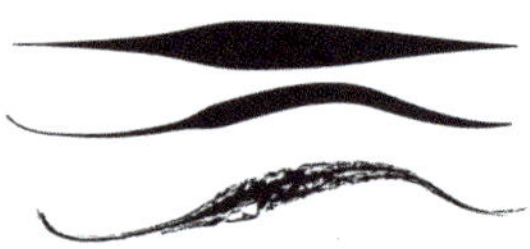

▲ **Abbildung 8.44**
Ob gerade oder gebogen oder gar Pinselstrich; alle können verändert werden.

8.3.1 Die Konturstärke ändern

Eine Kontur muss nicht einmal aktiv sein, es reicht, mit dem BREITENWERKZEUG an irgendeiner Stelle der Kontur zu ziehen. Es wird in der Mitte der Kontur der Breitenpunkt ❸ mit seinen beiden Griffen ❹ sichtbar. Nun können Sie die Kontur an den Griffen weiter auseinanderziehen oder auch wieder zusammenschieben – auch schmaler, als sie vorher war. Wenn Sie die [Alt]-Taste beim Ziehen halten, ist es möglich, auch nur eine Seite der Kontur zu verändern.

Fassen Sie den Breitenpunkt an, können Sie ihn auf dem Pfad verschieben, und mit ihm die Breiten der Kontur.

Mit [⇧] wählen Sie mehrere Breitenpunkte, die Sie vielleicht gesetzt haben, aus. Diese lassen sich dann gemeinsam verschieben und alle ausgewählten verändern gemeinsam ihre Stärke. Die übrigen Breitenpunkte bleiben an ihrer Position und behalten auch ihre Breite bei.

Wählen Sie nur einen Breitenpunkt aus und halten beim Ziehen [⇧], bewegen sich alle anderen Punkte mit – in Position und Breite. Halten Sie beim Ziehen eines Breitenpunktes auf dem Pfad [Alt], duplizieren Sie einen Punkt.

Mit einem Doppelklick auf einen Breitenpunkt bekommen Sie ein numerisches BREITENPUNKT BEARBEITEN-Menü. Das macht aber längst nicht so einen Spaß, wie am Pfad herumzuziehen.

▲ **Abbildung 8.45**
Die Breite der Kontur wird zu beiden Seiten des Pfades verstärkt.

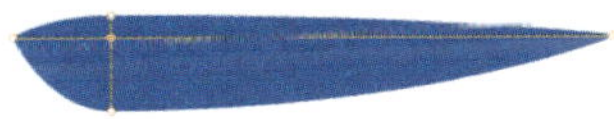

▲ **Abbildung 8.46**
Einseitige Veränderung mit [Alt]

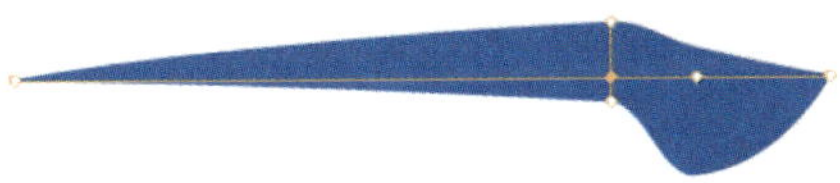

◀ **Abbildung 8.47**
Den Breitenpunkt können Sie auf dem Pfad verschieben.

8.3.2 Anwendungsbeispiele des Breitenwerkzeugs

Das Werkzeug erscheint vielleicht unscheinbar, doch ich möchte es auf keinen Fall mehr missen. Während Sie bei der linken Elbe (Abbildung 8.48) je Ufer 27 Ankerpunkte zu bearbeiten haben, brauchen Sie mit dem BREITENWERKZEUG zusammen nur 14 Ankerpunkte zu koordinieren und haben ein viel besseres Ergebnis.

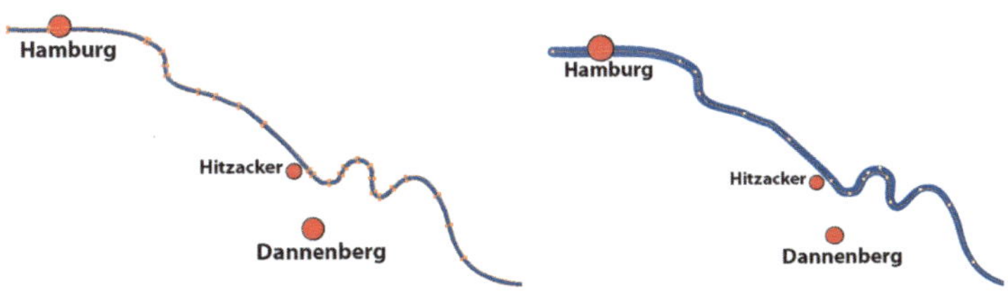

◀ **Abbildung 8.48**
Früher hätten Sie alle Ankerpunkte einzeln bearbeiten müssen. Mit CS5 sind es nur noch ein paar (rechts).

Abbildung 8.49 ▸
Bringen Sie schnell mehr Dynamik in den Strich, indem Sie seine Breite verändern.

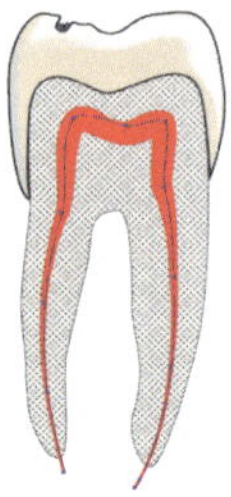

▲ **Abbildung 8.50**
Ideal auch für Zahnwurzel-Nerven

Doch weil es bei aufwändigeren Illustrationen immer noch anstrengend wäre, zwanzig Pfade einzeln dynamischer zu gestalten, können Sie eine einmal erstellte Kontur als Profil speichern.

Aktivieren Sie eine Kontur mit dem Auswahl-Werkzeug, und gehen Sie im Steuerung-Bedienfeld ins Pulldown-Menü Variables Breitenprofil. Am unteren Bedienfeldrand finden Sie das Disketten-Symbol zum Speichern der Kontur als neues Profil. Es ist fortan dort auswählbar. Bei Illustrationen wie dem picassoesken Porträt oben aktivieren Sie alle Pfade und weisen ihnen im Steuerung- oder Kontur-Bedienfeld ein Profil zu.

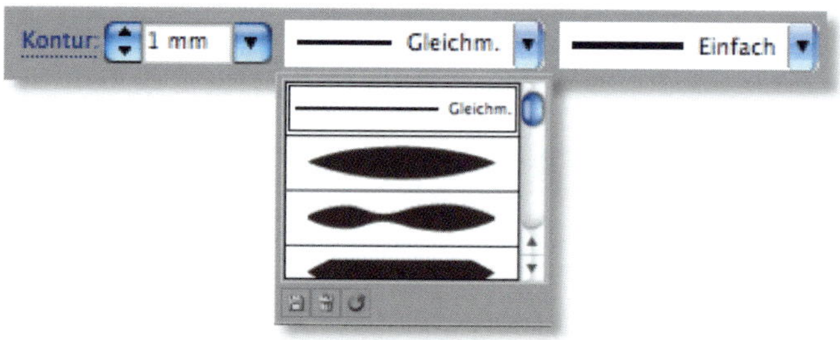

▲ **Abbildung 8.51**
Im Steuerung-Bedienfeld finden Sie das Menü Variables Breitenprofil.

8.4 Das Tropfenpinselwerkzeug

Auch das Tropfenpinselwerkzeug kann nachträglich ein Objekt verändern. In diesem Fall nicht im eigentlichen Sinne die Kontur, sondern die Fläche. Denn Objekte, die mit dem Tropfenpinselwerkzeug gemalt wurden oder verändert werden sollen, dürfen keine Konturen haben.

8.4.1 Objekte neu malen

Wenn Sie mit dem TROPFENPINSEL malen, werden Flächen erzeugt, die keine Konturen haben. Überschneiden sich Flächen beim Malen, werden diese zu einer Form zusammengefügt.

◂ **Abbildung 8.52**
Nach dem Übermalen mit gleicher Farbe wird eine Fläche erzeugt.

Wechseln Sie aber die Flächenfarbe des Werkzeugs und malen dann über eine schon bestehende Fläche, wird ein neues Objekt gemalt, und das darunterliegende bleibt unberührt.

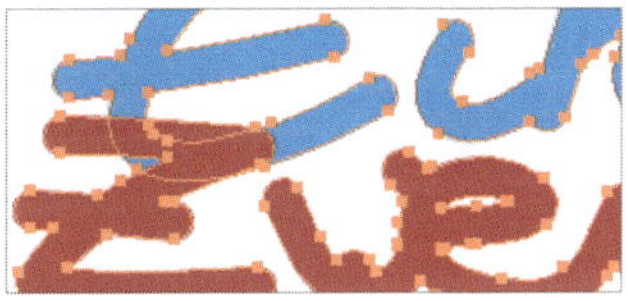

▴ **Abbildung 8.53**
Verschiedene Farben verbinden sich nicht zu einem Objekt.

8.4.2 Tropfenpinsel-Optionen

Auch dieses Werkzeug zeigt Ihnen seine Optionen, wenn Sie darauf doppelklicken.

❶ Die AUSWAHL BEIBEHALTEN macht Sinn mit dem Punkt darunter.
❷ NUR MIT AUSWAHL ZUSAMMENFÜGEN fügt dann die Flächen zusammen, wenn ein Objekt ausgewählt ist, wurde oder bleibt, wie unter ❶. Sie malen dann auch nach dem Absetzen der Maus am gleichen Objekt weiter.
❸ Den TOLERANZBEREICH kennen Sie ja schon aus anderen Kapiteln. Je kleiner der Genauigkeitswert ist, desto feinere Mausbewegungen werden registriert. Je höher die Glättung, umso glatter werden Wackler gezogen.
❹ In den Pinseloptionen sehen Sie eine Vorschau der Einstellungen darunter ❺.
❺ Was GRÖSSE macht, ist klar. Wenn die RUNDHEIT nicht 100% ist, können Sie die Neigung der Ellipse bei WINKEL einstellen. Arbeiten Sie dann noch mit einem Grafiktablett, stehen wieder Optionen für den Druck oder die Neigung des Stiftes bereit, dessen Toleranz Sie vorangezeigt bekommen ❹.

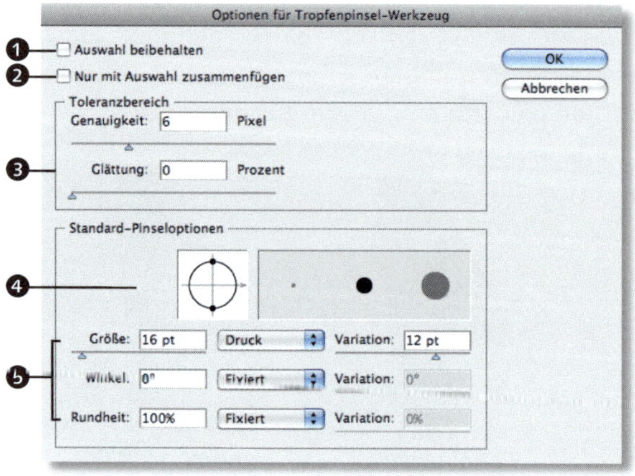

Abbildung 8.54 ▸
Optionen für das TROPFENPINSELWERKZEUG

Das TROPFENPINSELWERKZEUG können Sie auch zum Korrigieren von Formen nutzen. Jedoch dürfen diese wie gesagt keine Konturen haben. Es lohnt sich aber häufig, die Konturen zu löschen und nach der Tropfen-Korrektur neu hinzuzunehmen. Die Objekte dürfen zwar Muster als Flächenfarbe haben, aber keine Transparenzen.

Um sicherzugehen, dass Sie die gleiche Flächenfarbe bzw. das gleiche Muster ausgewählt haben, nehmen Sie das PIPETTE-WERKZEUG und klicken damit einmal auf das zu korrigierende Objekt.

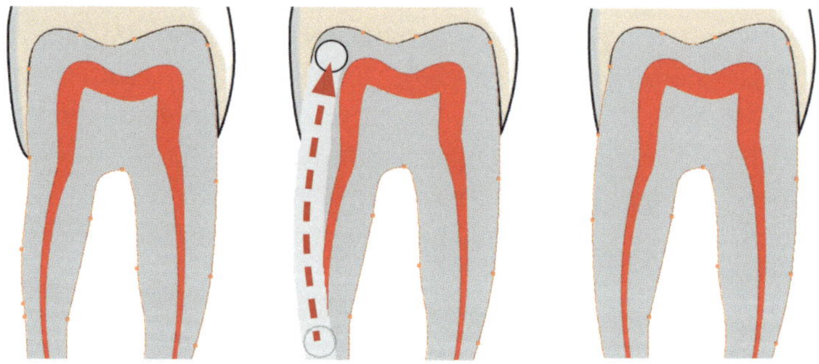

Abbildung 8.55 ▸
Die Zahnwurzel soll korrigiert werden. Mit dem TROPFENPINSEL kein Problem.

8.5 Symbole

▴ **Abbildung 8.56**
Symbole lassen sich schnell vervielfältigen.

Ähnlich wie bei den Mustern und den Pinseln geht es bei den Symbolen um Instanzen. Denn wenn Sie ein Objekt in Ihrem Dokument vervielfältigen, würde die Daten- und Rechenmenge ansteigen.

Ein anderes Argument für den Einsatz von Symbolen bei wiederkehrenden Elementen ist, dass es einfacher ist, ein Blatt zu ändern (das Symbol), als 100 einzelne Blätter des Baumes einzeln zu korrigieren.

Und drittens ist es einfacher, ein Symbol auf die Zeichenfläche zu ziehen, als jedes Mal zu kopieren und wieder einzufügen.

Viertens gibt es ein Werkzeug speziell zum Arbeiten mit Symbolen: das SYMBOL-AUFSPRÜHEN-WERKZEUG. Sie werden es lieben. Doch von Anfang an:

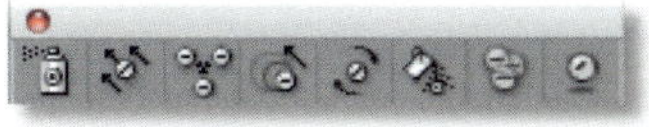

▲ **Abbildung 8.57**
SYMBOL-AUFSPRÜHEN-WERKZEUG mit all seinen »Unterwerkzeugen«

8.5.1 Symbole auswählen und modifizieren

Der einfachste Weg, ein Symbol zu Papier zu bringen, besteht darin, es ganz einfach mit der Maus aus seinem Bedienfeld auf die Zeichenfläche zu ziehen: FENSTER • SYMBOLE. Im Flyout-Menü ❻ stellen Sie wieder ein, ob Sie sie lieber als Miniaturen oder als Liste (inklusive Namen) sehen möchten. Sie können so viele Symbole wie Sie wollen auf Ihre Zeichenfläche bringen.

Ist ein Symbol auf Ihrer Zeichenfläche, verhält es sich wie ein einzelnes Objekt. Aktivieren Sie es, bekommt es seinen Begrenzungsrahmen mit den neun Positionierungspunkten, an denen Sie es vergrößern/verkleinern können (proportional mit gedrückter ⇧-Taste).

Begrenzungsrahmen

Sollte der Begrenzungsrahmen einmal nicht zu sehen sein, aktivieren Sie ihn über: ANSICHT • BEGRENZUNGSRAHMEN EINBLENDEN.

Jedes Symbol zeigt einen sogenannten Registrierungspunkt. Skalieren Sie es über das TRANSFORMIEREN-Bedienfeld, ist dies der Punkt, um den transformiert wird. Soll es stattdessen einer der neun Anfasser des Begrenzungsrahmens sein, haken Sie im Flyout-Menü des TRANSFORMIEREN-Bedienfeldes REGISTRIERUNGSPUNKT FÜR SYMBOL VERWENDEN ab.

Sie können diesen Registrierungspunkt verschieben. Aber Achtung, diese Aktion wirkt sich auf alle schon platzierten Symbole aus, die entsprechend verschoben würden. Sie wollen es trotzdem tun? Doppelklicken Sie auf eine beliebige Instanz des Symbols auf Ihrer Zeichenfläche oder auf das Symbol im Bedienfeld. Es startet der Isolationsmodus, in dem Sie das Objekt modifizieren können. Sie können es zum Registrierungspunkt verschieben, umfärben oder verbiegen. Alle Instanzen verändern sich mit, wenn Sie den Isolationsmodus verlassen. Doppelklicken Sie dazu auf die Zeichenfläche, oder klicken Sie in den Isolationsmodus-Pfeil oben links am Dokumentenfenster ❶ (siehe Abbildung 8.59).

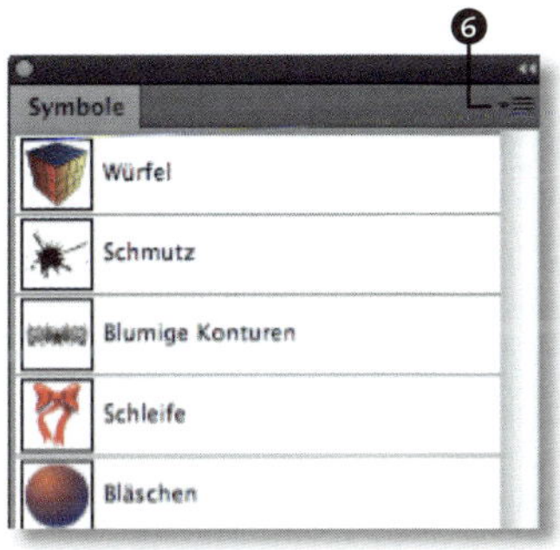

▲ **Abbildung 8.58**
Symbole als große Liste

Abbildung 8.59 ▸
Ein Doppelklick aufs Symbol aktiviert den Isolationsmodus. Alles andere ist abgeschwächt dargestellt und gesperrt. Zurück geht's mit dem Pfeil.

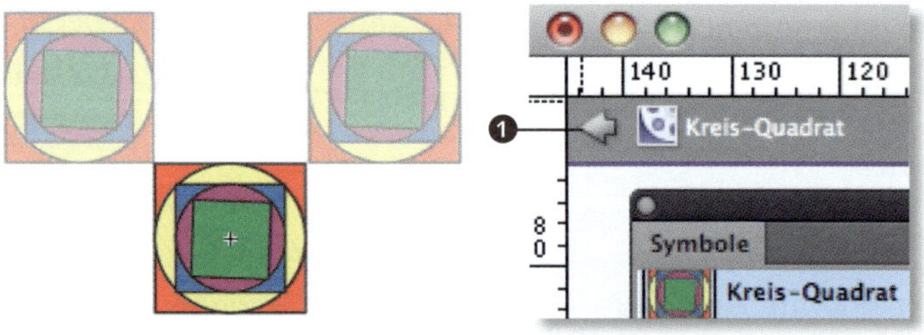

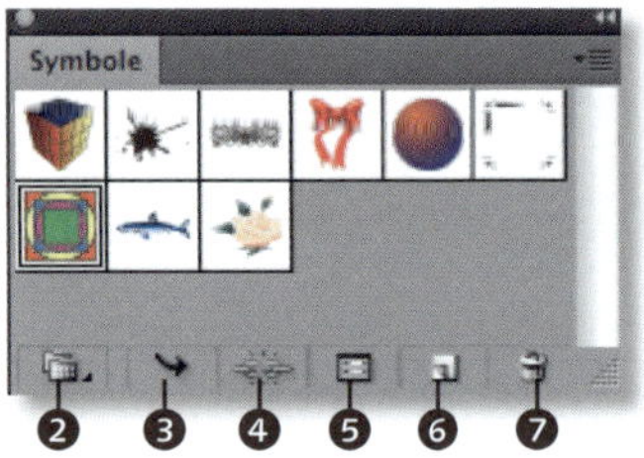

▲ **Abbildung 8.60**
Symbole lassen sich schnell vervielfältigen.

Wenn Sie nur ein einzelnes Symbol verändern wollen, nicht aber die, die Sie schon auf Ihrer Zeichenfläche platziert haben, klicken Sie zuvor in Verbindung mit Symbol aufheben ❹.

Sie können auch ohne Drag & Drop ein Symbol auf Ihrer Zeichenfläche platzieren ❸. Gerade wenn es mehrere sein sollen, ist das hilfreich. Umgekehrt können Sie ein Objekt oder eine Gruppe, wenn sie ausgewählt ist, zu einem Symbol machen ❻.

Wenn Sie ein Symbol löschen ❼, werden Sie erst mal gefragt, ob die Symbole, die Sie schon platziert haben, umgewandelt werden sollen (sie sehen dann so aus wie zuvor, sind aber keine Symbolinstanz mehr) oder ob alle Instanzen in Ihrer Datei mitgelöscht werden sollen.

Abbildung 8.61 ▸
Dialog beim Symbol löschen

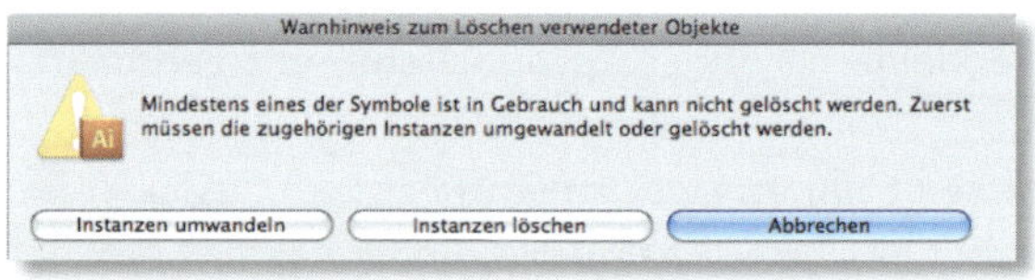

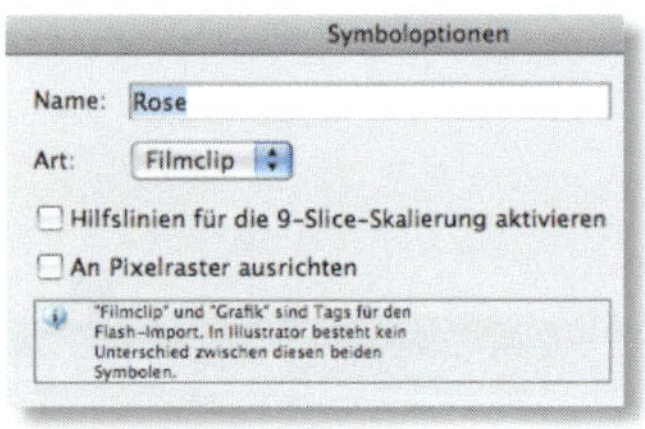

▲ **Abbildung 8.62**
Symboloptionen

Über ❺ gelangen Sie zu den Symboloptionen und können zunächst einen Namen für das ausgewählte Symbol vergeben. Außerdem können Sie anhaken, dass das Symbol am Pixelgitter ausgerichtet wird. Setzen Sie einen Haken bei Hilfslinien für die 9-Slice-Skalierung aktivieren, können Sie Bereiche des Symbols in Fireworks oder Flash gegen das Skalieren schützen. Die Optionen unter Art (Filmclip oder Grafik) haben für Illustrator ebenfalls keine Relevanz.

Für die Bequemen unter uns sind die vordefinierten Bibliotheken ❷ obligatorisch.

▲ **Abbildung 8.63**
Im Flyout-Menü Symbolbibliotheken anderer laden oder selber speichern

Im Flyout-Menü ist noch der letzte Punkt bemerkenswert, denn Sie können eine Symbolbibliothek an einem beliebigen Ort auf Ihrer Festplatte speichern. Verschicken Sie diese AI-Datei an Kollegen, die mit Ihnen am gleichen Projekt arbeiten, oder öffnen Sie sie für sich selbst, weil in einer neuen Illustrator-Datei immer nur die Standardsymbole angezeigt werden. Wählen Sie aus dem Flyout des Bedienfeldes SYMBOLBIBLIOTHEKEN ÖFFNEN • ANDERE BIBLIOTHEK..., und navigieren Sie zu der gesuchten Symbolbibliothek.

▲ **Abbildung 8.64**
Auf eine Stelle sprühen: Die Rosen werden verteilt.

8.5.2 Symbole aufsprühen

Eine geniale Erfindung, wenn's mal bunt werden soll und Sie viele Symbolinstanzen schnell auf die Zeichenfläche bringen müssen, ist das SYMBOL-AUFSPRÜHEN-WERKZEUG.

Sein Symbol, die Sprühdose, ist Programm, denn mit ihr können Sie ein ausgewähltes Symbol wild auf die Zeichenfläche sprühen.

Wählen Sie das Werkzeug aus und auch ein Symbol. Dann sprühen Sie mit gedrückter Maustaste das Symbol auf die Zeichenfläche. Wenn Sie die Maus loslassen, bleibt die Gruppe von Symbolen aktiv, und Sie können erneut hineinsprühen. Wollen Sie später Symbole mit dazunehmen, aktivieren Sie den Symbolsatz mit dem AUSWAHL-WERKZEUG und sprühen dann hinein.

▲ **Abbildung 8.65**
Eine höhere Dichte

Wie eng die Symbole zueinander stehen ❿ und wie schnell sie aus der Sprühdose kommen ❾, steuern Sie mit den Schiebereglern in den SYMBOL-WERKZEUG-OPTIONEN, zu denen Sie mit einem Doppelklick auf das Werkzeug kommen. (Bei der INTENSITÄT ❾ gibt es noch eine Dropdown-Liste mit Einstellungen für Grafiktabletts.) Auch die Größe Ihrer Werkzeugspitze ❽ steuern Sie mit einem Schieberegler.

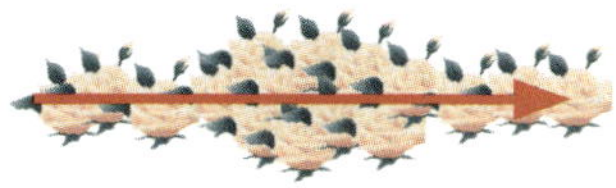

▲ **Abbildung 8.66**
Mit einem Grafiktablett kann auch der Druck des Stiftes das Verhalten steuern.

Sie können auch das Verhalten des SYMBOL-AUFSPRÜHEN-WERKZEUGS ⓫ steuern ⓬. Stellen Sie zum Beispiel bei DREHEN auf BENUTZERDEFINIERT, dreht sich das Symbol zu Ihrer Mausbewegung. Stellen Sie bei FÄRBEN auf eine andere Farbe um, wird Ihr Symbol sogar schon beim Aufsprühen mit der ausgewählten Flächenfarbe eingefärbt.

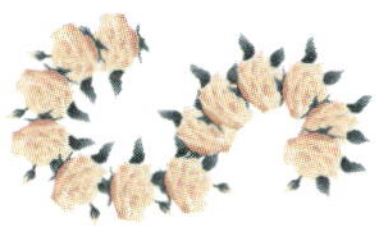

▲ **Abbildung 8.67**
BENUTZERDEFINIERT beim Drehen

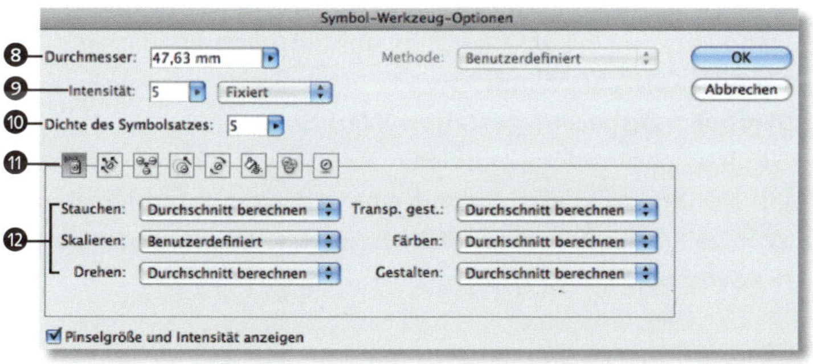

◂ **Abbildung 8.68**
Die Steuerung des Aufsprühverhaltens: Doppelklick auf das Werkzeug

8.5.3 Aufgesprühte Symbole nachträglich steuern

Doch nicht nur die Steuerung schon beim Aufsprühen ist sehr leistungsstark. Da das Werkzeug ja recht intuitiv arbeitet, ist eine Nachbesserung der aufgesprühten Symbole leicht. Dafür gibt es dann sieben weitere Werkzeuge. Wichtig zu wissen: Der Symbolsatz, also die aufgesprühte Gruppe von Symbolen, muss ausgewählt sein.

Abbildung 8.69 ▸
Sieben Möglichkeiten, im Symbolsatz zu gestalten

Die Namen der Werkzeuge von links:

- **Symbol-aufsprühen-Werkzeug**
  Das ist im letzten Abschnitt ja schon beschrieben.
- **Symbol-verschieben-Werkzeug**
  Mit diesem Werkzeug verschieben Sie alle Symbole, die Sie mit der Werkzeugspitze treffen. Diese vergrößern Sie in den Werkzeugoptionen. Mit [Alt]+[⇧] stellen Sie das getroffene hinter die anderen, mit [⇧] vor die anderen Symbole.
- **Symbol-stauchen-Werkzeug**
  Drücken Sie die Maus und treffen mit der Werkzeugspitze mehrere Symbole, werden diese zusammengeschoben.
- **Symbol-skalieren-Werkzeug**
  Die Symbole, die Sie mit der Werkzeugspitze treffen, werden vergrößert, und mit [Alt] verkleinern sie sich.
- **Symbol-drehen-Werkzeug**
  Mit diesem Werkzeug drehen Sie die Symbole durch Ziehen mit der Maus. Treffen Sie eines voll, dreht es sich schneller als eines, das Sie nur tangieren.
- **Symbol-färben-Werkzeug**
  Wählen Sie als Erstes eine Grundfarbe über Ihre Farbfelder aus. Dann klicken Sie kurz oder lang auf die Symbole, die entsprechend gefärbt werden sollen.
- **Symbol-transparent-gestalten-Werkzeug**
  Die Transparenz der Symbole können Sie mit diesem Werkzeug gut steuern. Beginnen Sie mit einer geringen Intensität in den Werkzeugoptionen, oder klicken Sie erst einmal nur kurz auf die Symbole.

▲ Abbildung 8.70
Die betroffenen Symbole werden hervorgehoben.

▲ Abbildung 8.71
Einfärben schon beim Sprühen

- **Symbol-gestalten-Werkzeug**
  Um dieses Werkzeug anwenden zu können, müssen Sie das Bedienfeld GRAFIKSTILE auswählen (unter Fenster). Aktivieren Sie einen Stil, können Sie ihn auf die Symbole, die Sie anklicken, übertragen. Über das Grafikstile-Bedienfeld gelangen Sie zu weiteren Grafikstil-Bibliotheken (Flyout-Menü: GRAFIKSTIL-BIBLIOTHEK ÖFFNEN...). Jedoch müssen Sie einen Grafikstil aus einer anderen Bibliothek erst per Drag & Drop in das GRAFIKSTILE-Bedienfeld ziehen, um es auf die Symbole anwenden zu können. Die Effekte können phantastisch sein, aber auch viel Rechenzeit benötigen! Gehen Sie also sparsam mit den Stilen um.

▲ **Abbildung 8.72**
Mitunter schwer vorhersehbare Effekte durch Grafikstile

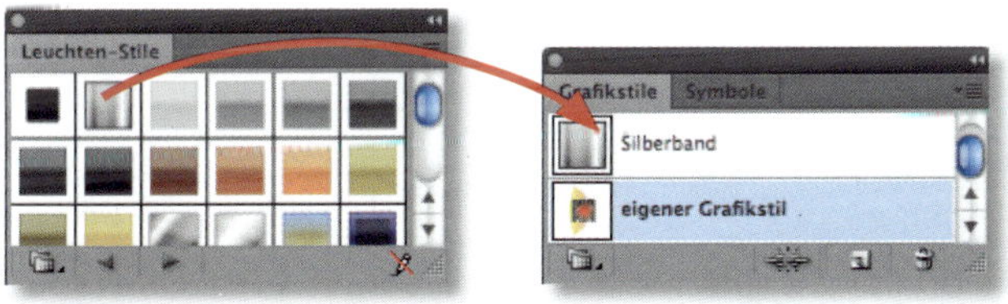

◄ **Abbildung 8.73**
Einen Grafikstil von einer Bibliothek in das GRAFIKSTILE-Bedienfeld ziehen, um ihn für Symbole zugänglich zu machen

Schritt für Schritt: Ein romantisches Bild mit Pinseln und Symbolen gestalten

1 Neue Datei

Legen Sie eine normale A4 große Illustrator-Datei an, damit Sie mit mir ein romantisches Gemälde malen können – nur mit Pinsel und Symbolfunktionen.

2 Bilderrahmen

Ziehen Sie mit dem RECHTECK-WERKZEUG einen großen Rahmen, öffnen Sie das PINSEL-Bedienfeld, und wählen Sie dort den Pinsel »Dekorativer Rand«. In der LISTENANSICHT des Bedienfeldes sehen Sie die Namen am leichtesten.

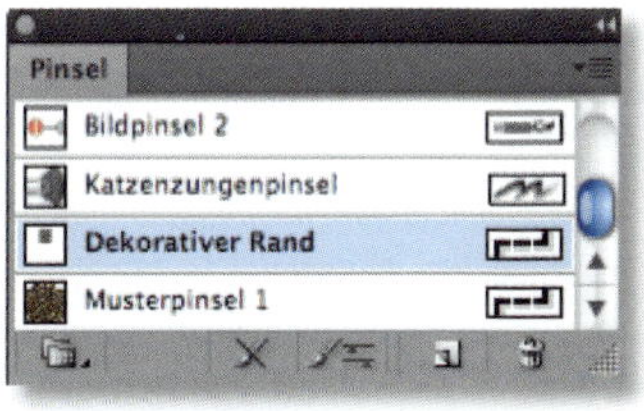

▲ **Abbildung 8.74**
Pinsel für den Rahmen

3 Bildhintergrund

Ziehen Sie an gleicher Stelle noch einen zweiten Rahmen in den Maßen des Rahmen-Innendurchmessers, und geben Sie ihm einen schönen, schrägen Verlauf in Abendstimmungsfarben. (In Abbildung 8.75 auf der nächsten Seite ist er nur für Sie zur Verdeutlichung versetzt.)

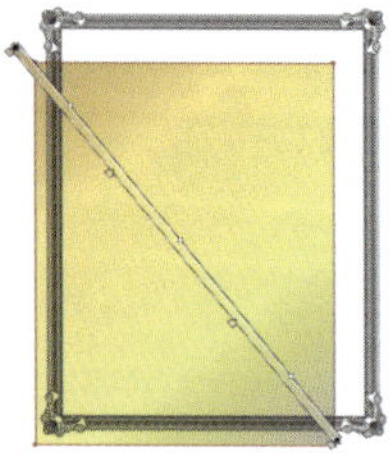

▲ **Abbildung 8.75**
Hintergrundverlauf in einem Extra-Rahmen (eigentlich deckungsgleich)

4 Landschaft aufsprühen

Neben Ihren Rahmen, auf der Montagefläche, sprühen Sie nun mit dem Symbol-aufsprühen-Werkzeug die Landschaft. Öffnen Sie das Symbole-Bedienfeld und über dessen Flyout-Menü Symbolbibliothek öffnen • Natur.

Wählen Sie zuerst »Wolke 1«, und sprühen Sie sie auf. Dann nehmen Sie »Wolke 3«, dann »Bäume 2« und davor »Bäume 1« und so weiter. Darüber dann in weiteren Sprühphasen die verschiedenen Gräser 1 bis 4. Deaktivieren Sie aber zwischen den verschiedenen Symbol-aufsprühen-Phasen immer den letzten Symbolsatz (Strg/⌘+⇧+A), um immer neue Symbolgruppen zu erhalten.

Abbildung 8.76 ▸
In der Symbolbibliothek »Natur« finden Sie fast alles, was Sie für unser Bild brauchen.

5 Blendenflecken

Wählen Sie das Blendenflecke-Werkzeug aus (es verbirgt sich unter dem Rechteck-Werkzeug), klicken Sie einmal auf den Lichtpunkt und ein zweites Mal auf die Stelle, bis zu der die Flecken laufen sollen.

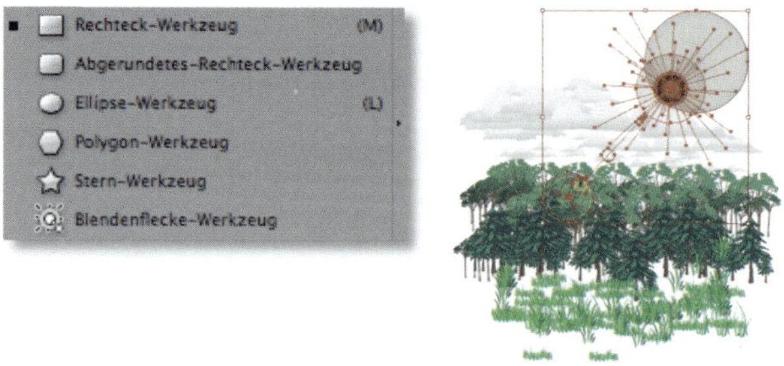

Abbildung 8.77 ▸
Mit dem Blendenflecke-Werkzeug klicken Sie erst in die Wolken, dann in den Wald.

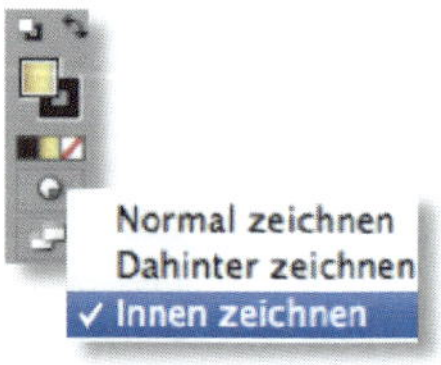

▲ **Abbildung 8.78**
Beim Zeichnen und Malen wie beim Einfügen: normal, dahinter, innen

6 Landschaft einpassen

Wenn Sie jetzt die mit dem Auswahl-Werkzeug aktivierte Landschaft ausschneiden (Bearbeiten • Ausschneiden oder (Strg/⌘+X), befindet sie sich im Zwischenspeicher.

Aktivieren Sie den Rahmen mit dem Verlauf, und gehen Sie in der WERKZEUGLEISTE auf ZEICHENMODUS. Dort wählen Sie INNEN ZEICHNEN. Wenn Sie jetzt BEARBEITEN • EINFÜGEN (Strg/⌘+V) wählen, ist Ihre Landschaft innerhalb des Rahmens und zentriert ausgerichtet. Alles was »übersteht« ist ausgeblendet. Ein Doppelklick aus das Objekt aktiviert den Isolationsmodus in welchem Sie an den Rahmeninhalt herankommen.

Innen zeichnen

Vergessen Sie am Ende nicht, den Zeichenmodus zurück auf NORMAL ZEICHNEN zu stellen.

◀ **Abbildung 8.79**
INNEN ZEICHNEN erzeugt hier auf einfachste Weise eine Schnittmaske.

8.6 Tastaturkürzel

In diesem Kapitel tauchten wieder ein paar Tastaturbefehle auf, die die Arbeit mit Mustern und Symbolen ökonomischer gestalten. Die wichtigsten sind in der Tabelle für Sie aufgelistet.

▼ **Tabelle 8.1**
Tastaturbefehle fürs schnelle Arbeiten

Zweck	PC	Mac
Pinsel-Werkzeug	B	B
Symbol-aufsprühen-Werkzeug	⇧+S	⇧+S
Breitenwerkzeug	⇧+W	⇧+W
Tropfenpinsel-Werkzeug	⇧+B	⇧+B
Ausgewähltes Objekt ausschneiden	Strg+X	⌘+X
Pfadansicht	Strg+Y	⌘+Y
Begrenzungsrahmen aus-/einschalten	Strg+⇧+B	⌘+⇧+B
Auswahl aufheben	Strg+⇧+A	⌘+⇧+A
Intelligente Hilfslinien ein-/ausschalten	Strg+U	⌘+U
Wechsel zwischen Zeichenmodus: Normal, Dahinter, Innen	Strg+⇧+D	⌘+⇧+D

Kapitel 9

Transparenzen und Effekte

Anscheinend durchscheinend

Sie werden lernen:

- Was sind Transparenzen?
- Was ist im Druck zu beachten?
- Wie werden Transparenzen angewendet?
- Was gibt es für Effekte?
- Wie editiert man Effekte?

9 Transparenzen und Effekte

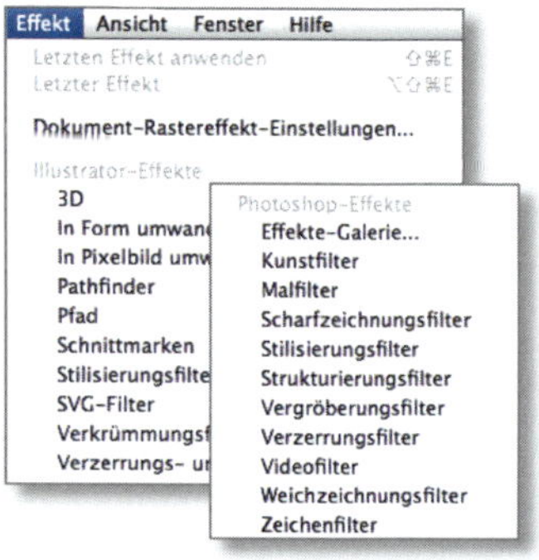

▲ **Abbildung 9.1**
Das EFFEKT-Menü

In Illustrationen müssen wir immer wieder Objekte durch andere durchscheinen lassen, damit es realistischer erscheint. Auch Schatten gehören zu diesem realistischen Eindruck, und auf der anderen Seite entsprechend Licht. Beides moduliert Objekte, damit sie plastisch erscheinen, ebenso wie Glanzlichter oder Spiegelungen.

Ein eigenes Bedienfeld ist für die »Durchsichtigkeit« zuständig: das TRANSPARENZ-Bedienfeld. Illustrator hat sogar ein ganzes Hauptmenü namens EFFEKT. Die Effekte können Sie auf Ihre Vektorobjekte anwenden, ohne sie zu zerstören. Die Effekte und die Objekte bleiben also weiterhin editierbar.

Doch wenn Sie Transparenzen für Druckerzeugnisse anwenden, müssen Sie sich auch mit der Produktion beschäftigen. Lesen Sie nach diesem Kapitel bitte auch Kapitel 13, »Ausgabe«, und besonders den Abschnitt 13.1.6.

Abbildung 9.2 ▶
Deckkraftreduzierung, Schatten oder die weiche Kante sind alles Spielarten der Transparenz.

9.1 Transparenz

Video-Training

Was es mit Transparenzen und Füllmethoden auf sich hat, erfahren Sie auch in Lektion 3.2 auf der Buch-DVD.

Transparenz bedeutet ja eigentlich nur, dass ein Objekt mehr oder weniger durchsichtig ist. In Prozent ausgedrückt bedeuten 100% Transparenz, dass das Objekt vollkommen durchsichtig ist – es wäre nicht mehr zu sehen. 50%ige Transparenz heißt demnach, dass das transparente Objekt zur Hälfte durch sich hindurch sehen lässt auf alles, was unter ihm liegt.

9.1.1 Transparenz als Durchsichtigkeit

Dass Transparenz noch viel mehr sein kann, sehen Sie ja schon in der Abbildung oben. Starten wir aber mit der eigentlichen Durchsichtigkeit. Im STEUERUNG-Bedienfeld gibt es den Eintrag DECKKRAFT in Prozent. Mit diesem Schieberegler ❶ verändern Sie ganz einfach die Deckkraft eines Objektes von 0 bis 100%. Alles unter ihm Liegende scheint durch, sodass sich die Farben mischen. Das geht natürlich auch mit mehreren Transparenz-Objekten übereinander. Hier könnte ich fast schon einen Punkt machen, aber es geht noch weiter in Illustrator.

▲ **Abbildung 9.3**
Transparenz im STEUERUNG-Bedienfeld

9.1.2 Transparenz als Füllmethode

Wenn Sie mehrere übereinanderliegende Objekte durchscheinend gestalten wollen und deren Deckkraft abschwächen, wird auch die Grundfarbe schwächer, was vielleicht nicht so sein soll. Öffnen Sie in solchen Fällen das Bedienfeld TRANSPARENZ. Neben der Deckkraft ❸, die es ja auch in der Steuerung gibt, finden Sie die FÜLLMETHODEN ❷, die den Photoshoppern unter Ihnen bereits bekannt sind.

Was bedeutet das nun? Füllmethoden verrechnen ein Objekt nach verschiedenen Methoden mit den unter ihm liegenden Objekten. Ihr Spieltrieb ist an dieser Stelle wieder einmal gefordert. Doch zur Orientierung kann man grob sagen, dass die ersten drei ❹ dunklere Mischungen erzeugen und die zweiten drei ❺ hellere. Die Ergebnisse der dritten Dreiergruppe ❻ sind sehr von den Farbtönen abhängig, während die nächsten beiden ❼ meistens dunklere Farben erzeugen. FARBTON ❽ und FARBE ❿ entsprechen oft einem Einfärben, SÄTTIGUNG ❾ analysiert die Leuchtkraft/Reinheit einer Farbe und LUMINANZ ⓫ lediglich die Helligkeit.

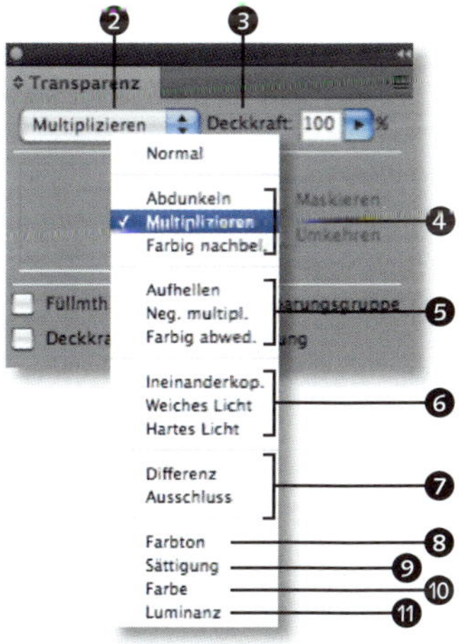

▲ **Abbildung 9.4**
Die Füllmethoden: eine Fundgrube für Spielkinder

◀ **Abbildung 9.5**
Links: ohne Transparenz, Mitte: Deckkraft auf 25%, rechts: Füllmethode MULTIPLIZIEREN

Auch die Füllmethoden wirken sich immer nur auf das Aussehen der Objekte unterhalb aus. Doch ob Deckkraft oder Füllmethode, vieles hängt natürlich von den Farbkombinationen ab, weshalb Sie einerseits tatsächlich ausprobieren müssen und andererseits mit einem kalibrierten Monitor auf der sichereren Seite sind.

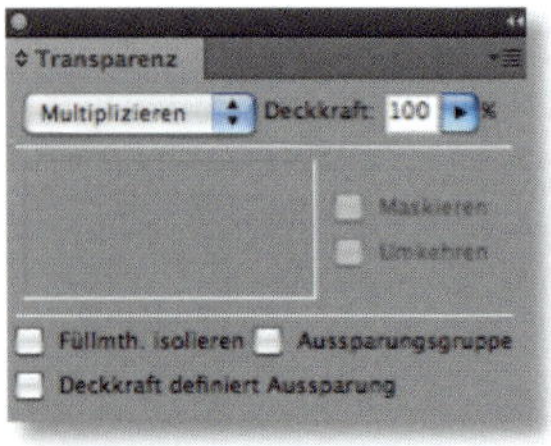

▲ **Abbildung 9.6**
Fenster • Transparenz

9.1.3 Transparenz in Gruppen

Eine besondere Sache sind Transparenzen in Objektgruppen. Sie bestimmen das Verhalten der Gruppenmitglieder untereinander und als Gruppe zu Nicht-Gruppenmitgliedern. Das hört sich wie eine Sekte an, kann aber sehr nützlich sein.

Wichtig ist zu wissen, dass diese Optionen eine Spielart der Füllmethode sind, nicht eine der Deckkraft. Haben Sie also mehreren Objekten jeweils (!) eine Füllmethode zugewiesen und sie dann (!) gruppiert (Objekt • Gruppieren), entscheiden Sie, was miteinander reagiert:

- Links: Ist keine Checkbox aktiviert, reagieren die Elemente alle zueinander *und* zum Untergrund (hier der graue Balken).
- Mitte: Die Objekte sollen sich untereinander mischen, während sie den Untergrund ignorieren. Wählen Sie dafür Füllmethode isolieren.
- Rechts: Die Objekte verrechnen sich mit dem Untergrund, aber nicht zueinander, wenn Aussparungsgruppe aktiviert ist.

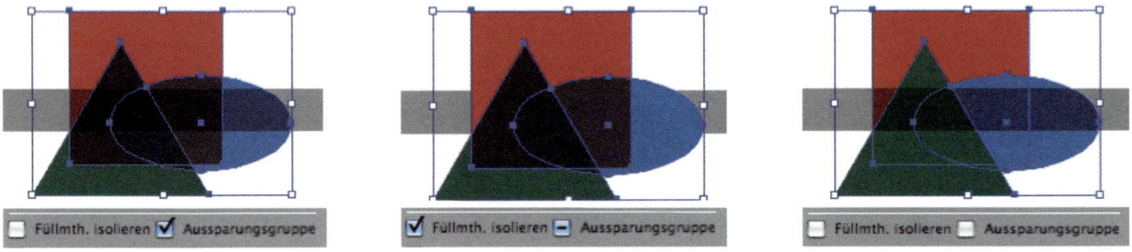

▲ **Abbildung 9.7**
Sie können das Transparenzverhalten von Gruppen bestimmen.

9.1.4 Transparenz als Deckkraftmaske

Diesmal versteckt sich im Bedienfeld nicht nur, was schon als Button in der Fußleiste zu finden ist, sondern eine ganz neue Funktion. Mittels Transparenz können Sie eine Deckkraftmaske erstellen.

Eine Deckkraftmaske macht genau das, was ihr Name verrät, sie deckt Objekte ganz oder teilweise deckend ab. Die Maske ist dabei selber nicht zu sehen. Ihre Aufgabe ist es lediglich, zu bestimmen, an welcher Stelle ein Objekt durchscheinend, also transparent ist und an welcher nicht, bzw. zu wie viel Prozent es transparent ist.

Dafür brauchen Sie das oder die Objekte, auf die die Maske angewendet werden soll, und ein Objekt, das Ihnen als Maske dient. Dieses Maskenobjekt muss an oberster Stelle liegen.

Video-Training

Deckkraftmasken werden ebenfalls in Lektion 3.3 behandelt.

Dort, wo das oben liegende Maskenobjekt schwarz ist ❷, wird das Abgedeckte komplett durchsichtig. Überall dort, wo die Maske weiß ist ❶, erscheint das Abgedeckte voll. Alle Abstufungen von Schwarz zu Weiß ergeben entsprechend Teiltransparenz.

Zur Deckkraftmaske wird Ihr Maskenobjekt aber erst, wenn Sie es mit den abzudeckenden Objekten gemeinsam auswählen und dann im Flyout-Menü des TRANSPARENZ-Bedienfelds den Menüpunkt DECKKRAFTMASKE ERSTELLEN auswählen.

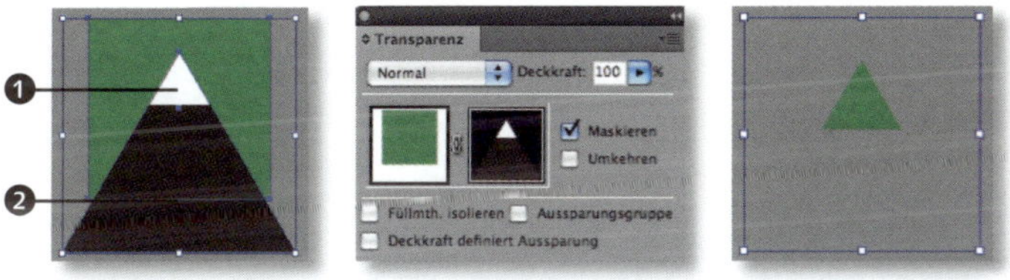

◂ **Abbildung 9.8**
Die weiße Spitze des oben liegenden Dreiecks lässt als Maske das grüne Quadrat auch nur dort erscheinen.

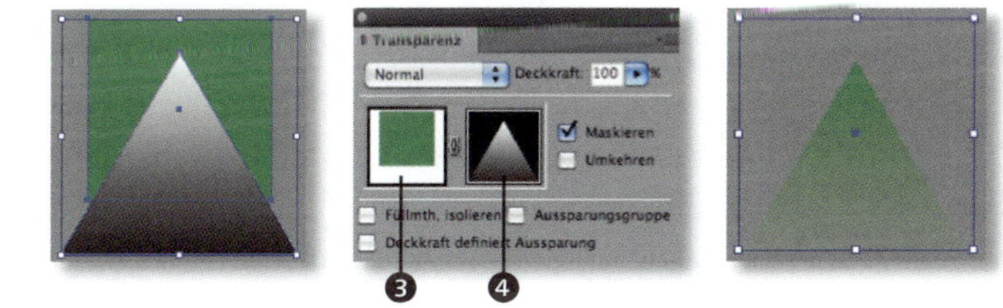

◂ **Abbildung 9.9**
Von Weiß bis Schwarz entspricht von sichtbar bis unsichtbar.

Die kleinen Icons im TRANSPARENZ-Bedienfeld stehen links für das Objekt ❸ und rechts für die Maske ❹. Möchten Sie diese nachbearbeiten, vielleicht den Verlauf verschieben, müssen Sie auch das rechte Icon zuvor anklicken. Aber vergessen Sie nicht, danach wieder aufs linke zu klicken, sonst kommen Sie nicht an die anderen Objekte Ihrer Zeichenfläche heran! Auch dann leider nicht, wenn Ihr Maskenobjekt gar nicht mehr aktiv ist.

Mit diesem Effekt der Deckkraftmaske können Sie wunderbare Spiegelungen erzeugen (siehe Schritt 9 der Schritt-für-Schritt-Anleitung in Abschnitt 9.2.4).

▴ **Abbildung 9.10**
Spiegelung per Deckkraftmaske

9.1.5 Transparenzreduzierung

Transparenzreduzierung hört sich kompliziert an. So ganz einfach ist es auch nicht. Es betrifft aber vor allem die Druckproduktion, denn lange war es schwierig, Transparenzen sicher und fehlerfrei zu drucken. Die Programme benutzen immer häufiger Transparenzen für die Gestaltung, aber die Maschinen konnten sie so, wie von den Programmen geliefert, nicht ausgeben. Die Transparenzen mussten umgerechnet (geflattet) werden.

Dort, wo Objekte transparent zueinander sind, wird ein drittes Objekt generiert, das dann den Anschein einer Transparenz erzeugt. In Abbildung 9.11 ersetzt ein violettes Quadrat die Mischung der Farben. Der Schatten aber kann nicht als Vektorobjekt dargestellt werden; er besteht aus vielen kleinen, dichter werdenden Punkten. An dieser Stelle muss die Illustrator-Datei in Pixel umgewandelt werden, damit die PostScript-basierten Geräte sie ausgeben können.

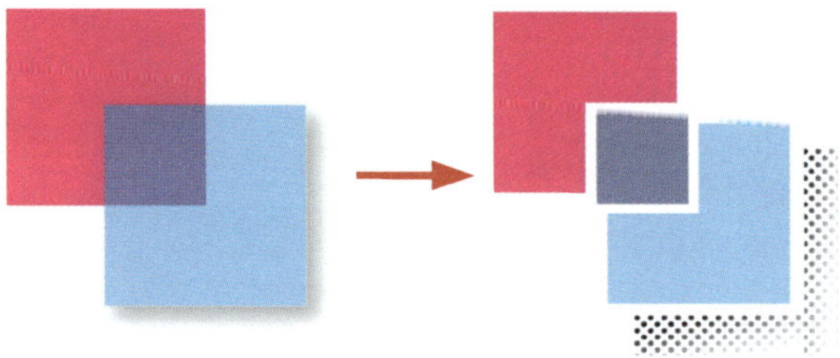

Abbildung 9.11 ▸
Das durch Transparenz entstandene violette Quadrat wird zu einen Vektorobjekt, der Schatten muss gerastert werden.

Erst in jüngerer Zeit wurden Ausgabegeräte entwickelt, die mit offenen Transparenzen so umgehen, dass die Transparenzen dafür nicht »flachgerechnet« werden müssen. Aber noch lange nicht jede Druckerei oder Litho-Abteilung hat schon diese sogenannten RIPs, die offene Transparenzen verarbeiten können.

Deshalb ist es so wichtig, schon beim Anlegen einer neuen Datei darauf zu achten, dass man die richtige Rastereffekt-Einstellung nimmt; eine, die hoch genug ist, um entsprechend gedruckt werden zu können (siehe Kapitel 2, »Oberfläche und Arbeitsbereiche«). Wollen Sie die Einstellung ändern, gehen Sie zu Effekt • Dokument-Rastereffekt-Einstellungen ....

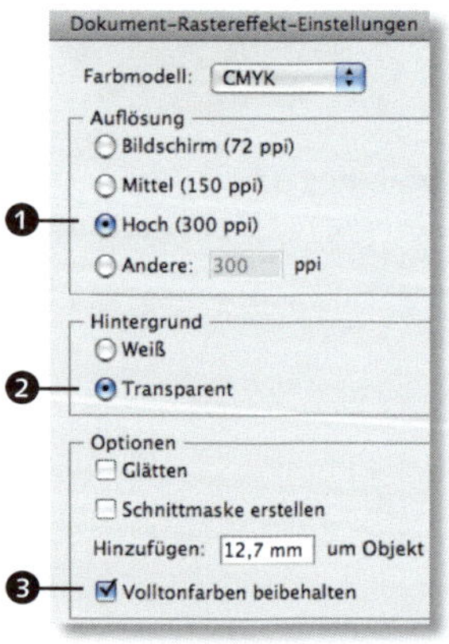

▲ **Abbildung 9.12**
Wo Illustrator in Raster umwandeln muss, bestimmen Sie dessen Auflösung.

Hier sollten Sie folgende drei Checkboxen standardmäßig ausgewählt haben: die Höhe der Auflösung für Effekte auf Hoch (300 ppi) ❶, den Hintergrund von Transparenzen auf Transparent ❷ und auch, dass Volltonfarben beibehalten ❸ werden und nicht zu CMYK umgewandelt werden, da es sonst bei den Transparenzeffekten zu Farbverschiebungen kommen kann.

Es gibt noch einen weiteren Ort, der den Umgang mit Transparenz regelt: Bearbeiten • Transparenzreduzierungsvorgaben. Hier geht es nicht nur um die Effekte, sondern um einen generellen Umgang mit Transparenzen. Denn wenn Sie eine Illustration, die Transparenzen enthält, auf Ihrem Tintenstrahldrucker drucken, benötigen Sie weniger hohe Vorgaben, als wenn im Offsetdruck gedruckt wird. Es reicht normalerweise [Hohe Auflösung]

❹, es sei denn, Ihr Drucker benötigt etwas anderes. Dann können Sie bei NEU … ❺ andere Einstellungen vornehmen. Fragen Sie Ihre Druckerei, was sie haben möchte, und geben Sie dies bei den OPTIONEN ZUM REDUZIEREN VON TRANSPARENZEN ein. Soll möglichst früh eine Transparenz in Pixel aufgelöst werden, steht der Schieberegler für den PIXELBILD-VEKTOR-ABGLEICH ❻ ganz links. Steht er ganz rechts, versucht Illustrator, wenn es irgendwie geht, Vektoren zu erhalten.

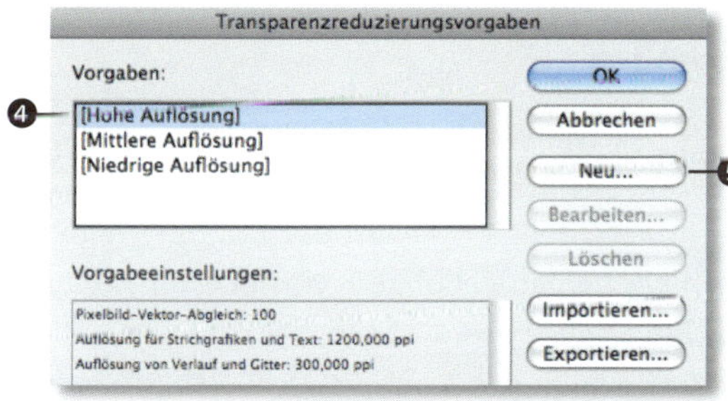

◀ **Abbildung 9.13**
Sind die Vorgaben zu niedrig gewählt, sehen die Schatten oder weichen Kanten etc. im Druck gröber aus als die übrige Illustration.

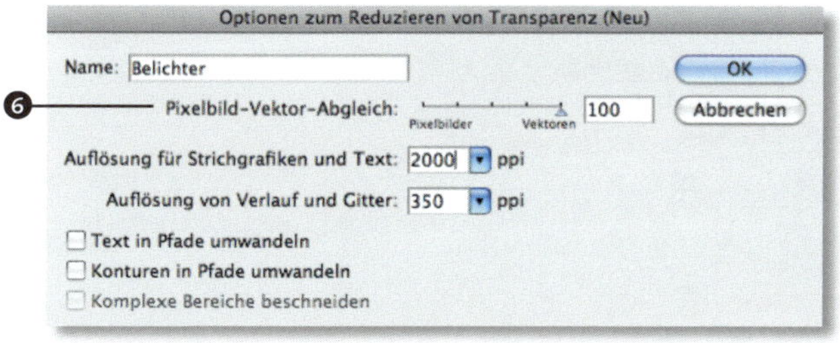

◀ **Abbildung 9.14**
Möchte Ihre Druckerei andere Transparenzreduzierungsvorgaben als die von Illustrator, legen Sie selbst welche an.

9.2 Effekte

Die Effekte von Illustrator teilen sich in zwei Kategorien auf: im oberen Teil die Illustrator-Effekte ❼ und unten die Photoshop-Effekte ❽. Auf die 3D-Effekte gehe ich in Kapitel 16, »3D«, gesondert ein, sie werden hier nicht weiter erwähnt. Ansonsten finden Sie im oberen Teil der Illustrator-Effekte zunächst wenig, was Sie nicht auch über das Hauptmenü erreichen könnten.

Doch es gibt einen gravierenden Unterschied: Effekte sind editierbar! Mit anderen Worten, Sie können zum Beispiel einen Kreis, den Sie per Effekt zu einem Quadrat gemacht haben, jederzeit korrigieren, den Effekt verändern oder rückgängig machen. In der Objektaktivierung in Abbildung 9.16 sehen Sie gut, dass

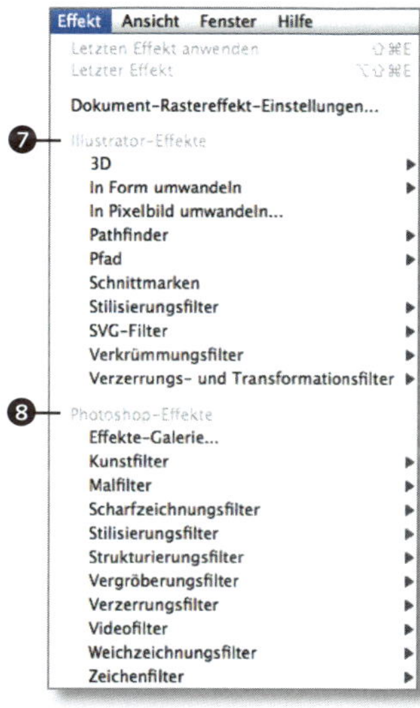

▲ **Abbildung 9.15**
Die Effekte im Hauptmenü

das »Y« zu jeder Zeit ein »Y« geblieben ist. Lediglich sein Aussehen wurde verändert.

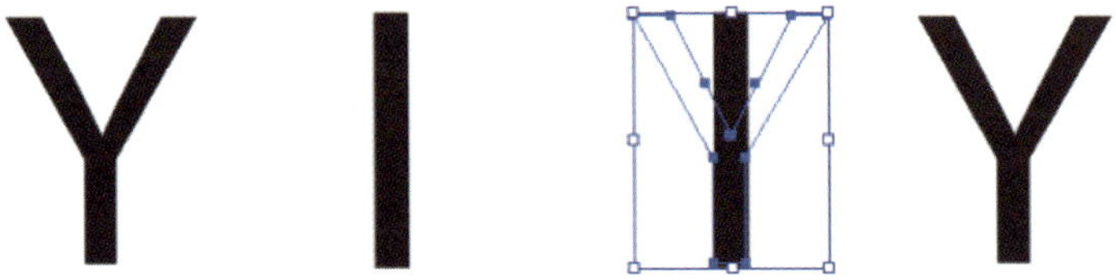

Abbildung 9.16 ▸
Ein »Y« zu einem »I« und zurück über den In Form umwandeln-Effekt

9.2.1 Effekte anwenden

Video-Training

Auch in Lektion 3.1 auf der Buch-DVD werden einige Effekte vorgestellt.

Nichts leichter als das. Aktivieren Sie ein Objekt, und gehen Sie in das Hauptmenü Effekt. Wählen Sie irgendeinen dieser Effekte aus, bekommen Sie in den meisten Fällen ein Popup-Menü, in dem Sie noch verschiedene Einstellungen vornehmen können: welchen Radius z. B. die abgerundeten Ecken bekommen sollen, wie viel Millimeter der Kante eines Objektes weichgezeichnet werden, wie viel Grad sich die Verwirbelung drehen soll etc.

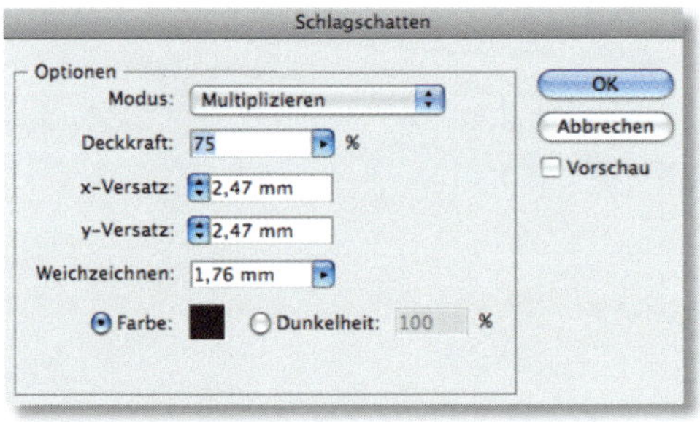

Abbildung 9.17 ▸
Schlagschatten als editierbarer Effekt: Effekt • (unter Illustrator-Effekte) Stilisierungsfilter • Schlagschatten ...

▴ Abbildung 9.18
Basrelief-Photoshop-Effekt

Bei den Photoshop-Effekten öffnet sich ein Fenster mit einer extragroßen Vorschau. Lassen Sie sich nicht verwirren, in dieser Vorschau heißen die Effekte (wie bei Photoshop) Filter. Es sind hier aber Effekte, die also editierbar bleiben.

Abbildung 9.19 ▸
Das Menü für Photoshop-Effekte

9.2.2 Effekte auf Gruppen anwenden

Weisen Sie mehreren Objekten, die Sie gruppiert haben, einen Effekt zu, gilt dieser für die Gruppe als Ganzes, wird aber jedem einzelnen Mitglied der Gruppe zugewiesen. Schneiden Sie ein Gruppenmitglied aus (mit DIREKTAUSWAHL-WERKZEUG über seine Fläche aktivieren und Strg/⌘+X) und fügen es irgendwo anders wieder ein, ist auch der Effekt für dieses Objekt verloren. Fügen Sie andersherum irgendein Objekt einer Gruppe mit Effekt hinzu (ein Gruppenmitglied aktivieren und mit Strg/⌘+F oder B davor oder dahinter einfügen), bekommt auch das neue Objekt den Effekt zugewiesen.

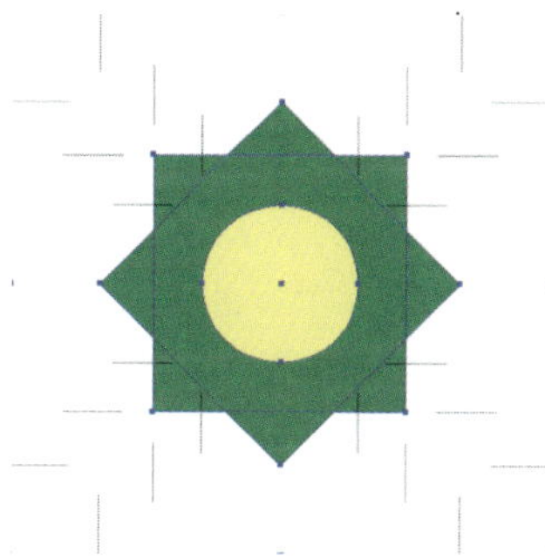

▲ **Abbildung 9.20**
Sind mehrere Objekte ausgewählt, bekommen auch alle den Effekt. Hier: Schnittmarken.

9.2.3 Einen Effekt editieren

Wieder sind Sie bei der heimlichen Schaltzentrale von Illustrator angekommen, dem AUSSEHEN-Bedienfeld. Sein Name passt hier sehr gut, weil es sich bei den Effekten ja tatsächlich »nur« um das Aussehen der Objekte handelt, denn ihre Form – in der Pfadansicht sichtbar – wurde nicht verändert.

Im AUSSEHEN-Bedienfeld sehen Sie an dem mit »fx« gekennzeichneten Effekt ❷, ob der Effekt einer Gruppe zugewiesen wurde ❶. Der INHALT meint die Einzelobjekte einer Gruppe.

Zum Verändern eines Effektes klicken Sie einfach auf den Namen oder doppelt auf das fx-Zeichen dahinter. Es öffnet sich erneut die zugehörige Effekte-Option, und Sie können ihn ändern. Wie Sie einen Effekt löschen, ist klar: Über den Papierkorb-Button ❹ am Bedienfeldrand. Oder Sie fügen einen weiteren Effekt hinzu: fx-Button ❸ am Bedienfeldrand.

▲ **Abbildung 9.21**
Der »Scribble«-Effekt bei den Illustrator-Stilisierungsfiltern

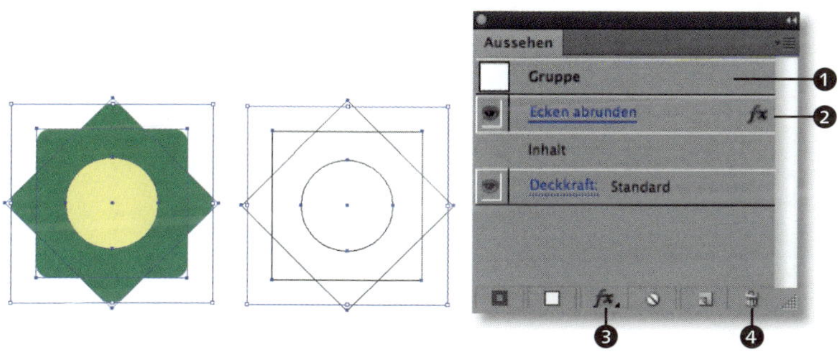

◀ **Abbildung 9.22**
Links die Objekte mit Ecken-abrunden-Effekt, in der Mitte die Pfadansicht mit normalen Ecken und rechts das AUSSEHEN-Bedienfeld

Die gebräuchlichsten Effekte wie SCHLAGSCHATTEN, ECKEN ABRUNDEN, WEICHE KANTE oder SCHEIN NACH INNEN finden Sie in den Illustrator-Effekten »Stilisierungsfilter«. Diese XML-basierten

Photoshop-Filter

Was bei Illustrator unter PHOTOSHOP-EFFEKTE zu finden ist, steht bei Photoshop unter »Filter«.

SVG-Effekte müssen im AUSSEHEN-Bedienfeld, wenn Sie mehrere Effekte haben, an unterste Stelle geschoben werden, damit der Effekt in der Ausgabe nicht gerastert wird.

9.2.4 Effekte auf Konturen oder Flächen anwenden

Effekt für Gruppen

Haben Sie eine Gruppe ausgewählt und wollen einen Effekt nur auf die Konturen anwenden, müssen diese identisch sein.

Eine Besonderheit der Effekte ist, dass Sie den Effekt nicht nur auf ein ganzes Objekt legen können, sondern auch nur auf seine Kontur oder Fläche.

Hierfür benötigen Sie, wie so oft, das AUSSEHEN-Bedienfeld. Aktivieren Sie mit einem Klick neben die Kontur oder Fläche eines von beiden, wird der Eintrag blau hervorgehoben. Wenn Sie nun wie gehabt einen Effekt anwenden, wird auch nur die Kontur oder nur die Fläche verändert.

▲ **Abbildung 9.23**
Nur auf die Kontur (links), auf die Fläche (Mitte) oder auf beides (rechts) angewandter Wirbel-Effekt

Gemein ist allerdings, dass der Effekt nach dem Anwenden scheinbar nicht mehr im AUSSEHEN-Bedienfeld auftaucht, um ihn zu editieren. Vor dem Namen (Kontur oder Fläche) ist ein kleines Dreieck ❷, hinter dem sich ein Aufklappmenü verbirgt. Hier sind auch die zugehörigen Effekte aufgelistet.

Arbeiten Sie mit einem gruppierten Objekt, zeigt das AUSSEHEN-Bedienfeld nur »Inhalt« ❶. Mit einem Doppelklick teilt sich auch die Gruppe in Kontur und Fläche auf.

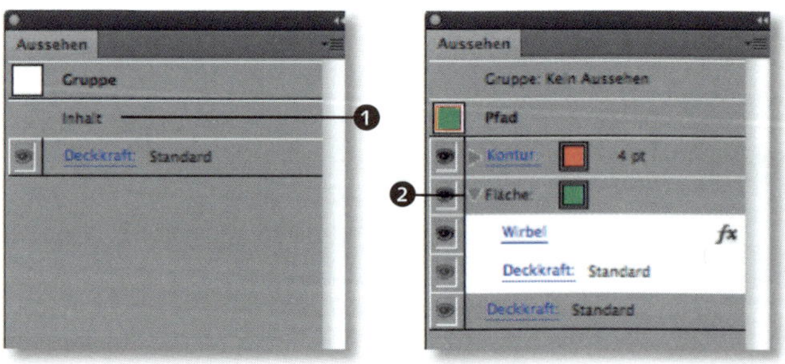

Abbildung 9.24 ▶
Versteckte Effekte im AUSSEHEN-Bedienfeld

Ich möchte mit Ihnen nun eine Schritt-für-Schritt-Übung machen, in der es um viel mehr als allein um Transparenz geht. Nehmen Sie sich etwas Zeit dafür, sie ist doch ausführlicher.

Schritt für Schritt: Ein Weinglas mit Transparenzen

1 Vorlage platzieren

Platzieren Sie mittig in einer neu angelegten DIN-A4-Datei als VORLAGE das Bild »Weinglas.psd«, und legen Sie auch gleich wie vorher schon öfters ein Koordinatenkreuz aus Hilfslinien als Spiegelachse an.

Unter ANSICHT • HILFSLINIEN sperren Sie sie gegen versehentliches Verschieben. Bei eingeschalteten intelligenten Hilfslinien ziehen Sie auch den Nullpunkt aus den Linealen auf das Koordinatenkreuz.

»Weinglas.psd« finden Sie auf der DVD im Ordner UEBUNGEN • 09.

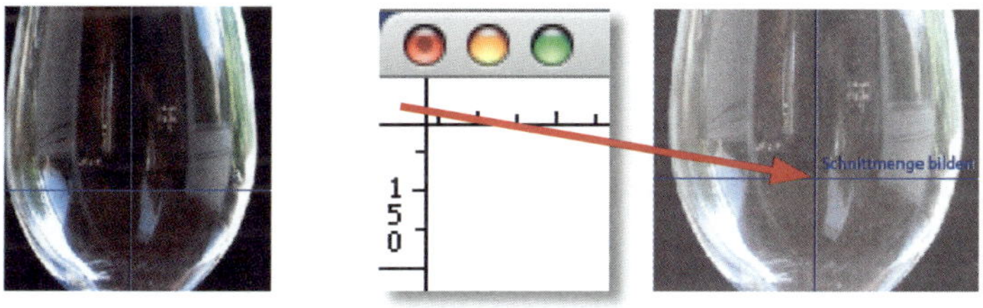

◂ **Abbildung 9.25**
Ein Koordinatenkreuz aus Hilfslinien und den Nullpunkt auf den Schnittpunkt ziehen

2 Kelch-Grundform zeichnen

Mit dem ZEICHENSTIFT-WERKZEUG zeichnen Sie nur die rechte Seite des Kelches – von Hilfslinie zu Hilfslinie. Löschen Sie die Flächenfarbe, können Sie besser die Vorlage sehen.

Wählen Sie den halben Kelch mit dem AUSWAHL-WERKZEUG aus, wechseln Sie zum SPIEGELN-WERKZEUG, klicken Sie einmal auf die senkrechte Hilfslinie (irgendwo), und drehen Sie mit [Alt] und [⇧] die Kelchhälfte auf die linke Seite.

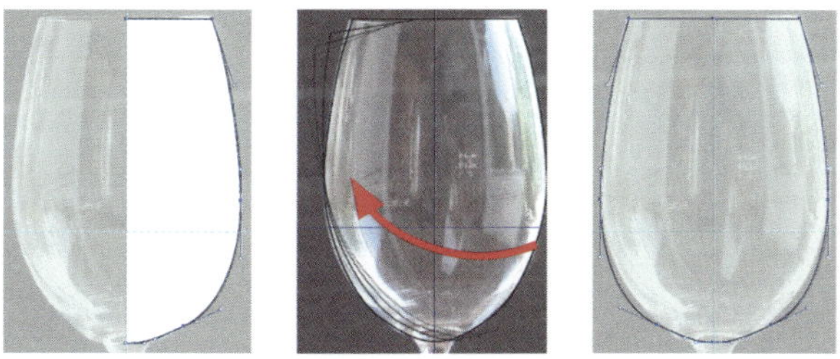

◂ **Abbildung 9.26**
Spiegeln der Kelchhälfte auf die linke Seite – als Duplikat

Verbinden Sie beide Seiten miteinander, indem Sie sie gemeinsam aktivieren und OBJEKT • PFAD • ZUSAMMENFÜGEN… (Strg/⌘+J) wählen.

3 Materialstärke

Aktivieren Sie nun den ganzen Kelch, und wählen Sie OBJEKT • PFAD • PFAD VERSCHIEBEN…. In die Eingabemaske geben Sie einen negativen Wert von z.B. –1,5 mm ein. Der Kelch bekommt ein etwas kleineres Duplikat nach innen.

Die oberen Ankerpunkte der beiden Pfade ziehen Sie aufeinander ❶, die unteren etwas voneinander weg ❷. So bekommt Ihr Glas eine lebendigere Materialstärke.

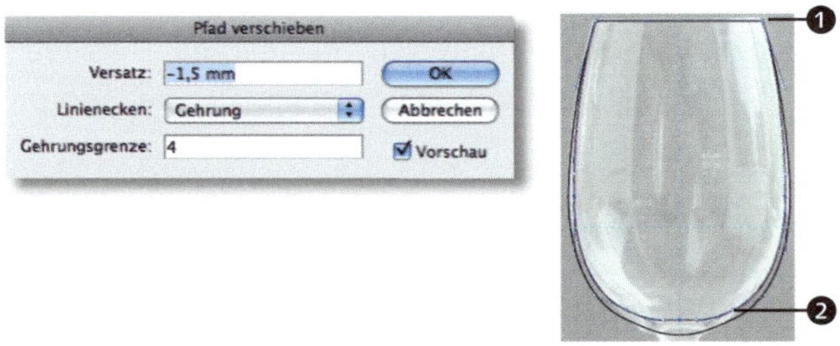

Abbildung 9.27 ▸
Mit negativem Wert verschieben Sie den Pfad, dupliziert nach innen (links). Ungleichmäßige Materialstärke (rechts) wirkt realistischer.

4 Farbe und Transparenz

Geben Sie dem unteren Kelch einen Blau-Verlauf, der nach oben hin heller wird. Dem oberen Kelch geben Sie einen waagerechten Verlauf mit 2 x Blau und 2 x Weiß. Diesen stellen Sie im TRANSPARENZ-Bedienfeld auf die Füllmethode NEGATIV MULTIPLIZIEREN und reduzieren die Deckkraft auf ca. 80%.

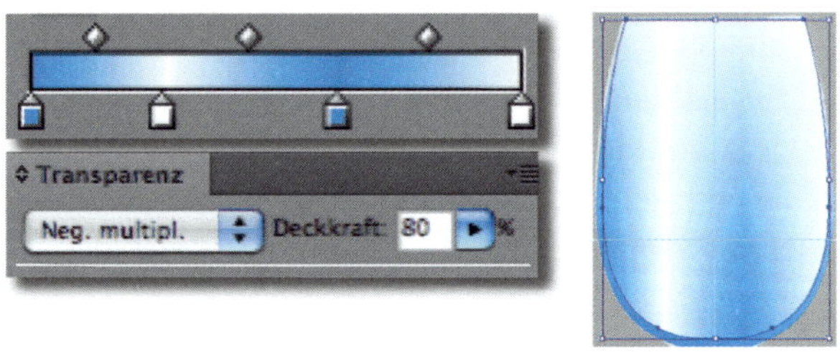

Abbildung 9.28 ▸
Sie können Füllmethoden und Deckkraft auch mischen, wenn die Effekte ansonsten zu stark ausfallen.

5 Glas-Inhalt

Aktivieren Sie die obere Fläche, und duplizieren Sie sie direkt davor (erst Strg/⌘+C, dann Strg/⌘+F). Dann schneiden Sie sie auf halber Höhe mit dem SCHERE-WERKZEUG (links und rechts) auf.

Legen Sie einen schönen bordeauxroten, kreisförmigen Verlauf zu Weiß in die untere Fläche, und stellen Sie diese im TRANSPARENZ-Bedienfeld mit einer Deckkraft von 100% auf die Füllmethode ABDUNKELN. Der Kelch ist fertig.

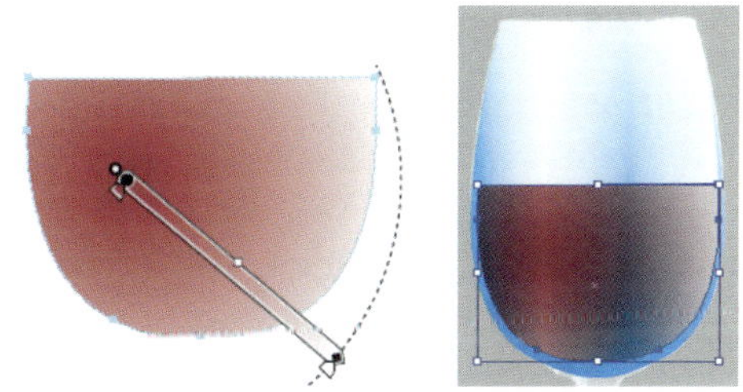

◄ **Abbildung 9.29**
Durch das ABDUNKELN scheint im weißen Teil des Verlaufs mehr Glas hindurch.

▲ **Abbildung 9.30**
Die Stiel-Ebene sollte unter der Kelch-Ebene stehen.

6 Weinglas-Stiel zeichnen

Zeichnen Sie den Weinglas-Stiel genauso wie den Kelch, nur auf einer Ebene darunter. Ein kreisförmiger Verlauf (Blau und Weiß im Wechsel, wie in Abbildung 9.31) bietet sich an. Nehmen Sie die Deckkraft etwas zurück, wird später der Fuß etwas durchscheinen.

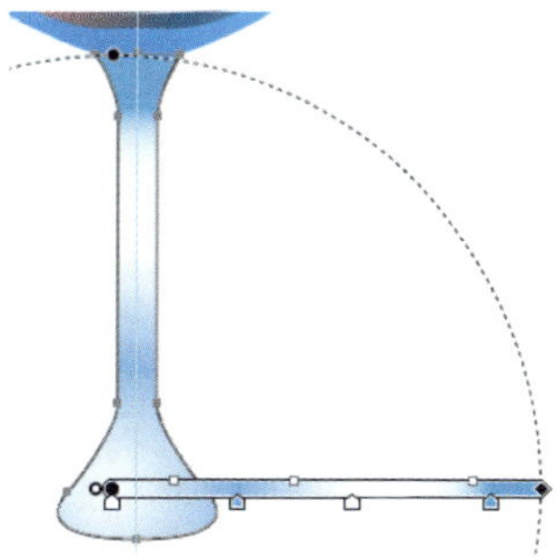

▲ **Abbildung 9.31**
Der Kreis-Verlauf wird im Stiel zu Streifen und im Fuß zu einemLichtfleck.

7 Weinglas-Fuß zeichnen

Der Fuß besteht eigentlich aus zwei Ellipsen ❸. Ich empfehle auch hier wieder, eine Ebene darunter anzulegen. Ziehen Sie mit dem ELLIPSE-WERKZEUG eine Ellipse auf. Schieben Sie sie mit dem AUSWAHL-WERKZEUG zum Duplizieren mit [Alt] hoch.

Doch auch hier brauchen Sie die Materialstärke. Kopieren Sie sich zuvor eine Ellipse in die Zwischenablage ([Strg]/[⌘]+[C]). Ziehen Sie ein schmales, waagerechtes Rechteck auf ❹, das die beiden Ellipsen miteinander verbindet, und aktivieren Sie alle drei Elemente: beide Ellipsen und das Rechteck.

Mit dem FORMERSTELLUNGSWERKZEUG und gehaltener [⇧]-Taste ziehen Sie über alles hinweg: Sie erhalten eine geschlossene Form ❺. Während die neue Form noch aktiv ist, setzen Sie die Ellipse aus der Zwischenablage davor ein ([Strg]/[⌘]+[F]) ❻ und geben auch ihr die blaue Farbe der unteren Ellipse. Der Fuß ist fertig.

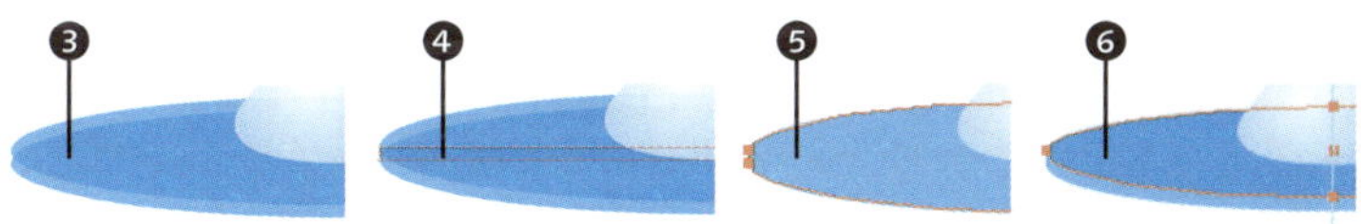

◄ **Abbildung 9.32**
In wenigen Schritten zum Fuß des Weinglases

▲ **Abbildung 9.33**
Verschieben der Gruppe von der Kelch-Ebene zur Spiegelung-Ebene

8 Spiegel-Duplikat

Legen Sie noch eine Ebene unter allen anderen an, und wählen Sie alles aus Strg/⌘+A, was Sie haben.

Kopieren Sie alles Strg/⌘+C, fügen Sie alles davor ein Strg/⌘+F, und gruppieren Sie das davor Eingefügte Strg/⌘+G. Durch das Gruppieren werden alle aktiven Objekte leider auf eine Ebene gebracht, was in diesem Fall aber mal sehr gewünscht ist.

Ziehen Sie nun die Gruppe bzw. deren Auswahl-Symbol im EBENEN-Bedienfeld (kleines Quadrat) auf die neue, unterste Ebene. Nun haben Sie ein Duplikat des gesamten Weinglases auf der untersten Ebene.

9 Spiegelung

Mit dem SPIEGELN-WERKZEUG und einem Klick in die Mitte des Fußes legen Sie den Spiegelpunkt fest. Nun ziehen Sie mit ⇧ nach unten, um eine Spiegelung nach unten zu bekommen.

Damit es aber noch toller aussieht, ziehen Sie ein großes Rechteck über die gesamte Spiegelung und geben diesem einen senkrechten Verlauf von Schwarz zu Weiß.

Abbildung 9.34 ▶
Spiegeln (links), Maske (Mitte), Deckkraftmaske erstellen (rechts)

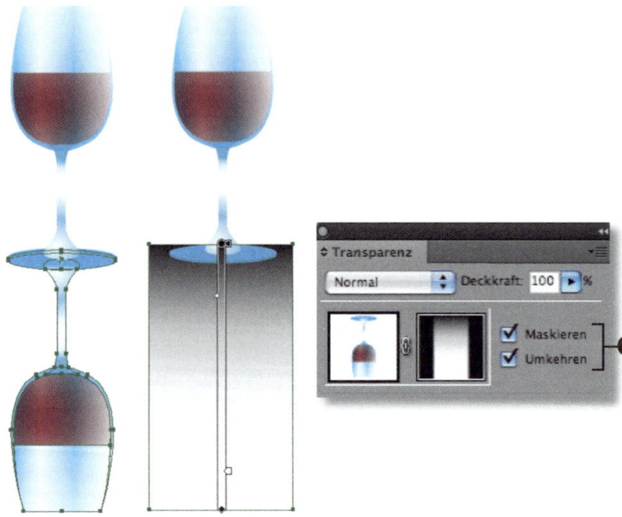

▲ **Abbildung 9.35**
Prost!

Als Letztes aktivieren Sie das gespiegelte Weinglas und das Rechteck (am leichtesten bei gesperrten anderen Ebenen) und wählen im Flyout-Menü des TRANSPARENZ-Bedienfelds den Punkt DECKKRAFTMASKE ERSTELLEN aus. Eventuell müssen Sie noch Häkchen bei MASKIEREN und UMKEHREN ❶ setzen. ■

Kapitel 10

Text

Zeichen, Zahlen und Glyphen

Sie werden lernen:

- Welche typografischen Grundbegriffe sollten bekannt sein?
- Welche Arten von Text können angewendet werden?
- Wie gestaltet man mit Flächentext?
- Wie wird ein Kreissatz für ein Etikett gesetzt?
- Wie lässt sich Text fürs Feintuning editieren?
- Wie arbeitet man mit Absatz- und Zeichenformaten?
- Wie lässt man Text um Objekte laufen?
- Wie werden Texteffekte und Bilder in Texten erzeugt?

10 Text

Diesem Kapitel voranstellen möchte ich, dass Adobe Illustrator kein begnadetes Textprogramm ist und auch nicht für Layoutaufgaben entworfen wurde. Wenn Sie also eine ganze Broschüre, ein Booklet oder Ähnliches machen möchten, sollten Sie sich doch auch mit der jüngeren Schwester InDesign beschäftigen. Die Zusammenarbeit der Programme ist gut, und oftmals ist es einfacher und effektiver, eine Illustrator-Grafik in InDesign zu platzieren, um dort am Layout weiterzuarbeiten. Doch unterschätzen dürfen Sie die Textfunktionen von Illustrator auch wieder nicht.

10.1 Grundbegriffe der Typografie

Dieses Thema füllt ganze Bücher, und ich werde es nur soweit anreißen, dass Sie die Begriffe des Programms verstehen und nachvollziehen können, worüber überhaupt gesprochen wird. In Abbildung 10.1 sehen Sie den Aufbau einer Schrift.

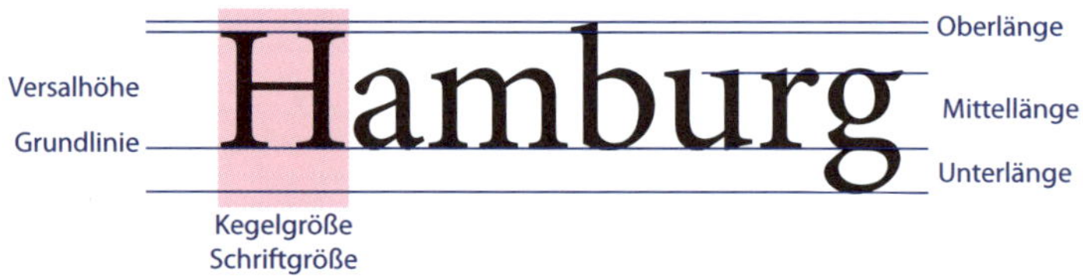

Abbildung 10.1 ▸
Wichtige typografische Begriffe

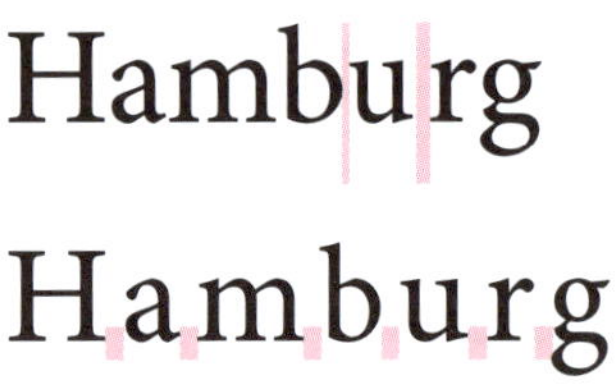

▴ Abbildung 10.2
Oben Kerning, unten Laufweite

Sie können Ihre Schriften auf vielfältige Weise verändern. Als Erstes entscheiden Sie natürlich über die *Schriftart*, also um welche Schrift es sich handelt. Ist es eine »Minion« oder eine »Garamond«, oder etwa eine »Arial« etc.?

Der *Schriftschnitt* besagt, ob die Schrift »Normal« oder »Kursiv« ist, ob sie vielleicht »light« ist oder ganz »fett« geschnitten ist.

Schriftgrad ist die Größe einer Schrift, die meistens in Punkt (pt) gemessen wird.

Adobe unterscheidet zwischen dem *Kerning* einer Schrift, das den Abstand einzelner Zeichen zueinander bezeichnet und der

Laufweite, womit der Abstand der Zeichen eines ganzen Wortes, Satzes oder Textes gemeint ist.

Der Begriff *Glyphe* wird für jedwede Art von Zeichen benutzt: Buchstaben, Zahlen, Abstände, Symbole und Sonderzeichen, eben für alles, was eine Schrift hergibt.

▲ **Abbildung 10.3**
Schriftschnitte von Light bis Black

Es gibt auch eine Reihe unterschiedlicher Schrift-Typen. Von Adobe schon lange mitentwickelt und von seinen Programmen natürlich schon ebenso lange unterstützt sind die *OpenType-Schriften*. OpenType-Schriften können tausende von Zeichen mit unterschiedlichsten Schnitten, Varianten und Sprachen enthalten. Illustrator hat dafür sogar ein eigenes Bedienfeld (FENSTER • SCHRIFT • OPENTYPE), mit dem Sie Zugriff auf die Funktionen dieser Schriften haben.

10.2 Textarten von Illustrator

Illustrator kennt drei Arten, Text zu setzen:

- PUNKTTEXT: Wählen Sie das TEXT-WERKZEUG und klicken irgendwo auf Ihre freie Zeichenfläche, erscheint der Text-Cursor, und Sie können Text eintippen. Illustrator schreibt dabei so lange in einer Zeile, bis Sie selber die Zeilenschaltung ↵ drücken. Selbst über die Zeichenfläche hinaus kennt der Punkttext kein Halten.

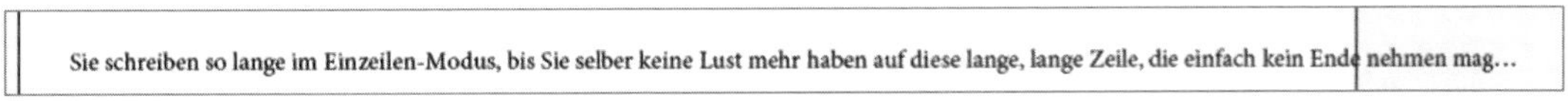

▲ **Abbildung 10.4**
Punkttext schreibt in einer Zeile bis zum manuellen Umbruch.

- FLÄCHENTEXT: Sie nehmen auch für diese Art von Text das TEXT-WERKZEUG, wenn Sie den Text von einem Rahmen begrenzen lassen wollen. Doch statt nur in die Zeichenfläche zu klicken, ziehen Sie mit dem Werkzeug einen Rahmen auf, der später den Text enthalten soll. Wenn Sie nun Text eingeben, umbricht er automatisch am Rand des Rahmens. Wenn Sie den Rahmen mit Text füllen, wird er den Text zur Seite und nach unten begrenzen. Möchten Sie Text in eine schon bestehende Vektorform schreiben, wählen Sie dafür das FLÄCHENTEXT-WERKZEUG und klicken auf den Pfad dieser Form. Der Text-Cursor blinkt nun innerhalb der Form, die nun den Text begrenzen wird. Ist die Form an einer Stelle geöffnet, denkt sich Illustrator eine Gerade zwischen den Endpunkten.

Text wieder aufnehmen

Möchten Sie an einen bestehenden Text anknüpfen, müssen Sie mit der Maus sehr nah an das letzte Zeichen klicken, weil Illustrator sonst stattdessen einen neuen Text beginnt.

Abbildung 10.5 ▸
Flächentext als aufgezogener Rahmen (links) oder in einer freien Form (rechts)

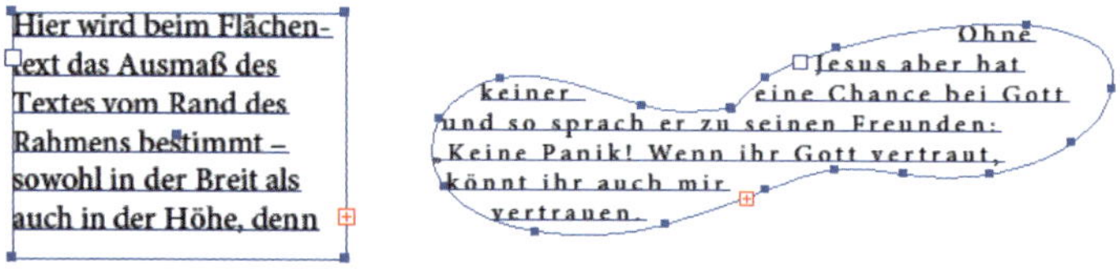

- ▸ PFADTEXT. Diese Art von Text braucht nicht nur ein eigenes Werkzeug, das PFADTEXT-WERKZEUG, sondern auch einen Pfad, an dem der Text entlanglaufen soll. Dieser Pfad muss noch nicht einmal ausgewählt sein. Klicken Sie einfach darauf, und schon blinkt der Text-Cursor am Pfad, sodass Sie nun Text eingeben können. Der Pfad selbst verliert dabei seine Attribute.

Abbildung 10.6 ▸
Text entlang eines Pfades

10.3 Die Textwerkzeuge

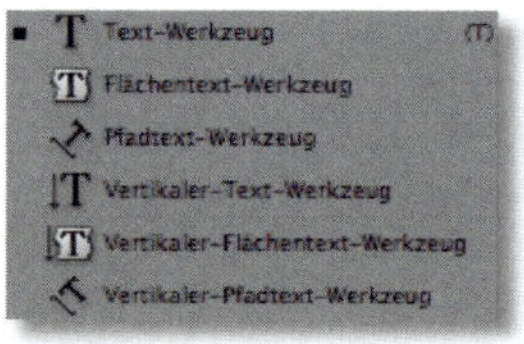

▲ Abbildung 10.7
Die Textwerkzeuge

Für jede Art Text aus Abschnitt 10.2 hat Illustrator ein Werkzeug. Das »normale« TEXT-WERKZEUG ist dabei Ihr Arbeitswerkzeug, denn wenn Sie erst einmal einen Punkttext, Flächentext oder Pfadtext angelegt haben, können Sie ihn immer mit dem »normalen« TEXT-WERKZEUG weiterbearbeiten.

Alle Werkzeuge gibt es zweimal: einmal in normaler, horizontaler Ausrichtung und einmal in vertikaler Ausrichtung. Der Text, den Sie damit schreiben, läuft dann beim Punkttext und beim Flächentext senkrecht, und beim Pfadtext liegen die Buchstaben auf dem Pfad, anstatt darauf zu stehen.

Mit welchem Textwerkzeug Sie einen bestehenden Text bearbeiten, ist völlig gleich. Lediglich beim Erstellen müssen Sie sich für das entsprechende Werkzeug entscheiden.

▲ Abbildung 10.8
Vertikal: Punkt-, Flächen-, Pfadtext

Über die drei Textwerkzeuge hinaus brauchen Sie noch die Auswahlwerkzeuge, mit denen Sie aber nicht den Text, sondern nur die Textrahmen, Flächenformen oder Pfade bearbeiten. Verschieben Sie mit dem DIREKTAUSWAHL-WERKZEUG einen Ankerpunkt der Fläche oder verzerren gar mit dem AUSWAHL-WERK-

ZEUG den ganzen Rahmen, wird der Text nicht mitverzerrt, er verändert gegebenenfalls lediglich seine Position.

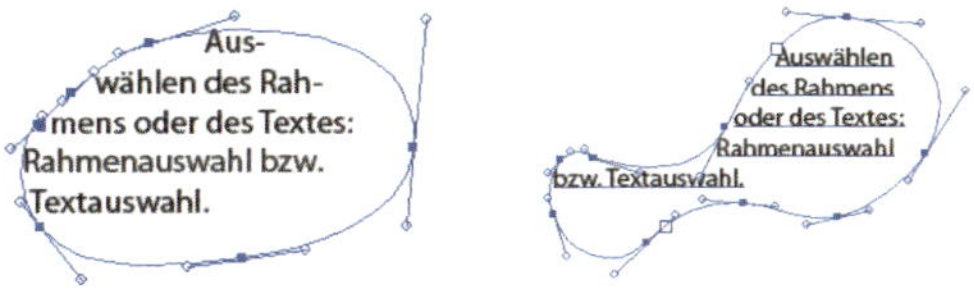

◀ **Abbildung 10.9**
Ein Verändern des Rahmens verzerrt nicht den Text.

10.4 Textverkettungen

Wenn Sie einen Rahmen aufgezogen haben und ihn mit Text füllen, kann es sein, dass Sie mehr Text haben, als Platz im Rahmen ist. Dieses Mehr an Text nennt man Überhangtext oder Übersatz. Der Übersatz wird Ihnen an der unteren rechten Ecke mit einem kleinen Plus-Symbol ❸ angezeigt. Jeder Textrahmen hat nämlich einen Texteingang ❶ und einen Textausgang ❷. Diese Symbole sind zunächst leer und auch nur sichtbar, wenn Sie den Rahmen mit dem AUSWAHL-WERKZEUG aktiviert haben.

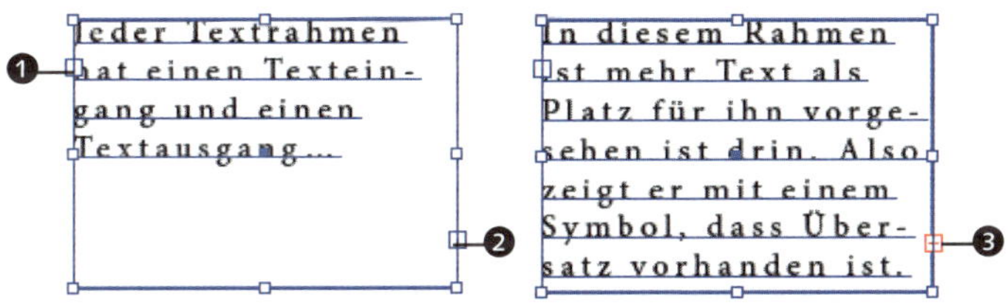

◀ **Abbildung 10.10**
Ein- und Ausgangssymbole der Textrahmen

Bei Übersatz ist das Symbol dafür auch dann sichtbar, wenn der Rahmen nicht aktiv ist. Mit dem AUSWAHL-WERKZEUG aktivieren Sie erst den Rahmen und klicken dann in das Übersatz-Symbol. Ihr Mauszeiger verwandelt sich daraufhin in dieses Symbol: . Der gesamte Übersatz befindet sich nun »in« Ihrer Maus. Ziehen Sie damit einen neuen Rahmen auf, fließt der Übersatz-Text des ersten Rahmens in den neuen Rahmen weiter. Die Rahmen sind deutlich sichtbar miteinander verkettet (siehe Abbildung 10.11). Die Verkettung und deren Dreiecke im Ein- bzw. Ausgangsquadrat sehen Sie nur, wenn die Textrahmen mit dem AUSWAHL-WERKZEUG aktiviert sind.

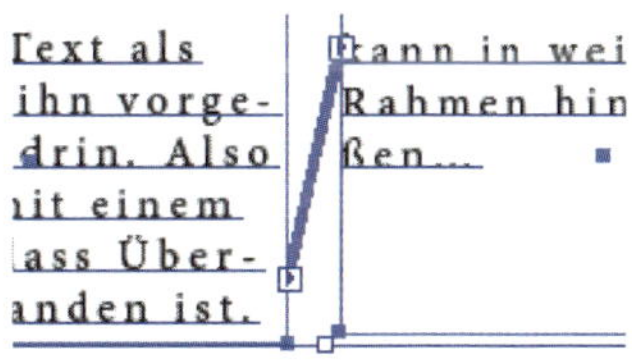

▲ **Abbildung 10.11**
Zwei verkettete Textrahmen

Sie können auf gleiche Weise auch Textrahmen miteinander verketten, *bevor* sie mit Text gefüllt sind. Geben Sie danach Text ein, fließt er automatisch im nächsten verketteten Rahmen weiter, wenn der Platz des ersten nicht mehr ausreicht.

Alternativ dazu können Sie auch Textrahmen, die schon bestehen, miteinander verketten. Kommen Sie nämlich mit der Maus über einen Textrahmen, ändert sich der Mauszeiger mit dem Übersatz in ein Ketten-Symbol. Wenn Sie damit in den Rahmen klicken, werden diese miteinander verkettet.

Was bei Flächentexten geht, finden Sie auch bei Pfadtexten wieder. Auch hier hat jeder Text einen mit kleinen Quadraten gekennzeichneten Textein- und -ausgang.

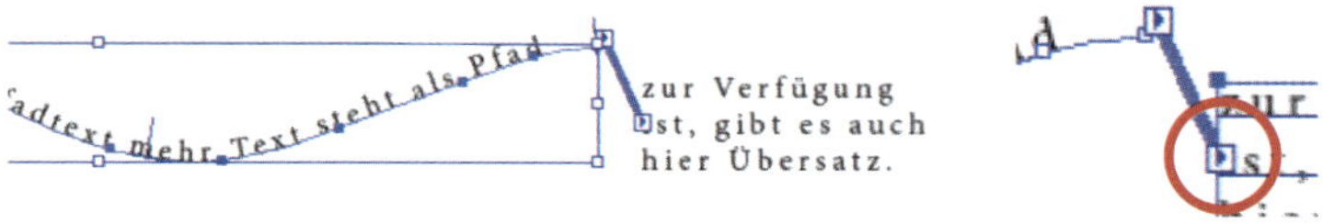

Abbildung 10.12 ▶
Verkettung von Pfad- zu Flächentext

Möchten Sie eine Textverkettung wieder lösen, aktivieren Sie den Textrahmen oder -pfad und klicken auf das Texteingangs-Symbol mit dem Dreieck. Steht Ihre Maus dann über dem Textrahmen, zeigt sie eine zerbrochene Kette. Wenn Sie damit in den Textrahmen klicken, lösen Sie die Verkettung, und der erste Rahmen zeigt wieder an, dass er Übersatz enthält.

Sie haben zwei verkettete Textrahmen und möchten nun aber doch noch einen dritten dazwischenstellen. Klicken Sie mit dem Auswahl-Werkzeug in das Texteingangssymbol des zweiten Textrahmens. Steht Ihre Maus nicht über dem Textrahmen, zeigt sie auch nicht die zerbrochene Kette an, sondern das Symbol für Übersatz. Sie können einen neuen Textrahmen aufziehen, der mit dem Übersatz gefüllt wird und am Ende die Verkettung zum letzten Rahmen beibehält.

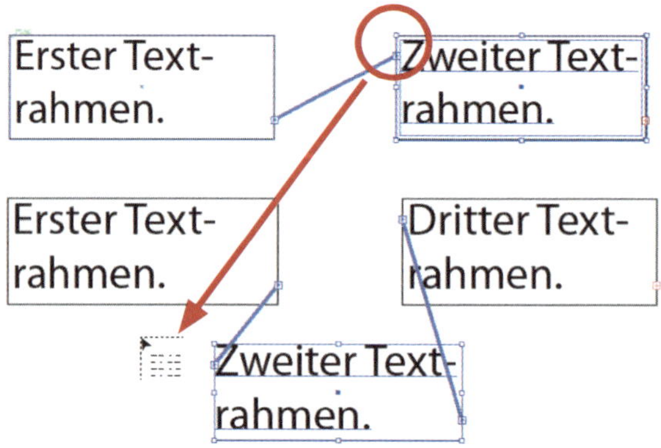

Abbildung 10.13 ▶
Einen weiteren Textrahmen (nach einem Klick auf das Eingangssymbol) zwischen verketteten Textrahmen aufziehen

10.5 Flächentextoptionen

Wenn Sie mit Flächentext arbeiten, stehen Ihnen noch mehr Optionen zur Verfügung. Sie können Ihren Textrahmen zum Beispiel in Spalten aufteilen. Diesmal gelangen Sie zu den Flächentextoptionen über das Schriftmenü (SCHRIFT • FLÄCHENTEXTOPTIONEN ...). Oder mit einen Doppelklick in das TEXT-WERKZEUG, wenn ein Flächentext ausgewählt ist.

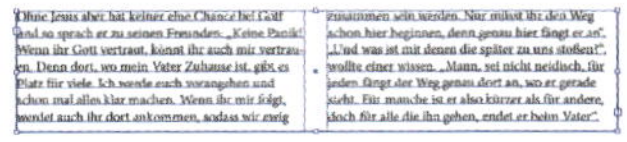

▲ **Abbildung 10.14**
Gestalten Sie Text mit Spalten.

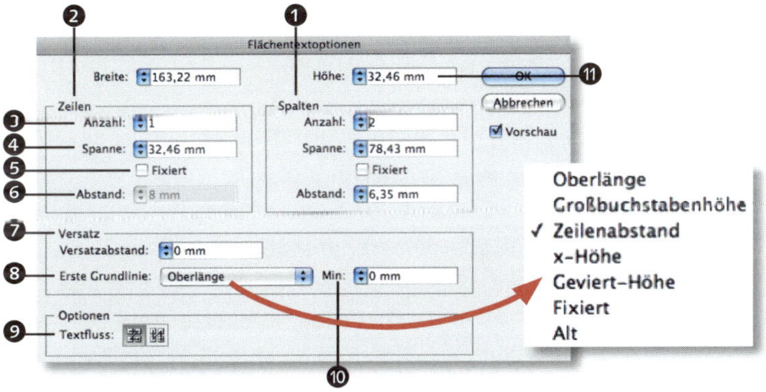

▲ **Abbildung 10.15**
Die Flächentextoptionen

❶ und ❷: Sie können einen Textrahmen in waagerechte ZEILEN und senkrechte SPALTEN einteilen.
❸ Geben Sie die ANZAHL der Spalten und Zeilen ein.
❹ Die SPANNE meint die Höhe bzw. Breite der jeweiligen Zeilen und Spalten.
❺ Wenn Sie einen Haken bei FIXIERT setzen, bleibt die Spanne von Zeile bzw. Spalte beim Aufziehen des Textrahmens erhalten, sodass Spalten hinzugefügt oder weggenommen werden. Setzen Sie hier keinen Haken, verändert sich die Spaltenbreite mit der Textrahmengröße mit.
❻ Unter ABSTAND versteht man die Breite zwischen den Zeilen/Spalten.
❼ Der VERSATZ gibt Ihnen gute Gestaltungsmöglichkeiten, weil Sie damit steuern können, dass der Text nicht am Rahmen »klebt«. Besonders, wenn der Textrahmen selbst Kontur und Flächenfarbe hat, sieht es besser aus mit etwas Versatz.
❽ Die erste Grundlinie bestimmt, auf welcher Höhe der Text beginnt, und zwar gemessen an der Grundlinie der ersten Textzeile (siehe Abbildung 10.1).

▲ **Abbildung 10.16**
Text, Rahmen und Fläche sind nur ein einziger Textrahmen, dem Kontur und Fläche zugewiesen wurden.

▲ **Abbildung 10.17**
Der Text kann auf der Rahmenoberkante beginnen (Fixiert = 0 mm).

- Oberlänge: Die Oberlänge der Schrift liegt an der Oberkante des Rahmens an.
- Grossbuchstabenhöhe: Die Höhe der Großbuchstaben (Versalien) liegt an der Oberkante des Rahmens an.
- Zeilenabstand: Die erste Grundlinie ist so weit vom oberen Rahmen entfernt wie der Zeilenabstand, den Sie im Absatz-Bedienfeld festgelegt haben.
- x-Höhe: Die Oberkante eines »x« der jeweiligen Schrift liegt an der Rahmenoberkante an.
- Geviert-Höhe: So breit wie der Schriftkegel hoch ist (Geviert), so groß ist der Abstand zwischen der Rahmenoberkante und der ersten Grundlinie.
- Fixiert: Der Wert, den Sie bei Min: ⑩ eingeben, ist der Wert Ihrer Grundlinie, von der Rahmenoberkante aus gemessen. Bei »0« sind Rahmenkante und Grundlinie deckungsgleich.
- Alt: Stellt die Standardwerte alter Illustrator-Versionen bis zur Version 10 ein.

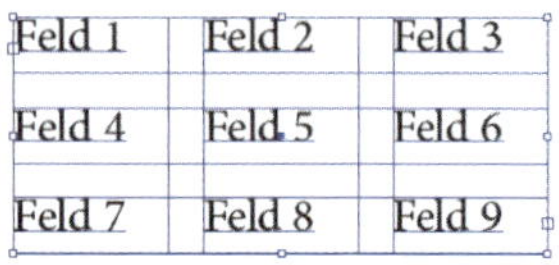

▲ **Abbildung 10.18**
Der Textfluss mit der Option Reihenweise von links nach rechts

⑨ Der Textfluss bestimmt die Richtung, in der der Text bei mehreren Zeilen und Spalten weiterfließen soll. Der Text kann von links nach rechts und dann in der nächsten Zeile weiterfließen, oder er fließt erst von oben nach unten und dann in der nächsten Spalte weiter.

⑩ Min: steuert den Abstand der ersten Grundlinie. Sie geben einen vertikalen Versatz an.

⑪ Mit der Breite und Höhe stellen Sie die Gesamtbreite und -höhe des Textrahmens ein.

10.6 Pfadtext

▲ **Abbildung 10.19**
Textklammern am Eingang, am Ausgang und in der Mitte des Pfadtextes

Eine spannende Möglichkeit, Text zu setzen, besteht darin, ihn entlang von Pfaden laufen zu lassen. Zu den Textein- und -ausgangs-Symbolen aktiver Texte kommen beim Pfadtext noch jeweils eine Startlinie und eine Endlinie hinzu, von Adobe »Klammern« genannt. Die dritte Klammer ist genau in der Mitte der beiden ersten Klammern.

Die Klammern können Sie mit der Maus auf dem Pfad entlangbewegen und damit den Beginn des Textes bzw. mit der Endklammer das Ende des Textes bestimmen. Schieben Sie beide so nah zueinander, dass der Text nicht mehr dazwischenpasst, bekommt die Endklammer wieder das bekannte Symbol für Übersatz.

Mit der mittleren Klammer verschieben Sie den gesamten Text auf dem Pfad, ohne dabei die mögliche Textmenge zu verändern. Sie erkennen, dass Sie eine der Klammern mit der Maus erwischt haben, wenn Ihnen eines der drei Symbole an der Maus mit angezeigt wird. Sie müssen aber sehr aufpassen, dass Sie nicht aus Versehen in das kleine Quadrat klicken statt in die Klammer, da Sie sonst die Textverkettung aktivieren.

▲ **Abbildung 10.20**
So werden Text-Start-, Mittel- und Endklammer an der Maus angezeigt.

Eine der häufigsten Anwendungen ist der sogenannte Kreissatz, der oft für runde Etiketten eingesetzt wird. Dabei läuft der Text entlang eines geschlossenen Kreises. So einen Kreissatz möchte ich nun mit Ihnen in einer Schritt-für-Schritt-Übung ausprobieren.

Schritt für Schritt: Kreissatz für ein Etikett

1 Datei anlegen

Legen Sie für diese Übung irgendeine Art von Illustrator-Datei neu an; es kommt hier nicht auf das Format oder das Farbsystem an.

2 Kreis zum Pfadtext-Objekt machen

Ziehen Sie mit dem ELLIPSE-WERKZEUG und gedrückter ⇧-Taste einen Kreis auf. Wählen Sie dann das PFADTEXT-WERKZEUG, und klicken Sie irgendwo auf den Pfad des Kreises. Da der Kreis nun seine Farb- und Konturattribute verliert, brauchen Sie sich vorher nicht darum zu kümmern.

3 Schrift eingeben

Schreiben Sie nun so etwas wie »Wendländer«. Wenn Sie nun bei aktivem Text das AUSWAHL-WERKZEUG auswählen, sehen Sie drei Klammern. Klicken Sie als Erstes im STEUERUNG-Bedienfeld auf das Symbol für ZENTRIEREN. Der Schriftzug springt zunächst auf die Mittel-Markierung (unten in diesem Fall).

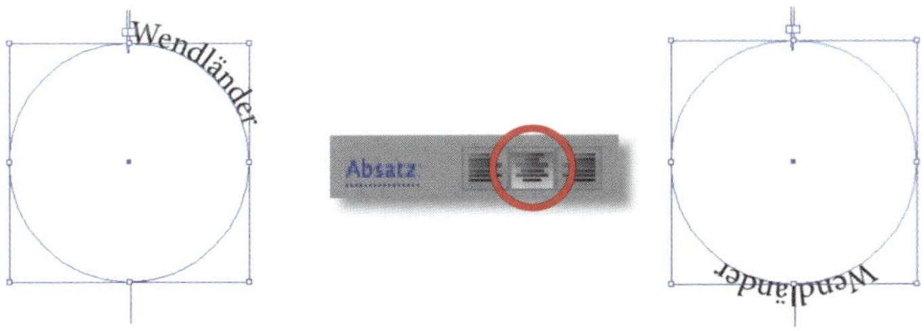

◄ **Abbildung 10.21**
Den Schriftzug zu zentrieren, erleichtert das weitere Arbeiten.

▲ **Abbildung 10.22**
Den Schriftzug an seiner Mittelklammer drehen

Fassen Sie dann die mittlere Klammer an, und drehen Sie den Text wieder nach oben.

Ebenfalls im STEUERUNG-Bedienfeld wählen Sie eine Schriftart und eine Schriftgröße.

Abbildung 10.23 ▶
Die Schriftart und Größe anpassen

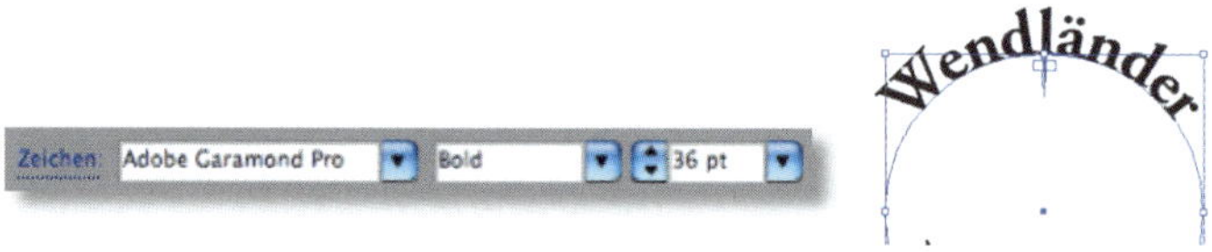

4 Text duplizieren und drehen

Aktivieren Sie das ganze Textobjekt mit dem AUSWAHL-WERKZEUG, kopieren Sie es mit Strg/⌘+C, und setzen Sie es mit Strg/⌘+F als Duplikat vor den ersten Text.

Fassen Sie auch diesen Text mit dem AUSWAHL-WERKZEUG an seiner Mittelklammer an, und drehen Sie ihn nach unten. Führen Sie Ihre Maus aber innerhalb des Kreises, damit der Text gespiegelt wird und nicht auf dem Kopf steht.

▲ **Abbildung 10.24**
Text nach innen ziehen

5 Unteren Text editieren

Aktivieren Sie den unteren Text mit Strg/⌘+A, während der Text-Cursor im Text steht. Er wird schwarz hervorgehoben. Nun geben Sie das Wort »Bienenhonig« ein.

6 Abstand zum Text

Da der untere Text nicht genauso zur Kreislinie steht wie der obere, müssen Sie ihn erneut mit dem TEXT-WERKZEUG aktivieren.

Öffnen Sie das ZEICHEN-Bedienfeld (FENSTER • SCHRIFT • ZEICHEN), und geben Sie bei GRUNDLINIENVERSATZ EINSTELLEN ❶ einen negativen Wert ein, bis die Oberlänge des Wortes an den Kreis stößt. Gleichen Sie noch die dadurch geweitete LAUFWEITE ❷ mit einem negativen Wert aus, bis der untere Text optisch mit dem oberen harmoniert.

Abbildung 10.25 ▶
Mit der Laufweite und dem Grundlinienversatz passen Sie den Schriftzug an den Kreis an.

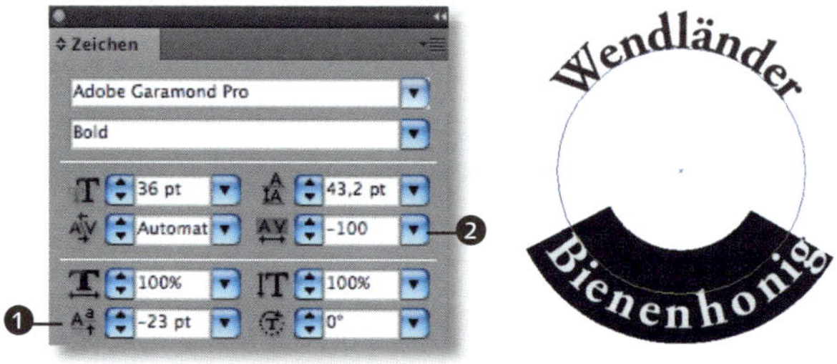

■

Rechts in Abbildung 10.26 sehen Sie das fertige Etikett.

Die Biene kommt übrigens aus der Illustrator-Symbol-Sammlung »Natur« (siehe Kapitel 8, »Muster, Pinsel und Symbole«). Wie Sie einen Kreisverlauf auf einen Kreis anwenden und ihn unter die Biene legen, lesen Sie in Kapitel 7, »Farbe«.

▲ **Abbildung 10.26**
Das fertige Etikett mit Verläufen und Biene-Symbol

10.7 Zeichen

Zum Arbeiten mit Text gehört natürlich auch das Feintuning, wie Sie also Schriften in Größe und Laufweite anpassen, Umbrüche erzwingen oder verhindern etc.

Wichtigstes Bedienfeld hierfür ist das ZEICHEN-Bedienfeld mit seinem Flyout-Menü (FENSTER • SCHRIFT • ZEICHEN).

Wenn Ihnen nur der obere Teil des Bedienfeldes angezeigt wird, wählen Sie aus dem Flyout-Menü OPTIONEN EINBLENDEN.

Für alle Zeicheneinstellungen müssen Sie auch ein oder mehrere Zeichen bzw. den ganzen Text aktiviert haben. Mit dem TEXT-WERKZEUG ziehen Sie über das betreffende Zeichen. Sind es mehrere, können Sie den Text-Cursor vor das erste Zeichen setzen und mit gedrückter ⇧-Taste hinter das letzte Zeichen klicken. Soll der ganze Text eines Textrahmens oder eines Pfadtextes aktiviert werden, klicken Sie irgendwo in den Text, sodass der Cursor im Text blinkt, und drücken Sie Strg/⌘+A.

Zur Erinnerung

In den meisten Eingabefeldern haben Sie die Möglichkeit, einen numerischen Wert einzugeben, den Wert, der schon im Eingabefeld steht, mit den Auf- und Abwärtspfeilen zu erhöhen oder zu verringern oder einen der Standardwerte aus der Pulldown-Liste zu wählen.

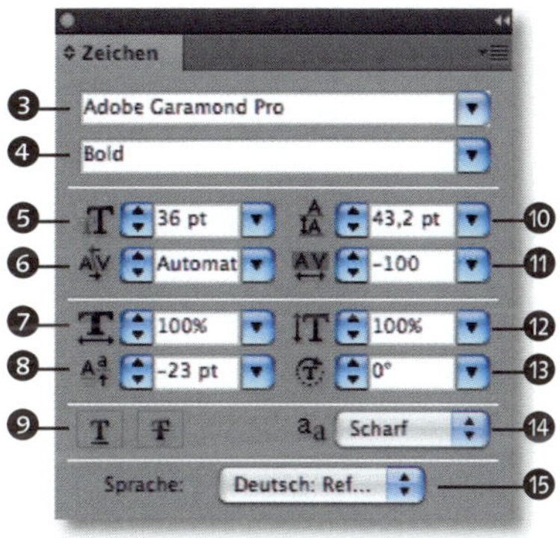

◄ **Abbildung 10.27**
Das ZEICHEN-Bedienfeld

Wählen Sie eine *Schrift* ❸ und auch einen *Schnitt* ❹. Ganz wichtig ist natürlich die *Schriftgröße* ❺. Bei mehrzeiligen Texten brauchen Sie auch einen *Zeilenabstand* ❿. Steht der Wert in Klammern, ist es der automatische Wert. Illustrator setzt hier 120% der

AUSGLEICH
AUSGLEICH

▲ **Abbildung 10.28**
Manuelle Unterschneidung einzelner Buchstaben mit dem Kerning (unten).

Schriftgröße ein. In der Pulldown-Liste können Sie auch AUTOMATISCH wählen. Vergrößern Sie die Schrift, wächst der Zeilenabstand mit.

Das Kerning, also der ABSTAND ZWISCHEN ZWEI ZEICHEN ❻, funktioniert dann, wenn Sie den Cursor nur zwischen die Zeichen stellen, ohne sie zu aktivieren. Nun können Sie sie näher zusammen oder weiter auseinander schieben. Ganz wichtig ist dieser Ausgleich bei der Gestaltung von Logos. Sie können so einzelne Buchstaben optisch harmonisieren.

Möchten Sie eine ganze Zeile oder den ganzen Text in seiner LAUFWEITE ⓫ verändern, müssen die betreffenden Zeichen oder der Text aktiviert sein.

Typografisch zu Recht sehr verpönt ist das HORIZONTALE ❼ und VERTIKALE SKALIEREN ⓬.

Ich laufe eng.
Ich laufe normal.
Ich laufe weit.

▲ **Abbildung 10.29**
Unterschiedliche Laufweiten

Den GRUNDLINIENVERSATZ ❽ brauchen Sie hingegen, wie Sie schon in der letzten Schritt-für-Schritt-Übung gesehen haben. Manchmal benötigen auch einzelne Zeichen wie das @-Zeichen leichte Grundlinienkorrekturen.

Für besondere Effekte können Sie einzelne Zeichen, die Sie aktiviert haben, auch drehen (ZEICHENDREHUNG ⓭). Da sich der Schriftkegel dabei mitdreht, müssen Sie in aller Regel danach die Zeichenabstände wieder korrigieren.

▲ **Abbildung 10.30**
Wenn es mal passt, zu spielen

Sie können auch Zeichen UNTER- oder DURCHSTREICHEN ❾.

Die GLÄTTUNGSMETHODE ⓮ ist nicht für einzelne Zeichen zu aktivieren, sondern nur für den ganzen Text. Sie müssen dafür den Textrahmen mit dem AUSWAHL-WERKZEUG aktivieren. Diese Einstellung ist nur für das Web interessant, weil die Bildschirmdarstellung der Schriften hiermit gesteuert wird.

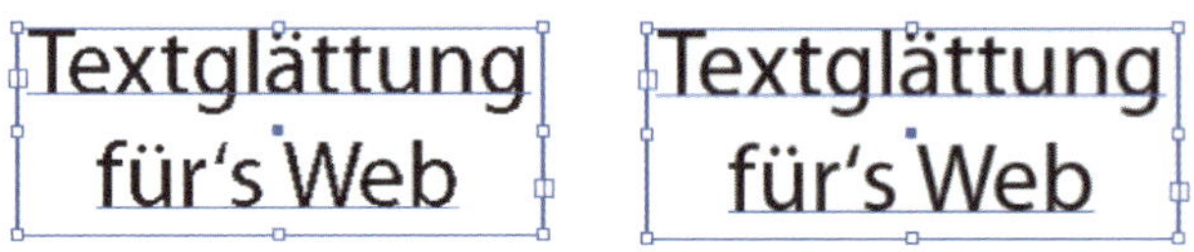

Abbildung 10.31 ▶
Ohne Glättung (links) und mit Glättung (rechts)

Wenn Sie unter SPRACHE ⓯, die Sprache, in der Sie schreiben, aus der Pulldown-Liste auswählen, kann Illustrator die Wörter richtig trennen, sofern sie dem Programm bekannt sind.

Doch auch im Flyout-Menü haben Sie noch Funktionen, an die Sie nur dort herankommen. So können Sie hier ein aktiviertes Wort, das Sie mit großem Anfangsbuchstaben und kleinen Folgebuchstaben gesetzt haben, mit einem Häkchen bei GROSSBUCH-

Staben komplett auf Versalien stellen. Kommt Ihr Art Director und will es anders, ist es nur ein einziger Klick, und das Wort ist wieder normal, ohne es neu tippen zu müssen.

Kapitälchen setzt alle Buchstaben in Versalien; doch die ursprünglichen Kleinbuchstaben behalten dabei ihre Höhe – werden quasi »kleine« Versalien. Aber Achtung: Besitzt die Schrift keinen Zeichensatz mit Kapitälchen, skaliert Illustrator die kleinen Versalien runter, sodass unterschiedliche Balkenstärken entstehen, die schlecht und unprofessionell aussehen. Diese nennt man falsche Kapitälchen.

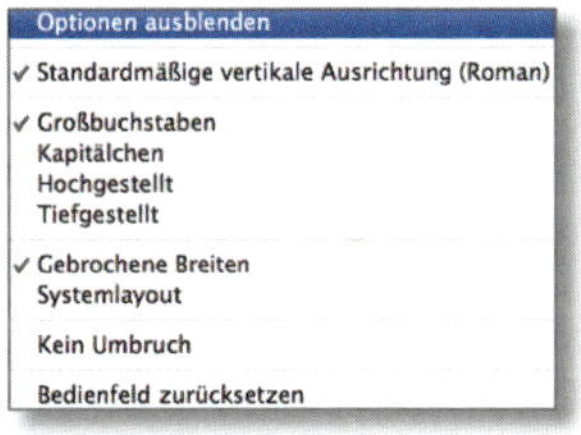

▲ **Abbildung 10.32**
Das Flyout-Menü des Zeichen-Bedienfeldes

◀ **Abbildung 10.33**
Großbuchstaben (Versalien) und Kapitälchen

Hochgestellt und Tiefgestellt brauchen Sie ebenfalls von Zeit zu Zeit. Manchmal lohnt es sich, das Zeichen nachträglich über den Grundlinienversatz auszugleichen (jeweils rechts in Abbildung 10.34).

Wenn Sie Text setzen, der im Web erscheinen soll, wählen Sie Systemlayout statt Gebrochene Breiten. Damit sorgen Sie dafür, dass Schrift nur auf ganzen Pixeln gesetzt wird.

Immer wieder wird ein Wort am Ende des Textrahmens oder des Pfades getrennt. Sie können eine Trennung verhindern, indem Sie das Wort komplett markieren und Kein Umbruch anhaken.

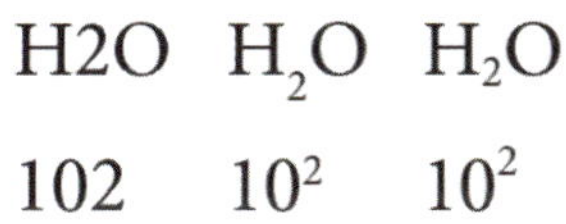

▲ **Abbildung 10.34**
Hoch- und tiefgestellte Zeichen

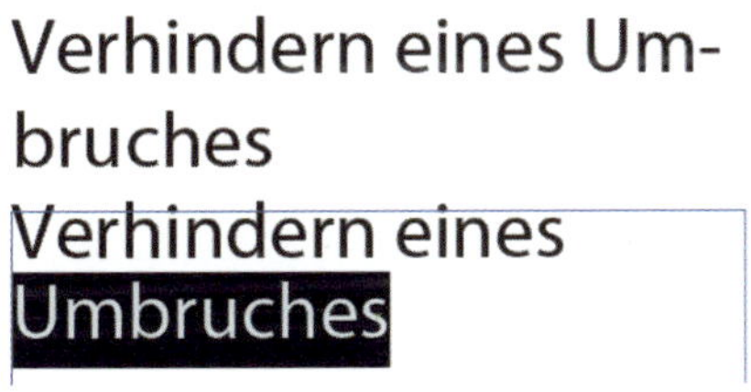

◀ **Abbildung 10.35**
Kein Umbruch für das Wort »Umbruches«

10.8 Absätze

Eingangs sagte ich ja bereits, dass Illustrator kein Textprogramm ist. In Logos oder manchmal in Illustrationen setzen Sie Einzelwörter oder einzelne Zeilen, die Sie mit den Zeichenfunktionen aus dem vorangegangenen Abschnitt bearbeiten. Seltener arbeiten Sie mit Mengentext. Hier müssen Sie dann nicht nur die ein-

Umbruch

Umbricht Ihr Text nicht am Ende des Textrahmens, haben Sie vielleicht aus Versehen das Zeichenattribut Kein Umbruch im Flyout-Menü aktiviert.

zelnen Zeichen und die Schrift editieren, sondern auch ganze Absätze.

Ein Absatz ist der Text bis zur jeweils nächsten Zeilenschaltung [↵] ❶. Sie können auch mit [⇧]+[↵] eine neue Zeile ❷ erzwingen, haben dann aber keinen Absatz. Hilfreich kann es sein, sich über SCHRIFT • VERBORGENE ZEICHEN EINBLENDEN zu lassen, um besser am Text arbeiten zu können.

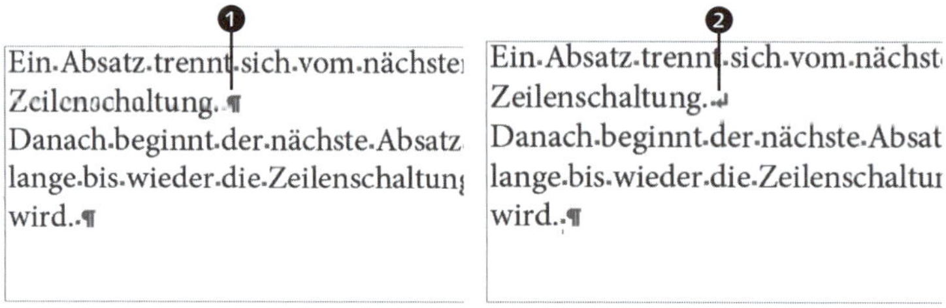

Abbildung 10.36 ▶
Optisch sehen beide Texte gleich aus, technisch unterscheidet Illustrator aber zwischen ihnen.

Für die Einstellungen der Absatzattribute reicht es aus, wenn der Cursor in dem betreffenden Absatz steht. Wollen Sie mehrere Absätze zugleich editieren, aktivieren Sie einfach die ganzen betreffenden Absätze und rufen über FENSTER • SCHRIFT das ABSATZ-Bedienfeld auf:

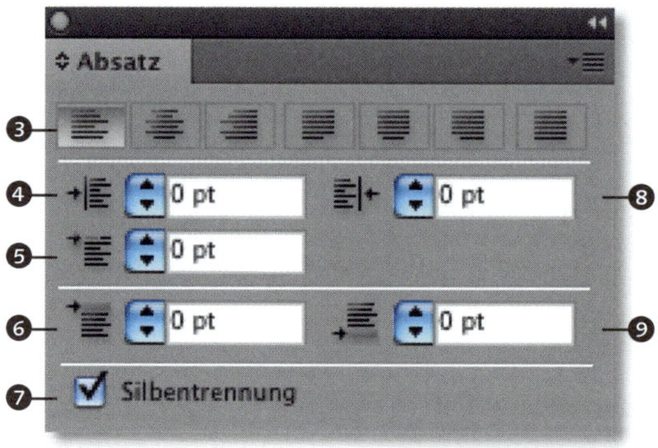

Abbildung 10.37 ▶
Das ABSATZ-Bedienfeld

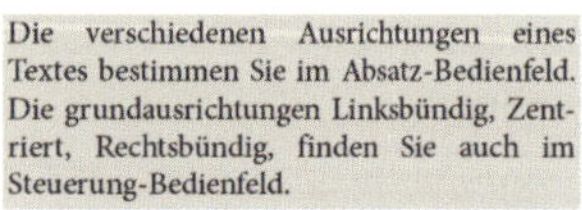

▲ **Abbildung 10.38**
Blocksatz, letzte Zeile linksbündig

❸ In der ersten Zeile stehen die Ausrichtungen: LINKSBÜNDIG; ZENTRIERT; RECHTSBÜNDIG; BLOCKSATZ, LETZTE ZEILE LINKSBÜNDIG; BLOCKSATZ, LETZTE ZEILE ZENTRIERT; BLOCKSATZ, LETZTE ZEILE RECHTSBÜNDIG; BLOCKSATZ, ALLE ZEILEN (hier wird die letzte Zeile auf die gesamte Textrahmenbreite gezwungen).

❹ Mit EINZUG LINKS bestimmen Sie den Abstand, den der Text von der linken Textrahmenkante haben soll. Für EINZUG RECHTS ❽ gilt Entsprechendes für die linke Seite.

❺ EINZUG LINKS IN ERSTER ZEILE kann für die erste Zeile einen anderen Wert angeben als für die übrigen, sodass z. B. nur die erste Zeile eingezogen ist.
❻ ABSTAND VOR ABSATZ gibt einen Abstand zum vorherigen Absatz an, sodass diese nicht direkt aneinanderkleben.
❾ ABSTAND NACH ABSATZ rückt den nächsten Absatz etwas ab.
❼ Mit SILBENTRENNUNG bestimmen Sie, ob Wörter am Textrahmenrand getrennt werden sollen. Nach welchen Kriterien getrennt wird, lesen Sie nachfolgend.

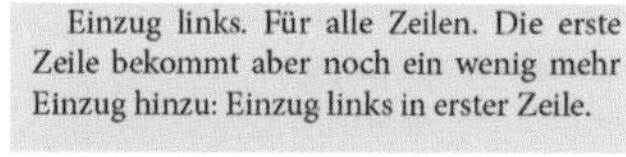

▲ **Abbildung 10.39**
Linker Einzug, erste Zeile Zusatzeinzug

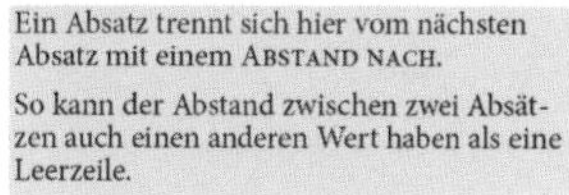

▲ **Abbildung 10.40**
Abstand nach Absatz

Sehen Sie auch einmal ins Flyout-Menü des Bedienfeldes. Dort finden Sie wichtige Grundeinstellungen für die Gestaltung Ihrer Absätze/Texte. Es gibt in Illustrator nämlich zwei grundsätzlich verschiedene Methoden, Absätze zu umbrechen. Die erste Art interpretiert die einzelnen Zeilen. Passt ein Wort nicht mehr in eine Zeile, wird es getrennt, und die nächste Zeile wird untersucht. Ist diese durch den Wortteil der Zeile darüber zu voll geworden, wird auch hier am Ende Platz geschaffen, und so weiter. Diese Methode nennt Illustrator den ADOBE EINZEILEN-SETZER.

Die ADOBE ALLE-ZEILEN-SETZER-Methode untersucht den ganzen Absatz und versucht die Wortabstände optimal zu gestalten. Dabei ist es durchaus möglich, dass Illustrator auch in Zeilen über jener, an der Sie gerade arbeiten, Text neu umbricht. Bei Mengentext erhalten Sie mit dieser Methode meistens deutlich bessere Ergebnisse.

▲ **Abbildung 10.41**
Flyout-Menü des ABSATZ-Bedienfeldes

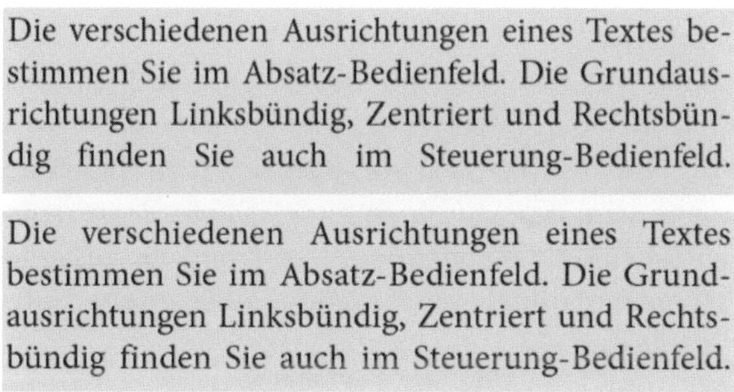

◀ **Abbildung 10.42**
Oben: BLOCKSATZ, ALLE ZEILEN mit dem ADOBE EINZEILEN-SETZER. Unten: ADOBE ALLE-ZEILEN-SETZER.

Mit der SILBENTRENNUNG..., die Sie im Flyout-Menü des ABSATZ-Bedienfeldes aufrufen, beeinflussen Sie den Umbruch Ihres Textes. Die Einstellungen gelten immer nur für den gerade aktivierten Absatz.

Abbildung 10.43 ▸
Die Silbentrennungsvorgaben

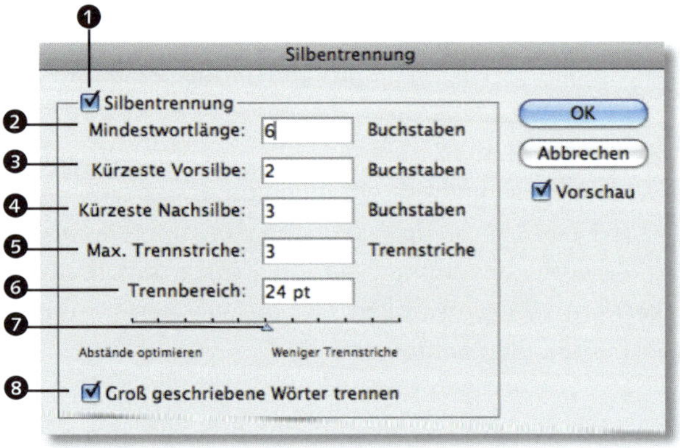

Auch hier können Sie einstellen, ob überhaupt Wörter getrennt werden sollen ❶. Wenn ja, legen Sie fest, wie lang ein Wort mindestens sein muss ❷, damit es getrennt werden darf. Dann entscheiden Sie, wie viele Zeichen ❸ mindestens vor der Trennung stehen müssen. Wie viele Zeichen in die nächste Zeile mitgenommen werden dürfen, entscheiden Sie hier ❹. Wenn in mehreren Zeilen untereinander getrennt werden müsste, kann ein optisches Loch entstehen; deshalb können Sie die Menge der Trennungen untereinander einschränken ❺. Der Trennbereich ❻ hat meist wenig Einfluss und besagt, in welcher Zone zum rechten Rand getrennt wird. Mit dem Schieberegler ❼ geben Sie den besseren Wortabständen (links) den Vorrang oder entscheiden sich dafür, dass Sie lieber weniger Trennungen untereinander haben wollen (rechts). Dass großgeschriebene Wörter getrennt werden dürfen ❽, macht in der deutschen Sprache Sinn.

Rufen Sie über das Flyout-Menü des Absatz-Bedienfeldes Abstände auf, ist für den Einsteiger nur die unterste Pulldown-Liste ❾ wichtig. Kommt es nämlich vor, dass der Textrahmen an einer Stelle so eng wird, dass nur noch ein einzelnes Wort darin Platz findet, entscheiden Sie, ob dieses Wort auf die gesamte Breite ausgetrieben wird oder in einer anderen Ausrichtung läuft.

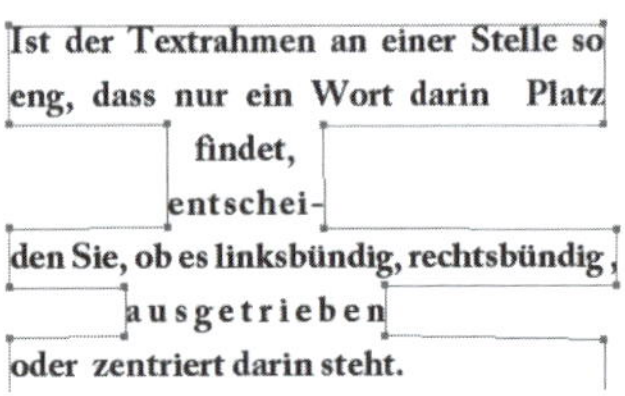

▲ Abbildung 10.44
Einzelwortausrichtung, wenn's mal eng wird

Abbildung 10.45 ▸
Abstände-Bedienfeld

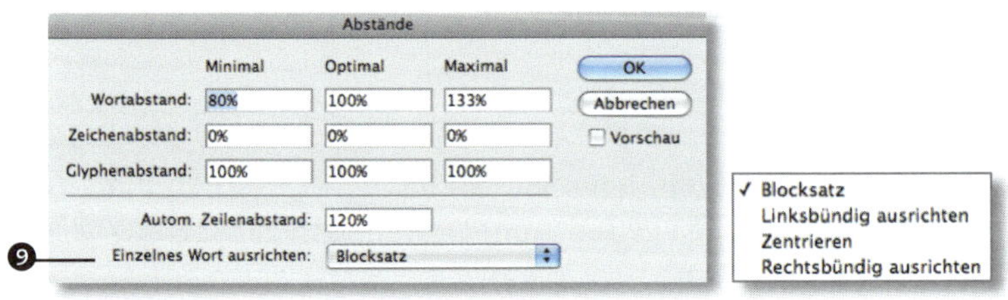

10.9 OpenType

OpenType-Funktionen nützen Ihnen nur etwas, wenn auch die Schrift, die Sie benutzen, eine OpenType-Schrift ist. Aber nicht jede OpenType-Schrift verfügt über die gleichen Zeichensätze. Grundsätzlich bieten diese Schriften sehr viele Zeichen an, sodass Sie oftmals auf Ligaturen oder echte Brüche zugreifen können.

Über FENSTER • SCHRIFT • OPENTYPE öffnen Sie das entsprechende Bedienfeld. Ein Zeichen bzw. der Text muss ausgewählt sein, wenn Sie eine OpenType-Funktion zuweisen wollen.

Acht Funktionen können Sie mit den unteren Buttons ⓫ anwählen. Ist ein Button nicht anwählbar, hat die aktuelle Schrift diese OpenType-Funktionalität nicht.

- STANDARDLIGATUREN. Eine Ligatur fasst bestimmte Buchstabenpaare zusammen. Th oder fi sind klassische Beispiele solcher Buchstabenpaare.
- KONTEXTBEDINGTE VARIANTEN benutzen je nach Buchstabenpaarung variierende Zeichen.
- BEDINGTE LIGATUREN enthält zu den Standardligaturen noch weitere Alternativen.
- SCHWUNGSCHRIFT hat besonders stark ausgeprägte »Schnörkel«, die sich besonders in Schreibschriften gut machen.
- FORMATVARIANTEN hält Alternativzeichen vor.
- TITELSCHRIFTVARIANTEN benutzen Sie vornehmlich für Versalien, also Großbuchstaben.
- ORDINALZEICHEN wie 1st im Englischen sind eigene Zeichenpaare, vergleichbar mit den Ligaturen.
- Brüche sind in diesem Fall »echte« Brüche. Wenn Sie 1 1/2 als Bruch (1 ½) haben möchten, dürfen Sie auch nur 1/2 auswählen, wenn Sie auf den Button BRÜCHE klicken.

Bleiben noch die Zahlen der Pulldown-Liste ⓾. VERSALZIFFERN sind Zahlen, die so groß sind wie die Großbuchstaben. MEDIÄVALZIFFERN sind die Zahlen, die mit ihrer Grundlinie variieren und zu passenden Gelegenheiten auch sehr edel aussehen können.

Unter »Proportionale...« versteht man, dass die Zahlen zueinander ausgeglichen sind und damit unterschiedliche Abstände aufweisen, wärend Zahlen »...für Tabellen« immer den gleichen Abstand zueinander haben. Sie sehen steifer aus, doch die einzelnen Ziffern stehen genau untereinander.

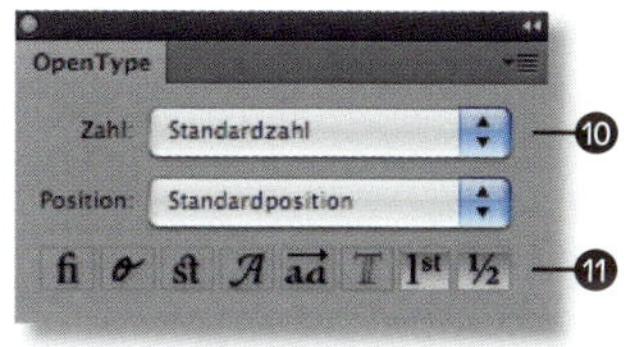

▲ **Abbildung 10.46**
Das OPENTYPE-Bedienfeld

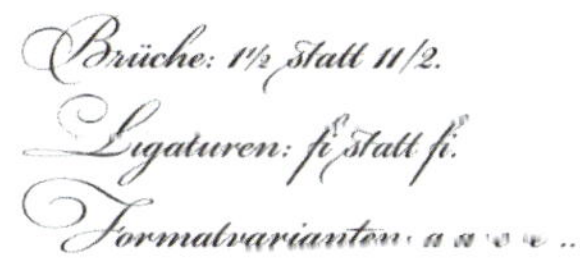

▲ **Abbildung 10.47**
Schwungschrift macht sich bei Schreibschrift besonders gut.

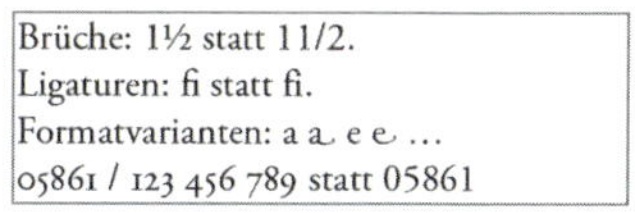

▲ **Abbildung 10.48**
OpenType-Beispiele

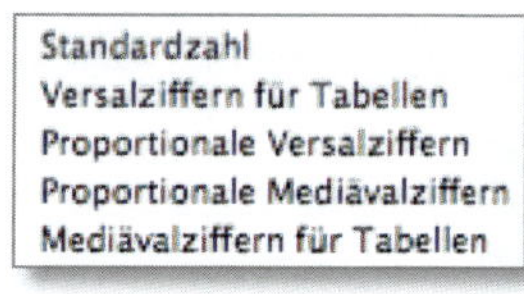

▲ **Abbildung 10.49**
OpenType-Funktionen für Zahlen ⓾

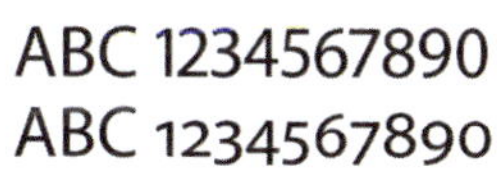

▲ **Abbildung 10.50**
Versal- (oben) und Mediävalziffern (unten)

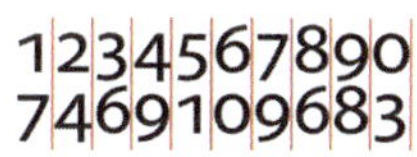

▲ **Abbildung 10.51**
Ziffern FÜR TABELLEN haben konstante Abstände zueinander.

10.10 Glyphen

Ein Zeichen ist eigentlich reine Information. Ein »A« ist demnach ein ganz bestimmter Buchstabe. Doch wie dieser letztendlich aussieht, steht auf einem anderen Blatt. Eine Glyphe ist die grafische Darstellung dieser Information, quasi die Ausarbeitung der Information »A«. Wie diese ausfällt, hängt in erster Linie von der Schrift ab. Es gibt aber auch viele Varianten und Abwandlungen. Jede dieser Abwandlungen ist eine Glyphe.

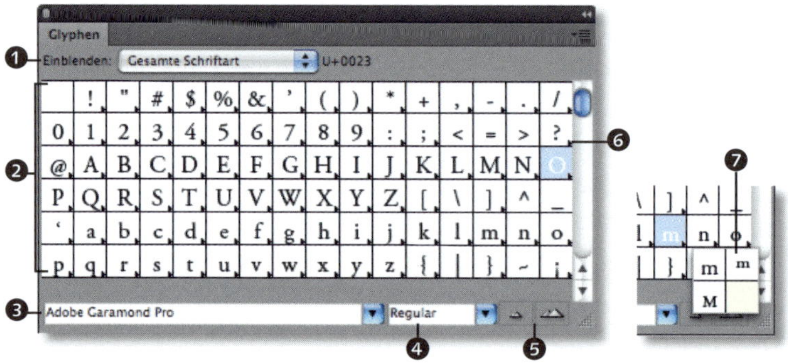

Abbildung 10.52 ▸
Im Glyphen-Bedienfeld finden Sie jedes Zeichen der ausgewählten Schrift.

Alle diese Glyphen finden Sie im Glyphen-Bedienfeld, das Sie über Fenster • Schrift • Glyphen aufrufen. Bei OpenType-Schriften können es Tausende sein. Damit Sie auf der Suche nach einem bestimmten Zeichen nicht endlos scrollen müssen, können Sie Ihre Suche nach bestimmten Kriterien filtern ❶.

Jedes Zeichen steht in einem Quadrat. Wie groß diese Darstellung ist, steuern Sie hier mit den zwei Bergen ❺ für größer und kleiner. Leider können Sie das Glyphen-Fenster ❷ weder mit dem Scrollrad Ihrer Maus noch mit einem Trackpad bedienen; Sie müssen mit dem Scrollbalken arbeiten, bis Sie die gewünschte Glyphe finden.

Wählen Sie, von welcher Schrift ❸ Illustrator die Glyphen anzeigt und in welchem Schnitt ❹. Haben Sie Text aktiv, werden automatisch die Glyphen dieser Schrift beim Aufrufen des Glyphen-Bedienfeldes angezeigt.

Stellen Sie Ihren Text-Cursor an die Stelle, an der Sie ein Zeichen einfügen möchten, und doppelklicken Sie das gewünschte Zeichen im Glyphen-Fenster ❷ an. Ist ein Zeichen in Ihrem Text ausgewählt, wird es ersetzt.

In manchen OpenType-Schriften gibt es noch Zeichenvarianten, was durch ein kleines Dreieck ❻ angezeigt wird. Wenn Sie es mit der Maus gedrückt halten, werden die Varianten ❼ angezeigt. Halten Sie die Maus weiterhin gedrückt, und ziehen Sie sie auf die gewünsche Variante, um sie auszuwählen.

10.11 Formatvorlagen

Wenn Sie mit Flächentext arbeiten, wählen Sie eine bestimmte Schrift, bestimmen die Abstände zu den Rändern oder zu nachfolgenden Absätzen und mehr. Haben Sie aber Text mit mehreren Absätzen, müssen Sie diese Einstellungen eventuell jedes Mal vornehmen. Das ist dann viel Arbeit. Um Ihnen die Arbeit zu erleichtern, gibt es Absatzformate. Die Absatzformate merken sich die einzelnen Einstellungen, sodass Sie sie nur noch mit einem Klick den Absätzen zuweisen müssen.

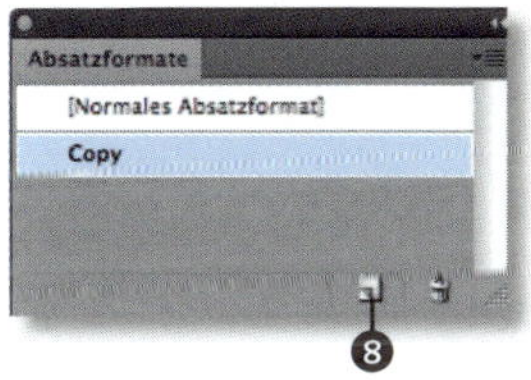

▲ **Abbildung 10.53**
Bedienfeld für Absatzformate

10.11.1 Absatzformate

Der einfachste Weg zu einem Absatzformat ist der, als Erstes einen Absatz zu formatieren, wie Sie ihn haben möchten. Dann öffnen Sie das Absatzformate-Bedienfeld (Fenster • Schrift • Absatzformate). Halten Sie `Alt` beim Klicken in den Button Neues Format erstellen ❽. Es öffnet sich ein Dialog für Ihre Einstellungen, der sich in zehn Kategorien unterteilt (siehe Abbildung 10.54).

Alles was Sie auch in den Bedienfeldern für Zeichen und Absätze einstellen können, können Sie auch für ein Absatzformat definieren. Einzig die Zeichenfarbe ❿ kommt hier neu dazu. Sie wählen hier die Flächenfarbe für die eigentliche Zeichenfarbe. Eine Konturfarbe kann zwar zugewiesen werden, würde die Schrift aber dicker und meist hässlicher machen. (Wie Sie Tabulatoren ❾ einstellen, lesen Sie in Abschnitt 10.12).

In jeder Kategorie gibt es einen Button Bereich zurücksetzen, der alle Einstellungen für die jeweilige Kategorie löscht.

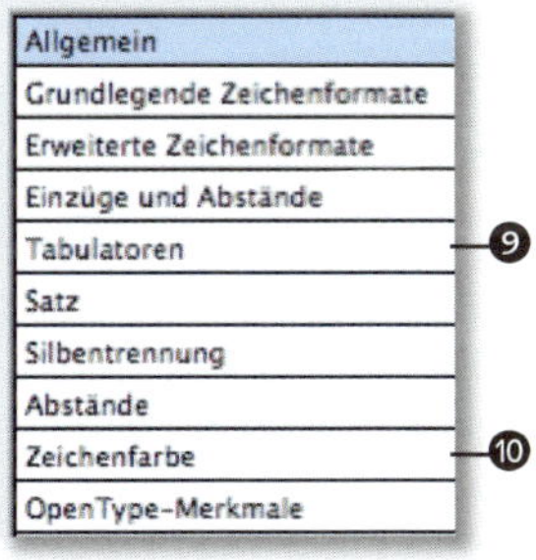

▲ **Abbildung 10.54**
Die Menüpunkte der Absatzformate

Es war einmal eine schöne Schrift,
bis sie eine Kontur hinzu bekam.

▲ **Abbildung 10.55**
Eine Schrift mit Konturfarbe (unten)

10.11.2 Zeichenformate

Sie können einzelne Wörter in ihrem Aussehen verändern. Zum Beispiel geben Sie einem bestimmten Wort wie dem Firmennamen immer eine rote Farbe. Oder bestimmte Auszeichnungen werden in kursiver Schrift gesetzt. Auch für diese häufig wiederkehrende Arbeit können Sie ein Format anlegen, diesmal ein Zeichenformat (FENSTER • SCHRIFT • ZEICHENFORMAT).

Das Zeichenformat steht in der Rangfolge über dem Absatzformat. So können Sie einem Textabschnitt ein anderes Absatzformat zuweisen, ohne dass sich das Zeichenformat ändert.

Haben Sie den Firmennamen mit einem Zeichenformat rot eingefärbt und weisen ein Absatzformat zu, das Blau als Textfarbe definiert hat, bleiben die Firmennamen rot.

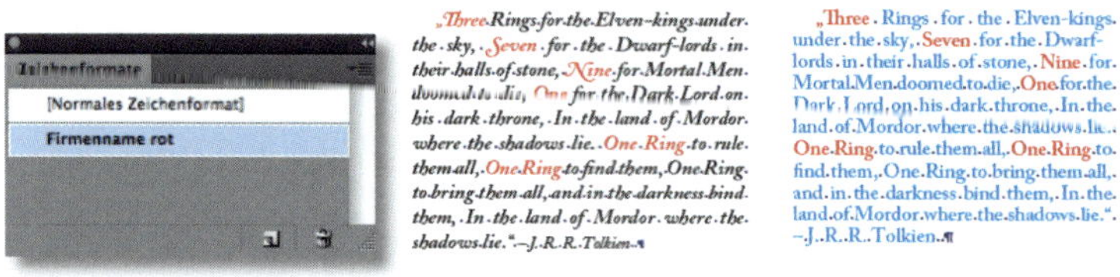

Abbildung 10.56 ▶
Zeichenformate haben mehr Gewicht als Absatzformate.

Möchten Sie ein ganz bestimmtes Attribut in Ihr Zeichenformat aufnehmen, deaktivieren Sie allen Text, klicken mit Alt auf den Button NEUES FORMAT ERSTELLEN und geben nur das Zeichenattribut ein, das Sie definieren wollen; alle anderen bleiben undefiniert.

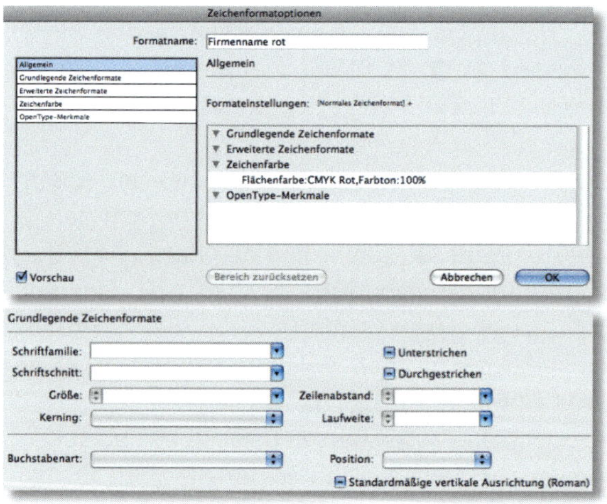

Abbildung 10.57 ▶
Zeichenformatoptionen (oben), undefinierte Zeichenattribute (unten)

10.12 Tabulatoren

Mit Tabulatoren setzen Sie einen Einzug bis zu einer definierten Position, gemessen vom linken Textrahmenrand. Dabei muss der Einzug nicht am Zeilenanfang stehen.

Es gibt vier verschiedene Arten von Tabulatoren: linksbündiger, zentrierter, rechtsbündiger und dezimaler Tabulator. In Abbildung 10.58 markiert die rote Linie die jeweilige Tabulatorposition und Ausrichtung.

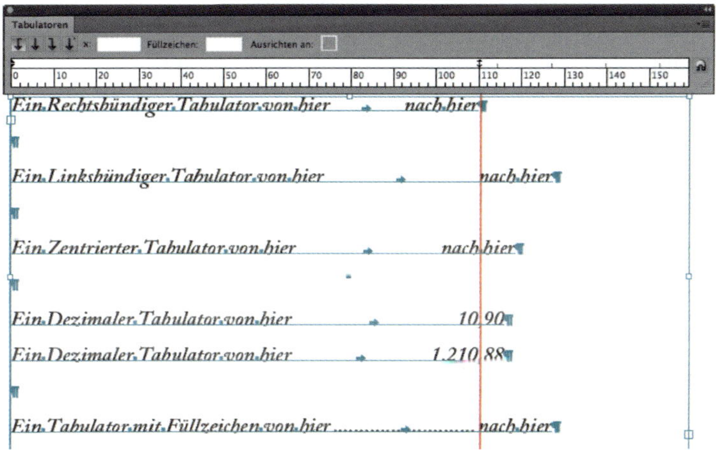

◂ **Abbildung 10.58**
Vier verschiedene Tabulatoren

Zwei Dinge braucht ein Tabulator. Erstens müssen Sie an der Textstelle, von der aus ein »Sprung« zur nächsten stattfinden soll, einen Tabulator tippen: [⇆]. Zweitens müssen Sie dem Absatz sagen, an welchen Positionen (von links gemessen) der Text am Tabulator »einrasten« soll. Sie können auch mehrere Tabulatoren über das Tabulatoren-Bedienfeld definieren, diese gelten aber für den gesamten Absatz, in dem der Text-Cursor steht oder ein Wort ausgewählt ist.

Fenster • Schrift • Tabulatoren ruft die Tabulatorenleiste auf. Haben Sie einen Textrahmen ausgewählt, klicken Sie auf den Magneten ❼, damit sich die Tabulatorenleiste an die Oberkante des Textrahmens andockt. Sie haben so die beste Kontrolle über die Position der Tabulatoren.

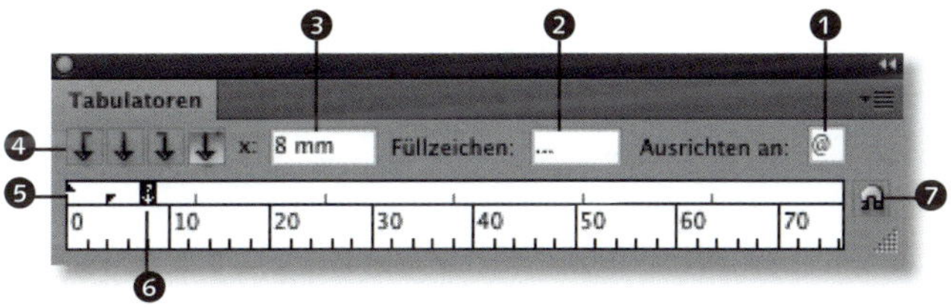

◂ **Abbildung 10.59**
Die Tabulatorenleiste

Klicken Sie mit der Maus an irgendeine Position, um einen Tabulator zu setzen ❻. Aktivieren Sie einen Tabulator mit einem

Mausklick, oder verschieben Sie seine Position mit gedrückter Maustaste.

Die Bündigkeit ❹ ersehen Sie aus Abbildung 10.58. Wenn Sie die Bündigkeit eines Tabulators ändern möchten, wählen Sie ihn erst in der Leiste aus und klicken dann auf den entsprechenden Button. Die Position des jeweils von Ihnen mit der Maus ausgewählten Tabulators ❻ können Sie im x-Feld ❸ numerisch eingeben oder beim Verschieben ablesen.

Möchten Sie einen Tabulator löschen, ziehen Sie ihn mit der Maus aus der Leiste heraus.

Soll die Textlücke, die der Tabulator erzeugt, mit einem Zeichen, wie zum Beispiel Punkten gefüllt werden, geben Sie diese als Füllzeichen ❷ ein. Es können auch Striche oder sogar Buchstaben sein.

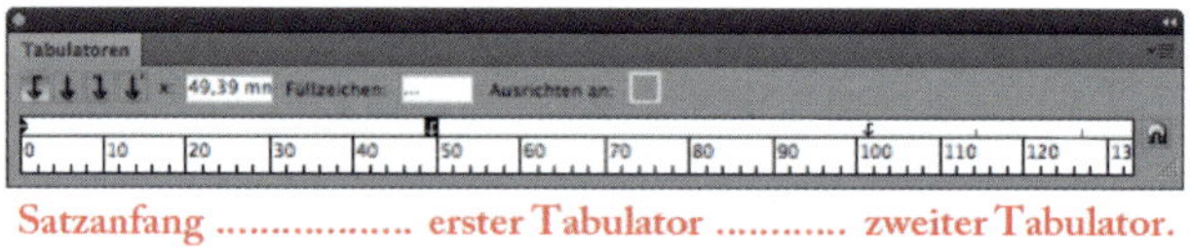

Abbildung 10.60 ▸
Zwei Tabulatoren mit Punkten als Füllzeichen

Sollen Tabulatoren in mehreren Zeilen an der gleichen Position untereinanderstehen, aktivieren Sie vor den Eingaben in der Tabulatorenleiste alle betroffenen Zeilen. Sollen Zahlen mit dem Komma genau untereinanderstehen, wählen Sie AUSRICHTEN AN ❶ und geben das Zeichen ein, an dem ausgerichtet werden soll. Sie müssen dafür aber auch den rechten der vier Tabulatoren ❹, den sogenannten dezimalen Tabulator, wählen.

Über das ABSATZ-Bedienfeld sind Einzüge für die erste und die folgenden Zeilen leichter einzustellen, doch auch hier ❺ könnten Sie es tun.

10.13 Text importieren

Im Layoutprogramm ist es Alltag, bei Illustrator eher selten: das Importieren von Text. Wenn Sie aber vom Kunden Text geliefert bekommen und ihn in Illustrator importieren müssen, gehen Sie wie bei Bildern und externen Grafiken auf PLATZIEREN (BEARBEITEN/DATEI • PLATZIEREN) und navigieren zur Textdatei. Halten Sie einen Textrahmen aktiv, wird der Text dort hineinplatziert.

Je nachdem um was für eine Art Datei es sich handelt, öffnet Illustrator den einen oder anderen Dialog, in dem Sie Voreinstellungen für den Textimport einrichten bevor der ausgewählte Text in Illustrator platziert wird.

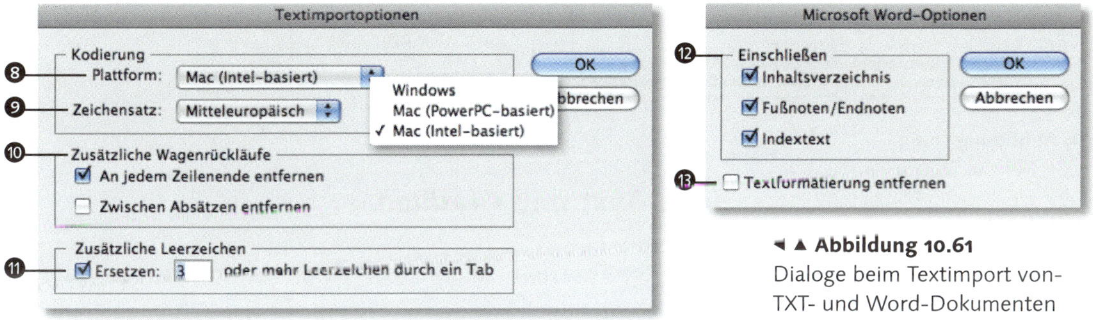

◄ ▲ **Abbildung 10.61**
Dialoge beim Textimport von TXT- und Word-Dokumenten

Bei reinen Textdateien (.txt) wählen Sie Ihre Systemplattform aus ❽ und wählen als Zeichensatz Mitteleuropäisch ❾. Oftmals ist in der Textdatei hinter jeder Zeile ein Absatz gesetzt. Illustrator nennt es, wie bei alten Schreibmaschinen, Wagenrücklauf ❿. Setzten Sie den ersten Haken um diese zu entfernen und den Text automatisch am Textrahmenrand umbrechen zu lassen. Sollen aber tatsächliche Absätze erhalten bleiben, erkennt Illustrator das, wenn zwei Wagenrückläufe gesetzt wurden und lässt einen davon als richtigen Absatz stehen. Ganz häufig sind für Einzüge am Zeilenanfang leider mehrere Leerzeichen gesetzt worden. Diese können Sie durch einen Tabulator ersetzen lassen ⓫.

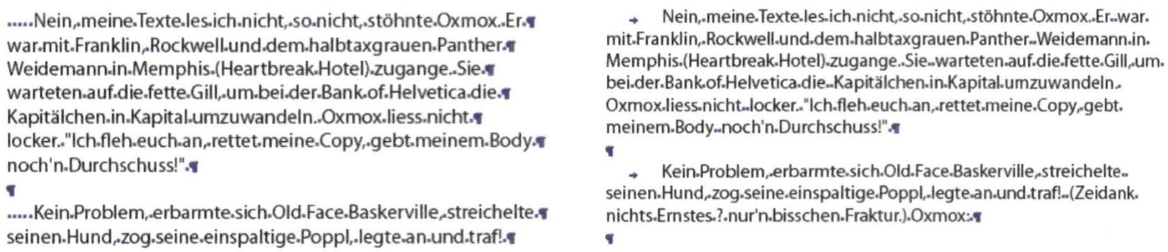

▲ **Abbildung 10.62**
Links müssten Sie sich mit mehrfachen Leerschritten am Absatzbeginn und Absätzen hinter jeder Zeile herumschlagen. Erst der rechte Text ist »arbeitsfähig«.

Bei Word-Dateien können Sie entscheiden, was Sie alles mit in das Platzieren einschließen wollen ⓬, denn in einer Word-Datei können neben dem eigentlichen Text auch Fußnoten, Indextexte und Inhaltsverzeichnisse enthalten sein. Viel interessanter ist aber die letzte Checkbox ⓭. Damit können alle Textformatierungen, wie Farbe, Schriftschnitte etc. entfernt werden.

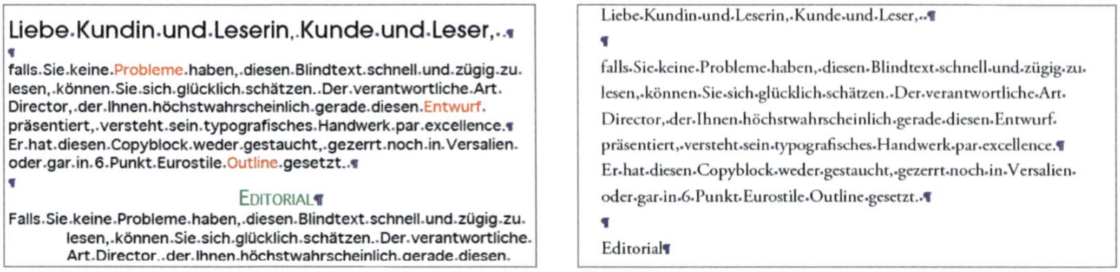

▲ **Abbildung 10.63**
Löschen Sie Textformatierungen schon beim Platzieren, erhalten Sie reinen Text.

10.14 Text und Grafiken

Wenn Sie Text und Illustrationen zusammenbringen, soll oftmals der Text um eine Grafik herumfließen. Zwei Bedingungen müssen dafür mindestens erfüllt sein. Erstens müssen Text und Umfließen-Objekt auf einer Ebene sein, und zweitens muss das Umfließen-Objekt über dem Text liegen (siehe Kapitel 6, »Ebenen«).

Abbildung 10.64 ▶
Text umfließt eine Illustrator-Grafik.

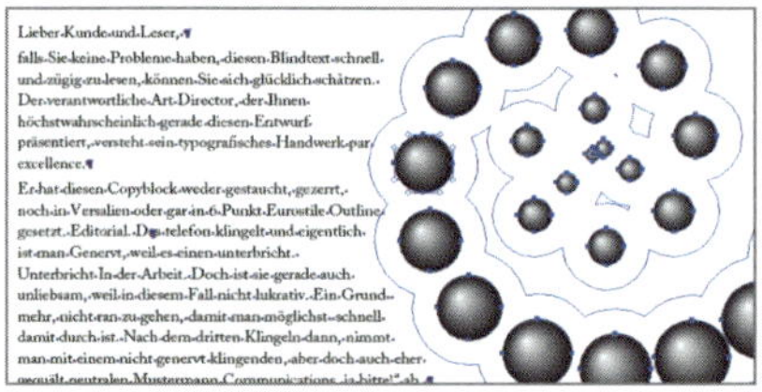

▲ **Abbildung 10.65**
Text umfließt ein freigestelltes Photoshopbild.

Bei Bildern kommen noch zwei weitere Bedingungen hinzu: Das Bild muss in Photoshop freigestellt sein und als PSD-Dokument oder Tif gespeichert sein. Und zweitens dürfen Sie das Bild nur eingebettet platzieren (siehe Kapitel 3, »Bilder und Grafiken«). Einschränkungen, die ich in meiner Arbeit so nicht akzeptieren kann. Deshalb empfehle ich, das Bild ganz normal, verknüpft in Illustrator zu platzieren und das Umfließen mit einem ganz gewöhnlichen Illustrator-Pfad zu erzwingen (siehe Abbildung 10.66).

▲ **Abbildung 10.66**
Mit einem über das Bild gelegten Illustrator-Pfad als Umfließen-Objekt sind Sie sehr flexibel.

Wählen Sie das zu umfließende Bild aus, und rufen Sie OBJEKT • UMFLIESSEN • ERSTELLEN auf. Das Bild wird vom unterhalb des Bildes liegenden Text umflossen. Wählen Sie nun OBJEKT • UMFLIESSEN • UMFLIESSENOPTIONEN .... Hier stellen Sie ein, welchen Abstand ❶ der Text zum Objekt haben soll.

Mit der Option UMFLIESSEN UMKEHREN ❷ können Sie den Text auch *im* statt *um* das Umfließen-Objekt laufen lassen. Hier gilt ebenfalls, dass es in Photoshop freigestellt sein muss bzw. dass Sie in Illustrator einen Pfad zum Umfließen angelegt haben müssen.

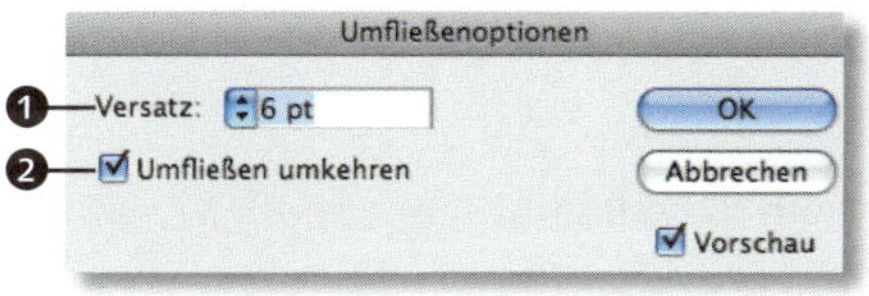

▲ **Abbildung 10.67**
Die Umfließenoptionen (links). Text fließt im Freisteller (rechts).

Soll das Objekt nicht mehr von Text umflossen werden, aktivieren Sie das Umfließen-Objekt und wählen OBJEKT • UMFLIESSEN • ZURÜCKWANDELN.

10.15 Text mit Effekten

Wenn Sie mit Illustrator Text setzen, möchten Sie vielleicht nicht nur Mengentext setzen, wie im Layoutprogramm, sondern gerade Effekte erzeugen.

10.15.1 Bild im Text

Einer der vielleicht häufigsten Effekte ist, den Text mit einem Bild zu versehen. Dazu tippen Sie zunächst den Text und platzieren ein beliebiges Pixelbild in Ihre Datei. Setzen Sie das Bild unterhalb des Textes in gewünschter Größe. Aktivieren Sie nun beide Objekte mit dem AUSWAHL-WERKZEUG, und wählen Sie dann OBJEKT • SCHNITTMASKE • ERSTELLEN.

◂ **Abbildung 10.68**
Bild unterhalb des Textes

◂ **Abbildung 10.69**
Schnittmaske erstellen

Möchten Sie das Bild innerhalb des Textes verschieben, wählen Sie OBJEKT • SCHNITTMASKE • INHALT BEARBEITEN. Nun können Sie das Bild verschieben oder skalieren; vermeiden Sie es aber, auf die

Schrift zu klicken, denn damit kommen Sie wieder zum gesamten Objekt zurück. An gleicher Stelle (Objekt • Schnittmaske • zurückwandeln) wandeln Sie die Schnittmaske auch wieder in zwei einzelne Objekte zurück, wenn es Ihnen nicht gefällt.

10.15.2 Verlauf im Text

Es ist zwar nicht so einfach wie das Bildeinfügen, einen Verlauf in einer Schrift zu erzeugen und die Schrift trotzdem editierbar zu halten. Aber es lohnt sich.

Schreiben Sie Ihren Text, und wählen Sie ihn anschließend mit dem Auswahl-Werkzeug aus. Nun öffnen Sie das Aussehen-Bedienfeld (Fenster • Aussehen). In dessen Flyout-Menü wählen Sie Neue Fläche hinzufügen. Solange diese neue Fläche im Aussehen-Bedienfeld ausgewählt ist, wählen Sie einen Verlauf aus den Farbfeldern, um sie dem Text zuzuweisen.

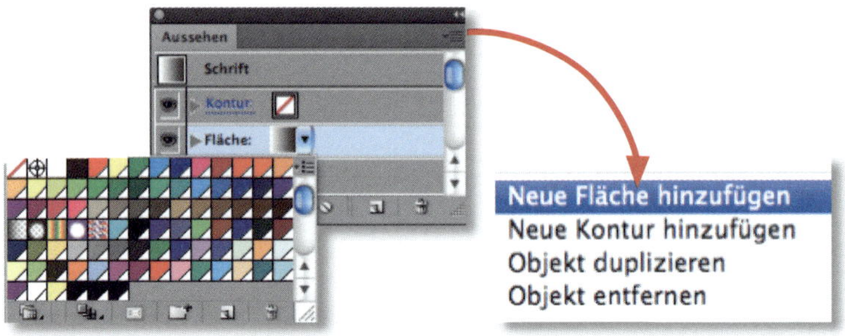

Abbildung 10.70 ▶
Neue Fläche für Verläufe

Mit dem Verlaufwerkzeug, wie in Kapitel 7, »Farbe«, beschrieben, editieren Sie den Verlauf. Den Text können Sie nach Belieben verändern.

Abbildung 10.71 ▶
Passen Sie den Verlauf mit dem Verlaufwerkzeug direkt an der Schrift an.

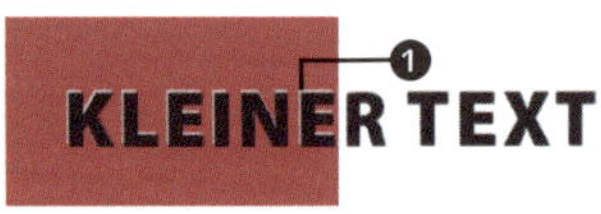

▲ **Abbildung 10.72**
»Blitzer« im Druck machen kleine Schriften unleserlich.

10.16 Überdrucken von Text

Den Fachbegriff »Überdrucken« erkläre ich ausführlicher in Kapitel 13, »Ausgabe«. Hier aber möchte ich Ihnen schon zu einem sauberen Druck Ihrer Texte verhelfen.

In verschiedensten Projekten werden Sie mit Schrift arbeiten, die auf farbigen Untergründen steht. Manches Mal werden die Schriften außerdem recht klein ausfallen (vielleicht nur 7 Punkt). Wenn Ihre Grafik dann im Layoutprogramm auch noch verkleinert eingesetzt wird, schrumpft die Schriftgröße noch mehr.

Weiße »Blitzer« ❶, die im Druckproduktionsprozess entstehen können, machen kleine Schriften unleserlich. Verhindern können Sie die »Blitzer«, indem Sie Ihre schwarzen Texte auf Überdrucken stellen: Dazu aktivieren Sie den schwarzen Text, öffnen das Attribute-Bedienfeld (über Fenster) und setzen einen Haken bei Fläche überdr.

Aber Vorsicht bei farbigem Text, die Textfarbe mischt sich beim Überdrucken mit dem Untergrund und kann im schlimmsten Fall optisch verschwinden. Ansicht • Überdruckenvorschau simuliert für Sie das Ergebnis.

▲ **Abbildung 10.73**
Schwarzer Text sollte auf Fläche überdr. stehen.

▲ **Abbildung 10.74**
Der gelbe Text überdruckt die rote Fläche und verschwindet.

Schritt für Schritt: Briefbogen

1 Datei öffnen

Ich habe Ihnen eine Datei vorbereitet. Es ist ein Briefbogen. Außer dem Logo ist aber noch nichts drauf. Öffnen Sie die Datei »Brief.ai« von der Buch-DVD.

Die Illustrator-Datei »Brief.ai« finden Sie auf der DVD im Ordner Uebungen • 10.

2 Textrahmen anlegen

Wählen Sie das Text-Werkzeug, und ziehen Sie zwei neue Rahmen auf. Der erste dient als Adressfeld. Im Transformieren-Bedienfeld (Fenster • Transformieren) geben Sie die Werte aus der Abbildung 10.75 ein. Achten Sie dabei auf eine offene Kette ❷. Den zweiten Rahmen setzen Sie rechts unter das Logo. Wenn Sie Intelligente Hilfslinien aktiv haben [Strg]/[⌘]+[U], können Sie die Position an das Adressfeld leichter anpassen.

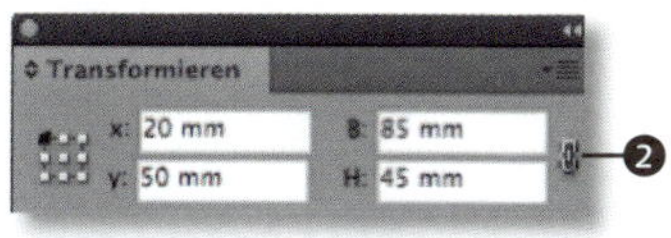

▲ **Abbildung 10.75**
Größe und Position des ersten Textrahmens

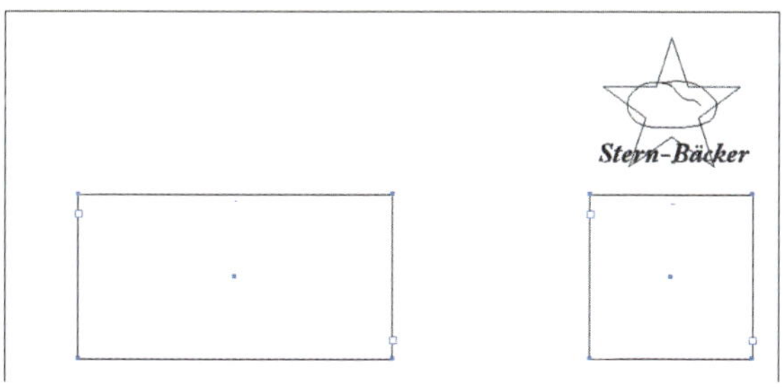

◀ **Abbildung 10.76**
Die ersten beiden Textrahmen sind aufgezogen und positioniert.

3 Absender-Fenster beschriften

Gehen Sie mit dem Text-Werkzeug so nah an die rechte Textrahmenkante heran, dass Ihr Cursor dieses ⌶ statt dieses ⌶ Symbol anzeigt, und klicken Sie hinein. Sie können die Schrift, deren Größe und Ausrichtung im Steuerung-Bedienfeld bestimmen (z. B. Myriad Pro, Regular, 8 pt, zentriert). Dann geben Sie die Adresse ein: Stern Bäcker · Backofenstraße 12 · 29451 Dannenberg.

Abbildung 10.77 ▸
Die Schrift wählen Sie über das Steuerung-Bedienfeld aus

4 Adressdaten eingeben

Mit dem Adressfeld rechts verfahren Sie ebenso. Nur diesmal sind die Daten ausführlicher: Stern Bäcker | Erika Musterbäcker || Backofenstraße 12 | 29451 Dannenberg || 05861 / 123 456 || info@broetchen.eu | www.knusbrig.de.

Überall, wo zwei senkrechte Striche stehen (||), setzen Sie einen Absatz [↵]; dort, wo nur einer steht, eine neue Zeile [⇧]+[↵].

Aktivieren Sie mit dem Text-Werkzeug den gesamten Text, oder drücken Sie [Strg]/[⌘]+[A]. Jetzt können Sie alle Zeilen auf zentriert stellen. Auch stellen Sie die Schriftgröße hier auf vielleicht 11 pt und wählen die Adobe Garamond Pro als Schrift aus.

▲ **Abbildung 10.78**
Gruppierte Absätze durch Abstand nach Absatz

5 Adressfeld editieren

Bei aktivem Text öffnen Sie das Absatz-Bedienfeld (Fenster • Schrift • Absatz) und geben bei Abstand nach Absatz einen Wert von 6 pt ein. Die Adressdaten gruppieren sich nun lesbarer. Aktivieren Sie die Telefonnummer, wählen Sie den Bold-Schnitt der Schrift, und vergrößern Sie sie auf 14 pt.

Öffnen Sie noch das Bedienfeld OpenType (Fenster • Schrift • OpenType), und wählen Sie bei Zahl die Option Proportionale Mediävalziffern.

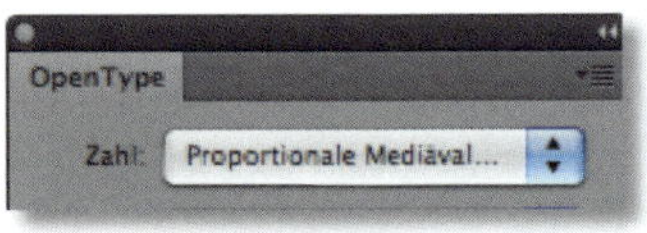

▲ **Abbildung 10.79**
Mediävalziffern aus dem OpenType-Bedienfeld

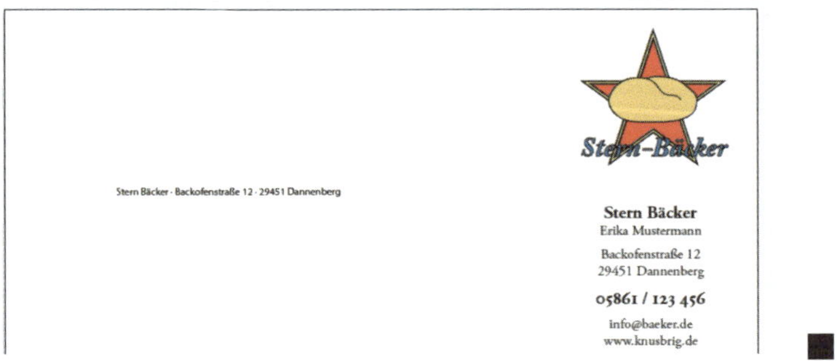

Abbildung 10.80 ▸
Ihr fertiger Briefbogen

Kapitel 11

Interaktiv nachzeichnen

Ein Geschenk für alle, die bequem sind

Sie werden lernen:

- Wie wird ein Foto in eine Vektorillustration umgewandelt?
- Welche Voraussetzungen muss ein Foto erfüllen?
- Wie gestaltet sich die Nacharbeit vektorisierter Vorlagen?
- Wie lässt sich ein Scribble für ein Comic-Panel umwandeln?
- Was ist eine interaktive Malgruppe?
- Wie arbeitet man ökononisch mit interaktiven Malgruppen?
- Wie lassen sich Ihre eingescannten Illustrationen kolorieren?

11 Interaktiv nachzeichnen

▲ **Abbildung 11.1**
Möglichkeiten des interaktiven Nachzeichnens

Es gibt viele Gründe, aus einer Pixelbild-Vorlage eine Vektorillustration zu machen. Unbegrenzte Skalierbarkeit, geringe Datenmenge und tausend Möglichkeiten der Veränderungen sind Beispiele. Ein Vektorbild hat dabei aber eine ganz andere Anmutung als ein Pixelbild, sonst gäbe es Adobe Photoshop nicht.

Wie Sie aus Kapitel 4, »Pfade«, wissen, sind Vektoren mathematisch errechnete Flächen, basierend auf Pfaden. Insofern ist auch die Genauigkeit eines Vektorbildes deutlich geringer, weil nicht alle Bildpixel einzeln dargestellt werden, sondern die Flächen. Es lässt sich aber wunderbar mit diesen Flächen gestalten, vereinfachen, entfremden, verfärben und vieles mehr. Illustrator nennt es in Version CS5 nun NACHZEICHNEN.

11.1 Die Bedingungen

Was Sie brauchen, ist eine Vorlage, die nachgezeichnet werden soll, und zwar eine Pixelvorlage.

11.1.1 Das Pixelbild

▲ **Abbildung 11.2**
Das Motiv sollte ausreichende Zeichnungen haben.

Je genauer, sauberer das Bild ist, desto besser kann Illustrator es interpretieren. Weist es Unschärfen auf, kann Illustrator darin auch nur eine Fläche erkennen, statt der Struktur, die ein scharfes Bild hätte.

Ist die Vorlage wie bei vielen Webbildern extrem klein aufgelöst, kann Illustrator auch nur die wenigen Pixel erkennen, die das Bild hat. Es ist also kein Bildreparaturwerkzeug! Ist Ihr Bild aber mehrere Megabyte groß, kann das Umrechnen zu Vektoren sehr lange dauern. Das ist auch nicht sinnvoll, weil Sie das Bild ja ohnehin umwandeln und der Fotorealismus damit verloren geht. Öffnen Sie es lieber zuvor in Photoshop, und rechnen Sie die Auflösung herunter. Den Unterschied zwischen einem 2 MB großen Bild und einem mit 8 MB werden Sie nicht sehen.

11.1.2 Die Illustrator-Datei

Es kann sinnvoll sein, zunächst eine eigene Ebene für die Vektorisierung anzulegen. Das Bild, das Sie vektorisieren möchten, müssen Sie in Illustrator platzieren (DATEI • PLATZIEREN). Dem Programm ist es inzwischen egal, ob Sie das Bild verknüpfen oder eingebettet platzieren (siehe Kapitel 3, »Bilder und Grafiken«).

11.2 Das Nachzeichnen

Platzieren Sie eine Pixeldatei in Illustrator, und wählen Sie sie aus. Im STEUERUNG-Bedienfeld gibt es einen Button [Nachzeichnen], mit dem Sie direkt nachzeichnen lassen können. Sinnvoller ist es, aus der Dropdown-Liste daneben eine Vorgabe auszuwählen.

Dort gelangen Sie über den letzten Punkt NACHZEICHNEROPTIONEN … zum gleichnamigen Dialog.

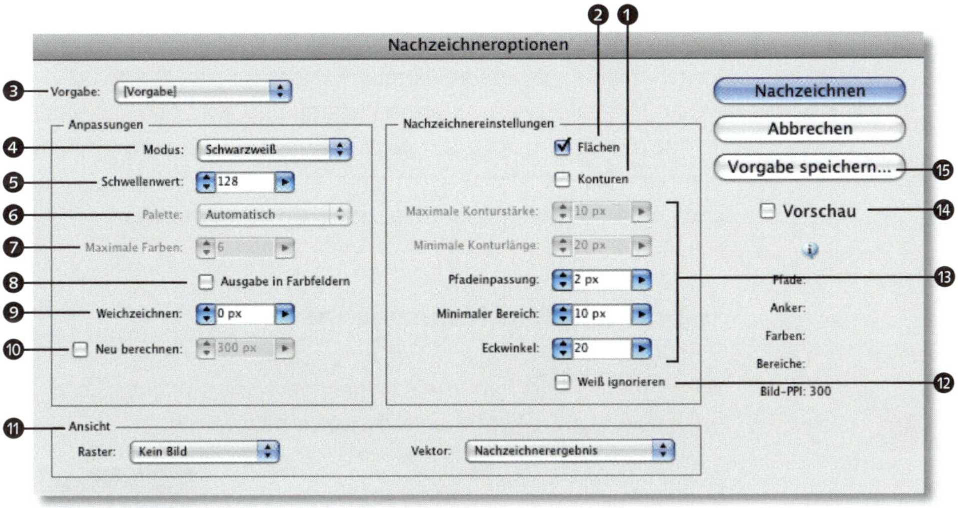

▲ **Abbildung 11.3**
Die Nachzeichneroptionen

Ganz oben finden Sie hier Vorgaben ❸ zur schnellen Auswahl vorgefertigter Einstellungen. Auch Sie selber können am Ende Ihre Einstellungen als Vorgaben speichern ⓯. Um das Ergebnis auch schon sehen zu können, schalten Sie zwischendurch die Vorschau ein ⓮. Besser ist es aber, sie wieder auszuschalten, weil Illustrator sonst jeden Klick in den Einstellungen anzeigen möchte.

Mit dem MODUS ❹ legen Sie zunächst fest, ob Ihr Ergebnis farbig, grau oder schwarzweiß sein soll. Entscheiden Sie sich für SCHWARZWEISS, möchte Illustrator wissen, welcher Farbton aus der Vorlage in Schwarz und welcher in Weiß umgewandelt werden soll. Bei einem SCHWELLENWERT ❺ von 128 ist ein 50%iges Grau die Mitte. Alle helleren Töne werden dann zu Weiß.

Illustrator interpretiert die Farben der Vorlage und zeigt die PALETTE ❻ AUTOMATISCH. Sie können hier auch Farben einer geöffneten (!) Farbfelder-Bibliothek auswählen (Flyout-Menü der FARBFELDER-BIBLIOTHEK: BIBLIOTHEK ÖFFNEN). MAXIMALE FARBEN ❼ reduziert die Anzahl der Farben, die die Vektorisierung bekommt.Und ganz besonders ist, dass Sie sich die Farben, die Illustrator aus der Vorlage herausliest, in die Farbfelder schreiben lassen können ❽. Dort können Sie sie noch jederzeit bearbeiten.

Fällt die Illustration zu eckig aus, regeln Sie das WEICHZEICHNEN ❾. Wenige zehntel genügen meist schon. Auch das Höherstellen von NEU BERECHNEN ❿ erzeugt schnell feinere Ergebnisse.

Unter ANSICHT ⓫ entscheiden Sie, was Ihnen die Vorschau vom RASTER(bild) zeigt und was Sie vom künftigen VEKTOR(bild) vorab sehen. Zeichnen Sie Konturen ❶ statt Flächen ❷ nach (das geht nur im Modus SCHWARZWEISS), sind andere Ansichten je nach Vorlage vielleicht besser. Wenn Sie WEISS IGNORIEREN ⓬, ist dort, wo im Pixelbild Weiß ist, im Vektorergebnis ein Loch.

Alle Einstellungen unter ⓭ verfeinern das Ergebnis noch, je niedriger Sie die Werte einstellen. Es wird aber deutlich länger gerechnet, und die Ergebnisse sind nicht immer besser.

11.3 Nach dem Nachzeichnen

Wenn Sie Ihr Bild haben nachzeichnen lassen, wollen Sie es oft noch durch Zugriff auf die Pfade weiterbearbeiten.

Abbildung 11.4 ▶
Verschiedene Nachzeichneroptionen des Originals (links oben) und die Pfadansicht (rechte Gruppe)

Wenn Sie den Nachzeichnen-Dialog mit NACHZEICHNEN bestätigt haben, ist Ihr Foto immer noch ein Pixelbild und keine Vektordatei. Erst wenn Sie im STEUERUNG-Bedienfeld den UMWANDELN-Button drücken, werden die Einstellungen zu Vektoren umgerechnet.

▲ **Abbildung 11.5**
Der UMWANDELN-Button des STEUERUNG-Bedienfelds

Jedes Motiv besteht nach dem Umwandeln aus Vektoren. In der Pfadansicht (Strg/⌘+Y) sieht das mitunter wild aus. Je strukturierter oder gemusterter die Pixelvorlage, desto mehr Pfade hat Ihr Ergebnis.

11.3.1 Nachzeichnung korrigieren

Wenn Sie noch nicht mit dem Ergebnis zufrieden sind (und noch nicht den UMWANDELN-Button gedrückt haben), können Sie Ihre Nachzeichnen-Einstellungen verändern: Der Button DIALOGFELD »NACHZEICHNEROPTIONEN« ⓱ bringt Sie zurück zu Ihren letzten Einstellungen. Selbstverständlich können Sie auch bei VORGABE ⓰ eine vorgefertigte Vorlagen-Einstellung auswählen.

Gerade bei Schwarzweiß-Umwandlungen ist es praktisch, dass Sie im STEUERUNG-Bedienfeld den SCHWELLENWERT ⓲ korrigieren können – ohne das riesige Dialogmenü öffnen zu müssen.

▲ **Abbildung 11.6**
Schnellzugriff im STEUERUNG-Bedienfeld

11.3.2 Farbkorrektur

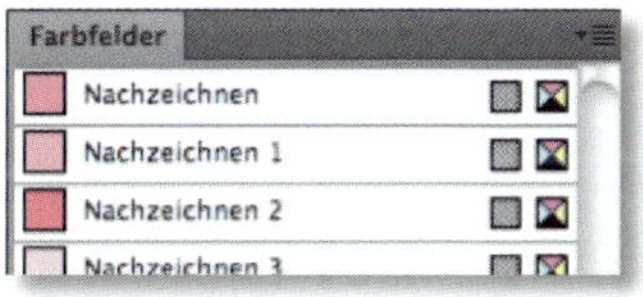

▲ **Abbildung 11.7**
Aus dem Bild gelesene Farben in Farbfeldern gespeichert

Wenn Sie in den NACHZEICHNEROPTIONEN den Haken bei AUSGABE IN FARBFELDERN gesetzt haben, ist es ein Leichtes, Ihre Illustration nach der Umwandlung umzufärben oder einzelne Farben, die Ihnen nicht gut interpretiert scheinen, zu korrigieren.

Öffnen Sie Ihre Farbfelder, sehen Sie am Ende Ihrer regulären Farbfelder neu hinzugekommene mit der Bezeichnung »Nachzeichnen 1«, »Nachzeichnen 2« etc.

Mit einem Doppelklick auf eines von ihnen öffnen Sie die FARBFELDOPTIONEN und können die Farbe nach Belieben ändern. In Kapitel 7, »Farbe«, haben Sie ja auch schon gelesen, wie Sie die gesamte Illustration umfärben können.

▲ **Abbildung 11.8**
BILDMATERIAL NEU FÄRBEN

Möchten Sie eine ganz bestimmte Fläche auswählen, statt die ganze Illustration, müssen Sie dafür das DIREKTAUSWAHL-WERKZEUG verwenden und auf die entsprechende Fläche klicken. Sollen noch alle anderen Flächen mit der gleichen Farbe mitausgewählt werden, gehen Sie zu AUSWAHL • GLEICH • FLÄCHENFARBE. Nun müssen Sie nicht mühsam versuchen, alle Einzelstücke Ihrer Illustration mit gleicher Farbe zu erwischen.

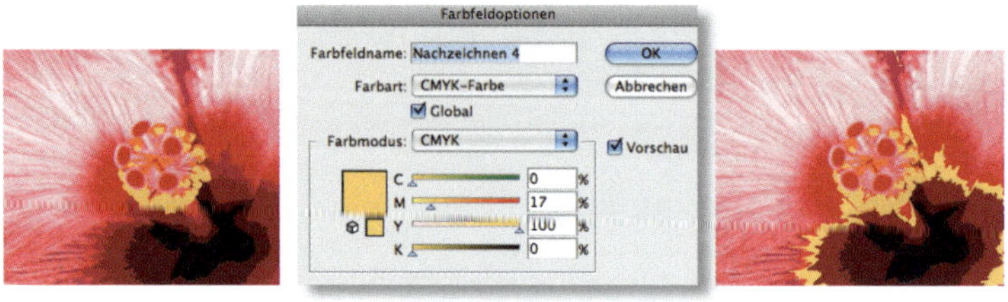

Abbildung 11.9 ▶
Eine einzelne Farbe korrigieren

11.4 Interaktiv malen

Eine ganz andere Art der Weiterverarbeitung eines vektorisierten Bildes ist das Umwandeln in eine interaktive Malgruppe. Sie wird eher für Strichzeichnungen verwendet, die in Illustrator koloriert werden sollen. Neben dem UMWANDELN-Button im STEUERUNG-Bedienfeld gibt es nämlich einen weiteren Button, wenn Ihr nachgezeichnetes Bild ausgewählt ist: INTERAK. MALEN. Dieser Button wandelt Ihr Bild nicht nur in Vektoren um, sondern in eine INTERAKTIVE MALGRUPPE. Eine solche interaktive Malgruppe ist eine Gruppe aus Flächen, die Sie mit einem speziellen Werkzeug einfärben können.

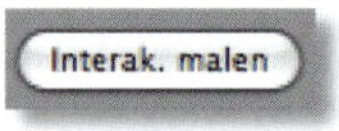

▲ Abbildung 11.10
Der INTERAK. MALEN-Button des STEUERUNG-Bedienfelds

11.4.1 Eine Interaktive Malgruppe erstellen

Aktivieren Sie Ihr vektorisiertes, aber noch nicht umgewandeltes Bild mit dem AUSWAHL-WERKZEUG. Drücken Sie anschließend auf den Button INTERAK. MALEN. Ihr Bild wird wieder umgewandelt, besteht also nicht mehr aus Pixeln, sondern aus Pfaden.

▲ Abbildung 11.11
Der Interaktiv-malen-Farbeimer, wenn Ihre Maus über einer Malgruppe steht

Nun wählen Sie das INTERAKTIV-MALEN-WERKZEUG (K). Ihr Mauszeiger wird von einem Farbeimer dargestellt, und darüber stehen Ihre Farbfelder, durch die Sie mit den Links-rechts-Pfeilen → / ← auf Ihrer Tastatur blättern können.

Kommen Sie mit der Maus über eine Fläche einer Interaktiv-malen-Gruppe, wird diese hervorgehoben. Mit einem Klick füllen Sie die Fläche mit der Farbe, die gerade an Ihrem Mauszeiger ausgewählt ist.

◄ **Abbildung 11.12**
Die Fläche wird unter Ihrer Maus hervorgehoben. Klicken Sie zum Einfärben.

◄ **Abbildung 11.13**
Schnell färben Sie die gewünschten Flächen der Reihe nach um.

Es werden mit dem Farbeimer nur geschlossene Flächen gefüllt. Durch das Nachzeichnen kann es zu sogenannten Lücken kommen, zu Stellen also, die nicht aneinander stoßen, es aber sollten. Tun sie es nicht, fließt die Farbe in falsche Flächen hinein.

Nach diesen Lücken können Sie suchen lassen, um sie dann ebenfalls automatisch schließen zu lassen. Klicken Sie bei ausgewählter Malgruppe im STEUERUNG-Bedienfeld auf den Button LÜCKENOPTIONEN. Je nach Motiv entscheiden Sie sich dafür, kleine, mittlere oder große Lücken schließen zu lassen ❶. Passt keine der drei Optionen so richtig, können Sie auch eigene Werte eingeben ❷. Manchmal beißen sich Hervorhebungsfarbe und die Farbe für die Lückenvorschau; dann stellen Sie eine andere Farbe für die gefundenen Lücken ein ❸. Illustrator kann auch Pfade zwischen die Lücken setzen ❹. Bei Schwarzweiß-Illustrationen kann das gut aussehen, es ändert aber das Flächenfüllen-Verhalten nicht, beide Male wird die Fläche als geschlossen erkannt.

▲ **Abbildung 11.14**
Der Himmel fließt ungewollt durch eine Lücke ins Gesicht.

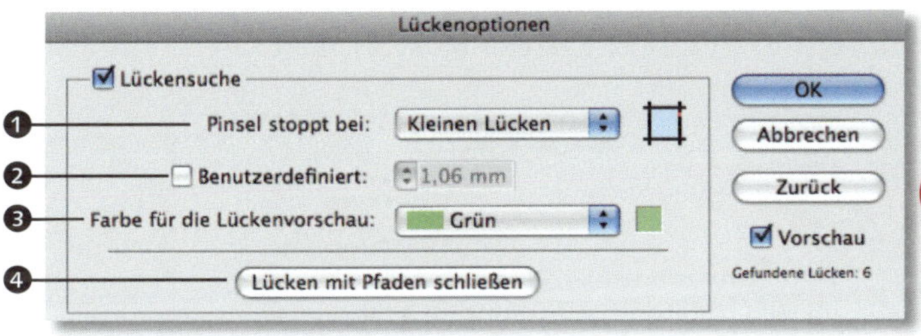

▲ **Abbildung 11.15**
Die LÜCKENOPTIONEN

▲ **Abbildung 11.16**
Bei geschlossener Lücke bleibt der Himmel außen.

Dass Sie besser mit den Abpausfunktionen arbeiten können, je besser Ihre Vorlagen sind, gilt mehr als für Fotos noch für eigene

Zeichnungen. Bessere Scan-Programme verfügen über eine sogenannte »Blindfarbe«. Damit können Sie mit blau vorgezeichnete Linien schon beim Scannen aussparen und nur graue und schwarze Linien stehen lassen. Das erleichtert Ihnen die Arbeit mit Illustrator. Alternativ lohnt es sich, zwei, drei Minuten mit Photoshop vorzuarbeiten.

Abbildung 11.17 ▶
Scannen Sie schon ohne Vorzeichnungen ein.

Schritt für Schritt: Comic-Panel nachzeichnen

»Kneipe.psd« finden Sie auf der DVD im Ordner UEBUNGEN • 11.

1 Vorlage laden

Platzieren Sie sich die Vorlage »Kneipe.psd« von der Buch-DVD in eine neue DIN A4 große Illustrator-Datei (Hochformat).

2 Nachzeichneroptionen aufrufen

Mit dem AUSWAHL-WERKZEUG aktivieren Sie die platzierte Vorlage und wählen aus der Dropdown-Liste im STEUERUNG-Bedienfeld den untersten Eintrag NACHZEICHNEROPTIONEN ....

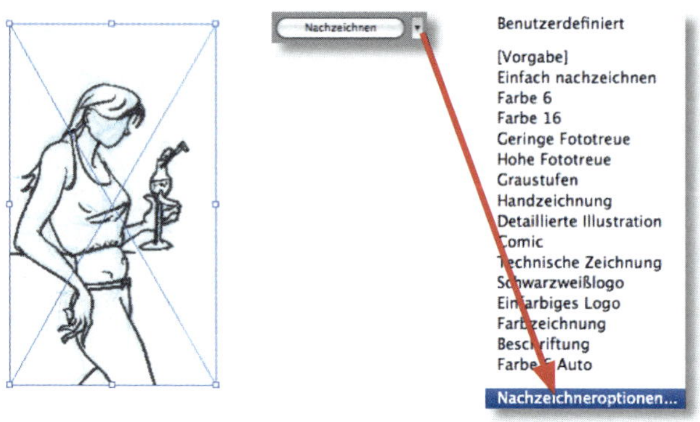

Abbildung 11.18 ▶
Bei platzierter Vorlage rufen Sie die NACHZEICHNEROPTIONEN auf.

3 Interaktiv abpausen

In den NACHZEICHNEROPTIONEN wählen Sie als Vorgabe ❶ EINFACH NACHZEICHNEN. Doch das Weichzeichnen mit 0 Pixeln erzeugt zu sehr ausgerissene Kanten ❸. Wählen Sie stattdessen eine Weichzeichnung von 0,8 px ❷.

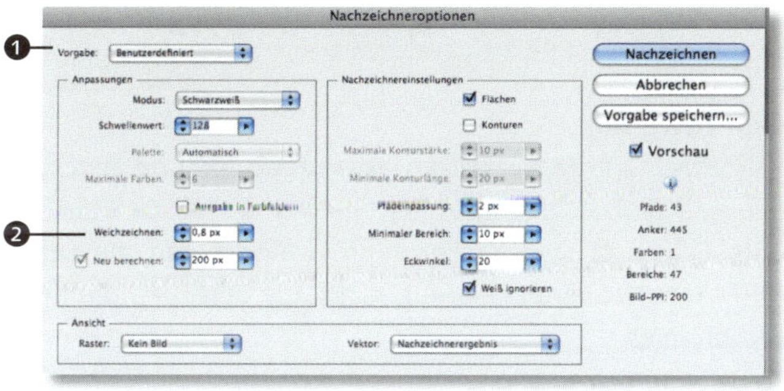

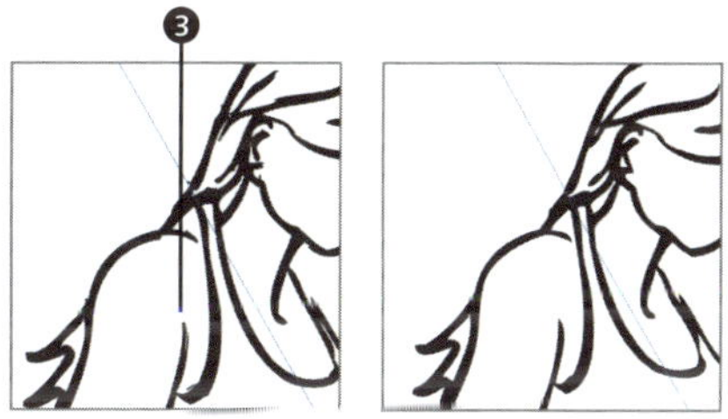

◄ ▲ **Abbildung 11.19**
Die Vorgabe EINFACH NACHZEICHNEN wird verfeinert.

4 Interaktive Malgruppe

Nachdem Sie den Nachzeichnen-Dialog bestätigt haben, betätigen Sie im STEUERUNG-Bedienfeld den Button INTERAK. MALEN. Die Illustration wird zu einer interaktiven Malgruppe umgewandelt. Sie erkennen sie daran, dass die Bildanfasser mit kleinen Sternchen gefüllt sind ❹.

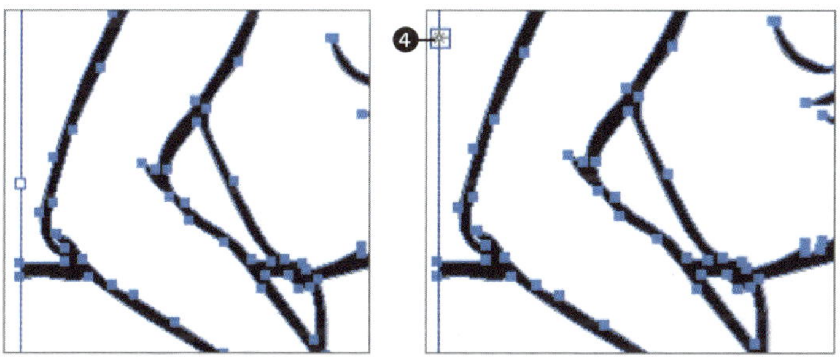

◄ **Abbildung 11.20**
Die interaktive Malgruppe hat andere Anfasser als die »nur« umgewandelte Illustration.

5 Farben anlegen

Um die Flächen der Illustration mit Farbe zu füllen, legen Sie sich am besten eine Handvoll Farbfelder an: FENSTER • FARBFELDER. Aktivieren Sie dazu ein Farbfeld, und wählen Sie aus dem Flyout-Menü NEUES FARBFELD.... In der Eingabemaske vergeben Sie oben einen Namen und darunter die Farbwerte. Machen Sie von vornherein einen Haken bei GLOBAL ❺.

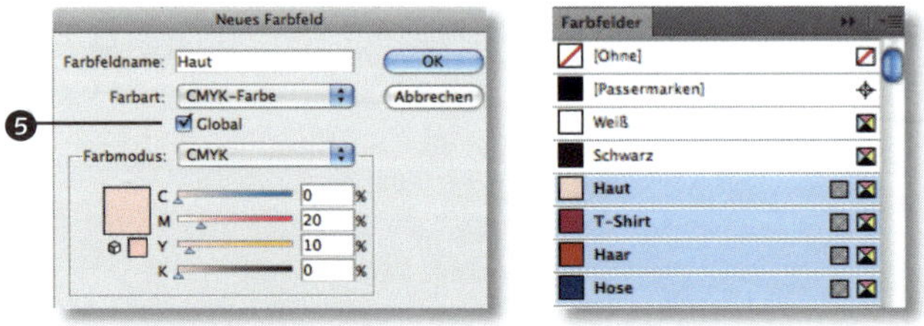

Abbildung 11.21 ▸
Eigene Farbfelder zum Kolorieren beschleunigen die Arbeit.

6 Farben zuweisen

Wählen Sie das INTERAKTIV-MALEN-WERKZEUG und eine der neu angelegten Farben. Dann gehen Sie mit der Maus über die gewünschte Fläche ❻ und klicken einmal hinein, um die Farbe zuzuweisen. Achten Sie aber darauf, nicht aus Versehen die Kontur zu erwischen ❼.

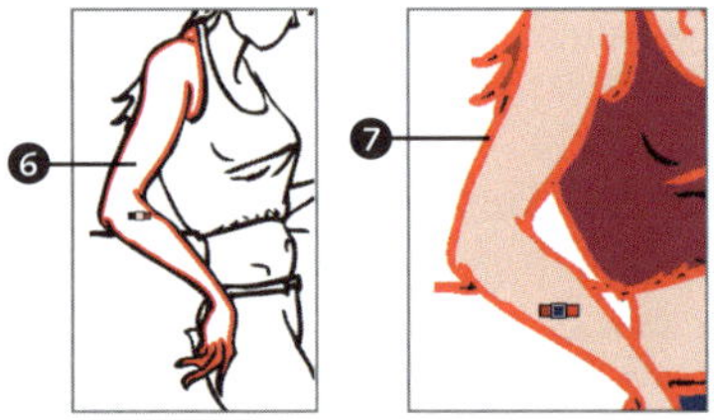

Abbildung 11.22 ▸
Treffen Sie die Flächen, nicht die Konturenzeichnung.

7 Fertigstellen der Illustration

Im Handumdrehen kolorieren Sie so die gesamte Illustration. In Kapitel 8, »Muster, Pinsel und Symbole«, erfahren Sie auch noch, wie Sie mit dem PINSEL-WERKZEUG umgehen, um die Glanzeffekte des »Finish« zu kreieren (rechts).

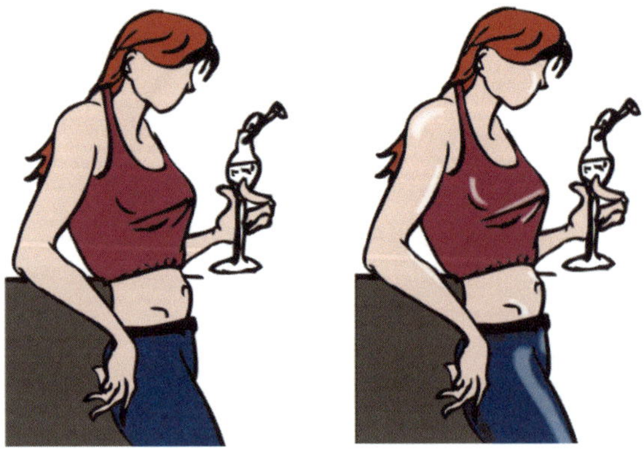

Abbildung 11.23 ▸
Zeichnen Sie mit einem Borstenpinsel die Glanzlichter als »Finish«.

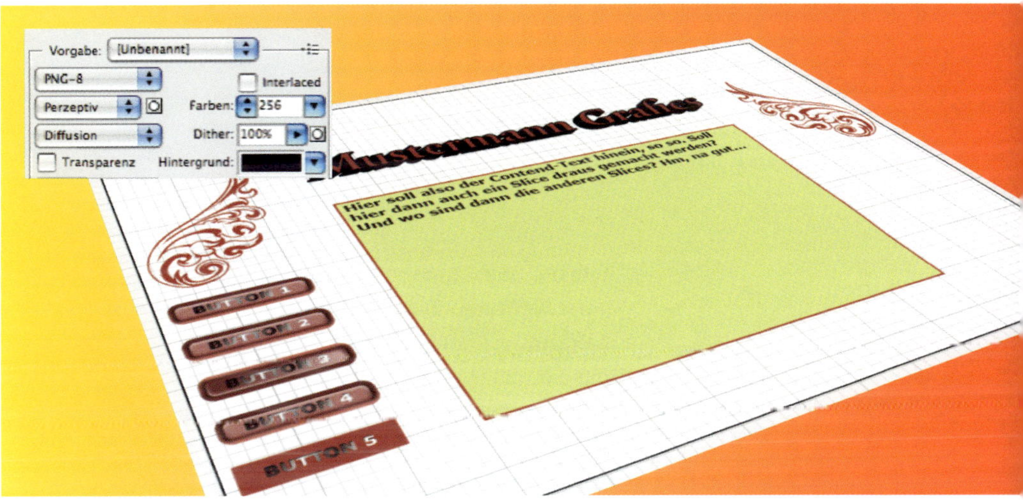

Kapitel 12

Web und Screen

Mit Illustrator für den Bildschirm

Sie werden lernen:

- Was sind die Besonderheiten der Monitordarstellung?
- Wie arbeitet man mit Slices?
- Was wird beim Speichern für das Web eingestellt?
- Wie wird eine Illustration animiert und für Flash gespeichert?
- Welche Bildformate gibt es für das Internet?

12 Web und Screen

Einiges, was ich Ihnen in diesem Kapitel erkläre, kam schon an verschiedenen Stellen anderer Kapitel vor, sodass Ihnen manches bekannt vorkommen wird. In Kapitel 13, »Ausgabe«, wird es um das Speichern und Aufbereiten der Illustrator-Daten gehen, doch auch an dieser Stelle möchte ich schon ein paar Worte über die Ausgabe speziell fürs Web verlieren (Abschnitt 12.3).

12.1 Die Besonderheiten der Monitordarstellung

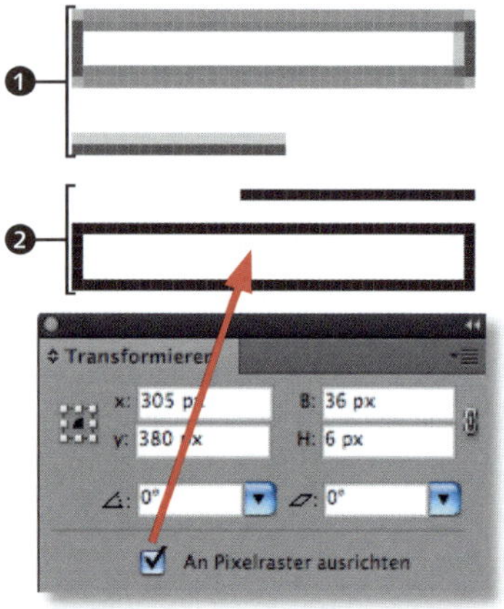

▲ **Abbildung 12.1**
Am Pixelraster ausrichten für saubere Grafiken im Web

Monitore stellen ihren Inhalt in Form von Pixeln dar, deren Anzahl begrenzt ist. Sie arbeiten also mit einer sehr viel geringeren Auflösung, als es Ihnen für die Druckausgabe möglich ist.

Der Monitor ist in ein feines Raster untergliedert. Jede dieser Rasterzellen entspricht einem Pixel. Deshalb nennt Illustrator dieses Raster auch Pixelraster. Sie können es sich über Ansicht • Pixelvorschau oder [Strg]/[⌘]+[Alt]+[Y] anzeigen lassen. In dieser Ansicht sehen Sie nicht nur das Raster, sondern auch, wie Ihre Objekte in einer Monitordarstellung aussehen würden.

Zeichnen Sie beispielsweise eine dünne Linie, die zufällig nicht genau in dem Pixelraster der Datei liegt, ist die Darstellung dieser Linie entsprechend schlecht ❶. Deshalb gibt es in vielen Bedienfeldern immer wieder den Button An Pixelraster ausrichten, damit die Objekte, die Sie zeichnen, zwar minimal verschoben werden, aber dafür mit dem Pixelraster kongruent laufen ❷.

12.1.1 Zeichenflächen für den Bildschirm

Für die Arbeit an Web- oder Screen-Designprojekten kennt Illustrator verschiedene Zeichenflächendarstellungen, die Sie schon beim Anlegen einer neuen Datei auswählen können ❸.

Die entscheidendste Einstellung ist der Haken bei Neue Objekte an Pixelraster ausrichten ❹. Damit sorgen Sie schon beim Zeichnen dafür, dass die Objekte in das Pixelraster passen und scharf dargestellt werden.

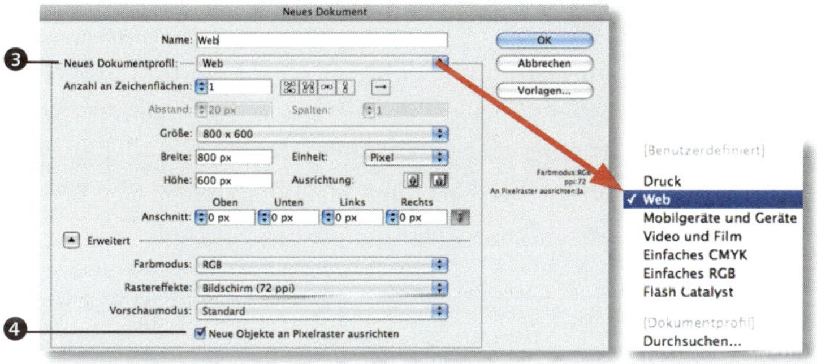

◄ **Abbildung 12.2**
Neues Dokument-Menü und seine Dokumentprofile für Web, Screen und Film

Haben Sie sich erst spät entschieden, Ihre Grafik auch für Webanwendungen nutzen zu wollen, können Sie Ihre Objekte auch nachträglich an das Pixelraster anpassen. Wählen Sie alle bisherigen Objekte aus, öffnen Sie das Transformieren-Bedienfeld, und setzen Sie einen Haken bei An Pixelraster ausrichten.

12.1.2 Farben für den Bildschirm

Die Farben des Farbfelder-Bedienfelds sind bei einem neuen Dokument, das auf einem anderen Dokumentprofil ❸ als Druck basiert, im RGB-Modus.

Wenn Sie eine neue Farbe anlegen, wird in jedem Fall eine RGB-Farbe angelegt, auch wenn bei Farbart ❺ CMYK steht. Unabhängig davon können Sie auch im RGB-Modus Farben als Global ❻ definieren.

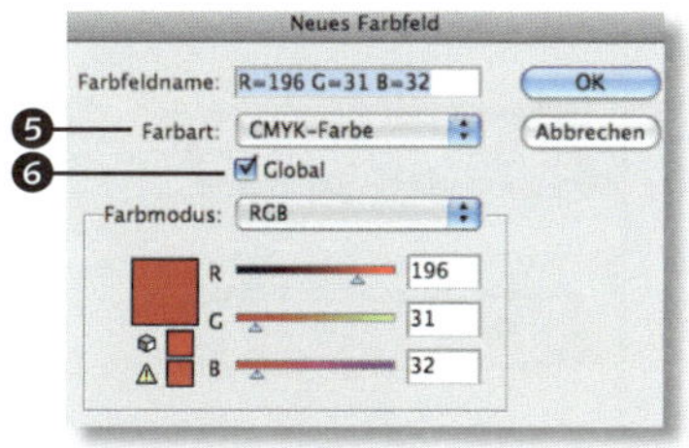

▲ **Abbildung 12.3**
RGB als Dateifarben

12.2 Das Slice-Werkzeug

Seitdem in Websites immer seltener Tabellen, sondern zunehmend CMS-Systeme eingesetzt werden, werden auch weniger Slices benutzt.

Dennoch benötigen Sie manchmal nur Teile Ihrer Grafik, z. B. für Navigationsleisten. In diesem Fall können Sie mit dem Slice-Werkzeug »zerschneiden«. In Wirklichkeit bleibt Ihre Illustrator-Grafik vollständig erhalten, sie wird nur in Bereiche aufgeteilt, die Sie dann einzeln für das Web speichern können. Jeder einzelne Slice kann dabei ganz eigene Speicheroptionen erhalten.

▲ **Abbildung 12.4**
Slice-Werkzeug und Slice-Auswahlwerkzeug

Slice

Ein Slice ist eine Definition eines Bereiches auf Ihrer Zeichenfläche, kein Objekt im eigentlichen Sinne.

12.2.1 Slices anlegen

Browserfenster

Legen Sie sich am besten einen Screenshot eines Browserfensters hinter Ihr Weblayout, weil die ganzen Navigationsleisten noch von Ihrem Platz für Gestaltung abgehen – meist mehr als man denkt.

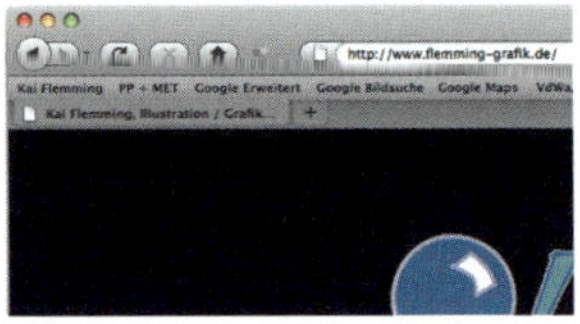

Wenn Sie mit der Gestaltung fertig sind und nun für das Webprogramm Einzelteile der Gestaltung brauchen, wählen Sie das Slice-Werkzeug.

Es erzeugt beim Ziehen mit der Maus Rahmen und unterteilt Ihre Seite. Selbst wenn Sie in der Mitte anfangen sollten, einen Rahmen aufzuziehen, setzt es darüber, daneben und darunter selbstständig Rahmen, die von oben links beginnend durchnummeriert werden.

Abbildung 12.5 ▸
Durchnummerierte Slices

Sie können in jeden dieser Rahmen mit dem Slice-Werkzeug weitere Unterteilungen ziehen. Die Nummerierungen werden dabei angepasst. Noch leichter ist es, einen mit dem Slice-Auswahlwerkzeug aktivierten größeren Slice automatisch über Objekt • Slice • Slices unterteilen... unterteilen zu lassen. Geben Sie im Dialog die Anzahl der waagerechten oder senkrechten Unterteilungen oder die Größe der Slices in Pixeln ein.

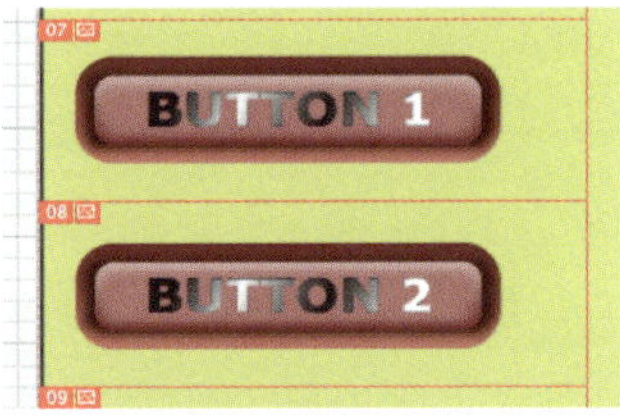

▲ **Abbildung 12.6**
Weitere Unterteilungen eines Slices

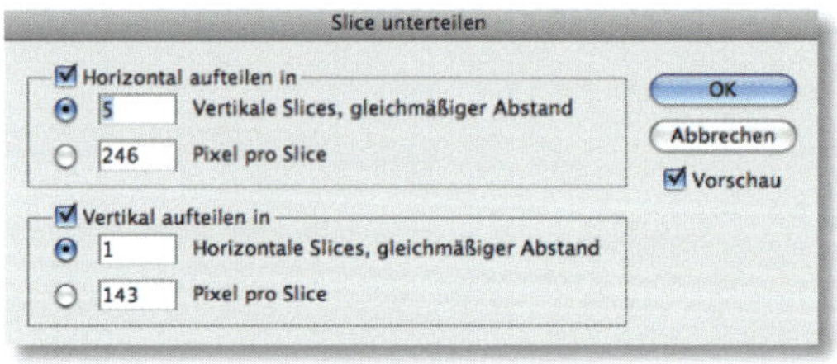

Abbildung 12.7 ▸
Automatische Slice-Unterteilung

Benötigen Sie nicht die ganze Seite als Slice, sondern nur eine bestimmte Grafik, aktivieren Sie diese mit dem Auswahl-Werkzeug und wählen Objekt • Slice • erstellen. Es wird trotzdem die ganze Seite automatisch mit Slices versehen. Praktisch ist aber, dass sich die Slices ebenfalls verschieben, wenn Sie das Objekt ganz normal mit dem Auswahl-Werkzeug verschieben. Wenn Sie das Objekt später löschen, verschwinden auch die Slices.

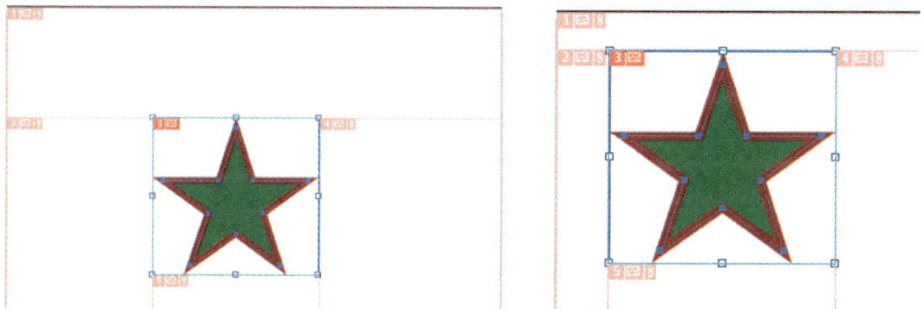

◀ **Abbildung 12.8**
Slice für ein Einzelobjekt. Beim Verschieben rutschen die Slices mit.

12.2.2 Slices korrigieren

Wechseln Sie zum Korrigieren der Slices zum Slice-Auswahl-Werkzeug. Mit diesem klicken Sie in die Slice-Rahmen und korrigieren sie in gleicher Weise, wie Sie normale Objektrahmen mit dem Auswahl-Werkzeug korrigieren würden: durch Ziehen an den Eck- und Seitenanfassern. Es lohnt sich schon der Übersichtlichkeit wegen, Überschneidungen der Slices zu korrigieren und zurückzuschieben.

Übrigens können Sie Slices, deren Nummern heller dargestellt sind, nicht verschieben, weil diese nur indirekt durch nebenliegende Slices entstanden sind, Sie sie also nicht mit dem Slice-Werkzeug selbst aufgezogen haben. Möchten Sie hingegen einen Slice löschen, aktivieren Sie ihn mit dem Slice-Auswahlwerkzeug und wählen Objekt • Slice • Zurückwandeln.

▲ **Abbildung 12.9**
Slices verschieben wie einen Rahmen oder ein Objekt

12.2.3 Slice-Typ festlegen

Es gibt drei Arten von Slices: Kein Bild steht für Vektorflächen. Bild definiert den Slice als Pixelbild, und HTML-Text [T] legt fest, dass es sich bei dem Slice um Text handelt. Die Typisierung der verschiedenen Slices macht Sinn, weil ein Bild eher als JPG gespeichert wird, während eine Vektorgrafik gerne ein PNG-Format sein darf.

Wählen Sie einen Slice mit dem Slice-Auswahlwerkzeug aus, und rufen Sie die Slice-Optionen über Objekt • Slice • Slice-Optionen... auf. Im Dropdown-Menü bei Slice-Typ wählen Sie aus, um welchen Typ es sich handelt.

Alternativ dazu rufen Sie Datei • Für Web und Geräte speichern... auf. Mit Doppelklicks auf die jeweiligen Slices öffnen Sie den gleichen Dialog, kommen aber schneller ans Ziel und können noch weitere Ausgabeparameter festlegen. Anstatt zu speichern,

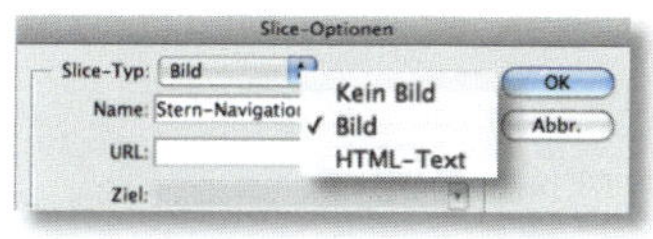

▲ **Abbildung 12.10**
Legen Sie in den Slice-Optionen den Typ für späteres Speichern fest.

können Sie nach der Festlegung der Slice-Typen auf den Button FERTIG klicken, um zurück zur Zeichenfläche zu gelangen.

12.3 Die Ausgabe für das Web

▲ **Abbildung 12.11**
Vier unterschiedliche Grundeinstellungen zur Vorauswahl

Am Ende einer jeden Illustrator-Arbeit steht immer die Ausgabe, also das Speichern oder Exportieren Ihrer Datei zum Weiterleiten, Ausdrucken oder zum Einbinden in andere Programme. Wählen Sie DATEI • FÜR WEB UND GERÄTE SPEICHERN, haben Sie Zugriff auf alle Einstellungsmöglichkeiten, die Sie für die Webausgabe benötigen.

Das Vorschaufenster ⓬ zeigt Ihnen die Datei, die Sie speichern, so wie in den Einstellungen rechts eingegeben. Lassen Sie sich nur das Original ❺ anzeigen oder eine von Illustrator als OPTIMIERT ❹ angesehene Einstellung, oder Sie vergleichen zwei oder vier verschiedene Einstellungen ❸ miteinander.

Wenn Sie einen anderen Ausschnitt der Datei sehen möchten, verschieben Sie ihn im Vorschaufenster mit dem HAND-WERKZEUG ❻. Einzelne Slice-Typen definieren Sie mit dem SLICE-AUSWAHLWERKZEUG ❼ und doppelklicken auf den gewünschten Slice. Vergrößern Sie die Vorschau mit der Lupe ❽, oder verkleinern Sie sie mit Alt und einem Klick in die Vorschau. Mit der Pipette ❾ nehmen Sie Farbe aus dem Bild auf und lassen sich die Farbwerte im Farbwähler ❿ oder in der Fußleiste ⓭ anzeigen. Stören Sie die Slices bei der Beurteilung des Speichern-Ergebnisses, blenden Sie sie einfach aus ⓫. Eine Vorschau im Browser erhalten Sie mit einem Klick auf diesen Button ⓮.

▲ **Abbildung 12.12**
Werkzeuge zur Bearbeitung der Vorschau

Wenn Sie eine Datei über Device Central haben erstellen lassen (siehe Abschnitt 12.4), können Sie hier ⓯ überprüfen lassen, ob und wie es funktioniert.

Die eigentlichen Speichereinstellungen nehmen Sie in der rechten Seite des Speichern-Dialogs vor. Bestimmen Sie zuerst, in welchem Format (GIF, PNG, JPG, SWF, SVG, WBMP) Sie speichern möchten ❶ möchten (siehe Abschnitt 12.6). Dann legen Sie fest, ob durchsichtige Stellen Ihrer Datei auch im Webformat durchsichtig sein sollen ❷, ob die maximale Anzahl der Farben reduziert werden soll ⓲ und ob dort, wo Ihre Grafik durchsichtig ist, eine andere Hintergrundfarbe erscheinen soll ⓱.

Wechseln Sie die Optionen ⓰ zur BILDGRÖSSE, um in Pixelwerten oder in Prozent zum Original die Größen Ihrer Grafiken zu verändern. Bei EBENEN können Sie sich die Illustrator-Ebenen in eine CSS-Struktur einbinden lassen. In der FARBTABELLE ist es an dieser Stelle noch möglich, eine einzelne Farbe anzuklicken, um sie entweder mit dem Papierkorb-Symbol zu löschen oder mit dem Schloss-Symbol davor zu schützen. Reduzieren Sie dann die Anzahl der Farben, wird diese nicht wegreduziert.

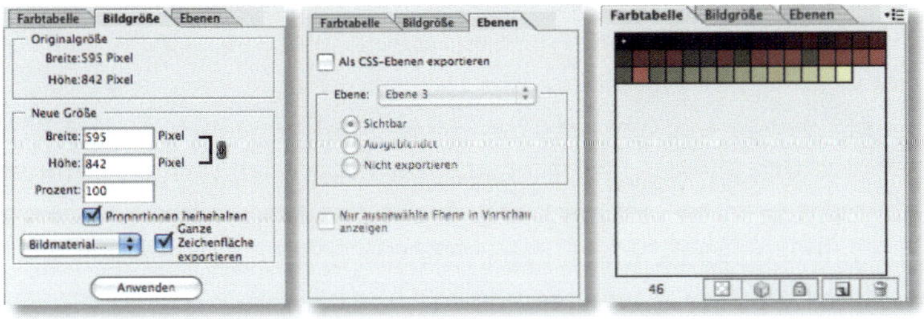

◀ Abbildung 12.13
Bildgröße, Ebenen oder Farben bearbeiten

Wollten Sie nur die Einstellungen für Ihre Slices festlegen, speichern Sie nicht, sondern bestätigen mit FERTIG ⑲.

▼ Abbildung 12.14
Für Web und Geräte speichern

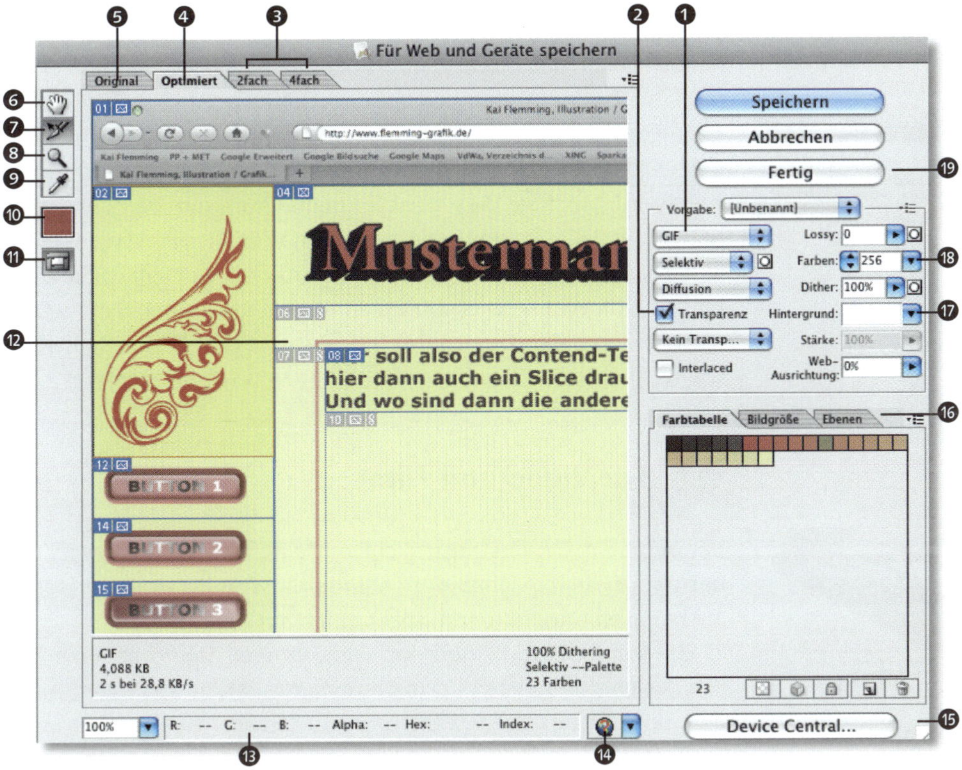

12.4 Mobile Geräte

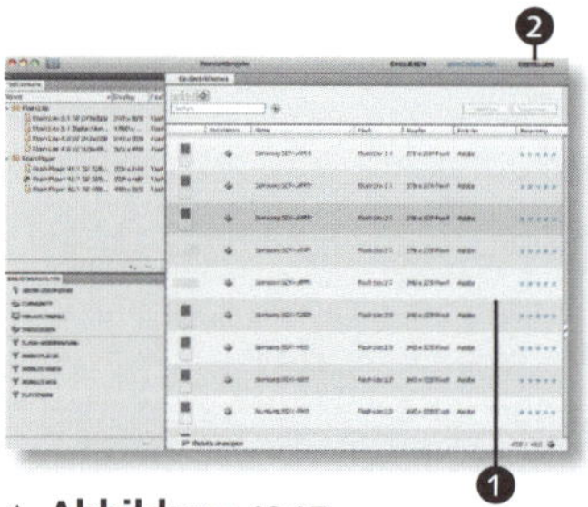

▲ **Abbildung 12.15**
Device Central bietet viele mobile Geräte zur Auswahl.

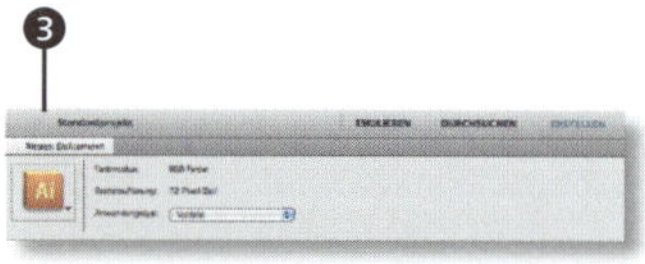

▲ **Abbildung 12.16**
Von Device Central zur Illustrator-Datei

▲ **Abbildung 12.17**
Freud oder Leid: das Transparenzraster

Oft wird mit Illustrator nicht nur für das Web, sondern für die Präsentation auf einem Handy gestaltet. Mit der Creative Suite wird auch »Device Central« ausgeliefert. In diesem Programm ist es Ihnen möglich, aus vielen verschiedenen Geräten eines oder mehrere auszusuchen, um zu sehen, ob Ihre Grafik darauf laufen würde, bzw. um sich von dort aus eine dafür passende Illustrator-Datei anlegen zu lassen.

Erstellen Sie also keine neue Datei, sondern wählen Sie Datei • Device Central.... Es öffnet sich das Programm und zeigt Ihnen im rechten Frame mit der Gerätebibliothek ❶ eine große Auswahl an mobilen Geräten, von denen Sie sich eines aussuchen.

Rechts in der Titelleiste finden Sie den Button Erstellen ❷, der Sie zum nächsten Dialog führt. Sollte hier wider Erwarten nicht das Illustrator-Icon ❸ angezeigt werden, klicken Sie auf das gerade sichtbare Programm-Icon, um Illustrator auszuwählen.

Abhängig von Ihrer Vorauswahl werden Ihnen in dieser Ansicht entweder mehrere Geräte zur Auswahl gestellt, oder Sie setzen einen Haken bei Benutzerdefinierte Grösse in der Fußleiste, um den Button Erstellen in der Fußleiste anklicken zu können. Es öffnet sich eine neue Illustrator-Datei mit den Maßen des Gerätes, in der im Hintergrund ein Transparenzraster angezeigt wird. Stört Sie dieses Raster beim Gestalten, blenden Sie es mit [Strg]/[⌘]+[⇧]+[D] aus. Nun gestalten Sie Ihr Screendesign wie gewohnt auf der Zeichenfläche. Am Ende speichern Sie über Datei • Für Web und Geräte speichern. Dort sollten Sie die Grafik noch einmal in Device Central testen, bevor Sie sie speichern (siehe Abschnitt 12.3).

12.5 Für Video und Film

▲ **Abbildung 12.18**
Mit Illustrator für den Film gestalten

Verwechseln Sie Illustrator nicht mit einem der Programme, mit denen Sie Filme machen oder bearbeiten. Mit Illustrator erstellen Sie lediglich Illustrationen oder Grafiken *für* Filme.

Gestalten Sie für Video und Film, müssen Sie vorab auch klären, welches der vielen Formate benutzt werden soll. Beim Anlegen einer neuen Datei wählen Sie zunächst Video und Film als Dokumentprofil ❹ aus, aber dann müssen Sie sich auch schon für eine Grösse ❺ entscheiden, die Sie aus der Dropdown-Liste auswählen. Standardmäßig ist für die Ausrichtung am Pixelraster ❼ kein Haken gesetzt. Setzen Sie ihn ruhig manuell.

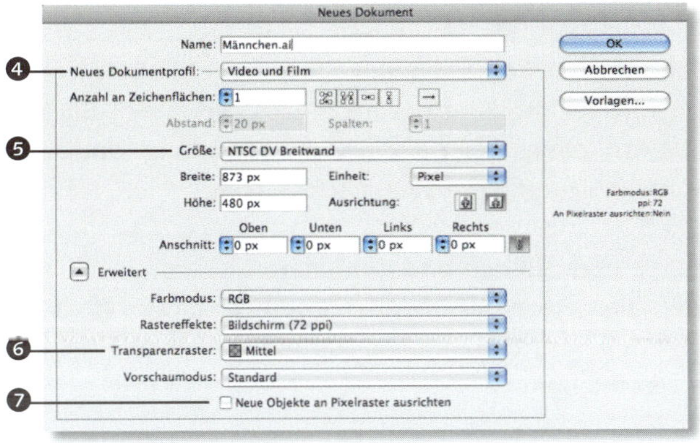

◀ **Abbildung 12.19**
Neues Dokument für Video und Film

> **Transparenzraster**
> Das Raster lässt Sie schnell erkennen, an welchen Stellen Objekte liegen und welche frei, also transparent sind. Die Schnittbereiche (grüne Linien) bleiben auch bei ausgeblendetem Raster (TRANSPARENZRASTER • AUS) sichtbar.

Die Zeichenfläche eines Dokuments für VIDEO UND FILM sieht anders aus als bei WEB oder EINFACHES RGB: Hier wird ein Transparenzraster ❻ eingeblendet. Wenn Sie es nicht brauchen, blenden Sie es mit dem Kürzel Strg/⌘+⇧+D aus. Nun können Sie drauflos gestalten.

Wie Sie eine Illustrator-Animation als Flash-Animation im SWF-Format abspeichern, erkläre ich Ihnen in der folgenden Schritt-für-Schritt-Anleitung.

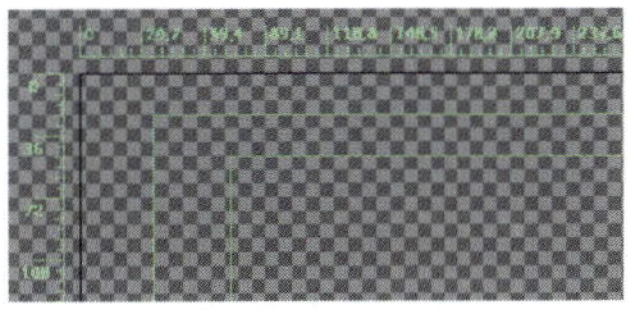

▲ **Abbildung 12.20**
Die Zeichenfläche für Film

Schritt für Schritt: Ein Männchen zum Laufen bringen

1 Datei öffnen

Öffnen Sie die Datei »Maennchen.ai« von der Buch-DVD. Sie sehen, dass es sich um eine Datei für den Monitor handelt, weil die Farbfelder alle in RGB angelegt sind. Auch die Seitenlineale zeigen Pixelmaße, und im DOKUMENTINFORMATIONEN-Bedienfeld werden Ihnen auch die Pixelmaße angezeigt.

Die Illustrator-Datei »Maennchen.ai« finden Sie auf der DVD: UEBUNGEN • 12.

2 Ebenen duplizieren

Öffnen Sie das EBENEN-Bedienfeld, und ziehen Sie die Ebene »Männchen« auf das Symbol NEUE EBENE ERSTELLEN ❾. Sie haben so die erste Ebene dupliziert. Das Ebenenduplikat wird immer oberhalb der zuletzt aktiven Ebene eingefügt. Blenden Sie die untere Ebene ❽ für mehr Übersichtlichkeit und gegen ein versehentliches Verschieben aus.

▲ **Abbildung 12.21**
Ebenenduplikate

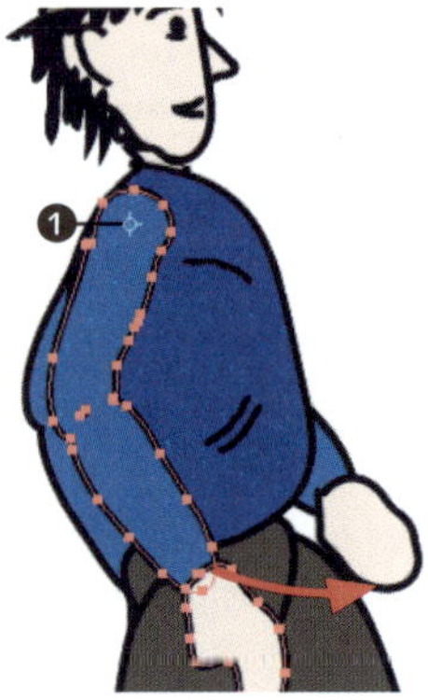

▲ **Abbildung 12.22**
Bewegung der Extremitäten mit dem Drehen-Werkzeug

3 Das Männchen verändern

Das Männchen besteht aus Einzelteilen. Aktivieren Sie den vorderen Arm mit dem Auswahl-Werkzeug. Wechseln Sie auf das Drehen-Werkzeug. Mit diesem klicken Sie einmal in das Schultergelenk ❶, um den Drehpunkt festzulegen. Nun drehen Sie den Arm mit der Maus etwas nach vorn. Verfahren Sie mit dem hinteren Arm ebenso, nur in die andere Richtung. Und auch die Beine können Sie auf diese Weise schwenken.

4 Männchen verschieben und duplizieren

Wenn Sie den Zielbutton der obersten Ebene anklicken ❷, wählen Sie damit das gesamte Männchen aus und können es ein Stück nach vorne verschieben.

Abbildung 12.23 ▶
Alle Objekte einer Ebene aktivieren Sie mit dem Zielbutton.

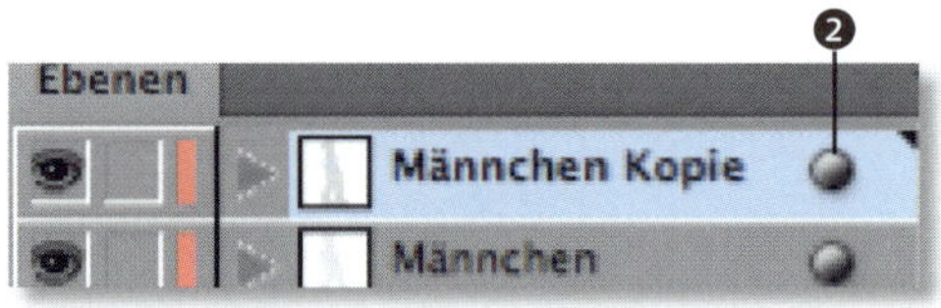

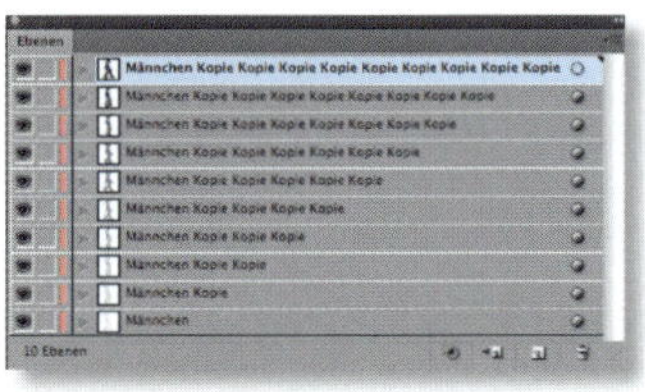

▲ **Abbildung 12.24**
Kopie der Kopie der Kopie…

5 Schritte 2 bis 4 wiederholen

Wiederholen Sie die Schritte 2 bis 4, bis Sie Ihr Männchen auf die andere Seite haben laufen lassen (so etwa zehnmal).

6 Als Flash-Animation speichern

Sichern Sie die Datei erst einmal ganz normal als Illustrator-Datei auf Ihrem Computer. Dann wählen Sie Datei • Für Web und Geräte speichern.... Im Speichern-Dialog stellen Sie Folgendes ein:

❸ Als Erstes wählen Sie das Flash-Format SWF.
❹ Wählen Sie einen nicht zu neuen Flashplayer, damit Ihre Animation auf möglichst vielen Geräten laufen kann.
❺ Die Illustrator-Ebenen werden hier zu den einzelnen Flash-Bausteinen.
❻ Mit einer Framerate von 3 sollte die Abspielgeschwindigkeit angenehm fließend sein.
❼ Haken Sie noch Schleife an, damit die Animation endlos läuft.
❽ Bevor Sie speichern, sehen Sie sich Ihre Arbeit noch in Device Central an, weil dort mit Flash die Animationen laufen. Dieses Männchen soll nämlich nicht nur im Web, sondern auch in der Tasche auf einem Handy laufen.

▲ **Abbildung 12.25**
Der ganze Bewegungsablauf

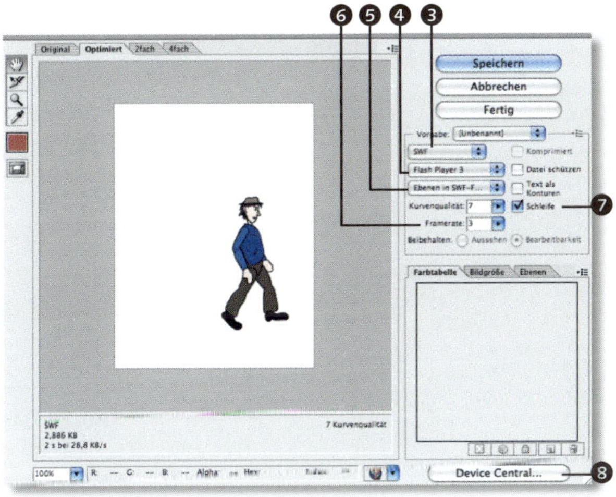

◀ **Abbildung 12.26**
Für Web und Geräte speichern: als SWF-Datei

12.6 Bildformate für das Web

Wenn Sie Ihre Illustrationen für das Web speichern, müssen Sie auch die Bildformate kennen. Ich möchte sie Ihnen hier kurz vorstellen.

- GIF ist ein Bildformat speziell für das Web. Es hat eine auf maximal 256 Farben beschränkte Palette, was es recht klein und dadurch schnell in der Anzeige macht. Einzelne Farben können aus der Farbpalette, die das Format aus dem Bild herausliest, gelöscht werden. Deshalb eignet es sich auch gut für Logos, die im Netz stehen, weil nur noch »reine« Farben übrig bleiben.
- JPEG (oder JPG) ist das Format für Fotos im Netz. Seine Datenkomprimierung ist zwar verlustbehaftet, aber Sie können das Verhältnis von Datenmenge zu Bildqualität selbst bestimmen.
- PNG-8 und PNG-24 sind die Nachfolgermodelle des GIF-Formats. Inzwischen unterstützen sie auch die meisten Browser. Sie sind in der Lage, Transparenzen und Alphakanäle in Bilder zu legen und diese mit Hintergrundfarben aufzufüllen.
- SWF ist das Speicherformat für Flash. Es ist wesentlich leistungsstärker als die oberen Bildspeicherformate, da es viele Zusatzinformationen speziell für das Flash-Programm mit abspeichert.
- SVG ist ein spezielles Format für mobile Geräte, wie Handys etc. Es speichert Vektorgrafik, Pixel und Schrift ab. Weitere Metadaten werden in seiner XML-Struktur mitgeliefert.
- WBMP ist ein 1-Bit-Format. Es speichert nur Schwarz-Weiß.

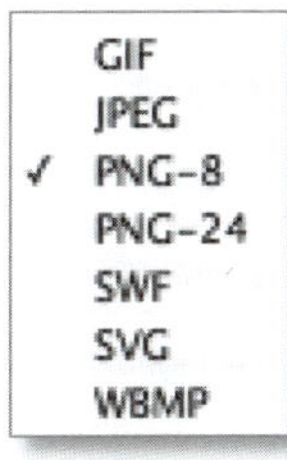

▲ **Abbildung 12.27**
Bildformate beim Speichern für Web und Geräte

Kapitel 13

Ausgabe

Damit andere sehen, was Sie gestaltet haben

Sie werden lernen:

- Wie speichert Illustrator Dokumente?
- Welche Datenformate gibt es mit Illustrator?
- Wie werden PDFs produktionssicher generiert?
- Wie wird gedruckt und ausgedruckt?
- Was ist Überfüllen?
- Was ist Überdrucken?
- Wozu legt man die Farbe Extraschwarz an?

13 Ausgabe

▲ **Abbildung 13.1**
Drucken, messen, speichern, kontrollieren, beurteilen und vieles mehr gehört zur Ausgabe.

In diesem Kapitel geht es darum, alles das, was Sie in Illustrator erschaffen haben, für andere zugänglich zu machen. Sei es in Form der Weitergabe Ihrer Daten an Kollegen oder Dienstleister, sei es für andere Programme zum Einbinden, für das Einstellen ins Web, das Selbstausdrucken oder Druckenlassen oder für die Generierung eines PDFs.

Die Anforderungen können sehr unterschiedlich sein, daher sollten Sie immer auch mit Ihrer Druckerei, dem Webdesigner oder eben demjenigen besprechen, der Ihre Daten weiterverarbeiten muss, in welcher Form er welche Art von Daten braucht.

Der ganze Bereich der Ausgabe war früher ein eigener Beruf. Sie können sich vorstellen, dass ein gewisses Fachwissen vonnöten ist, um hier sicher zu agieren. Beschäftigen Sie sich deshalb auch über dieses Buch hinaus mit Themen wie Colormanagement, PDF und Acrobat, Druckverfahren heute etc.

13.1 Speicherformate

Bevor Sie in die Verlegenheit kommen, Illustrator-Daten weiterzugeben, werden Sie sie erst einmal speichern müssen. Es gibt unter Datei zwei Einträge zum Speichern: Speichern und Speichern unter…. Haben Sie eine Datei schon einmal gespeichert, reicht es, auf Speichern zu gehen oder Strg/⌘+S zu drücken. Die Datei wird, ohne dass ein Dialog erscheint, in der Form gespeichert, wie sie das letzte Mal gespeichert wurde.

Speichern Sie die Datei zum ersten Mal oder wählen Speichern unter… Strg/⌘+⇧+S, erscheint der gleichnamige Dialog.

Geben Sie der Datei einen aussagekräftigen Namen ❶, und navigieren Sie zu dem Ort ❷, an dem die Datei gespeichert werden soll. Unter Dateityp (Windows) bzw. Format (Mac) ❸ wählen Sie dann aus, in welchem Format die Datei gespeichert werden soll.

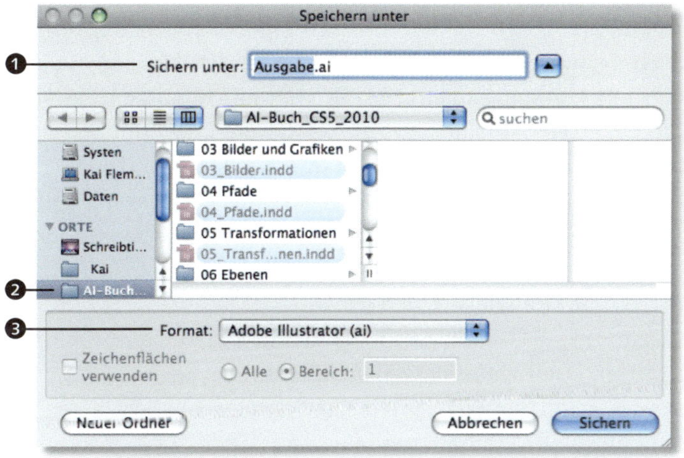

◀ **Abbildung 13.2**
Der SPEICHERN UNTER-Befehl

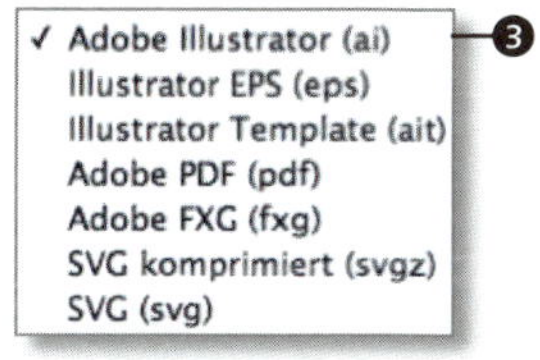

▲ **Abbildung 13.3**
Wählen Sie unter ❸ das Speicherformat.

13.1.1 Adobe Illustrator (ai)

Das AI-Dokument ist das native Format von Illustrator. Speichern Sie Ihr Dokument in der aktuellen Version ab, gibt es keinerlei Einschränkungen, damit in Illustrator zu einem späteren Zeitpunkt weiter gearbeitet werden kann. Auch InDesign und Photoshop akzeptieren das native, auch »offen« genannte, AI-Format.

▲ **Abbildung 13.4**
Das ai-Icon

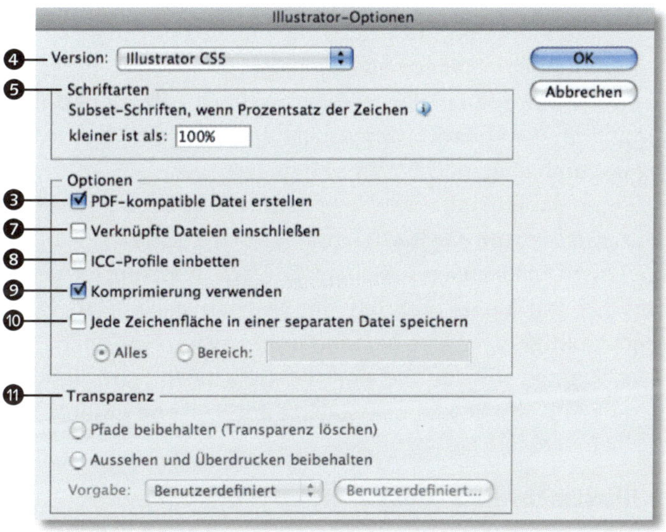

◀ **Abbildung 13.5**
Speicheroptionen für eine ai-Datei

Wählen Sie eine Illustrator-Version ❹ aus. Bis zur Version 3 könnten Sie zurückspeichern, was aber meist keinen Sinn macht, weil die Bearbeitbarkeit von neueren Funktionen dabei natürlich verloren geht. Speichern Sie nur auf Nachfrage von Dienstleistern zu früheren Versionen zurück.

Schriften können eingebettet ❺ werden. Benutzen Sie aber nur ein paar Zeichen einer Schrift, würde die Datei unnötig groß werden, wenn trotzdem alle Zeichen eingebettet werden. Deshalb steht der Standard auf 100 %, womit quasi immer nur Untergruppen eingebettet werden. Doch Achtung vor Missverständnissen, die Schriften müssen zum Bearbeiten der Datei trotzdem auf Ihrem Computer installiert sein.

Mehrere Zeichenflächen

Im Zeichenflächen-Bedienfeld vergeben Sie durch Klicken auf das jeweilige Seiten-Symbol ganz rechts neben dem Namen. Im Flyout-Menü können Sie die Zeichenflächen neu anordnen. Beim Speichern sind sie bei Bedarf zusätzlich als Einzelseiten zu speichern.

Speichern Sie PDF kompatibel ❻, damit andere Anwendungen Ihre Dateien auch sicher darstellen können.

Falls Sie hier die verknüpften Dateien einschließen lassen ❼, werden diese Bestandteil der Illustrator-Datei und sind dann nicht mehr verknüpft (siehe Abschnitt 3.2, »Verknüpfen oder einbetten?«). Dadurch steigt die Dateigröße des ai-Dokuments an.

In Illustrator-Dateien betten Sie meist keine ICC-Profile ein ❽, damit die Vektorflächen in anderen Anwendungen nicht durch Farbkonvertierungen verändert werden, was z. B. bei Firmenlogos sehr schlecht wäre. Da Sie Ihre Illustrator-Dateien meist in Layoutanwendungen wie InDesign platzieren, entscheiden Sie sich dort für entsprechende Ausgabeprofile. Die AI-Datei gibt dafür lediglich die CMYK-Werte vor.

Drucken Sie direkt aus Illustrator, wählen Sie das Ausgabeprofil (ICC-Profil) im Druckdialog aus.

PDF-Dateien werden in Illustrator komprimiert ❾. Die Adobe-Hilfe empfiehlt, die Funktion auszuschalten, wenn der Speichernvorgang dadurch länger als 8 Minuten dauert.

Sie können das Dokument so speichern, wie es ist, oder Sie lassen sich *zusätzlich* zum Masterdokument noch Zeichenflächen als einzelne Illustrator-Dateien speichern ❿. Voraussetzung ist natürlich, dass Ihre Datei über mehr als eine Zeichenfläche verfügt.

Dieser Punkt ⓫ wird erst bei einem Rückwärts-Speichern vor Illustrator 9 aktiv. Wählen Sie dort Pfade beibehalten, werden Transparenzen gelöscht und die Objekte auf deckend gesetzt.

13.1.2 Illustrator EPS (eps)

Grundsätzlich ist das EPS-Format ein Auslaufmodell und wird über kurz oder lang von der Bildfläche verschwinden. Es ist von den Anforderungen, die heute an Ausgabedaten gestellt werden, überholt worden. Das EPS kann keine offenen Transparenzen enthalten, muss diese also umrechnen. Lesen Sie in Abschnitt 9.1.5, »Transparenzreduzierung«, worin die Probleme bestehen.

Trotzdem werden Sie aber von Zeit zu Zeit ein Illustrator-EPS generieren müssen, zum Beispiel für Schilder- und Stempelmacher oder für Dienstleister, die Daten plotten.

▲ **Abbildung 13.6**
Das eps-Icon

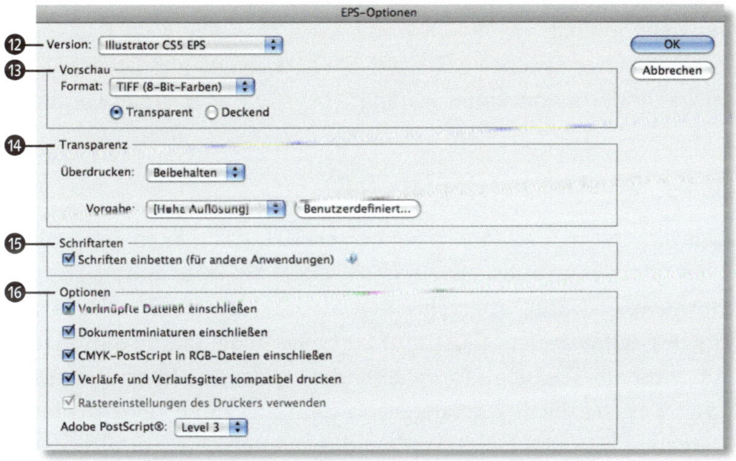

◀ **Abbildung 13.7**
EPS-Speicheroptionen

Wählen Sie hier ⓬ eine Illustrator-Version in Absprache mit Ihrem Dienstleister aus, da Sie für sich selbst ja kein EPS wählen würden. Beim EPS wird sehr oft noch die Version 10 erbeten.

Die VORSCHAU ⓭ gibt an, in welcher Form Ihnen z. B. beim Einfügen eine Vorschau der Daten gezeigt wird. Lassen Sie am besten TIF (8-BIT-FARBEN) und die Option TRANSPARENT ausgewählt.

Unter TRANSPARENZ ⓮ ist ÜBERDRUCKEN nur anwählbar, wenn Sie in Ihrer Datei Objekte im ATTRIBUTE-Bedienfeld auf Überdruckend gestellt haben. BEIBEHALTEN simuliert das überdruckte Aussehen, was in den meisten Fällen gewünscht ist.

Wählen Sie unter VORGABE eine HOHE AUFLÖSUNG, wenn Ihre Daten gedruckt werden sollen. Besprechen Sie aber auch mit Ihrem Dienstleister, welche Einstellungen er haben möchte.

Sie können die SCHRIFTEN EINBETTEN ⓯, damit sie beim Platzieren in anderen Anwendungen vorhanden sind; auf Ihrem Computer müssen sie dafür aber dennoch installiert sein.

In den OPTIONEN ⓰ entscheiden Sie sich, ob Sie VERKNÜPFTE DATEIEN EINSCHLIESSEN (also einbetten). Ferner geben Sie an, ob z.B. im Finder Miniaturen der Datei angezeigt werden sollen, was standardmäßig angehakt ist und recht praktisch sein kann.

Speichern Sie eine Illustrator-Datei in RGB, öffnen diese aber in einer Anwendung, die nur CMYK anzeigen kann, wird auf das eingeschlossene CMYK-EPS zugegriffen. Die eigentliche RGB-Datei bleibt unangetastet.

Verläufe und Verlaufsgitter kompatibel drucken müssen Sie nur anhaken, wenn Sie mehrere Versionen rückwärts speichern oder wenn es beim Ausdrucken Probleme mit den Verläufen gegeben hat.

Als Letztes wechseln Sie auf Level 3, wenn Ihr Dienstleister nichts anderes von Ihnen verlangt (Level 2 ist für uralte Geräte).

13.1.3 Illustrator Template (ait)

▲ **Abbildung 13.8**
Das ait-Icon

Das Illustrator-Template ist schnell erklärt, denn es speichert Ihre Illustrator-Datei quasi als offene AI-Datei ab. Aber anders als eine normale AI-Datei, überschreiben Sie das Template nicht, wenn Sie es wieder öffnen: Illustrator legt eine neue, unbenannte Datei an, weshalb Sie beim anschließenden Speichern auch zum Speichern unter-Dialog gelangen, in dem Sie einen neuen Namen vergeben müssen. Das Template dient Ihnen also nur als »Vorlagen-Datei« und bleibt Ihnen erhalten. Wenn Sie zum Beispiel für einen Kunden immer wieder Illustrationen anlegen, die sein Logo enthalten und ganz bestimmte Farben bereit halten, brauchen Sie also nur das Template zu öffnen, in dem Sie all das schon gespeichert haben.

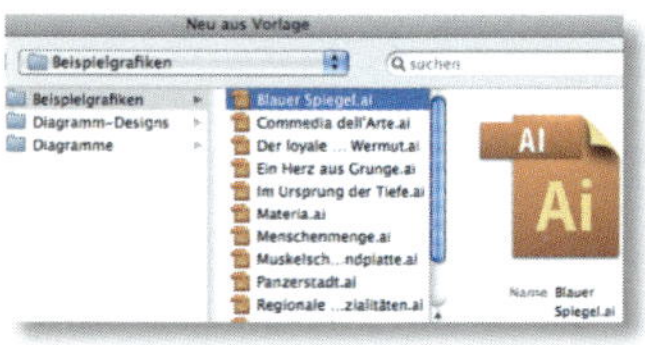

▲ **Abbildung 13.9**
Mit Neu aus Vorlage wird jede »normale« AI-Datei zum Template.

Unter Datei • Neu aus Vorlage greifen Sie schnell auf bestehende AI-Dateien zu, ohne diese selbst zu verändern. Navigieren Sie im Dialog zu einer Datei, und öffnen Sie sie mit Neu. Das Original wird nichts überschrieben.

13.1.4 Adobe FXG (fxg)

▲ **Abbildung 13.10**
Das fxg-Icon

Das FXG-Format ist für den Einsatz in Flex gedacht, einem OpenSource-Framework von Adobe, mit dem sogenannte RIAs (Rich Internet Applications) erstellt werden können. Das Format basiert indirekt auf XML und wird auch vom Adobe Flex Builder und Adobe Flash Catalyst verwendet, um interaktive Anwendungen und Benutzeroberflächen zu entwickeln.

Leider wird vieles im FXG-Format nicht unterstützt. So werden beispielsweise Illustrator-3D-Daten in Pixelbilder umgewandelt oder Füllmethoden auf »normal« gesetzt.

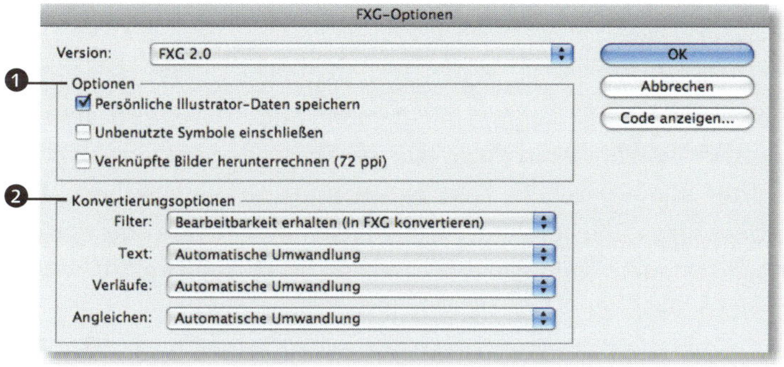

◂ **Abbildung 13.11**
FXG-Speicheroptionen

In den Optionen ❶ wählen Sie Persönliche Illustrator-Daten speichern, weil Sie damit die meisten Rückimportmöglichkeiten zu Illustrator erhalten. Die Option Unbenutzte Symbole einschliessen würde die Dateigröße unnötig erhöhen, während Verknüpfte Bilder herunterrechnen (72 ppi) Ihre Pixelbilddaten auf eine Auflösung von 72 dpi setzt und damit zu kleineren Dateigrößen führt.

In den Konvertierungsoptionen ❷ geht es darum, ob das Aussehen beibehalten werden soll oder ob versucht werden soll, die Bearbeitbarkeit nach Möglichkeit zu erhalten. Wählen Sie Automatische Umwandlung, versucht Illustrator sein Bestes zu tun, um die Bearbeitbarkeit und das Aussehen zu erhalten.

▴ **Abbildung 13.12**
Das svg-Icon

13.1.5 SVG komprimiert (scgz) und SVG (svg)

SVG ist ein spezielles Format für mobile Geräte wie Handys etc. Es speichert Vektorgrafik, Pixel und Schrift ab. Weitere Metadaten werden in seiner XML-Struktur mitgespeichert.

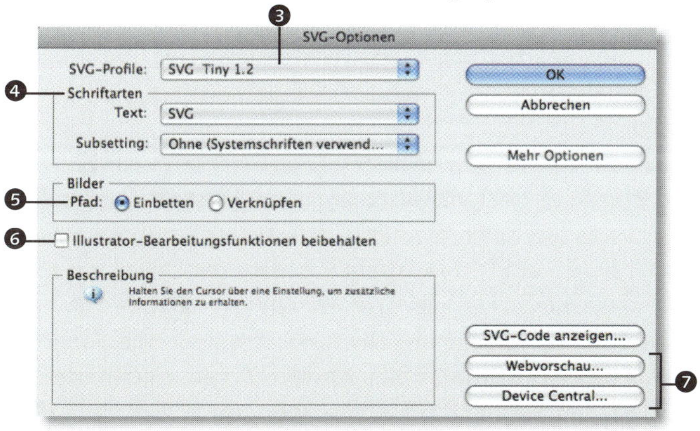

◂ **Abbildung 13.13**
SVG-Optionen

Wählen Sie als SVG-Profil ❸ SVG TINY 1.2, es unterstützt die meisten Geräte.

Wenn Sie TEXT • IN KONTUREN UMWANDELN ❹ auswählen, ist die Schrift anschließend nicht mehr editierbar, wird aber so angezeigt, wie Sie es in Illustrator sehen. Das SUBSETTING bindet Schriften in die Datei ein. NUR VERWENDETE GLYPHEN sichert, dass die benutzten Zeichen angezeigt werden können und die Datenmenge trotzdem gering bleibt. EINBETTEN ❺ speichert Ihre verknüpften Bilder in die Datei hinein.

ILLUSTRATOR-BEARBEITUNGSFUNKTIONEN BEIBEHALTEN ❻ bettet zusätzlich eine AI-Datei in die SVG-Datei mit ein, um später Änderungen daran vornehmen zu können, solange die SVG-Datei noch nicht geändert wurde.

Sie können sich die Datei auch schon in einer Vorschau anzeigen lassen – in Device Central (siehe Kapitel 12, »Web und Screen«) oder in Ihrem Standardbrowser ❼.

13.1.6 Adobe PDF (pdf)

▲ **Abbildung 13.14**
Das pdf-Icon

Das PDF-Format ist längst mehr als ein einfaches Format zum bloßen Ansehen von Daten, viel mehr! Es ist zum Standardformat für die Druckausgabe geworden. Kaum eine Druckerei nimmt offene Dateien überhaupt noch an.

Auch innerhalb der Creative Suite werden Daten zwischen den Programmen sehr oft als PDF-Daten ausgetauscht. Es geht sogar so weit, dass PDF im Hintergrund von Illustrator läuft.

Wenn ich weiter oben davon sprach, dass das EPS-Format ein Auslaufmodell ist, dann ist das PDF-Format dabei, ihm den Todesstoß zu geben. Denn was PostScript nicht kann, ist bei PDF selbstverständlich geworden: offene Transparenzen. Auch die nachträglichen Bearbeitungsmöglichkeiten des PDFs überzeugen.

Allgemein

Sie entscheiden sich schon im ersten Register ALLGEMEIN ⓫, nach welchen Standards oder Vorgaben ❿ das PDF erstellt werden soll. Und so müsste hier auch eine Diskussion über Sinn und Unsinn von PDF/X beginnen: PDF/X ist ein Standard der Druckindustrie, mit dem versucht wurde, die Druckergebnisse nach bestimmten Vorgaben zu vereinheitlichen. Doch da sich auch die Fachwelt darüber uneins ist, würde es hier zu weit führen, mitzumischen. Sehr gut werden Sie über Für und Wider von PDF/X und alles, was dazugehört, in der schon erwähnten Broschüre »PDF/X und Colormanagement« von Cleverprinting.de informiert. Besprechen Sie auch mit Ihrem Druckdienstleister, welchen Standard er braucht.

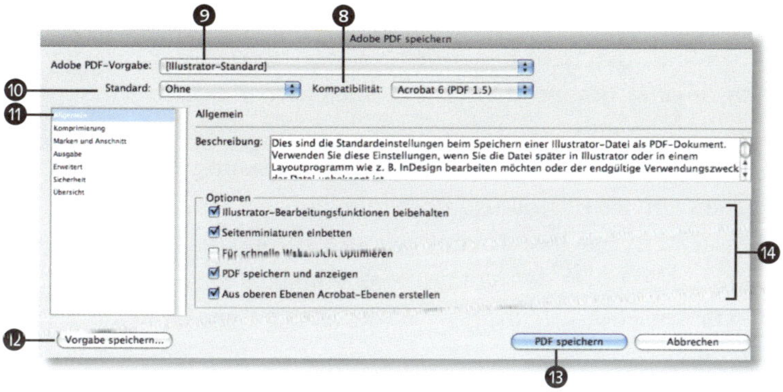

◂ **Abbildung 13.15**
Der PDF SPEICHERN-Dialog

Wie alle ADOBE PDF-VORGABEN ❾ steht auch ILLUSTRATOR-STANDARD in eckigen Klammern. Diese Einstellung speichert Ihr Dokument zwar als PDF, verhält sich beim Öffnen in Illustrator selbst aber so, als wäre es eine ganz normale AI-Datei – ohne Einschränkungen! Der große Vorteil ist der, dass andere Programme die Datei wie ein PDF importieren/platzieren können. Adobe-Programme brauchen das aber nicht, sie arbeiten auch mit offenen AI-Dateien.

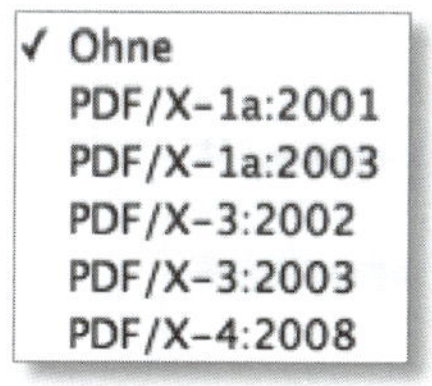

▴ **Abbildung 13.16**
PDF/X-Vorgaben im Drop-down-Menü STANDARD ❿

STANDARD ❿ bietet Ihnen in der Druckindustrie gebräuchliche Standards zur Auswahl. Möchte eine Druckerei einen dieser Standards, werden alle Einstellungen der folgenden Menüs entsprechend angepasst. Doch die Anpassungen sind der absolute Minimalkonsens, der noch lange kein gutes PDF ausmacht.

Die KOMPATIBILITÄT ❽ zeigt einerseits an, mit welcher Acrobat-Version das PDF lesbar ist. Deshalb sollten Sie nicht die aktuellste auswählen, damit auch Empfänger mit älteren Versionen Ihr PDF lesen können. Andererseits verhalten sich die verschiedenen Versionen in der Druckproduktion unterschiedlich. PDF 1.3 wird für die PDF/X-Standards 1 bis 3 verwendet; PDF 1.4 unterstützt Live-Transparenzen. Sie wählen es aus, wenn Sie mit Transparenzen gearbeitet haben und keinen PDF/X-Standard verwenden.

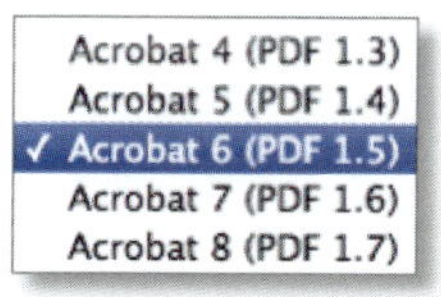

▴ **Abbildung 13.17**
Acrobat-Versionen unter KOMPATIBILITÄT ❾

In den OPTIONEN ⓮ setzen Sie einen Haken bei ILLUSTRATOR-BEARBEITUNGSFUNKTIONEN BEIBEHALTEN, wenn Sie die Datei uneingeschränkt in Illustrator weiterbearbeiten möchten.

Die SEITENMINIATUREN erleichtern im PDF das Auffinden der richtigen Seiten.

Für schnelle Webansicht optimieren sollten Sie nur anhaken, wenn das PDF auch online gelesen werden soll.

PDF speichern und anzeigen öffnet Ihnen nach dem Speichern automatisch das Dokument in Acrobat, was für die Druckausgabe auch sehr wichtig ist. Wollen Sie das PDF aber in erster Linie als Illustrator-Dokument behandeln, würde ich den Haken wegnehmen, weil sich sonst bei jedem Speichern Acrobat öffnet, was ziemlich nerven kann.

Auch Acrobat arbeitet schon lange mit Ebenen. Sie können die Ebenen von Illustrator also übernehmen.

Speichern Sie Ihre Einstellungen als Vorgabe ⑫, um sie das nächste Mal unter den Vorgaben ⑨ schnell auszuwählen.
Hier ⑬ speichern Sie Ihr PDF, wenn Sie alle Register abgearbeitet haben.

Komprimierung

Nach den allgemeinen Einstellungen wählen Sie in der linken Liste das Register Komprimierung, in dem Sie die Datenmenge reduzieren können.

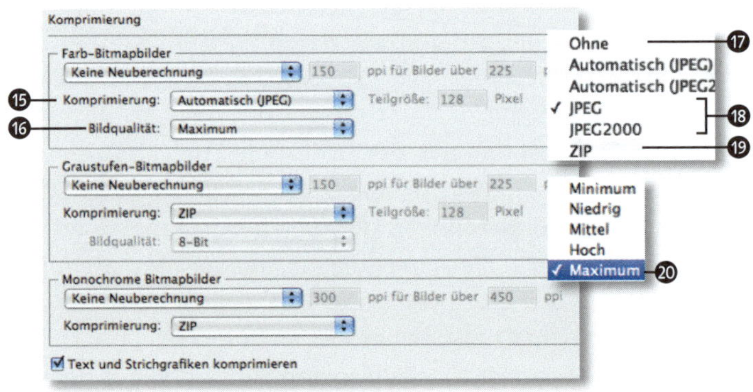

Abbildung 13.18 ▶
Hier stellen Sie die PDF-Komprimierung ein.

Unter Komprimierung ⑮, die es jeweils für Farb-, Graustufen- und monochrome Bilder gibt, können Sie keine Komprimierung (Ohne ⑰) oder eine verlustfreie Komprimierung (ZIP ⑲) wählen, was bei Vektorillustrationen auch die erste Wahl ist, weil die Datenmengen sich ohnehin in Grenzen halten. Enthält Ihre Datei aber so viele Pixelbilder in hoher Auflösung, dass die Datenmenge zu groß für Präsentations- oder Web-PDFs wird, kann eine stärkere Komprimierung (JPEG2000 oder JPEG ⑱) sinnvoll sein. Bei Maximum ⑳ ist die Bildqualität gemeint, nicht das Maximum an Komprimierung. Bei Online-PDFs oder welchen, die Sie nur zur Ansicht per E-Mail verschicken, reicht meist auch Niedrig. Monochrome Bitmapbilder brauchen Sie aus Illustrator normalerweise nicht anders als mit ZIP zu komprimieren.

Marken und Anschnitt

Nachdem Sie die Komprimierung festgelegt haben, wechseln Sie in das nächste Register, Marken und Anschnitt.

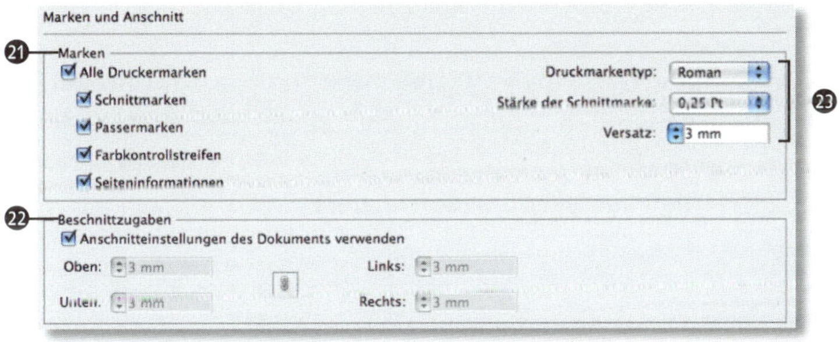

◂ **Abbildung 13.19**
Druckermarken und Beschnitt festlegen

Unter Marken ㉑ finden Sie alle Markierungen und automatischen Informationen, die auf dem Druckbogen mit ausgegeben werden können und die die Druckerei gegebenenfalls braucht.

Schnittmarken ㉕ bestimmen die Position, an der nach dem Druck das Papier auf Maß beschnitten wird. Man spricht auch vom Beschnitt oder Anschnitt. Elemente, die »im Anschnitt« liegen, werden auch »randabfallend« genannt. Passermarken ㉖ sind dafür da, die einzelnen Farben im Druckprozess zur Deckungsgleichheit auszurichten (die Schnittmarken sind nicht dafür da). Farbkontrollstreifen ㉗ geben dem Drucker eine Farbreferenz. Seiteninformationen ㉔ geben außerhalb des Formates den Namen der Datei und das Ausgabedatum an, was für Rückfragen sehr nützlich sein kann.

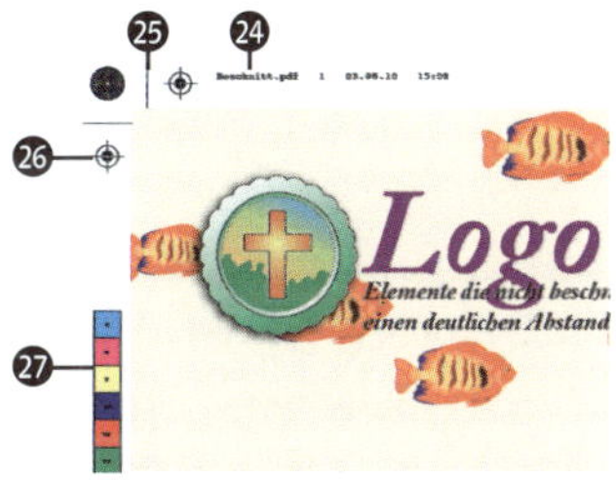

▴ **Abbildung 13.20**
Die Druckermarken

Druckmarkentyp ㉓ lassen Sie am besten auf Roman, die Stärke der Schnittmarke auf 0,25 Pt, und den Versatz (also den Abstand der Marken zum Papierformat) setzen Sie auf 3 mm.

Bei Beschnittzugaben ㉒ geben Sie Ihrem Papierformat noch einmal 3 mm hinzu, die in der Verarbeitung wieder abgeschnitten werden. In diese Zugabe hinein legen Sie alle Elemente, die bis zum Papierrand reichen. Elemente, die nicht angeschnitten werden sollen, rücken Sie vorsichtshalber etwas vom Papierrand ab. Wenn Sie beim Anlegen der Datei schon einen Beschnitt angelegt haben, reicht ein Haken in der Checkbox Anschnitteinstellungen des Dokuments verwenden.

Ausgabe

Im Register AUSGABE wählen Sie in Abhängigkeit vom Druckverfahren aus, was mit den Farben der Datei passieren soll.

Abbildung 13.21 ▶
Wenn alle Objekte, Bilder und die Datei schon im Ausgabeprofil sind, brauchen Sie keine Farbkonvertierung.

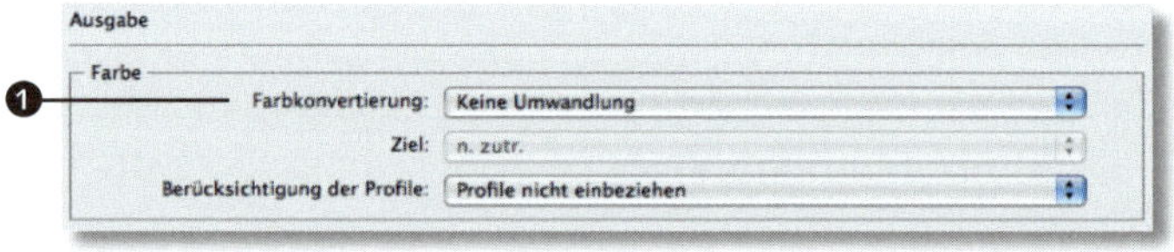

Wenn Sie Ihre Datei als PDF speichern, um sie zum Beispiel in InDesign einzubinden, und hier selbst keine Pixelbilder platziert haben, können Sie den Standard KEINE UMWANDLUNG ❶ verwenden. Es werden keine Farben konvertiert.

Abbildung 13.22 ▶
Die Konvertierung zu den richtigen Druckbedingungen sollten mit der Druckerei abgesprochen sein.

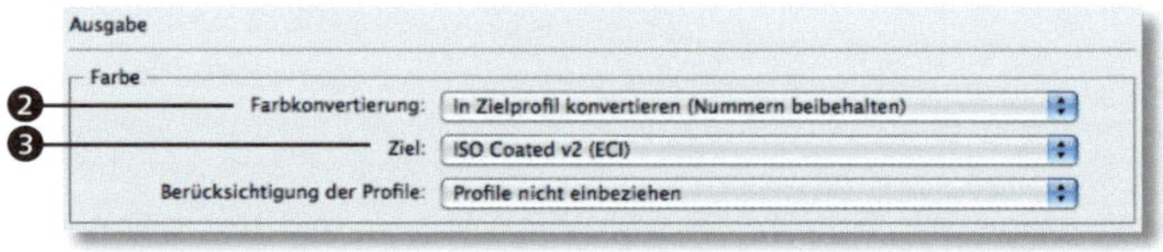

Möchten Sie Ihre Datei aber direkt drucken lassen oder haben Sie Pixelbilder platziert, sollten Sie sich erkundigen, mit welchen ICC-Profilen die Druckerei drucken wird. Diese wählen Sie bei ZIEL ❸ aus, wenn Sie sie auf Ihrem Computer installiert haben.

Damit CMYK-Daten aber nicht noch einmal zu CMYK umgewandelt werden und es dabei eventuell zu leichten Farbverschiebungen kommt, wählen Sie IN ZIELPROFIL KONVERTIEREN (NUMMERN BEIBEHALTEN) ❷.

ICC-Profile herunterladen

Die ECI bietet Ihnen auf ihrer Website die von den meisten Druckereien benutzten ICC-Profile zum Download an: *www.eci.org*. Auf Windows-Rechnern reicht ein Rechtsklick auf ein heruntergeladenes Profil, um es zu installieren. Mac-Anwender legen es in folgenden Ordner: LIBRARY • APPLICATION SUPPORT • ADOBE • COLOR • PROFILES.

ISOcoated_v2_eci.icc

▲ **Abbildung 13.23**
Der Arbeitsfarbraum wird bei PDF/X zunächst als Ausgabeprofil angenommen.

Generieren Sie ein PDF/X ❹, wird bei NAME DES AUSGABEMETHODENPROFILS der CMYK-Arbeitsfarbraum eingetragen. Wenn von Ihrer Druckerei nichts anderes verlangt wird, lassen Sie die anderen Felder leer, sie dienen nur Informationszwecken.

Erweitert

Im Register ERWEITERT beschäftigen Sie sich mit der Einbettung von Schriftarten und den wichtigen Transparenzoptionen.

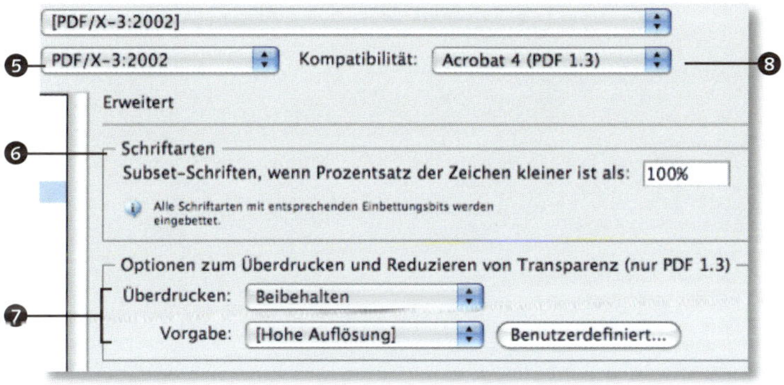

▲ **Abbildung 13.24**
Besonderheiten beim PDF/X: die Transparenzreduzierung

> **Überdrucken und Aussparen**
>
> Lesen Sie hierzu bitte Abschnitt 13.4 weiter hinten in diesem Kapitel.

Nur wenn Ihre Kompatibilität ❽ auf ACROBAT 4 (PDF 1.3) steht, was beim Schreiben von PDF/X-Dateien ❺ der Fall ist, müssen Sie unter VORGABE ❼ Sie auch die Höhe der Auflösung bestimmen. Wählen Sie HOHE AUFLÖSUNG für den Offsetdruck. Wenn Sie dann noch über das ATTRIBUTE-Bedienfeld Objekte auf Überdrucken gestellt haben, lassen Sie mit BEIBEHALTEN ❼ diese Funktion aktiv. Ansonsten wird das Objekt ausgespart, und seine Flächen- oder Konturfarbe mischt sich nicht mit den darunter liegenden Objekten.

Betten Sie in Ihre PDF-Datei Schriften ❻ ein. Wenn Sie nicht alle Zeichen (also weniger als 100%) in Ihrer Datei benutzen, werden auch nur die benutzten Zeichen eingebettet, damit Sie nicht den gesamten Font mit Ihrer Datei »herumschleppen«.

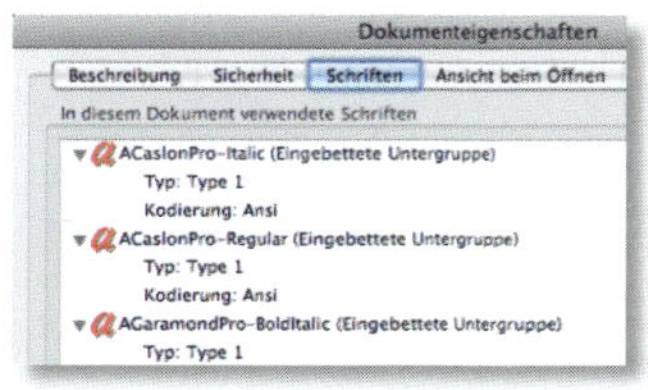

▲ **Abbildung 13.25**
Ob Schriften im PDF eingebettet sind, erfahren Sie dort bei den Dokumenteigenschaften.

Sicherheit

Das vorletzte Register beschäftigt sich mit der Sicherheit Ihrer PDF-Datei.

Wenn Sie mit vertraulichen Daten zu tun haben, vergeben Sie zum Öffnen des PDFs ❾ ein Passwort, das Sie dem Empfänger separat zukommen lassen.

Sie können aber auch nur die Verwendung ❿ einschränken, damit das PDF nicht oder in nur geringer Auflösung gedruckt werden kann oder damit keine Texte herauskopiert werden können.

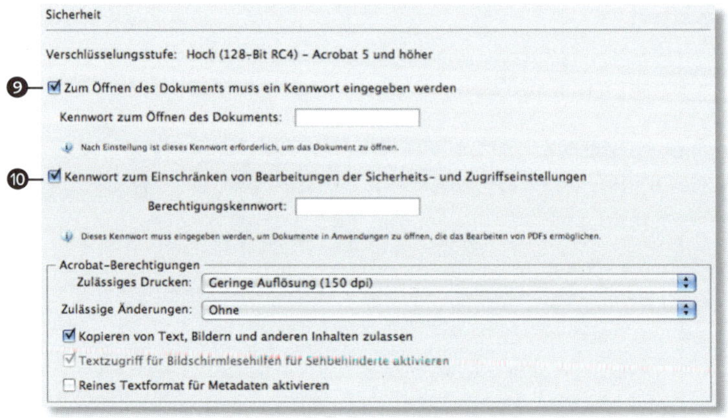

▲ **Abbildung 13.26**
Passwortvergabe beim PDF

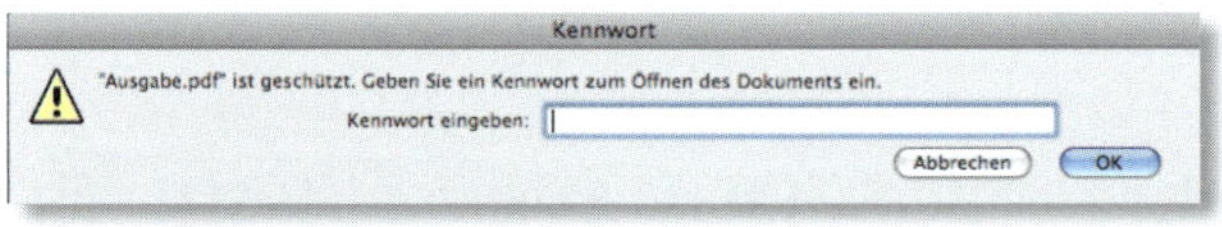

▲ **Abbildung 13.27**
Passwortabfrage beim Öffnen eines geschützten PDFs

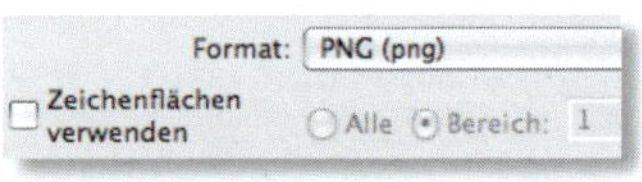

▲ **Abbildung 13.28**
Ein Einschränken des Exports auf Zeichenflächen ist möglich.

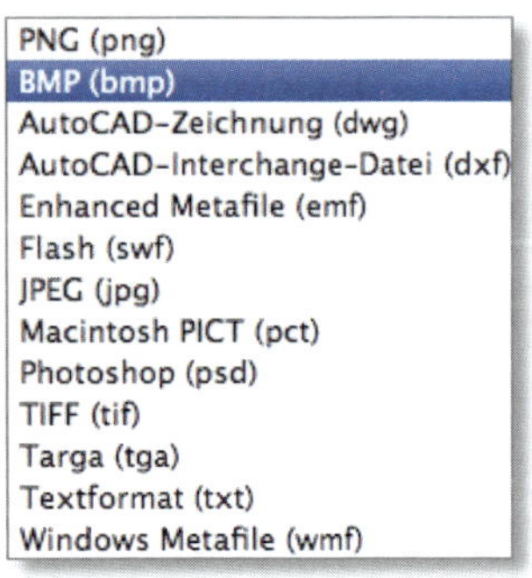

▲ **Abbildung 13.29**
Die Exportformate

13.2 Exportieren

Illustrator gibt Ihnen die Möglichkeit, direkt in verschiedene Datenformate zu exportieren. Je nach Format exportieren Sie die gesamten Zeichenflächen, einzelne Zeichenflächen oder auch nur aktivierte Objekte. Das Ziel ist es, nicht in den verschiedenen Applikationen zu versuchen, eine AI-Datei zu importieren, sondern die Grafik, Illustration, das Diagramm oder was Sie auch immer gestaltet haben, ohne Umwege zu den entsprechenden Anwendungen zu »bringen«.

Datei • Exportieren bringt Sie zum Exportieren-Dialog, in dem Sie zunächst wieder einen Namen für die zu sichernde Datei vergeben und zu dem Ort navigieren, an dem die Datei gespeichert werden soll. Dann wählen Sie bei Dateityp (Windows) bzw. Format (Mac) das gewünschte Datenformat aus. In den meisten Fällen öffnet sich nach Ihrem Klick auf den Sichern/Exportieren-Button ein weiterer Dialog. In diesem geben Sie dann genauere Einstellungen für das jeweilige Format an. Einige Formate kennen Sie ja bereits aus Abschnitt 12.6, »Bildformate für das Web«.

13.2.1 PNG

Haben Sie sich für das inzwischen sehr gängige PNG-Format entschieden, das als Nachfolger für GIF entwickelt wurde, können Sie einen Haken bei ZEICHENFLÄCHEN VERWENDEN setzen, um nur ganz bestimmte Zeichenflächen zu exportieren.

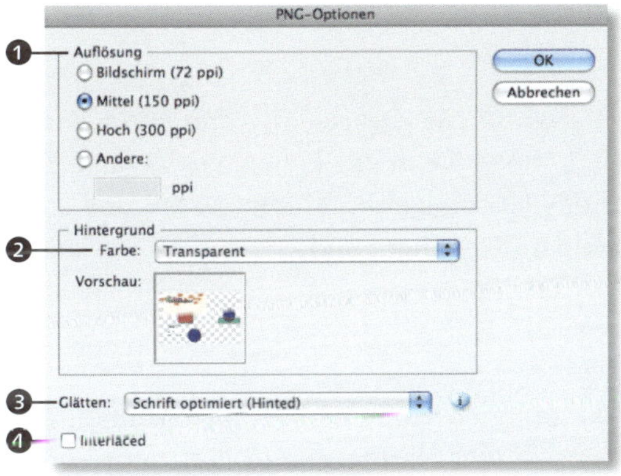

◂ **Abbildung 13.30**
Exportoptionen für das PNG-Format

Bestätigen Sie den Dialog, erscheint der PNG-OPTIONEN-Dialog, in dem Sie die AUFLÖSUNG ❶ bestimmen (für Web 72 ppi). Die Hintergrundfarbe macht auf TRANSPARENT ❷ Sinn. Andernfalls legen Sie auch in Illustrator eine Farbe hinter Ihre Grafik; diese wird dann mitgespeichert. Wenn Ihre Datei Schriften enthält, lohnt es sich, diese GLÄTTEN ❸ zu lassen, damit sie am Bildschirm sauberer aussehen. INTERLACED ❹ vergrößert zwar die Datenmenge, baut Ihre Datei im Browser aber in mehreren Schritten auf, was sich also nur bei sehr großen Bildern lohnt.

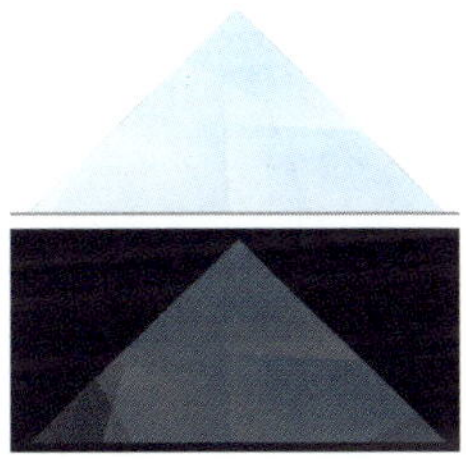

▴ **Abbildung 13.31**
Oben wurde ohne und unten mit schwarzem Hintergrund exportiert.

13.2.2 BMP

Das BMP-Format speichert Ihnen alles, was Sie an Elementen angelegt haben, gnadenlos über Ihre Zeichenflächen hinweg. Wollen Sie nur einen Teil Ihrer Arbeit als Pixelbild speichern, kopieren Sie es in eine neue Datei und exportieren von dort aus. Brauchen Sie das Bild im CMYK-Modus, müssen Sie es in Photoshop umwandeln, weil es als RGB exportiert wird.

▴ **Abbildung 13.32**
Oben das AI-Original, unten die CAD-Zeichnung

13.2.3 AutoCAD

Hier möchte ich nur kurz auf das Format eingehen, weil CAD-Daten sehr speziell sind. Es werden Ihnen zwei Formate angeboten: Zeichnung (dwg) und Interchange (dxf). Ersteres versucht die Daten – so weit, wie es aus Illustrator geht – für CAD-Anwendungen bereitzustellen. Das Interchange-Format dxf ist zwar optisch gut als Zeichnung zu verwenden, zerschneidet aber viele Pfade in Einzelstücke und ist damit technisch recht eingeschränkt.

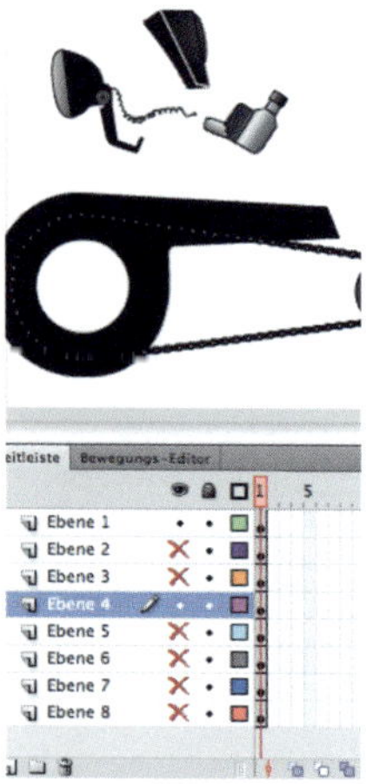

▲ **Abbildung 13.33**
AI-Ebenen zu Flash-Ebenen

13.2.4 EMF

Wenn Sie Illustrator-Daten für MS-Office-Programme zur Verfügung stellen möchten, können Sie in das Enhanced Metafile Format speichern. Es ist das Nachfolgeformat vom WMF und speichert Vektor- und Pixeldaten in einem Bild.

13.2.5 SWF

Der Export zu Flash bietet Ihnen schon mehr Möglichkeiten, weil trotz der Vektorfunktionen von Flash gerne in Illustrator vorgearbeitet wird. Mit der Exportfunktion bekommen Sie dann die Daten unkompliziert zu Flash.

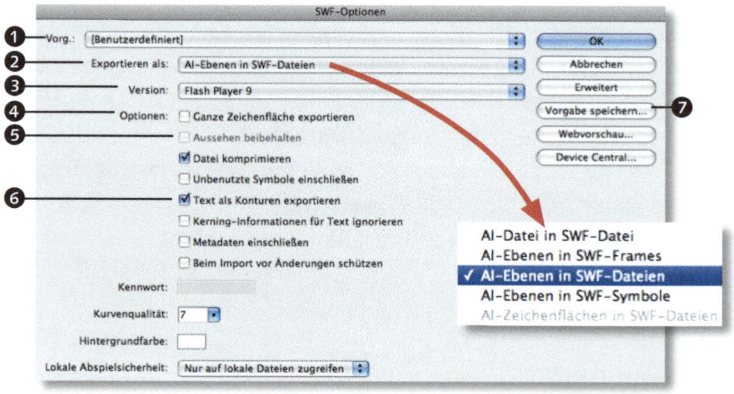

Abbildung 13.34 ▶
Die umfangreichen SWF-Optionen

Wie in so vielen Menüs können Sie auf Ihre gespeicherten Vorgaben ❶ zurückgreifen, um nicht jedes Mal von Neuem all die Einstellungen eingeben zu müssen. Drücken Sie hierfür vor dem Bestätigen Ihrer Eingaben auf VORGABE SPEICHERN... ❼, und geben Sie diesen im folgenden Dialog einen sinnvollen Namen.

Zwei Dinge können Sie exportieren ❷: die ganze AI-Datei oder deren Ebenen. Die Ebenen wiederum können Sie in Flash-Frames speichern, in einzelne Flash-Dokumente (jede AI-Ebene wird dann zu einen SWF-Dokument), oder Sie speichern die AI-Ebenen jeweils in Symbole, die Sie in Flash verwenden möchten.

Wählen Sie außerdem eine Flash-Version ❸ aus. Wenn Sie die exportierte Datei in Flash bearbeiten wollen, speichern Sie am besten in die aktuelle Version. Möchten Sie Ihr Exportergebnis in mobile Geräte einbinden, klären Sie zuvor, bis zu welcher Flash-Version jene Dateien lesen können.

In den Optionen sind für den Einstieg nur folgende Punkte für Sie interessant: ob nur die Objekte exportiert werden sollen oder auch die ganze Zeichenfläche ❹ darum herum, ob durch AUSSEHEN BEIBEHALTEN ❺ alle Ebenen vor dem Export auf eine reduziert werden sollen und ob der TEXT ALS KONTUREN ❻ exportiert werden soll, womit er sein Aussehen beibehält, aber nicht mehr editierbar ist.

▲ **Abbildung 13.35**
Eine Vorschau der SWF-Datei in Device Central

13.2.6 PSD und TIF

Der Unterschied zwischen dem Tif- und dem Photoshop-Export besteht darin, dass das Tif auf eine Hintergrundebene reduziert wird und damit ein einfaches Pixelbild geworden ist, während die Illustrator-Ebenen und viele ihrer Einzelelemente zu Photoshop-Ebenen werden, wenn Sie ins Photoshop-Format exportieren. Der Anwendungszweck bestimmt hier Ihre Entscheidung. Denn wenn Sie Ihre Illustration einfach nur als Bild haben möchten, kann eine PSD-Datei mit sieben Ebenengruppen und achtunddreißig Einzelebenen etc. schon übertrieben und unübersichtlich sein.

▲ **Abbildung 13.36**
Beim PSD-Format exportiert Illustrator auch die Ebenen mit.

13.3 Drucken

Das Drucken können Sie direkt aus der Illustrator-Datei heraus erledigen, denn nicht immer ist es notwendig, ein Druck-PDF zu erstellen. Auch hier kann es ganz unterschiedliche Anforderungen geben, die Sie zuvor klären müssen. Drucken Sie digital ein fertiges Produkt in größerer Menge, oder belichten Sie per Druckbefehl aus der offenen Datei heraus (statt vom PDF aus)? Oder machen Sie »nur« einen Ausdruck auf einem Tintenstrahl-/Laserdrucker, um Ihr Ergebnis auf Papier zu sehen bzw. es Ihrem Kunden zu präsentieren? Je nach Beantwortung dieser Fragen sind andere Einstellungen für Sie wichtig.

PDF zum Drucken

Wie Sie druckfähige PDFs erstellen, lesen Sie in Abschnitt 13.1.6, denn die Druckereien verlangen mittlerweile fast alle PDFs für den Druck.

Der Drucken-Dialog (DATEI • DRUCKEN) teilt sich in fünf Bereiche auf: Der Bereich ❶ bietet Ihnen Einstellungs- und Druckervorgaben. Je nachdem, welche Vorgaben Sie hier wählen, erhalten Sie im nächsten Bereich darunter unterschiedliche Einstellmöglichkeiten. Der Bereich ❷ ist der Bereich, in dem Sie die einzelnen Einstellungen dann eingeben/auswählen. Sie müssen jeden der Abschnitte des Bereiches ❸ nacheinander durchgehen und jeweils rechts Ihre Einstellungen vornehmen. Es wird Ihnen immer eine aktuelle Vorschau ❹ dessen gezeigt, was Sie inzwischen eingestellt haben. Der unterste Bereich ❺ steuert den Drucker auf Systemebene an (DRUCKER...), startet den Druck (DRUCKEN) oder speichert die oben gemachten Einstellungen (FERTIG), ohne zu drucken.

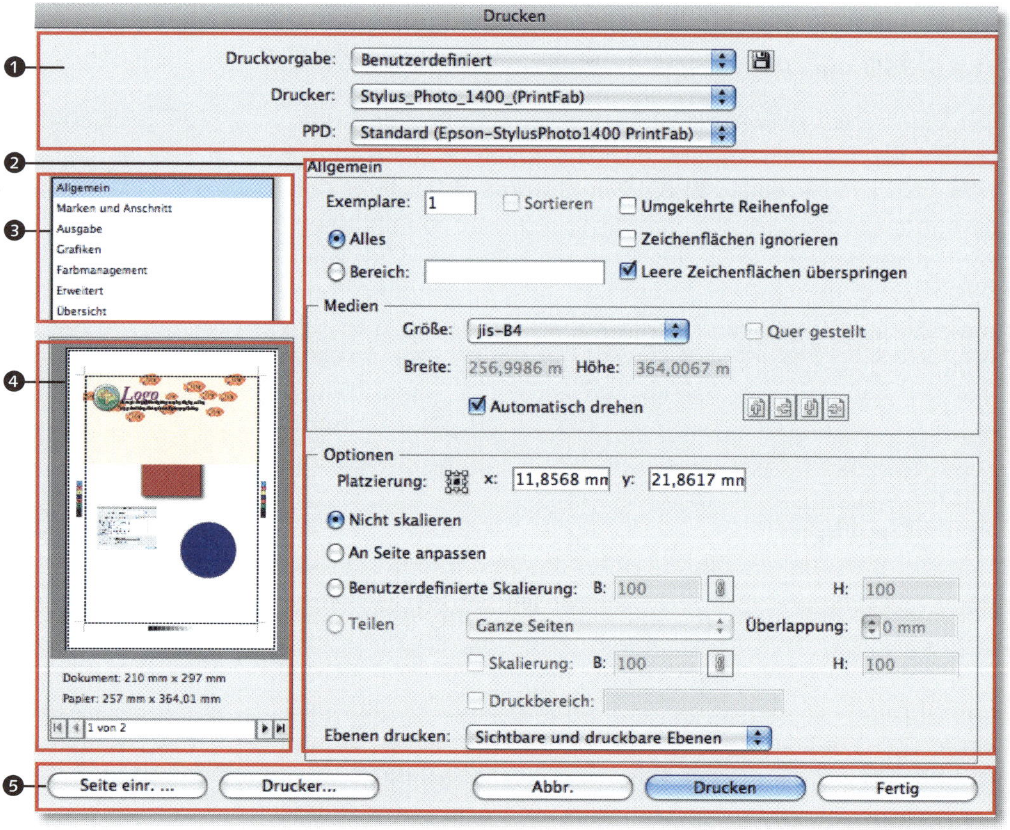

▲ **Abbildung 13.37**
Der Drucken-Dialog mit seinen fünf Bereichen

Wenn bei Ihnen bestimmte Checkboxen oder Menüauswahlen deaktiviert sein sollten, stellt Ihr unter ❶ ausgewählter Drucker diese Funktionen nicht zur Verfügung. Dies ist vor allem bei TrueType-Druckern (also Tintenstrahldruckern) der Fall. Sie können dann, um alles »mitzumachen«, unter DRUCKER den Eintrag ADOBE PDF 9.0 auswählen. Ich gehe jetzt Abschnitt für Abschnitt aus Bereich ❸ mit Ihnen durch.

Allgemein

Bestimmen Sie im Bereich ❻ zunächst, wie viele EXEMPLARE Sie ausdrucken möchten. In welcher REIHENFOLGE (Seite 1 bis x oder umgekehrt) möchten Sie bei mehreren Exemplaren und Zeichenflächen die Ausdrucke SORTIEREN? Sollen auch Zeichenflächen ohne Objekte mit ausgedruckt werden und wollen Sie ALLE oder nur bestimmte Zeichenflächen ausdrucken?

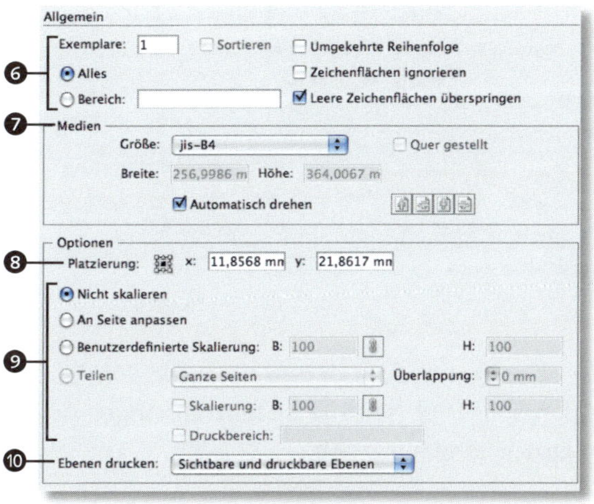

◀ **Abbildung 13.38**
Allgemeine Druckoptionen

Wählen Sie unter Medien ❼ ein Papierformat aus der Dropdown-Liste aus, und lassen Sie Illustrator Ihre Arbeit AUTOMATISCH DREHEN, damit sie am besten aufs Papier passt.

Wenn Sie unter ❻ ZEICHENFLÄCHEN IGNORIEREN angehakt haben, verschieben Sie mit der PLATZIERUNG ❽ Ihre Arbeit im Druckbereich – orientieren Sie sich dabei an der Druckvorschau.

Über die Optionen bei ❾ können Sie Ihre Zeichenflächen eins zu eins ausdrucken oder sie automatisch auf den druckbaren Bereich Ihres Druckers und die eingestellte Papiergröße anpassen lassen (AN SEITE ANPASSEN). Oder Sie definieren einen Skalierungswert in %. Sollte Ihre Zeichenfläche (dann) aber nicht mehr auf Ihre Papiergröße passen, können Sie den Ausdruck auf mehrere Seiten verteilen. Weil Ihr Drucker in der Regel einen weißen Rand lässt, lassen Sie die unterteilten Bereich überlappen.

Über ❿ drucken Sie die Ebenen, die in Ihrer Datei gerade sichtbar sind und bei denen in den Ebenen-Optionen die Druckbarkeit aktiviert ist – abgeschlossen dürfen sie aber sein.

Marken und Anschnitt

Diese Optionen sind identisch mit denen für die Marken in der PDF-Ausgabe in Abschnitt 13.1.6. Beachten Sie an dieser Stelle nur, dass Ihr Papier entsprechend größer als A4 sein muss, wenn Sie eine DIN A4 große Datei mit Marken in Originalgröße ausdrucken möchten, da ja die Marken außerhalb des Formats liegen.

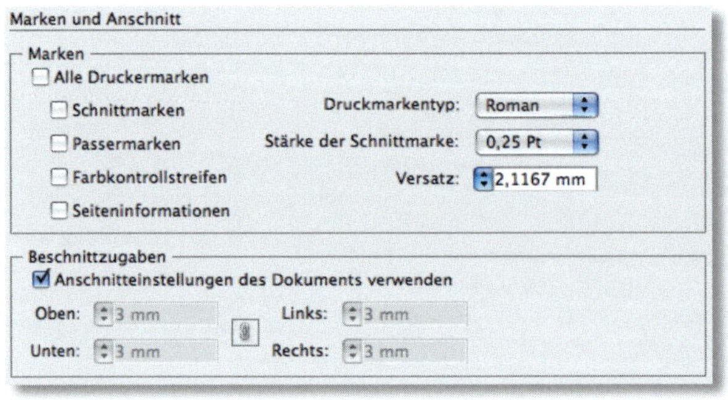

Abbildung 13.39 ▸
Druckermarken

Ausgabe

In der Ausgabe geht es mal wieder darum, wie mit den Farben umgegangen werden soll. Hier ist es jetzt sehr abhängig davon, um was für einen Druck es sich handelt.

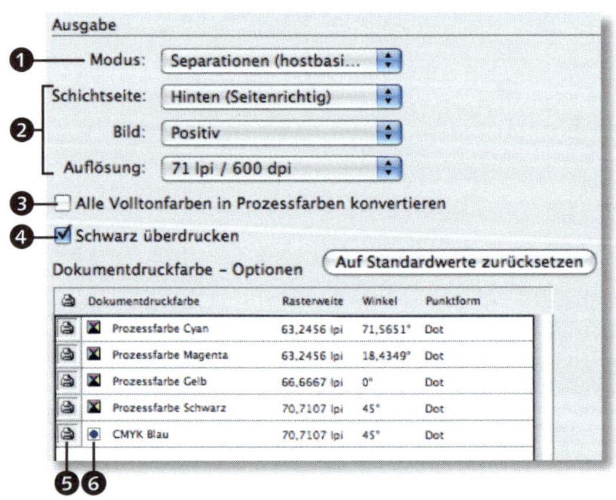

Abbildung 13.40 ▸
Möglichkeiten bei der separierten Ausgabe

Mit dem MODUS ❶ bestimmen Sie, ob Sie im Composite-Modus, also alle Farben übereinander auf ein Medium (Papier) drucken wollen, oder ob Sie in Separationen ausdrucken, also jede Farbe einzeln.

Die Punkte SCHICHTSEITE, BILD und AUFLÖSUNG ❷ stellen Sie je nach Druckverfahren ein. Arbeiten Sie in einer Druckerei, wissen Sie, was Sie tun, andernfalls drucken Sie ohnehin mit der Option COMPOSITE und können hier nichts einstellen. Auch wenn Sie einen TrueType-Drucker ausgewählt haben, sind diese Punkte ausgegraut.

Wenn in 4c gedruckt werden soll, Sie aber Volltonfarben in Ihrer Datei genutzt haben und das nicht mehr ändern können, können Sie zur Not auch hier ❸ noch alle Volltonfarben in Prozessfarben konvertieren. Soll nur eine bestimmte Volltonfarbe umgewandelt werden, klicken Sie in das Farb-Icon ❻. Ebenso können Sie den Druck einzelner Farben unterdrücken. Klicken Sie dazu das jeweilige Drucker-Icon ❺ weg.

Eine praktische Funktion ist noch, dass Sie Schwarz von hier aus überdrucken lassen können ❹.

Composite oder Separation?

Jeder, der Ausdrucke auf seinen Farbdrucker machen will, wählt unter Modus einfach COMPOSITE. Nur wer an einer Druckmaschine oder einem Belichter steht, braucht hier die Einstellungen der Separation.

Grafiken

Stellen Sie die KURVENNÄHERUNG ❼ auf AUTOMATISCH, bemüht sich Illustrator um ein gutes Verhältnis zwischen der Genauigkeit der Vektorpfade und der Druckgeschwindigkeit.

Lassen Sie die Schriften ❽ nur in Untergruppen zum Drucker schicken, damit nicht überflüssig viele Daten versendet werden müssen, die den Druckprozess verlangsamen.

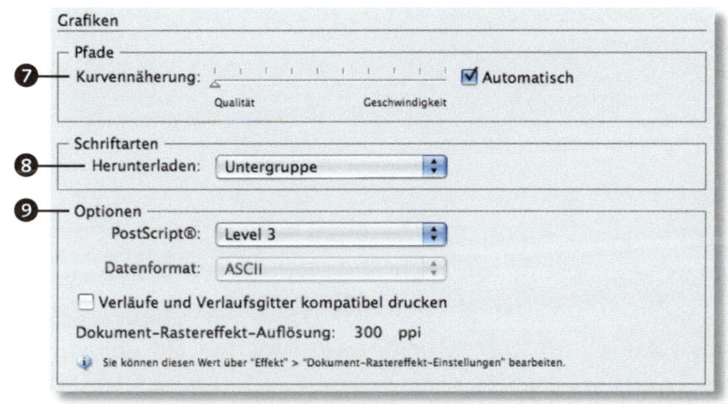

◂ **Abbildung 13.41**
Was passiert mit Pfaden und Schriften?

Bei den OPTIONEN ❾ ist der PostScript-Level 3 derzeitiger Standard. VERLÄUFE UND VERLAUFSGITTER KOMPATIBEL DRUCKEN haken

Sie nur an, wenn die Verläufe unsauber sein sollten; sie werden dann in Pixel umgewandelt, wodurch der Druckprozess aber auch verlangsamt wird.

Farbmanagement

Im Bereich Farbmanagement sind vor allem zwei Punkte wichtig: das Druckerprofil und dass Sie die CMYK-Werte beibehalten. Im Abschnitt »Ausgabe« in Kapitel 13.1.6 wurde der Umgang mit den Farbprofilen für Sie schon beschrieben.

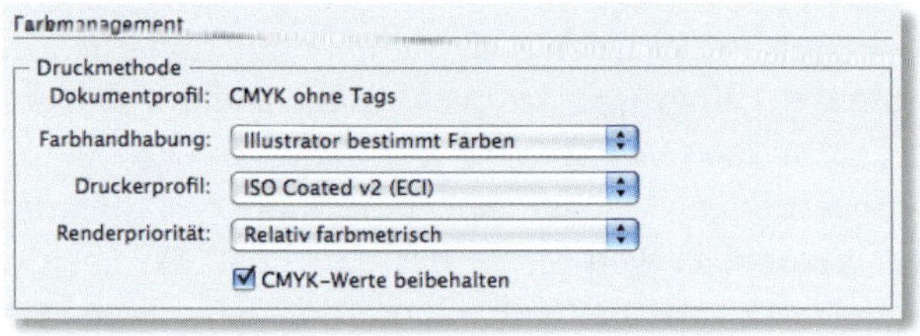

Abbildung 13.42 ▸
Einstellen der Druckbedingungen

Erweitert

Unter Erweitert ist Drucken als Bitmap automatisch angehakt, wenn Sie auf TrueType-Druckern drucken. Wählen Sie ansonsten bei Überdrucken den Eintrag Beibehalten, um Ihre Einstellungen der Datei zu übernehmen. Die Einstellung bei Vorgabe ist meistens auf [Hohe Auflösung]. Sollte für einen Kunstkatalog zum Beispiel eine höhere Auflösung als 300 dpi verlangt sein, stellen Sie sie bei Benutzerdefiniert entsprechend hoch ein.

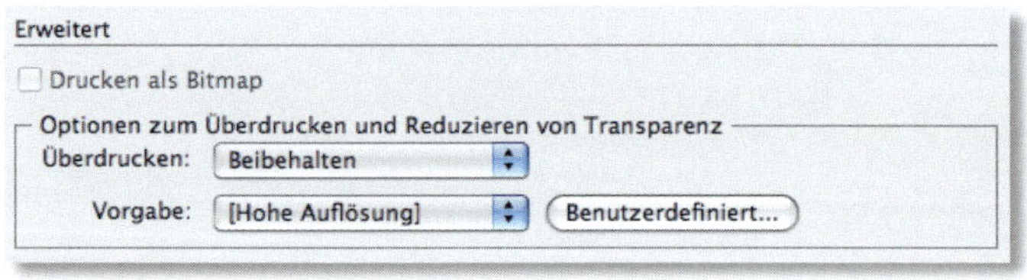

Abbildung 13.43 ▸
Transparenzreduzierung und Überdrucken

Übersicht

Die Übersicht zeigt Ihnen noch einmal mit gelben Warndreiecken mögliche Probleme an. Nicht jeder Hinweis muss korrigiert werden, ein Blick lohnt sich aber. Sollten Sie feststellen, dass eine Stelle Ihrer Datei einer Korrektur bedarf, brechen Sie aber nicht einfach ab, sondern klicken Sie auf Fertig, um beim nächsten Versuch nicht alles neu eingeben zu müssen.

Mit dem Button Übersicht speichern... wird eine Textdatei angelegt, die Sie den Projektunterlagen beilegen können, um bei Problemen oder späterem Nachdruck sehen zu können, mit welchen Einstellungen gedruckt wurde.

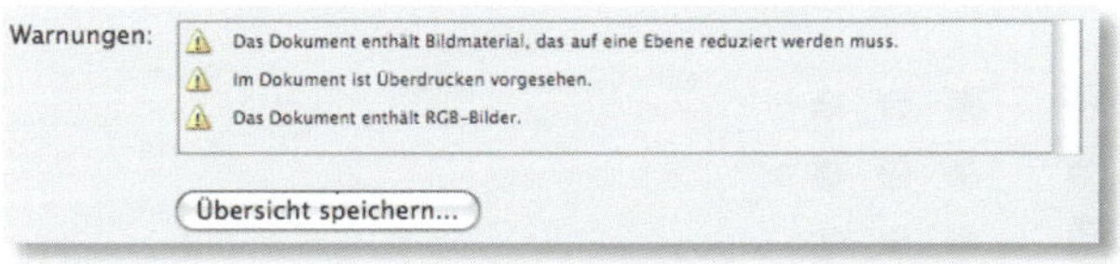

◂ **Abbildung 13.44**
Warnhinweise auf mögliche Fehlerquellen

Starten Sie den Druck mit einem Klick auf den DRUCKEN-Button, oder speichern Sie Ihre Einstellungen für vergleichbare Drucke ganz oben mit dem Disketten-Symbol als Druckvorgabe.

Für Web und Geräte speichern

Falls Sie an dieser Stelle nach dem Speichern für das Web suchen sollten, möchte ich Sie auf Abschnitt 12.3, »Die Ausgabe fürs Web«, verweisen. Hier ist alles erklärt.

13.4 Überdrucken und Überfüllen

Für die Ausgabe unerlässlich ist das Wissen um die Begriffe »Überdrucken« und »Überfüllen«. Schauen wir uns dafür noch einmal den Prozess des Offsetdruckes an. Wie kommen die vielen Farben zustande, obwohl nur mit den vier Farben Cyan, Magenta, Gelb und Schwarz gedruckt wird?

Wenn Sie mit einer starken Lupe auf farbige Bilder Ihrer Tageszeitung sehen oder aus der Nähe Großplakate betrachten, sehen Sie den Aufbau des Bildes aus farbigen Punkten.

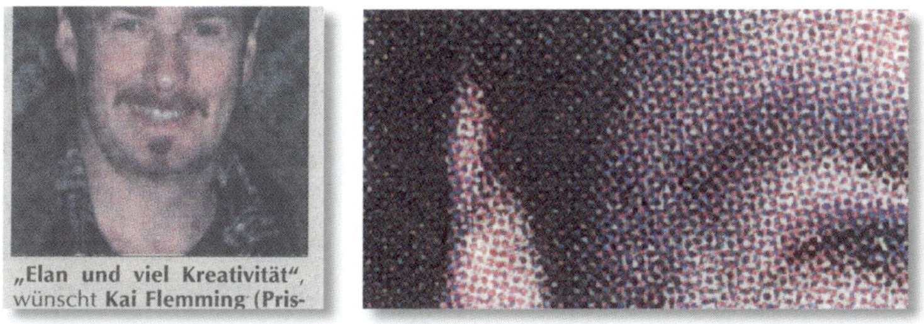

◂ **Abbildung 13.45**
Das sichtbare Raster im Zeitungsdruck, rechts vergrößert.

Im klassischen Offsetdruck wird die Fläche in ein feines Raster aufgeteilt. Dieses Raster wird in Zentimetern gemessen. Ein 60er-Raster hat demnach 60 Zellen in der Waagerechten und 60 in der Senkrechten pro Zentimeter. Im Zeitungsdruck benutzt man 54er- bis 60er-Raster. Im Zeitschriftendruck sind es 60er und im Kunstdruck noch feinere Raster von 70 bis 80.

4c-Farben

Die 4c-Farben sind das Gleiche wie »Prozessfarben« oder »CMYK«. Abgeleitet von 4-color (4 Farben) stehen sie für den Druckprozess mit CMYK.

Jede der vier Farben druckt jeweils nur einen Punkt in eine solche Zelle. Stößt der Punkt an alle vier Seiten der Zelle an, ist sie zu 100% gefüllt. Tritt die Farbe an einer Stelle nur leicht auf, wird der Punkt entsprechend kleiner. Das passiert nun mit allen vier Farben, deren Raster etwas gegeneinander verdreht sind.

Abbildung 13.46 ▸
Diese Raster ergäben Farbtöne im Druck: 100% und 50% oben, 75 und 25% unten.

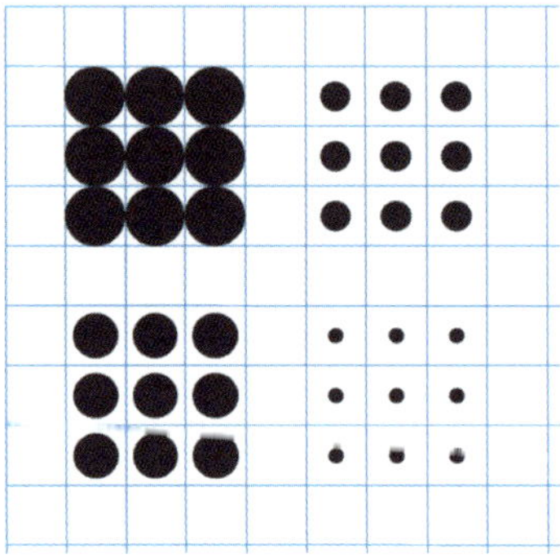

> **PDF und Überfüllen**
>
> Wenn Sie nicht aus Illustrator drucken, sondern ein PDF schreiben, übernimmt das Rip der Druckvorstufe das Überfüllen. Sie brauchen sich in Illustrator nicht weiter darum zu kümmern. Wo Objekte sich aber überdrucken sollen, müssen Sie es auch bei der PDF-Ausgabe manuell anlegen.

Druckt man jetzt eine Fläche mit 100%igen Magenta-Punkten und darüber eine aus 100%igen Yellow-Punkten, mischen sich diese auf dem Papier zu einem Rot. Druckt man 100%ige Yellow-Punkte auf 50%ige Cyan-Punkte, entsteht durch den Druckprozess ein helles Grün usw.

Wenn Sie in Illustrator nun ein blaues Quadrat aufziehen und darüber einen gelben Kreis legen, würde sich dieser durch die Mischung auf dem Papier grün färben. Damit das nicht geschieht, spart Illustrator das blaue Quadrat an der Stelle des Kreises aus (»*aussparen*«), druckt dort also keine Farbe. Der gelbe Kreis wird dann im nächsten der vier Druckdurchgänge genau in das Loch im Quadrat hineingedruckt.

Abbildung 13.47 ▸
Links: So würden Sie es in Illustrator anlegen. Rechts: Der Kreis druckt in die freie Stelle im Quadrat.

Sagen Sie dem gelben Kreis im ATTRIBUTE-Bedienfeld aber, dass er überdrucken soll, wird der Kreis nicht aus dem blauen Quadrat ausgespart, der gelbe Kreis überdruckt (»*überdrucken*«) die blaue Fläche des Quadrates, und die gelbe des Kreises würde sich zu Grün mischen.

Sie benutzen das Überdrucken aber nicht, um sich das Anlegen von Farben zu sparen: Diese lassen sich besser und leichter als Farbfelder anlegen, um das Ergebnis vorherzusagen. Überdrucken wird meist bei schwarzen Schriften angewendet (InDesign überdruckt sogar alle 100% schwarzen Objekte standardmäßig).

Im Druckprozess kann es nämlich leicht zu kleinen Ungenauigkeiten kommen, bei denen der gelbe Kreis nicht genau das Loch im blauen Quadrat trifft. Dann schimmert unschön das Papierweiß an einer Kante durch. Man nennt dies »Blitzer«, die sofort ins Auge fallen. Es gibt aber eine Methode, solche Blitzer zu vermeiden: das sogenannte »*Überfüllen*«.

Dazu geben Sie dem gelben Kreis noch eine gelbe Kontur. Damit diese aber nicht auch noch vom blauen Quadrat ausgespart wird, setzen Sie für diese Kontur im ATTRIBUTE-Bedienfeld einen Haken bei KONTUR ÜBERDRUCKEN. Überall dort, wo die Kontur die blaue Fläche des Quadrates trifft, mischt sie sich dann zwar zu Grün, das ist aber weniger auffallend als ein weißer Blitzer. Wichtig ist, dass die Kontur sehr klein ist. Für den klassischen Offsetdruck reicht meist eine Kontur von 0,08 mm; zur Sicherheit tragen Sie aber in Ihrer Druckerei nach!

▲ **Abbildung 13.48**
Trifft der Kreis nicht genau, blitzt das Papierweiß hindurch.

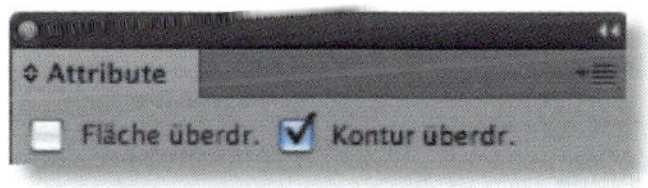

▲ **Abbildung 13.49**
Überdrucken der Kontur

◀ **Abbildung 13.50**
Die auf Überdrucken gestellte Kontur des Kreises verhindert Blitzer.

Mit einer kleinen Schrift können Sie so etwas aber nicht machen, weil die überdruckende Kontur die Schrift optisch fetter erscheinen ließe. Deshalb setzen Sie die schwarze Schrift komplett, also mit ihrer Fläche, auf Überdrucken.

▲ **Abbildung 13.51**
Schrift mit Blitzern ist unleserlich. Überfüllung macht sie fetter (unten). Schwarze Schrift sollte überdrucken.

▲ **Abbildung 13.52**
Schwarze Schrift überdrucken

Ist die Schrift aber nicht schwarz, würde sie sich mit dem Hintergrund färben. Daher bleibt Ihnen nur, so etwas schon in der Gestaltung zu vermeiden.

13.5 Tiefschwarz

Extraschwarz, Superschwarz, Sonderschwarz, Tiefschwarz. All diese Begriffe meinen das Gleiche: Einem neuen Farbfeld »Tiefschwarz« werden nicht nur 100 % k zugewiesen, sondern außerdem noch 40 bis 60 % Cyan (fragen Sie Ihren Drucker nach dem gewünschten Wert).

Ziel vom Extraschwarz ist es, ein besonders dichtes Schwarz zu erzeugen, das unter bestimmten Umständen trotzdem tiefschwarz aussieht. Steht zum Beispiel eine Headline auf zwei verschiedenfarbigen Untergründen, erscheint das »normale« Schwarz auch unterschiedlich. Das soll vermieden werden

Abbildung 13.53 ▶
Das linke Schwarz wirkt kälter, das rechte wärmer.

Kapitel 14

Zusammenspiel in der CS5

So klappt's auch mit dem Nachbarn

Sie werden lernen:

- Wie kann Bridge in der CS5 genutzt werden?
- Welche Möglichkeiten zur Projektstruktur bietet die Bridge?
- Wie werden PSD-Ebenen in AI übernommen?
- Wie kommen Illustrator-Einzelobjekte zu Photoshop?
- Wie werden Pfade zwischen den Printprogrammen ausgetauscht?
- Wie werden Farben ausgetauscht?
- Wie setzt InDesign Text an einen Illustrator-Pfad?

14 Zusammenspiel in der CS5

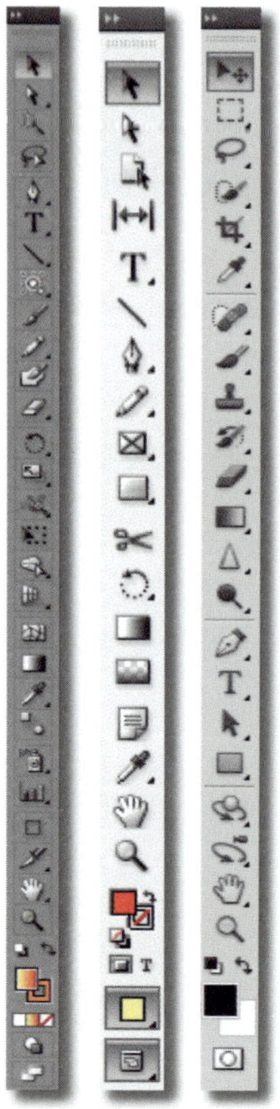

▲ **Abbildung 14.1**
Schon die Werkzeuge zeigen, wo Überschneidungen sind (von links: AI, ID, PSD).

Wenn Sie mit einem Programm arbeiten, wünschen Sie sich sicher manchmal an der einen oder anderen Stelle, dass es auch noch eine ganz bestimmte Funktion hätte, die zwar nicht direkt Aufgabe Ihres Programms ist, aber dennoch praktisch wäre. Wollte man versuchen, das alles in ein einziges Programm hineinzuschreiben, erhielte man ein riesiges, schwerfälliges und unübersichtliches Monsterprogramm, das wahrscheinlich gar nicht mehr bedienbar wäre.

Adobe hat diese Idee aufgegriffen, aber auf eine ganz andere Art: Die Programme werden auf ihren Gebieten perfektioniert, und dafür wird die Zusammenarbeit untereinander optimiert. Aussehen und Funktionsweisen der Programme werden aneinander angeglichen, und der Austausch ihrer Dateien untereinander wird verbessert. Nun gibt es diesen Alleskönner, aber in Form eines Programmpakets, der Creative Suite.

Es kommt nun darauf an, dass Sie die Möglichkeiten der Creative Suite als Paket für Ihre Arbeit nutzen.

14.1 Adobe Bridge CS5

In meinen Schulungen fragen selbst gestandene Grafiker immer wieder nach, was denn eine »Bridge« sei und woher sie sie bekämen. Dabei wird die Bridge mit der Creative Suite ausgeliefert! Ich möchte sie Ihnen deshalb hier etwas genauer vorstellen. Zweimal ist Ihnen die Bridge in diesem Buch schon begegnet: in Kapitel 3, »Bilder und Grafiken«, wo sie für den Austausch von Bildern diente, und in Kapitel 7, »Farbe«, wo sie für das Farbmanagement unerlässlich war.

In erster Linie hilft Ihnen die Adobe-Bridge bei Ihrer Projektorganisation, denn sobald Sie mit mehreren Programmen arbeiten, haben Sie verschiedene Dateien für ein und dasselbe Projekt, an denen Sie oft sogar gleichzeitig arbeiten.

14.1.1 Projektorganisation mit der Bridge

Am Beispiel dieses Buches möchte ich Ihnen Möglichkeiten aufzeigen, Ihre Kundenprojekte zu organisieren. Jeder hat aber seine eigene Ordnung, sein eigenes System, und auch die unterschiedlichen Aufgaben bedingen entsprechende Systematisierungen. Deshalb soll es Ihnen nur eine Anregung sein.

Legen Sie sich auf der Betriebssystemebene Kundenordner an, und navigieren Sie in der Bridge am besten mit der Ordnerstruktur ❷ zu dem Ort Ihres Kundenordners (Sie können aber auch in der Bridge selbst neue Ordner anlegen: Datei • Neuer Ordner). Es wird Ihnen der Inhalt ❶ des Ordners angezeigt. Mit der rechten Maustaste können Sie ihn auch zu den Favoriten ❸ hinzufügen, damit Sie später schneller wieder an ihn herankommen.

Die Filter ❹ zeigen Ihnen zum Beispiel von Ihnen vergebene Beschriftungen ❺ oder welche Dokumentarten ❻ sich überhaupt im Ordner befinden. Auf der anderen Seite sehen Sie die Metadaten ❾ einer aktivierten Datei ein. Eine größere Ansicht dieser Datei sehen Sie in der Vorschau ❿.

Passen Sie die Anzeigengröße der Dateien an ❼, oder wählen Sie aus verschiedenen Anzeigevorgaben ❽. Die Stege zwischen den Frames können Sie mit der Maus anfassen und verschieben.

▼ Abbildung 14.2
Das Bridge-Fenster

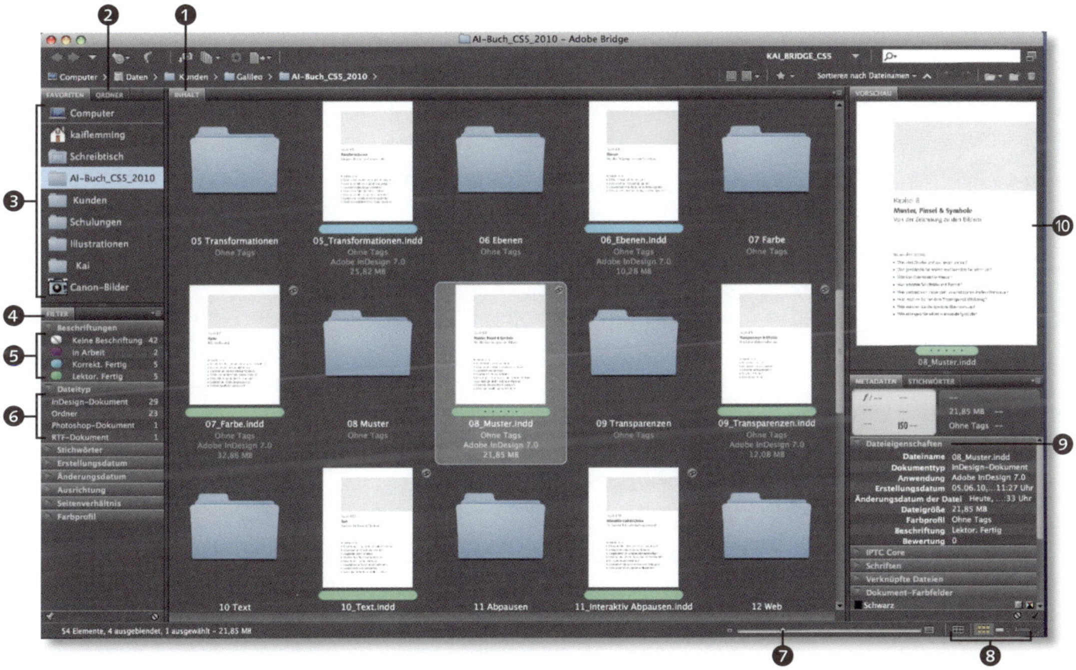

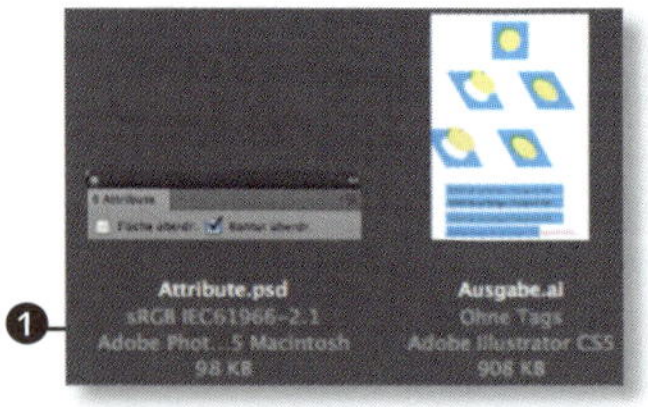

▲ **Abbildung 14.3**
Datei-Infos in der Bridge

Jede Datei ist mit ihrem Namen gekennzeichnet, und je nach Voreinstellung (Datei/Adobe Bridge CS5 • Einstellungen... • Miniaturen) gibt sie auch das Farbprofil und andere Ihnen wichtige Informationen ❶ preis, ohne dass Sie sie öffnen müssten. An dieser Stelle zeigt sich schon die erste Stärke der Arbeit mit der Bridge.

Hier ist die zweite: Sie sollen das Logo eines Kunden, das Sie mit Illustrator erstellt haben, für einen 4c-Druck zu einem Kollegen schicken. In der Bridge aktivieren Sie die Datei mit einem einfachen Klick und sehen in den Metadaten sofort, dass das Logo eine Volltonfarbe ❷ enthält, die umgewandelt werden muss.

Ach du Schreck, auch eine Schrift wird angezeigt ❸, also benutzt. Wäre sie in Illustrator in Pfade umgewandelt worden, würde sie hier in der Bridge auch nicht angezeigt werden. Sie müssen die Schrift mit zu dem Kollegen schicken oder sie zuvor noch in Pfade umwandeln.

Abbildung 14.4 ▶
Farbauszüge und verwendete Schriften sind schon in der Bridge zu erkennen.

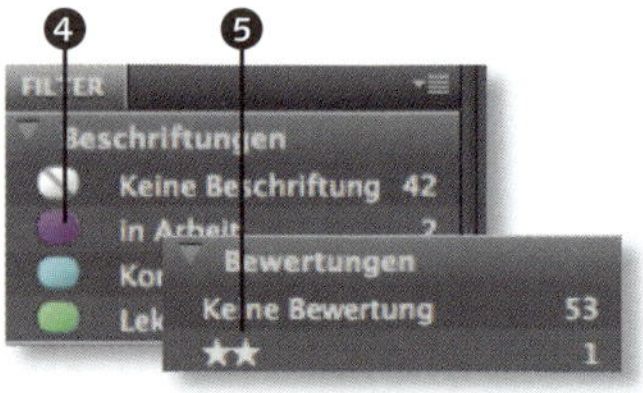

▲ **Abbildung 14.5**
Filtern Sie Ihre Dateien nach eigenen Kategorien.

Unter Beschriftung können Sie einer oder mehreren aktivierten Dateien eine Beschriftung mit Farbetiketten ❹ zuweisen. Direkt darüber stehen Bewertungen, mit denen Sie außerdem Sternchen ❺ vergeben können. Mit diesen Filtern ist es so sehr schnell möglich, bestimmte Kategorien von Dateien herauszufiltern, indem Sie eine oder mehrere Kategorien anhaken.

So gibt es bei mir einen Ordner für das ganze Buchprojekt. In diesem Ordner liegen für jedes Kapitel des Buches eine InDesign-Datei und ein Ordner mit den zugehörigen Bildern und Grafiken, außerdem die Schriften, Templates, Bibliotheken, PDF-Joboptions, Notizen, Dokumentation und Reinzeichnungsordner. Jede InDesign-Datei hat eine Beschriftung, die anzeigt, auf welchem Stand des Projektes sie steht (»In Arbeit«, »Lektorat abgeschlossen« etc.).

Mit einem Doppelklick auf eine Illustrator-Datei öffnet sie sich in Illustrator, um dort bearbeitet zu werden. Mit einen Klick auf das Bridge-Symbol in der Anwendungsleiste von Illustrator gelangen Sie wieder zurück zur Bridge.

14.1.2 Creative-Suite-Farbeinstellungen

Damit Sie innerhalb der Creative Suite nicht aus Versehen mit unterschiedlichen Farbeinstellungen arbeiten, Dateien verschiedener Programme also nicht völlig andere Parameter aufweisen und damit der Austausch auf farblicher Ebene reibungslos(er) funktioniert, wird das Farbmanagement zentral gesteuert – über die Bridge. Wie Sie die Creative-Suite-Programme über BEARBEITEN • CREATIVE SUITE FARBEINSTELLUNGEN... synchronisieren und was alles dabei beachtet werden muss, lesen Sie in Abschnitt 7.2.3, »Farbeinstellungen in der Creative Suite«.

14.2 Programmübergreifendes Arbeiten

Die Creative Suite als Programmpaket zeigt besonders dann ihre Stärke, wenn Sie mit mehreren Programmen gleichzeitig arbeiten. Auch das will ich Ihnen am Beispiel dieses Buches verdeutlichen:

Ich schreibe in InDesign einen Abschnitt. Zur Verdeutlichung des Textes wechsele ich zu Illustrator, wo ich für diesen Abschnitt eine kleine Illustration anlege. Von dieser Illustration mache ich einen Screenshot über das Betriebssystem und die Zwischenablage. Wieder wechsele ich das Programm, diesmal zu Photoshop, wo ich den Screenshot aus der Zwischenablage lade. Hier sichere ich ihn als offene Photoshop-Datei in den Bilderordner des Kapitels. Zurück in InDesign platziere ich die Photoshop-Datei ins Layout.

Auf dem ganzen Weg brauche ich mir kein einziges Mal Gedanken über Farbräume und -konvertierungen zu machen, weil ich zuvor in der Bridge die Farbeinstellungen für dieses Projekt ausgewählt und die Programme entsprechend sychronisiert habe.

Muss eine AI-Grafik noch verändert werden, mache ich in InDesign mit `Alt` einen Doppelklick auf die Grafik, damit sie sich in Illustrator öffnet. Nach der Veränderung speichere ich die Grafik und schließe sie. Wenn ich zurück zu InDesign komme, wird sie dort schon automatisch aktualisiert.

Nicht immer können Programme mit den offenen Daten anderer Programme etwas anfangen. Gerade im Bereich für Web, Online, Animation und Film sind die Datenformate und Anforderungen zu unterschiedlich. Deshalb gibt es die im vorangegangenen Kapitel 13, »Ausgabe«, beschriebenen Austauschformate.

Wann Sie sich bei Datei • Exportieren für welches Exportformat entscheiden, lesen Sie bitte ebenfalls dort.

Für den Printbereich aber speichern Sie Ihre Dateien offen ab. Das gilt für Photoshop und auch für Illustrator, wobei Sie bei Illustrator ja auch das PDF-Format unter Beibehaltung der Illustrator-Bearbeitungsfunktionen wählen können.

14.2.1 Photoshop-Ebenen in Illustrator-Ebenen umwandeln

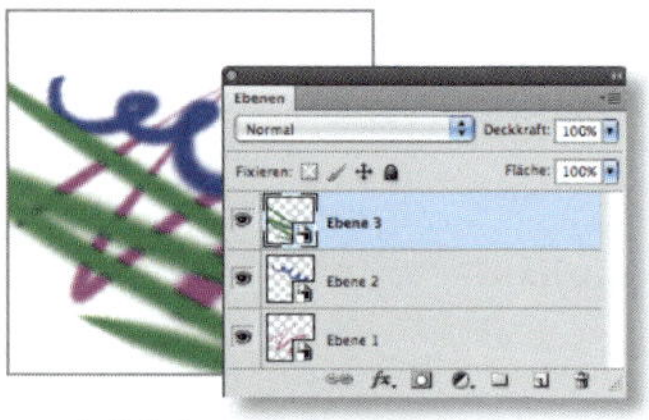

▲ **Abbildung 14.6**
Ebenen eines Photoshop-Bildes

Sie werden Fälle haben, in denen Sie sich wünschen, die einzelnen Ebenen eines Photoshop-Bildes nach dem Platzieren in Illustrator dort ebenfalls zu haben. Das geht zwar, aber nur mit einer großen Einschränkung: Die Photoshop-Datei muss eingebettet sein. Beim Platzieren lassen Sie einfach den Haken Verknüpfen weg.

Haben Sie die PSD-Datei dagegen verknüpft platziert und möchten dennoch auf die einzelnen Ebenen zugreifen, öffnen Sie bei aktivem Bild das Verknüpfungen-Bedienfeld, gehen ins Flyout-Menü und wählen Bild einbetten. Es erscheinen die Photoshop-Importoptionen, in denen Sie Ebenen in Objekte umwandeln ❶ anhaken. Die einzelnen Photoshop-Ebenen werden als Unterebenen eines Zuschneidungspfades in Illustrator erstellt ❷.

Abbildung 14.7 ▶
Platzieren Sie PSD-Ebenen als AI-Objekte.

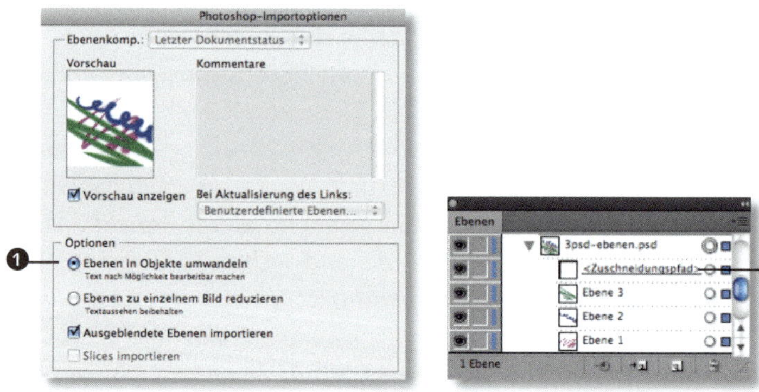

▲ **Abbildung 14.8**
Ohne Schnittmaske sind die Objekte einzeln.

Möchten Sie nun an die Einzelobjekte herankommen, wählen Sie Objekt • Schnittmaske • Zurückwandeln.

14.2.2 Von Illustrator zu Photoshop

Sehr häufig wird in Illustrator vorgezeichnet, um in Photoshop damit weiterzuarbeiten. Da Photoshop aber ein pixelbasiertes

Programm ist, tickt es sehr viel anders als Illustrator. Die Ebenen, die Sie in Illustrator angelegt haben, werden nicht einfach als Ebenen in Photoshop übernommen, und schon gar nicht die einzelnen Elemente, von denen es in Illustrator ja schnell hunderte geben kann. Photoshop hat aber einen genialen Weg gefunden, mit der Zusammenarbeit umzugehen: Smart-Objekte.

In Photoshop gehen Sie zu Datei • Platzieren. Hier können Sie sich Ihre Illustrator-Datei auswählen. Im folgenden Dialog wählen Sie Seite und den Begrenzungsrahmen, um alle Objekte, nicht aber den leeren Bereich der Zeichenfläche zu platzieren.

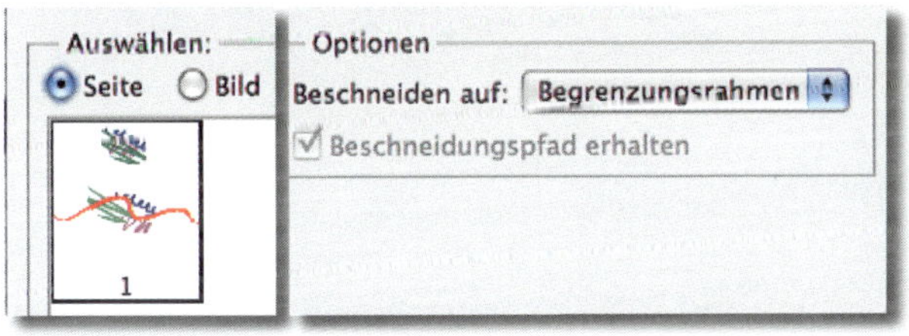

◂ **Abbildung 14.9**
Sie entscheiden, was in Photoshop platziert wird.

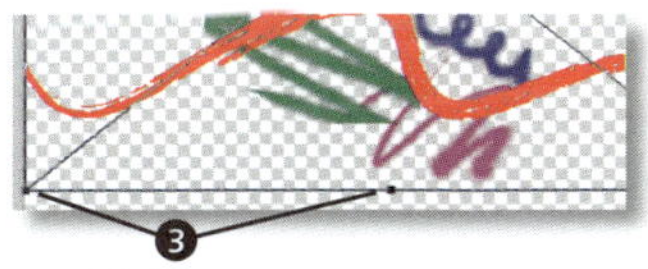

▴ **Abbildung 14.10**
Skalieren der AI-Grafik mit den Begrenzungspunkten

Anschließend können Sie die platzierte Datei noch an den Objektbegrenzungen ❸ skalieren und müssen in jedem Fall das Platzieren noch einmal mit der Eingabetaste bestätigen.

Die AI-Datei ist jetzt automatisch zum Smart-Objekt in Photoshop geworden, zu erkennen am Icon ❹ im Ebenen-Bedienfeld. Sie haben nur eine Ebene hinzubekommen, doch wenn Sie einen Doppelklick auf das Smart-Objekt-Icon machen, öffnet sich Illustrator – mit den einzelnen Ebenen. Aber Achtung! Die Illustrator-Datei, die sich nun geöffnet hat, ist nicht Ihre Originaldatei. Es ist eine aus Photoshop generierte Kopie. Darum steht in der Titelleiste auch »Vektor-Smart-Objekt.ai«.

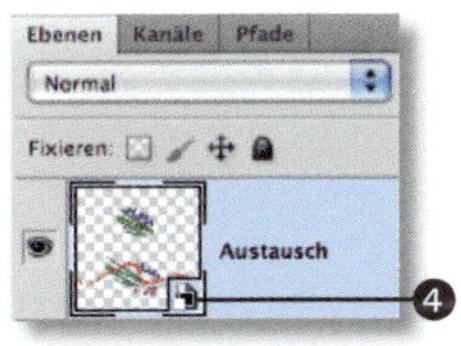

▴ **Abbildung 14.11**
Eine platzierte Grafik ist automatisch ein Smart-Objekt.

Sie können die Zeichnungen in Illustrator nun beliebig verändern und speichern. Kehren Sie nach dem Speichern zu Photoshop zurück, werden die Veränderungen dort automatisch übernommen. Ihr Original in Illustrator bleibt unangetastet. Sie können die Smart-Ebene immer wieder als Illustrator-Dokument öffnen, bis Ihnen die Veränderungen zusagen.

▴ **Abbildung 14.12**
Der Titel eines geöffneten Smart-Objekts

14.2.3 Pfade exportieren

Manchmal will man nicht eine komplette Illustration, sondern nur einzelne Pfade von Illustrator nach InDesign oder Photoshop bringen. Das bewerkstelligen Sie per Copy & Paste. Wählen Sie mit dem Auswahl-Werkzeug einen Pfad aus, kopieren Sie ihn mit Strg/⌘+C, wechseln zu Photoshop oder zu InDesign und fügen ihn über Strg/⌘+V ein.

In Photoshop wird es keine Probleme geben, weil Sie in jedem Fall gefragt werden, was mit dem zu platzierenden Element passieren soll. Wählen Sie Pfad ❶, und bestätigen Sie dann den Dialog. Im Pfade-Bedienfeld steht jetzt der Illustrator-Pfad als Arbeitspfad. Soll der Pfad auch nach dem Schließen der Datei erhalten bleiben, müssen Sie ihn doppelklicken und benennen.

Abbildung 14.13 ▸
Beim Einfügen als Pfad (links) erstellt Photoshop einen Arbeitspfad (rechts).

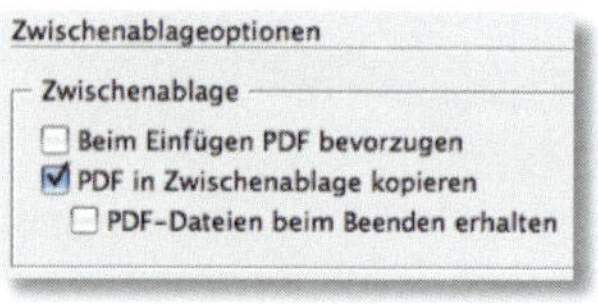

▴ **Abbildung 14.14**
Voreinstellung in InDesign

Wenn das auch mit InDesign so leicht gehen soll, müssen Sie erst die Voreinstellungen des Programms ändern: Bearbeiten/InDesign • Voreinstellungen • Zwischenablageoptionen.... Standardmäßig ist unter Zwischenablage die Option Beim Einfügen PDF bevorzugen aktiviert. Das ermöglicht das unproblematische Einfügen vieler Daten, sorgt aber auch dafür, dass auch ein Illustrator-Pfad als Bild eingefügt wird. Entfernen Sie für diese Operation den Haken, und fügen Sie den Illustrator-Pfad ein. Sie können ihn bearbeiten wie einen in InDesign selbst gezeichneten Pfad. Dabei ist es egal, ob der Pfad offen oder geschlossen ist.

Haben Sie mehrere Pfade von Illustrator gleichzeitig nach InDesign kopiert, sind diese miteinander verknüpft. Um an die einzelnen Pfade heranzukommen, aktivieren Sie die Gruppe und wählen Objekt • Pfade • Verknüpften Pfad lösen.

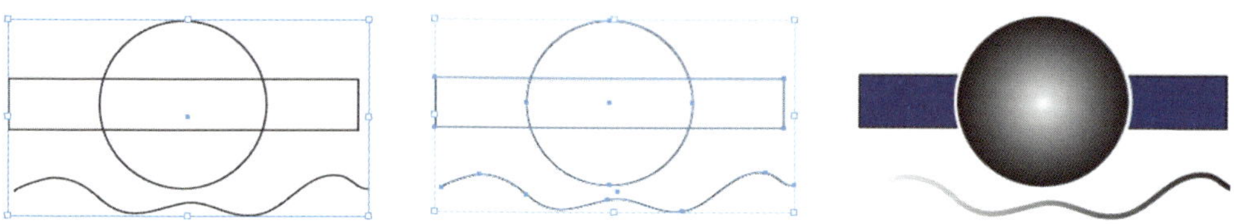

▴ **Abbildung 14.15**
Links: verknüpft. Mitte: gelöst. Rechts: weiterverarbeitet.

14.2.4 Pfade in Illustrator einfügen

Wenn Sie Pfade aus InDesign per Copy & Paste in Illustrator einfügen, sind auch diese Pfade zunächst in einer Schnittmaske eingebunden. Sie kommen mit dem Direktauswahl-Werkzeug an die einzelnen Punkte heran, trotzdem bleibt der Pfad außerhalb seiner Schnittmaske unsichtbar. Aktivieren Sie einen eingefügten Pfad mit dem Auswahl-Werkzeug, und wählen Sie Objekt • Schnittmaske • Zurückwandeln. Sie erhalten zu dem eigentlichen Pfad noch die Schnittmaske, die Sie einfach löschen können.

Möchten Sie einen Photoshop-Pfad zu Illustrator bringen, öffnen Sie in Photoshop das Pfade-Bedienfeld (Fenster • Pfade), klicken dort einmal auf den entsprechenden Pfad, wählen das Zeichenstift-Werkzeug und klicken mit gehaltener Strg/⌘+Alt-Taste auf den im Bild sichtbaren Pfad. Nun ist er als Ganzes aktiviert. Sie können ihn kopieren und in Illustrator einfügen.

◄ **Abbildung 14.16**
Der Freistellpfad eines PSD-Bildes kann in Illustrator übernommen werden.

14.3 Farben austauschen

Wie in Abschnitt 7.6, »Farben verwalten«, schon beschrieben, können Sie Farbfelder in Illustrator speichern, um sie in anderen Adobe-Programmen zu benutzen: Öffnen Sie das Farbfelder-Bedienfeld, und wählen Sie im Flyout-Menü Alle nicht verwendeten auswählen. Als Zweites wählen Sie dort Farbfelder löschen. Es bleiben Ihnen nur die Farbfelder, die Sie tatsächlich benutzt haben. Nun wählen Sie an gleicher Stelle Farbfeldbibliothek als ASE speichern. Geben Sie im Dialog einen Namen und den Ort für die ASE-Datei an. Sie kann jetzt von einigen anderen Adobe-Programmen geladen werden.

▲ **Abbildung 14.17**
Flyout-Menü der Farbfelder

14.3.1 Austausch mit InDesign

In InDesign öffnen Sie ebenfalls das Farbfelder-Bedienfeld aus dem Fenster-Menü. In dessen Flyout-Menü wählen Sie dann Farbfelder laden... und navigieren zur gespeicherten ASE-Datei. Die Farbfelder der ASE-Datei werden zu den regulären InDesign-Farbfeldern mit hinzugenommen.

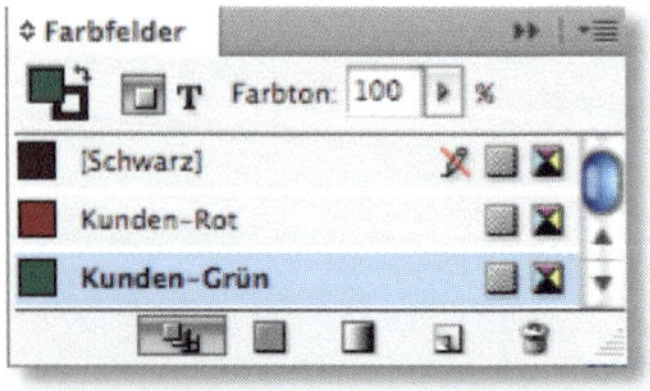

▲ **Abbildung 14.18**
Aus InDesign exportieren Sie nur die aktivierten Farbfelder.

InDesign ist mal wieder stärker als Illustrator, denn bei einem Austausch aus InDesign heraus reicht es, gezielt einzelne Farben auszuwählen (halten Sie bei mehreren [Strg]/[⌘] dabei gedrückt) und dann im Flyout-Menü FARBFELDER SPEICHERN... zu wählen. Geben Sie einen Namen und einen Ort an, fertig!

Zum Laden einer ASE-Datei in Illustrator öffnen Sie das FARBFELDER-Bedienfeld und gehen im Flyout-Menü zu FARBFELDBIBLIOTHEK ÖFFNEN • ANDERE BIBLIOTHEK.... Im anschließenden Dialog navigieren Sie zur gewünschten Datei.

14.3.2 Austausch mit Photoshop

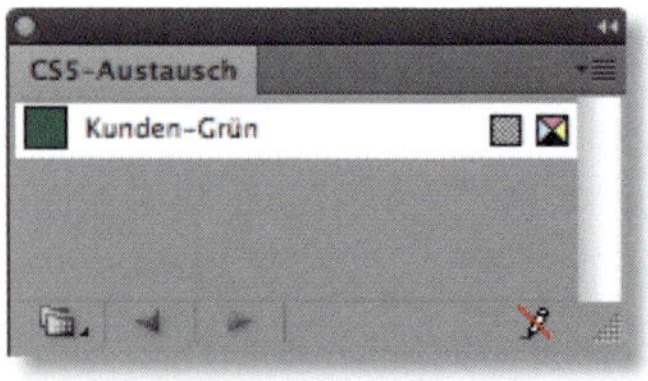

▲ **Abbildung 14.19**
In Illustrator erhalten Sie für jede geladene ASE-Datei ein eigenes Bedienfeld.

Der Austausch von Illustrator und Photoshop ist identisch mit dem mit InDesign. Im Flyout-Menü der Farbfelder von Photoshop wählen Sie den Eintrag FARBFELDER LADEN... und navigieren zur ASE-Datei. Deren Farbfelder werden in Photoshop an die bestehenden angehängt.

Aus Photoshop heraus wählen Sie im Flyout-Menü FARBFELDER FÜR AUSTAUSCH SPEICHERN.... Leider speichert Photoshop auch nur seine gesamten Farbfelder. Einzelne dort zu löschen, ist aufwändig: Sie müssten sie dafür alle einzeln mit [Alt] anklicken.

In Illustrator können Sie aus ASE-Farbbibliotheken keine Farbfelder löschen, aber Sie können einzelne Farbfelder per Drag & Drop in das reguläre FARBFELDER-Bedienfeld ziehen.

Abbildung 14.20 ▶
Ziehen Sie nur die Farben aus den geladenen Farbfeldern zu den »regulären« Farbfeldern, die Sie benötigen.

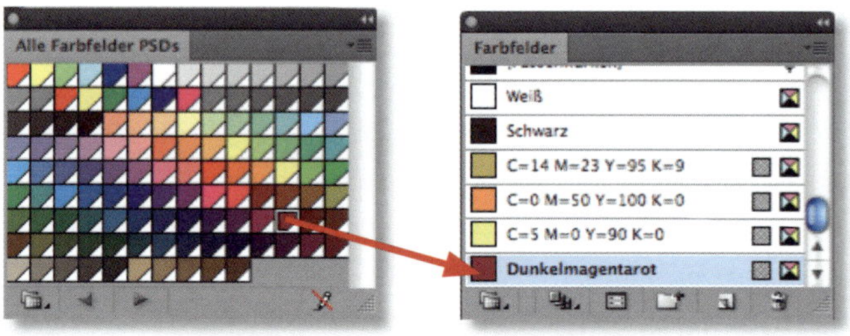

»CS5-Austausch.ai« und »CS5-Austausch.indd« finden Sie auf der DVD im Ordner UEBUNGEN • 14.

Schritt für Schritt: Ein Cover in der CS5

1 Datei öffnen

Öffnen Sie die InDesign-Datei »CS5-Austausch.indd« und die Illustrator-Datei »CS5-Austausch.ai«.

In der Illustrator-Datei sind eine Spirale, die mit dem SPIRALE-WERKZEUG aufgezogen wurde, und eine Flasche mit einem Grün-Verlauf vorbereitet. In der InDesign-Datei ist schon ein Fond, ein Hintergrund, angelegt.

2 Farben austauschen

In InDesign öffnen Sie über das FENSTER-Menü das FARBFELDER-Bedienfeld. Dort entdecken Sie zwei Farbfelder, die die Kunden-Farben darstellen. Das Rot findet sich im Fond, das Grün benötigen Sie gleich.

Aktivieren Sie mit einem einfachen Klick das Grün, und wählen Sie im Flyout-Menü FARBFELDER SPEICHERN. Nennen Sie es »Kunden-Gruen« und speichern es an einem Ort auf Ihrer Festplatte.

Wechseln Sie zu Illustrator, und öffnen Sie auch dort das FARBFELDER-Bedienfeld. Hier gehen Sie im Flyout-Menü zu FARBFELDERBIBLIOTHEK ÖFFNEN • ANDERE BIBLIOTHEK. Navigieren Sie zur ASE-Datei aus InDesign, und laden Sie diese.

▲ **Abbildung 14.21**
Das FARBFELDER-Bedienfeld in InDesign

3 Farben in Illustrator überschreiben

Ziehen Sie das eben aus InDesign geladene grüne Farbfeld per Drag & Drop zu Ihren regulären Farbfeldern.

Aktivieren Sie als Erstes das neue Grün, und nehmen Sie als Zweites das bereits vorhandene Olivegrün mit gehaltener [Strg]/[⌘]-Taste hinzu. Im Flyout-Menü wählen Sie FARBFELDER ZUSAMMENFÜGEN. Das alte Olivegrün wurde mit dem neuen Grün überschrieben. Die Flasche hat sofort ihre Farbe mitgeändert.

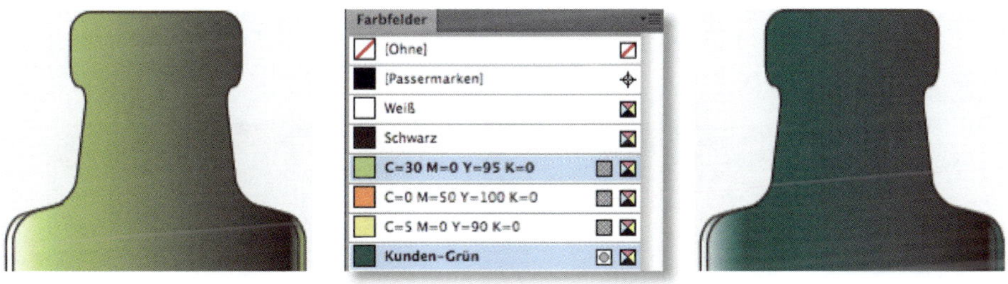

▲ **Abbildung 14.22**
Wenn Sie zwei Farben zusammenfügen, ändern sich die Objekte gleich mit.

4 Objekte von Illustrator zu InDesign

Aktivieren Sie mit dem AUSWAHL-WERKZEUG in Illustrator die Flasche, und kopieren Sie sie mit [Strg]/[⌘]+[C]. Wechseln Sie danach zu InDesign.

Als Erstes ändern Sie dort die Voreinstellungen von InDesign: BEARBEITEN/INDESIGN • VOREINSTELLUNGEN • ZWISCHENABLAGE-

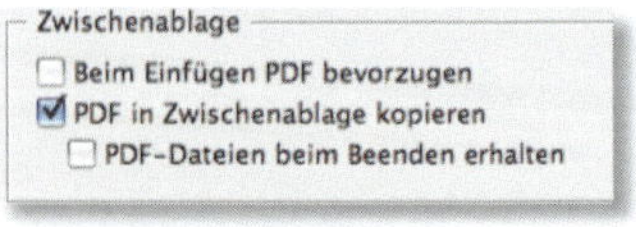

▲ **Abbildung 14.23**
Eine wichtige Voreinstellung in InDesign

Optionen. Stellen Sie sicher, dass Beim Einfügen PDF bevorzugen nicht ausgewählt ist.

Nun fügen Sie mit Strg/⌘+V die in Illustrator kopierte Flasche ein. Mit dem Auswahl-Werkzeug, das hier genauso aussieht wie in Illustrator, schieben Sie die Flasche noch in Position.

Verfahren Sie genauso mit der Spirale aus Illustrator.

Abbildung 14.24 ▶
So sollte an dieser Stelle Ihre InDesign-Datei aussehen.

5 Text auf Pfad in InDesign

Wer mit InDesign schon arbeitet, weiß, dass man hier nie eine solche Spirale sauber hinbekäme. In Illustrator ist es ein Leichtes (siehe Kapitel 5, »Transformationen«).

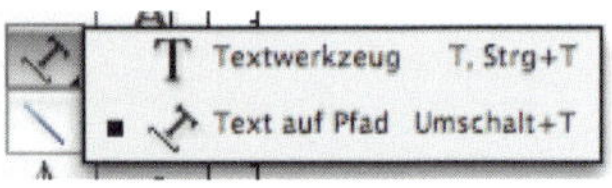

▲ **Abbildung 14.25**
Auch in InDesign sind Werkzeuge in der Werkzeugleiste verschachtelt.

Jetzt wechseln Sie zum Text auf Pfad-Werkzeug, klicken einmal in den Text neben der Seite, aktivieren den gesamten Text mit Strg/⌘+A und kopieren ihn mit Strg/⌘+C in die Zwischenablage.

Klicken Sie mit dem Text auf Pfad-Werkzeug auf den äußeren Anfang der Spirale ❶, und fügen Sie den Text der Zwischenablage mit Strg/⌘+V ein. Der Text windet sich nun entlang der Spirale.

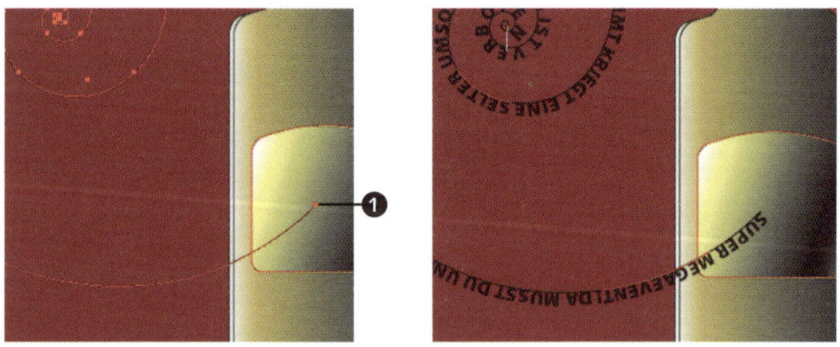

Abbildung 14.26 ▶
Klicken Sie mit dem Text auf Pfad-Werkzeug auf den Endpunkt des Pfades (links), und fügen Sie den Text ein (rechts).

6 Text editieren

Wenn Sie mit einem der Textwerkzeuge den Text der Spirale aktivieren, können Sie ihm im FARBFELDER-Bedienfeld den Schriftverlauf zuweisen.

◀ **Abbildung 14.27**
Aktivierter Text (links) kann in InDesign direkt mit einem Verlauf versehen werden (rechts).

Sollte der Text nicht passen, kann er im STEUERUNG-Bedienfeld oder mit dem Tastenkürzel [Strg]/[⌘]+[⇧]+[,] auch verkleinert werden.

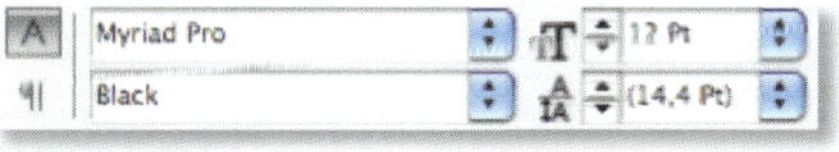

▲ **Abbildung 14.28**
Schrift-Art, -Schnitt, -Größe und Zeilenabstand im Steuerung-Bedienfeld.

Aktivieren Sie als Letztes noch die Spirale mit dem AUSWAHL-WERKZEUG, und stellen Sie die Konturfarbe im FARBE-Bedienfeld auf OHNE, wie Sie es auch in Illustrator tun würden.

▲ **Abbildung 14.29**
Wie in Illustrator, so in InDesign

◀ **Abbildung 14.30**
Das fertige Cover

Kapitel 15

Diagramme

Von Torten, Balken und Fieberkurven

Sie werden lernen:

- Wie werden Diagramme angelegt?
- Was für Diagrammarten gibt es?
- Wie werden die Werte eingegeben und verändert?
- Was für Design-Möglichkeiten gibt es?
- Wie werden eigene Designs angelegt?
- Wie wird Fotomaterial in Diagramme eingebunden?

15 Diagramme

▲ **Abbildung 15.1**
Tortendiagramm in 3D

Dieses Kapitel fällt aus dem Rahmen, denn Sie werden hier nicht zeichnen, malen und entwerfen und auch nicht Grafiken anderer Anwendungen transformieren. Wenn es um Diagramme geht, geht es im Wesentlichen um Zahlen, meistens um Verhältniszahlen. Diese Zahlen, 2009 x Euro Umsatz, 2010 y Euro Umsatz etc., weisen Sie bestimmten Diagramm-Darstellungen zu. Sie werden es also mit Tabellen zu tun haben, in die Sie Werte und die zugehörigen Begriffe eingeben. Trotzdem dürfen Sie kreativ sein, ich zeigen Ihnen wie.

15.1 Sachverhalte, Statistiken, Manipulationen

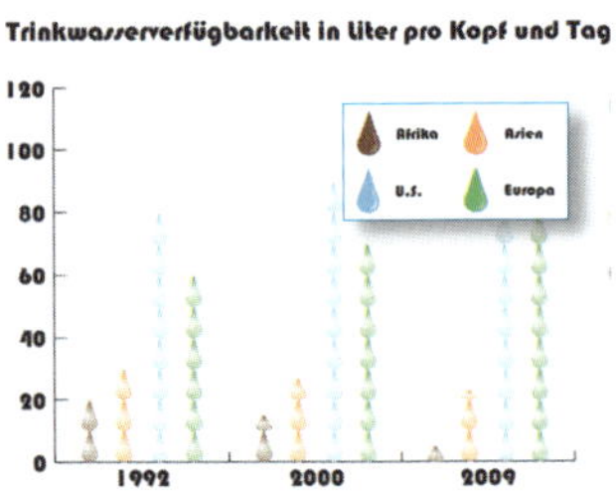

▲ **Abbildung 15.2**
Balkendiagramm mit Vektorelementen

Diagramme versuchen, bestimmte Sachverhalte zu visualisieren. Anders als in der Grafik im Allgemeinen, stellen sich Diagramme in relativ festgelegten Normen da. Das ist auch gut so, weil ihre »Aussage« schnell und von jedem erfasst werden soll. An sich machen Diagramme keine Aussagen, sondern visualisieren nur Werte. Das macht sie scheinbar so objektiv. Doch wenn ein Diagramm darstellt, dass die Arbeitslosenrate im Mai gegenüber April gesunken ist, zeigt es eben nicht, dass sie gegenüber Mai letzten Jahres sogar noch angestiegen ist.

Ihre Aufgabe wird es sein, eine entsprechende Diagrammform zu finden, die die Aussage, die getroffen werden soll, am besten »rüberbringt«.

15.2 Diagramme anlegen

Um ein Diagramm anlegen zu können, brauchen Sie zunächst Verhältniswerte. »100 Äpfel« reicht nicht. Natürlich ist es darstellbar, aber eine Aussage ist damit schwerlich zu visualisieren.

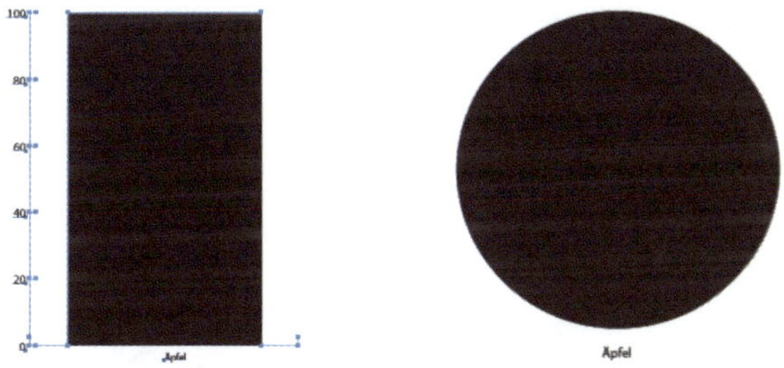

◀ **Abbildung 15.3**
»100 Äpfel« ist recht wenig für ein aussagekräftiges Diagramm.

Sie können die Diagrammfunktion auch für eine Aufzählung nutzen: 80 Äpfel, 20 Birnen. Die einzelnen Werte werden Ihnen im richtigen Verhältnis zueinander dargestellt. Schon bei mehr als einem Wert ist es möglich, die Werte in direkte Relation zueinander zu setzen.

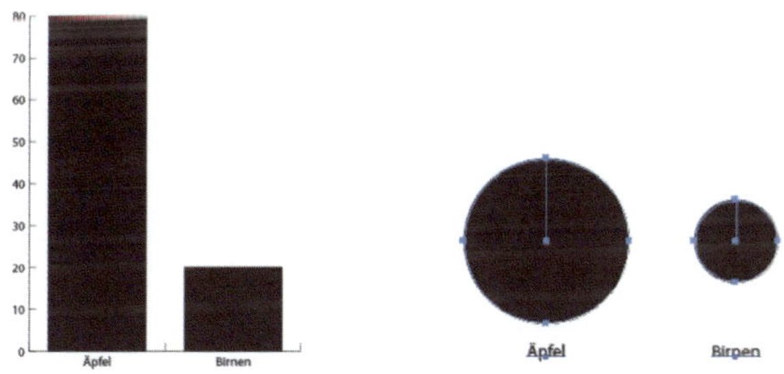

◀ **Abbildung 15.4**
Bei mehr als einem Wert ergibt sich schon ein Verhältnis.

Egal ob ein Wert oder mehrere, Sie müssen sie in einer Tabelle anlegen; und dafür brauchen Sie ein aktives Diagramm. Wählen Sie eins der neun Diagramm-Werkzeuge, und ziehen Sie mit der Maus auf Ihrer Zeichenfläche damit einen Rahmen, der vom Diagramm gefüllt werden soll. Nicht ganz einfach abzuschätzen, aber schon in diesem ersten Schritt bestimmen Sie das künftige Aussehen.

▲ **Abbildung 15.5**
Neun Diagramm-Werkzeuge

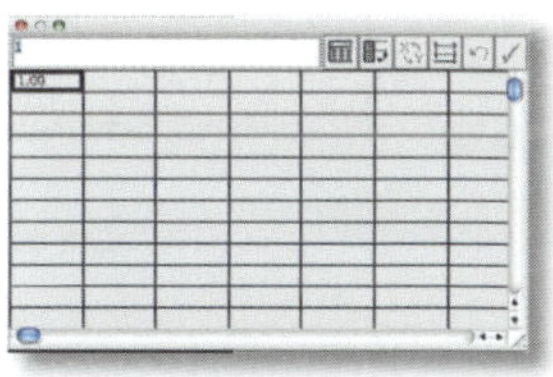

Sowie Sie die Maus loslassen, wird ein Diagramm in der Größe des aufgezogenen Rahmens mit einem Wert von »1« angelegt und das Diagrammdaten-Fenster geöffnet.

▲ **Abbildung 15.6**
Grunddiagramm querformatig oder hochformatig aufgezogen

In dieses Diagrammdaten-Fenster müssen Sie nun die Werte eingeben. Wählen Sie mit der Maus ein Kästchen ❷ aus, blinkt der Textcursor oben im Eingabefeld ❶.

Ist es eine Aufzählung wie in Abbildung 15.2, haben Sie kein Koordinatenkreuz in der Tabelle. Schreiben Sie in die linke Spalte die Begriffe und in die Spalte daneben die Zahlen. Um zwischendurch zu sehen, wie das Ergebnis aussieht, wenden Sie Ihre Eingabe an ❸, oder kehren Sie zur letzten Version zurück ❹.

Abbildung 15.7 ▸
Begriffe und Zahlen als einfache Auflistung

Ganz anders sieht es schon aus, wenn Sie ein Dreiecksverhältnis aufbauen: »Letztes Jahr gab es 80 Äpfel und 20 Birnen, dieses Jahr gibt es 20 Äpfel und 80 Birnen«.

Nun müssen Sie die Kopfzeile als Datumszeile ❻ festlegen, die linke Spalte als Begriffsspalte ❺ und die Felder dazwischen als Wertekästchen. Das erste Feld ❷ bleibt dann leer. Im Diagramm werden Ihnen die Werte ❼ (maximal der höchste eingegebene Wert) und die Begriffe ❽ angezeigt und nun auch noch die Jahre ❾ – farblich abgestuft als Legende.

Abbildung 15.8 ▸
Ein richtiges Mengenverhältnis mit Vergleichsbalken und Legende entsteht mit diesem Muster der Dateneingabe.

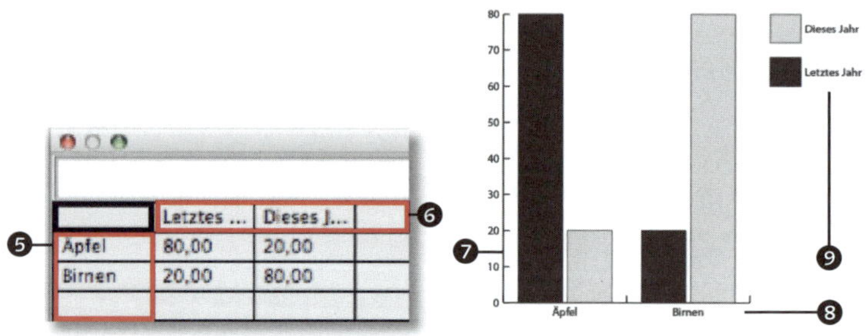

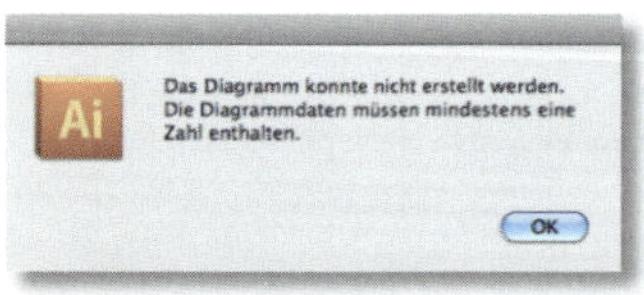

▴ **Abbildung 15.9**
Punkt und Komma in einer Zahl wird von Illustrator verweigert.

Im Kopf des Diagrammdaten-Fensters finden sich noch ein paar mehr Symbole (von links nach rechts):

- Daten importieren: Hier greifen Sie auf Datensätze anderer Programme wie z. B. Excel oder auf einfache Textdateien zu. Die Werte müssen durch Tabulatoren bzw. Zeilenschaltung voneinander getrennt sein und dürfen nur Zahlen und ein Dezimalkomma enthalten (10.000,00 wird nicht akzeptiert).

- REIHE/SPALTE VERTAUSCHEN: Klicken Sie auf diesen Button, würde zum Beispiel in Abbildung 15.6 die Legende die Äpfel und Birnen auflisten, und unter den Balken stünde dann »Dieses Jahr« und »Letztes Jahr«.
- X/Y VERTAUSCHEN: Dies gilt nur für Streudiagramme und vertauscht die zweite und dritte Spalte der Werte.
- ZELLEN EINSTELLEN: Sie können hier die Breite der Zellen numerisch verändern und die Anzahl der Dezimalstellen bestimmen.
- ZURÜCK ZUR LETZTEN VERSION: Damit springen Sie zu den letzten Eingabewerten zurück.
- ANWENDEN: Dieses Symbol zeigt Ihnen das Ergebnis der aktuellen Werte.

◄ **Abbildung 15.10**
Die Symbole des Diagrammdaten-Fensters

Das Diagrammdaten-Fenster bleibt übrigens so lange offen, bis Sie es schließen. Selbst wenn Sie das Werkzeug wechseln, wird es nur ausgegraut. Klicken Sie auf den Schließen-Button des Menüfensters, haben aber den ANWENDEN-Button noch nicht gedrückt, werden Sie erst noch gefragt, ob Sie die letzten Werte bestätigen möchten (SPEICHERN).

Wenn Sie als Begriffe Zahlen einsetzen, zum Beispiel Jahreszahlen, müssen Sie diese in Anführungszeichen setzen »1999«, »2010« etc.).

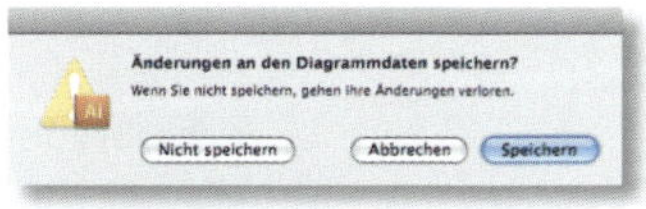

▲ **Abbildung 15.11**
Eingabebestätigung

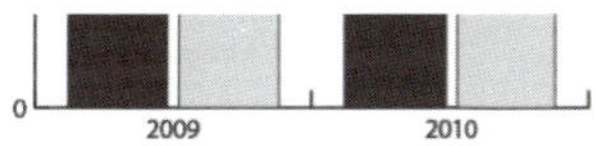

▲ **Abbildung 15.12**
»2010« wird zu 2010

15.3 Diagramme bearbeiten

Haben Sie erst mal ein Diagramm erstellt und wollen es bearbeiten, aktivieren Sie es mit dem AUSWAHL-WERKZEUG und gehen zu OBJEKT • DIAGRAMM. Sind es die Werte, die nicht stimmen, wählen Sie hier DATEN und gelangen wieder zum Diagrammdaten-Fenster, in dem Sie einfach die falschen Daten überschreiben und am Ende die Eingabe mit dem ANWENDEN-Button speichern.

Vielleicht möchten Sie lieber doch eine andere Darstellungsart (z. B. Torten- statt Balkendiagramm): Dann wählen Sie ART. Dies entspricht auch einem Doppelklick auf ein beliebiges Diagramm-Werkzeug. Es öffnet sich das DIAGRAMMATTRIBUTE-Menü. Hier wählen Sie als Erstes Ihr gewünschtes Diagramm per Klick in seinen ART-Button ⓫. Nicht jede Art von Diagramm besitzt weitere

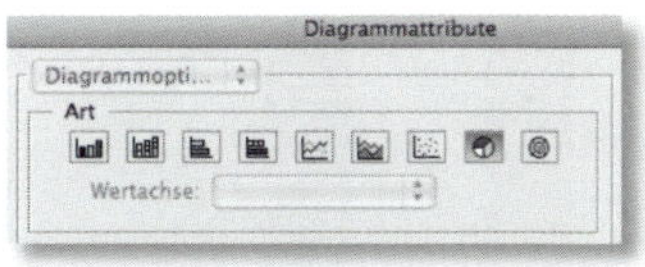

▲ **Abbildung 15.13**
Verschiedene Diagrammarten

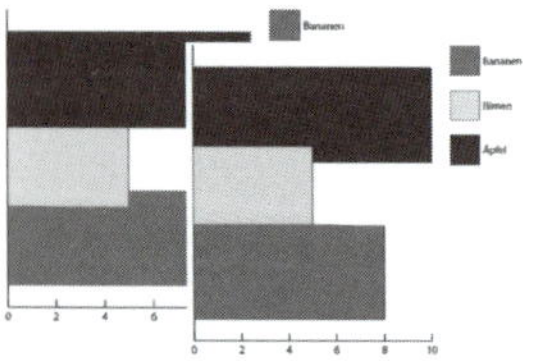

▲ **Abbildung 15.14**
1. Datenspalte: Äpfel oder Bananen – wer soll wen überlappen?

Optionen ❿ für so spezielle Dinge wie eine Werte- bzw. Kategorieachse. Dort könnten Sie die Länge oder Unterteilung von Teilstrichen bestimmen. Besitzt die ausgewählte Diagrammart eine WERTACHSE ⓬, bestimmen Sie noch, auf welcher Seite diese stehen soll. (Sie haben die Wahl zwischen UNTEN, OBEN, LINKS, RECHTS und AUF BEIDEN SEITEN).

Im STIL ⓭ vergeben Sie noch nach Wunsch Schlagschatten (was meist blöd aussieht), bestimmen die Position der Legende, wenn es für Ihr Diagramm eine gibt, und legen die Reihenfolge bei sich überlappenden Flächen fest (siehe Abbildung 15.14).

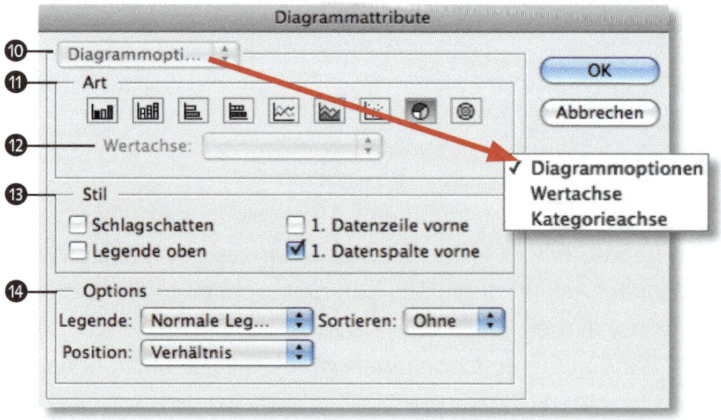

Abbildung 15.15 ▶
Diagrammattribute

Mit den OPTIONEN ⓮ steuern Sie artspezifische Parameter. Bei den Balkendiagrammen heißt das, dass Sie die Balkenbreite ⓯ anpassen können. In den Liniendiagrammen können Sie die Verbindungspunkte ⓲ ausblenden oder die Linienstärke ⓱ der Verbindungen erhöhen. Im Kreisdiagramm entscheiden Sie zum Beispiel, ob die Legende im Segment ⓰ steht statt neben dem Diagramm.

▼ **Abbildung 15.16**
Diagrammarten mit spezifischen Parametern

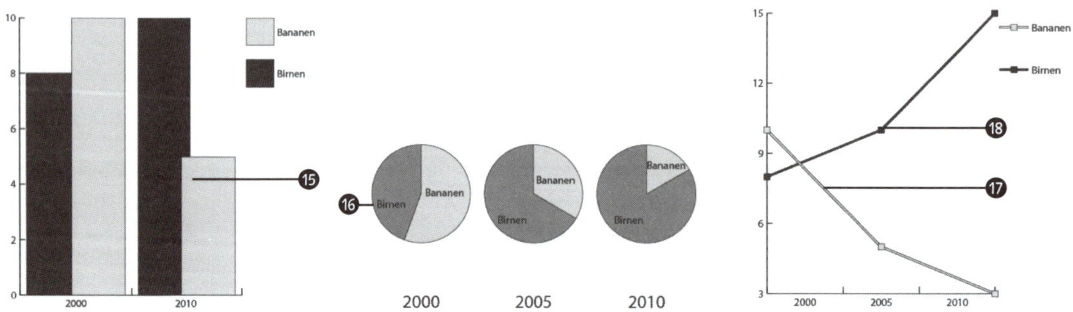

15.4 Diagrammdesign

Es gibt unter OBJEKT • DIAGRAMM den Punkt DESIGNS…, auf den ich später in diesem Abschnitt zu sprechen komme. Mir geht es jetzt erst einmal darum, dass ich mit dem Aussehen der angelegten Diagramme so meist nicht zufrieden bin. Ich denke, auch Sie möchten Ihre Diagramme verändern, hübscher und ansprechender machen.

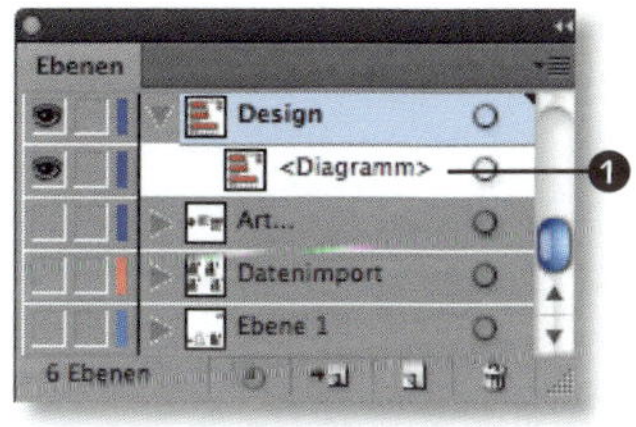

▲ **Abbildung 15.17**
Diagramme stellen sich im EBENEN-Bedienfeld als eigene Kategorie dar.

15.4.1 Manuelles Design

Das Werkzeug der Wahl ist das GRUPPENAUSWAHL-WERKZEUG . Es funktioniert bei Diagrammen ganz fantastisch, weil diese sehr strukturiert aufgebaut sind. Einzelne Kategorien sind gruppiert und mit der nächsthöheren Strukturebene wieder gruppiert (im EBENEN-Bedienfeld wird es aber nur als »Diagramm« ❶ aufgeführt).

Möchten Sie die schwarzen Balken eines Balkendiagramms umfärben, klicken Sie mit dem GRUPPENAUSWAHL-WERKZEUG auf einen Balken. Er wird ausgewählt. Ein zweiter Klick auf den Balken wählt dann alle schwarzen Balken aus. Ein dritter Klick nimmt auch noch die Legende hinzu. Klicken Sie dann auf eines Ihrer Farbfelder, werden die Balken umgefärbt. Das Tolle daran ist: Wenn Sie jetzt die Daten, also die Werte, korrigieren, bleibt die neue Farbe erhalten. Selbst wenn Sie noch eine Jahreszahl hinzunehmen, wird die Farbe für den neuen Balken übernommen.

Diagramm als Gruppierung

Diagramme, die Sie entgruppieren, verlieren endgültig die Verbindung zu den Diagrammfunktionen.

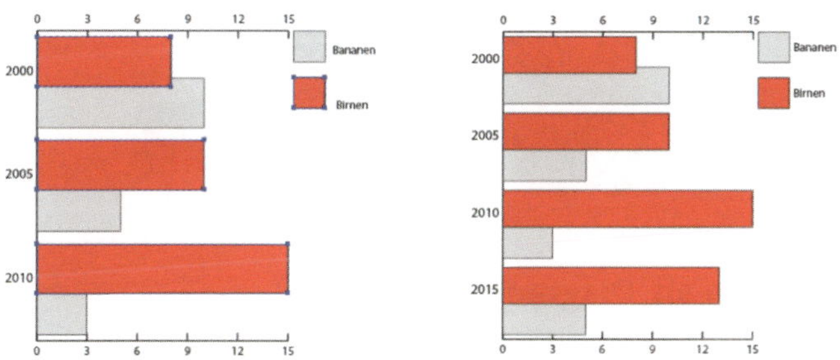

◀ **Abbildung 15.18**
Umgefärbte Balken behalten auch bei Änderungen ihre Farbe bei.

Auf gleiche Weise wählen Sie auch die Schriften aus, die oft nicht zum Inhalt passen. Im STEUERUNG-Bedienfeld suchen Sie sich bei aktivierter Schrift eine andere aus. Die Schriften müssen nicht mit dem Textcursor einzeln ausgewählt werden, es reicht, wenn sie mit dem DIREKT- bzw. GRUPPENAUSWAHL-WERKZEUG aktiviert sind.

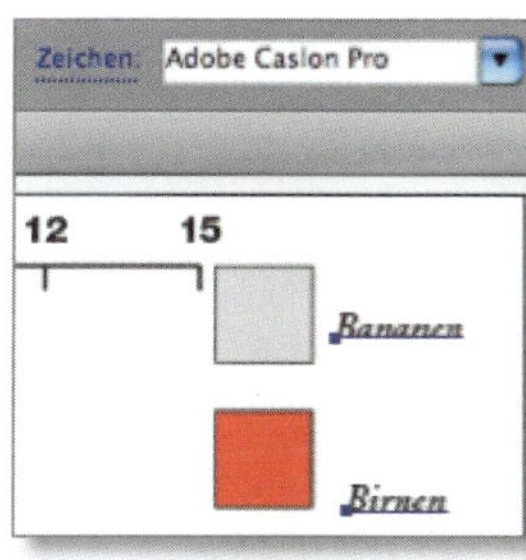

▲ **Abbildung 15.19**
Schriftart ändern

Effekte gehen verloren

Achtung: Effekte gehen anders als die Verläufe und Farben bei Änderungen an den Diagrammdaten oder der Art des Diagramms wieder verloren.

Wenn Sie also Einzelteile der Diagramme auswählen können, muss es auch möglich sein, diese separat zu verändern – über die Färbung hinaus. Wählen Sie eine Balkenkategorie aus einem Diagramm, gehen zu EFFEKT • (ILLUSTRATOR-EFFEKTE) STILISIERUNGSFILTER • SCHLAGSCHATTEN.... So erhalten Sie einen richtigen, weichen Schlagschatten, den Sie jederzeit über das AUSSEHEN-Bedienfeld editieren können.

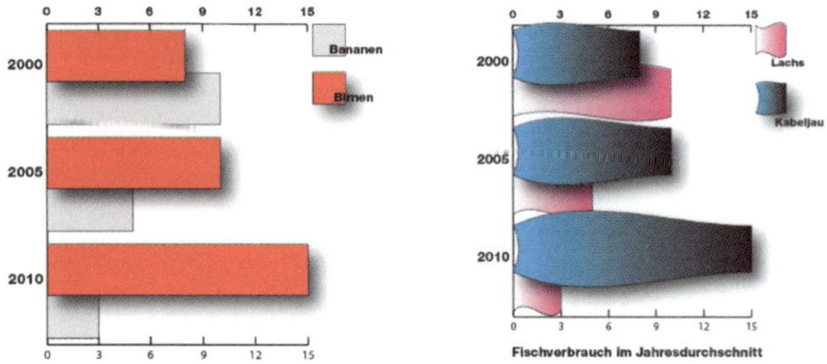

Abbildung 15.20 ▶
Schon sehr vieles ist mit den manuellen Veränderungen möglich, um ansprechende Diagramme zu generieren.

Es wird Sie sicher ärgern, dass die Effekte beim Verändern der Werte verloren gehen. Da hilft ein kleiner Trick: Wenn Sie nämlich vorher einen Balken mit einem Effekt und vielleicht noch einem Verlauf per Drag & Drop in das GRAFIKSTILE-Bedienfeld ziehen, speichern Sie so sein Aussehen ab. Aktivieren Sie nach der Diagrammkorrektur eine Balkenkategorie und klicken auf den gespeicherten Grafikstil, bekommen die Balken im Handumdrehen ihr früheres Aussehen.

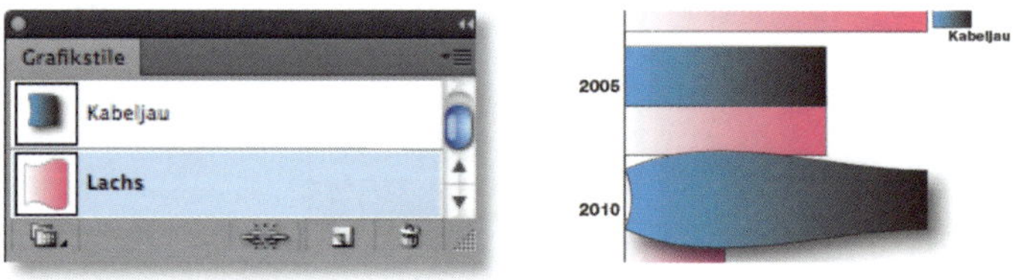

Abbildung 15.21 ▶
Über Grafikstile kann das Aussehen von Diagrammen gesteuert werden.

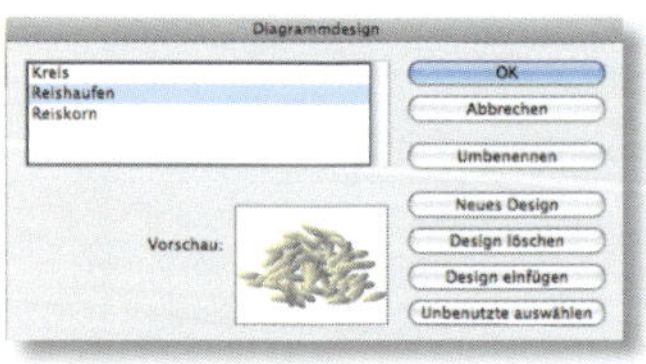

▲ **Abbildung 15.22**
Eigene Grafiken wie hier der Reis werden zu Diagrammdesigns.

15.4.2 Design als Diagrammfunktion

Unter OBJEKT • DIAGRAMM finden Sie auch den Punkt DESIGNS. Mit dieser Funktion können die Balken oder Punkte von Liniendiagrammen mit Symbolen versehen werden. So erhalten Sie statt der rechteckigen Balken das Objekt, das Sie als Design ausgewiesen haben. Am besten erkläre ich es Ihnen in einer Schritt-für-Schritt-Anleitung:

Schritt für Schritt: Ein Balkendiagramm mit Design

1 Dokument öffnen

Im Ordner Uebungen • 15 liegen zwei Dateien. Öffnen Sie zunächst die Illustrator-Datei »Wasser.ai«.

»Wasser.ai« und »Wasser.txt« finden Sie auf der DVD im Ordner Uebungen • 15.

2 Das Design anlegen

Ziehen Sie mit dem Ellipse-Werkzeug einen Kreis mit gehaltener ⇧-Taste auf. Weisen Sie ihm über die Farbfelder eine blaue Flächenfarbe zu.

Navigieren Sie bei aktivem Kreis zu Objekt • Diagramm • Designs.... Im Diagrammdesign-Dialog kicken Sie erst auf Neues Design, um den Kreis hinzuzufügen, und dann auf Umbenennen ❶, um dem Kreis einen Namen zu geben (z.B. Wasser). Bestätigen Sie mit OK.

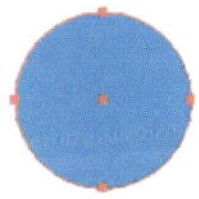

▲ **Abbildung 15.23**
Ein einfacher Kreis wird zum Designobjekt.

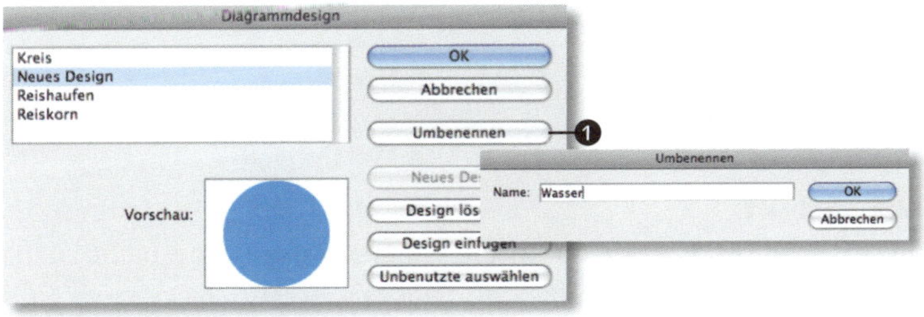

◂ **Abbildung 15.24**
Benennen Sie Ihr Design.

3 Diagrammdaten importieren

Wählen Sie mit dem Auswahl-Werkzeug das Diagramm aus, und gehen Sie zu Objekt • Diagramm • Daten.... Mit einem Klick auf Daten importieren ❷ öffnet sich das Importieren-Fenster. Hier navigieren Sie zu der Datei »Wasser.txt« im Übungsordner.

Es werden Ihnen automatisch die Daten der Textdatei in die Wertetabelle eingelesen. Sie brauchen nur noch mit Anwenden zu bestätigen, und schon sieht Ihr Diagramm aus wie ein richtiges Diagramm.

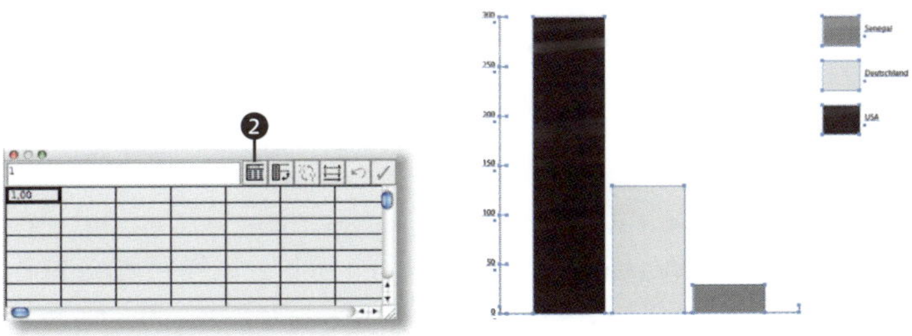

◂ **Abbildung 15.25**
Importieren Sie fertige Daten.

4 Design anwenden

Während Ihr Diagramm aktiviert ist, navigieren Sie zu OBJEKT • DIAGRAMM • BALKEN.... Hier wählen Sie aus der Liste Ihr neues Design »Wasser« aus und wählen aus der Dropdown-Liste BALKEN ❶ den Eintrag WIEDERHOLEND aus. Auch die Legende soll als »Wasser« zu sehen sein ❷. Ein Wert von 25 soll jeweils mit einer Instanz des Kreises dargestellt werden ❸. Gibt es krumme Werte, wird der Kreis entsprechend abgeschnitten ❹.

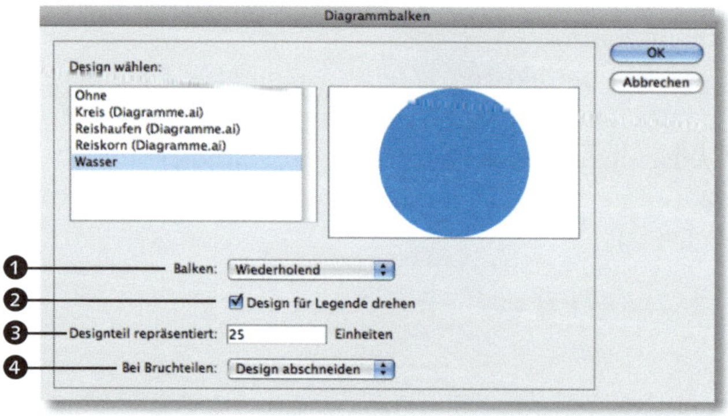

Abbildung 15.26 ▶
Über Grafikstile kann das Aussehen von Diagrammen gesteuert werden.

5 Schrift

Noch sind die Länder durch die gleiche Balkenfarbe nicht zuzuordnen. Ziehen Sie mit dem DIREKTAUSWAHL-WERKZEUG und gehaltener Alt-Taste die Ländernamen nach unten an die richtige Stelle.

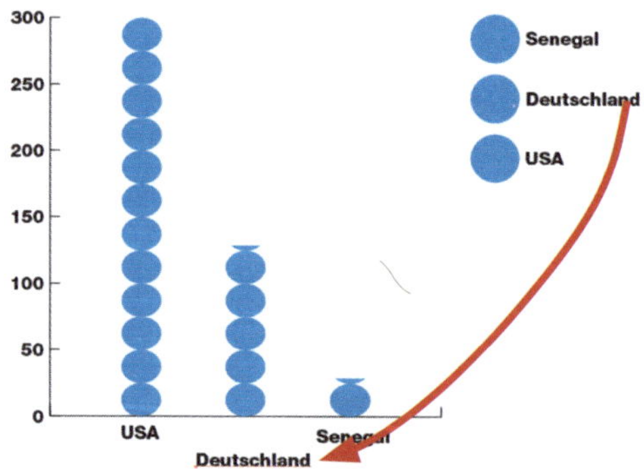

Abbildung 15.27 ▶
Per Alt-Taste kopierte Objekte bleiben Teil des Diagramms.

6 Umfärben

Senegal hat nicht nur weniger Wasser als wir zur Verfügung, sondern auch noch Wasser einer erheblich schlechteren Qualität. Das können Sie noch verdeutlichen.

Klicken Sie mit dem GRUPPENAUSWAHL-WERKZEUG so viele Male auf den Balken Senegals, bis auch die Legende ausgewählt ist. Nun gehen Sie wieder zu OBJEKT • DIAGRAMM • BALKEN..., wählen diesmal aber »Schmutz« als Design.

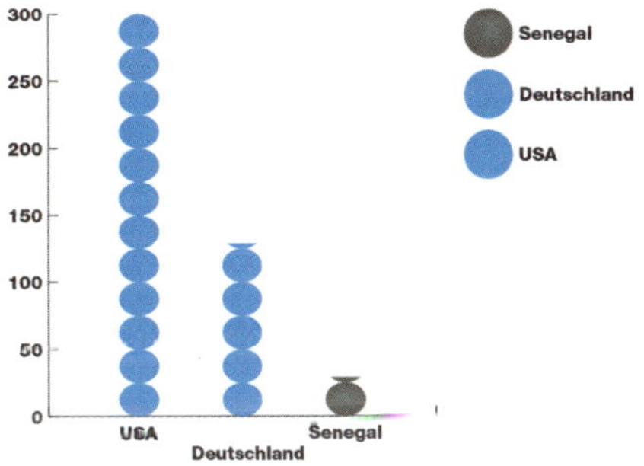

◀ **Abbildung 15.28**
Ihr fertiges Diagramm

▲ **Abbildung 15.29**
Diagramm mit Hintergrundfoto

15.5 Zusammenspiel mit Bildmaterial

Eine andere Möglichkeit, Diagrammen ein besonderes Aussehen, ein bestimmtes Design zu geben, besteht darin, sie mit Fotomaterial zu kombinieren.

Relativ einfach und doch effektiv ist es schon, ein Foto hinter das Diagramm zu stellen. Platzieren Sie hierfür ein Foto, und positionieren Sie es so, wie es zum Diagramm stehen soll. Dann stellen Sie es hinter das Diagramm: Klicken Sie mit der rechten Maustaste auf das Bild und wählen ANORDNEN • IN DEN HINTERGRUND.

Spannend kann es auch sein, wenn das Bild nur *in* den Diagrammflächen sichtbar ist. Leider können Sie aber gerade bei einem Tortendiagramm keine Designs anwenden. Wandeln Sie das Diagramm deshalb durch Entgruppieren um, was am Ende der Arbeit durchaus möglich ist. Es darf danach aber keine Änderungen mehr geben, weil Sie die Werte dann ja nicht mehr aktualisieren können. In der folgenden Schritt-für-Schritt-Anleitung zeige ich Ihnen, wie Sie etwas schummeln können.

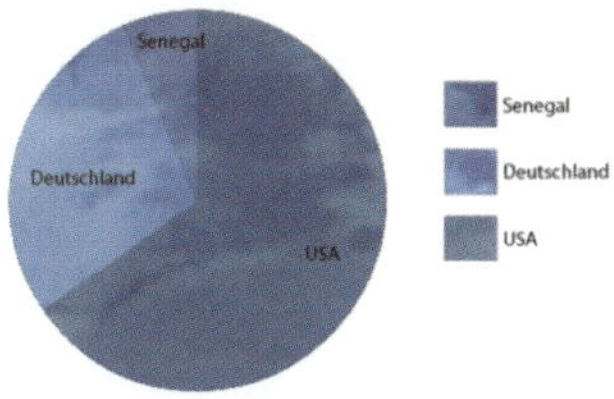

▲ **Abbildung 15.30**
Tortendiagramm mit Foto gefüllt

Schritt für Schritt: Ein Kreisdiagramm mit Design

1 Diagramm anlegen

Legen Sie sich ein beliebig großes Dokument neu an. Wählen Sie aus der WERKZEUGLEISTE das KREISDIAGRAMM aus. Mit diesem

Werkzeug ziehen Sie nun einen Rahmen in der Größe auf, die die Torte später haben soll. Automatisch erscheint auch das Diagrammdaten-Fenster mit dem einzelnen Wert »1«.

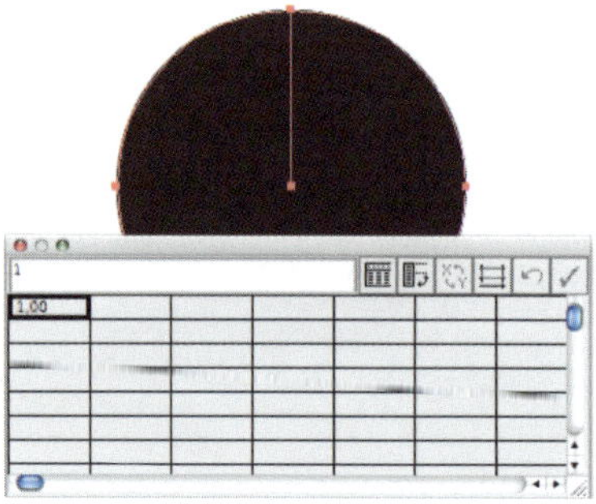

Abbildung 15.31 ▸
Der Start eines jeden Tortendiagramms

2 Werte eingeben

Der Einfachheit halber geben Sie die Ihnen schon bekannten Werte für den Wasserverbrauch ein. Stehen die Kategorien in der ersten Spalte, bekommen Sie drei Kreise (Abbildung links). Stehen die Kategorien in der ersten Zeile, erhalten Sie einen aufgeteilten Kreis (rechts).

▾ **Abbildung 15.32**
Die Anordnung der Werte entscheidet darüber, ob Sie drei Kreise oder einen einzigen Kreis erhalten.

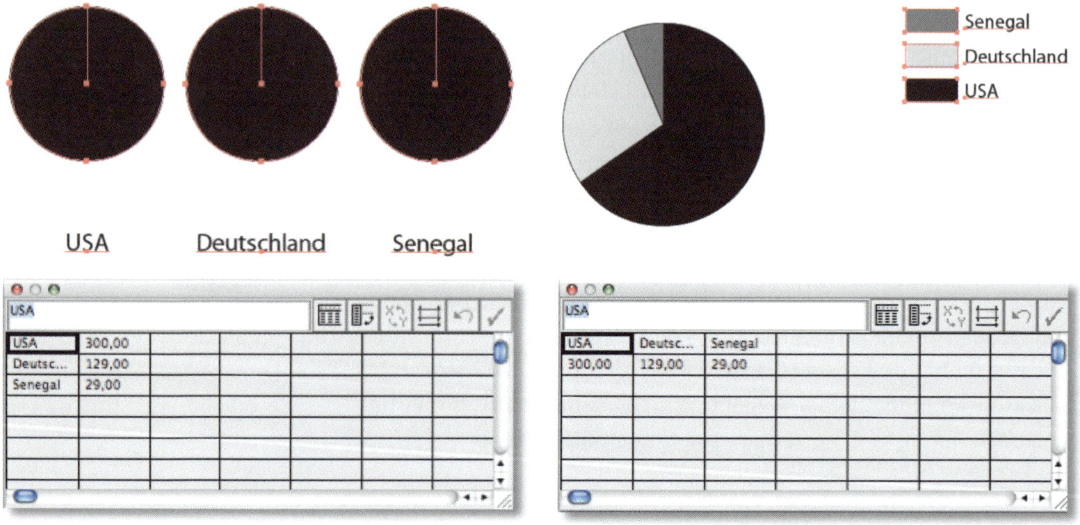

3 Optional: Legende anzeigen lassen

Je nachdem, wie Ihr letztes Kreisdiagramm ausgesehen hat, kann es passieren, dass Sie gar keine Legende sehen oder eine, die innerhalb der Kreissegmente liegt. Doppelklicken Sie auf das

Kreisdiagramm in der Werkzeugleiste. Im Diagrammattribute-Menü stellen Sie bei Legende auf Normale Legende.

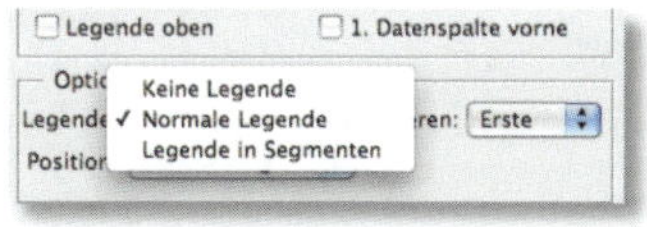

▲ **Abbildung 15.33**
Darstellung der Legende

4 Legende verschieben

Die Legenden liegen oft viel zu weit außerhalb des Diagramms. Wählen Sie das Direktauswahl-Werkzeug, und ziehen Sie mit ihm über den gesamten Bereich der Legenden, um sowohl die Legendenfelder als auch deren Bezeichnungen zu aktivieren. Nun schieben Sie sie an die gewünschte Position.

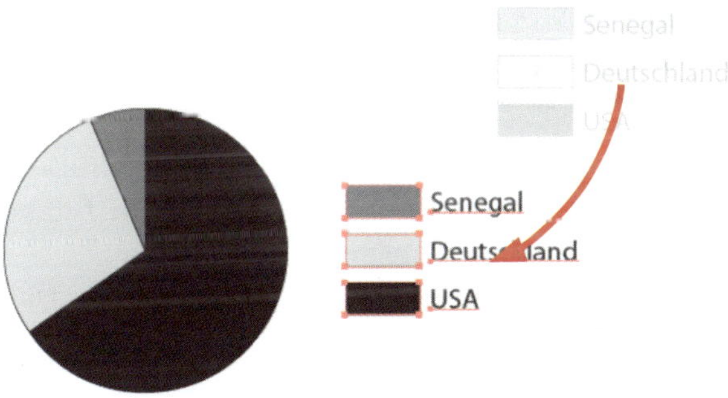

◀ **Abbildung 15.34**
Verschieben der Legende

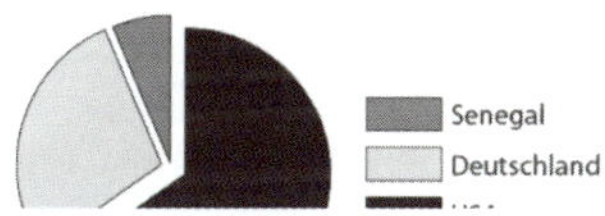

▲ **Abbildung 15.35**
Tortenstücke separieren

5 Tortenstücke verschieben

Mit dem Direktauswahl-Werkzeug können Sie die Tortenstücke etwas auseinanderziehen. Fassen Sie sie aber in den Flächen an, nicht an den Konturen.

6 Bild platzieren

Wählen Sie Datei • Platzieren, und navigieren Sie zur Buch DVD. Im Order Uebungen • 15 finden Sie die Datei »Wasser-Foto.psd«.

Legen Sie das Bild so auf Ihr Diagramm, dass es alle Flächen verdeckt. Notfalls müssen Sie es an seinem Begrenzungsrahmen skalieren. Als Letztes stellen Sie es dann über Objekt • Anordnen noch in den Hintergrund.

»Wasser-Foto.psd« finden Sie auf der DVD im Ordner Uebungen • 15.

▲ **Abbildung 15.36**
Foto hinters Diagramm

7 Duplizieren der Flächen

Mit dem Gruppenauswahl-Werkzeug klicken Sie mehrmals auf ein Kreissegment, bis alle Flächen ausgewählt sind. Kopieren Sie sie dann mit Strg/⌘+C. Bevor Sie sie wieder einfügen, deaktivieren Sie aber das Diagramm mit Strg/⌘+⇧+A.

Wenn Sie sie jetzt durch Strg/⌘+F einfügen, kommen die einzelnen Kreissegmente direkt vor denen des Diagramms zu liegen.

8 Foto in die Flächen einfügen

Ganz wichtig: Während die eingefügten Flächen noch aktiv sind, gehen Sie zu OBJEKT • ZUSAMMENGESETZTER PFAD • ERSTELLEN. Die einzelnen Flächen verhalten sich nun wie eine.

Abbildung 15.37 ►
Die Flächen eines zusammengesetzten Pfades reagieren wie ein einziger Pfad.

Jetzt nehmen Sie mit dem AUSWAHL-WERKZEUG und gedrückter ⇧-Taste noch das Bild im Hintergrund zur Auswahl hinzu und gehen zu OBJEKT • SCHNITTMASKE • ERSTELLEN.

Mit Effekten und weiteren Beschriftungen machen Sie das Diagramm noch hübsch.

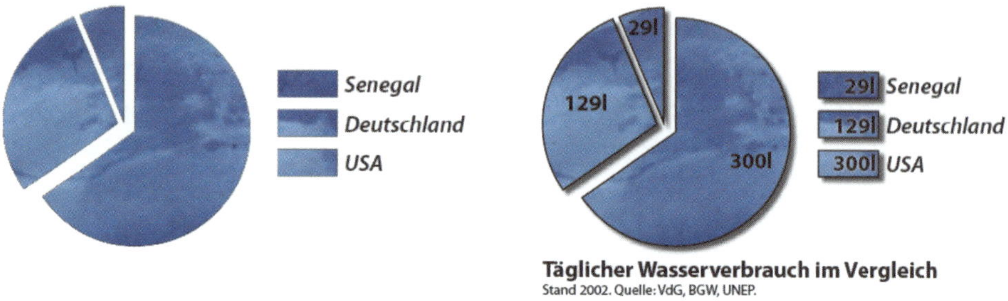

▲ **Abbildung 15.38**
Das fertige Tortendiagramm

Kapitel 16

3D

Ab in die dritte Dimension

Sie werden lernen:

- Wann wird welcher der 3D-Effekte verwendet?
- Wie werden Objekte extrudiert?
- Wie werden runde Objekte gekreiselt?
- Wie wird Bildmaterial auf die 3D-Objekte gerendert?
- Wofür wird ein Perspektivenraster verwendet?
- Wie werden Objekte in den Perspektivebenen verschoben?

16 3D

Willkommen in der dritten Dimension. Gerade heute sehen Sie immer mehr Illustrationen, die als »3D« kreiert wurden. Meines Erachtens viel zu viele, weil erstens für vieles eine handgezeichnete Illustration mit entsprechendem Duktus passender wäre und zweitens sehr viele der 3D-Zeichnungen von minderer Qualität sind. Es herrscht nämlich die irrige Annahme, man müsse im 3D nicht zeichnen können, weil es ja die Programme selbst machen.

Sie müssen sich also überlegen, welches Ziel Sie verfolgen, wenn Sie eine der 3D-Funktionen von Illustator nutzen möchten. Illustrator ist kein klassisches 3D-Programm. Es verfügt aber über Funktionen, die an gegebener Stelle klasse sind. Ich denke, dass Sie am Ende des Kapitels gut entscheiden können, wo Sie die 3D-Funktionen von Illustrator in Anspruch nehmen, wo Sie lieber die Perspektivfunktionen nutzen oder wo Sie auf die dritte Dimension ganz verzichten bzw. es professionellen 3D-Programmen überlassen.

16.1 Die 3D-Effekte

Um eine 3D-Funktion zu nutzen, brauchen Sie erst mal ein Objekt, auf das ein dreidimensionaler Effekt angewendet werden soll. In den folgenden Abbildungen sehen Sie links das Ausgangsobjekt und daneben die 3D-Effekte EXTRUDIEREN UND ABGEFLACHTE KANTE, KREISELN und DREHEN.

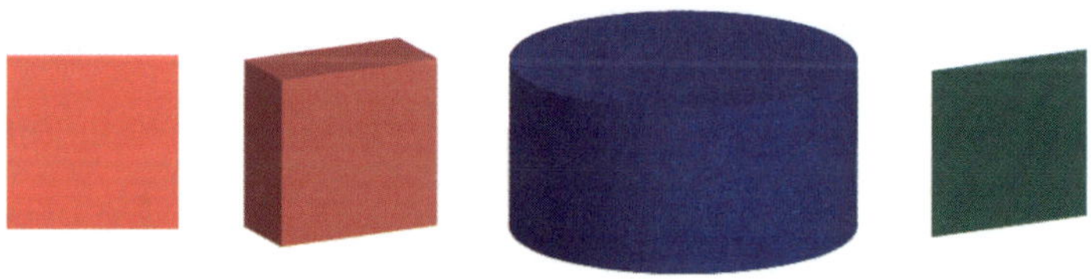

Abbildung 16.1 ▸
Ausgangsobjekt Quadrat: Extrudieren, Kreiseln, Drehen (von links)

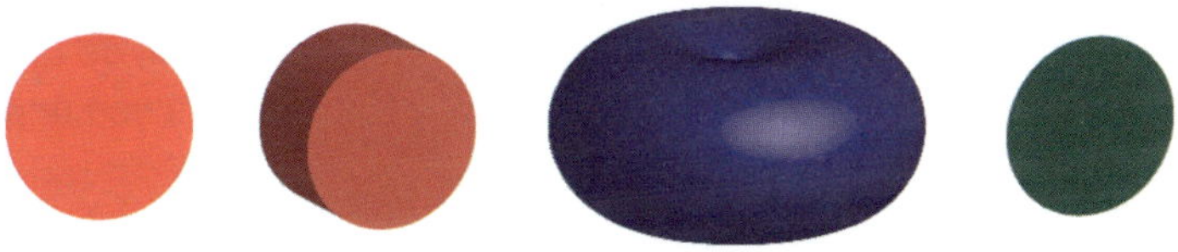

◄ **Abbildung 16.2**
Ausgangsobjekt Kreis: Extrudieren, Kreiseln, Drehen (von links)

◄ **Abbildung 16.3**
Ausgangsobjekt Kontur: Extrudieren, Kreiseln, Drehen (von links)

Was Sie an diesen Beispielen schon sehen können, ist das Prinzip der einzelnen 3D-Funktionen:

- Extrudieren und abgeflachte Kante: Diese Funktion kippt das Objekt perspektivisch und konstruiert eine Raumtiefe hinzu.
- Kreiseln: Die Funktion tut genau das – kreiseln. Sie nimmt das Objekt und vervielfältigt es so viele Male um eine Achse, dass es wie ein dreidimensionaler Körper aussieht.

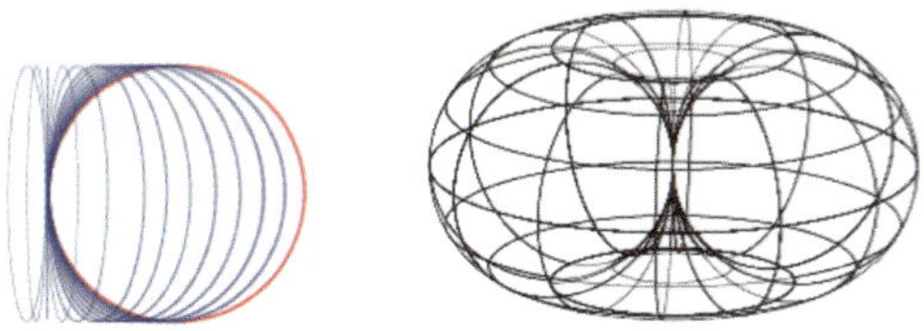

◄ **Abbildung 16.4**
Links wird der rote Kreis um seine linke Kante gekreiselt. Rechts sehen Sie das Gittermodell in Perspektive.

- Drehen: Diese Funktion generiert keine plastischen Objekte wie die beiden oberen, sondern »kippt« das Objekt lediglich in den Raum hinein. Sie kennen die Funktion auch schon als Verbiegen-Werkzeug.

Um einen dieser Effekte anzuwenden, wählen Sie ein beliebiges Objekt und öffnen Effekt • (Illustrator-Effekte) • 3D. Hier müssen Sie sich dann entscheiden, auf welche Weise Sie das Objekt in Form bringen wollen. Klar: Für eine eckige Dose kann Kreiseln kein erwartetes Ergebnis bringen, und ebenso wenig werden Sie ein Weinglas extrudieren. Die Frage ist also, ob Ihr Ausgangsobjekt rund oder eckig ist.

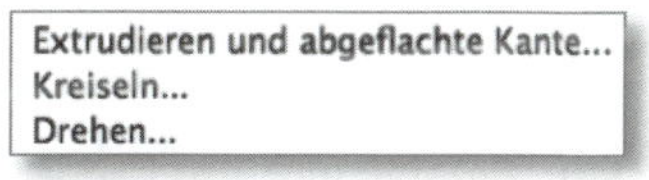

▲ **Abbildung 16.5**
Drei 3D-Effekte stehen zur Auswahl.

16.1.1 Extrudieren und abgeflachte Kante

Sie haben ein eckiges Objekt ausgewählt. Dabei ist es egal, ob das Objekt offen oder geschlossen ist, ob es nur Flächen, Flächen und Konturen oder nur eine Kontur hat.

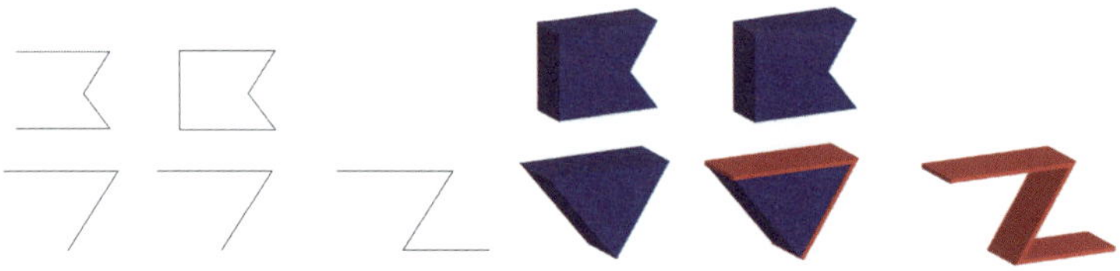

Abbildung 16.6 ▶
Links die Pfadansicht, rechts mit angewandtem 3D-Effekt EXTRUDIEREN UND ABGEFLACHTE KANTE

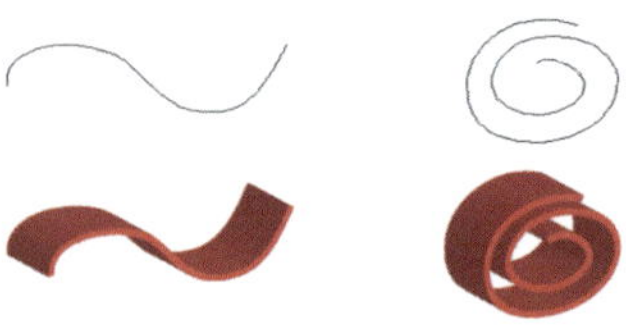

▲ **Abbildung 16.7**
Runde Formen extrudieren

Wie Sie in Abbildung 16.1 bis 16.3 gesehen haben, können Sie auch Kreise oder Ellipsen extrudieren, allerdings werden die Objekte dann an der Kante zur Tiefe eckig.

Nun navigieren Sie zum Extrudieren-Befehl (EFFEKT • (ILLUSTRATOR-EFFEKTE) • 3D). Sie finden sich im Optionen-Menü wieder. Dort können Sie als Erstes aus einer Liste vordefinierter Ansichten ❶ wählen. Das Vorschaufenster ❷ stellt Ihnen diese Ansichten schematisch anhand eines Würfels dar. Sie können in das Vorschaufenster aber auch selbst eingreifen, indem Sie den Würfel mit der Maus anfassen und perspektivisch drehen. Die blaue Fläche symbolisiert dabei das Ausgangsobjekt. Sie können die Veränderungen Ihres Objekts auch live mitverfolgen, wenn Sie die Vorschau ❾ aktivieren.

▲ **Abbildung 16.8**
Links das Ausgangsobjekt, daneben Vorschauschema und die dazugehörigen Extrusionen

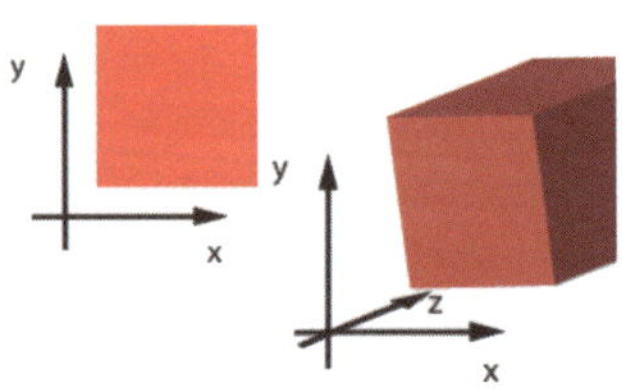

▲ **Abbildung 16.9**
Die Raumachsen

Ebenfalls können Sie in die Drehung über numerische Werte ❽ eingreifen. Der obere Wert dreht das Objekt um eine waagerechte x-Achse, der mittlere Wert um eine senkrechte y-Achse, und der untere Wert steht für die Tiefenachse z. Die PERSPEKTIVE in Grad ❸ bestimmt den Grad der Verkürzung im Raum.

Mit der Tiefe der Extrusion ❹ »ziehen« Sie Ihr Objekt in die Perspektiventiefe hinein. Je höher der Wert, desto länger ragt das Objekt in den Raum hinein. Der Abschluss entscheidet, ob das 3D-Objekt am Ende zu oder wie eine Röhre offen ist.

Mit Abgeflachte Kante ❺ bekommen die Objekte längs der Raumtiefenkante ein Relief. Aus der Dropdown-Liste können Sie sich eines auswählen. Wie stark das Relief aufträgt, geben Sie mit der Höhe ❻ ein.

Mit der Oberfläche ❼ rendern Sie noch das Aussehen. Sie können statt einer ebenen Fläche auch ein Drahtmodell wie in Abbildung 16.4 wahlen, um die Konstruktion des 3D-Objekts zu zeigen.

▲ **Abbildung 16.10**
Soll der Abschluss geschlossen oder offen sein?

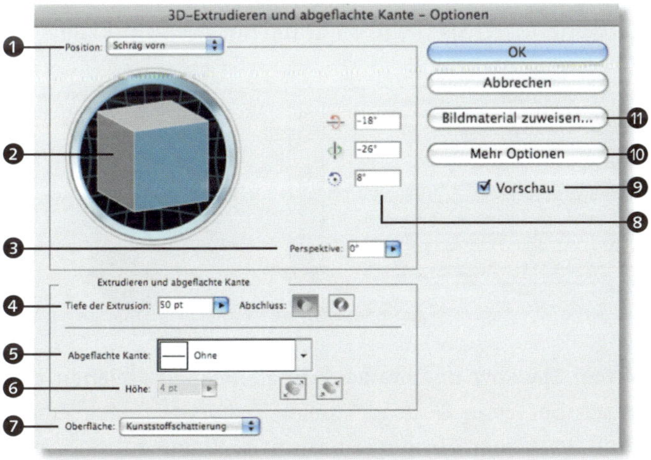

◀ **Abbildung 16.11**
Die 3D-Optionen mit Vorschauschema, Winkeln, Raumtiefe und Kanten

Unter Mehr Optionen ❿ stehen Ihnen noch Beleuchtungsoptionen für die Oberflächengestaltung zu Verfügung, und bei Bildmaterial zuweisen ⓫ können Sie auf Ihre 3D-Illustrationen Bilder und Grafiken legen – ich erkläre es später in der Schritt-für-Schritt-Anleitung.

> **Rendern**
>
> Einem Objekt eine Raumtiefe über die Richtungen seiner Kanten zu geben, ist eine Sache. Räumlich wird das Objekt aber erst durch die Textur und den Lichteinfall auf seiner Oberfläche. Dies nennt man »Rendern«.

Schritt für Schritt: Eine Pralinen-Dose in 3D

1 Datei öffnen

Wenn Sie die Datei »Dose.ai« öffnen, finden Sie schon drei Elemente vor: einen Pfad, einen in Pfade umgewandelten Schriftzug und ein Foto eines Skarabäus. Ziel ist es, mit diesen Elementen eine Pralinendose mit dem 3D-Effekt zu kreieren.

»Dose.ai« finden Sie auf der DVD im Ordner Uebungen • 16.

▲ **Abbildung 16.12**
Ihre Dose wird Kanten haben.

2 Die Dosenkante speichern

Die Dose hat eine Tiefenkante, ein sogenanntes Relief. Um dieses in den 3D-Optionen auswählen zu können, muss es sich aber in einer Illustrator-Datei befinden, auf die beim Extrudieren vom Programm zugegriffen wird.

Da sich diese Datei in Ihrem System sehr versteckt hält, gehen Sie mit mir einen unkonventionellen Weg und kopieren die Datei »Abgeflachte Kanten.ai« aus dem Ordner UEBUNGEN • 16 von der DVD in Ihren Illustrator CS5-Programmordner und dort in den Ordner ZUSATZMODULE. Anschließend öffnen Sie die Datei »Abgeflachte Kanten.ai«. Links stehen untereinander einzelne Pfade, rechts ein erklärender Text, was diese Datei eigentlich soll. Kopieren Sie aus Ihrem Dose.ai-Dokument den einzelnen Pfad ganz oben, und fügen Sie ihn in die Datei der Zusatzmodule ein.

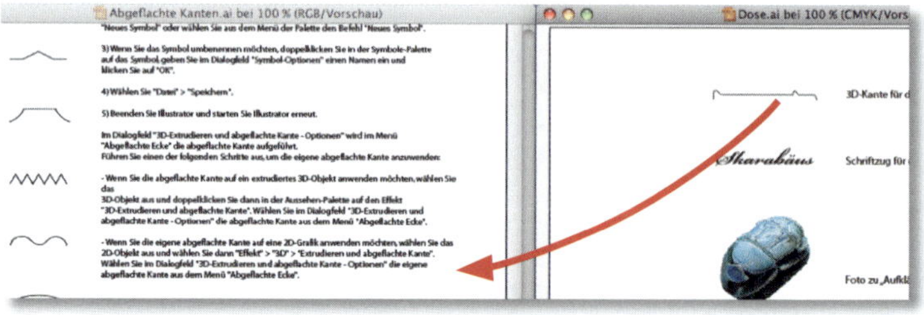

Abbildung 16.13 ▸
Ziehen Sie den Pfad einfach per Drag & Drop in die Datei »Abgeflachte Kanten.ai«.

Speichern im älteren Format

Die Nachfrage, dass Sie in einem älteren Format speichern, bestätigen Sie ruhig.

Dann öffnen Sie dort das SYMBOLE-Bedienfeld und ziehen den Pfad einfach per Drag & Drop hinein. Sie werden nach einem Namen gefragt. Geben Sie ihm den Namen »Pralinendose«. Speichern Sie die Datei, und schließen Sie Illustrator. Leider ist dieser Schritt notwendig, damit Illustrator den neuen Pfad erkennt.

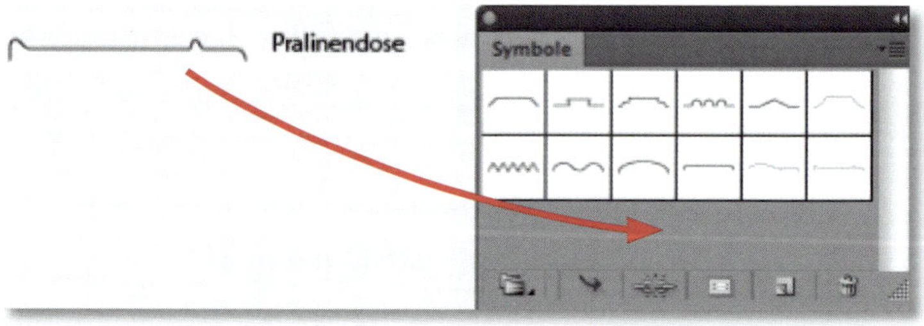

Abbildung 16.14 ▸
Ziehen Sie den Pfad per Drag & Drop in das SYMBOLE-Bedienfeld.

3 Grundform der Dose

Öffnen Sie nach einem Neustart von Illustrator wieder die Datei »Dose.ai«. Ziehen Sie ein Quadrat mit dem RECHTECK-WERKZEUG und gehaltener ⇧-Taste mit einer Seitenlänge von ca. 50 mm auf.

Weisen Sie dem Quadrat die Farbe »Dose« aus den Farbfeldern zu, und löschen Sie eventuell die Konturfarbe.

▲ **Abbildung 16.15**
Ein Quadrat als Grundfläche

4 Die Dose extrudieren

Gehen Sie zu Effekt • (Illustrator-Effekte) 3D • Extrudieren und abgeflachte Kante, während das Quadrat ausgewählt ist. Wählen Sie unter Abgeflachte Kante ❷ Ihren Pfad aus (»Pralinendose«). Wenn Sie die Vorschau aktiviert haben, sehen Sie schon die Form der Dose.

Eine Extrusionstiefe von 50 pt ❶ und eine Reliefhöhe ❸ von 4 pt scheinen für die Größe angemessen.

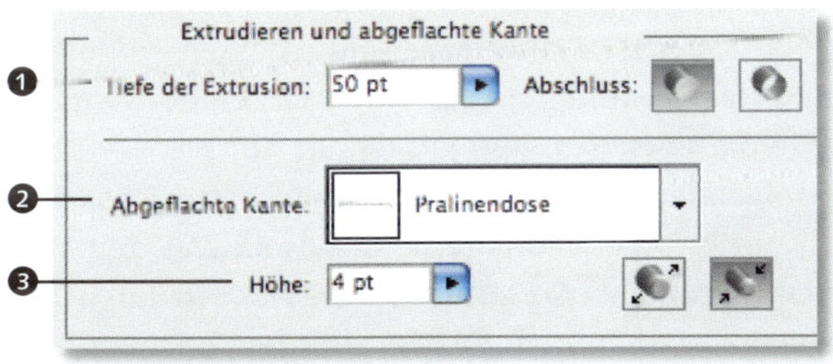

◀ **Abbildung 16.16**
Tiefe der Dose und Höhe der Reliefkanten

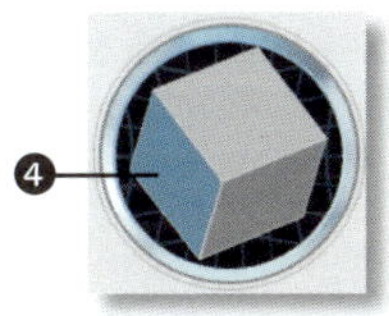

▲ **Abbildung 16.17**
Das blaue Quadrat entspricht Ihrer Dosen-Grundform.

Fassen Sie mit der Maus im blauen Quadrat ❹ des Vorschaufensters an, und drehen Sie Ihre Dose nach Belieben. Dann bestätigen Sie die Optionen mit OK. Bringen Sie die linke Dose mit den Werten der Abbildung 16.18 (Mitte) in eine waagerechte Position.

◀ **Abbildung 16.18**
Noch steht die Dose auf der Seite. Mit diesen Werten in den Optionen des Effekts kommt sie zum Liegen.

5 Bildmaterial vorbereiten

Um Bildmaterial, gleich ob Vektor oder Pixel, auf die 3D-Dose zu legen, muss es als Symbol vorliegen. Sie haben schon gelernt, dass man ein Objekt nur in das Symbole-Bedienfeld ziehen muss, um es künftig in dieser Datei als Symbol verwenden zu können. Wichtig ist nur, dass Fotos oder andere platzierte Dateien dafür eingebettet sein müssen. Ziehen Sie nun das Skarabäus-Foto und den Schriftzug in das Bedienfeld. Sie werden jeweils nach einem

Namen gefragt, den Sie eingeben. (Bei ART wählen Sie FILMCLIP oder GRAFIK, das spielt in Illustrator keine Rolle).

Abbildung 16.19 ▸
Machen Sie eingebettete Bilder oder Vektorgrafiken per Drag & Drop zu Symbolen.

6 Bildmaterial »aufkleben«

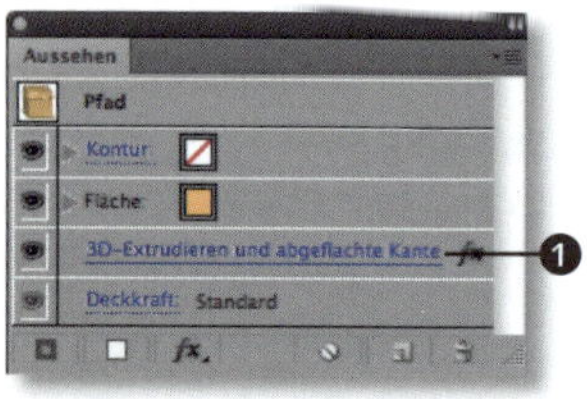

▲ **Abbildung 16.20**
Das AUSSEHEN-Bedienfeld mit dem 3D-Effekt

Aktivieren Sie mit dem AUSWAHL-WERKZEUG die Dose, und öffnen Sie das AUSSEHEN-Bedienfeld. Die Extrusion hat einen eigenen Eintrag als Effekt. Sie wissen ja: Effekte sind jederzeit editierbar. Ein Klick auf den Namen des Effekts ❶ öffnet das Optionsfenster.

Aktivieren Sie die Vorschau, und klicken Sie auf BILDMATERIAL ZUWEISEN. Im folgenden Dialogfenster wählen Sie zunächst eine FLÄCHE ❸ aus, auf die das Bildmaterial draufsoll. Mit den Vorwärts- und Rückwärtspfeilen ❷ blättern Sie die Flächen durch. Die jeweils ausgewählte wird an dem Objekt auf Ihrer Zeichenfläche rot umrandet ❼ angezeigt.

Wenn Sie die richtige Fläche gefunden haben (in unserem Fall die oberste), wählen Sie aus der Dropdown-Liste ❹ das Skarabäus-Käfer-Symbol aus. AUF SEITENGRÖSSE SKALIEREN ❻ verkleinert es erst mal auf eine arbeitsfähige Größe. An den Anfasspunkten ❺ ziehend, können Sie es weiter skalieren. Halten Sie dabei die ⇧-Taste gedrückt, um eine unproportionale Verzerrung zu vermeiden. Kommen Sie mit der Maus in die Nähe eines Eckpunkts (nicht darauf), ist es auch möglich, den Käfer zu drehen.

▾ **Abbildung 16.21** ▸
Zuweisen eines Bildes zu einer 3D-Fläche

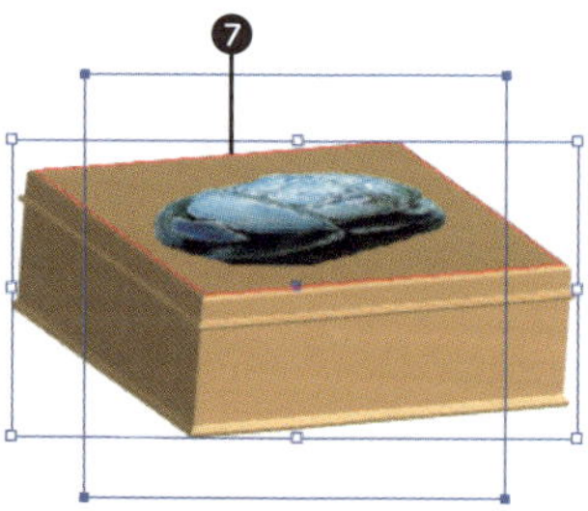

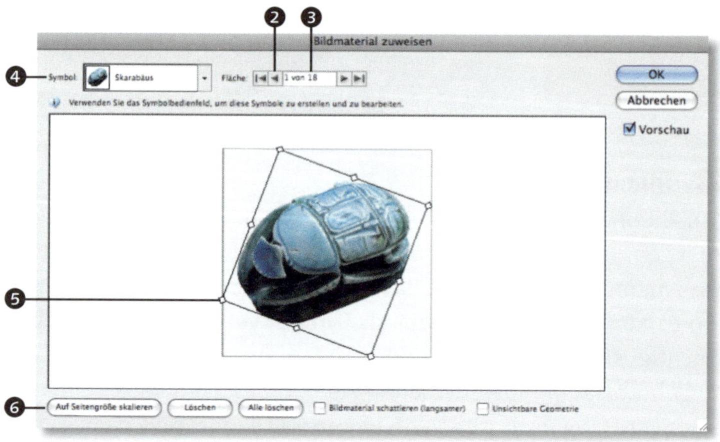

Verfahren Sie ebenso mit dem Schriftzug, und bestätigen Sie erst das Zuweisen des Bildmaterials und dann das Extrudieren. Fertig sind Ihre ägyptischen Pralinen. Sie können die Dose jederzeit inklusive des Bildes und der Schrift in andere Perspektiven drehen.

◂ **Abbildung 16.22**
Ihre fertige Dose ägyptischer Pralinen

16.1.2 Kreiseln

Anders als das Extrudieren erschafft der 3D-Effekt KREISELN grundsätzlich runde Formen, selbst dann, wenn die Grundform eine eckige ist (siehe Abbildung 16.1). Also wählen Sie diese Form der 3D-Darstellung für zum Beispiel ein Weinglas. In Kapitel 9, »Transparenzen und Effekte«, haben Sie schon auf konventionellem Weg ein Weinglas gezeichnet. Das geht auch mit dem 3D-Effekt – schneller zwar, aber auch plakativer, nicht so ausgefeilt.

Sie können zum Kreiseln auch geschlossene Flächen verwenden, aber es bietet sich eher an, mit offenen Pfaden zu arbeiten. Jedoch gehört auch hier eine gewisse Vorstellungskraft dazu, weil Sie eine Schnittform zur Grundlage nehmen müssen. Andernfalls würde das ganze Glas um sich selbst gedreht werden (siehe Abbildung 16.23, Mitte).

◂ **Abbildung 16.23**
Ein ganzes Glas um sich selbst gekreiselt (links/Mitte). Eine schwarze Kontur ergibt auch ein schwarzes Glas (rechts).

Zeichnen Sie also immer einen Querschnitt des Objekts, das Sie zu 3D kreiseln wollen. Aktivieren Sie diesen Pfad mit dem AUSWAHL-WERKZEUG, und weisen Sie ihm eine Konturfarbe zu, damit Ihr Glas bei einer schwarzen Kontur nicht pechschwarz erscheint.

Anschließend gehen Sie bei immer noch ausgewähltem Pfad zu EFFEKT • (ILLUSTRATOR-EFFEKTE) 3D • KREISELN.... Die unten abgebildeten Einträge sind die einzigen, die sich vom Extrudieren unterscheiden.

Abbildung 16.24 ▸
Spezielle Kreiseln-Funktionen

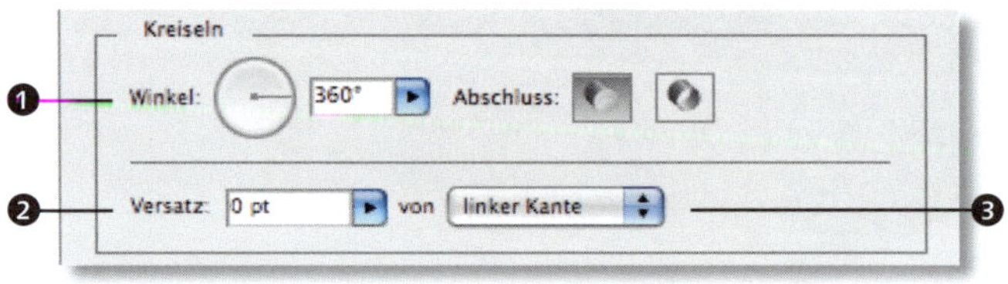

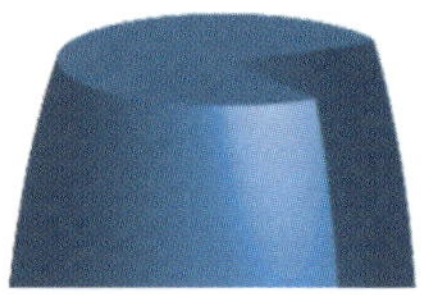

▲ **Abbildung 16.25**
Nur eine 270°-Drehung

Mit dem WINKEL ❶ bestimmen Sie, ob das Kreiseln einmal ganz herumgeht (360°), die Form also geschlossen wird oder teilweise offen bleibt. Geben Sie einen etwas geringeren Wert als 360° ein, wird ein Stück wie bei einer Torte ausgelassen.

Der VERSATZ ❷ dreht nicht um die direkte Außenkante, sodass ein Loch in der Mitte entsteht.

Abbildung 16.26 ▸
Links ohne Versatz, rechts größer werdender Versatz

▲ **Abbildung 16.27**
Falschherum gekreiselt

Je nachdem, ob Sie eine linke oder rechte Hälfte Ihres Objekts gezeichnet haben, müssen Sie wählen, um welche Kante ❸ gekreiselt wird. Haben Sie eine rechte Kontur und lassen linksherum kreiseln, erhalten Sie eine negative Form.

Es wird übrigens berücksichtigt, ob die Konturen, die Sie kreiseln lassen, deckend oder transparent sind. Deutlich wird dies, wenn Sie mit Innenräumen arbeiten. Zwei Objekte hat das Weinglas aus Abbildung 16.26 schon (Wein und Glas). Der Wein im Glas kann aber noch plastischer aussehen:

❶ Weinglashälfte zeichnen
❷ Wein selbst passgenau in das Glas zeichnen
❸ Flächenfarben zuweisen, Konturfarben löschen
❹ Glas auf 30%, Wein auf 80% Transparenz stellen
❺ Glas und Wein gruppieren
❻ Glas-Wein-Gruppe kreiseln

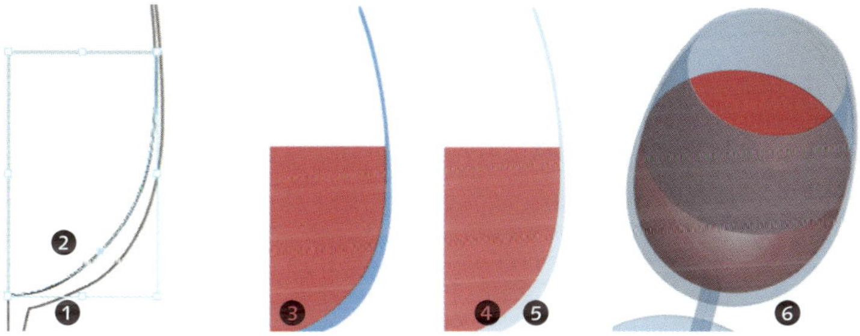

◂ **Abbildung 16.28**
In sechs Schritten zum plastischen und transparenten 3D-Weinglas

16.1.3 Schrift extrudieren

▴ **Abbildung 16.29**
Auch Schriften können in 3D umgewandelt werden.

Diesem Abschnitt voranstellen möchte ich Folgendes: Tun Sie's nicht! In 97% aller Fälle, in denen Schriften in 3D umgewandelt wurden, ist es eine typografische Unart. Aber es geht.

Gestalten Sie eine Schrift (in diesem Fall mit einem Verlauf), wählen Sie sie mit dem Auswahl-Werkzeug aus, und gehen Sie zu Effekt • (Illustrator-Effekte) 3D • Extrudieren und abgeflachte Kante. Fertig.

16.2 Das Perspektivenraster

▴ **Abbildung 16.30**
Eine platzierte Vorskizze von Hand lohnt sich immer.

Wollen Sie perspektivisch korrekt zeichnen, bietet Ihnen das Perspektivenraster einige Hilfestellungen. Einerseits ist es Anhaltspunkt für Ihre Zeichnungen und hilft Ihnen rein visuell. Andererseits verformt es auch von Ihnen nicht-perspektivisch gezeichnete Objekte in die richtige Perspektive.

Bei der Arbeit mit dem Perspektivenraster lohnt es sich, eine Skizze dessen, was Sie sich vorstellen, anzulegen, auch dann, wenn Sie sich nicht für ein Zeichengenie halten. Scannen Sie Ihre Skizze ein und platzieren sie in den Hintergrund. Auch lohnt es sich, für viele dieser Arbeiten von vornherein ein Querformat anzulegen.

16.2.1 Perspektivenraster anlegen

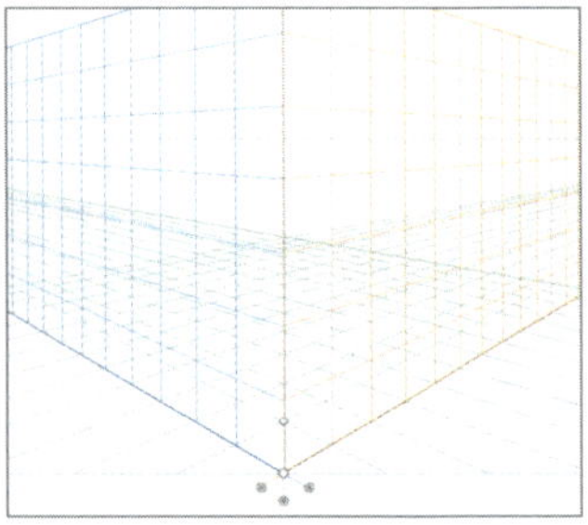

▲ **Abbildung 16.31**
Darstellung der Perspektive

In dem Moment, in dem Sie das Perspektivenraster-Werkzeug auswählen, erscheint direkt eines auf Ihrer Zeichenfläche. Selbst mit einem Werkzeugwechsel verschwindet es nicht mehr. Um es auszublenden, gehen Sie auf Ansicht • Perspektivenraster • Raster ausblenden.

Nun geht es darum, eine gute Grundlage für die weitere Arbeit zu schaffen. Das Raster zeigt Ihnen drei Dimensionen an, die auf zwei Fluchtpunkte zulaufen: die Senkrechte nach links und rechts sowie den Boden.

Das Raster hat verschiedene Steuerelemente, die Sie nun so verschieben, dass es so gut es geht mit Ihrer Vorlage übereinstimmt.

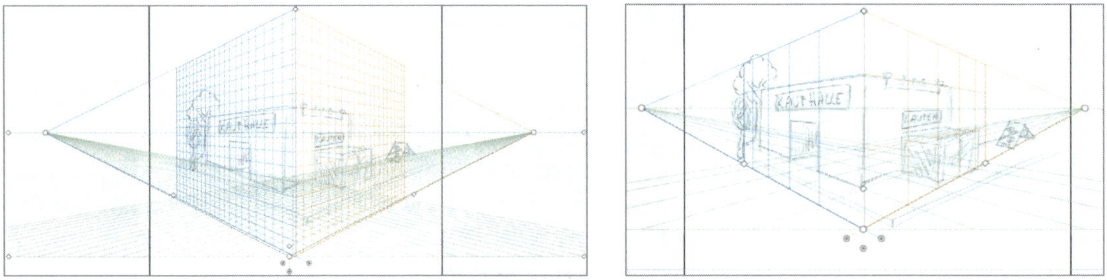

▲ **Abbildung 16.32**
Anpassen des Perspektivenrasters an eine Vorzeichnung

Mit dem Auswahl-Werkzeug fassen Sie den ganz linken Anfasser an und schieben den Horizont ❶ auf die gewünschte Höhe, er kann nur in der Vertikalen bewegt werden. Danach schieben Sie den linken Fluchtpunkt ❷ nach rechts, bis die nach links fluchtenden Linien mit Ihrer Zeichnung übereinstimmen. Mit dem rechten Fluchtpunkt verfahren Sie anschließend ebenso.

Mit dem Steuerelement für die horizontale Rasterebene ❻ verschieben Sie die gesamte Bodenebene in eine glaubwürdige Höhe. Der Rasterzellen-Punkt ❺ vergrößert die Zellen, wenn Sie ihn nach oben schieben, und verfeinert sie, wenn Sie ihn nach unten ziehen. Die Ausdehnung des Rasters schränken Sie mit dem Steuerelement zur Rasterausdehnung ❹ ein oder erweitern sie.

Zum Verschieben des ganzen Rasters fassen Sie an der Bodenebene ❸ an.

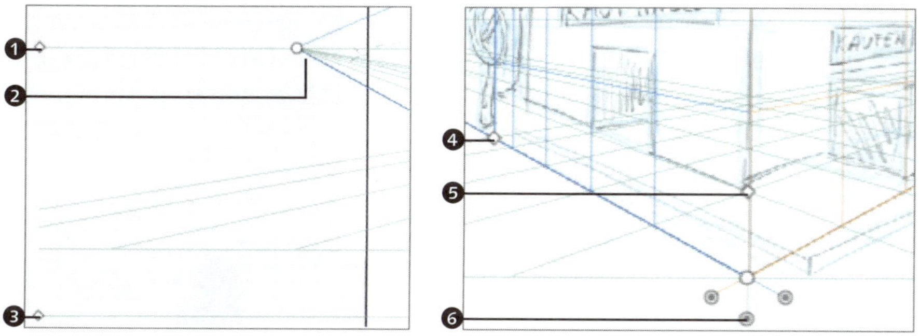

▲ **Abbildung 16.33**
Die Steuerelemente des Perspektivenrasters

16.2.2 Perspektivisch zeichnen

Nachdem Sie nun das Raster eingestellt haben, wollen Sie bestimmt ans Zeichnen gehen. Gut. Wenn Sie das Rechteck-Werkzeug auswählen und der Ebenenwähler ❼ die linke Ebene als aktive Ebene kennzeichnet, wird jedes Rechteck automatisch in der Perspektive der linken Ebene gezeichnet – selbst außerhalb des sichtbaren Rasters.

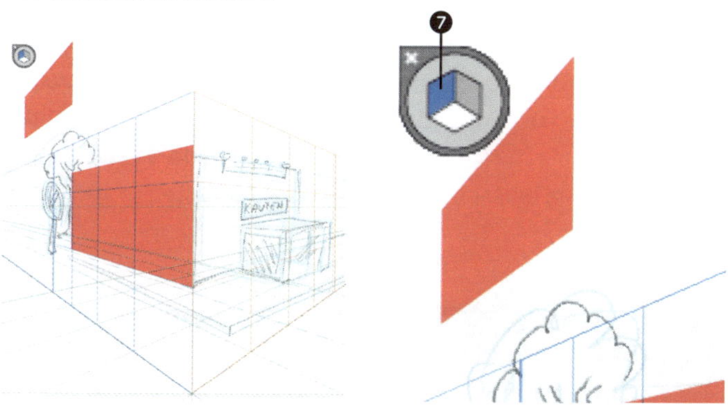

◄ **Abbildung 16.34**
Die Farbfläche des Würfels zeigt die aktive Ebene der Perspektive an.

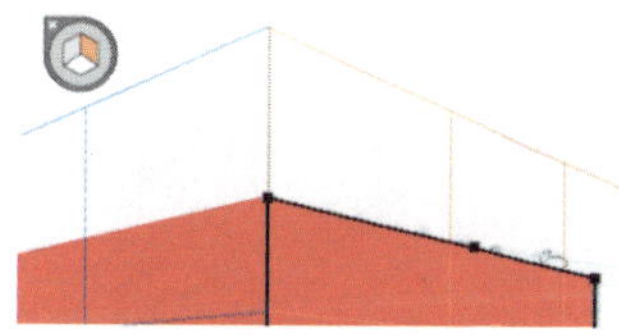

▲ **Abbildung 16.35**
Orangefarbener Würfel heißt rechtes, orangefarbenes Raster

Soll das Rechteck zur rechten Perspektive konform sein, klicken Sie im Ebenenwähler die rechte Würfelfläche an, bevor Sie zeichnen. Sie sehen, dass die Farben vom Würfel und dem aktiven Perspektivenraster immer übereinstimmen.

Möchten Sie erst einmal etwas zeichnen, ohne dass die Objekte gleich in irgendeine Richtung einrasten, schalten Sie die Perspektive ab. Dazu klicken Sie in den kleinen Kreis ❽ um den Würfel des Ebenenwählers, oder drücken Sie [4] auf Ihrer Tastatur. Möchten Sie später dann das gezeichnete Objekt einer Perspektivenebene zuweisen, wählen Sie aus der Werkzeugleiste das

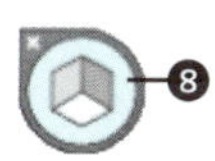

▲ **Abbildung 16.36**
Keine Perspektive ist eingeschaltet.

Perspektivenauswahl-Werkzeug und aktivieren eine Würfelfläche im Ebenenwähler. Klicken Sie auf das Objekt, wird es erst mal nur ausgewählt, doch sobald Sie es bewegen, springt es sofort in die aktive Perspektive.

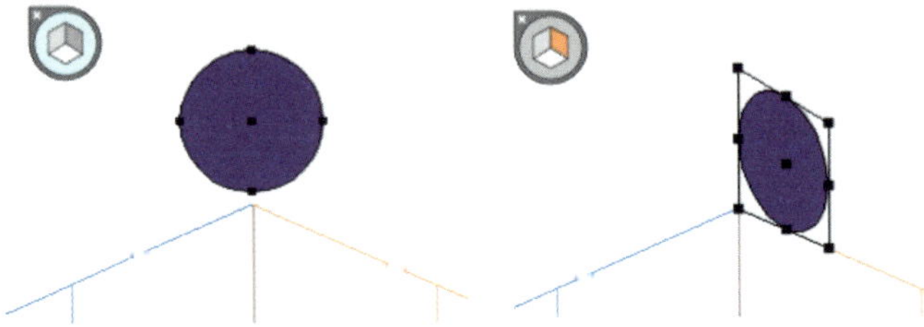

Abbildung 16.37 ▸
Links ist die Perspektive ausgeschaltet. Wird sie aktiviert und das Objekt mit dem Perspektivenauswahl-Werkzeug bewegt, rastet es in die Perspektive ein.

Wenn Sie mit dem Perspektivenauswahl-Werkzeug ein Objekt verschieben, passt es sich in der Perspektive seiner aktiven Ebene an. Soll es aber seine Perspektivenebene wechseln, ziehen Sie es an die entsprechende Stelle und drücken dabei eine der Ebenen-Tasten: [1] steht für die linke Ebene, [2] für die Bodenebene, [3] für die rechte, und [4] schaltet die Perspektive aus.

Eine Besonderheit gibt es noch. Wenn Sie nämlich ein der linken Ebene zugeordnetes Objekt mit dem Perspektivenauswahl-Werkzeug weiter nach rechts schieben, wird es größer. Wollten Sie es aber weiter nach rechts schieben, um es in die Ferne zu verschieben, halten Sie einfach beim Schieben die Taste [5] gedrückt.

▲ Abbildung 16.38
Perspektivisch mit gehaltener [5]-Taste in die dritte Raumtiefe verschieben

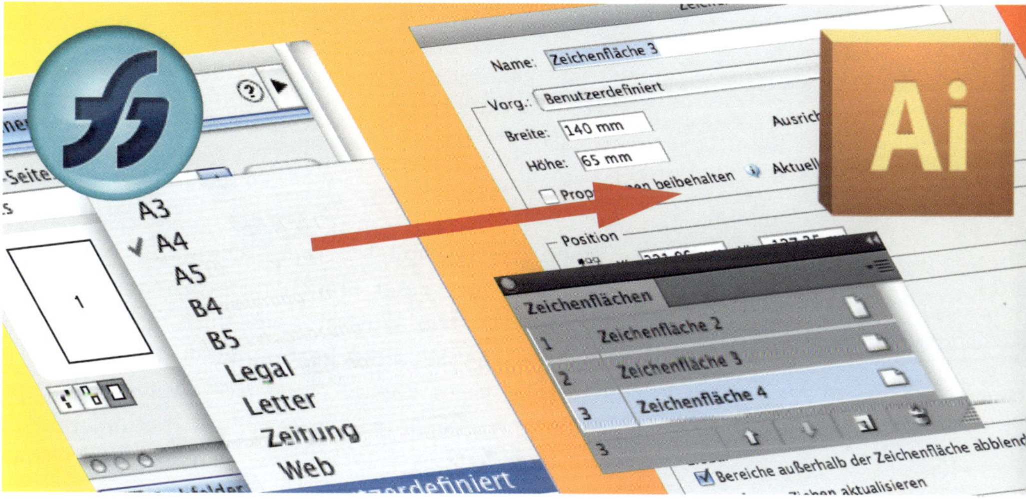

Kapitel 17

Für Umsteiger

Unterschiede zu FreeHand

Sie werden lernen:

- Wie tickt Illustrator?
- Können FreeHand-Dokumente in Illustrator geöffnet werden?
- Wird aus Illustrator anders gespeichert als aus FreeHand?
- Wie verhält es sich mit der Mehrseitigkeit bei Illustrator?
- Wie geht Illustrator mit Farben um?
- Gibt es die gleichen Werkzeuge wie in FreeHand auch in Illustrator?

17 Für Umsteiger

Wenn Sie die Kapitel 1 bis 16 schon durchgelesen haben, liebe Leserinnen und Leser, brauchen Sie das Kapitel über den Umstieg von FreeHand auf Illustrator eigentlich nicht mehr, denn Sie wissen schon das Wesentliche, um mit Illustrator gut zu arbeiten.

So ist dieses Kapitel ein Verweis auf entsprechende Stellen anderer Kapitel und eine jeweilige Zusammenfassung der für Umsteiger interessanten Themen. Ich hoffe, Sie waren schon von den erstaunlich vielen Möglichkeiten von Illustrator begeistert.

17.1 Wie »tickt« Illustrator?

Der wesentlichste Unterschied zu FreeHand ist der, dass Illustrator ein Teil einer ganzen aufeinander abgestimmten Kollektion von Programmen ist. So sind Sie nicht mehr gezwungen Arbeiten zu verrichten, für die FreeHand zwar mehr oder weniger taugte, aber eigentlich nicht gemacht war.

Mit FreeHand wurden oft ganze Booklets gemacht, vom Anlegen mehrerer Seiten über die Grafik bis hin zur Typografie. Wer von Ihnen früher schon einmal in einer Litho gearbeitet hat, kennt die verzweifelten Gesichter, wenn so eine Datei zur Belichtung angeliefert wurde – korrigieren war unmöglich.

Datenaustausch in der CS5
Über den Austausch von Daten unter den Adobe-Programmen lesen Sie mehr in Kapitel 14, »Zusammenspiel in der CS5«.

Das Konzept Adobes ist ein ganz anderes. Es wird Ihnen leicht gemacht, Grafiken, Illustrationen, Diagramme und mehr in Illustrator anzulegen und problemlos zu InDesign, Photoshop oder gar Flash hinüberzubringen – in jeweils das Programm, das die zu verrichtende Arbeit am besten kann: zum Beispiel InDesign für Satz, Layout und Feintypografie.

Andere Aspekte dieses Programmpaketkonzepts sind das einheitliche Farbmanagement der verschiedenen Komponenten, die optisch aneinander angepassten Arbeitsumgebungen, das fast gleiche Aussehen äquivalenter Werkzeuge und auch deren Handhabung, damit Sie sich beim Wechsel zwischen den Programmen immer zuhause fühlen.

17.2 Neues Dokument

Hier geht er schon los, der Unterschied. Sie müssen sich in Illustrator nämlich schon beim Anlegen einer neuen Datei für einen Farbmodus entscheiden: CMYK oder RGB. Beides wie in FreeHand geht nicht. Entscheiden Sie sich vorsichtshalber für CMYK, wenn Sie nicht explizit fürs Web gestalten.

Für viele FreeHander war Illustrator ein Tabu, weil sich Adobe weigerte, die Mehrseitigkeit einzupflegen. Seit CS4 gibt es dies. Bestimmen Sie beim Anlegen Ihrer Datei schon die Seitenzahl, oder fügen Sie später welche hinzu (siehe unten).

Wenn mit Illustrator schon ganze Layouts erstellt werden statt mit InDesign, dann nutzen Sie die Möglichkeit, von vornherein einen Anschnitt anzulegen. 3 mm ist Standard.

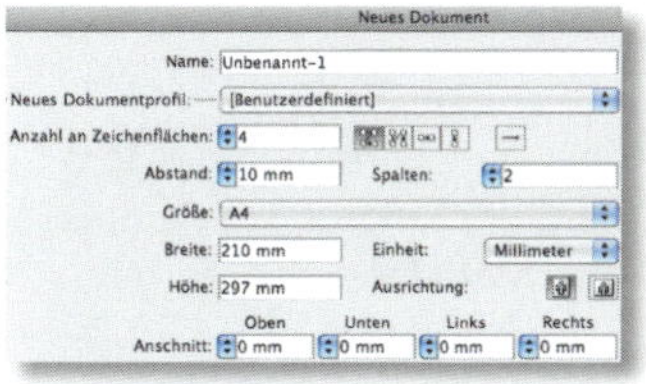

▲ **Abbildung 17.1**
Neues Dokument-Menü mit Anschnittsoptionen und »Mehrseitigkeit«

17.3 Speichern

In FreeHand haben Sie wahrscheinlich immer zwei Dateien gespeichert. Einmal die offene FreeHand-Datei, die als Arbeitsdatei diente, und eine weitere Datei, die Sie als Kopie im EPS-Format speicherten, damit sie in anderen Programmen wie Quark und später InDesign platziert werden konnte. Dieser Workflow war auch schon zu FreeHand-Zeiten sehr lästig und für Fehler anfällig, weil immer wieder an beiden Dateien unterschiedliche Dinge korrigiert wurden und am Ende keine von beiden vollständig war.

Das EPS-Format stirbt aus. Es ist veraltet und entspricht nicht mehr den aktuellen Produktionsbedingungen.

Nutzen Sie das offene Illustrator-Format, das von den wichtigsten Teamplayern reibungslos gelesen und interpretiert werden kann. Alternativ dazu können Sie im PDF-Format speichern, wenn Sie dabei die Illustrator-Bearbeitungsfunktionen beibehalten.

Das EPS-Format stirbt

In Kapitel 13, »Ausgabe«, erfahren Sie mehr über die Hintergründe.

17.4 Öffnen von FreeHand-Dateien

Schon in Kapitel 2, »Oberfläche und Arbeitsbereiche«, sind viele Warndialoge abgebildet, die erscheinen können, wenn Sie in Illustrator fremde Dateien öffnen.

Öffnen Sie die FreeHand-Dateien direkt und ohne Umwege über den Öffnen-Befehl von Illustrator. Dabei kann es natürlich

▲ **Abbildung 17.2**
Die letzte Version von Macromedia FreeHand, vor dem Kauf durch Adobe

auch zu Konflikten kommen. Wobei nicht jeder Fragedialog auch ein Problem darstellen muss.

Nicht empfehlen kann ich den Umweg über den Illustrator-Export aus FreeHand heraus. Die Dateien, die Sie dabei erhalten, haben oft »zerschossene« Schriften und auch keine wahren, editierbaren Verläufe.

17.4.1 Seiten

Sie werden gefragt, ob Sie eine Seite oder das ganze Dokument öffnen möchten. Wählen Sie eine bestimmt Seite oder alle Seiten des FreeHand-Dokuments, wenn dieses mehrseitig angelegt war.

Wählen Sie Gesamtes Dokument importieren, erhalten Sie in Illustrator für jede Seite aus FreeHand ebenfalls eine Zeichenfläche in gleicher Größe. Im Zeichenflächen-Bedienfeld sind sie aufgelistet und weiter in Größe, Ausrichtung und Benennung zu bearbeiten. Sie können den Zeichenflächen, wie in jeder anderen Illustrator-Datei auch, unter Datei • Dokument einrichten einen Anschnitt geben.

Der Importoptionen-Dialog führt in seinem unteren Teil noch auf, was alles nicht zu importieren ist.

Abbildung 17.3 ▶
FreeHand-Importoptionen

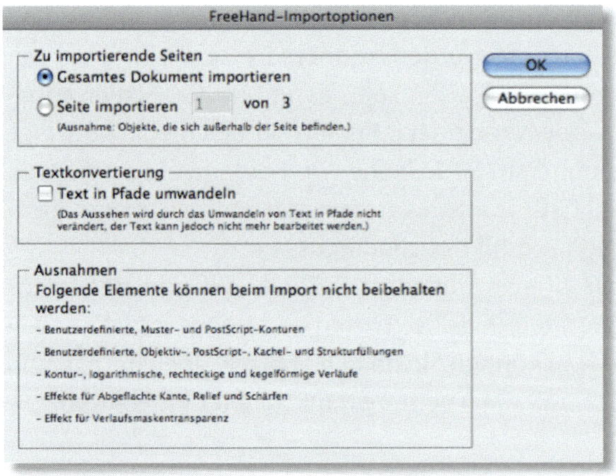

RGB, CMYK, Vollton

In Kapitel 7, »Farbe«, finden Sie eine Tabelle, die erklärt, wie sich die drei Farbarten von Illustrator unterscheiden (Tabelle 7.1).

17.4.2 Farbmodus/Farbprofil

Da Illustrator nur RGB oder CMYK zulässt, werden Sie in jedem Fall gefragt, welchen Farbmodus Sie verwenden möchten. Die Farben werden in den entsprechenden Modus umgewandelt, wobei Volltonfarben glücklicherweise als solche erhalten bleiben!

Da es in Illustrator ein extrem leistungsstarkes Colormanagement gibt, werden Sie außerdem gefragt, was mit den Farbeinstellungen der Datei passieren soll. Falls Sie sich unsicher sind, öffnen Sie erst einmal ohne Farbprofil und entscheiden später, was geschehen soll, wenn Sie sehen, wie die Datei tatsächlich aussieht.

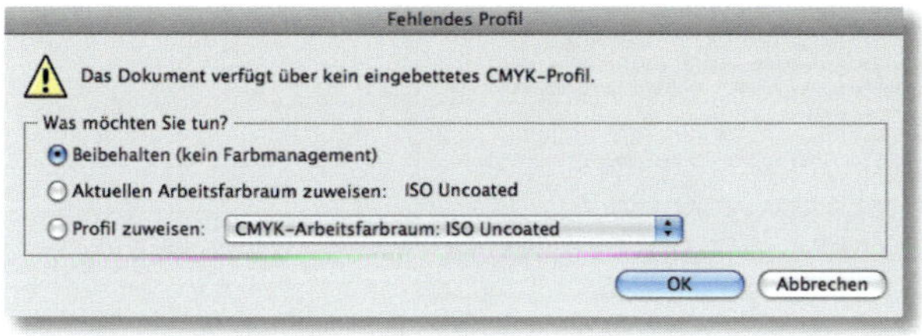

▲ **Abbildung 17.4**
Farbprofil-Warnung

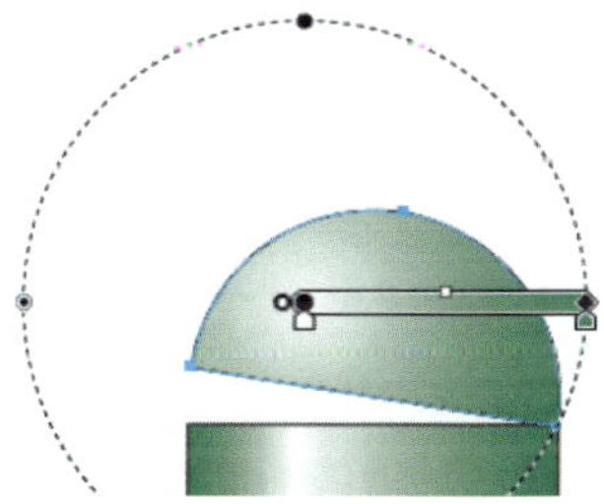

▲ **Abbildung 17.5**
Voll editierbarer Verlauf aus FreeHand

Wollen Sie der Datei später ein Farbprofil zuweisen, gehen Sie zu Bearbeiten • Profil zuweisen... Dort werden Sie sich in der Regel für das Arbeitsprofil entscheiden, um die Datei mit Ihren anderen Programmen konform laufen zu lassen.

Was meist gut funktioniert, ist die Übernahme der Verläufe, die voll funktionsfähig und komplett editierbar sind.

17.4.3 Schriften

Wenn die letzte Frage beantwortet ist, öffnet sich endlich die FreeHand-Datei in Illustrator. Das Meiste wird Illustrator übernommen haben. Bei Schriften kann es am ehesten zu Problemen gekommen sein. Kontrollieren Sie hier genau, und korrigieren Sie notfalls nach. Wenn eine Schrift gar nicht erkannt wurde, können Sie sie über Schrift • Schriftart suchen ausfindig machen, die kaputte Schrift auswählen und mit einer anderen ersetzen. Alternativ hierzu können Sie die Schrift schon beim Öffnen im ersten Fragedialog in Pfade umwandeln lassen, um ihr Aussehen zu erhalten. Nachträglich doppelklicken Sie sonst auf das Textobjekt und bestätigen den Dialog mit Aktualisieren.

▼ **Abbildung 17.6**
Doppelklicken Sie auf gruppierte Textobjekte (Mitte), wenn die Schriften beim Öffnen nicht aktualisiert wurden, und geben den Text mit Aktualisieren wieder frei (rechts).

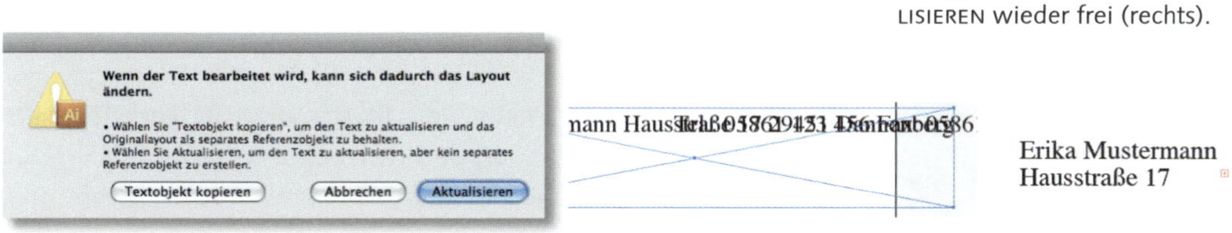

Sollten Sie keine FreeHand-Datei öffnen, sondern eine aus FreeHand gespeicherte Illustrator-Datei, erhalten Sie einen ähnlichen Fragedialog. Meistens erhalten Sie die besten Ergebnisse, wenn Sie hier AKTUALISIEREN anklicken.

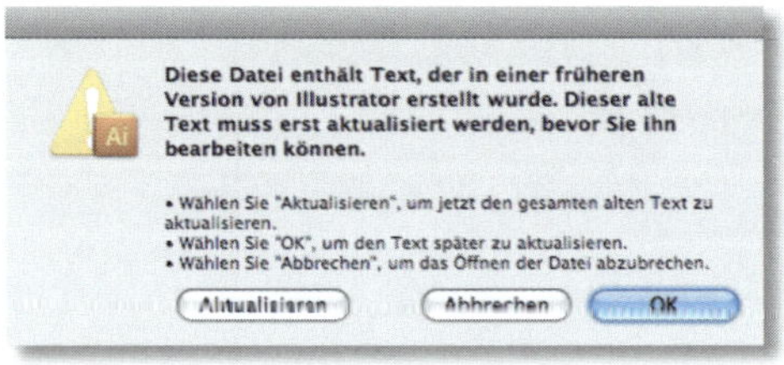

Abbildung 17.7 ▸
Der Schrift-Warndialog beim Öffnen von aus FreeHand gespeicherten AI-Dateien

Colormanagement

In heutiger Zeit nicht wegzudenken ist das Colormanagement. Lesen Sie auch hierzu mehr in Kapitel 7, »Farbe«.

17.5 Farben

Wie bereits gesagt, ist der wesentliche Unterschied zwischen den beiden Programmen, dass Illustrator nur einen Farbmodus zulässt: CMYK oder RGB.

Illustrator kennt drei Farbarten: lokale Farben, globale Farben und Volltonfarben. Die globalen Farben sind neu für Sie. Sie halten den Kontakt zu den Objekten, sodass sich alle Objekte einer globalen Farbe mitverändern, wenn diese geändert wird.

Es gibt in Illustrator die Bedienfelder FARBE, FARBFELDER, FARBHILFE, VERLAUF, TRANSPARENZ und AUSSEHEN. Ganz im Konzept von Adobe hat man erkannt, dass eine »Monster-Palette« mit tausend Funktionen zu schwerfällig ist. Die Einzel-Bedienfelder sind jeweils »Profis« auf ihrem Gebiet. Da die allgemeinen Farbarbeiten sich aber überschneiden, gibt es das STEUERUNG- und das AUSSEHEN-Bedienfeld, worüber Sie an die gängigsten Farbfunktionen herankommen. Wenn Sie das VERLAUFWERKZEUG ausgewählt haben, brauchen Sie sogar nicht einmal mehr das entsprechende Bedienfeld, weil Sie nun den Verlauf live am Objekt selbst steuern und editieren.

▲ **Abbildung 17.8**
Illustrators AUSSEHEN-Bedienfeld als Zentrale für Konturen, Flächen, Effekte und mehr

17.6 Mehrseitigkeit

Die fehlende Mehrseitigkeit von Illustrator war lange Zeit *die* Hürde für viele FreeHander, den Umstieg anzugehen. Illustrator CS4 kann es schon, doch in der CS5-Version ist die Arbeit mit mehreren Seiten – Adobe nennt sie Zeichenflächen – noch komfortabler geworden.

Die Zeichenflächen können sich überschneiden, weshalb sie auch nicht »Seiten« heißen. Sie können einen Anschnitt haben und sind – und das sehr komfortabel – in ihrer Größe zu verändern. Zeichenflächen können sogar Namen tragen. Die »Visitenkarte« oder der »Briefbogen« etc. sind dann schnell ausfindig gemacht.

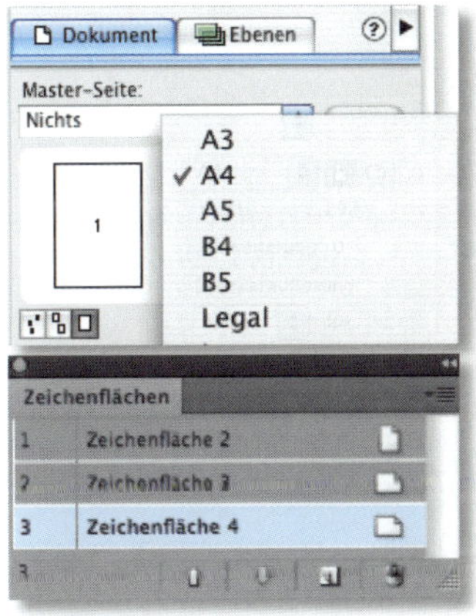

▲ **Abbildung 17.9**
Seiten von FreeHand (oben), Zeichenflächen von Illustrator (unten)

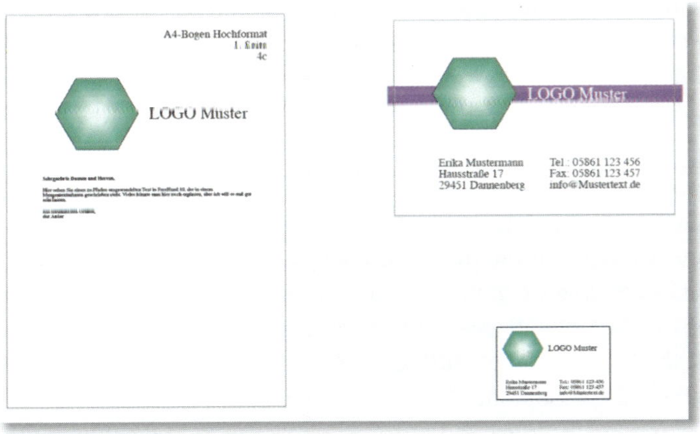

◄ **Abbildung 17.10**
Hier wurden beim Öffnen mehrere Zeichenflächen aus FreeHand-Seiten generiert.

17.7 Paletten

Die offizielle Bezeichnung für die Paletten lautet »Bedienfelder«, was für mich als Autor ein echtes Minus ist. Ansonsten sind die Bedienfelder von Illustrator allein durch die vielen verschiedenen Möglichkeiten der Anordnungen leistungsstark und ökonomisch.

Das Prinzip der Bedienfelder ist immer gleich. Es gibt Buttons, Eingabefelder, Checkboxen, Dropdown-Menüs und immer auch ein Flyout-Menü ❶. Es lohnt sich, in die Flyout-Menüs hineinzuschauen, weil oftmals gar nicht alle möglichen Felder angezeigt werden. Wählen Sie in einem solchen Fall OPTIONEN EINBLENDEN.

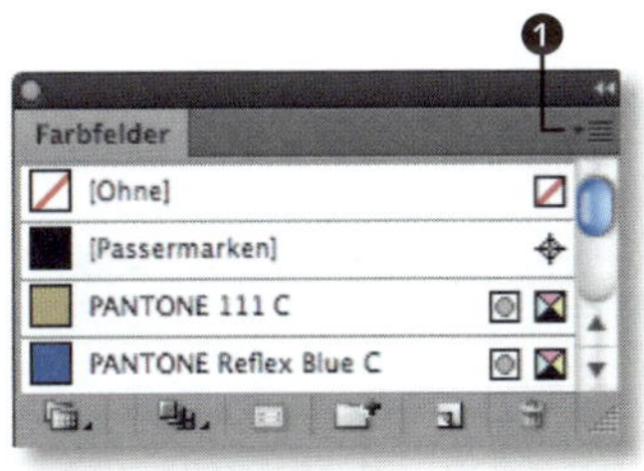

▲ **Abbildung 17.11**
Das FARBFELDER-Bedienfeld

17.8 Werkzeuge

Die Werkzeuge sind in Kapitel 2, »Oberfläche und Arbeitsbereiche«, in einer großen Übersicht aufgelistet. Einige sehen denen von FreeHand recht ähnlich, sodass Sie sofort etwas mit ihnen

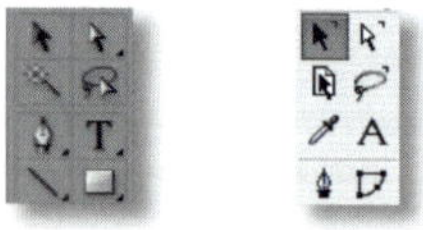

▲ **Abbildung 17.12**
Links Illustrator-Werkzeuge, rechts FreeHand-Werkzeuge

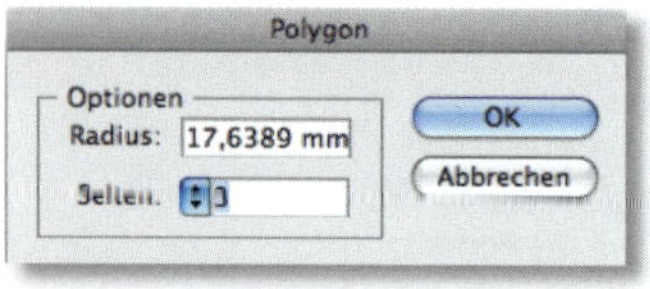

▲ **Abbildung 17.13**
Die Anzahl der Flächen muss beim Polygon schon beim Aufziehen bestimmt werden.

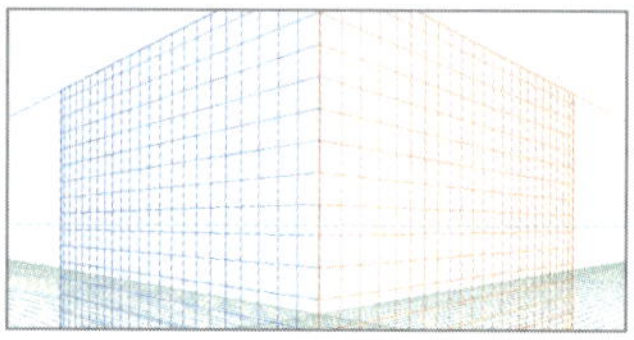

▲ **Abbildung 17.14**
Das Perspektivenraster von Illustrator ist wirklich stark.

anzufangen wissen, andere erkunden Sie in den jeweiligen Kapiteln.

Das wichtigste Werkzeug, das Beziér-Werkzeug in FreeHand, heißt hier Zeichenstift-Werkzeug und funktioniert fast genauso. Es wird in Kapitel 4, »Pfade«, genau beschrieben.

Die Grundformen-Werkzeuge hingegen verhalten sich weniger leistungsstark als die von FreeHand. Hier brauchen Sie bestimmt etwas Umgewöhnungszeit. Sie müssen schon beim Aufziehen eines Polygons die Anzahl der Seiten festlegen, die dann unveränderbar ist. Klicken Sie dazu mit dem Werkzeug einfach auf die Zeichenfläche, und geben Sie die Anzahl der Seiten ein. Auch wenn es um die Eckenrundung eines Quadrates geht, werden Sie vergebens nach einem Bedienfeld suchen, mit dem sie dies steuern können. Für so etwas müssen Sie auf die Effekte zurückgreifen (Kapitel 9, »Transparenzen und Effekte«). Auch kann man Grundformen nicht einfach »zusammenschieben«, sodass nur noch ein halber Kreis übrig bleibt. Ein großer Trost ist aber, dass Flächen nicht geschlossen sein müssen, um mit Farbe gefüllt zu sein. Noch ein Trost: Ist ein Pfad an mehreren Stellen unterbrochen, können Sie ihn schließen, ohne die einzelnen Bruchstellen ausfindig machen zu müssen: Objekt • Pfad zusammenfügen.

Haben Sie in FreeHand auch schon mit dem Perspektivenraster gearbeitet, müssen Sie in Illustrator nicht mehr darauf verzichten. Lassen Sie sich in Kapitel 16, »3D«, vom Perspektivenraster in Illustrator überzeugen.

17.9 Ebenen

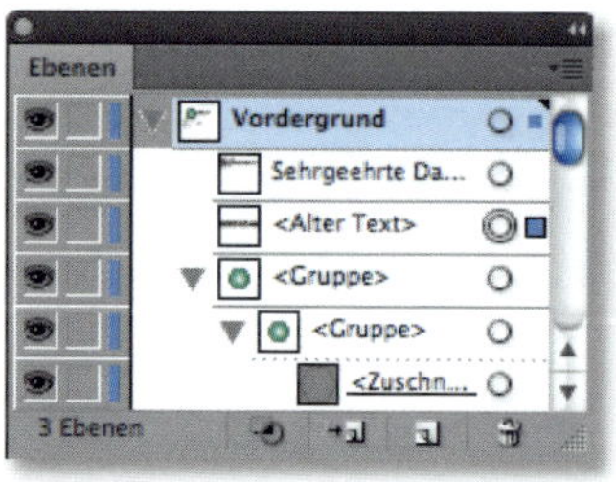

▲ **Abbildung 17.15**
Illustrators Ebenen-Bedienfeld. Kein Wunsch zum Auffinden, Bearbeiten und Sortieren bleibt offen.

Nicht jedermanns Sache, aber die Ebenen-Funktionalitäten von Illustrator überzeugen jeden Ebenenmuffel. Auch in FreeHand wurde die Ebenen gerne mal ignoriert. Als Appetitanreger sei an dieser Stelle nur gesagt, dass Sie im Ebenen-Bedienfeld einzelne Pfade benennen können, dass Sie Effekte auf Ebenen oder Unterebenen anwenden können und aus den Ebenen heraus ganz einfach Schnittmasken erzeugen, von den gezielten Auswahlmöglichkeiten ganz zu schweigen!

Das Innen-Einfügen von FreeHand ging in Illustrator bisher nur über den Umweg der Schnittmaskenerstellung. Nun können Sie in Illustrator sogar Innen zeichnen.

Kapitel 18

Die DVD zum Buch

18 Die DVD zum Buch

Testversion Illustrator CS5

Leider können wir Ihnen auf der DVD keine Testversion von Adobe Illustrator CS5 mitgeben, da die Datenmengen zu groß sind. Sie können sich die Testversion aber auch kostenlos von der Adobe-Website herunterladen: *http://www.adobe.com/cfusion/tdrc/index.cfm?product=illustrator&loc=de*

Beachten Sie, dass die erneute Installation einer Testversion nicht möglich ist, wenn Sie bereits einmal eine Testversion von Illustrator CS5 auf Ihrem Rechner installiert gehabt haben.

Auf der DVD zum Buch finden Sie alles, was Sie brauchen, um erfolgreich mit diesem Buch zu arbeiten. Damit Sie einen Überblick über die einzelnen Ordner bekommen, möchte ich Ihnen die Inhalte kurz vorstellen.

18.1 Uebungen

Das Verzeichnis Uebungen enthält, geordnet nach den einzelnen Kapiteln, alle im Buch genannten Beispieldateien. In den einzelnen Workshops verweise ich in der Marginalspalte auf die jeweils verwendete Datei.

18.2 Video-Lektionen

In diesem Ordner finden Sie ein attraktives Special: Als Ergänzung zum Buch möchten wir Ihnen relevante Lehrfilme aus dem Video-Training »Adobe Illustrator CS5. Das umfassende Training« (ISBN 978-3-8362-1574-9) von Karl Bihlmeier zur Verfügung stellen. So haben Sie die Möglichkeit, dieses neue Lernmedium kennenzulernen und gleichzeitig Ihr Wissen um Illustrator CS5 zu vertiefen. Sie schauen dem Trainer bei der Arbeit zu und verstehen intuitiv, wie man die erklärten Funktionen anwendet.

18.2.1 Training starten

Um das Training zu starten, gehen Sie auf der Buch-DVD in den Ordner Video-Lektionen und klicken dort als Windows-Benutzer die Datei »start.exe« auf der obersten Ebene an (als Mac-Anwender die Datei »start.app«). Alle anderen Dateien können Sie ignorieren.

Das Video-Training startet, und Sie finden sich auf der Oberfläche wieder.

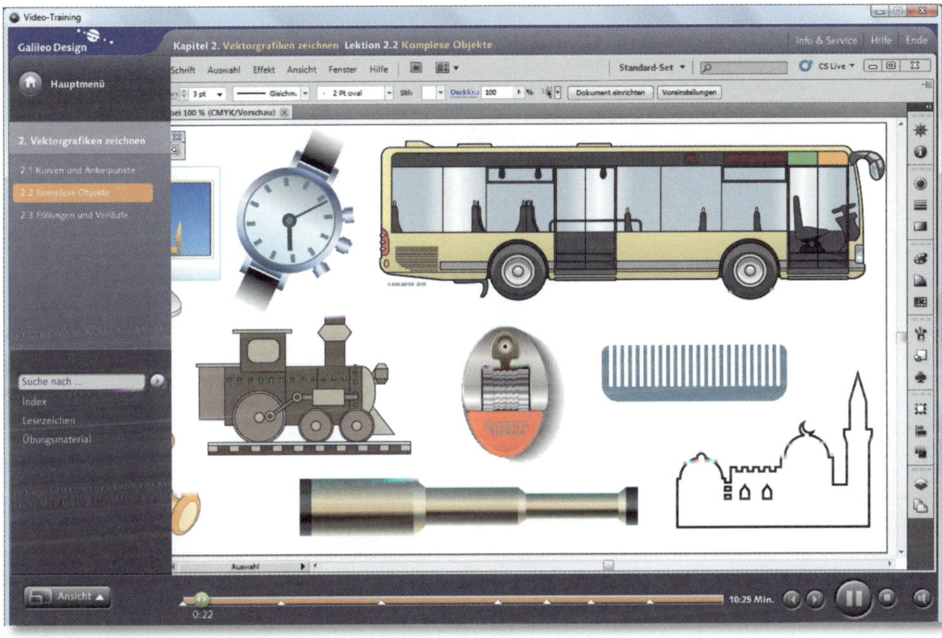

▲ **Abbildung 18.1**
Die Lektion 2.2, »Komplexe Objekte« wird gerade abgespielt.

18.2.2 Inhalt des Trainings

Bitte klicken Sie im rechten Bereich auf einen Lektionen-Namen, und schon läuft die Video-Lektion los. Sie finden folgende Filme:

Kapitel 1: Einstieg in Illustrator CS5
1.1 Die Arbeitsoberfläche (05:36 Min.)
1.2 Die Werkzeug-Gruppen (04:40 Min.)
1.3 Der Dokumentfarbraum (05:49 Min.)

Kapitel 2: Vektorgrafiken zeichnen
2.1 Kurven und Ankerpunkte (04:51 Min.)
2.2 Komplexe Objekte (10:25 Min.)
2.3 Füllungen und Verläufe (07:03 Min.)

Kapitel 3: Fortgeschrittene Techniken
3.1 Effektfilter zuweisen (10:03 Min.)
3.2 Transparenzen und Füllmethoden (07:05 Min.)
3.3 Masken und Freisteller (11:03 Min.)

Index

G

H

I

R

S

T

U

V

W

X

Z